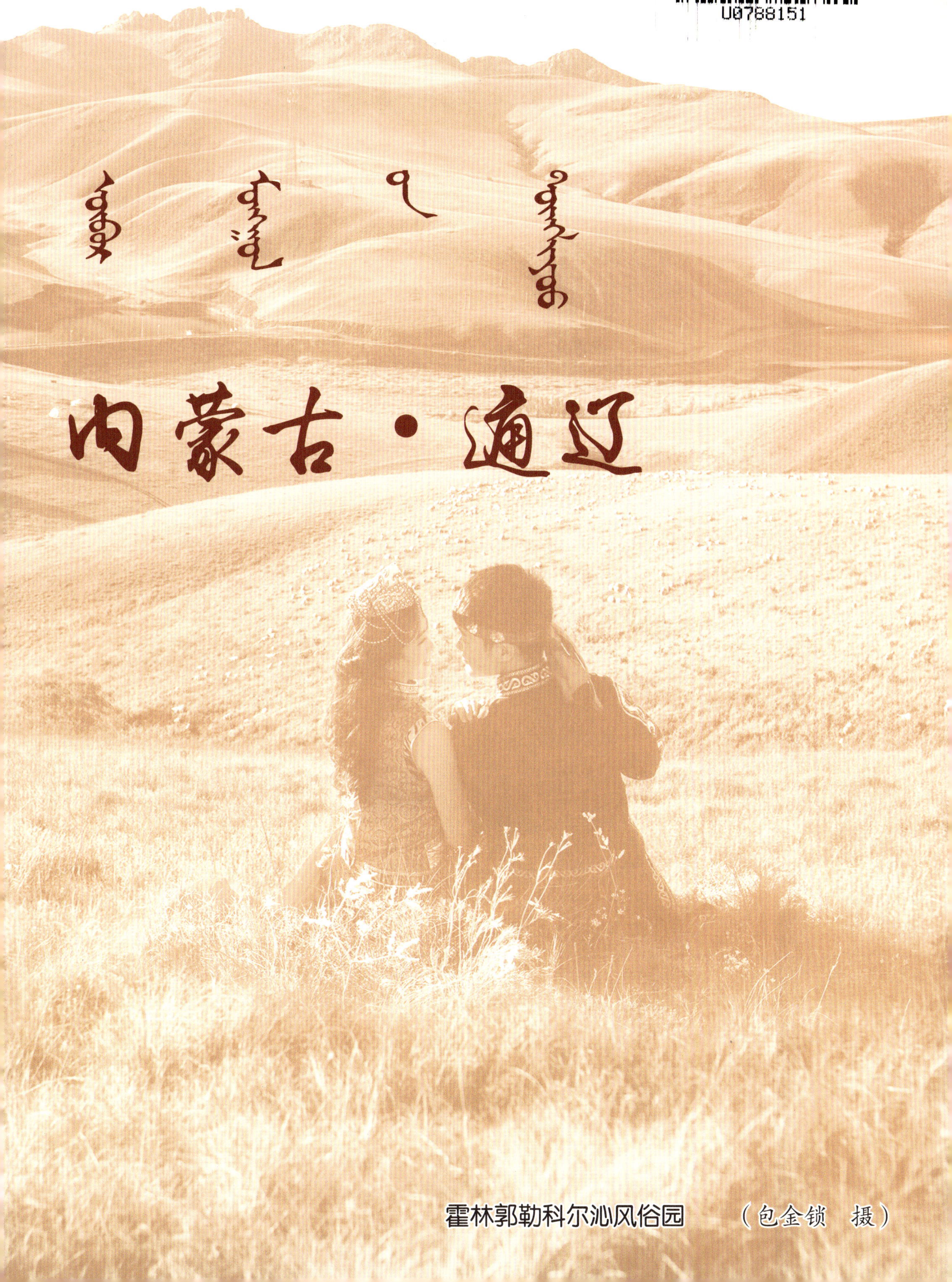

霍林郭勒科尔沁风俗园　　（包金锁　摄）

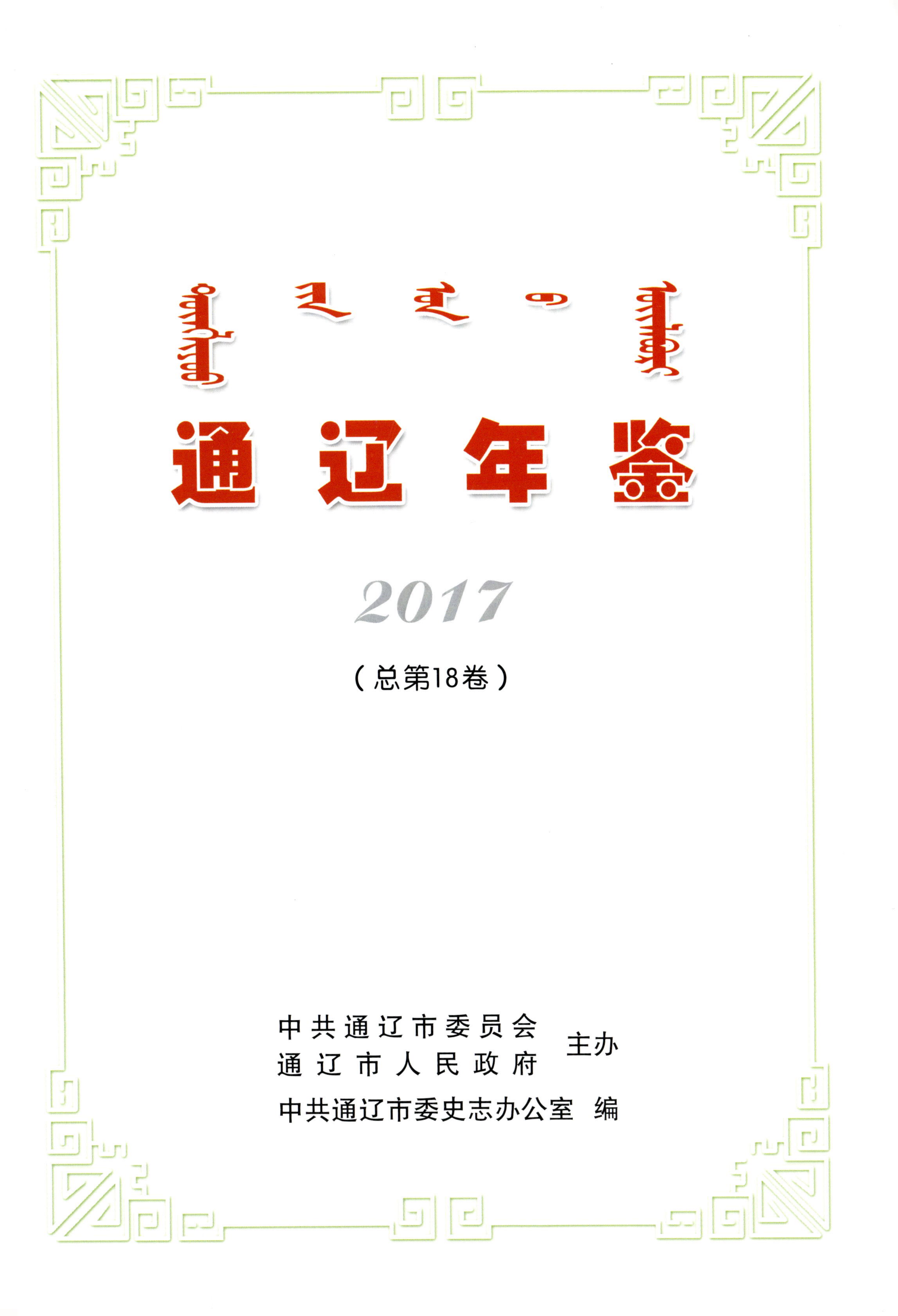

通辽年鉴

2017

（总第18卷）

中共通辽市委员会
通辽市人民政府 主办

中共通辽市委史志办公室 编

图书在版编目（CIP）数据

通辽年鉴. 2017 / 中共通辽市委史志办公室编.-- 北京：方志出版社，2017.12
ISBN 978-7-5144-2886-5

Ⅰ. ①通… Ⅱ. ① 通… Ⅲ. ①通辽－2017－年鉴 Ⅳ. ①Z522.63

中国版本图书馆CIP数据核字（2017）第321968号

通辽年鉴（2017）

编　　者：中共通辽市委史志办公室
责任编辑：范　静

出 版 人：冀祥德
出 版 者：方志出版社
地址　北京市朝阳区潘家园东里９号（国家方志馆４层）
邮编　100021
网址　http://www.fzph.org
发　　行：方志出版社图书经销中心
电话（010）67110500
经　　销：各地新华书店
印　　刷：赤峰彩世印刷有限公司

开　　本：889×1194毫米　1/16
印　　张：27
字　　数：721千字
版　　次：2017年12月第1版　2017年12月第1次印刷
印　　数：0001—1000册

ISBN　978-7-5144-2886-5　　定价：218.00元

通辽年鉴编纂委员会

布　仁　奈曼旗旗长

额尔敦夫　扎鲁特旗旗长

张立峰　库伦旗旗长

庞　友　通辽经济技术开发区管委会主任

《通辽年鉴（2017）》编辑人员

主　编： 程志峰

副主编： 乌力吉巴雅尔　孙　岩

编　辑： 吴斯日古楞　赵广雷　苏丽丽　白丹丹　刘娜娜

《通辽年鉴（2017）》编辑说明

《通辽年鉴（2017）》以马克思列宁主义、毛泽东思想、邓小平理论、“三个代表”重要思想、科学发展观和习近平新时代中国特色社会主义思想为指导，坚持辩证唯物主义和历史唯物主义的立场、观点和方法。

创刊于2000年，每年出版一卷，本期总第18卷。

《通辽年鉴（2017）》记述2016年通辽市政治、经济、文化和社会各项事业的发展变化。

《通辽年鉴（2017）》采用分类编辑法，以类目、分目、条目组成。全书条目标题统一用【】表示，部分条目加层次的小标题。全书由特载、专记、大事记、通辽概况、党政机关、民主党派工商联、社会团体、法治、军事、工业、交通邮政通信、农牧林水、商贸服务业、经济管理与监督、财政税务、金融保险、教育体育、科技气象地震、文化传媒、卫生人口计生、区市县旗、人物、附录、索引等部分组成。

大事记，文中出现的同一日或同一月发生的两件或多件大事均由该日或该月下“△”表示。

文体采用说明文加记述体；书稿中涉及自中华民国成立后的纪年均使用公元纪年；文中所有小数均保留两位数，末位为“0”的把“0”删去；人物以姓氏笔画排序。

《通辽年鉴（2017）》用稿均由市直属、中区直各部门、区市县旗提供，并经各单位负责人把关。凡全市性的数据，以市统计部门资料为准。

全国文明城市

国家卫生城市

全国民族团结先进地区

全国双拥模范城市

全国社会治安综合治理优秀城市

国家园林城市

中国优秀旅游城市

全国基层蒙中医先进城市

全国自驾游目的地试点城市

中国金融生态示范城市

全国流通领域现代物流示范城市

中国魅力中小城市

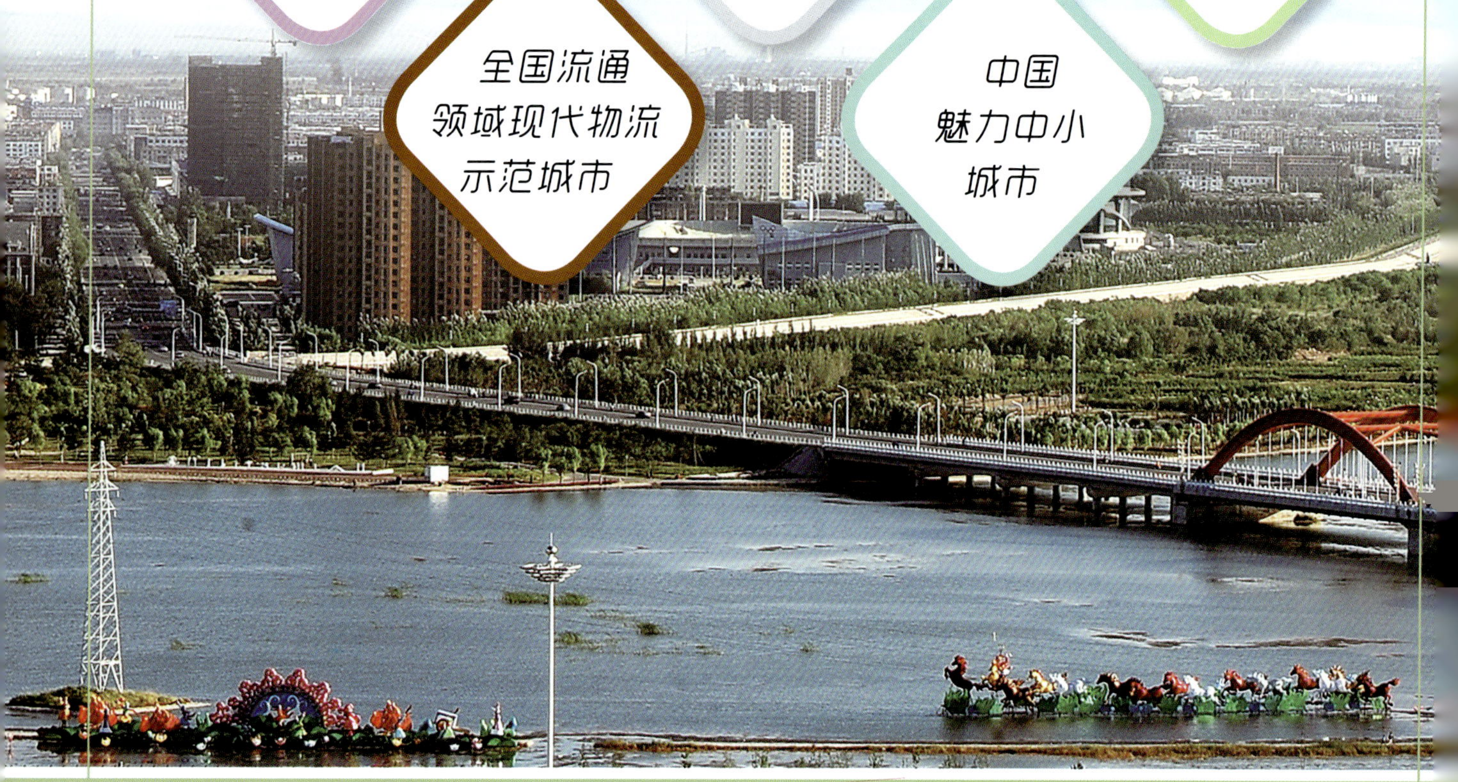

通辽名片

中国安代艺术之乡

中国蒙医药文化之乡

中国版画艺术之乡

中国黄牛之乡

中国蒙古族民歌之乡

内蒙古粮仓

中国马王之乡

中国乌力格尔之乡

中国草原文化名城

中国民族曲艺之乡

中国蒙餐之都

中国蒙医药之都

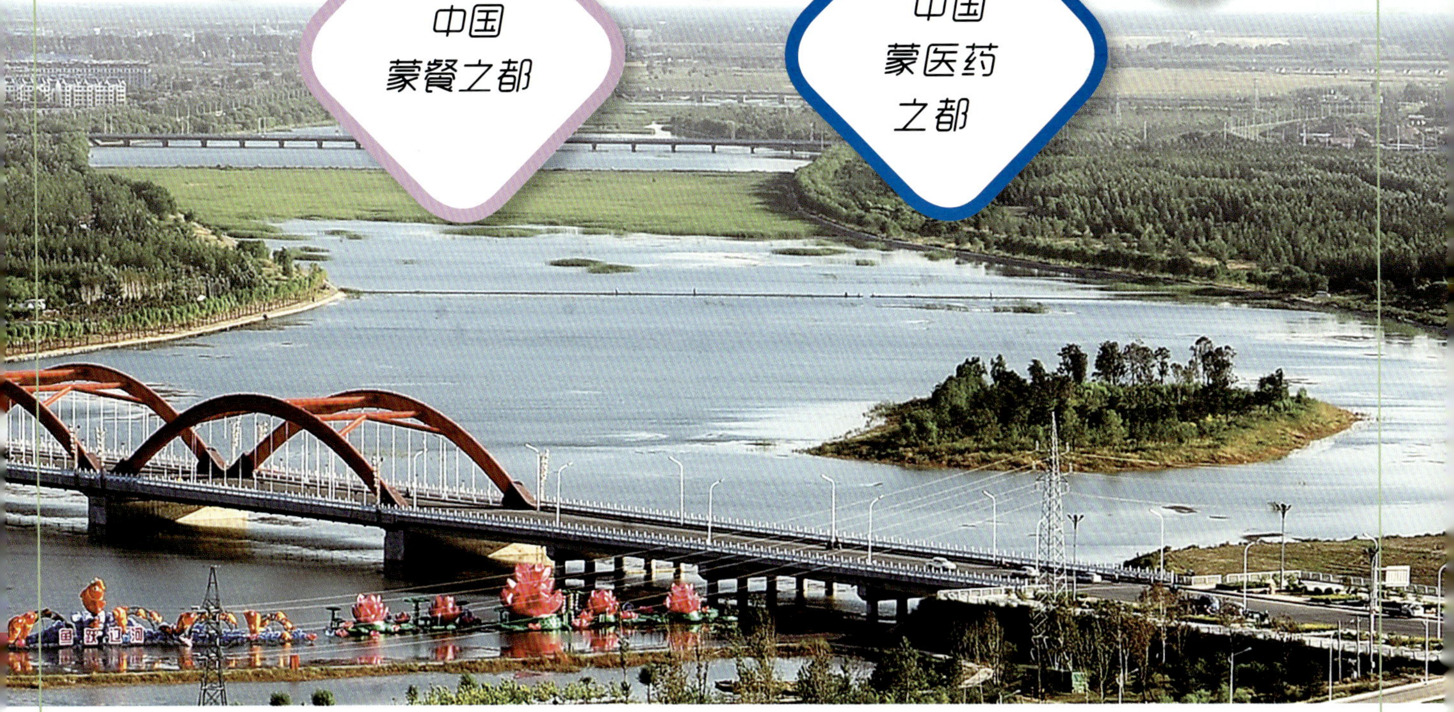

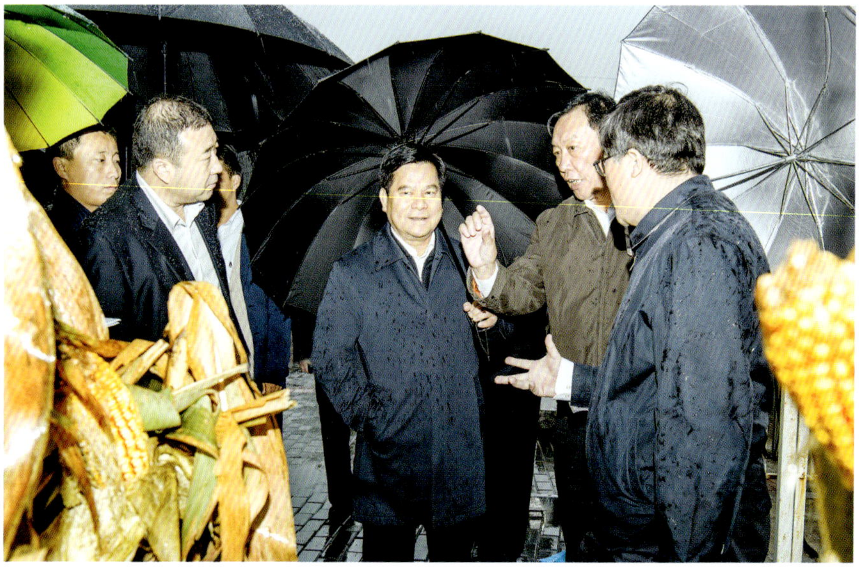

2016年10月，自治区党委书记李纪恒（左二）深入科左中旗40万亩集中连片玉米膜下滴灌项目区，了解设施农业发展情况

（张力军　摄）

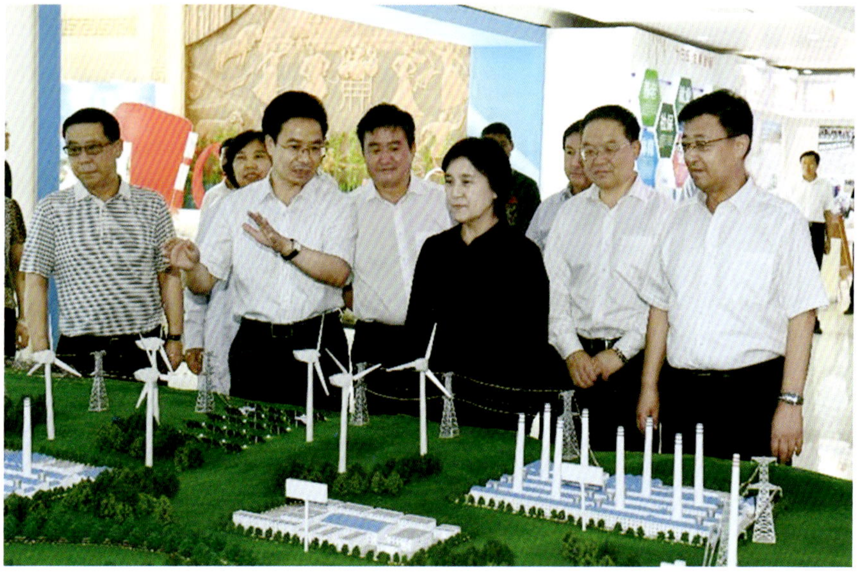

2017年8月5日，自治区党委副书记、自治区主席布小林（前排中）在通辽市调研并参观通辽市庆祝内蒙古自治区成立70周年展览

领导关怀

2017年7月31日，自治区党委常委、中共通辽市委书记李杰翔（右一）在扎鲁特旗阿日昆都楞镇巴彦查干嘎查贫困户关嘎诺日布家详细了解他们的生产生活情况

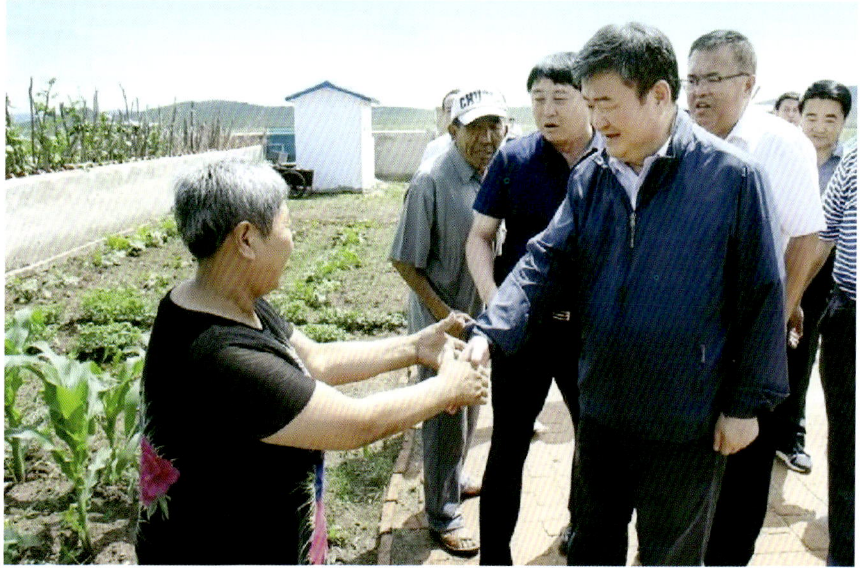

领导关怀

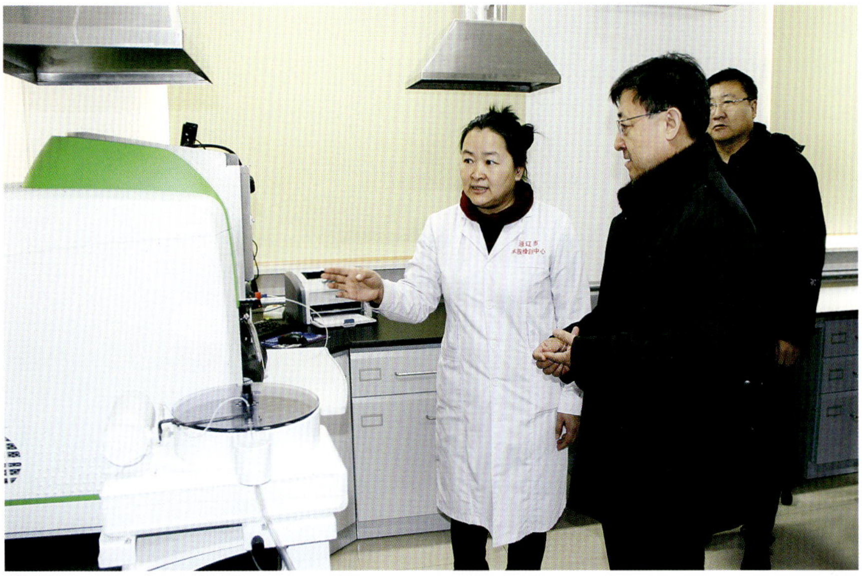

2017年1月20日，通辽市市长郝茂荣（右一）到通辽市第五水厂调研

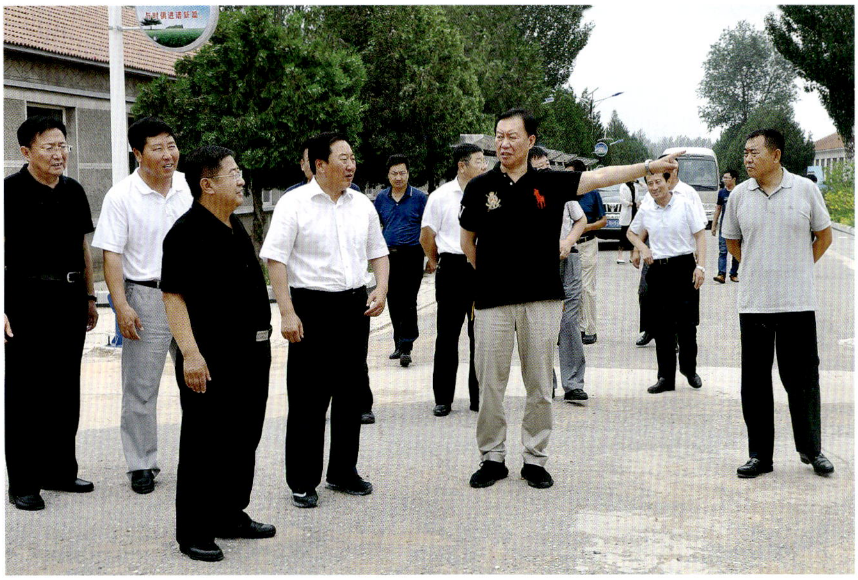

2017年7月13—14日，市人大常委会主任孙振云（右二）率调研组，深入到黄花塔拉镇巴彦敖包养殖小区，青龙山镇中学、甘薯产业基地，奈曼二中、奈曼旗人民法院等地调研

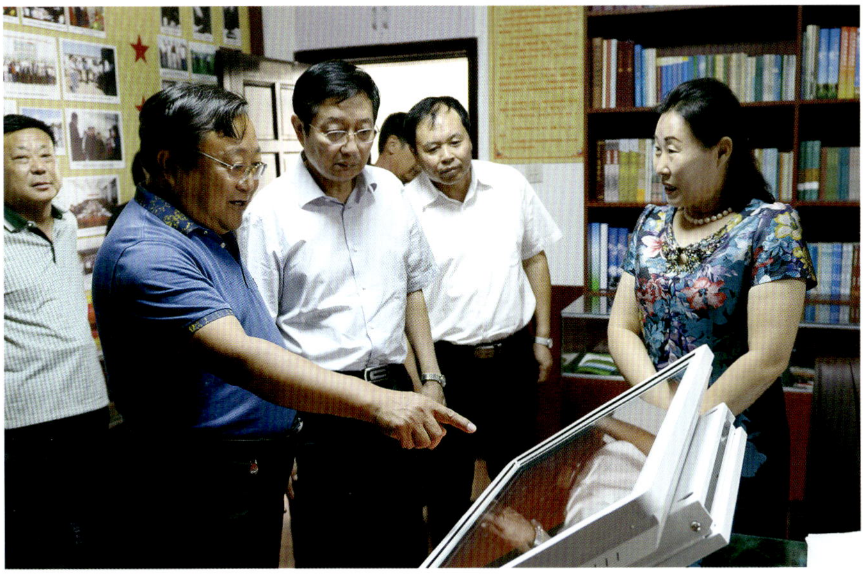

2017年8月22日，市政协主席高忱（右三）带队就政协文史工作赴扎鲁特旗调研

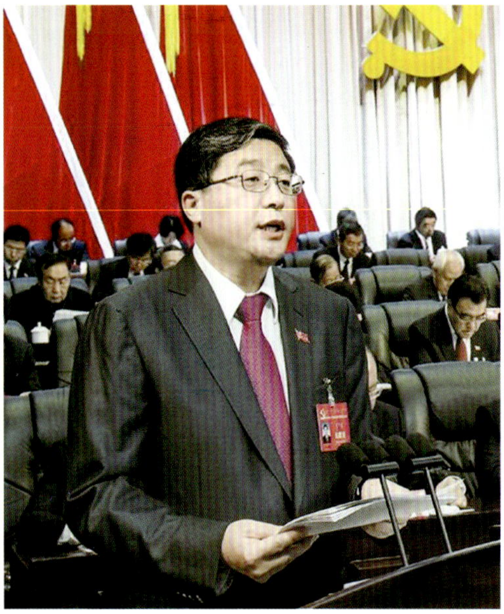

2016年10月15日，市委书记罗永纲在中国共产党通辽市第五次代表大会上作报告 （张启民 摄）

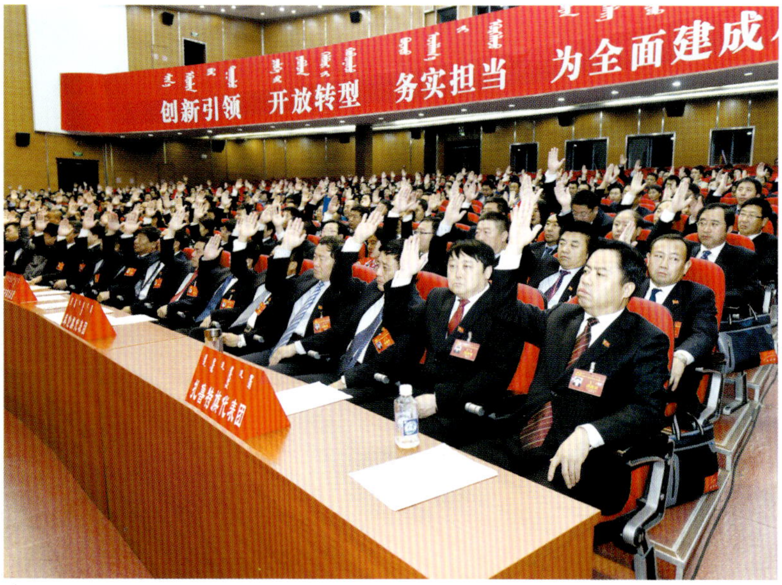

中国共产党通辽市第五次代表大会代表们举手表决（张启民 摄）

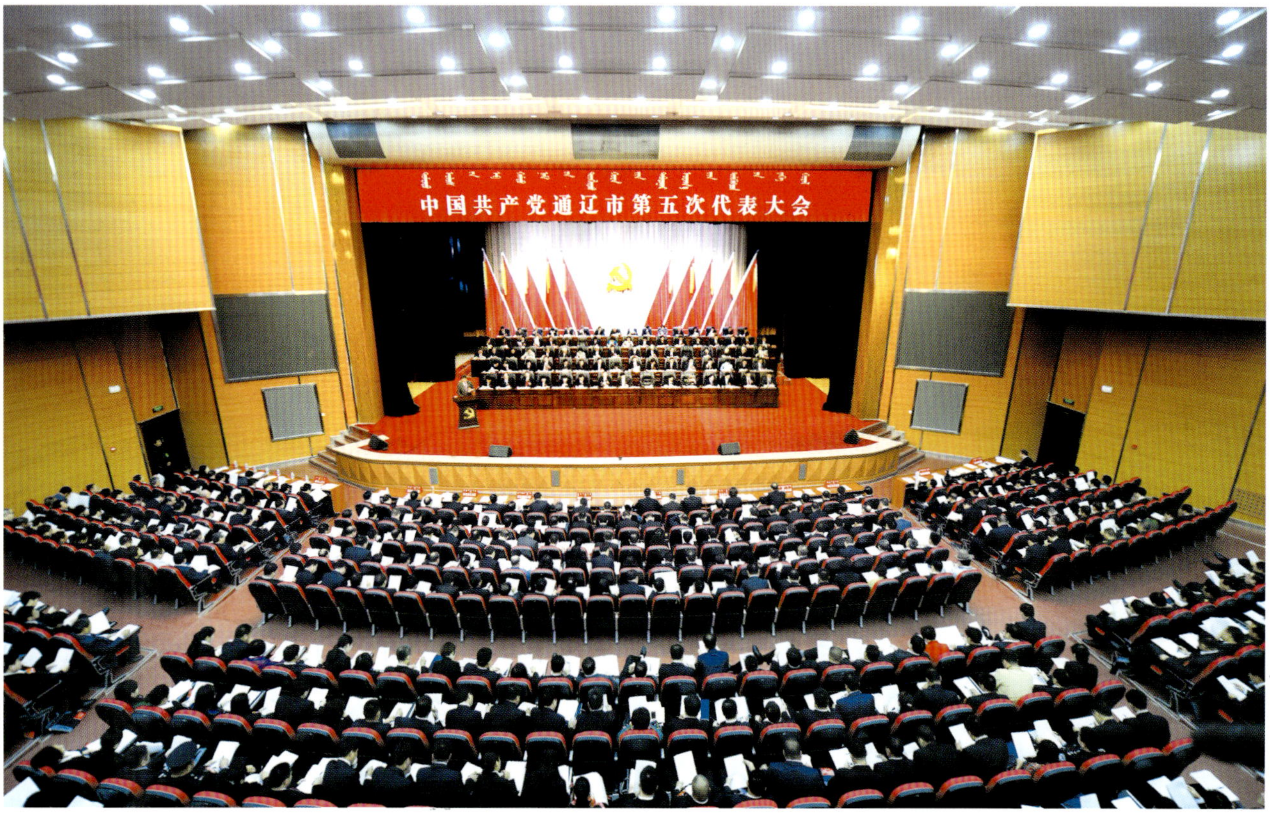

2016年10月15—17日，中国共产党通辽市第五次代表大会在通辽市行政中心召开 （张启民 摄）

重要会议

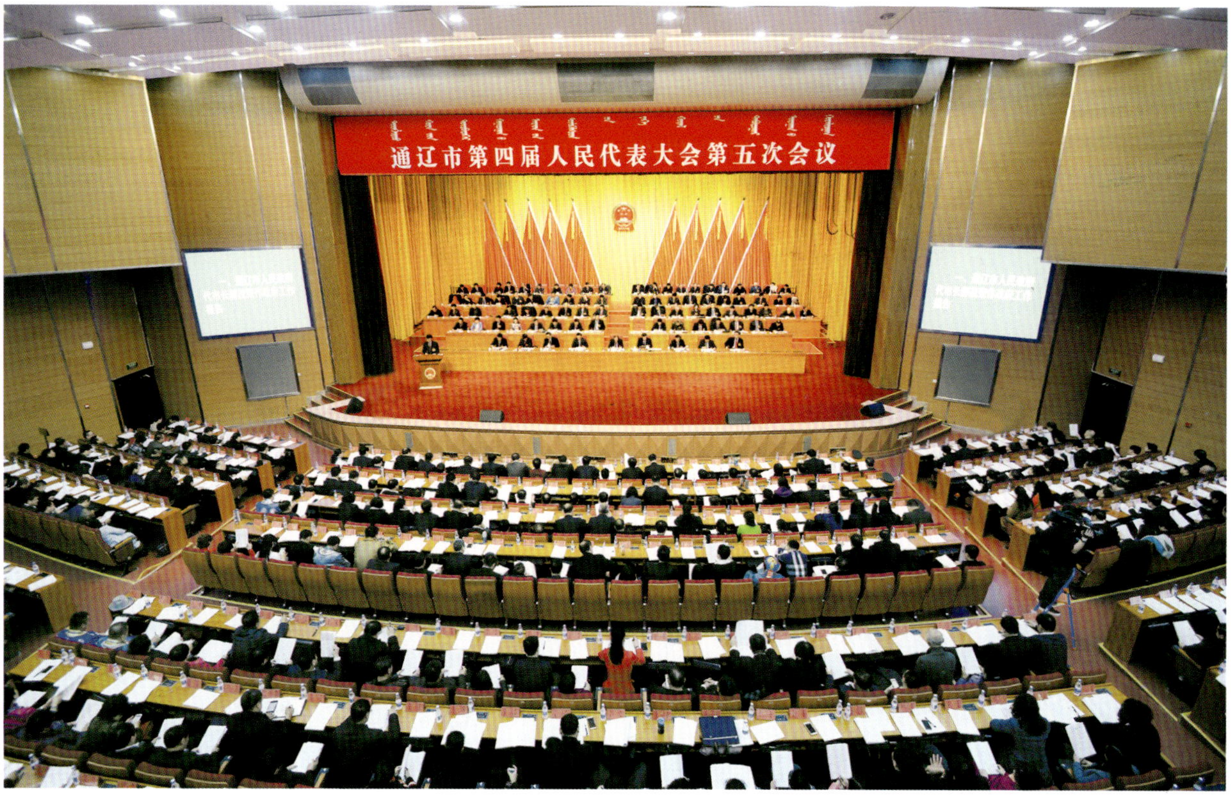

2017年3月10-12日，通辽市第四届人民代表大会第五次会议召开　　（张启民　摄）

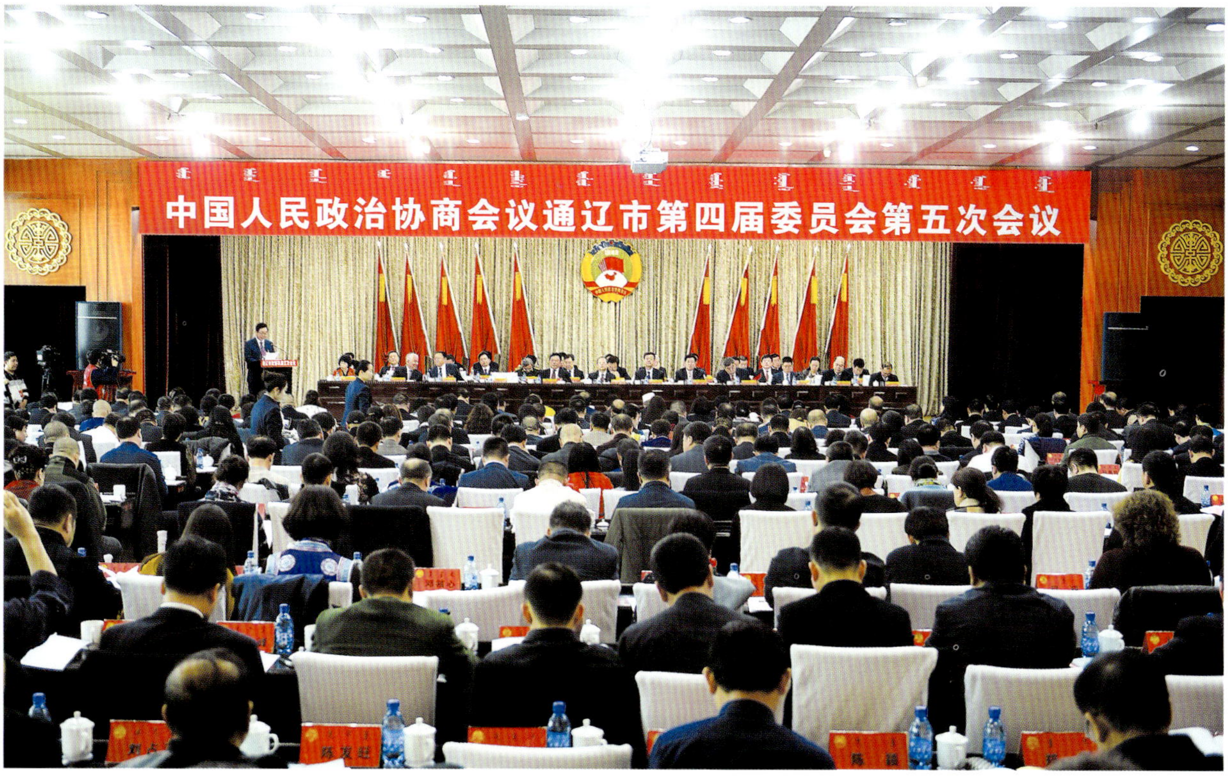

2017年3月9-11日，中国人民政治协商会议通辽市第四届委员会第五次会议召开　　（张启民　摄）

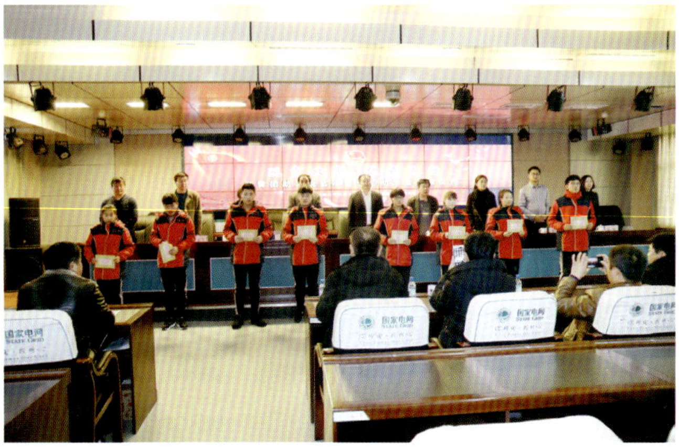

向贫困学生发放助学金

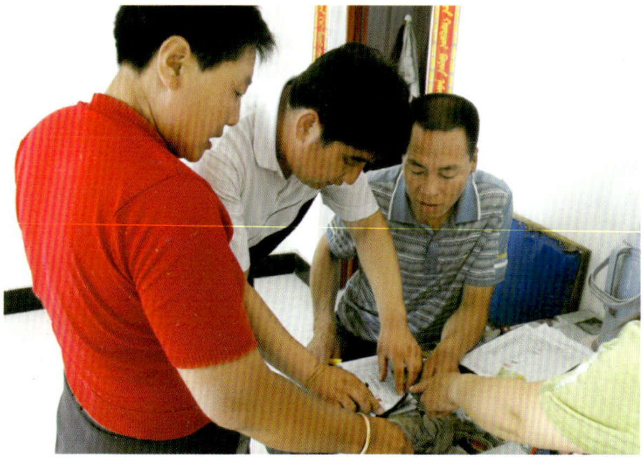

发放金融扶贫富民工程贷款

精准扶贫共筑幸福路

党的十八大以来，市委、市政府深入贯彻落实习近平总书记精准扶贫、精准脱贫方略，以实现“两不愁、三保障”为总体目标，把脱贫攻坚作为第一民生工程，按照“六个精准”要求，全面实施“五个一批”分类扶持措施，选派万名干部驻村帮扶，采取了一户一策、一人一法的帮扶措施,整合投入资金160多亿元，扶持35.1万人稳定脱贫,贫困人口由44.6万人下降到9.5万人，贫困发生率由22.5%下降到4.8%。

一是大力发展脱贫产业。扶持贫困户新增高产高效农田30万亩，扶持274个贫困嘎查村黄牛存栏超千头，扶持210个项目村、4200户发展庭院经济，扶持40个嘎查村、770户发展乡村休闲旅游业，通过发展产业脱贫的贫困人口占脱贫总人口的90%以上。二是稳步推进易地搬迁工程。累计投入10亿元，搬迁建档立卡贫困户7600户、2.5万人。三是积极落实教育扶贫措施。健全完善从学前教育到高等教育的全覆盖资助政策，全面落实贫困家庭大学生本科生4万元、专科生3万元的补助政策。四是强化落实生态补偿脱贫政策。加大贫困地区生态保护修复力度，增加重点生态功能区转移支付，将贫困人口就地转为护林员、草原监理员和村屯保洁员，针对贫困人口开发公益性岗位3000个。五是不断完善低保兜底政策。将20 698名贫困人口纳入低保，实现了应保尽保。不断完善新农合、大病医疗保险等医疗救助制度，创新推广家庭病床模式、商业医疗补充保险模式，率先在全区实行贫困人口免费体检。

通过集中攻坚，到2018年底，开鲁县、扎鲁特旗两个区贫旗县实现脱贫并摘帽；到2020年，实现科左中旗、科左后旗、奈曼旗和库伦旗四个国贫旗全部脱贫并摘帽，全市农村牧区建档立卡贫困人口与全市人民同步达小康。

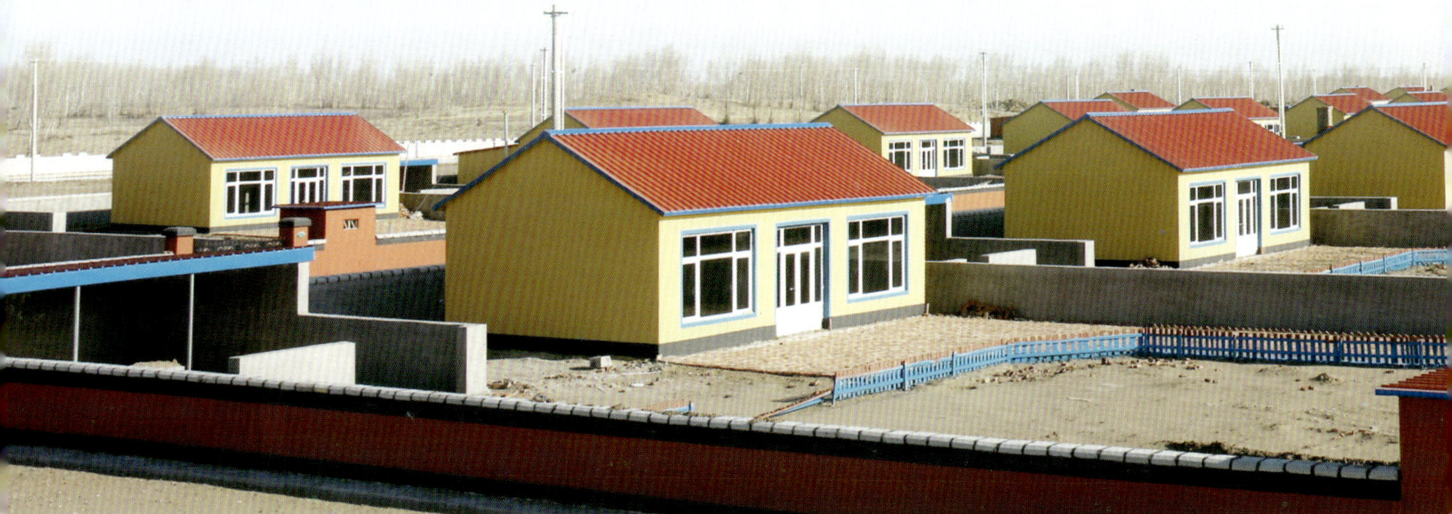

精准扶贫

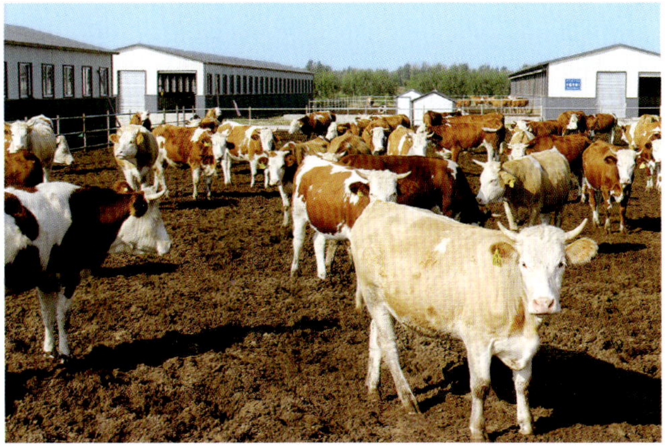
资产收益肉牛养殖模式

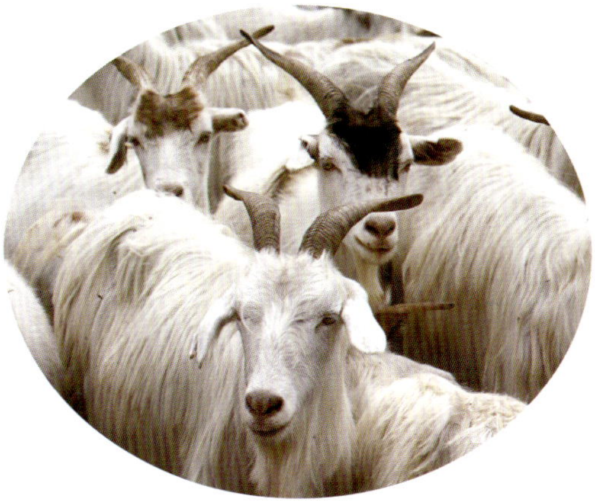
绒山羊养殖

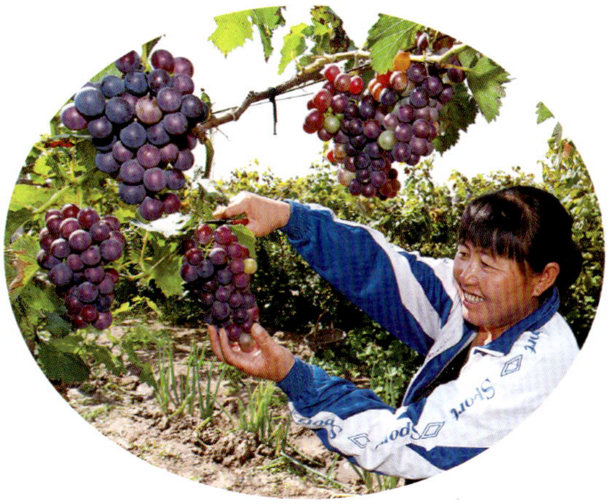
庭院特色种植

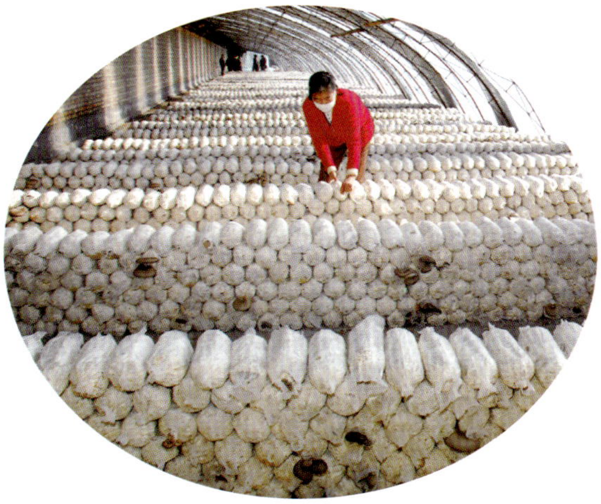
食用菌特色种植

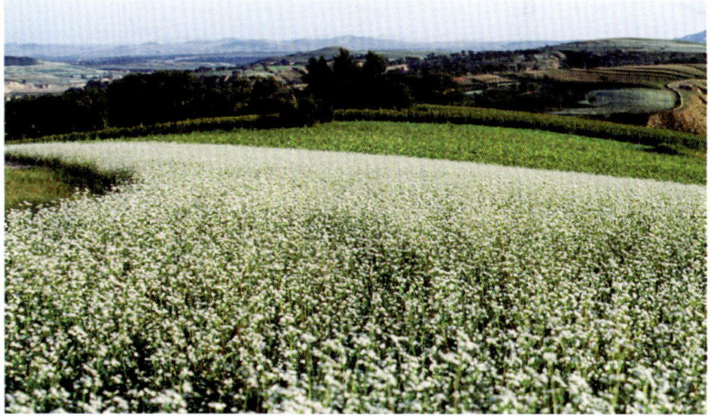
荞麦特色种植

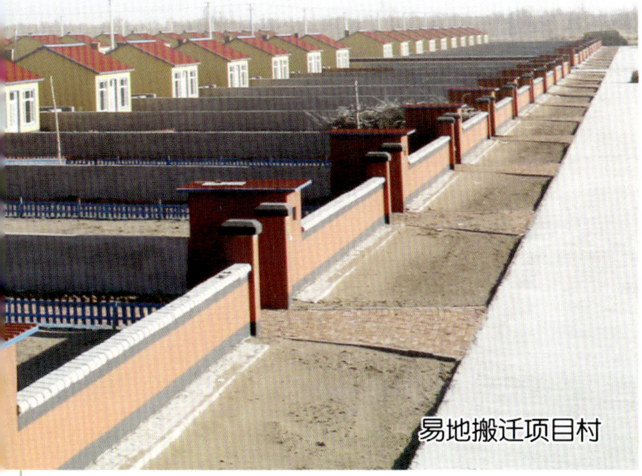
易地搬迁项目村

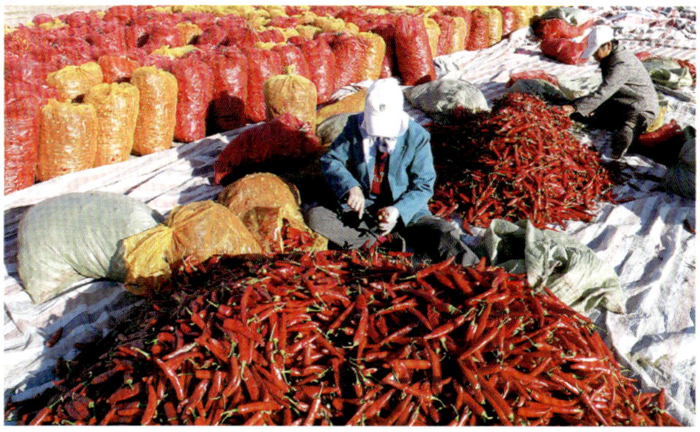
红干椒特色种植

城市建设

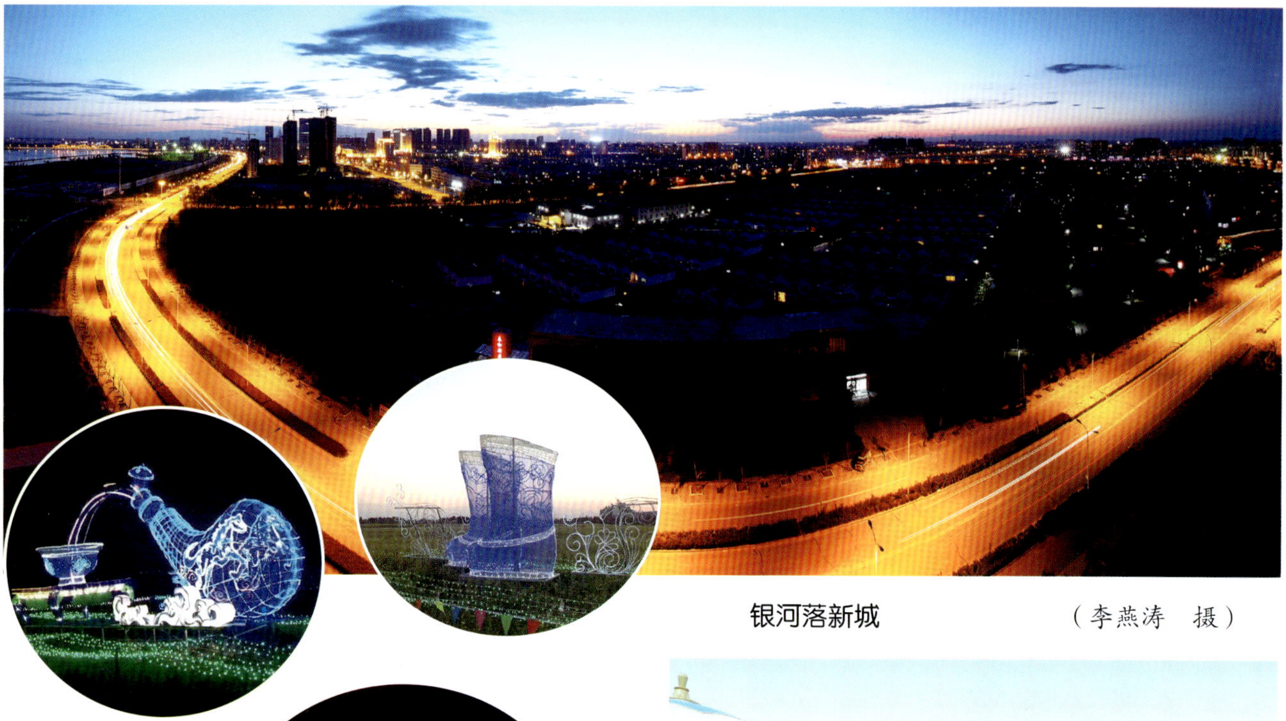

银河落新城　　（李燕涛　摄）

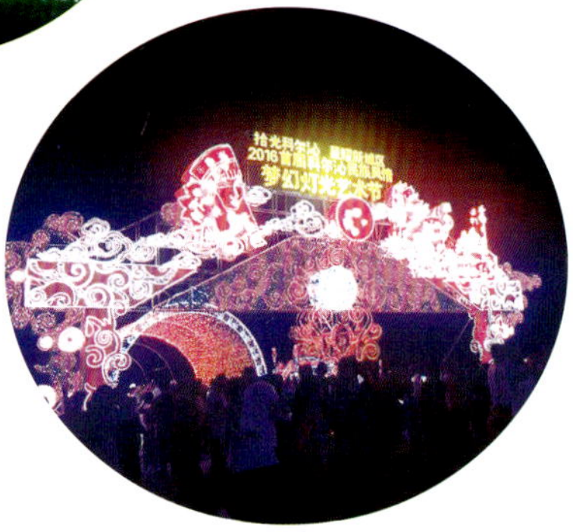

由通辽经济技术开发区主办的“拾光科尔沁·星耀新城区”首届梦幻灯光艺术节

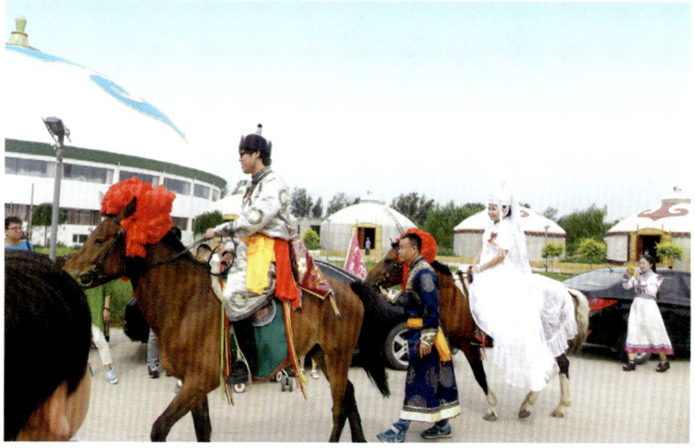

哈萨尔蒙古风情园

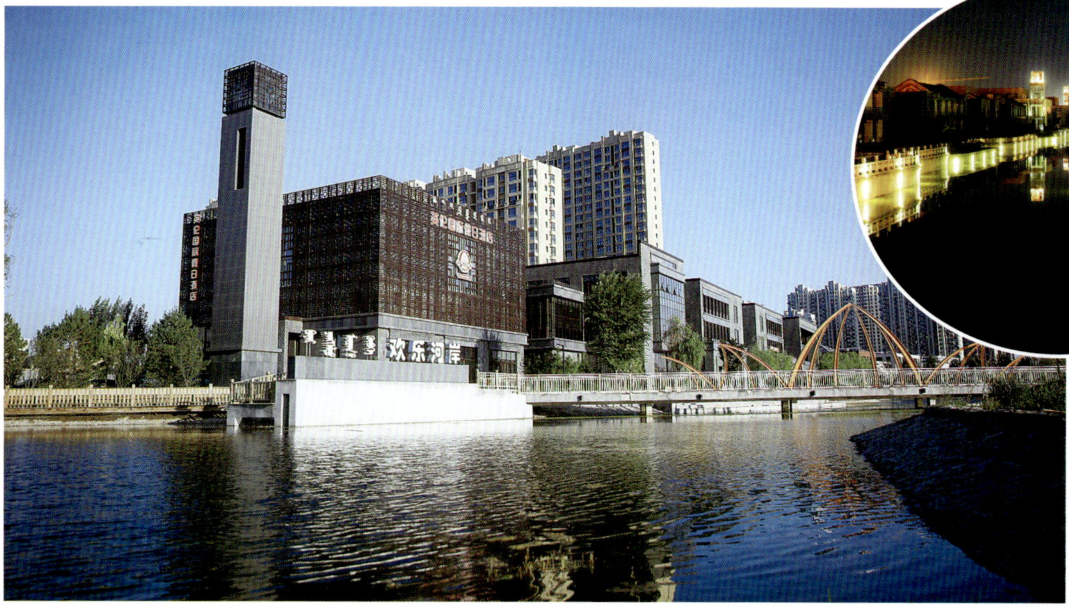

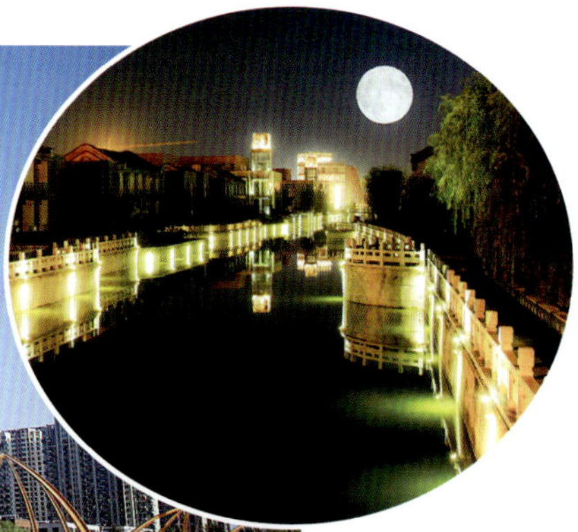

欢乐河岸

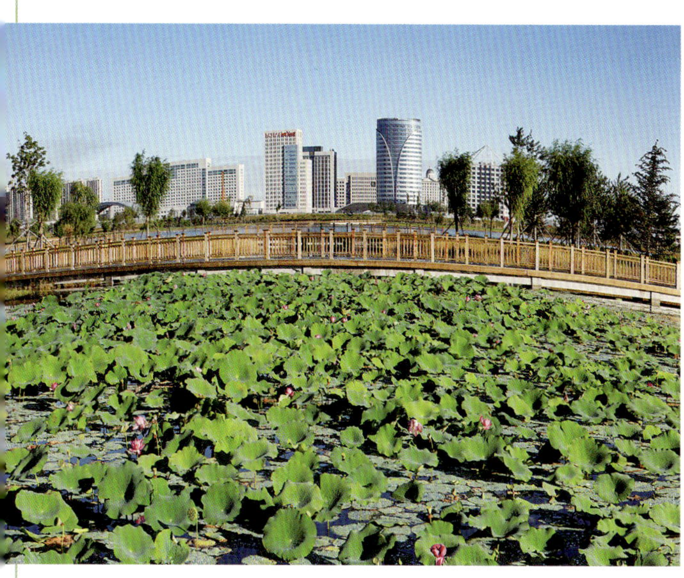

幽幽荷韵　（崇先鸣　摄）

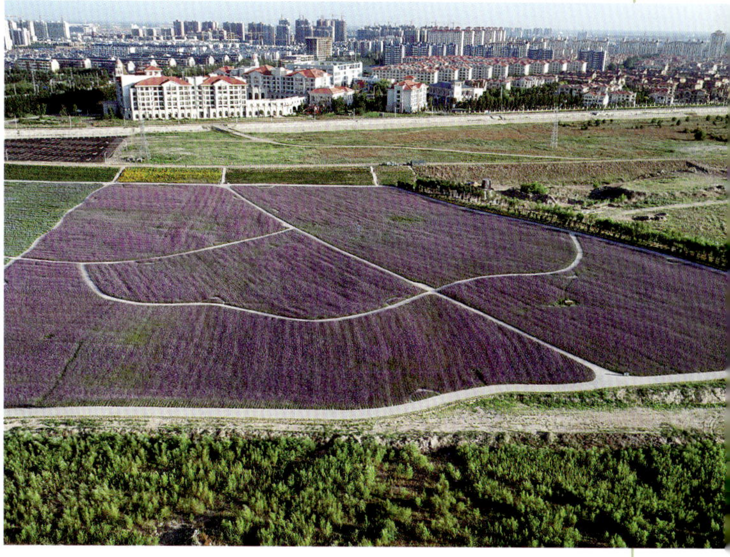

薰衣草花田

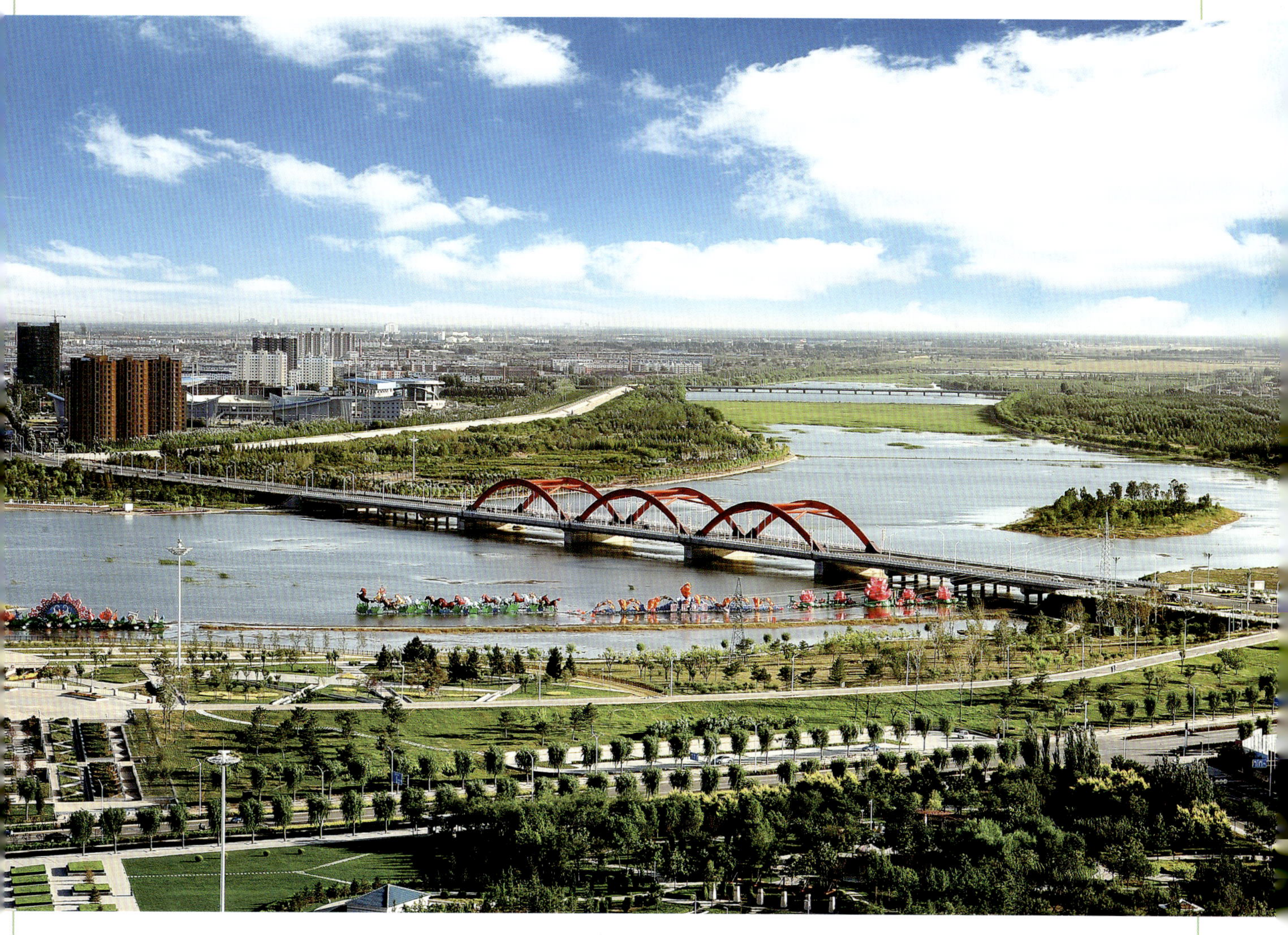

通辽新貌

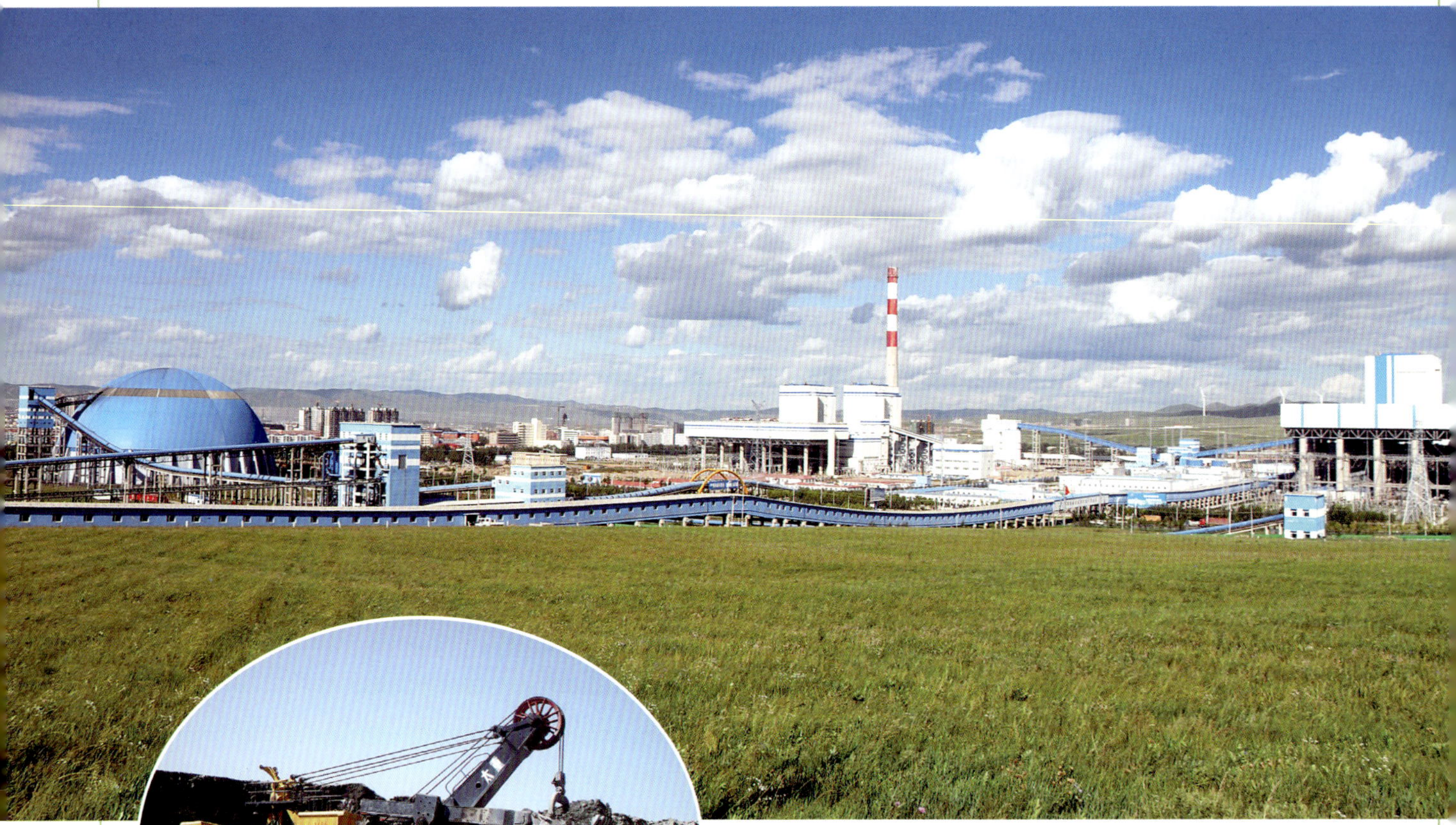

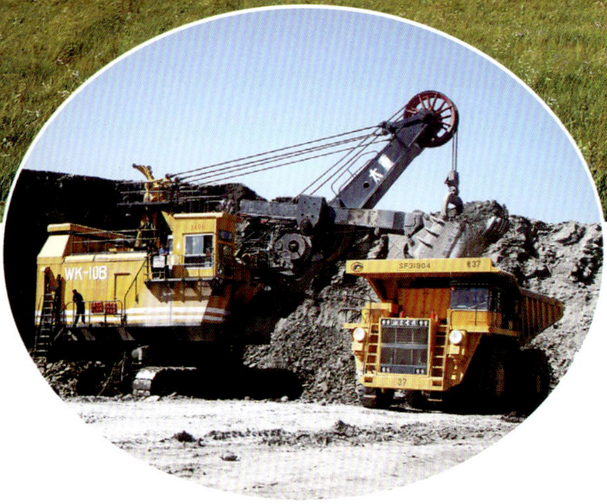

霍林郭勒露天煤业

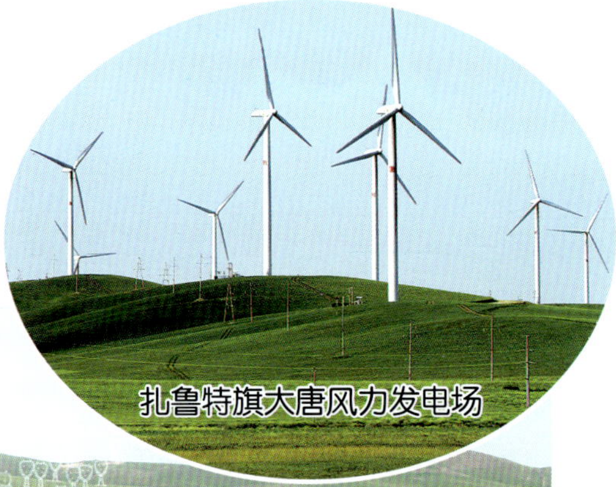

扎鲁特旗大唐风力发电场

工业经济

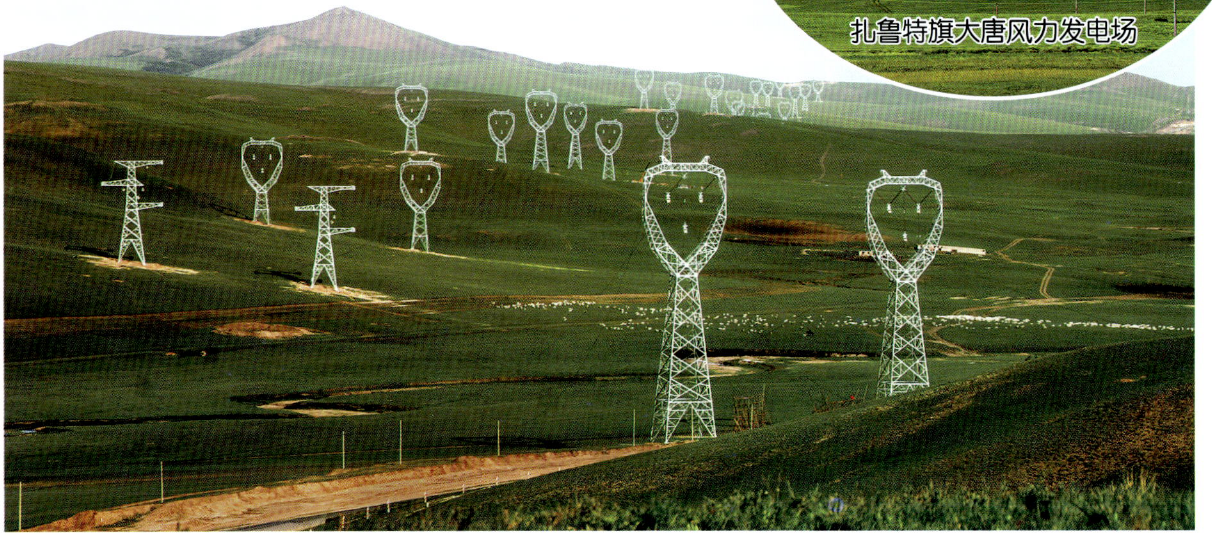

电力输送

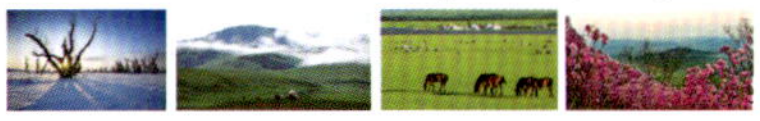

工业经济

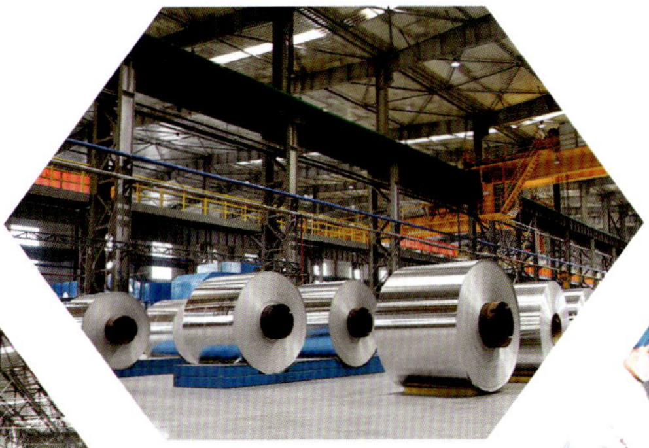

宽幅铝卷

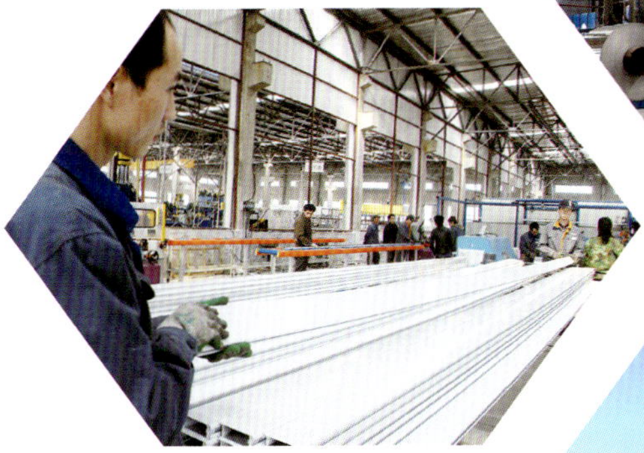

铝产品加工

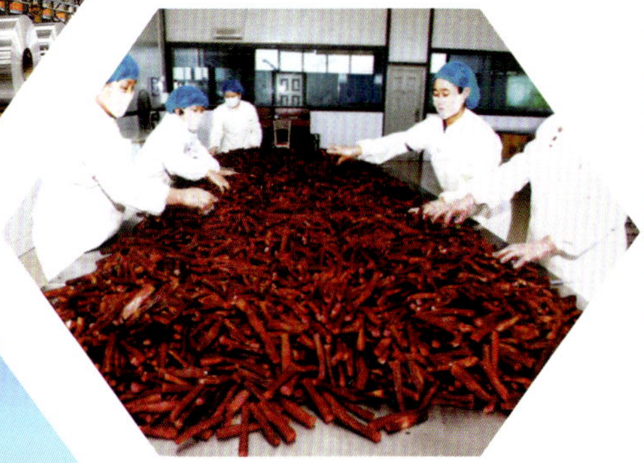

黄牛养殖和畜产品加工
——牛肉干制做现场

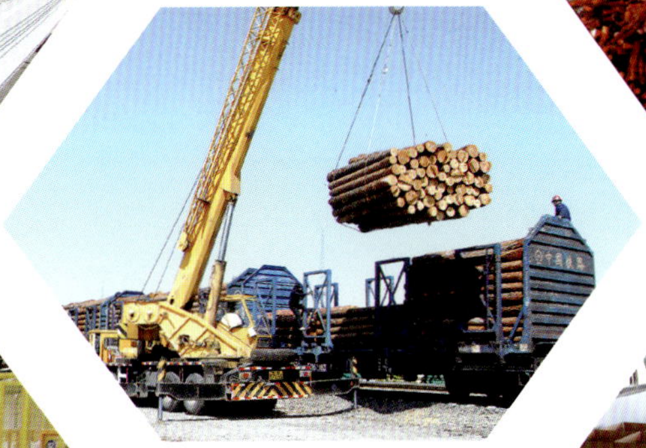

通辽内陆港

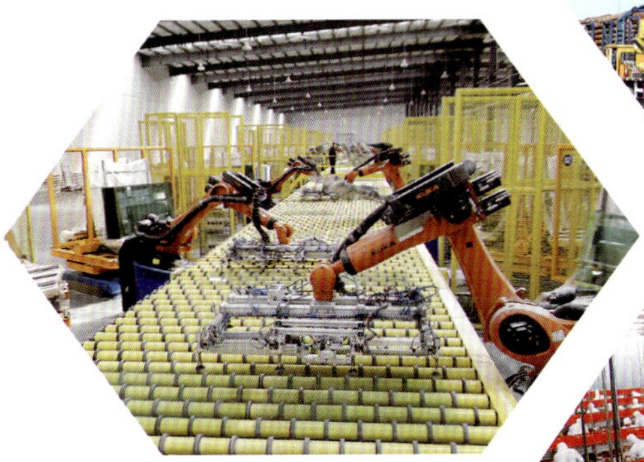

福耀优质浮法
玻璃生产车间

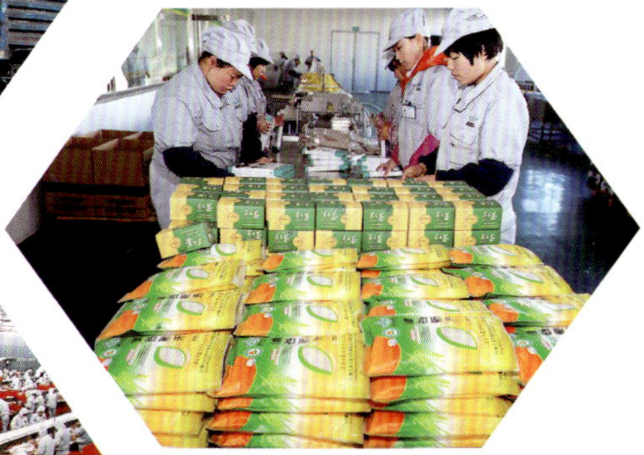

内蒙古清谷新禾有机食品
有限公司生产车间

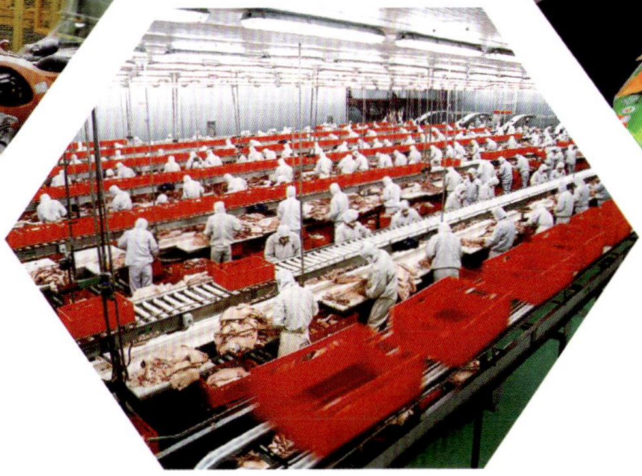

金锣保鲜肉车间

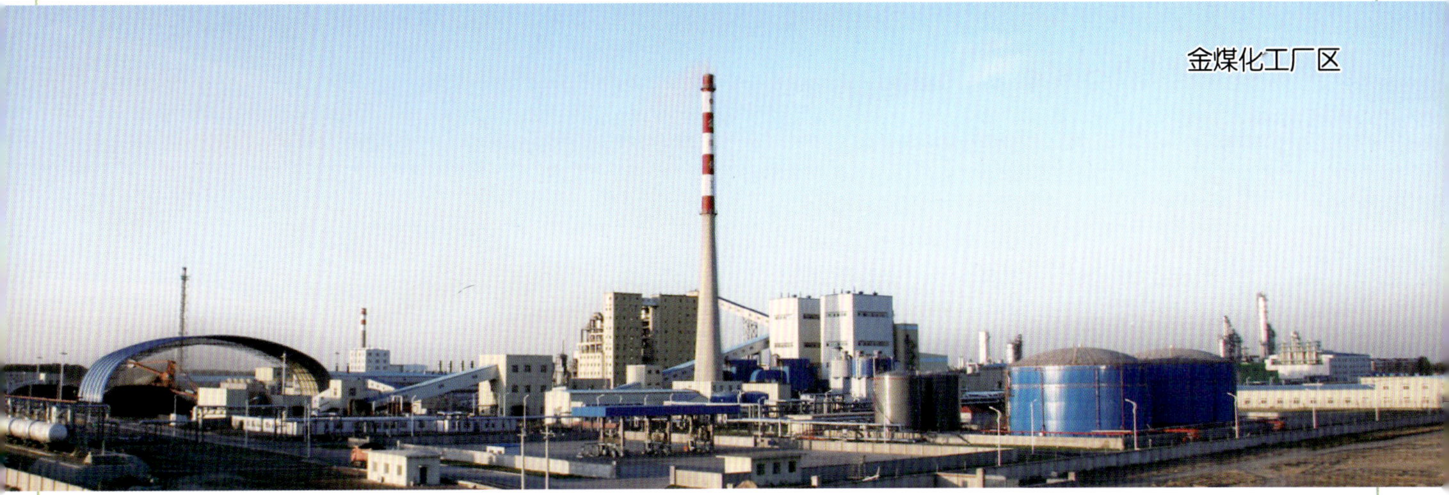

金煤化工厂区

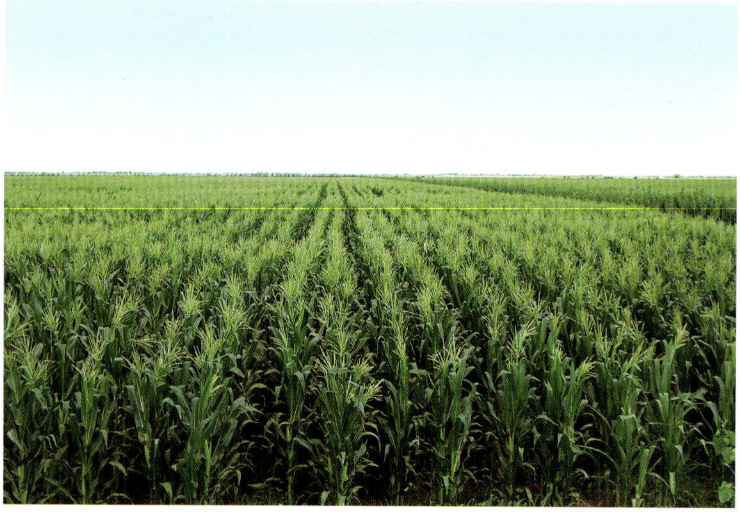

玉米高产创建示范区

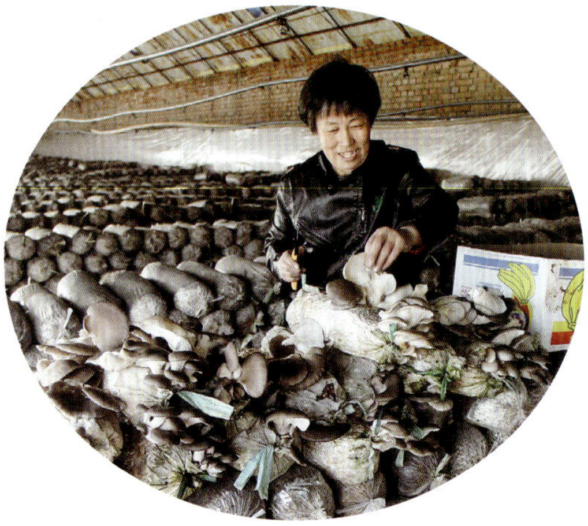

蘑菇种植

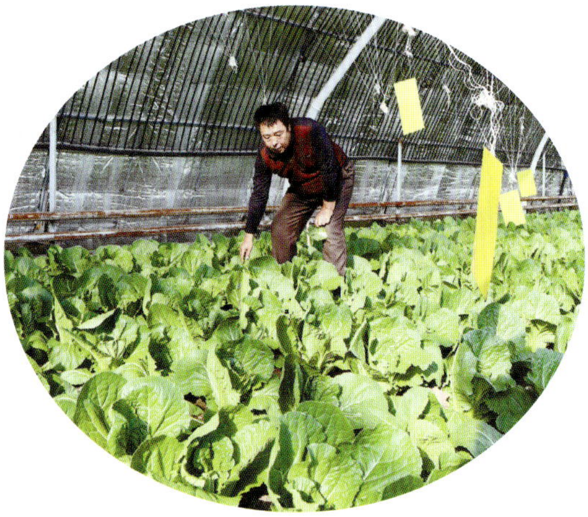

巴润设施农业

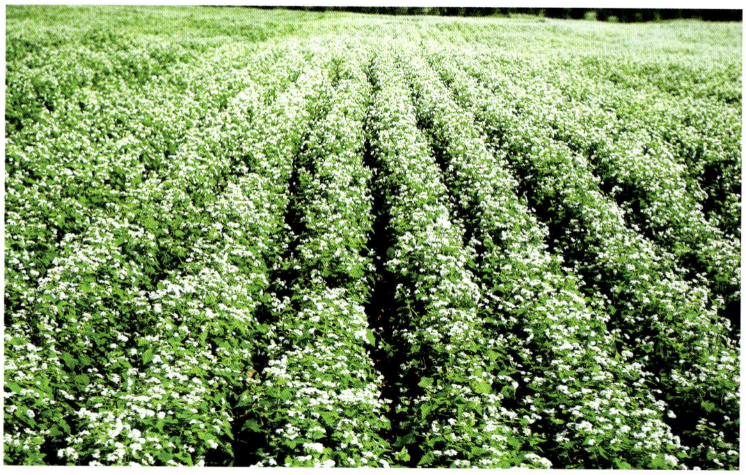

库伦荞麦

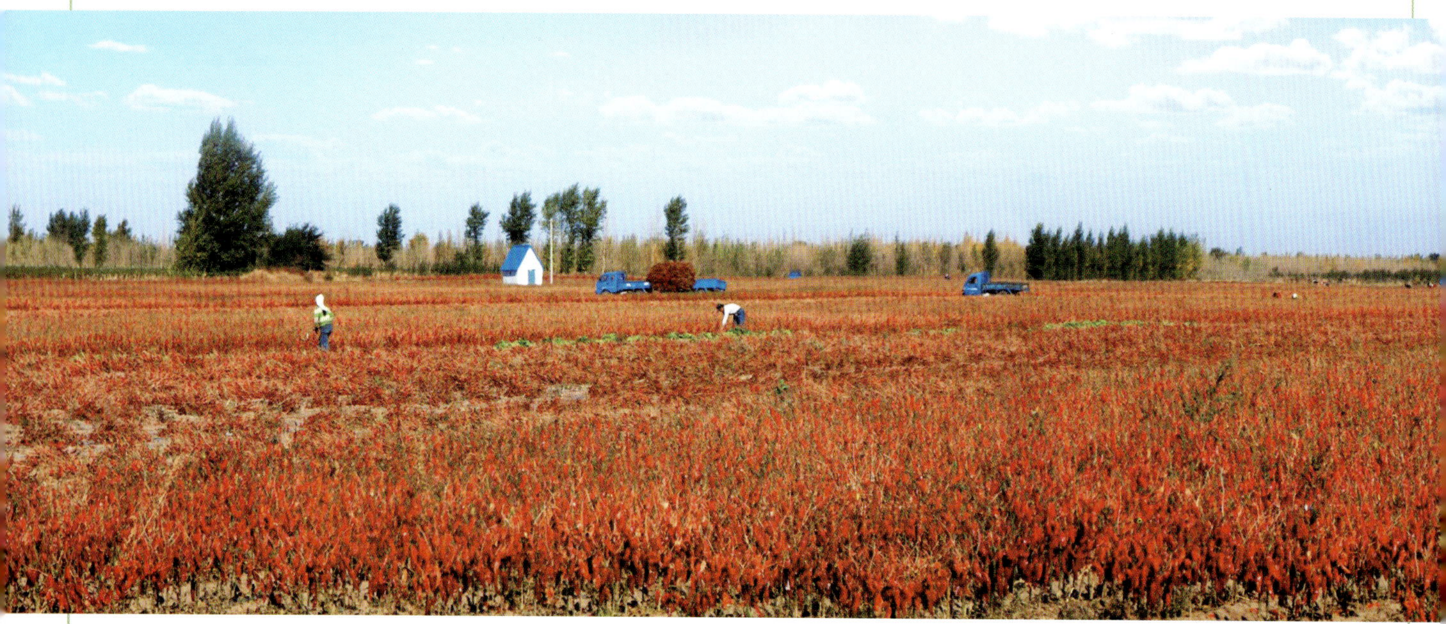

现代农牧业

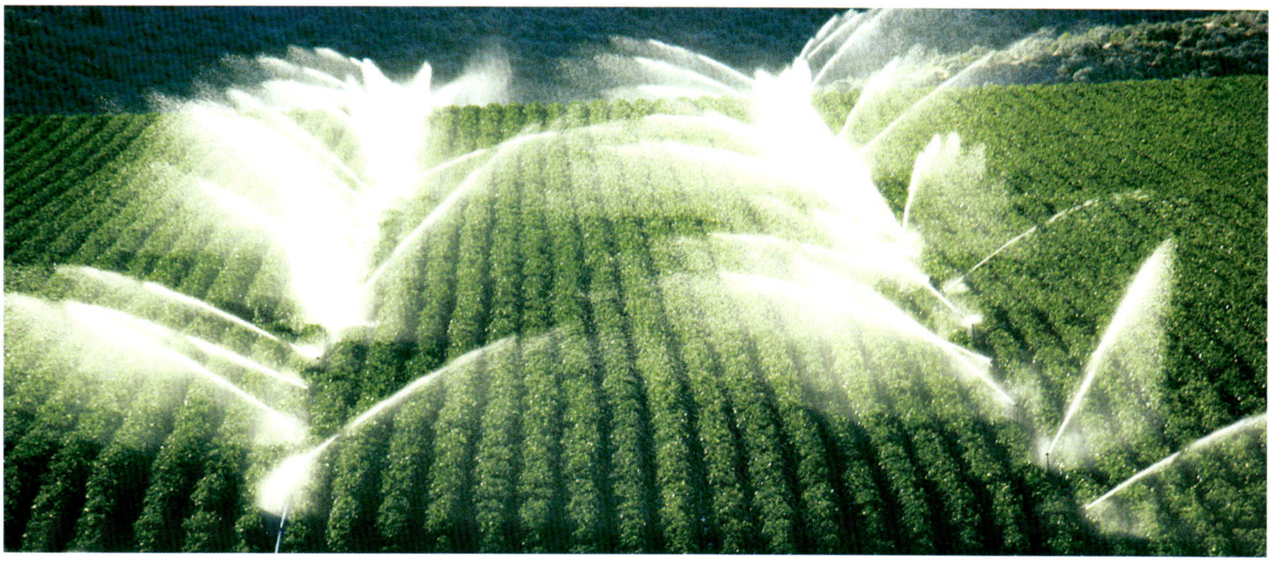

设施农业

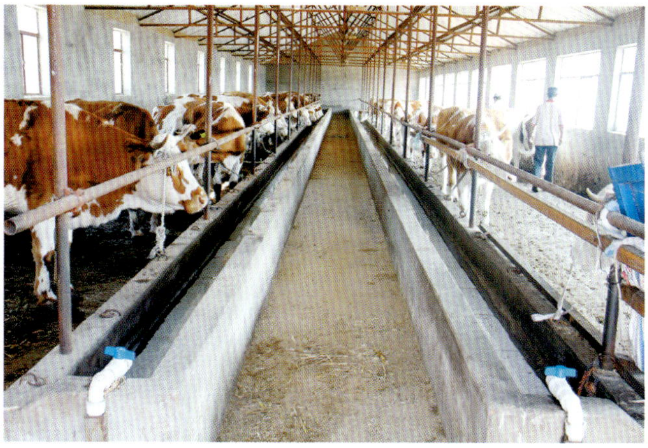

肉牛养殖

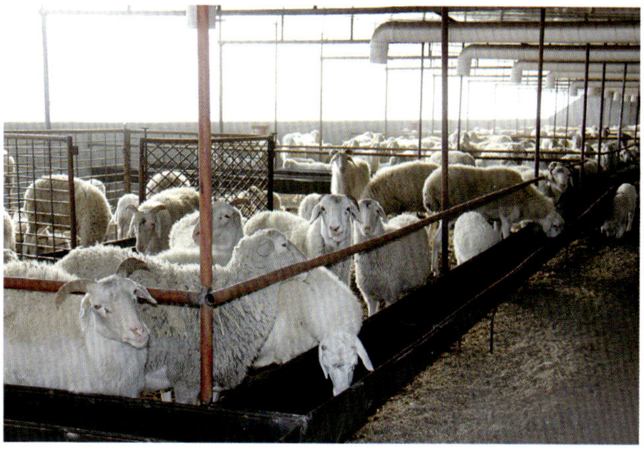

蒙鑫羊业养殖区

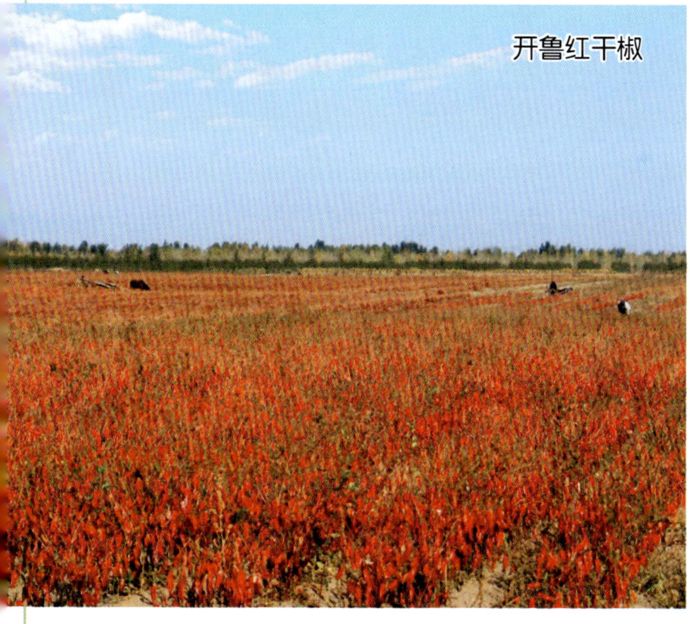

开鲁红干椒

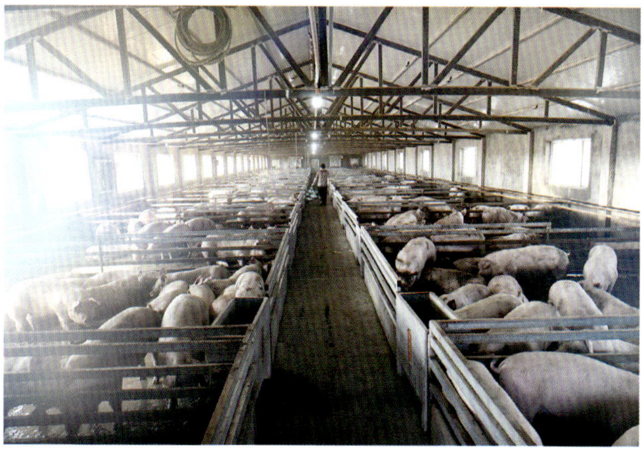

庆和镇马家村养猪场

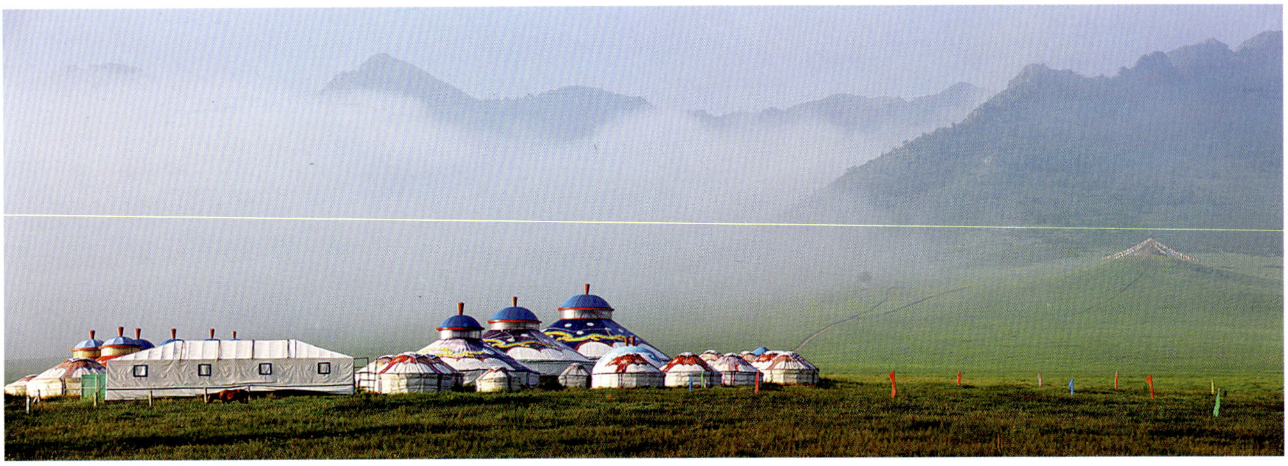

山地草原的蒙古包群　（崇先鸣　摄）

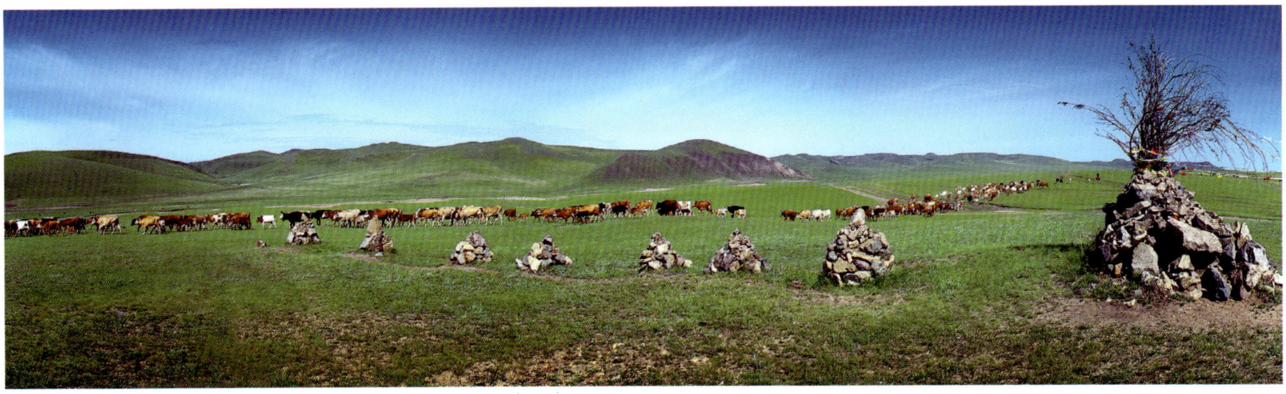

甘珠尔敖包　（崇先鸣　摄）

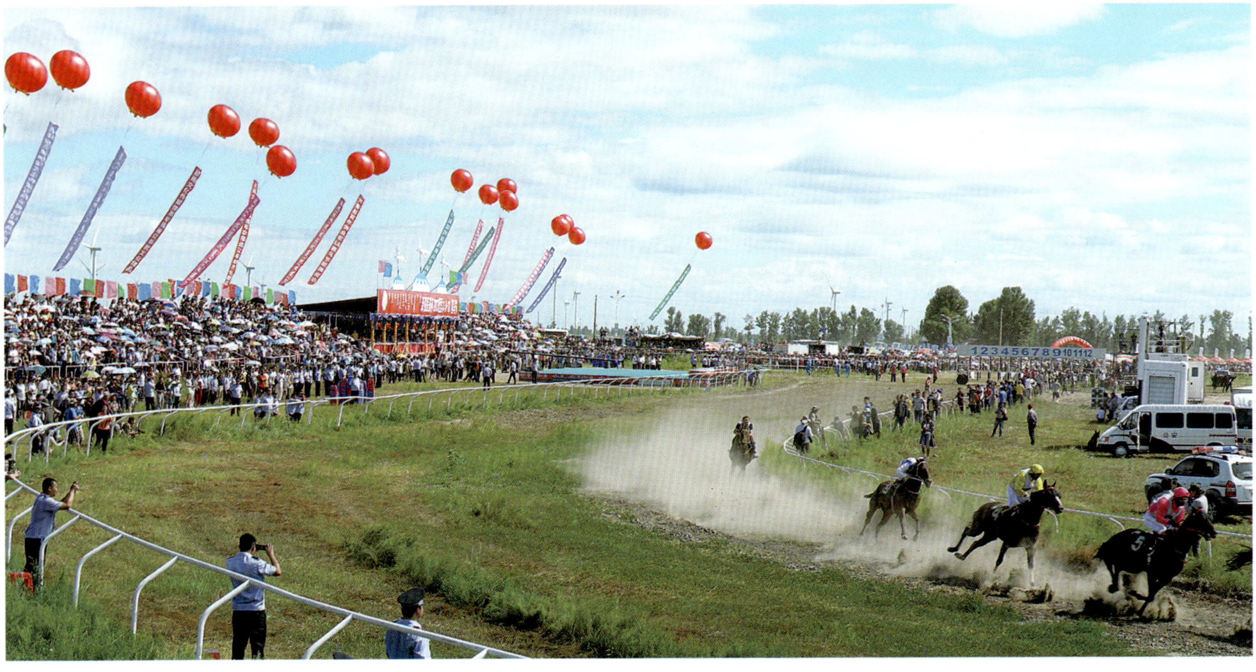

通辽国际赛马节盛况

民族文化

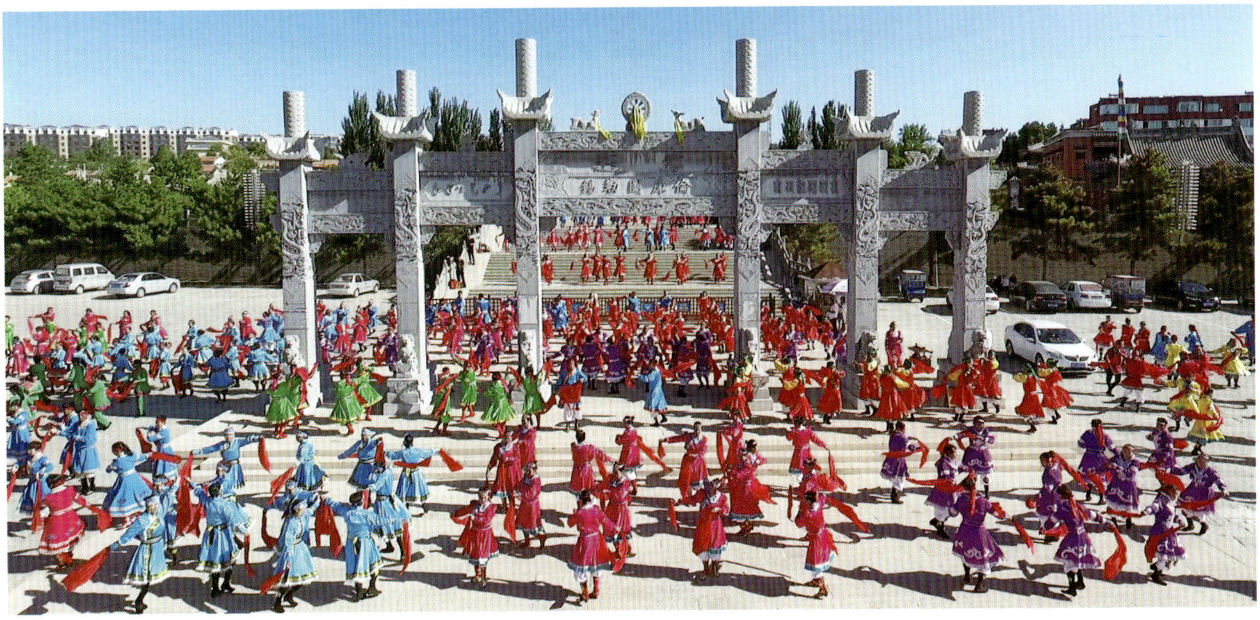

库伦旗——中国安代艺术之乡

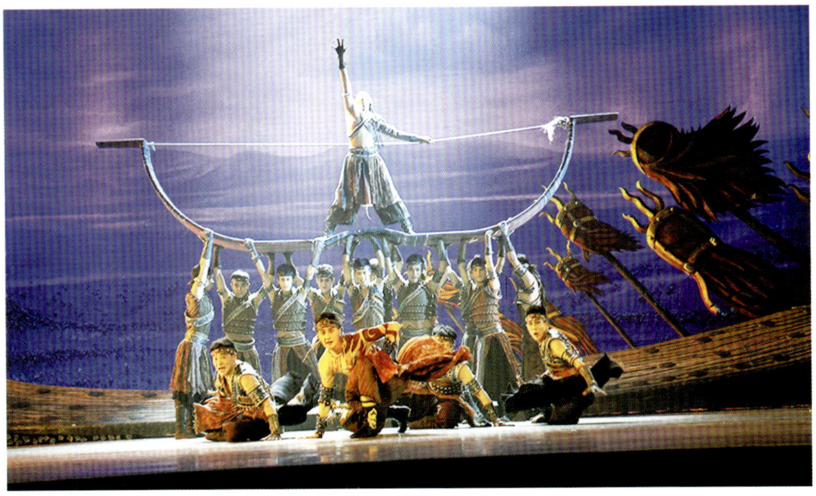

舞台剧《天上的风》

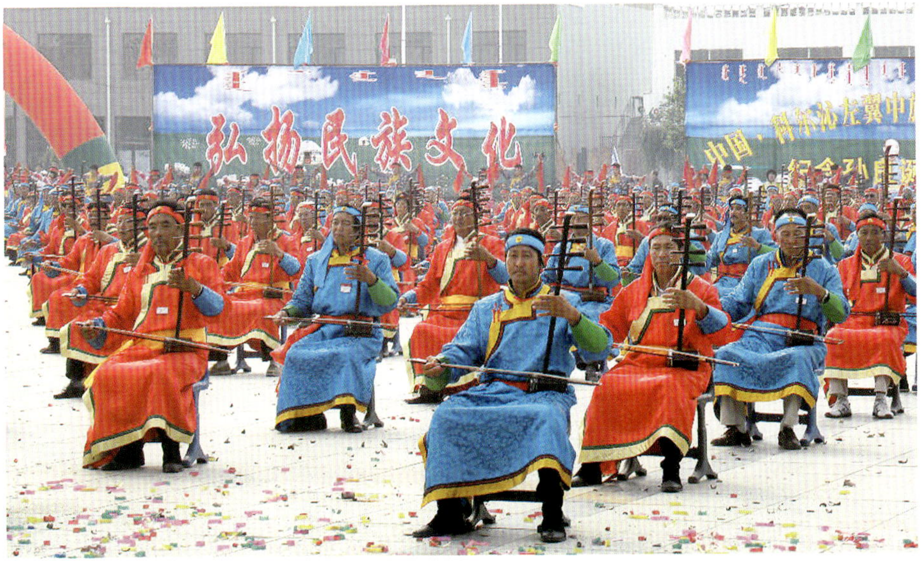

2010年9月6日，科左中旗举办首届达尔罕艺术节暨孙良诞辰100周年纪念活动，1151名民间艺人现场四胡表演创造了四胡现场演奏吉尼斯世界纪录

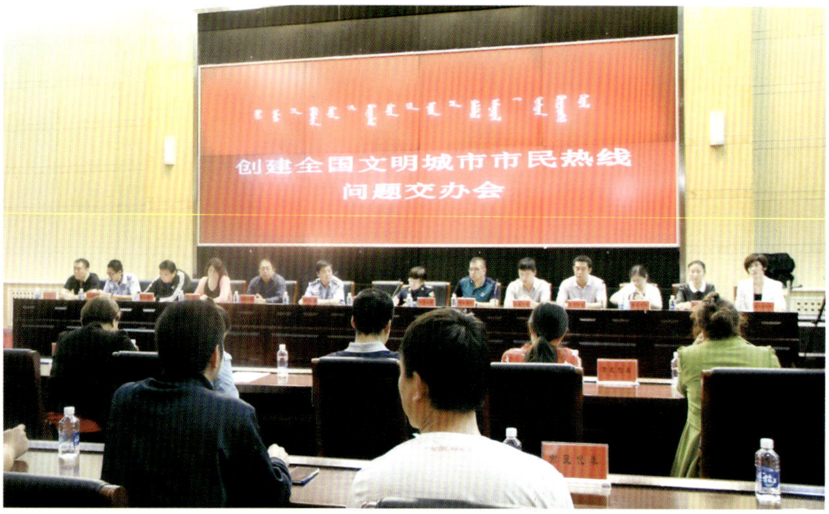
创建全国文明城市市民热线
问题交办会

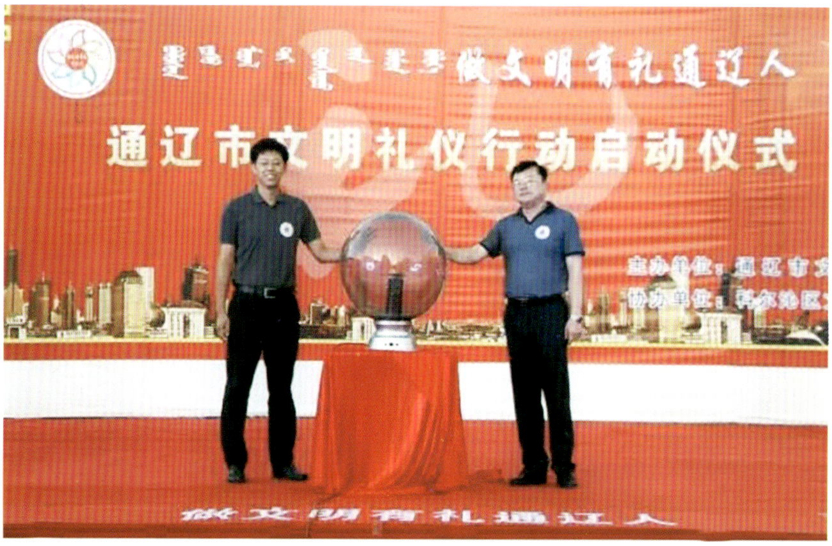
做文明有礼通辽人
通辽市文明礼仪行动启动仪式
做文明有礼通辽人

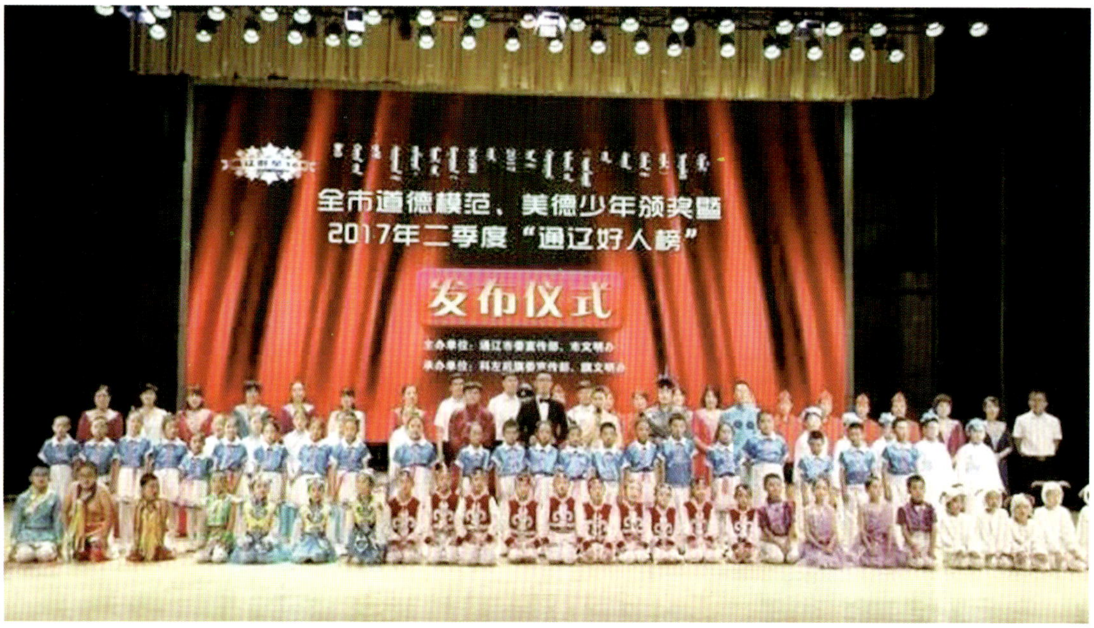
全市道德模范、美德少年颁奖暨
2017年二季度“通辽好人榜”
发布仪式

双城同创

双城同创

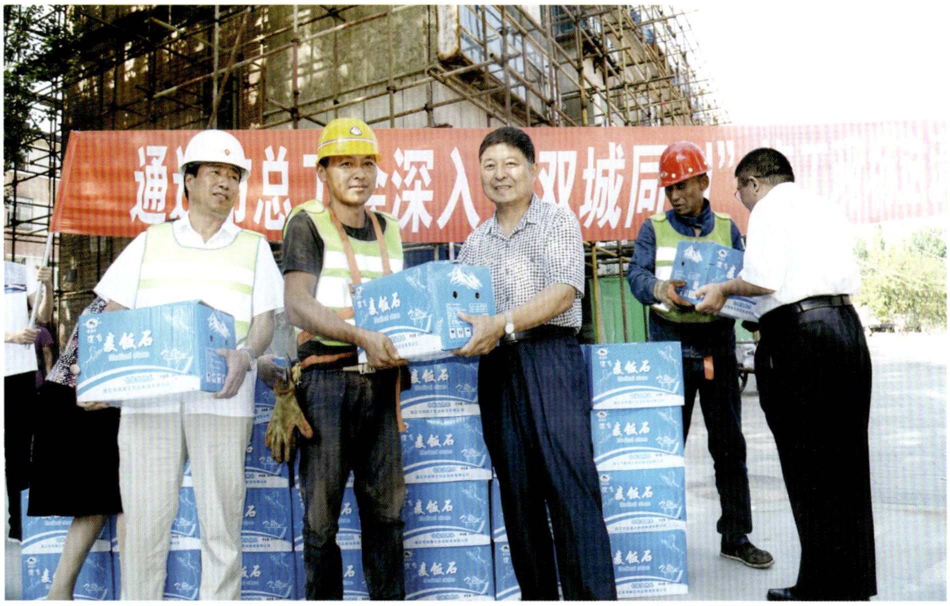

助力“双城同创”

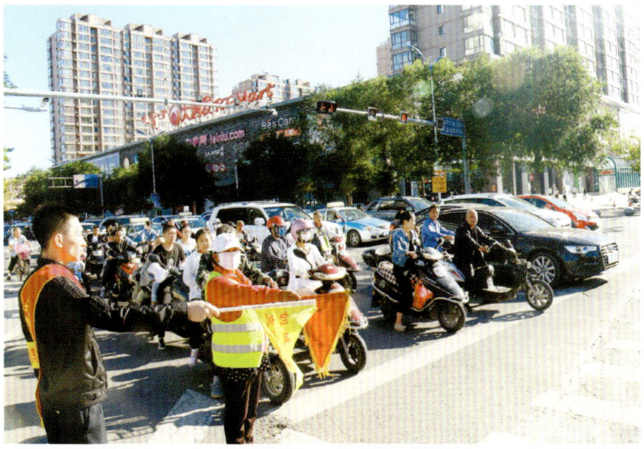

助力创城，交通志愿服务

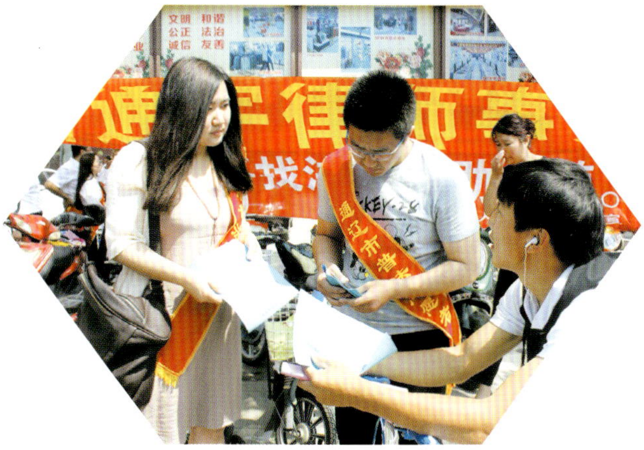

通辽市司法局启动开展“共创文明城　普法在行动”

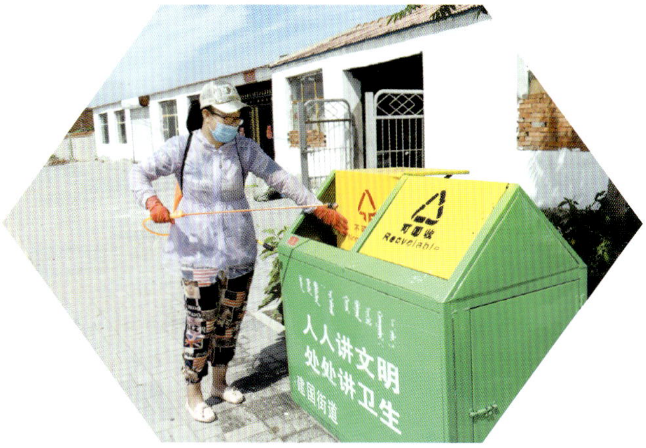

创建卫生城市从点滴做起

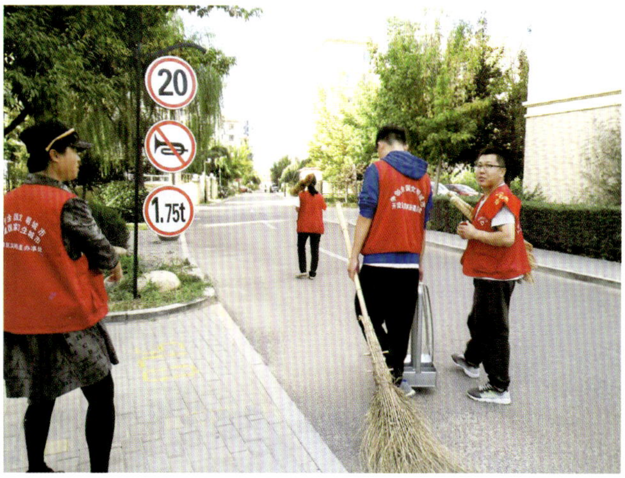

创城志愿者在碧桂园社区服务

蒙医蒙药

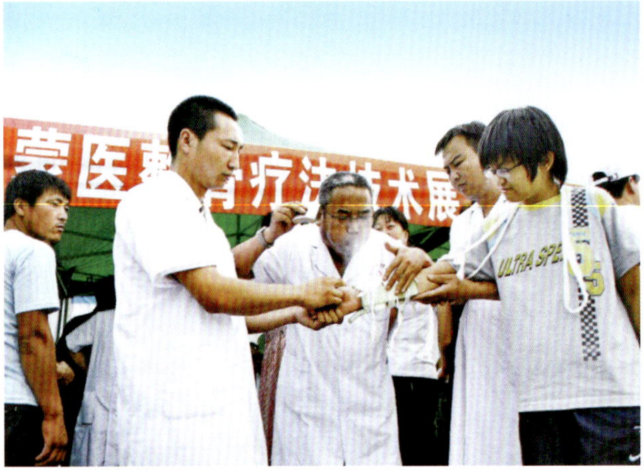

蒙医整骨疗法

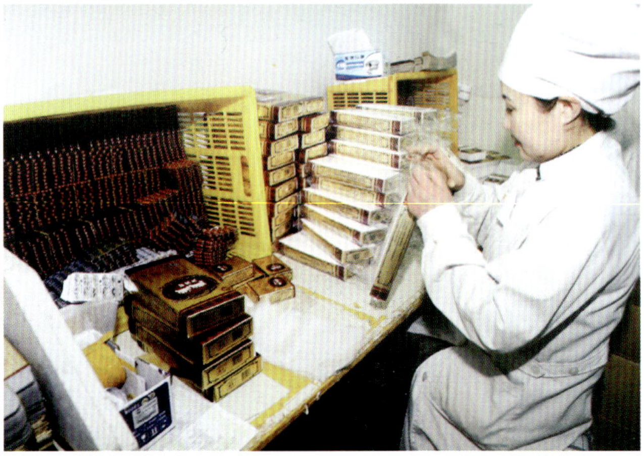

蒙医蒙药产品

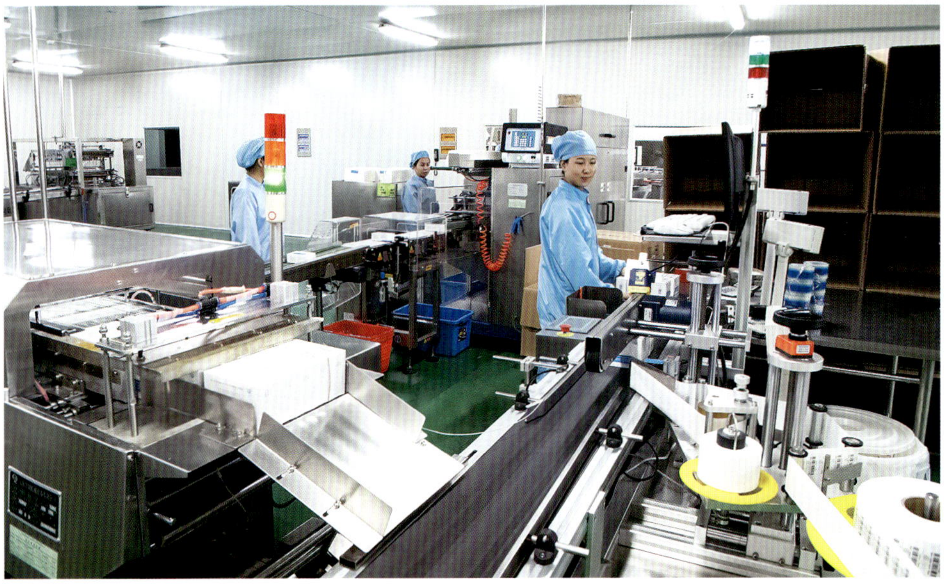

康臣药业内蒙古有限公司尿毒清颗粒生产车间

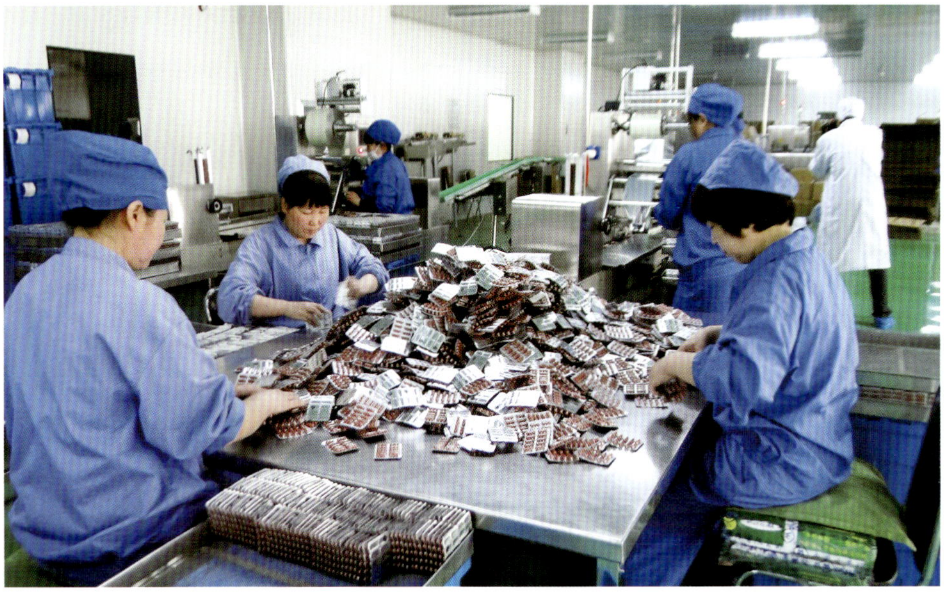

内蒙古蒙药股份有限公司生产车间

蒙医蒙药

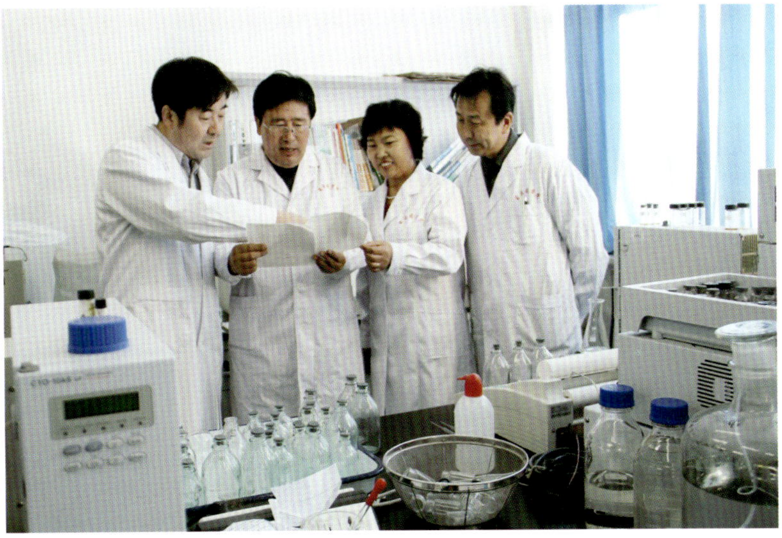

蒙药专家对实验结果进行分析

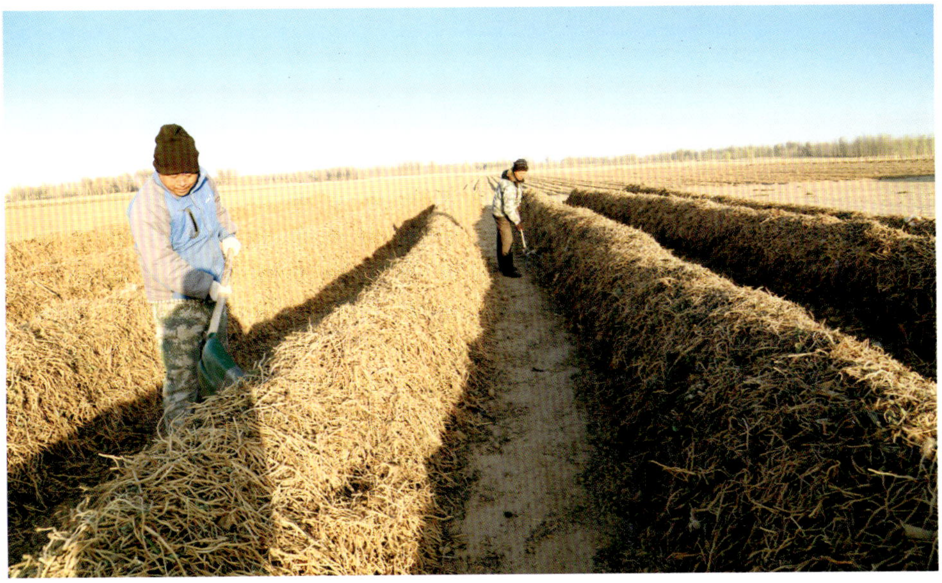

奈曼旗药材种植

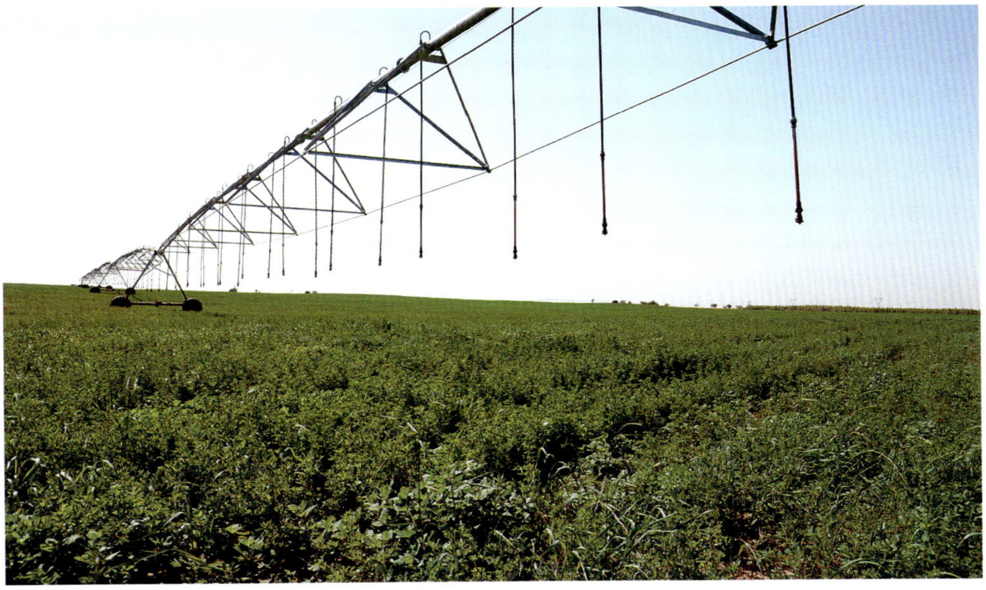

蒙草联盟

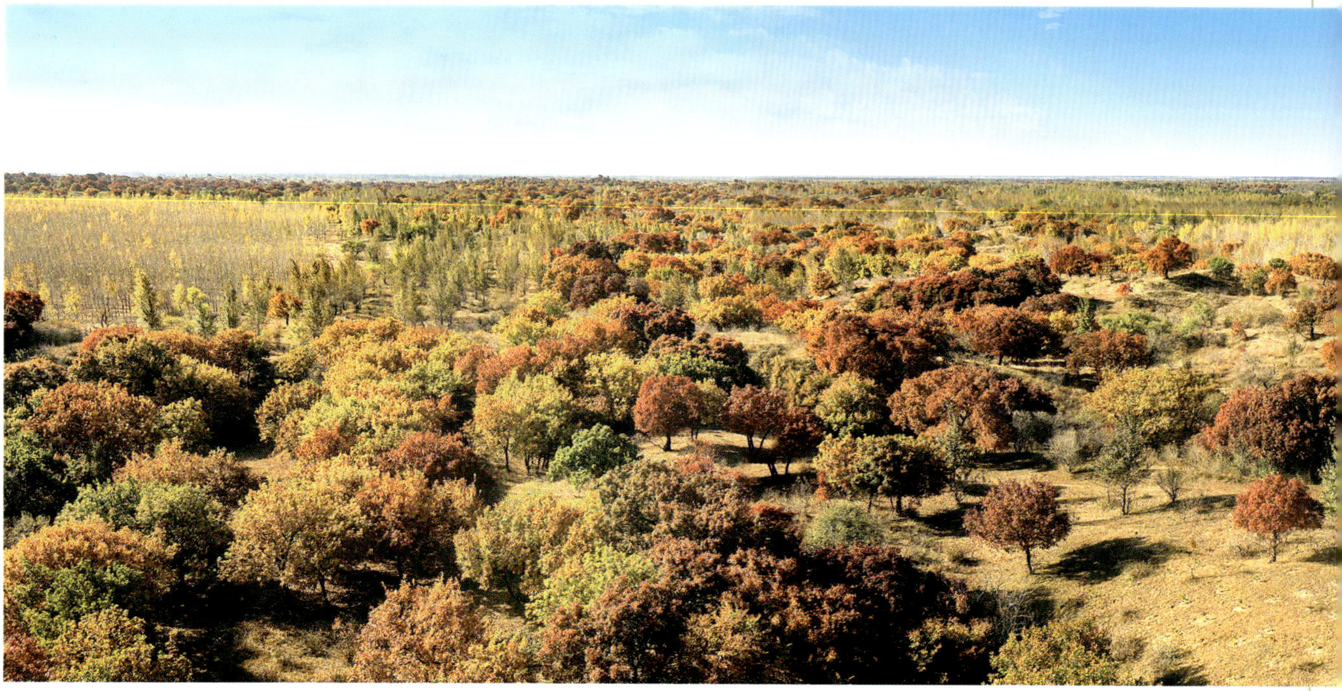

乌旦塔拉五角枫森林公园

宝古图沙漠

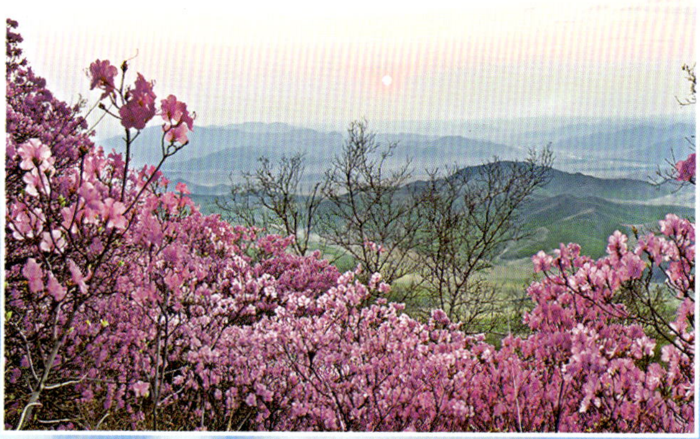

日出云雾杜鹃红——海日罕杜鹃　（包哈达　摄）

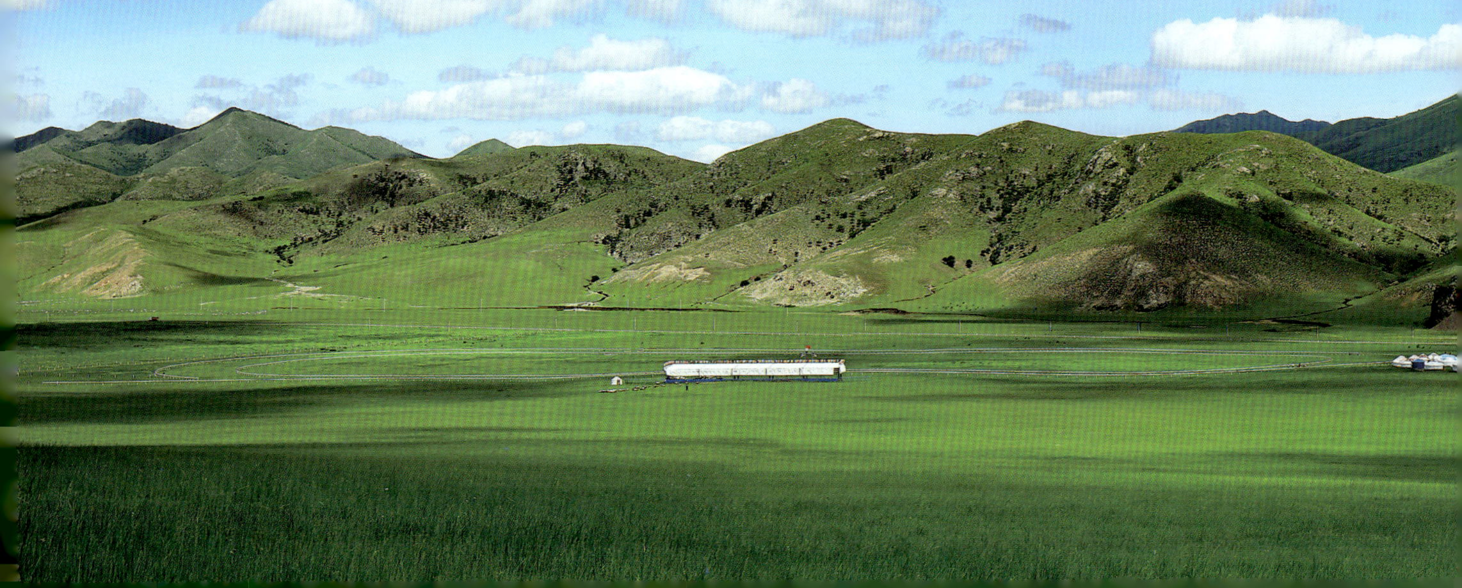

自然风光

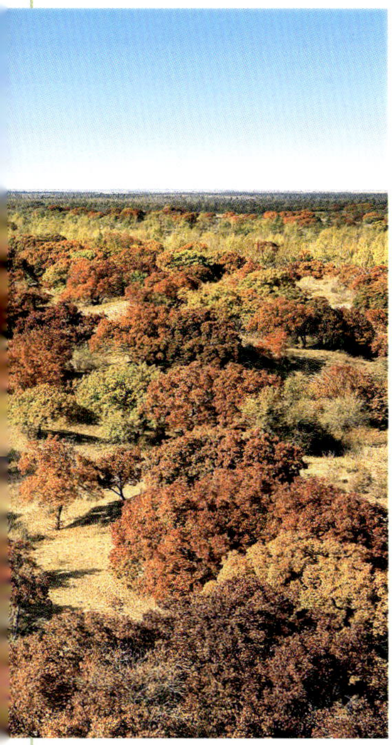

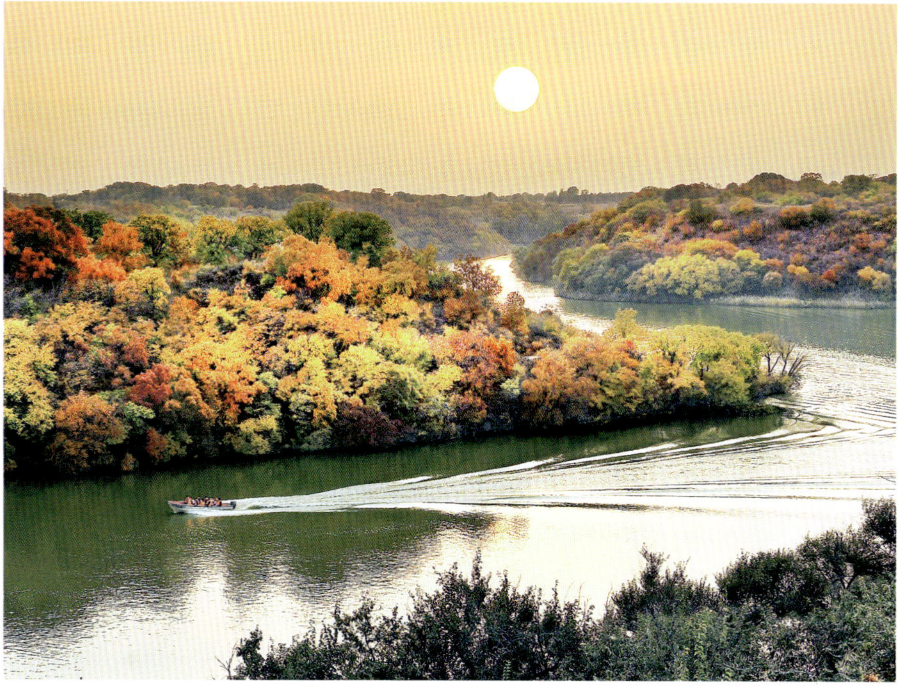

青湖掠影

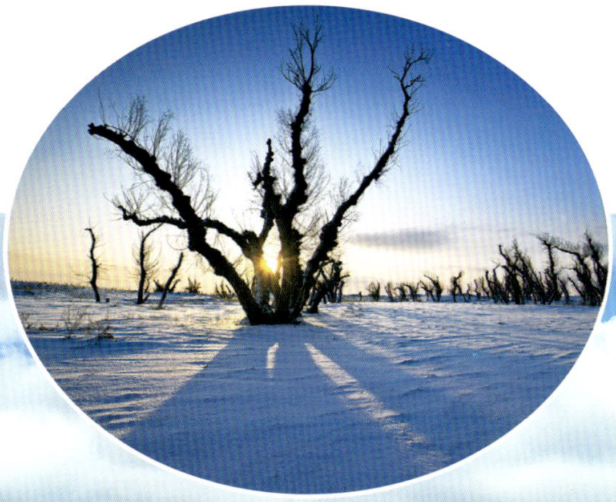

奈曼怪柳

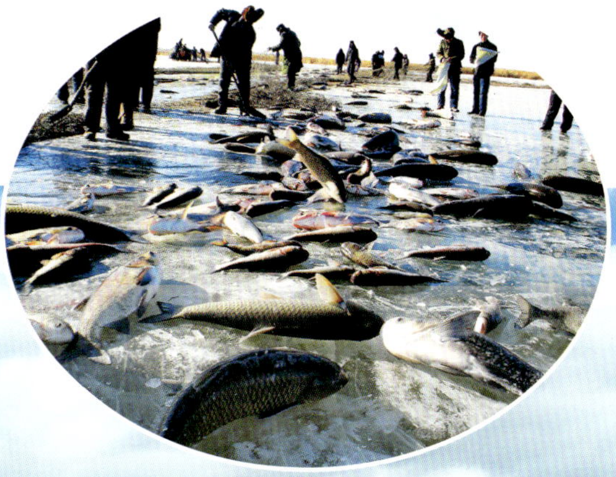

奈曼旗孟家段水库冬捕

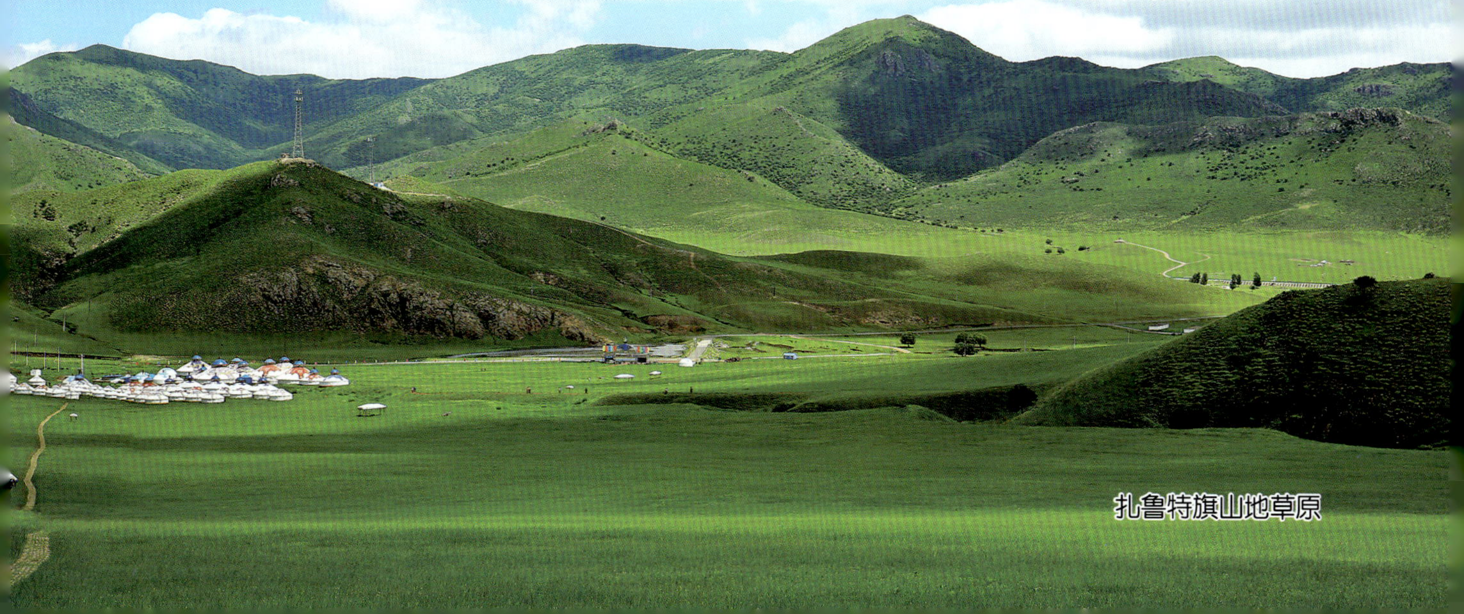

扎鲁特旗山地草原

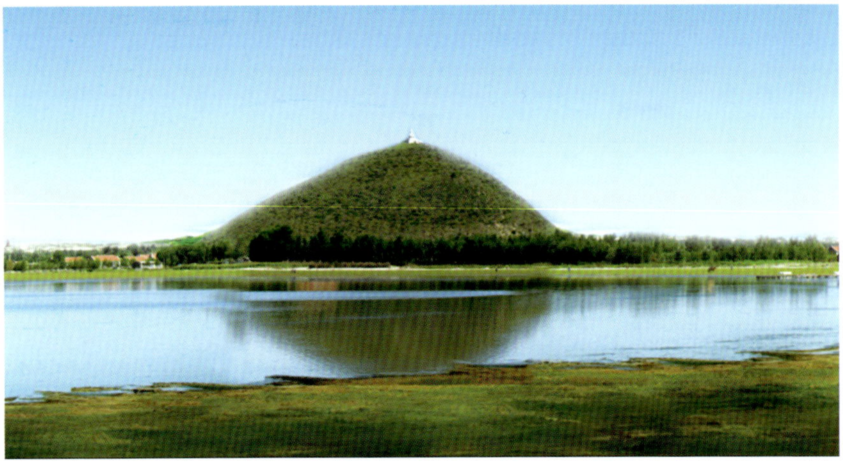

阿古拉双合尔山

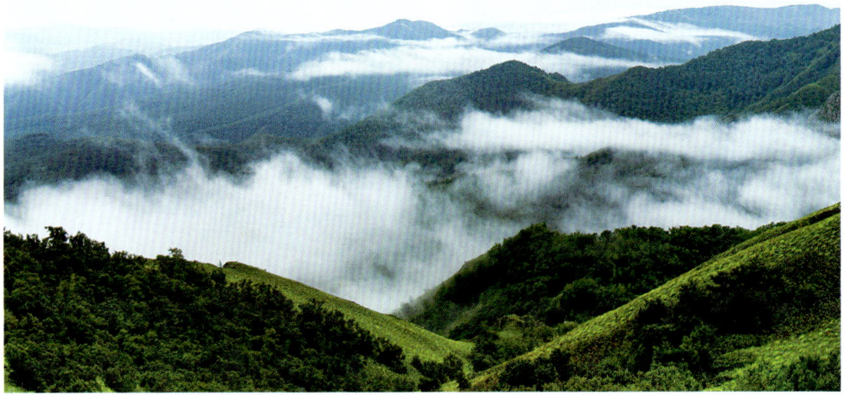

罕山云海（包卫东 摄）

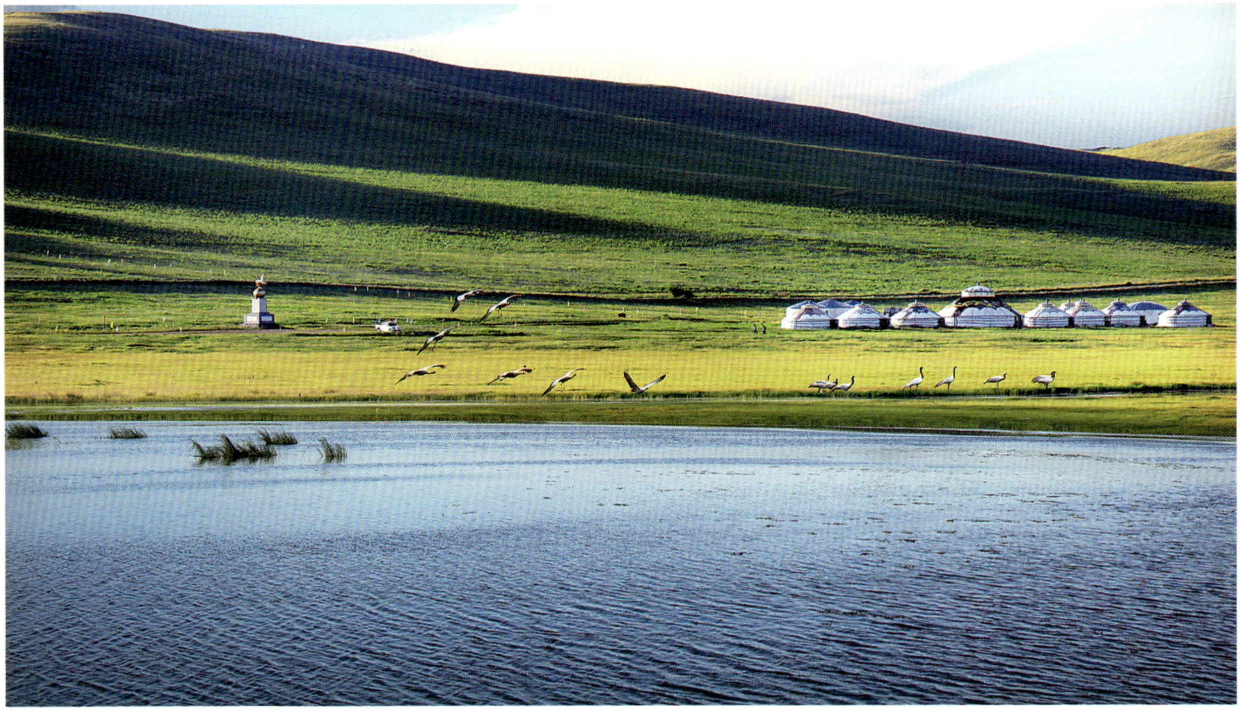

霍林郭勒额仑生态旅游区　（包金锁 摄）

自然风光

T通辽年鉴

Tong Liao Nian Jian

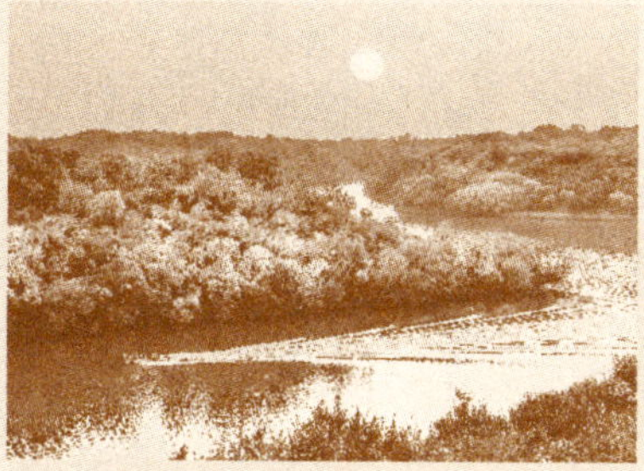
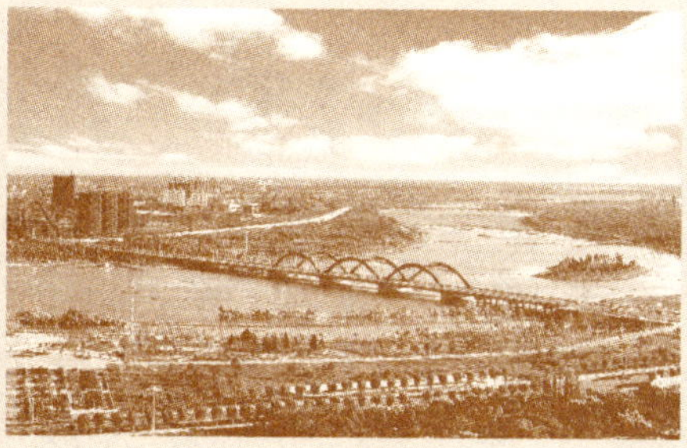
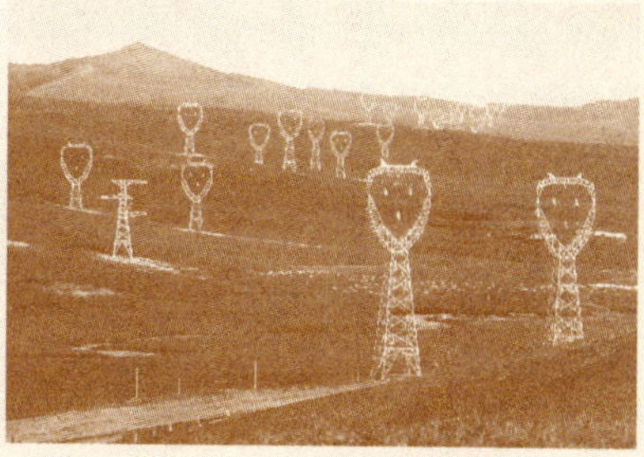

2017

目　录

商贸服务业

旅 游

经济管理与监督

财政 税务

金融 保险

科技 气象 地震

教育 体育

文化 传媒

社会 民生

卫生 人口计生

区市旗县

开 发 区

人　　物

附　　录

索　　引

ᠭᠠᠷᠴᠠᠭ

ᠡᠮᠦᠨᠡᠬᠢ ᠬᠡᠰᠡᠭ

ᠳᠤᠮᠳᠠᠳᠤ ᠬᠡᠰᠡᠭ

ᠰᠣᠶᠤᠯ ᠤᠨ ᠬᠡᠰᠡᠭ

ᠮᠣᠩᠭᠣᠯᠴᠤᠳ ᠬᠡᠯᠡ ᠶᠢᠨ ᠮᠣᠩᠭᠣᠯ ᠪᠢᠴᠢᠭ

ᠮᠣᠩᠭᠣᠯᠴᠤᠳ ᠬᠡᠯᠡ ᠶᠢᠨ ᠬᠡᠯᠡᠨ
ᠮᠣᠩᠭᠣᠯ ᠪᠢᠴᠢᠭ ᠤᠨ ᠬᠤᠪᠢ ᠬᠡᠯᠡ ᠦᠭᠡ ᠶᠢᠨ

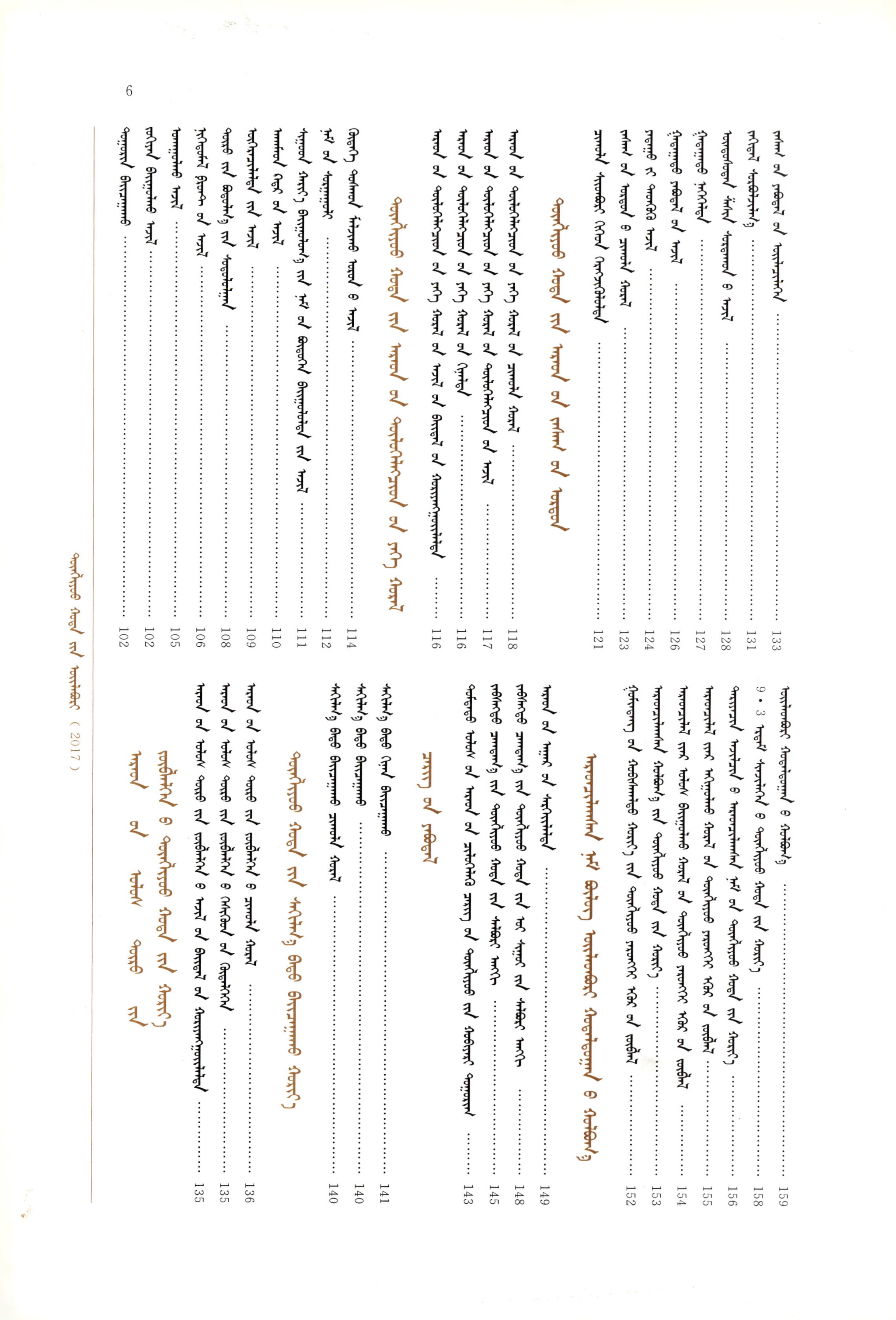

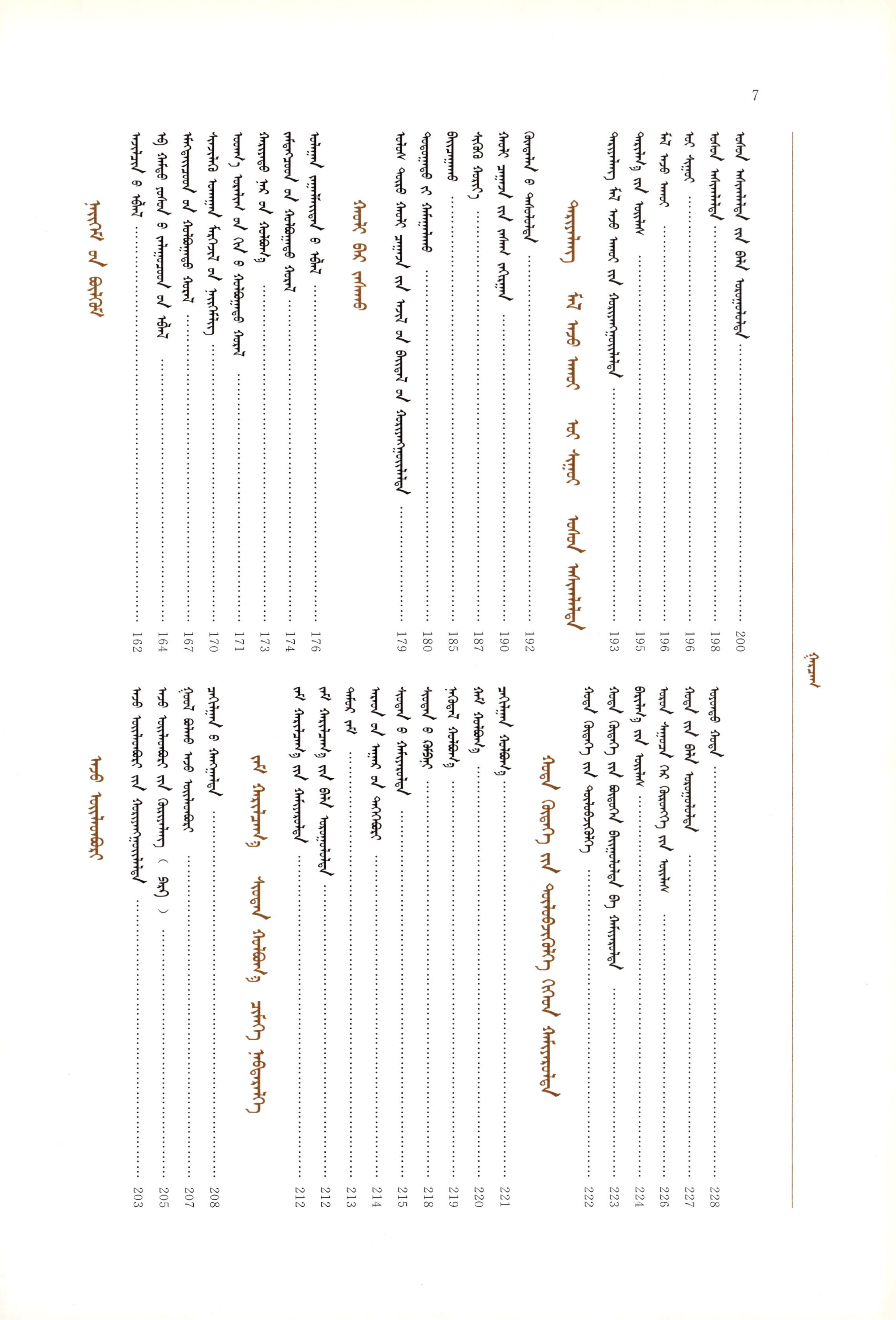

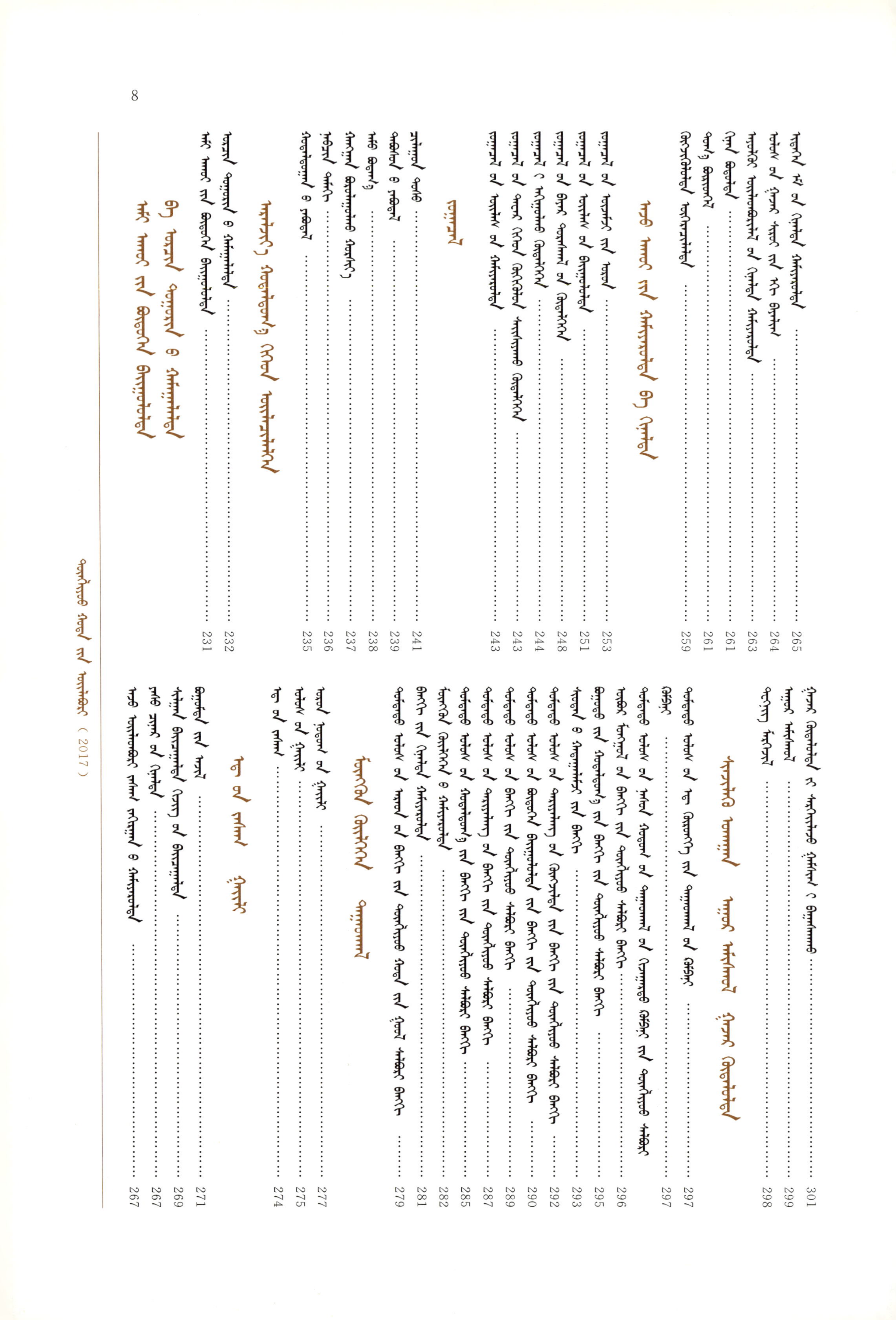

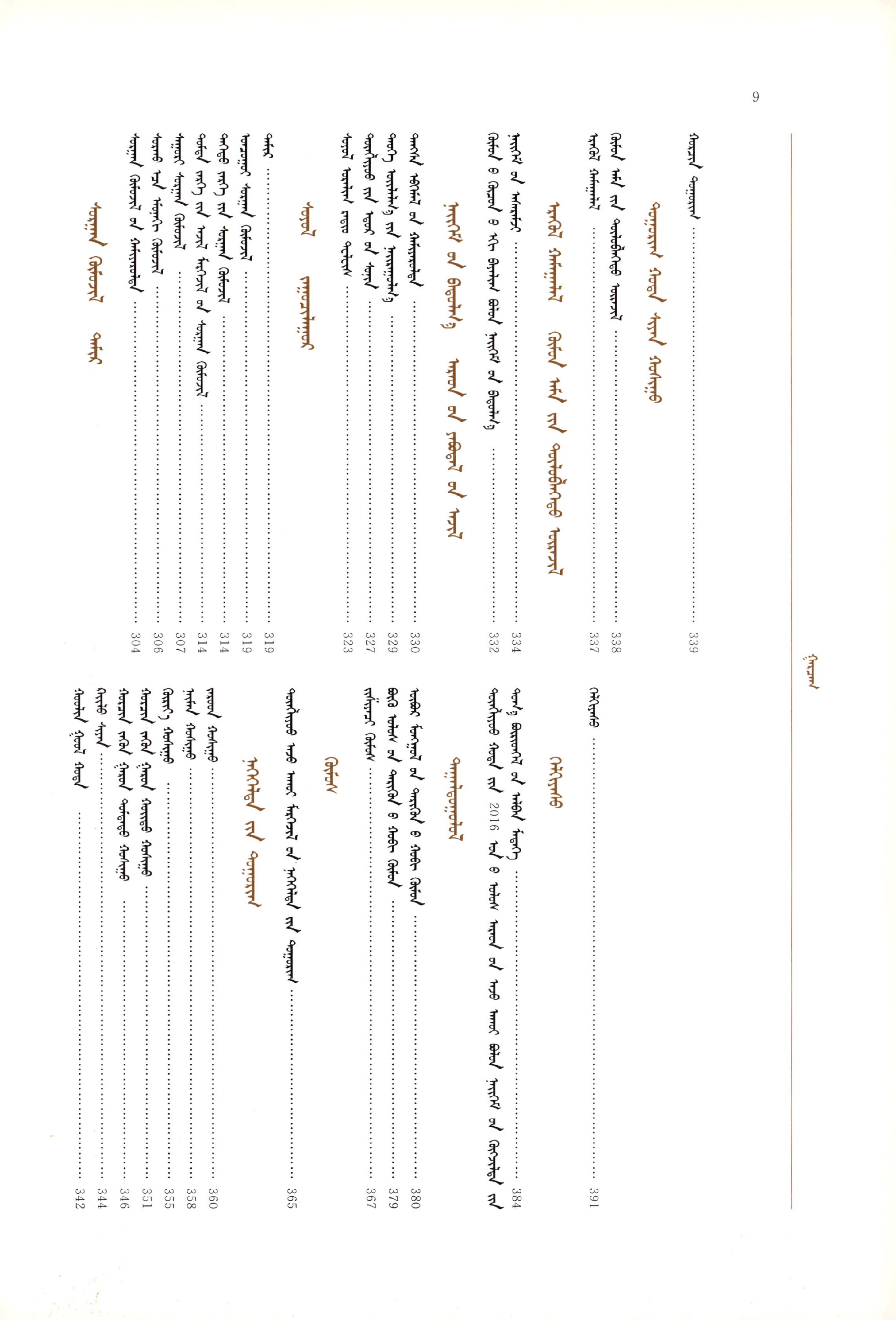

[illegible]

[illegible]

[illegible]

[illegible]

[illegible]

[illegible]

[illegible]

[illegible]

[illegible]

[illegible]

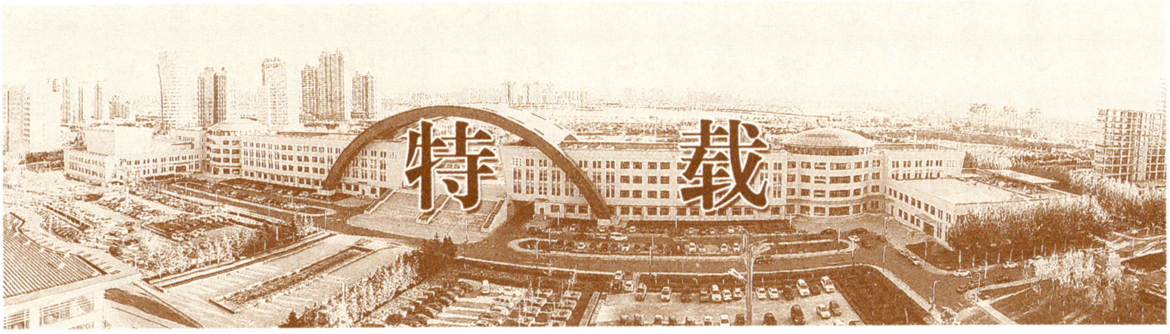

创新引领开放转型务实担当
为全面建成小康通辽而努力奋斗

——在中国共产党通辽市第五次代表大会上的报告

（2016 年 10 月 15 日）

罗永纲

中国共产党通辽市第五次代表大会的主要任务是：高举中国特色社会主义伟大旗帜，以邓小平理论、“三个代表”重要思想、科学发展观为指导，深入贯彻落实习近平总书记系列重要讲话和考察内蒙古重要讲话精神，全面总结市第四次党代会以来的工作，科学确定今后五年的目标任务，选举产生中国共产党通辽市第五届委员会、纪律检查委员会，坚持创新引领、开放转型、务实担当，动员全市广大党员和各族干部群众，为全面建成小康通辽而努力奋斗。

一、五年来的工作回顾

市第四次党代会以来的五年，市委深入贯彻党的十八大和十八届三中、四中、五中全会精神，深入学习贯彻习近平总书记系列重要讲话和考察内蒙古重要讲话精神，认真落实自治区党委决策部署，团结带领全市各族人民，坚持“开放转型、创业富民”，统筹推进经济、政治、文化、社会、生态文明和党的建设，全面完成第四次党代会确定的目标任务，“十二五”圆满收官，开创我市各项事业发展的新局面。经济实力显著增强，结构调整成效明显。2010 年至 2015 年，地区生产总值由 1088 亿元增加到 1877 亿元，公共财政收入达到 120 亿元，固定资产投资达到 1362 亿元，均居全区第四。其中，地区 GDP 增速高于全区平均水平，人均 GDP 由 3.5 万元增加到 6 万元。粮食产量 69 亿公斤，全区第一，牲畜存栏突破 2000 万头（只）大关，其中牛存栏 327 万头，居全区首位，生态节水农业、农牧业产业化、机械化走在全区前列。深入实施“三大产业集群”发展战略，一批投资规模大、带动能力强的重点项目建成投产。商贸物流、文化旅游、电子商务等现代服务业加快发展，第三产业比重达到 35.1%，提高 2 个百分点。县域经济实力进一步增强，旗县市区工业园区产值均超百亿，霍林郭勒市获国务院第三批稳增长大督查通报表扬，跻身全国科学发展百强县，科尔沁区、扎鲁特旗经济总量和财政收入位居全区前列。

城乡面貌深刻变化，生态环境不断改善。城镇化率由 40.4% 提高到 46.4%。成功创建国家园林城市，国家卫生城市、全国文明城市创建取得阶段性成果。深入推进新农村新牧区建设，城乡基础设施和基本公共服务显著改善。通辽至沈阳和长春高速公路建成通车，中心城区到旗县实现高等级公路连接，霍林郭勒机场成功校飞，京沈高铁连接线、扎鲁特至青州特高压电力通道等重大项目开工建设。实施科尔沁沙地“双千万亩”综合治理、生物多样性保护示范区、城郊百万亩森林、重点区域绿化等重大生态工程,森林覆盖率由25.3%提高到28%,成为全国绿化模范城市。加大节能减排和环境问题源头治理力度,生态环境质量不断改善。

改革创新进一步深化,对外开放日益扩大。大力推进简政放权,营商环境不断优化,非公经济蓬勃发展,企业由1.1万户增加到2.1万户,个体工商户由7.8万户增加到15.2万户。推进北部区域微电网建设,长期稳定的低电价比较优势逐步形成。深化农村牧区综合改革,土地草牧场确权、规模经营、利益联结、金融创新等取得重要成果。实施铝新材料、玉米、肉牛、蒙药等重点科技攻关,一批创新成果达到国内先进水平,建设国家农业科技园区,企业自主创新能力持续提高。旅游供给侧改革迈出坚实步伐,自驾游服务系统建设初见成效。开通“通满欧”跨境货运班列,通辽至大连港集装箱专列每日一班,公铁海常态联运,成功承办中蒙博览会“3+3”区域合作会议,全方位开放格局正在形成。

社会事业全面发展,人民福祉持续增进。城乡居民人均可支配收入分别达到25 364元和10 757元,年均增速高于全区平均水平。31.4万名贫困人口稳定脱贫。新增城镇就业10.3万人,成为全区首家全国创业先进城市。资助贫困大学生等“三个一”民生实事全面落实,70万城乡居民圆安居梦,覆盖城乡的养老、医疗、社会救助等社会保障体系进一步健全,教育、文化、卫生、体育事业全面发展,获评全国基层蒙中医药工作先进市和无偿献血先进市。建立集社会治安、信访维稳,环境、食药、生产、消防、网络安全于一体的大公共安全联调联动工作机制,安全风险得到有效化解。“平安通辽”、“法治通辽”建设扎实推进,军民融合取得新进展,民族团结进步事业不断深入,各族群众幸福指数进一步提升。

从严治党深入推进,党的建设全面加强。全面贯彻党要管党、从严治党方针,认真落实自治区党委从严治党“1+3”制度体系,党的群众路线教育实践活动和“三严三实”专题教育成效明显,“两学一做”学习教育深入开展,“中国梦”和社会主义核心价值观宣传教育不断深化。市委常委会自身建设不断加强,各级领导班子和干部队伍能力水平进一步提高。嘎查村规范化建设扎实推进,“532”工作法广泛推广,基层党组织凝聚力、战斗力不断增强。全面落实党风廉政建设“两个责任”,党风廉政建设和反腐败工作取得新成效,党风政风社会风气进一步好转。统一战线各领域工作全面推进,大统战格局初步形成,人民团体和群众组织作用得到更好发挥。

这些成绩的取得,是以习近平同志为核心的党中央和自治区党委正确领导的结果,是通辽市历届领导班子奋发有为、接续努力的结果,是全市广大党员和各族干部群众团结奋斗的结果,是各民主党派、人民团体、驻通军警部队及社会各界人士大力支持的结果。在这里,我代表中共通辽市第四届委员会,向全市广大党员和各族干部群众,向所有关心支持通辽改革发展的同志们、朋友们,表示诚挚的谢意!

总结五年来的经验,最重要的是把党中央治国理政新理念、新思路和自治区党委的决策部署与通辽实际紧密结合起来,落地落细落实;最关键的是紧紧扭住发展第一要务,一以贯之、持续发力;最要紧的是深化改革、扩大开放,以创新引领发展提质增效;最根本的是坚持以人民为中心,把老百姓过上幸福生活作为一切工作的出发点和落脚点;最核心的是全面从严治党,充分发挥各级党组织的领导核心和战斗堡垒作用。

二、今后五年的奋斗目标

未来五年,是具有重大历史意义的五年。“十三五”规划深入实施,2017年自治区成立70周年,2019年伟大祖国70岁生日、通辽撤盟设市20周年,2020年要如期全面建成小康社会,我们必须向党和人民交上一份满意的答卷。

未来五年,是充满机遇的五年。我市资源富集,区位优势明显,产业发展势头良好,只要主动适应经济发展新常态,抓住供给侧结构性改革的发展机遇,抓住国家实施“一带一路”、新一轮东北振兴、京津冀协同发展战略的历史机遇,把握内蒙古团结和谐、政通人和的大好来势,就一定能够实现更高质量、更有效益、更可持续的发展。未来五年,是充满挑战的五年。国内外经济下行压力持续,不确定因素较多,矛盾问题容易叠加;我市欠发达的基本市情还没有根本改变,发展不足仍然是主要矛盾,产业结构不优问题比较突出，城乡居民收入低，贫困人口多，自主创新能力不强，生态环境约束趋紧。迫切需要我们强化问题导向，抢抓机遇，直面挑战，坚定信心，倍加努力，不断开辟通辽发展新境界。

今后五年全市工作的总体要求是：高举中国特色社会主义伟大旗帜，全面贯彻党的十八大和十八届三中、四中、五中全会精神，以邓小平理论、"三个代表"重要思想、科学发展观为指导，深入贯彻落实习近平总书记系列重要讲话和考察内蒙古重要讲话精神，全面落实自治区党委决策部署，统筹推进"五位一体"总体布局，协调推进"四个全面"战略布局，落实创新、协调、绿色、开放、共享发展理念，牢牢把握发展第一要务，主动适应经济发展新常态，以提高发展质量和效益为中心，以供给侧结构性改革为主线，同步推进新型工业化、信息化、城镇化、农牧业现代化、绿色化，创新引领、开放转型、务实担当，加快建设"六大产业基地"，着力打造自治区发展的重要增长极和向东向南开放的桥头堡，努力建设各族人民和谐幸福美好家园，奋力夺取全面建成小康通辽的新胜利。

今后五年的发展定位和奋斗目标是：

——建设自治区发展的重要增长极。地区生产总值、公共财政收入增速高于全区平均水平，到 2020 年均比 2010 年翻一番，综合经济实力、发展质量效益、产业核心竞争力和城市辐射带动力进一步提升，为自治区建设祖国北疆亮丽风景线作出更大贡献。

——建设独具优势特色的产业基地。铝新材料、玉米生物技术、绿色农畜产品加工产业对全市经济支撑能力进一步增强，清洁能源、蒙医药、文化旅游产业成为新的支柱产业，多元发展、多极支撑、竞争力较强的现代产业体系基本形成。

——建设自治区向东向南开放的桥头堡。放大区位交通优势，建设承东接西、通关达海的立体化交通枢纽体系，打造融入东北一体化发展的先行区，承接京津冀产业转移的集聚区，成为连接"一带"、"一路"的重要节点城市。

——建设重要的生态安全屏障。科尔沁沙地得到更有效治理，生物多样性保护体系基本建成，能源资源开发利用效率和绿色低碳水平大幅提高，主要污染物排放显著减少，城乡人居环境明显改善，立足东北、面向华北的生态安全屏障基本形成。

——建设各族人民和谐幸福的美好家园。城乡居民人均收入达到全区平均水平。农村牧区贫困人口实现稳定脱贫，贫困旗县全部摘帽。就业更加充分，社会保障全面覆盖，文化、教育、医疗等公共服务体系更加完善，基本公共服务均等化水平显著提高。"中国梦"和社会主义核心价值观深入人心，群众思想道德素质、科学文化素质、身心健康素质明显提高，全社会文明程度不断提升。人民民主更加健全，"法治通辽"建设不断深入，各民族守望相助、团结奋斗的大好局面更加巩固。同志们，实现今后五年的奋斗目标，我们必须坚持创新引领、开放转型、务实担当。创新引领是解决我市发展内生动力不足、破除制约发展体制机制障碍的根本出路，必须摆在发展全局的核心位置。开放转型是新常态下厚植发展优势、推动产业迈向中高端、实现跨越发展的关键一招，必须作为推动发展的重大战略举措持续发力。务实担当是践行宗旨意识、将美好蓝图变为现实的不二选择，必须大力弘扬钉钉子精神，以干尽责、以干立身、以干兴业，敢想敢做敢当，善谋善为善成，一步一个脚印推动各项事业不断前进。

三、着力培育发展新动能

经济发展新常态的本质是发展动力的转换。在有效发挥投资、消费、出口作用的基础上，强化创新、改革、开放三大动力，加快培育形成经济发展的混合动力。

推动投资、消费、出口协同发力。发挥项目的牵引作用，保持有效投资强度。围绕产业发展、基础设施、生态建设、公共服务、民生事业等领域强力推进一批、全面建成一批、策划储备一批重大项目，坚持抓大不放小，形成大项目顶天立地、小项目铺天盖地、各类项目竞相建设的生动局面。坚持供需两端发力，以增加有效供给带动消费需求，着力培育服务消费，增加中高端消费，采取积极的消费政策，打造便捷、放心消费环境，让消费成为拉动经济增长的强劲动力。发挥出口对经济增长的促进作用，持续扩大铝新材料、绿色农畜产品、玉米生物产品等高附加值产品出口,促进蒙医药、文化艺术等服务出口,提升对外贸易规模和水平。

以创新激发新动力。深入实施创新驱动发展战略,以科技创新为核心,推动管理、服务、产品、品牌、商标等协同创新,掀起大众创业、万众创新热潮。深化科技体制改革,设立科技创新和成果转化引导基金,大力支持企业开展高新技术产业和战略性新兴产业方面的重大科技攻关,积极引进示范新品种、新技术和新成果。大力度引进培养人才,完善科技奖励制度,增设科学技术特别贡献奖,重奖贡献突出的科技人才,探索股权、期权、分红等激励措施,打造人才集聚洼地。深化与中科院、清华大学、吉林大学、内蒙古民族大学等市校、校企合作,组建产业技术创新战略联盟,加强研发中心、院士工作站等创新平台建设。以改革释放新动力。坚持工作的难点就是改革的重点,推出一批具有标志性、引领性作用的改革举措,以改革推进创新发展、转型发展。

加快推进习近平总书记嘱托内蒙古先行先试的生态文明制度、龙头企业与农牧民利益联结机制和完善与俄蒙合作机制三项重点改革。积极推进供给侧结构性改革,落实去产能、去库存、去杠杆、降成本、补短板五大重点任务。深入推进行政管理体制改革,能减则减、应放尽放、放管结合、服务到位。深化商事制度改革,打造诚信公正、优质高效的营商环境。深化国资国企改革,推动非公经济健康发展。推进区域性电力体制综合改革示范区建设,积极拓展局域微网和大用户直供电覆盖面,更大范围形成稳定的低电价优势。优化金融环境,支持实体经济发展。创新投融资体制机制,着力解决企业融资困难,建立政府产业引导基金,以国有资本撬动民间投资。

以开放注入新动力。抓住新一轮东北振兴战略机遇,深度融入东北经济区产业分工、要素配置、交通物流网络、市场体系,主动接受京津冀、环渤海地区的辐射带动,积极承接长三角、珠三角等发达地区产业转移,加快生产力布局调整和产业链重构,不断提升优势特色产业规模和质量。积极融入"一带一路"、"向北开放"战略,主动参与中蒙俄国际海陆经济合作。深化"锡赤通朝锦"及周边地区协作发展。加快建设通辽物流保税中心,规划建设霍林河进口资源加工区和保税加工区,鼓励我市企业到俄蒙开拓市场,积极发展跨境电子商务。不断扩大同东北亚、欧美国家的经贸往来,深化与港澳台地区交流合作。创新招商引资方式,紧扣产业链,实施以商引商、精准招商、专业化招商、点对点招商,不断扩大招商引资成效。

四、着力加快产业转型升级

提高经济发展质量和效益,调整优化经济结构,至关重要的是加快产业延伸升级,推动产业迈向中高端水平,提升产业核心竞争力。

推进工业提质增效升级。坚持优化存量、强化增量,瞄准高端、提升质量,做大做强做优工业支柱产业。做强铝新材料产业。重点解决好降低成本、延长链条、绿色环保三大关键问题。加快霍扎一体化协同发展,加快建成北部区域微电网,建立"煤电网铝加"一体化机制和优势互补的产业联盟。在提升板带箔及型材、电线电缆、汽车零部件等产品档次的基础上,重点开发轨道交通及航空铝材等高强、高韧、耐磨、耐腐蚀特种铝材料和蓝宝石晶体,打造绿色循环、技术领先、具有市场话语权的超千亿产业"航母"。做精玉米生物技术产业。

突出玉米全株产业链建设,加快由加工型向制造型转变,由制造初级原料向酸、糖、醇、胶、药等高附加值产品转变。支持加工企业开发新产品、延伸产业链,引进环保服务、副产品加工等配套企业,实现产品高端、生产环保、资源高效循环利用。做优绿色农畜产品加工业。转变原粮活畜输出方式,推进农畜产品就地初加工、精细化生产、食品级制造,围绕肉牛、肉羊、生猪、肉驴、乳品、红干椒、荞麦、杂粮杂豆等优势特色产品进行精深开发,建成国家重要的绿色农畜产品生产加工输出基地。

做大蒙医药产业。建设蒙医药国家级重点实验室,带动系统推进药材种植、人才培养、药品研发、标准制定、检测检验、医药服务融合发展;抢救挖掘传承蒙医药古籍文献,开发老方、新药和养生保健产品,让蒙医药走出通辽,成为满足本土需求、服务蒙俄、融入"一带一路"战略的拳头产业;积极申建内蒙古蒙医药大学,集聚和培养高端人才,打造全国蒙医药之都。做活清洁能源产业。坚持风光火互补、本地消纳与外送结合，加快电力通道建设，科学布局电源点，提高外送水平。加强储能技术研究应用，建成新能源示范城市。

大力培育精细煤化工、装备制造、新型建材等新的更多的增长点。注重提高集约集聚发展水平，强化工业园区建设管理，力争到2020年，霍扎一体化工业园区、科区开发区工业园区产值超1000亿元，开鲁工业园区产值超500亿元，其他旗工业园区产值均超200亿元，加快建设自治区级高新区，争创国家级高新区。

推进农牧业现代化。以农牧业增效、农牧民增收为核心，加快转变农牧业发展方式，提高农牧业质量效益和竞争力。调整优化农牧业结构。坚持稳粮增畜，建成1000万亩生态节水高产高效粮食功能区，完善良种良法良机集成配套技术体系，推广专用玉米品种，提高单产、稳定总产。加快粮改经、粮改饲，大力发展红干椒、荞麦、蒙中药材等特色种植业，建设优质牧草、青贮饲料基地。坚持为养而种，大力发展农区畜牧业，重点发展肉牛主导产业，提高肉牛品质，调优肉羊品种，推进猪禽养殖规模化标准化，畜牧业在大农业中的比重提高到50%以上。

打造农牧业绿色品牌。依托沙质土壤无污染的优势，大力推广以养促种、过腹还田、种养结合的绿色循环发展模式，推进农牧业标准化生产，开展绿色、无公害产品认证和原产地标志认证，实施品牌创建工程，完善产品质量安全监管检测追溯体系，整体提升科尔沁绿色有机农畜产品品牌的影响力。推进一二三产融合发展。一揽子推进土地草牧场确权流转、"四权"抵押、规模经营、新型合作组织、农企利益联结机制等农村牧区综合改革。

加快土地草牧场确权登记颁证工作，建立土地经营权流转市场，引导农牧户依法自愿有序流转土地经营权。建立健全农牧业社会化服务体系，大力推广农牧业机械化、信息化，实现规模降本、农机增效。以工业化、商业化理念谋划农牧业发展，壮大加工、物流、市场营销等环节龙头企业，大力培育专业合作社、种养大户、家庭农牧场等新型农牧业经营主体和新型职业农牧民，完善农企利益联结机制，让农牧民全产业链受益。推进都市农业圈建设，大力发展生态农牧业、认养农牧业、休闲观光农牧业等新业态，多渠道增加农牧民收益。推进现代服务业发展。

坚持市场主导与政府引导、产业互动与融合集聚相结合，推动生产性服务业向专业化和价值链高端转变，生活性服务业向精细化和高性价比转变。优化提升现代物流业。依托区位交通优势，加快主城区高端平台和旗县市特色载体建设，培育大型物流企业，建设冷链、快递、国际物流及配送体系；构建主城区电子商务园区引领、旗县运营中心衔接、嘎查村服务站全覆盖的电商网络，提升物流标准化、信息化水平，打造立足蒙东、面向东北、辐射周边的区域物流中心。

积极发展高铁经济。发挥"通满欧"跨境货运班列和大连港公铁海联运带动效应，积极参与"中俄蒙经济走廊"国际物流通道建设，打造中欧班列东线一级节点城市。提档升级文化旅游业。坚持全时全域旅游理念，瞄准东北市场，打造科尔沁500公里风景带。主推独特的科尔沁草原民族风情，系统保护性开发山水林沙自然风光，深度挖掘乌力格尔、安代、赛马、博克、版画等优秀民族文化，完善提升哈民遗址等历史人文景观，推动文化体育旅游深度融合，加强景区、营地建设，扩大节赛事活动知名度，差异化开发特色产品，标准化打造服务系统，"串珠成链"形成全时全域组合优势，打响"东北看草原，自驾游通辽"品牌，建成东北、华北自驾游首选目的地。一业带百业，推动金融保险、信息服务、健康养老、休闲健身等新兴服务业加快发展。

五、着力促进城乡协调发展突出以人为核心的新型城镇化，推动城乡要素合理配置和基本公共服务均等化，构建区域性中心城市、魅力县城、特色小镇和美丽乡村相互呼应、充满活力的城乡统筹发展新格局

加快建设区域性中心城市。坚持高起点规划、高标准建设、高强度投入、高效能管理，创建国家卫生城市、全国文明城市，打造宜居宜业和谐的百万人口现代化城市。加快棚户区改造，统筹推进水暖电气等管网改造和综合管廊建设，深入实施垃圾无害化处理、中水回用、公交优先发展工程，优化公共服务资源配置和供给，切实提高城市基础设施保障水平；深化城市管理体制改革，推动物业管理全覆盖，保障群众"舌尖上的安全”,开展环境秩序综合整治,积极创建国家生态园林城市,注重彰显民族文化元素,不断完善提升城市功能品位,让市民生活更便利、更舒心;推进产城融合,引导集聚现代服务业、高新技术产业、劳动密集型产业,调整完善户籍、教育、社会保障等政策,加快农牧业转移人口市民化,增强城市发展活力和就业吸纳能力。

加快建设魅力县城和特色小镇。实施县城建设集中攻坚,力争用两到三年时间,使县城市政公用设施建设保障能力达到全区平均水平,创建自治区园林县城,壮大县域经济,差异化培育立旗立县的主导产业,个性化展示独具地域特色的文化内涵,推动县城提档升级。全面推进建制镇建设,彰显风土人情、突出产业特点,因地制宜规划设计,配套基础设施,调配管理力量,建立管理机制,营造朴实大方、干净整洁的镇容环境,培育代镇扬名的特色产业,打造各具优势的特色种养、商贸、旅游等特色镇。

加快建设美丽乡村。健全农村牧区基础设施和公共服务投入长效机制,合理确定管护责任主体和管护模式,充分调动群众共建共管的积极性。把改善村居环境、完善基础设施、发展社会事业与推进产业发展、创新乡村治理、培育良好风尚等统筹结合,注重乡土味道,保留乡村风貌,留住田园乡愁,实施乡村旅游扶贫工程,加快建设生产发展、生活富裕、乡风文明、村容整洁、管理民主的美丽乡村。

加快重大基础设施建设。聚焦重点领域和突出短板,建设一批具有全局性、超前性的重大工程。推进京沈高铁连接线、通鲁高速、大白高速、旗县间高等级公路、行政嘎查村通沥青水泥路、通辽机场改扩建和旗县通用机场等交通基础设施建设。推进扎鲁特至青州特高压建设,加快农村牧区电网改造升级。建成通往霍林郭勒天然气管道,推动沿线城镇天然气普及。推进辽西北供水支线、引绰济辽等外引和嘎海山水库等南、北部山区自蓄水利工程,加强重点河流堤防建设。

加快智慧通辽建设,推进“三网融合”,推动大数据、云计算、物联网等产业发展,全面提高经济社会各领域信息化水平。

六、着力推动绿色可持续发展

生态建设是通辽最大的基本建设,必须坚定不移推动绿色化发展,坚决守住生态底线,像对待生命一样对待生态环境,加快建设碧水青山、绿色低碳、和谐宜居的美丽通辽。

加强生态保护建设。坚持“人退绿进、自然封育”,坚决治理滥开垦、滥放牧、滥樵采,推进科尔沁沙地“双千万亩”综合治理工程,大力实施退耕还林还草、退牧还草,实现草畜平衡,加快宜林荒沙、沙化草原和沙化耕地治理,建设全国防沙治沙综合示范区。加快罕山等生物多样性保护示范区建设,提升科尔沁自然生态系统的稳定性和生态服务功能。坚持“树往人多处栽”,开展大规模国土绿化行动,加强通道、城镇、村屯、厂矿、园区等重点区域绿化,巩固百万亩城郊森林建设成果,建成国家森林城市。坚持“生态增绿、农牧民增收”,发展生态产业,实施移民搬迁,落实生态奖补,让贫困群众在生态保护中得到更多实惠。加强环境保护治理。

坚持环境安全和群众利益至上,实施大气、水、土壤污染防治计划,努力从源头消除环境隐患。抓好工业园区环境集中整治,加强节能环保改造,实施烟气污染物“趋零排放”等重点工程,持续推进节能减排。推进城镇污水垃圾无害化处理全覆盖、稳运行,强化农村牧区面源污染防治和秸秆粪便综合利用,切实提高城乡环境质量。加强矿山地质环境恢复和综合治理。开展循环经济示范行动,推进绿色循环经济示范园区建设。落实最严格的水资源管理制度,切实提高水资源利用效率。严格落实《环保法》,加大执法力度,严厉打击偷排偷放等违法行为。

加强生态文明制度建设。落实主体功能区规划,加快划定生态红线,实行产业项目差别化准入政策和产业准入负面清单制度。建立自然资源资产产权和用途管制制度、编制资产负债表、开展领导干部离任审计,建立生态环境损害赔偿和责任追究制度。建立覆盖所有固定污染源的企业排放许可证制度,完善突发环境事件应急机制。推进环保管理体制改革。

七、着力增进各族人民福祉

全面建成小康通辽,就是让群众生活更加幸福。这是我们推动发展的根本目的,也是衡量我们工作的根本标准。

全力打赢精准脱贫攻坚战。把脱贫攻坚作

为第一民生工程，坚持精准扶贫、精准脱贫，对贫困人口全部建档立卡，不落一户、不漏一人。以产业扶贫为主，打好“五个一批”组合拳，因人因地分类施策，靶向扶持，拔掉穷根。广辟扶贫资金渠道，整合扶贫资源，构建全社会力量参与的大扶贫格局。万名干部驻村包联，逐级逐村逐户落实帮扶责任，加大考核评估力度，不脱贫不脱钩。建立稳定脱贫保障机制，提高贫困人口的自我发展能力，防止新致贫和返贫现象发生。确保到2020年实现贫困人口稳定脱贫、贫困旗县全部摘帽。

不断提高城乡居民收入。全力补齐城乡居民收入低的短板。落实创业内蒙古行动计划，放手发展非公经济，扶持大众创业，统筹做好各类群体就业，健全科学的工资水平决定机制、正常增长机制、支付保障机制，稳定增加城镇居民收入。综合种养结合、结构调整、庭院经济、劳务经济、休闲农牧业等措施，促进农牧民持续增收、脱贫致富。健全最低生活保障、社会救助和社会福利制度，实施全民参保计划，提高城乡困难群体收入保障能力。切实办好人民满意的教育。

优先重点发展民族教育，实施民族教育水平提升工程，建设民族教育高地。推进县域教育均衡发展，加强义务教育阶段学校标准化、信息化建设，到2019年各旗县市区全部通过自治区、国家达标验收。推进义务教育联盟建设、集团化办学，促进普通高中优质多样化发展，实施中小学教师“市培计划”和名教师培养工程，巩固与京津地区和东北三省教育合作交流，提高教育教学质量。全面普及学前三年教育，合理布局行政村小学，有效解决因学致贫问题。加强职业院校应用能力建设，深化产教融合、校企合作、职教扶贫，推动与内蒙古民族大学合作建设技术应用类专业，实现职业教育与高等教育紧密衔接。

全方位保障人民健康。加快推进健康通辽建设，进一步完善覆盖城乡的基本医疗服务体系，推进基本公共卫生服务均等化。坚持蒙中西医并重，加快发展蒙中医事业，建设市医院新院区和蒙医中心医院。深化公立医院综合改革，加快建立分级诊疗、双向转诊机制，推动基层卫生院、卫生室、家庭病床建设。加强疾控机构能力建设，提高突发公共卫生事件应急处置水平。坚持计划生育基本国策，全面实施两孩生育政策。实施健康扶贫工程，实行“未病先治”，为贫困农牧民免费体检，减少因病致贫。加快建设体育活动场所，发展群众性体育，不断提升全民健身行动水平。推动足球事业发展。突出发展老龄事业，营造全社会尊老爱老敬老助老浓厚氛围。

努力满足人民群众精神文化需求。深入开展“中国梦”和社会主义核心价值观宣传教育，深化精神文明创建活动，加强社会舆情引导和网上思想文化阵地建设，讲好中国故事，传递正能量、占领主阵地。加强社会公德、职业道德、家庭美德、个人品德教育，弘扬时代新风。实施文化惠民工程，加强苏木乡镇街道、嘎查村社区文化阵地建设，推动公共文化资源向基层延伸。传承发展科尔沁文化，加大对乌力格尔、安代舞、科尔沁民歌、版画等非物质文化遗产保护力度。大力培养文化人才，鼓励创作具有科尔沁特色的民族文化精品。培育文化产业和新型文化旅游业态，提升文化产业竞争力。

巩固和加强民族团结。把民族工作融入各项工作，把民族团结思想融入血脉，全面贯彻落实党的民族政策，广泛开展党的民族理论政策法律宣传教育，筑牢各族干部群众“两个共同”“三个离不开”“五个认同”的思想根基。弘扬民族团结光荣传统，推动民族团结进步创建活动向纵深发展，创建全国民族团结进步示范市。落实促进民族地区发展政策，支持少数民族聚居区发展。推动城市民族工作进社区，实现制度化、规范化、精细化。依法管理宗教事务，保持和谐稳定。

八、着力推进民主法治建设

坚持党的领导、人民当家做主和依法治市有机统一，努力扩大人民民主，加快建设法治通辽，构建良好民主法治环境。

推进人大工作与时俱进。加强党对立法工作的领导，依照法定权限和程序，在城乡建设与管理、环境保护、历史文化保护等重点领域推进科学立法、民主立法，不断完善地方立法体制机制。加强和深化人大监督工作，综合运用各种监督手段，增强监督针对性和实效性，完善人大讨论决定重大事项制度，依法行使人事任免权。

推进协商民主广泛多层制度化发展。牢牢

把握协商民主正确政治方向,主动把协商民主建设贯穿于各领域,构建程序合理、环节完整的协商民主体系。更好发挥人民政协协商民主重要渠道和专门机构作用,坚持团结和民主两大主题,推进政治协商、民主监督、参政议政制度建设,搭建多层次协商民主平台,创新密切联系各界别群众机制,进一步提高人民政协协商民主制度化、规范化、程序化水平。

推进依法治市进程。全面实施“七五”法治宣传教育规划,弘扬社会主义法治精神,增强全社会尊法学法守法用法意识。加快建设法治政府,推行权力清单和责任清单,健全依法决策机制,实行重大决策合法性审查,深化行政执法体制改革,推行综合执法。严格公正司法,深入推进司法体制各项改革,提高政法队伍素质,切实提升司法公信力。

推进公共安全体系建设。健全大公共安全联调联动工作机制,落实党政同责、一岗双责、失职追责,提高公共安全保障水平。深化“平安通辽”建设,加强和创新社会治安综合治理,推进网格化管理、信息化服务。坚持以群众工作统揽信访维稳工作,认真落实信访维稳风险评估和预警制度,完善社会矛盾纠纷多元化解机制,依法保障群众合法权益。严密防范、严厉打击渗透破坏、暴力恐怖、邪教和非法传教活动,保持对各类违法犯罪的严打高压态势,切实维护国家安全和社会稳定。

九、全面加强党的建设

实现今后五年的发展目标,核心是党的领导,必须全面落实从严治党要求,严格履行管党治党责任,切实提高党的建设科学化水平。

加强思想理论武装。常态化推进“两学一做”学习教育,把深入学习习近平总书记系列重要讲话和考察内蒙古重要讲话精神作为重大政治任务,加强对中国特色社会主义理论体系的学习,坚定广大党员干部的道路自信、理论自信、制度自信、文化自信,增强政治意识、大局意识、核心意识、看齐意识,始终与以习近平同志为核心的党中央保持高度一致。坚持理论联系实际,真学真懂真信真用,坚定不移用党中央治国理政新理念新思路新战略武装头脑、指导实践、推动工作。深入开展党章党规、党史国史教育,传承红色基因,教育引导全体党员牢记“初心”,提高党性修养,坚定理想信念,明确前进方向。做好新形势下的意识形态工作,凝聚全市推进改革发展的共识和力量。

加强领导班子和干部队伍建设。认真贯彻《中国共产党地方委员会工作条例》《中国共产党党组工作条例(试行)》,加强市委常委会自身建设,提高各级党委把方向、管大局、做决策、保落实的能力水平,发挥好各级党组在本单位的领导核心作用。全面贯彻落实《党政领导干部选拔任用工作条例》,注重在基层一线、急难险重任务中培养发现使用忠诚、干净、担当的好干部。加强干部考核评价和监督管理,推进干部“能上能下”。关心爱护干部,实施干部素质提升工程,建立多渠道、多层次干部实践锻炼成长机制。深化人才发展体制机制改革,以“科尔沁英才”工程为抓手,全面加强各类人才队伍建设,加大人才培养引进使用力度,充分激发各类人才创新创业活力。

加强基层党组织建设。紧紧围绕打造北疆基层党建亮丽风景线,进一步强化基层党组织政治功能和服务功能。加强农村牧区党组织建设,优化重植“532”工作法,强化基层基础保障,在产业结构调整、脱贫攻坚、维护稳定等重点工作中提升服务能力,检验建设成果。全面提升社区“三有一化”水平,探索适合新型城镇化建设的社区管理服务体制和运行机制。扩大非公有制经济组织和社会组织党的建设覆盖面。统筹抓好机关、国有企事业单位、高校等领域党建工作,提升各领域党建工作规范化建设水平。教育引导广大党员增强党员意识,做合格共产党员,更好发挥先锋模范作用。

加强党的作风建设。持续抓好中央“八项规定”精神和自治区及我市配套规定贯彻执行,紧盯重要节点、重要领域、重要问题和重要环节,持续发力正风肃纪,构建作风建设长效机制,坚决防止“四风”问题反弹。大力弘扬务实担当的优良作风,完善干部履职尽责激励机制、容错机制和问责机制,推动各级干部扑下身子、深入一线,用心用情用力工作,困难问题面前迎难而上,重大任务面前勇挑重担,把全部智慧和力量奉献于全面建成小康通辽的生动实践。

加强反腐倡廉建设。压实各级党组织党风

廉政建设主体责任，强化“一岗双责”。把落实党委主体责任作为对纪委履行监督责任的最大支持，主动接受纪委监督，支持派驻纪检组聚焦主业、履行主责。坚持把纪律和规矩挺在前面，认真贯彻党章、廉洁自律准则和纪律处分条例等党内法规，加强纪律监督，确保党的决策部署不折不扣落实。充分运用监督执纪“四种形态”，加强警示教育，切实抓早抓小，加大纪律审查工作力度，零容忍、全覆盖、无禁区惩治腐败，做到有腐必反、有贪必肃，有案必查、一案双查。推动惩治腐败向基层延伸，切实维护群众切身利益。不断扎紧制度“笼子”，强化对权力运行的监督和制约。持续狠抓巡视整改落实工作，建立健全常态化巡察制度，实现巡察全覆盖。

实现今后五年的目标，需要凝聚各方力量。要做好新形势下的统战工作，认真贯彻落实《中国共产党统一战线工作条例（试行）》，坚持和完善中国共产党领导的多党合作和政治协商制度，同心同德、同心同向、同向同行，积极为各民主党派、工商联、无党派人士发挥作用搭建平台，推动党外干部、党外知识分子和新的社会阶层等工作取得新进展，加强港澳台海外统战工作，为发展凝聚人心、汇集力量。增强全民国防观念，加强国防动员和后备力量建设，巩固发展军政军民团结。做好服务老干部工作，支持老干部积极发挥作用。推进群团工作改革，增强群团组织政治性、先进性、群众性，充分发挥工青妇等人民团体的桥梁纽带作用。

同志们，蓝图催人奋进，使命艰巨光荣。让我们更加紧密地团结在以习近平同志为核心的党中央周围，高举中国特色社会主义伟大旗帜，坚决贯彻自治区党委的决策部署，守望相助、团结奋斗，不忘初心、继续前进，为全面建成小康通辽而努力奋斗！

政府工作报告

——2017年3月10日在通辽市第四届人民代表大会第五次会议上

市人民政府代市长　**郝茂荣**

一、2016年工作回顾

过去一年，在市委的坚强领导下，在市人大、市政协的大力支持下，市政府认真贯彻执行中央和自治区各项决策部署，全面落实新发展理念，着力推进供给侧结构性改革，统筹做好稳增长、促改革、调结构、惠民生、防风险各项工作，经济社会发展取得新进步，实现“十三五”良好开局。

经济运行总体平稳。地区生产总值完成1949.4亿元，增长7.4%；限额以上固定资产投资完成1475.5亿元，增长14.5%；社会消费品零售总额完成515.3亿元，增长9.8%；一般公共预算收入完成128.3亿元，增长6.5%；城镇常住居民人均可支配收入达到27 444元、增长8.2%，农村牧区常住居民人均可支配收入达到11 585元、增长7.7%。先行指标稳中向好，工业用电量增速全年保持20%以上，在东北经济区处于领先地位；铁路货物发送量平稳回升，达到4740万吨；新增社会融资总量405亿元，增加77亿元，保障经济平稳运行。

“三去一降一补”工作扎实推进。压减煤炭产能近1000万吨。出台中心城区阶段性购房补贴政策，设立“房产超市”，全市减少商品房库存230万平方米。金融机构不良贷款余额和不良贷款率实现“双降”，置换政府存量债务149.2亿元。实施补短板9大类、43项重点工程。全面落实“营改增”等减税降费政策，为企业减负10亿元以上。出台企业降本增效30条意见，助力企业解难脱困。争取大用户直购电量47.3亿千瓦时，减少企业电费支出7.2亿元。通过“助保贷”为117户中小企业发放贷款10亿元。全年累计降低企业生产成本20.2亿元，规模以上企业利润总额增长15%以上。我市企业减负增效工作获得国务院第三次大督查通报表扬。

产业转型升级步伐加快。产业结构进一步优化，三次产业比调整到13.4∶50.2∶36.4。**农牧业结构稳中调优**，压减籽粒玉米20.73万公顷，粮改饲17.8万公顷，农产品“三品一标”认证面积16.73万公顷，粮食总产达到69.6亿公斤；突出发展肉牛产业，新增优质肉牛24万头、总量达到326万头，“科尔沁牛”获得农产品地理标志认证。**新型工业化进程提速**，实施500万元以上工业重点项目303个，完成工业固定资产投资688亿元，规模以上工业增加值增长9.3%。依靠科技创新，铝新材料、玉米生物技术、绿色农畜产品加工等优势主导产业向全产业链、中高端方向发展。成立内蒙古蒙东铝及铝加工产业技术创新战略联盟，铝新材料产业新增产品100种、优势产能近百万吨；玉米生物技术产业新增精深加工产品50个，玉米综合转化能力达到505万吨；绿色农畜产品加工企业发展到160家，农畜产品综合加工转化率达到61%。战略性新兴产业向规模化迈进，伯恩露笑蓝宝石晶体产量接近翻番，风电、光伏等新能源装机占总装机的40%。蒙医药产业规模化、市场化进程加快，蒙中药材基地达到7万亩，蒙成药产量占全国的50%以上。**现代服务业快速发展**，科尔沁500公里风景大道自驾游服务系统建设初具规模，自驾游占旅游总人数的60%，“东北看草原，自驾游通辽”品牌知名度正在提高；与国开行等金融机构签署总规模2830亿元的金融合作框架协议，争取国家专项建设基金32亿元；开通“通满欧”跨境货运班列和大连港集装箱班列，举办中蒙博览会通辽国际商品交易会暨中蒙“3+3”区域合作会议，物流公共服务平台建设取得新进展；万达广场、长春欧亚商业综合体投入运营；电子商务交易额成倍增长，通辽电子商务产业园获国家“2016十佳电子商务园区”殊荣。

基础保障能力不断提升。通辽至京沈高铁新民北站铁路、扎鲁特至青州±800千伏特高压直流输电工程和通辽至鲁北、大沁他拉至白家湾子高速公路项目全面开工，霍林河至阿力得尔一级公路、舍伯吐至大兴二级公路建成通车，通霍、通大等铁路电气化改造工程顺利实施，霍林河民航机场试飞成功。启动北部1000平方公里区域战略环评，煤电铝烟气污染物趋零排放示范工程开工建设，区域燃煤锅炉治理任务超额完成，中央环保督察交办和反馈问题整改见到成效。完成科尔沁沙地“双千万亩”综合治理24.2万公顷、重点区域绿化1.77万公顷，获“全国绿化模范城市”称号。

发展活力进一步增强。行政许可事项由61项压减到41项，审批时限缩减64%，公布中介服务、公共服务事项、政府权责三张清单。推广“煤电铝”一体化循环经济发展模式，电力洼地效应进一步显现，霍林河循环经济示范工程获国家优质工程奖。组建水务、交通等4家投融资平台，通过设立“美丽乡村”产业基金等方式多渠道融资200多亿元。商事制度改革和大众创业、万众创新政策深入实施，市场主体新增2.9万户、总量突破20万户，被国家确定为东北地区民营经济发展改革示范城市。农村牧区综合改革取得新进展。对外贸易平稳增长，进出口总额超过4亿美元。与保定市缔结友好城市，与吉林大学等高校开展合作。人才强市工程深入推进，引进急需高层次人才138名。实施精准招商，新签约千万元以上项目177个，实现到位资金685亿元。

民生状况显著改善。各级财政民生支出280亿元，占一般公共预算支出的78%。全力推进脱贫攻坚，4万贫困人口稳定脱贫，科尔沁区、开发区、霍林郭勒市率先解决区域性整体贫困。城镇新增就业1.8万人，农牧民转移就业47万人，城镇登记失业率控制在3.7%。城乡低保、特困救助供养人员保障标准和补助水平稳步提升，建成农村牧区互助养老幸福院80所，新增养老床位8529张。农村牧区“十个全覆盖”工程基本完成。城镇基础设施和公共服务进一步完善，辽河公园获中国人居环境范例奖。百姓安居、供水改造和水质提升、贫困人口免费体检、城市公共交通等十项民生工程取得明显成效。国家卫生城市、全国文明城市创建取得阶段性成果，凝聚全市广大干部群众干事创业、建设美好通辽的巨大正能量。

各项社会事业协调发展。开展民族团结进步创建活动，各民族大团结的良好局面进一步巩固。公共文化服务标准化、均等化建设走在自治区前列，通辽市图书馆新馆主体完工，乌力格尔艺术馆和版画艺术中心基本建成，哈民考古遗址公园向公众开放。成立全区首家科技银行，通辽市被科技部认定为国家农业科技园区。组建市教育教学研究院，完成农村牧区338所学校教师周转宿舍和21所蒙古族小学“大通铺”改造工程，霍林郭勒市、库伦旗通过国家义务教育基本均衡县评估认定，自治区全面提升基础教育办学水平现场推进会在我市召开。足球改革发展初见成效，承办自治区高水平联赛，获得蒙超、蒙甲联赛冠军。城市公立医院综合改革全面推开，市医院晋升三级甲等综合医院，旗县综合医院全部晋升二级甲等医院，第二轮京通医疗卫生合作全面启动，举办内蒙古第二届国际蒙医药博览会，获“中国蒙医药之都”“全国无偿献血先进市”和“全国基层蒙中医药工作先进市”称号。统一权威的食品药品监管体系基本建立，监管能力进一步提高。城乡居民基本医疗保险整合工作全面完成，实现城乡医疗保险一网化运行管理。“平安通辽”建设扎实推进，被评为“全区普法依法治理先进市”。“双拥”优抚政策有效落实，连续四届获“全国双拥模范城”称号。人民防空、地震气象、广播电视、档案史志、宗教事务、外事侨务等工作取得新成效，红十字、妇女儿童、老龄和残疾人等事业实现新进展。

政府自身建设得到加强。扎实开展“两学一做”学习教育，持续推进作风建设，公务员队伍素质得到提升。认真执行人大及其常委会的各项决议、决定，自觉接受政协民主监督，主动接受社会和舆论监督，认真办理市人大代表建议和政协委员提案。全面落实从严治党主体责任和党风廉政建设“一岗双责”，加强审计监督，规范行政权力运行。建立政府文件合法性审查机制，大力推进政务公开，完善新闻发布制度，推广电子政务和网上办事，行政效能进一步提高，依法行政工作进入全区前列。

各位代表，成绩来之不易，这是自治区党委、政府和市委总揽全局、正确领导的结果，是市人大和市政协认真监督、大力支持的结果，是全市各族干部群众守望相助、共同奋斗的结果。在此，我代表市政府，向全市各族干部群众，向所有关心支持通辽建设与发展的同志们、朋友们，表示衷心的感谢并致以崇高的敬意！

在看到成绩的同时，我们也清醒认识到，发展中还存在一些不容忽视的问题：通辽市经济结构不优，产业层次不高，综合实力不强，人均地区生产总值低于全区平均水平，欠发达的基本市情没有根本改变；稳增长压力较大，部分企业生产经营困难，民间投资增长势头有所放缓，民营经济发展不够充分；现代服务业和战略性新兴产业发展不足，具有市场竞争力的现代产业体系尚未形成；依靠改革创新促进动能转换的体制机制尚未建立，对外合作交流水平有待提高，全方位开放力度仍需加大；财政收入质量不高，非税收入比重较大，民生和社会事业刚性支出增加，收支矛盾突出；城乡居民收入水平相对较低，脱贫攻坚任务十分艰巨；生态环境脆弱，水资源、环境容量等约束趋紧，绿色发展任重道远；政府依法行政能力和服务效率有待提高，引领经济发展新常态的创新能力有待增强，社会治理现代化水平还需提升。市政府作为“作战部”，在困难和挑战面前，我们必须直面问题不回避、敢于担责不推托，牢记使命、坚定信心、主动作为，团结带领广大干部群众，多方争取社会各界鼎力支持，在实干中把握机遇，在实干中破解难题，在实干中谋求发展，决不辜负全市各族人民的期望和重托！

二、2017年工作安排

2016年是实施“十三五”规划的重要一年，是通辽市加快融入东北振兴、实现跨越发展的关键一年。做好政府工作，必须紧密团结在以习近平同志为核心的党中央周围，全面贯彻党的十八大和十八届三中、四中、五中、六中全会精神，深入贯彻习近平总书记系列重要讲话精神和治国理政新理念新思想新战略，全面落实自治区第十次党代会、自治区党委十届二次全会、自治区十二届人大六次会议和市第五次党代会、市委五届三次全会作出的重要部署，统筹推进“五位一体”总体布局，协调推进“四个全面”战略布局，坚持稳中求进工作总基调，践行新发展理念，以提高发展质量和效益为中心，以推进供给侧结构性改革为主线，坚守“三条底线”，促进“五化”协同，建设“六大产业基地”，实施“七大工程”，调优一产、做强二产、加快三产，做好基础设施、产业发展、生态环保、脱贫攻坚、城乡统筹、社会事业和民生改善等各项重点工作,以优异成绩迎接党的十九大胜利召开,向自治区成立70周年献礼。

主要预期目标是:地区生产总值增长8%;限额以上固定资产投资增长15%以上;社会消费品零售总额增长10%;更加注重财政收入质量,税收收入同口径增长9%以上;城乡常住居民人均可支配收入分别增长9%和10%。全面完成自治区下达的各项约束性指标。

实现上述目标,我们要牢牢把握以下基本要求:

率先跨越发展。这是自治区推进新一轮东北振兴战略对蒙东地区提出的最新定位。要对接东北、引领蒙东,强化创新驱动、改革推动、开放带动,经济增速高于全区平均水平,加快打造自治区重要增长极。

严守生态底线。这是实现通辽转型发展的基本保障。要坚持美丽与发展双赢,决不以牺牲环境、浪费资源为代价换取一时的经济增长,既要金山银山,更要绿水青山,推动绿色强市、绿色惠民,形成人与自然和谐发展新格局。

坚持民生为先。这是做好一切工作的根本所在。要始终坚持以人民为中心的发展思想,扎实做好普惠性、基础性民生建设工作,坚决打赢脱贫攻坚战,在全面建成小康路上决不让一个困难群众掉队。

确保安全稳定。这是建设各族人民和谐幸福美好家园的重要基础。没有安全稳定,一切发展都归零。要把安全稳定作为发展的"压舱石",用法治精神凝聚改革共识、规范发展行为、促进矛盾化解、维护公平正义,为各族人民幸福生活创造和谐环境。

2017年,要重点做好以下九个方面的工作:

(一)保持经济平稳健康运行

加快投资拉动、企业行动、创新驱动,以中高速增长赢得发展先机。

强化基础设施项目投资。以构建铁路、公路、航空、市政、能源、信息通信和水利七大网络体系为重点,扩大有效投资,打造跨越发展新支撑,全年完成限额以上固定资产投资1700亿元以上。水利网方面,突出"七网融合、水网当先",实施"引水节水建设工程"。坚持"外引"与"内蓄"并举,推进"引绰济辽""辽西北供水"通辽支线等重大跨流域引水调水工程前期工作。开工建设嘎海山水库,毛都水库竣工蓄水。继续抓好山区水土保持和农村牧区中小水利工程建设,完成120个嘎查村饮水安全巩固提升工程。把农业节水作为方向性、战略性大事来抓,大规模实施农业节水工程,普及高标准管灌,推行浅埋滴灌,年节水能力达到6亿立方米以上。铁路网方面,完成通辽至京沈高铁新民北站铁路和京通、通让等铁路电气化改造主体工程,集通铁路电气化改造项目开工建设,通霍铁路尽快提速运行。公路网方面,规划启动县县通高速公路工程,建成通辽至鲁北高速公路,续建大沁他拉至白家湾子高速公路、舍伯吐至哈根庙一级公路、鲁北至开鲁二级公路,实施大广高速奈曼东连接线一级公路改造工程,开工建设金宝屯至甘旗卡、大林至康平、太平川至宝龙山二级公路。继续实施公路畅通工程。改造全市公铁平交道口。新建通村公路663公里,较国家计划提前三年实现行政嘎查村全部通沥青(水泥)路。航空网方面,改扩建通辽机场,通航运营霍林河民航机场,开工建设奈曼、库伦通用机场。市政网方面,规划建设中心城区中水回用主管网工程,推动沿线区域中水回用。提高中心城区供水能力,扩建新城区通新水厂,开工建设三义堂水源地工程,铺设供水管道26公里,强化居民供水二次管网统一管理。继续实施水质提升和排水管网建设改造工程。加快实现中心城区热网互联互通,建设供热、燃气一体化平台。积极推进地下综合管廊工程。能源网方面,加快建设扎鲁特至青州±800千伏特高压直流输电工程,实施通辽至霍林郭勒天然气管道项目,推进扎哈淖尔多能互补集成优化示范项目建设,对农村电网进行新一轮升级改造。信息通信网方面,坚持规划先行、资源共享、分步实施的原则,建设智慧城市,推进"三网融合",推动"宽带中国"示范城市建设,用信息化引领经济社会跨越发展。

大力发展非公有制经济。全面落实国家、自治区鼓励和支持非公有制经济加快发展的各项政策措施,坚决扫除各种思想障碍和体制障碍,让非公有制经济扛大梁、挑重担、作贡献。构建新型政商关系,把干部服务企业的行为转变成组织发展市场主体的机制,建立于公有利、于己无优的制度体系。市旗两级领导包联服务优秀企业，为企业家营造安心经营、放心投资的宽松环境。着力振兴实体经济，实施“企业和企业家培育工程”，强化金融信贷、科技创新、人才培养、生产要素配置等政策支持，培育一批骨干龙头企业、创新型中小企业，促进本土企业与外来企业公平竞争、大中小企业竞相发展。因企施策、一企一策，力促生产企业达产达效。引导企业发扬“工匠”精神，开展质量提升行动，发挥市长质量奖激励作用，促进企业开展质量体系认证。实施品牌战略，每个旗县新增1枚以上著名商标，支持库伦蒙药等企业争创驰名商标。

实施创新驱动战略。发挥科技创新的引领作用，加快建立以市场为导向、企业为主体、产学研用相结合的科技成果转化推广体系。完善科技奖励和补助政策，鼓励科技人员创新创业，支持企业应用高新技术。加强蒙医药国家级重点实验室等创新平台建设，在铝新材料、蒙医药等重点领域开展技术攻关，培育申报高新技术企业。积极创建自治区级高新技术产业开发区。深化与内蒙古民族大学等区内院校和科研院所合作，加强与清华大学、吉林大学、中国农业大学、东北大学等高等院校和科研院所的战略合作。推动大众创业、万众创新，培育各级各类创业孵化器和众创空间，建设标准化创业孵化园区，支持发展“互联网＋”创业园，建设家庭服务业公共服务平台，培育创新文化，释放全社会创新创业活力。

（二）深入推进供给侧结构性改革

持续加大“三去一降一补”工作力度，努力实现供求关系新的动态平衡，全面提高经济发展的质量和效益。

稳步有序去产能。严格执行环保、能耗、质量、安全等相关法律法规和标准，鼓励企业兼并重组，化解低端落后产能，为先进产能和有效供给释放空间，完成自治区下达的煤炭去产能任务，原铝就地转化率达到80%以上，酸、胶、药等玉米精深加工产能达到300万吨。

多措并举去库存。综合运用土地、金融等政策，有效释放刚性需求和改善性需求，加大对城镇居民首套住房、农牧民进城购房信贷资金供给，扩大住房消费。发挥棚改去库存主渠道作用，推进棚改货币化安置。加强房地产供给侧管理，培育住房租赁市场，鼓励在建开发项目与文化、体育、养老等业态融合，促进房地产市场平稳健康发展。

积极有效去杠杆。创新投融资方式，加快发展多层次资本市场，支持企业在新三板、区域性股权交易市场挂牌，推动优质企业上市融资。跟进落实与金融机构签署的战略合作协议。设立政府引导性投资基金，在基础设施、现代物流、科技创新、文化旅游、肉牛产业等基金的设立运作和管理上取得实质性进展。推广政府与社会资本合作模式，做大做强融资平台，稳步提升融资能力。强化政府债务管理，规范政府举债行为。

千方百计降成本。落实国家、自治区税费减免政策，减少审批事项，加大涉企收费清理力度，规范中介服务收费，持续开放“绿色通道”，降低企业制度性交易和用工、物流等成本。全力争取大用户直购电交易电量指标，积极拓展局域微网、电价补贴覆盖面。完善“助保贷”合作机制，落实中小企业贷款10亿元以上。设立转续贷基金，解决企业短期融资难问题。

精准加力补短板。从制约经济社会发展的重要领域和关键环节、从人民群众迫切需要解决的突出问题着手，深入实施补短板工程，努力在基础设施、脱贫攻坚、现代服务业、生态环境和民生保障等领域取得突破，提高通辽发展的“木桶容量”，形成新的增长动能。

（三）推动工业提质增效

新型工业化是推进“产业转型升级工程”的主体。突出工业主导地位，调整存量、优化增量、提升质量，推动工业向高端化、智能化、绿色化、服务化方向发展。全年实施500万元以上工业重点项目330个，完成投资768亿元，同比增长13%以上。规模以上工业增加值增长9.5%。

改造升级传统产业。运用新技术新业态新模式改造提升传统产业。构建“煤电铝”一体化竞争新优势，大力推进产能置换、市场合作、产品创新，重点抓好麦达斯高端铝材、奇瑞汽车铝轮毂及配件、忠大铝业航空级铝厚板、联晟双零箔等铝精深加工项目，推动铝后加工向高端产品延伸，打造绿色循环、技术先进、具有市场话语权的千亿级产业集群，建设铝新材料等有色金属产业基地。突出玉米全株全产业链建设,加快玉米生物技术产业向食品、医药级产品制造转变,重点推进梅花生物、华曙生物、黄河龙生物等企业延伸产业链条,建设国家重要的玉米生物技术产业基地。推动绿色农畜产品加工业向高端化供给转变,变“粮仓肉库”为“精品超市”。支持企业进行信息化集成应用与融合创新,大力发展智能制造、个性化生产,打造传统工业升级版。

做大做强战略性新兴产业。抢抓自治区高标准建设国家大数据综合试验区的机遇,充分利用国家网络规划二级节点城市的优势,加快发展大数据产业,面向东北打造区域性大数据产业园和云计算应用中心。积极发展清洁能源产业,重点推进北部区域微电网和电力外送通道建设,全力争取特高压输电份额,打造区域清洁能源输出基地。实施“蒙医蒙药发展工程”,加强蒙医药基础建设和研究,建立中国蒙药基因中心、信息中心、检测中心,积极申建内蒙古蒙医药大学。提升蒙中药材种植、生产加工、技术研发、医疗应用规模和水平,打造具有良好市场前景的蒙医药拳头产品,建设全国蒙医药产业发展核心区和示范区。办好内蒙古第三届国际蒙医药博览会,加强国际国内交流合作,增强“中国蒙医药之都”的权威性和影响力。推进福耀集团新建2条汽车玻璃生产线,扩大伯恩露笑蓝宝石晶体生产规模,加快京蒙高科干细胞项目产业化进程,培育形成新的经济增长点。

推进工业园区集约集聚发展。完善工业园区发展规划,优化产业布局和功能区划分,促进园区差异化、特色化发展。加大旗县工业园区道路、供水、供气、通讯、污水处理等基础设施建设力度,配套建设电源点,强化电力保障,提高承载力和吸引力。进一步理顺管理体制机制,以旗县为单位整合同城园区,规范运行管理,规划启动科尔沁工业园区东区搬迁改造。创新资源配置方式,推动园区跨区域一体化发展,实现资源配置效益最大化和效率最优化,提高园区投资强度和产出强度。

(四)促进农牧业现代化

农牧业现代化是推进“产业转型升级工程”的基础。顺应食品消费结构升级趋势,培育“绿色科尔沁、健康全人类”的生态农牧业发展理念,加快农牧业供给侧结构性改革,提高农牧业综合效益和竞争力。

增强农牧业可持续发展能力。进一步优化耕地功能布局,大力发展生态节水型农牧业,推广良种良法良机集成配套和水肥一体化模式,新增低压管灌和浅埋滴灌节水灌溉面积3.33万公顷,加快建成666.67万公顷节水高产高效粮食功能区,粮食总产稳定在70亿公斤以上。加强草牧场保护和饲草基地建设,粗饲料生产能力达到230亿公斤,牲畜存栏稳定在2200万头只以上,肉类产量70万吨以上。完善农牧业社会化服务体系,统防统治玉米螟,提高重大疫病防控能力。推广玉米生产全程机械化,农牧业综合机械化率达到85%以上。大力培育新型农牧业经营主体,发展多种形式的适度规模经营,促进农牧业节本增效。推行农牧业清洁生产方式,深入开展化肥农药零增长行动,发展绿色种植、循环种养、休耕轮作,实现农牧业绿色可持续健康发展。

扩大农畜产品有效供给。调优种植业,推进粮改饲、粮改经,青贮玉米发展到33.33万公顷,红干椒、蒙中药材等经济作物达到20万公顷。引导多品种玉米种植,继续压减籽粒玉米4.67万公顷,将玉米生产面积控制在83.33万公顷。因地制宜发展设施农业,稳步提高“菜篮子”自给能力。画好“五牛图”,突出发展肉牛产业,加快“肉牛大市”向“肉牛强市”转变。力促科尔沁牛业、邦杰肉牛、谷润肉业达产达效,推进伊赛肉牛、牧合家肉牛产业化项目建成投产,全市肉牛实际加工突破20万头。重点培育科左中旗成峰、开鲁县雨田、科左后旗浩远等7个肉牛交易市场,全市交易量达到160万头以上。实施肉牛种子工程,实现良种成为产品、繁育成为产业。扶持壮大科尔沁肉牛种业基地,引进和培育优质肉牛品种,加快本地肉牛品种改良,种牛规模达到700头。以母牛扩繁“万千百十”示范工程为重点,推进规模化、标准化养殖。以小规模、大群体方式,壮大西门塔尔肉牛养殖规模,以专业合作社和龙头企业为主体,稳步扩大安格斯等高端肉牛养殖规模,肉牛存栏达到350万头。打好绿色牌,发挥生态农牧业资源优势,做优做精科尔沁牛、库伦荞麦、开鲁红干椒、奈曼蒙中药材、科左后旗水稻、扎鲁特旗杂粮杂豆等一批绿色优质农畜产品，提升品牌影响力。加强农产品质量安全监管，开展特色农畜产品标准化生产示范，提升农产品供给质量，“三品一标”认证面积达到20万公顷，产品产量达到150万吨，加快建成绿色农畜产品生产加工输出基地。

拓展农牧业产业链价值链。坚持用工业化思维、市场化理念、信息化手段改造提升农牧业，推动一二三产业融合发展。壮大农牧业产业化龙头企业，完善龙头企业与农牧民利益联结机制，建立种养加一条龙、产供销一体化的生产经营体系，带动35万农牧户增收致富，农牧民来自产业化收入的比重达到50%。完善农畜产品市场销售体系，建设区域性农畜产品批发市场，构建体验店、展示直销店、网店等全方位立体直销模式，搞活“农博”经济，加快形成买全区卖全国的农畜产品流通大格局。挖掘农牧业的多功能性，发展“互联网+”农牧业，尽快催生农村牧区新产业新业态。

（五）加快发展现代服务业

现代服务业是推进“产业转型升级工程”的重点。加快服务业发展提速、比重提高、水平提升。

大力发展全域旅游。按照自治区建设国内外知名旅游目的地的决策部署，贯彻全区旅游发展大会精神，实施“全域旅游、四季旅游、旅游+”发展战略，把旅游业打造成新型战略支柱产业，把通辽打造成国内外知名的自驾游体验基地、度假休闲康养基地和高品质旅游城市。突出品牌化，发挥我市旅游资源“最字号”“源字号”“独字号”优势，高标准编制全域旅游发展规划，以科尔沁500公里风景大道建设为依托，出台加快旅游业发展的实施意见，坚持规划引领、市场运作、企业主体、社会参与，推动形成“资源有机整合、精品景区荟萃、产业深度融合、旅贸结合发展”的大开放旅游发展格局。突出多样化，依托我市草原、沙漠、森林、湖泊、湿地等多类型地貌，深度挖掘乌力格尔、安代、赛马、博克、版画等多元民族文化，差异化开发特色产品，标准化打造服务系统，“串珠成链”形成四季旅游组合优势。突出集成化，在北部草原建设高端体验式景区和民族风情园，围绕蒙古服饰、蒙古音乐、蒙古建筑及民俗风情等搞汇集、造精品、做品牌，全力打造自治区蒙古风情、蒙古文化、蒙古生活的“锦绣中华”，实现一个景区浓缩多种文化。大力发展民族特色餐饮，提高“中国蒙餐之都”影响力。突出主题化，促进旅游与文化、体育、农牧业、扶贫、健康养老等行业的深度融合。加强旅游区域化合作，推动建设霍林郭勒—乌拉盖旅游集聚区。以完善自驾游服务系统为重点，建设精品旅游线路。南部以蒙医康养体验游、沙漠瀚海探险游、科尔沁文化探秘游为主，打造蒙医康养之旅。北部以民俗风情体验游、原始草原生态游、科尔沁文化体验游为主，打造游牧体验之旅。创新旅游推介模式，大力发展智慧旅游，组织开展“2017通辽文化旅游季”等系列活动，全面提升科尔沁旅游产品的吸引力和竞争力。

构建现代商贸物流体系。优化中心城区商业网点布局，重点打造老城区长春欧亚、五洲国际、万达广场和新城区日升日美、万力城、金都王府井6大商业集聚区。支持旗县城关镇建设一批特色商业区，推进社区商业“双进工程”，打造社区商业便民服务圈。推动铁路、公路、航空物流无缝对接，把枢纽优势转化为发展优势，将我市打造成中蒙俄经济走廊重要支点、东北区域现代综合物流枢纽、蒙东区域性产业组织中心。优化中心城区物流业发展空间布局，重点推进开发区综合物流园区、科尔沁现代物流园区、空港物流园区、木里图工业物流园区和内蒙古东部煤炭交易中心建设。做大做强通辽内陆港等现有物流企业，积极引进国内外知名第三方物流企业，提升物流专业化、标准化、信息化水平，健全大宗物流、冷链物流、快递物流、国际物流、电子商务及配送体系。规划建设旗县特色物流园区、专业市场和物流配送中心，完善县乡村市场流通体系。加快航空口岸、保税物流中心、多式联运海关监管中心等海关监管场所申报建设，推进通满欧跨境货运班列常态化运行，畅通国际物流通道，形成“大进大出、优进优出”的大物流格局。

壮大金融服务业。制定出台扶持金融业发展的政策措施，鼓励域外商业银行在我市设立分支机构，支持驻市金融机构增设县域分支机构和电子服务网点，增强金融服务实体经济能力。农信社改制工作取得突破性进展，年内扎鲁特旗、库伦旗、科左后旗、开鲁县、霍林郭勒市农商行实现挂牌。全力推进科尔沁区农信社改制组建通辽农商行,加快构建股权结构更合理、体制机制更科学的现代法人治理结构。大力发展普惠金融,着力解决小微企业贷款难、农村牧区高利贷等问题。稳步推进农村牧区信用体系建设和农村小额担保基金试点工作。推动设立内蒙古股权交易东部运营中心、蒙东金融仲裁中心、通辽金融资产交易中心,搭建企业上市挂牌、融资平台。筹备设立地方性商业银行和民营银行,发展金融租赁、融资租赁等新业态,构建多层次、广覆盖的金融体系,新增社会融资总量450亿元以上,努力把通辽建成蒙东金融合作示范区。

积极培育新兴服务业。完善各级电子商务产业园综合服务功能,加快建设国家级电子商务进农村示范县项目,建成覆盖城乡的电子商务公共服务网络。引进和培育电商龙头企业,扶持优势特色电商平台,发展跨境电子商务和跨境电商体验店,推进传统企业线上线下融合,开辟实体经济发展新渠道。发展健康养老服务业,建设一批医养结合型养老机构、居家和社区养老服务中心等产业化项目,构建政府公共服务和社会化服务相结合、市场化运作的养老服务新模式。大力培育健身休闲、竞赛表演等体育产业,积极发展科技咨询、会展服务、教育培训、家政服务等产业,形成一批特色多样的新兴服务业态。

(六)统筹城乡区域协调发展

新型城镇化是区域整体实力和竞争力的集中体现。坚持规划引领、科学布局,以产城融合统筹城乡区域协调发展。

以人为本推进新型城镇化。严格执行《通辽市城市总体规划(2015—2030)》,编制控制性详细规划,打造"一核双心多点,一轴一带三区"的空间格局,加快建设区域性中心城市。做大做强中心城区,启动中心城区卫星城镇群规划编制,推动城市公共基础设施和公共服务向卫星城镇延伸下沉。加快城市更新改造,加强城市修补和生态修复。实施市政路桥工程,完成霍林河大街东段拓宽改造,开工建设新工二路、昆都仑南路、红光大桥等道路桥梁工程。实施园林景观工程,完成西拉木伦公园改造,实施辽河公园东延工程。实施重大公建工程,推进市医院新院区、蒙医中心医院、妇幼保健院建设,市图书馆新馆、科技馆等续建工程年内交付使用,规划建设高铁站前广场、新媒体传输总站和电视塔。市区两级联动,加快建国片区、城东片区征拆改造,积极解决中心城区棚户区改造历史遗留问题。优先发展城市公交,提高市民出行公共交通分担率。采取政府主导、市场化运作的方式,建设一批停车场、停车楼、物业配送中心等公共服务设施,完善社区功能,提升居住品质,建设宜居城市。建设魅力县城、特色小镇和美丽乡村,坚持规划先行、分步实施、重点突破,实施县城市容市貌、基础设施和公共服务集中攻坚,提升城关镇建设水平。全面启动苏木乡镇政府所在地综合改造升级工程。抓住科左中旗舍伯吐镇被列为第一批中国特色小镇的机遇,以肉牛产业和商贸物流为支撑,以民俗风情和史前文化为特色,打造融产业、旅游、文化、社区等功能于一体的特色小镇,引领带动全市特色镇建设。按照"市级奖补、旗县级为主、乡镇级为辅"的原则,建立农村牧区基础设施和公共服务投入长效机制,充分调动广大农牧民共建共管积极性,巩固新农村新牧区建设成果。深入推进农村牧区人居环境整治,建设既有现代文明、又具田园风光的美丽乡村。提升城镇管理水平,加大《通辽市城市市容和环境卫生管理条例》宣传和执法力度,提升城市法治化、精细化管理水平。持续推进"双城同创",进一步理顺城市管理体制,明确市区两级城市管理职责和权限,组建城镇综合执法机构,提高城市综合治理能力。落实户籍制度改革措施,完善教育、医疗、社保、就业、住房保障等公共服务政策,促进农牧业转移人口市民化。

实施"三大区域"协同发展战略。制定出台霍扎区域一体化协同发展指导意见,编制一体化协同发展中长期规划纲要,推动霍林郭勒市和扎鲁特旗在制度创新、科技进步、产业升级、绿色发展等方面开展深度合作,建设北部区域改革创新试验区。以一体化的规划和一体化的管理,推进霍林郭勒工业园区和扎哈淖尔工业园区融合发展,实现园区产业布局、基础设施建设、矿产资源利用、生态环境保护、公共服务一体化,力争年内产值突破1000亿元,争创蒙东地区首个国家级高新技术产业开发区。推动科尔沁区、通辽经济技术开发区和开鲁县优势互补、联动发展，突出中心城区生态和服务功能，形成高端产业和服务业聚集区。推动科左中旗、科左后旗、库伦旗和奈曼旗加快形成绿色经济产业带，培育壮大绿色种养业、有机食品加工业、生态旅游业，打造开放发展、绿色发展示范区。

(七)全面深化改革和扩大对外开放

改革出动力，开放出活力，通过大改革大开放促进跨越发展。

推进重点领域和关键环节改革。深化“放管服”改革，制定完善政府权责、公共服务事项、中介服务事项、涉企收费、随机抽查事项“五张清单”，全面实行清单管理制度，开展“减证便民”专项行动，方便群众办事创业。完善招投标业务流程和管理办法等规章制度，实行重点项目联合审批、上门服务，为创新创业者开辟绿色通道。深化电力体制改革，推动区域性电力体制综合改革示范区建设，加快建立售配电平台，支持用电企业参加直购电交易。推进国企国资改革，落实国企国资改革政策，激发国有企业活力。稳妥推进霍煤集团、通粮集团等国有企业改革。健全完善国资监管体制，实施国有资产集中统一监管，提高资源配置效率。深化商事制度改革，实行“多证合一”，加快推进工商登记全程电子化，积极探索简易注销登记，进一步放宽市场准入。推进农村牧区综合改革，深化农村牧区集体产权制度改革，有序推进土地草牧场所有权、承包权、经营权“三权分置”，稳妥开展土地确权颁证工作。积极推进供销社综合改革、农垦改革、农村水利水价改革。推进社会事业改革，抓好教育领域、医药卫生、食品药品监管和科技体制等各项重点改革。

实施对外开放引领工程。积极融入“一带一路”、向北开放战略，用好用活蒙古国“零关税”政策，尽快打通与蒙古国跨境旅贸直通线路，规划建设霍林河进口资源加工区和保税加工区，打造中蒙俄经济走廊重要节点城市。加快融入东北一体化发展，参与生产力布局调整和产业链重构，加强与东北经济区的能源输出合作，重点与长春一汽、忠旺铝材等企业对接，建设东北经济区清洁能源保障基地和装备制造业配套基地。规划实施一批基础设施互联互通工程，推进通辽至乌兰浩特至齐齐哈尔高速铁路、通辽至长春城际铁路等项目前期工作，争取更多项目列入新一轮东北振兴规划。主动融入京津冀协同发展战略，加强与华北铝业、顺鑫农业、盛世投资等企业对接，积极承接先进产能、项目、资本转移和科技、教育、医疗等资源外溢，建设京津冀产业转移集聚区。不断深化与港澳台地区交流合作，扩大同东南亚、欧美等国家的经贸往来，深度融入国内国际产业链、价值链、物流链，大范围、多层次承接人才流、资金流、科技流，在扩大开放中增创发展新优势，形成多边合作、八面来风的开放新格局。

加大招商引资引智力度。抢抓新一轮产业整合机遇，紧扣特色优势产业链，实施精准招商，以存量引增量，以资源引资金，以市场换合作。强化领导招商，落实领导干部招商责任，建立招商项目包联服务机制。强化专业招商，选派干部赴京津冀、环渤海、长三角、珠三角等地定点定向招商。强化产业链招商，围绕优势主导产业延伸升级和现代服务业开展招商，着力引进一批拉动作用强、发展潜力大的项目。年内新开工超亿元招商引资项目100个、实现到位资金700亿元以上。围绕人才短板，制定出台人才引进政策，坚持招商与招才并举、引资与引智联动，进一步拓展人才引进渠道，提高引进人才层次和待遇水平，推动人才与产业深度融合，打造高层次、高技能人才集聚地。

(八)加强生态建设和环境治理

绿色生态是通辽的潜力和希望。坚持绿色发展，扎实推进“生态环境保护工程”，坚守生态底线，不碰环保红线，让绿色扮美通辽。

加大生态保护和建设力度。坚持全域生态化、生态园林化、园林产业化，扩大生态建设投资，大规模开展国土绿化，完成科尔沁沙地“双千万亩”综合治理工程346万亩，实施重点区域绿化12万亩，大力推广使用乡土树种，提高城市园林绿化的近自然度，积极创建国家森林城市。进一步扩大科尔沁生态科技示范园建设规模，不断丰富内涵，加快建成蒙东地区大型生态科技观光示范基地。深化与蒙草抗旱等大型企业合作，积极开发城市乡村闲置地，建设特色苗圃和观光采摘园,发展林果产业,壮大生态经济。提升罕山、大青沟等5个生物多样性示范区生态服务功能,申报罕山、乌旦塔拉国家级森林公园和大青沟国家级地质公园,保护建设阿古拉、孟家段湿地公园和自然保护区,沿科尔沁500公里风景大道实施绿色长廊工程。全面加强森林草原火灾和有害生物防控,确保生态安全。

整治环境突出问题。深入开展大气、水、土壤污染防治行动,解决重点区域、重点行业、重点企业环境隐患问题,全力做好中央环保督察反馈意见的整改落实工作。完善重污染天气预警会商机制和区域联防联控机制,扎实推进北部煤电铝烟气污染物趋零排放示范工程等重点环保项目建设。加强工业园区、农牧业面源污染和矿山地质环境综合治理。强化环境监管执法网格化管理,加大环境执法监管力度,严肃查处环境违法行为。开展节能降耗技术改造,实施重点排污企业在线、工况、视频"三位一体"自动监控,保证主要污染物排放稳定下降、环境质量稳步提高。

加强生态文明制度建设。全面落实主体功能区规划,划定生态保护红线、永久基本农田、城镇开发边界,明确城镇、农业、生态空间发展布局,实行重点生态功能区产业准入负面清单制度。实施最严格的水资源管理制度,建设节水型社会,确保饮用水水源地安全达标。认真落实禁牧休牧、草畜平衡制度,持续开展"三滥"治理,巩固扩大生态建设成果。继续实施领导干部自然资源资产离任审计试点。完成国有林场改革,完善集体林权制度。实施全民节能行动计划,积极培育生态文化,倡导绿色低碳生活方式,形成崇尚生态文明、共促绿色发展的社会风尚。

(九)着力增进各族人民福祉

民生是我们一切工作的出发点和落脚点,人民的期盼就是我们的努力方向。

强力推进"脱贫攻坚提质工程"。把脱贫攻坚作为重大政治任务、第一民生工程和最大发展机遇。严格落实脱贫攻坚责任,实施最严格的评估考核,严肃查处假脱贫、"被脱贫"、数字脱贫,确保脱贫得到群众认可、经得起历史检验。建立完善精准扶贫大数据管理平台,精准识别贫困人口,逐户逐人实施精准脱贫,确保不落一户、不漏一人。加大脱贫攻坚投入力度,整合投入各类资金45亿元,通过发展产业、易地搬迁、生态补偿、教育扶贫、政策兜底等措施,精准扶持3.5万贫困人口稳定脱贫,开鲁县、扎鲁特旗实现脱贫摘帽。大力推进产业扶贫,加大金融扶贫力度,加快发展肉牛、特色种植、庭院经济、乡村旅游、农村电商和光伏等脱贫产业,力争贫困人口年人均收入增幅超过15%。针对因病致贫比例偏高实际,将建档立卡贫困人口住院就医和大病保险报销起付线降低50%,报销比例提高5个百分点,通过大病保险、商业补充保险等方式,弥补高额医疗支出费用。实行先诊疗后付费、家庭病床、民政救助等综合措施,确保患病贫困群众及时入院、尽早治疗,切实解决因病致贫、因病返贫问题。加大教育扶贫力度,制定教育扶贫政策措施,对建档立卡贫困家庭的小学、初中、高中、中职在校生给予定额补助,将低保家庭大学生每人每年1万元资助政策覆盖到所有建档立卡贫困家庭,不让一个学生因贫失学、一个家庭因学返贫,使更多孩子成就梦想、更多家庭实现希望。

提高基本民生保障能力。实施就业优先战略,分类做好重点群体就业,力争实现城镇新增就业1.7万人,确保零就业家庭动态归零。全面落实促进城乡居民增收的各项政策措施,确保城乡居民收入稳定增长。着力促进农牧民收入较快增长,增加经营性收入和政策性收入,扩大财产性收入和工资性收入,努力缩小城乡居民收入差距。继续提高退休人员基本养老金。推行全民参保计划,实现法定人员全覆盖。提高城乡居民医保财政补助标准,实现自治区内异地就医住院费用直接结算。执行地区最低工资标准,扩大企业工资集体协商覆盖面,积极构建和谐劳动关系,维护劳动者合法权益。切实解决好农民工工资拖欠问题。稳步提高优抚、社会救助标准,实施好临时救助制度。加强农村牧区留守儿童关爱保护和城乡困境儿童保障。关心帮助孤寡老人。全面落实残疾人"两项补贴"制度。建立基本生活保障协调机制,切实做好托底工作,使困难群众心里有温暖、生活有奔头。

加快发展各项社会事业。全面落实党的民族政策,深入开展民族团结进步教育和创建活动,保护和发展少数民族优秀传统文化,扎实做好城市民族工作,筑牢各族干部群众"两个共同"

“三个离不开”“五个认同”思想根基，创建全国民族团结进步示范市。促进文化繁荣发展。设立科尔沁文化政府奖，支持文化精品创作和科尔沁非物质文化遗产保护传承。编撰《科尔沁文化系列丛书》，建成乌力格尔艺术馆、版画艺术中心，承办第22届全国版画展、全国版画大赛，举办全区“科尔沁杯”乌力格尔大赛。高质量推出《畅想科尔沁》音乐会，逐步打造民族音乐文化高地。建设完成应急广播信号传输、广播电视综合监管平台等广电工程。推进全民阅读工作。优先发展民族教育，实施通辽蒙古族中学改扩建，完成农村牧区中小学“大通铺”改造和教师周转宿舍建设工程，增加中心城区幼儿园数量，对农村牧区小学、教学点进行合理布局，义务教育均衡发展未达标旗县全部通过国家验收。提升职业教育办学水平，提高职普比例。加强校长和教师队伍建设，规范办学行为，提高教育教学质量。启动健康城市创建工作，全面提高人民健康水平。与北京12家三甲医院在远程会诊等方面开展深度合作，方便群众就地就近享受高端医疗服务。完善医疗急救区域网，加快建设全市医疗急救圈。继续采取以奖代补方式加强苏木乡镇中心卫生院能力建设，减轻农牧民就医负担。大力发展蒙中医事业，引进培养蒙中医药人才。提升生育医疗保健服务水平。加快全民健身中心建设，广泛开展全民健身活动，举办首届市民运动大会。巩固发展足球改革成果，办好“通辽杯”足球赛等品牌赛事。做好老龄、维护妇女和未成年人权益工作，大力发展残疾人事业和红十字等慈善公益事业，依法管理宗教事务，发挥好工会、共青团、妇联等人民团体的桥梁纽带作用。

维护社会和谐稳定。深化平安通辽建设，加强社会治理创新，提高预测预警预防各类风险能力。完善立体化社会治安防控体系，大力整治社会治安突出问题，侦破积案，重案必破，增强人民群众安全感。优化服务管理平台，深化基层平安创建，夯实维护社会稳定的基层基础。全力做好信访工作，妥善解决一批重点信访积案。落实重大决策社会稳定风险评估制度，健全社会利益表达、利益协调、利益保护机制，有效预防和化解矛盾纠纷。健全完善公共安全体系，强化安全红线意识，严格落实安全生产责任制，牢固树立“隐患就是事故、事故必须处理”的理念，从严从细从实抓好十大行业领域的安全生产大检查，以零容忍的态度抓好隐患整改，严厉打击各类非法违法生产经营行为，确保不发生重特大安全生产事故。健全突发事件应急处置机制，增强防灾减灾能力，切实维护人民群众生命财产安全。坚持“四个最严”，完善食品药品安全监管体系，保障人民群众饮食用药安全，创建国家食品药品安全市。深入抓好人防工作。实施“七五”普法规划，增强全社会法制意识。深化双拥共建，促进经济建设和国防建设兼容发展，鼓励先进军工技术成果转化落地，推动军民融合深度发展。

三、加强政府自身建设

做好今年工作，加强政府自身建设是保障。各级政府作为“作战部”，要切实增强“四个意识”特别是核心意识、看齐意识，把维护习近平总书记的核心地位当作最大的政治，当作最重要的政治纪律和政治规矩，更加自觉地在思想上政治上行动上同党中央保持高度一致，以强烈的政治责任感和历史使命感，高效能抓好执行落实，确保中央、自治区和市委各项决策部署落地生根、开花结果。

履职尽责，敢于担当。有权必有责，有责要担当。对上级的决策部署要谋在新处、干在实处，坚持规划当先、科学干事，善于把“新蓝图”变成“路线图”和“施工图”，让各项工作由“纸上”落到“地上”，从构想变为现实。要拧紧责任螺丝，对重点工作重点项目要明确责任人、工作要求、成果形式和时间进度，建立全程监管、全面覆盖的工作链条，务求事事有着落、件件有结果；要上紧督查发条，创新督查方式，加大督查问责力度，建立问题及时解决反馈机制，完善绩效考核评价体系，务必把难事做稳妥、小事做精致、大事做圆满；要健全激励机制和容错纠错机制，给干事者鼓劲，为担当者撑腰，努力建设务实担当的政府。

依法行政，讲求诚信。有权不可任性。各级政府要牢固树立法治信仰和法治思维，尊崇法治、敬畏法律、依法办事。政府主要领导要认真履行推进法治建设第一责任人职责，严格依法行政，执行“三重一大”决策制度，加大审计监督力度，让政府的一切权力在法治轨道上运行。认真执行人大及其常委会的决定，主动接受人民政协的民主监督和社会舆论监督。全面推进政务公开,完善新闻发布制度,消除“信息孤岛”,及时回应社会关切。大力加强政务诚信建设,言必信、行必果,以政府诚信引领社会诚信,努力建设法治诚信的政府。

廉洁自律,干净干事。公生明,廉生威。我们要永葆共产党人清正廉洁的政治本色,严格遵守党规党纪,严格落实从严治党主体责任,全面落实党风廉政建设“一岗双责”,坚决守住廉洁从政这条生命线。各级政府要始终把规矩和纪律挺在前面,严格按政策制度办事,按规矩程序办事,持廉守正,不失职、不越权。严格执行中央八项规定精神和自治区党委、市委配套规定,驰而不息反“四风”,坚决整治失职渎职和庸政懒政怠政行为,让廉洁自律成为干部的自觉追求,让干净干事成为政府的作风导向,努力建设清正廉洁的政府。

2017年是自治区成立70周年,我们要精心组织好各项迎庆活动,充分展示通辽发展成果和美好前景,动员全市各族干部群众团结一心、奋力拼搏,以优异的成绩向自治区成立70周年献礼!

各位代表,只要努力奋斗,梦想就会成真。让我们更加紧密地团结在以习近平同志为核心的党中央周围,在自治区党委、政府和市委的坚强领导下,发扬一往无前的蒙古马精神和一抓到底的钉钉子精神,不忘初心,继续前进,撸起袖子加油干,谱写通辽跨越发展新篇章,为打造祖国北疆亮丽风景线作出新的更大贡献。

2016年气候影响评价

通辽市气象局

2016年12月12日

一、2016年基本气候概况

(一)气温

2016年全市各地平均气温在1.6~8.0℃之间,其中巴雅尔图胡硕镇、霍林郭勒市为1.6~3.9℃,其余大部分地区在7℃以上。与历史同期(1981—2010年)平均值相比,除科尔沁区、科左后旗高0.6~0.7℃外,其余地区均接近常年(图1)。

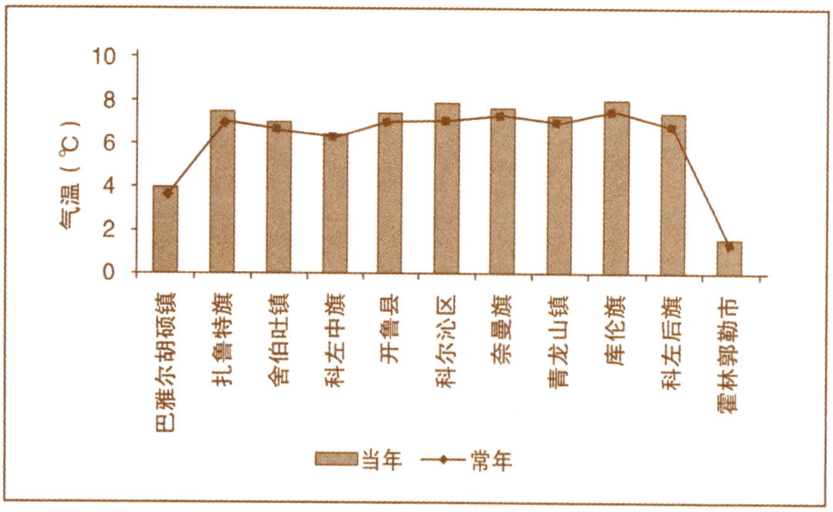

图1 2016年平均气温与常年比较

冬季(2015年12月至2016年2月)全市各地平均气温在-18.0~-9.2℃之间,与历史同期(1981—2010年)平均值相比,除霍林郭勒市低0.6℃,科尔沁区、科左后旗高0.6~0.7℃外,其余地区均接近常年。冬季全市平均气温为-11.3℃,比历史同期平均值高0.1℃,比上一年同期低1.4℃,历史排位为1961年以来第27高位。用平均气温距平和标准差对全市冬季平均气温进行定量评价,结果为正常。

春季(2016年3—5月)全市各地平均气温

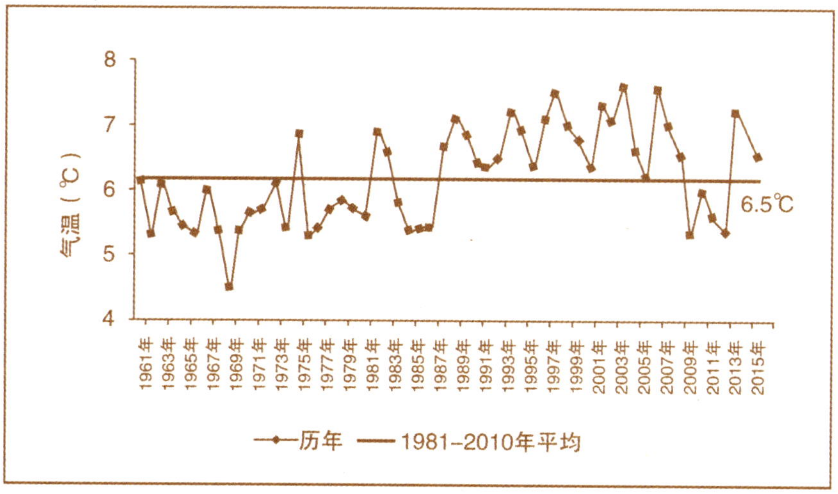

图2　1961—2016年历年平均气温

2016年全市平均气温为6.5℃，比历史同期高0.3℃，比上年同期低0.3℃，为1961年以来第20高位，同1983年、1993年并列（图2）。

4.1～10.2℃，与历史同期（1981—2010年）平均值相比，偏高1.2～1.7℃。春季全市平均气温为9℃，比历史同期平均值高1.5℃，比上一年同期高0.3℃，历史排位为1961年以来第7高位。用平均气温距平和标准差对全市春季平均气温进行定量评价，结果为偏高。

夏季（2016年6—8月）全市各地平均气温19.9～24.2℃，与历史同期（1981—2010年）平均值相比，科左中旗、青龙山镇接近常年，其余地区偏高0.6～1.7℃。夏季全市平均气温为22.9℃，较历史同期平均值高0.9℃，比上一年同期高1.1℃，历史排位为1961年以来第8高位，与1988年并列。用平均气温距平和标准差对全市夏季平均气温进行定量评价，结果为正常。

秋季（2016年9—11月）全市各地平均气温0.4～7.3℃，与历史同期（1981—2010年）平均值相比，低0.5～1.4℃。秋季全市平均气温为5.5℃，比历史同期平均值低1.0℃，比上一年同期低0.8℃，历史排位为1961年以来第7低位，与1969年和1974年并列。用平均气温距平和标准差对全市春季平均气温进行定量评价，结果为正常。

（二）降水

2016年全市各地降水量在326.3～648.9毫米之间。其中霍林郭勒市、扎鲁特旗、开鲁县在326.3～372.8毫米之间，其余地区在400毫米以上。与历史同期（1981—2010年）平均值相比，舍伯吐镇、科左中旗、奈曼旗、库伦旗及科左后旗多3～6成，其余地区接近常年（图3）。

冬季（2015年12月至2016年2月）全市各地降水量在2.5～11.5毫米之间，与历史同期（1981—2010年）平均值相比，霍林郭勒市、扎鲁特旗、舍伯吐镇、奈曼旗多3～5成，巴雅尔镇、科左中旗、青龙山镇接近常年，其余地区少3～5成。冬季全市平均降水量为5.2毫米，比历史同期多0.2毫米，比上年同期少11.8毫米，历史排位为1961年以来第21高位。

春季（2016年3—5月）全市各地降水量15.7～130.4毫米，与历史同期（1981—2010年）

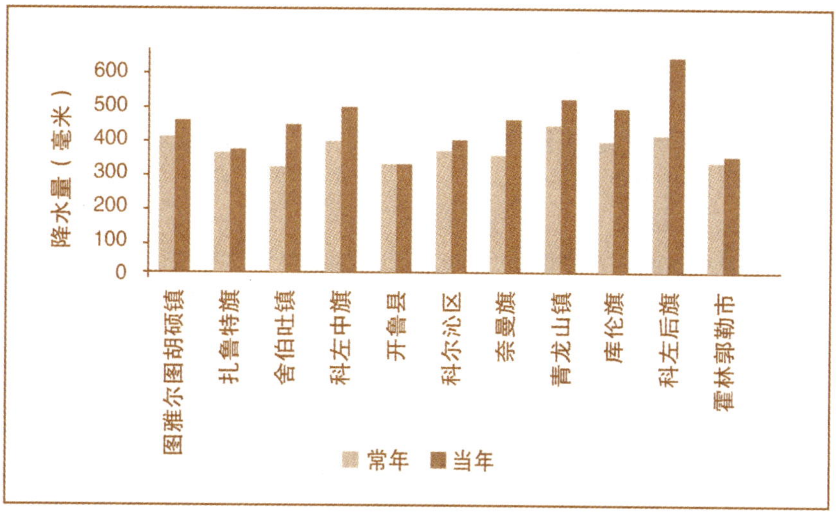

图3　2016年降水量与常年比较

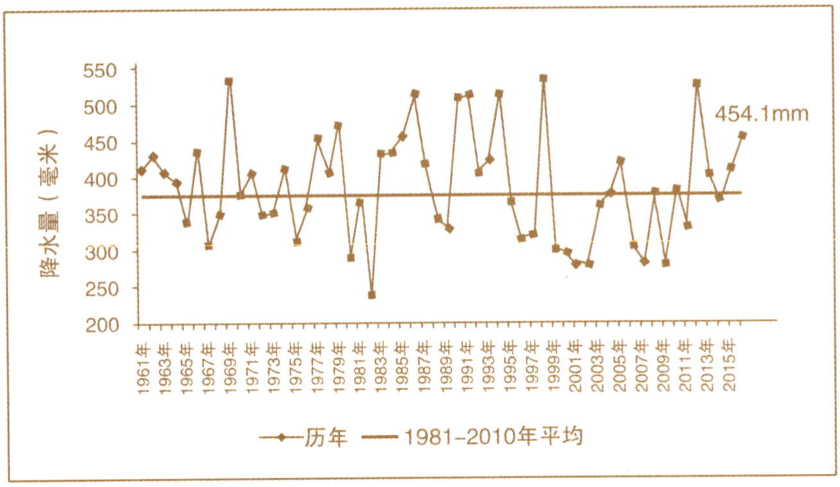

图4 1961—2016年历年降水量

平均值相比，巴雅尔图胡硕镇、扎鲁特旗、开鲁县及霍林郭勒市少3～7成，舍伯吐镇、奈曼旗接近常年，其余地区多7～10成。春季全市平均降水量为71.2毫米，比历史同期平均值多15.7毫米，比上年同期少4.6毫米，历史排位为1961年以来第14高位。

夏季（2016年6—8月）全市各地降水量184.2～452.3毫米，与历史同期（1981—2010年）平均值相比，奈曼旗、库伦旗、科左后旗多3～6成，其余地区接近常年。夏季全市平均降水量为278.9毫米，比历史同期平均值多17.5毫米，比上年同期多12.5毫米，历史排位为1961年以来第24高位。

秋季（2016年9—11月）全市各地降水量44.8～203.2毫米，与历史同期（1981—2010年）平均值相比，青龙山镇少3成，库伦旗、科左后旗接近常年，其余地区多3～29倍。秋季全市平均降水量为99毫米，比历史同期平均值多46.4毫米，比上年同期多49.3毫米，历史排位为1961年以来第6高位。

2016年全市平均年降水量454.1毫米，较历史同期平均值多78.7毫米，比上年同期多45.4毫米，是1961年以来的第10高位（图4）。

（三）日照

2016年全市各地年日照时数为2405～2955小时。与历史同期（1981—2010年）平均值相比，除舍伯吐镇偏多199小时外，其余地区少57～457小时。

冬季（2015年12月至2016年2月）全市各地日照时数548～699小时，与历史同期（1981—2010年）平均值相比，巴雅尔图胡硕镇、舍伯吐镇、扎鲁特旗、科左中旗、开鲁县多15～39小时，其余地区少8～79小时。

春季（2016年3—5月）各地日照时数686～865小时，与历史同期（1981—2010年）平均值相比，开鲁县同常年持平，巴雅尔图胡硕镇、舍伯吐镇多1～8小时，其余地区少1～14小时。

夏季（2016年6—8月）各地日照时数581～865小时，与历史同期（1981—2010年）平均值相比，霍林郭勒市与常年持平，巴雅尔图胡硕镇、扎鲁特旗、舍伯吐镇、科左中旗、库伦旗多4～29小时，其余地区少4～22小时。

秋季（2016年9—11月）各地日照时数

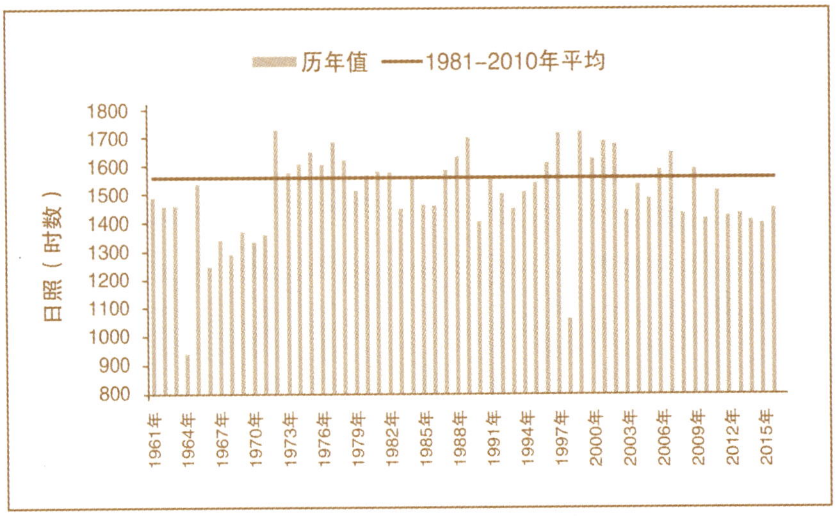

图5 1961—2016年历年生长季日照时数

501～656小时，与历史同期（1981—2010年）平均值相比，少90～215小时。

2016年全市农作物生长季(4—9月)平均日照时数为1451小时，较历史同期少106小时，比上年同期多53小时，为1961年以来第19低位(图5)。

二、主要气候事件

(一)极端降水事件

2016年6月22日，科左中旗日降水量达93.8毫米，超过极端日降水量阈值，出现极端降水事件。

2016年7月21日通辽市西南部地区普降暴雨，青龙山站日降水量高达105.8毫米，超过极端日降水阈值(78.8毫米)。

(二)极端高温

2016年3月中旬全市气温持续偏高，扎鲁特旗旬平均气温达3.5℃，为1961年以来同期次高值，仅低于2002年。

2016年3月下旬全市气温继续维持偏高，科左后旗、青龙山镇旬平均气温分别达6.9℃、7.0℃，为1961年以来同期次高值，仅低于极值年份2014年。

2016年7月上旬全市范围持续出现高温天气，日最高气温连续在30℃以上日数高达9天之多。尤其是北部地区连续5天最高气温在35℃以上。其中扎鲁特旗、巴雅尔图胡硕镇旬平均气温分别达28.7℃、25.7℃，为有气象记录以来历史最高值。

(三)暴雨、洪涝、大风、冰雹及雷电灾害

2016年5月3日夜间至4日凌晨，科左后旗出现大范围大风天气，平均风力达到8级，阵风达到9级以上，瞬间极大风速高达11级以上。科左后旗16个苏木镇(场)受到不同程度影响，共造成1028户、3453人受灾，其中1人死亡，2人受伤。房屋严重损坏39户117间，房屋一般损坏356户986间，棚舍损坏546座，死亡大牲畜17头、死亡羊只136只，灾害造成直接经济损失634.26万元。

2016年6月9日17时，科尔沁区敖力布皋镇遭遇冰雹袭击，冰雹平均直径10毫米，持续20分钟。造成敖力布皋镇22个村屯受灾，受灾农田6178.6公顷，绝收2302.4公顷，直接经济损失3000万元。

2016年6月10日13时至15时，扎鲁特旗境内出现雷雨大风，导致5个苏木乡镇，35个行政村受灾。受灾农田1946.7公顷，死亡牲畜525头(只)；暴风雨造成93户房屋进水，倒塌房屋5间、牲畜棚舍8座，冲毁院墙1340延长米，冲毁网围栏500延长米，3眼井被填没。造成直接经济损失1500余万元。

2016年6月10日14时左右，奈曼旗出现暴雨冰雹天气，冰雹直径3～5毫米，持续30分钟。造成6个苏木乡镇，20个嘎查村受灾。受灾农田2467公顷，直接经济损失1100万元。

2016年6月22日17时至23时，科左中旗遭遇雷雨大风，小时最大降水量达55.7毫米，极大风速33.3米/秒。导致境内11个苏木镇、56个嘎查村受灾。损坏或倒塌房屋371户、967间；受灾农田9720公顷，雷击导致1人死亡，直接经济损失为2400万元。

2016年6月30日13时05分，库伦旗遭遇冰雹灾害，冰雹直径20毫米，持续20分钟左右。导致库伦境内4个乡镇、8个嘎查村受灾，农作物受灾面积1581公顷，直接经济损失831.25万元。

2016年6月30日科左后旗突降暴雨，局部地区伴有短时雷雨大风、冰雹等强对流天气。最大降雨量为82.8毫米。导致2个镇、8个嘎查村、5个社区受灾。受灾农田736.7公顷，直接经济损失334.6万元。另有一人遭雷击受伤。

2016年6月30日13—15时，奈曼旗境内出现短时强降水，导致山洪爆发，造成4个苏木镇、20个嘎查村受灾，农作物受灾面积3471公顷，造成直接经济损失为1050万元。

2016年7月28日14时至15时，科尔沁区出现短时强降水天气，同时出现冰雹，导致余粮堡镇、哲南农场、育新镇32个村屯受灾。农作物受灾面积2756.3公顷，直接经济损失1905.15万元。

2016年7月28日16时至20时，奈曼旗境内出现短时强降水，并伴有冰雹，致使青龙山镇、大沁他拉镇、土城子乡、沙日浩来镇、新镇、义隆永镇等6个苏木乡镇的43个嘎查村受灾。农田受灾面积6554公顷，房屋一般受损18户75间，倒塌棚舍60间，院墙坍塌3600延长米，冲毁道路路基1.47万延长米，冲毁路肩5.6万延长米，

冲毁砂石路2万延长米,冲毁树木1万株,灾害造成直接经济损失13 575万元。

2016年7月28日18—20时,库伦旗境内出现短时强降水,并伴有雷雨、大风、冰雹,导致库伦镇、六家子镇、扣河子镇、白音花镇4个乡镇的28个嘎查村受灾,农作物受灾面积3206公顷。沥青和水泥路塌方2.8公里,墙体坍塌1850米,土路肩冲毁22公里。直接经济损失2131万元。

2016年9月14日14—15时,扎鲁特旗北部巴雅尔图胡硕镇、嘎亥图镇的18个嘎查遭受强降雨、冰雹袭击,部分嘎查引发山洪,冲毁院墙2500延长米,冲毁公路300延长米,冲毁路肩彩砖等设施34 900多米,农作物过水、浸泡不同程度受损1328公顷,青储106.67公顷,冲毁围栏约60 000延长米,打草场被冲被淹、被泡1666.67公顷。此次灾害造成的直接经济损失超过600万元。

2016年9月24日16时20分左右,库伦旗遭遇龙卷风袭击,导致库伦旗上养畜牧、哈图塔拉、哈拉胡绍、上勿兰、下勿兰、前协力花等6个嘎查村、172户受灾,紧急分散转移安置人口133人;严重损坏房屋95间;受伤20人,住院16人,2人重伤;67座蒙古包遭受不同程度损坏。直接经济损失1600万元。

(四)干旱灾害

2016年7月上中旬,通辽市出现持续的高温少雨天气,导致出现不同程度的旱灾。干旱造成扎鲁特旗、奈曼旗、库伦旗境内的489个嘎查村受灾。农作物受灾面积为284 606公顷,成灾150 045公顷,绝收45 848公顷;草场受灾面积为973 129公顷,枯死草场226 667公顷,死亡牲畜67 473头(只);林地受灾面积为83 200公顷。扎鲁特旗境内9条主要河流、25条支流大部分出现断流,70余个大小泡子基本干枯,因旱导致干涸或出水不足的农田井1573眼、饮水井4782眼。造成直接经济损失127 098万元。

三、气候综合影响评价

冬季平均气温接近常年或偏高,但出现两个明显的低温时段。尤其是1月下半月,气温持续偏低,日最低气温在-20℃以下的日数持续近10天,大部地区出现近5年以来极端最低气温。持续低温天气给人们生产、生活工作带来不便,同时对牧区牲畜放牧、野外采食有一定影响。冬季降水时空分布不均,主要降水过程集中在前冬的12月上、中旬以及后冬的2月中、下旬,此时段大部时间地面有积雪覆盖,利于抑制浅层土壤水分散失,但给设施农业及交通运输造成不利影响。

春季的3月份和4月份,气温偏高,降水少,大风天气较多,土壤表层失墒严重,部分地区出现3~20厘米干土层,不利于春播生产。同时频繁的大风天气对已播种的小麦出苗产生不利影响,并严重影响大田播种进度。进入5月后连续出现两次大范围明显降水过程,中部、南部地区出现透雨,缓解或解除中南部地区的旱情,北部地区由于降水严重偏少,出现持续性干旱,最厚干土层达32厘米。

初夏的6月,气温适宜,陆续出现三次大范围明显降水过程,墒情明显改善,旱情缓解或解除,对牧草快速生长,小麦灌浆及玉米拔节期生长非常有利。盛夏的7月、8月,大部地区气温偏高,光照适宜,为玉米等大田作物旺盛生长提供良好的光热条件。但降水量时空分布极不均匀,大部地区出现阶段性干旱,严重影响农作物的正常生长,水浇地因能适时灌溉,土壤水分尚能满足作物生长发育需要,而旱作农田及草场旱情尤为明显。夏季由于多次出现局地强对流天气,部分地区遭受冰雹、雷雨大风、洪涝等灾害,造成一定的经济损失。

初秋的9月,平均气温偏高,但阶段性低温明显。上旬多阴雨寡照天气,对玉米等大田作物灌浆非常不利。下旬北部及低洼地段出现初霜冻,对晚熟蔬菜略有影响。月内降水较多,各旬均有降水过程,为玉米等大田作物产量提升提供充足的水分条件。由于下旬的两次降水过程正值收获期,使作物收获进程减缓;10月降水偏多,主要集中在秋收旺季的上旬,严重影响秋收进度及已收获作物的晾晒。月内气温偏低,其中上旬随着气温大幅下降,全市陆续出现霜冻,影响秋菜及晚熟作物生长;11月气温持续偏低,特别是中旬末的区域性寒潮过程,导致各地日最低气温在-12℃以下持续5天。持续的低温天气对棚圈设施较差的牧户造成的影响较大。月内降雪偏多,大部地区被积雪覆盖,利于土壤保墒,但给交通运输造成一定的安全隐患。

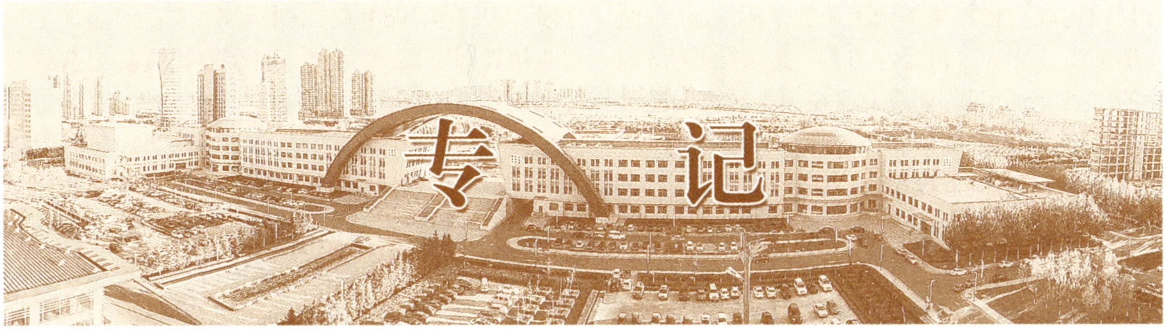

光辉的历程

——迎接自治区成立70周年暨通辽工业70年发展综述

通辽市经信委

(2017年3月)

回眸七十年工业发展史,是科尔沁草原人民追求美好生活的不懈奋斗史,无处不铭刻着通辽工业人艰苦奋斗、顽强拼搏的深沉足迹,无处不展现着通辽工业人求真务实、开拓创新的动人华章。七十年,在浩荡的历史长河中只是弹指一挥,而对于一地区发展而言,却是激情满怀锐气迸发的光辉历程;七十年,通辽市各族人民在近6万平方公里的土地上,奏响一曲高亢奋进的壮歌,铺展一幅波澜壮阔的画卷;七十年,通辽市工业经济从无到有、从小到大、从量增到质变,已经支撑起全市经济总量的"半壁江山",高高挺起发展的脊梁。

开拓奋进是通辽经济社会发展的鲜明足迹,快速崛起是通辽工业经济的突出成就。今天,通辽工业经济已经插上聚势腾飞的翅膀,在农牧业资源富集地区推进新型工业化之路上不断探索和前进。

一、工业经济快速发展,工业实力显著增强

纵观通辽市工业经济70年的发展历程,从规模总量扩大、经济实力提升的发展脉络上可分为5个时期。

(一)萌芽期(1947—1977年)

自治区成立之初,通辽市的工业几乎处于空白,1949年工业总产值只有35.59万元,经过几年的国民经济恢复以及1952年第一个五年计划的实施,一些以矿产资源开发、电力、化工和农畜产品加工为重点的初级加工工业开始出现。1956年,全市工业完成产值696.99万元,比1949年增长19倍。以1970年为分界点,之前的10年,通辽市工业经济以服务农牧业生产的机械制造业为主;1970年以后,开始利用地方资源优势发展具有民族特色和地方特色的原料加工业,轻纺工业和化学工业在全市工业中比重迅速增加。

(二)起步期(1978—1989年)

1978年十一届三中全会之后,全国上下将工作重心转移到经济建设上来,改革开放思潮逐渐深入人心,经济体制改革和对外开放政策给通辽市的工业企业注入活力,通辽工业经济出现快速增长势头。十二年间,全市工业总产值由1978年的0.75亿元增加到1989年的17.3亿元,年均递增33%;销售收入由1978年的0.72亿元达到1989年的15.1亿元,年均递增21.8%;利税由1978年的0.19亿元达到1989年的0.65亿元,年均递增11.8%。

(三)积累期(1990—2000年)

1990年十三届七中全会通过《中共中央关于制定国民经济和社会发展十年规划和"八五"

计划的建议》,将加强基础工业和基础设施,改组改造加工业作为今后十年和“八五”时期经济建设的重点。十年间,全市上下在国家政策的鼓励和引导下,各地乡镇企业如雨后春笋,蓬勃发展。尤其是1999年撤盟设市后,市委、市政府将“招商引资,发展工业”做为全市工作重点,摆上重要日程,一批大中型企业入驻通辽。到2000年,全市工业总产值达到44.5亿元,是1989年的2.6倍,年均递增23.3%;销售收入达到40.7亿元,是1989年的2.7倍,年均递增21.9%;利税达到5.32亿元,是1989年的8.2倍,年均递增51.6%。这是通辽市工业经济发展的分水岭,也是工业经济高速发展的拐点,正是这一段时期孕育今天通辽市工业经济的腾飞。

(四)量变期(2001—2010年)

“十五”期间,通辽市明确“工业立市”的指导思想,提出“大煤炭、大煤电、大冶金、大化工”工业发展格局,努力把资源优势转化为产业优势。“十五”期间,四大产业的规模不断壮大,产业集群化趋势逐渐凸显,工业发展实现根本性的转变。2005年,全市完成工业增加值84.4亿元;规模以上工业企业增长至181户,比2000年增加105户,平均每年增加21户;完成规模以上工业增加值72.5亿元。五年间,全市累计创造工业增加值283.6亿元,超出1978—2000年23年的总和100亿元,工业经济以平均每年33.8%的速度迅速增长,真正实现高基数上的高速增长。

“十五”期间的积累,通辽市的工业基础日趋扎实,发展潜力日渐迸发。

“十一五”期间,全市工业经济实现高速高效增长。2010年,完成工业增加值633亿元,是“十五”期末的7.5倍,年均增长49%;规模以上工业企业户数达到566户,比2005年期末增加385户,年均增加77户;规模以上工业实现增加值543亿元,是“十五”期末的7.5倍,年均增长49%;实现销售收入1650亿元,是“十五”期末的7.5倍,年均增长50%;实现利税158亿元,是“十五”期末的3.8倍,年均增长30%。

(五)质变期(2011年至今)

“十二五”时期以来,通辽市工业经济进入转型升级、科学发展、创新发展的经济发展新常态阶段。2012年,煤电铝、玉米生物、农畜产品加工产业初具规模,新型建材、现代蒙药、装备制造产业加快发展,镍合金、新材料产业开始起步。为更好地落实推进产业集群化发展,增强产业竞争力,市委、市政府针对各地区产业发展特点,提出构建北部铝工业新材料及现代煤化工产业、中部自主创新高端产业、南部融入东北经济一体化和绿色经济产业三大产业集群,实现全市工业个性化、差异化、集约化发展。通过5年时间的调整转型、优化升级,产业结构更趋合理,产业发展质量效益进一步提升。2016年,完成全部工业增加值889.95亿元,是“十一五”期末的1.4倍;规模以上工业企业达到610户,较“十一五”期末增加44户。进入“十三五”,站在新的起点,市委、市政府提出构建铝新材料、玉米生物技术、绿色农畜产品、清洁能源、蒙医药和自驾旅游体验“六大基地”的发展战略,产业发展定位和发展目标更加明确,推动产业终端化、高端化发展的措施更加具体。

二、产业结构进一步优化,优势特色产业发展势头强劲

(一)实现“煤电铝”一体化循环发展。通辽通顺铝厂1988年筹建、1993年2万吨产能投产;1994年5月11日,通辽通顺铝厂LD31铝合金生产线正式投产,填补原哲里木盟的一项空白;经多次技术改造产能达到17.3万吨,通辽市电解铝产业由此起步。2001年,是霍林河露天煤业经营最困难的时期,煤炭市场萧条,矿山停产,职工下岗,煤炭自燃,大量低热值劣质煤随矸石一同排掉,排土场变成“火焰山”。为给煤炭寻找出路,让地方经济得以复苏,我们探索出以煤发电、以电炼铝、延伸加工的循环发展之路。2003年,霍煤鸿骏铝电公司一期20万吨电解铝项目开工建设;2010年二期工程完工,产能达到43万吨;2012年三期工程部分投产,产能达到78万吨。2009年,通过招商引资引进杭州锦江集团投资1000亿元建设300万吨铝板带箔项目,项目分三期建设,一期100万吨产能已建成。2011年引进山东创新集团投资400亿元建设160万吨高强高韧铝合金项目,项目分二期建设,一期80万吨产能主体工程建设完成。

多年以来,依托丰富的煤炭资源优势,积极探索褐煤综合利用途径,努力推进煤电铝一体化

发展，闯出用劣质煤发电、局域网供电、低成本电炼铝，长链条、集群化发展的煤电铝联营模式，创造独具特色和极具竞争优势的“霍林河发展模式”。随着内蒙古锦联铝业公司铝板带箔项目、内蒙古创源金属高强高韧铝合金项目、内蒙古联晟新能源材料铝板带箔项目的引入建设、投产运行，将单一的煤炭、电力、电解铝企业通过联合重组、相互参股、资源统配等方式，产业格局由“一煤独大”转向“多元支撑”。现已形成5705万吨煤、681万千瓦火电装机、198.3万吨电解铝、257.5万吨铝深加工的能力。以风光火互补的霍林河循环经济示范工程探索出高载能产业实现低碳发展、绿色发展的新路子，在2014年秘鲁利马联合国气候大会上获得“今日变革进步奖”。

（二）实现玉米生物产业全产业链发展。通辽地处世界“黄金玉米带”，玉米年总产量650万吨以上，延伸玉米深加工产业链、提质增效为多年来通辽市工业发展的主攻方向。依托玉米资源优势，2003年8月引进梅花集团，开启通辽市玉米生物产业新纪元；2005年引进山东玉王集团，进一步扩大玉米原粮转化规模；近年来引进建设华曙生物科技有限公司、黄河龙生物工程公司、开药集团等重大项目，年综合转化玉米能力达到505万吨。形成130万吨淀粉、40万吨味精、20万吨氨基酸、10万吨葡萄糖酸钠、3万吨黄原胶、1万吨土霉素碱、5万吨硬葡萄糖淀粉脂、14万吨玉米胚芽油、120万吨复合肥等玉米生物产品的生产能力，玉米淀粉转化率达到60%。梅花生物公司的普鲁兰多糖、植物胶囊、海藻多糖突破日本和欧美国家的技术垄断，内蒙古黄河龙生物工程技术公司3万吨黄原胶生产线位居亚洲之首，玉米生物产业的科技含量和市场话语权得到逐步提升。

（三）实现绿色农畜产品产业化发展。通辽市是全国重要的商品粮基地和畜牧业生产基地，依托丰富的农牧业资源，绿色农畜产品加工是通辽市的传统产业。二十世纪初期农畜产品加工业出现工业化生产企业，中后期的牛羊屠宰加工、绒毛制品、酿酒、乳制品加工等行业具有一定规模，对当时的经济社会发挥着支撑作用，特别是粮食市场放开后，绿色农畜产品加工业发展迅速。1998年金锣集团入驻通辽，2002年科尔沁牛业股份有限公司成立，近年来相继引入建设蒙牛乳业、邦杰肉食品、伊赛牛肉、荞泰生物等产业化龙头企业，突出通辽市农畜产品绿色无污染的优势，推进食品工业向高附加值、产业化方向发展。现已形成55万头肉牛、400万只肉羊、360万口生猪、4000万只肉禽、30万吨红干椒、3.5万吨荞麦、18万吨乳制品的加工生产能力，在逐步品牌化、绿色化、有机化的同时，也带动农牧民致富增收。

（四）实现新兴产业多元化发展。经过多年的发展，全市战略性新兴产业发展基础不断夯实，生物医药、装备制造、煤化工、新材料、新能源五大战略性新兴产业是我市工业促增长的着力点、调结构的主战场。生物医药产业以蒙医药为主，现已形成15个剂型、300多种产品、1500吨的加工能力；装备制造产业形成风电主机制造1800台、塔筒加1000套、风机叶片600套、机舱罩3000套、轻型飞机300架、农牧机械制造1.5万台（套）的能力；煤化工产业形成20万吨乙二醇、10万吨草酸能力，乙二醇产品透光率指标达到90%，远远高于石油工艺生产的产品的透光率；新材料产业形成优质浮法汽车玻璃620万重量箱、硅砂加工360万吨、蓝宝石晶体1.2万个的能力；新能源产业形成393.1万千瓦风电、49.9万千瓦光电、4.2万千瓦生物质发电的能力。

三、中小企业发展突飞猛进，民营经济发展活力增强

（一）经济贡献不断扩大。到2016年末，全市中小企业和个体工商户达到16.9万户，“十二五”期间年均增长13.8%，其中工业中小微企业达到3950户，年均增长5.8%，吸纳就业15.3万人，占全部就业人数的80%，成为农村富余劳动力、国有企业下岗职工再就业和高校毕业生就业的主渠道。

（二）技术创新能力不断增强。中小企业提供约90%的发明专利、90%以上的企业技术创新和80%以上的新产品开发，中小企业已成为我市提升自主创新能力、加快经济发展方式转变的生力军。产业结构不断优化，从一般加工制造、批发零售等传统行业，加快向高新技术产业、现代服务业等领域扩展，资本密集型和技术密集型产品和服务比重持续增加，产品质量不断提

高,品牌数量不断增多,有效注册商标达到3850件,其中中国驰名商标11件、著名商标69件、知名商标118件、原产地证明商标5件,中小企业已成为调整和优化经济结构的重要推动力量。

(三)服务体系建设成效明显。积极推进服务体系建设,帮助企业解决发展中的问题,创新发展思路,建立"助保金贷款"业务平台,其模式在自治区全面推广,通过助保金贷款累计支持中小企业282家,贷款金额20.01亿元。积极推进示范平台建设,有30家服务机构升级为自治区示范平台。建设中小企业公共服务"窗口"平台,实现与自治区互联互通,大大提升中小企业服务能力。加大创业基地建设,自治区级示范基地达到10家,国家级创业基地1家。"十二五"期间,累计为130家中小企业争取国家、自治区各类技改、贴息、产业振兴、公共服务能力等各类扶持资金1.5亿元。争取自治区助保贷引导资金10 400万元,促进助保金贷款工作有效开展。

四、深化国企改革与重组,国有资产焕发青春和活力

改革创新是永葆青春的不竭动力。改革开放之初,通辽的国有经济可谓"一股独大",但呈现出大量厂房破旧、设备老化、冗员众多的景象。1993年党的十四届三中全会提出"建立现代企业制度"之后,通辽国有企业改革进入制度创新阶段,以体制、机制、所有制为核心的企业改革与重组开始实施,以霍煤集团为代表的30户企业通过增资扩股等方式实现做大做强。霍煤集团前身霍林河矿务局,始建于1976年,在全国五大露天矿中最早开发建设,是国家"七五""八五"重点建设项目。1999年整体改制组建霍煤集团,建立以资产和产品为纽带的集团化管理体制,形成以煤炭、铝业为主,以机械检修制造业、地产业、服务业、农林牧业为辅的多元化发展格局。2007年,霍林河露天煤业股份有限公司在深圳证券交易所正式挂牌上市,创造全国第一个自行设计规划、第一个自行施工建设、第一家引进现代化开采设备、第一家A股上市的千万吨级现代化露天煤炭生产企业的经营业绩。国有资产保值增值率大幅提升,到2016年,全市纳入监管的58户国有独资及国有控股企业资产总额达到610.65亿元,是2010年91.25亿元的6.7倍;净资产达到329.65亿元,是2010年46.82亿元的7倍。

五、科技创新能力显著提高,产业科技含量大幅提升

(一)重点企业引领发展,自主创新能力持续提升。梅花生物被评为国家级企业技术中心,15家企业被评为自治区级企业技术中心;19家企业被认定为高新技术企业,24家企业被评为自治区级企业研究开发中心,8家企业被评为自治区工程技术研究中心,10个企业建立院士专家工作站,锦联铝业被国家工信部列为首批46个国家智能制造试点示范项目。"十二五"期间全市工业企业共获得国家各项专利141个,共有12件驰名商标、69件著名商标和118件知名商标。

(二)技术装备水平提升,企业生产技术能力提高。内蒙古锦联铝材有限公司电解槽电流强度达到500KA(千安),处于世界先进水平;联晟新能源材料公司在建的哈兹列特连铸连轧生产线技术水平世界领先,截至年底,世界只有13条哈兹列特生产线,联晟新能源材料哈兹列特生产线是国内引进的第二条;福耀集团(通辽)有限公司浮法玻璃生产线装备水平处于国际领先地位。

(三)产品创新层次升级,企业市场竞争力增强。通过积极推进技术创新,优势特色主导产业中涌现出一批依靠自主创新做大做强的企业,产业市场竞争力显著提升。梅花生物普鲁兰多糖、植物胶囊等产品突破日本和欧美国家技术垄断;锦联铝业成立内蒙古蒙东铝及新材料工业技术研究院,水平宽幅多根铸造设备、石墨质阴极磷铁浇铸设备、新型低耗阳极喷涂保护装备的研发均属国内首创;通辽金煤化工采用的"一氧化碳偶联两步法煤制乙二醇"技术为全球首创,拥有完全自主知识产权。蒙药公司水丸生产工艺、片剂生产工艺及颗粒剂生产工艺处于国内先进水平,康臣药业、南开允公、开鲁昶辉、源源科技、仁创沙业等企业工艺技术也达到国内先进水平,发展前景十分广阔。

六、智慧城市创建步伐加快,信息化保障能力明显提高

通辽市结合本地区经济社会发展的实际,坚持以政务信息化为先导,以应用为核心,以信息

化带动工业化、产业化、城镇化为重点，大力推动“智慧通辽”建设，推进信息技术在国民经济和社会各个领域的应用，加快信息化与工业化融合的进程，全市信息化建设取得重要进展和显著成效。通辽市是国家互联网二级节点城市，配备490GB的互联网出口带宽，对外有到俄罗斯、蒙古国的光缆国际主干线，全市互联网的覆盖率达到90%以上，有线和无线用户基本实现全覆盖。“云端智慧通辽”项目构建市级统一的云计算中心，行政审批系统、政府网站群、政法综合治理系统、社区管理系统已经投入运行，为全市信息互联互通、资源共享、政务协同和城市、交通、食品药品监管、民生保障等方面的管理创新提供平台支撑。2013年，通辽市成为全国首批市（县、区）基于云计算的电子政务公共平台建设和应用试点示范地区，科尔沁区永清街道社区被列为全国社区信息化试点；奈曼旗和开鲁县被国信办和自治区设立为全国和全区农牧业信息化试点旗县。电子商务发展势头良好。全市共有各类电子商务企业150多家，2016年全市电子商务交易额将近300亿元，同比增长35%，电商服务网点在各苏木乡镇、嘎查村全面布局，农牧区电子商务工作走在自治区前列。

七、工业园区建设扎实推进，平台承载能力持续提升

通辽市紧紧抓住国家扩大内需促进发展的战略机遇，把工业园区作为加速企业集聚、培育产业集群的重要载体，全面提高资源的综合开发利用水平，全力打造资源循环利用、项目集聚发展的工业园区。坚持高起点规划，明确功能定位，合理进行产业布局，引导各个园区互相补充、错位发展，经过多年来的不懈努力，工业开发区（园区）形成特色鲜明、功能互补的合理格局。

年末，全市工业园区全部晋升为自治区级承接产业转移示范园区，4个晋升为自治区级工业园区。霍林郭勒工业园区、扎鲁特旗扎哈淖尔工业园区煤电铝产业特征明显，被国内有关专家认为是国内最适合发展煤电铝产业的地区；科尔沁区、霍林郭勒工业园区被国家工信部评为国家级新型工业化产业示范基地。截至2016年末，全市9个工业开发区（园区）总规划面积545.39平方公里，开发建设面积238.93平方公里，入驻工业企业1137户；产值全部超百亿，其中，产值超200亿元工业园区达到7个，工业园区总产值占全市工业总产值近90%。工业园区加快产业集聚，提升产业层次，实现集约经营，呈现出规模效益，成为通辽区域经济发展、推动工业转型升级的重要平台。

经历70年发展的光辉历程，通辽市工业已成长为蒙东地区首屈一指的工业强市。置身如火如荼的生产建设第一线，追寻通辽市工业发展进程的历史脚步，与科尔沁大地现代工业节律共脉动、同呼吸。一座座拔地而起的新厂房，一个个充满生机的工业园区，让人们感受到通辽工业发展的火热激情，体味到经济脉搏欢快的跳动。展望未来，我们更有理由相信，通辽工业这艘扬帆远航的巨轮会披波斩浪，驶向经济强市的胜利彼岸！

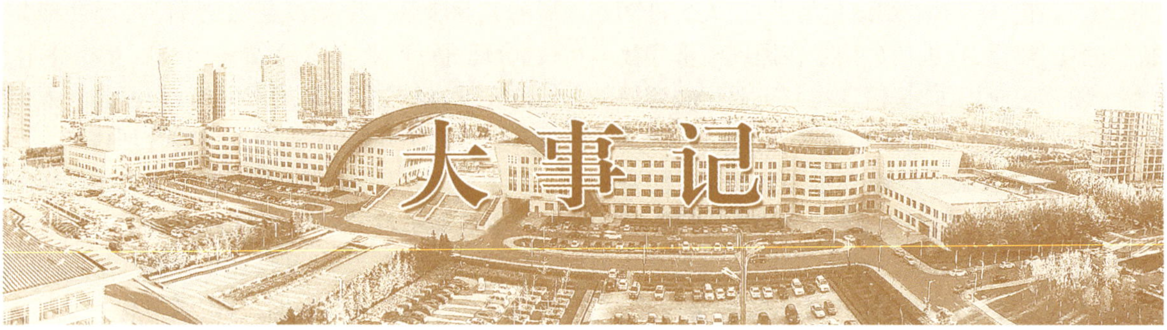

大事记

(2016年1—12月)

1月

6日 霍林郭勒市与中国有色金属加工工业协会签订战略合作协议。

7日 蒙古国乌兰巴托市巴嘎诺尔区区长边巴道尔吉，巴嘎诺尔区工业局局长达瓦道尔吉，德国国际学校蒙古国分校校长哈吉德玛一行到扎鲁特旗考察。旗委副书记、旗人大常委会主任额尔敦夫，旗委常委、旗委办公室主任白音仓，副旗长乌恩陪同考察。

8—9日 市委副书记、市长包振玉先后主持召开2016年第一次市政府常务会议和全体会议，专题研究讨论2016年《政府工作报告(讨论稿)》《通辽市国民经济和社会发展第十三个五年规划纲要(2016—2020年)(讨论稿)》《关于通辽市2015年国民经济和社会发展计划执行情况与2016年国民经济和社会发展计划(草案)的报告》和《关于2015年预算执行情况和2016年预算(草案)报告》。

8日上午 中共中央、国务院在北京举行国家科学技术奖励大会。通辽籍中国科学院院士、中国著名飞机结构可靠性专家闫楚良教授主持完成的“二十二种型号飞机载荷谱关键技术及应用”项目获得2015年度国家科学技术发明二等奖。为此，通辽市为闫楚良院士建立名人档案。

9日 内蒙古牧兰合唱团在库伦旗茫汗苏木成立。

10—11日 全市经济工作会议暨城市工作会议召开，全面贯彻落实中央和全区经济工作会议、城市工作会议精神，总结2015年工作，分析当前形势，部署2016年经济工作和城市工作，重点落实市委“十三五”规划建议要求。市委书记罗永纲出席会议并讲话，市委副书记、市长包振玉作工作部署和总结讲话。市四大班子领导及法检两长出席会议。

10日上午 通辽山东商会成立大会召开。

12日 市委书记罗永纲到内蒙古民族大学就推进市校合作事宜进行调研。罗永纲与内蒙古民族大学党委书记刘志彧、校长陈永胜一同实地察看内蒙古民族大学校园建设情况，仔细了解学校发展历史、学科设置，并参加座谈会共商校地合作发展大计。

△ 内蒙古民族大学与美国哥伦比亚大学学前教育国际学术论坛暨“耿泽友爱基金”举行启动仪式。内蒙古民族大学“耿泽友爱基金”由北京师范大学教育学部学前教育研究所博士研究生、哥大国藤(北京)教育科技有限责任公司执行董事耿泽及美国托马斯大学中国总校区校长黄天中博士共同发起，内蒙古民族大学积极响应而成立。基金成立后，专项资助内蒙古民族大学护理(学)、学前教育专业在校学生，主要用于资助教学研究，有益于学生专业综合素质的各项活动，设立相关专业实习助学金、国际学术交流等。

13日上午 通辽市首例女性造血干细胞捐献者苑璐颖捐出自己的造血干细胞。苑璐颖是通辽市第四位捐献者，也是第一位女性造血干细胞捐献者。

14—17日 政协通辽市第四届委员会第四次会议在通辽召开。政协通辽市第四届委员会共有437名委员，实到383人，符合法定人数。市政协主席高琦向大会作政协通辽市第四届委员会常务委员会工作报告。市政协副主席包庆贺作政协通辽市第四届委员会常务委员会关于四届三次会议以来提案工作情况的报告。市政协副主席汤连荣主持大会。市政协副主席包庆贺宣读《政协通辽市委员会关于表彰四届三次会议优秀提案和先进承办单位的决定》，大会表彰包海梅委员"关于加快通辽市科技成果转化的建议"等30件优秀提案和市委宣传部等15个先进承办单位。会议审议通过政协通辽市第四届委员会第四次会议议程；审议通过《政协通辽市第四届委员会第四次会议政治决议》；审议通过《政协通辽市第四届委员会第四次会议关于常务委员会工作报告的决议》；审议通过《政协通辽市第四届委员会第四次会议关于四届三次会议以来提案工作情况报告的决议》；审议通过《政协通辽市第四届委员会提案委员会关于四届四次会议提案审查情况的报告》。

15—18日 通辽市第四届人民代表大会第四次会议召开。主席团常务主席、大会执行主席道尔吉主持第一次全体会议。市长包振玉代表通辽市人民政府向大会作政府工作报告。会议通过《通辽市人民代表大会及其常务委员会立法条例》；会议选举宝凤山为通辽市第四届人民代表大会常务委员会副主任，王宝龙、包海梅、孙小平、韩晓峰为通辽市第四届人民代表大会常务委员会委员；会议通过关于《通辽市人民政府工作报告》的决议、关于《通辽市国民经济和社会发展第十三个五年规划纲要》的决议、关于《通辽市2015年国民经济和社会发展计划执行情况与2016年国民经济和社会发展计划》的决议、关于《通辽市2015年预算执行情况和2016年全市及市本级预算》的决议、关于《通辽市人民代表大会常务委员会工作报告》的决议、关于《通辽市中级人民法院工作报告》的决议、关于《通辽市人民检察院工作报告》的决议。

21日 由自治区体育局、自治区教育厅、赤峰市政府联合主办的2016年自治区"一带一路"国际青少年足球冬令营落幕。比赛以室内五人制形式举办，来自俄罗斯、蒙古国和沈阳、阜新、承德等周边省市的25支男女代表队近500名运动员、教练员报名参赛。经过6天角逐，通辽市男女U13足球队双获冠军，男队以6胜1平1负的骄人战绩成功夺冠，女队以5胜1平的不败战绩勇夺冠军。

24日下午 由市科学技术馆主办，通辽市博佳机器人俱乐部承办的第一届全市"博佳杯"青少年（小学组）机器人竞赛在鑫达国际酒店开赛。竞赛主题为"机器人探险家"，只设置"采珠"一个竞赛项目，9支参赛队、18人参加比赛。

29日 内蒙古通辽市，辽宁省沈阳市、阜新市、铁岭市四市联防联治美国白蛾等外来重大林业有害生物合作会议在通辽市召开。会议签署内蒙古、辽宁四市美国白蛾等外来重大林业有害生物联防联治合作框架协议，着力搭建信息共享、资源共享、技术交流、相互支援的联防联治工作平台。

△ 通辽欧亚购物中心正式开业。该购物中心建筑面积10万平方米，坐落在科尔沁区铁南红光大街与民主南路交汇处，是中国500强企业欧亚集团旗下欧亚商业连锁打造的一家多功能、多业态的现代时尚百货店，能满足消费者"购物、休闲、餐饮、娱乐"等多重需求。

1月 自治区党委宣传部通报表彰2015年度全区"三带三创"工作典型，通辽市获13项荣誉。其中，市委中心组获全区党委中心组学习典型，市委宣传部获全区基层宣讲工作组织奖，科左后旗甘旗卡街道党工委被评为全区学习型党组织示范基地，扎鲁特旗"乌力格尔讲堂"被评为全区示范讲堂。

△ 奈曼旗文化创意产业集聚区被自治区发展和改革委员会认定为自治区级文化创业园区类服务业集聚区，是首个获得此认定的旗县级单位，也是自治区东部唯一一个。

△ 总投资58.8亿元的内蒙古霍煤鸿骏铝电有限责任公司扎哈淖尔分公司二期工程在扎鲁特旗启动实施。该项目包括设计年产43万吨电解铝及2×35万千瓦机组和霍白联网工程。建成投产后，扎鲁特旗电解铝年产能将达到81万吨，年可实现销售收入105亿元，利税5.5亿元。

△ 由润鸣新素材有限公司投资建设的年产10万吨新型有机无机生态(复混)肥生产项目落户通辽经济技术开发区。项目投资总额达3亿元,占地面积99亩,规划建设生态(复混)肥生产线1条,以及2万平方米的生产车间和库房、2000平方米的研发中心等配套设施。项目投产后,年可实现销售收入2亿元,利税可达2000万元。

△ 通辽智慧城市建设总体规划和顶层设计专家评审会召开。会议围绕推进智慧城市建设,评审《通辽市智慧城市建设总体规划和顶层设计》《通辽市智慧城市建设行动计划(2015—2017年)》《通辽市智慧城市建设行动计划(2018—2020年)》。

△ 在北京举行的2016年中国民营书业峰会上,通辽环哲书社获得2015年度民营书业最具魅力书店、2015年度民营书业创新人物两项大奖,跻身全国民营书业精英行列。

2月

8日 大年初一,市委书记罗永纲走访慰问百岁老人张宋氏和全国第五届道德模范提名奖获得者、自治区道德模范任明德,向他们致以节日的祝贺和亲切的问候。

12日上午7时50分左右 科尔沁区清真街道翠堤小区40号楼3单元401室发生燃气爆炸事故,造成1人死亡,没有其他人员受伤。初步判断,事故原因为燃气使用不当造成。

13日 内蒙古自治区文物考古研究所在通辽市发现一处新石器时代史前文化遗址。根据遗址房屋形制、出土遗物特点推断,这个遗址属于哈民文化遗存。

22日 市委书记罗永纲到国家电力投资集团对接工作,并会晤国家电力投资集团董事长、党组书记王炳华,国家电力投资集团总经理助理王树东、办公厅主任王子超,蒙东能源集团公司董事长、党委书记刘明胜,副总经理刘建平,副总经济师、办公室主任吴宝红参加会见,市领导贺志亮、韩国武陪同。

24日 通辽经济技术开发区管委会与北京世纪之屋新能源科技有限公司举行100兆瓦分布式光伏发电、碳纤维电地暖项目签约仪式。北京世纪之屋新能源科技有限公司董事长韩志伟、法人代表杨成栋,开发区党工委、管委会及市直有关部门主要负责人出席仪式。此次签约项目预计总投资12亿元,规划、建设100兆瓦分布式光伏发电系统、碳纤维电地暖工程。

25日 在北京召开的全国党史研究室主任会议上,通辽市委史志办副调研员刘忱获"全国党史系统先进工作者"称号,是内蒙古自治区惟一获此荣誉的个人,也是通辽市党史系统获得的首个个人全国性荣誉。

29日下午 市政府与中信银行呼和浩特分行举行全面战略合作签约仪式。市委副书记、市长包振玉,中信银行呼和浩特分行行长哈斯出席会议并签署战略合作框架协议。副市长韩国武主持会议。

29日 通辽的黄凤兰、鲁雅君两位女性获"全国三八红旗手"荣誉称号。

2月 内蒙古自治区文物考古研究所在位于内蒙古东部的奈曼旗发现一座距今千年的辽代贵族砖室墓。

△ 科左后旗气象局被评为2015—2019年全区青少年科技教育示范基地。

△ 由辽宁盘锦航空实业有限公司投资10.6亿元建设的年产30万吨重质油加工道路沥青及10万吨改性沥青联产项目落户科左中旗。该项目分三期建设,计划建设期限3年,全部建成达产后,年可实现销售收入8.8亿元,可安置300人就业。

△ 奈曼旗地方特产管理协会申报的"奈曼小米""奈曼瓜子"和"奈曼荞面"经过国家工商总局商标局评定,成功注册国家原产地证明商标。

3月

3日 市公务用车制度改革协调领导小组办公室对各旗县市区公务用车制度改革相关政策进行专题培训,标志着全市公务用车制度改革工作全面启动。

△ 由共青团通辽市委员会、市文明办、通辽志愿者联合会主办的通辽市首届公益活动大赛开幕。大赛共评选出10个优秀公益活动项目并颁发证书。其中,一等奖项目1个,项目资助奖金5000元;二等奖项目2个,项目资助奖金3000

元;三等奖项目3个,项目资助奖金2000元;荣誉奖项目4个,项目资助奖金1000元。

10日 全区纪律检查体制改革工作推进会(东部区)在通辽市召开。会议听取盟市和试点地区工作汇报,全面总结梳理去年工作,对推进改革进行全面部署。自治区党委常委、纪委书记、纪律检查体制改革专项小组组长张力出席会议并讲话。

11日 由市委宣传部和市妇联共同倡导举办的通辽市首家女子书法研习所开班授课。首期学员20人,学制两年。由中国书法家协会会员、中国书法家协会妇女工作委员会委员、自治区书法家协会副主席哈森高娃担任辅导教师。

12日 2016年通辽市“市长杯”校园足球联赛启动仪式举行,副市长贺海东出席。

14日 内蒙古自治区食品药品监督管理局东部区蒙药产业发展专题座谈会在通辽市召开。自治区及东部盟市食品药品监督管理局相关负责人、从事蒙药生产研发的专家学者等40余人参加座谈会。座谈内容有如何扶持蒙药产业发展;加快传统创新,做好现代蒙药;推进蒙医药标准化体系建设;推动蒙药材标准制定、检测检验、标准化种植;人才培养、临床研究、医疗服务等方面的深度融合;提升蒙医药产业在市场中的话语权、影响力和竞争力等。

21日 居然之家通辽店冠珠陶瓷被自治区授予2013—2014年度“青年文明号”。

25日上午9时48分 “通—满—欧”国际集装箱首发班列“79007”次正式开通。通(通辽)满(满洲里)欧(欧洲)货运班列的开通,填补内蒙古自治区无中欧班列的空白。

27日 天津航空公司GS7835次航班降落通辽机场,通辽机场天津至通辽至乌兰浩特航线正式开通。

30日 通辽好人榜三月入选名单发布仪式暨全市道德模范与身边好人(科尔沁区)现场交流活动举行。活动揭晓通辽好人榜三月入选名单,见义勇为类1人,诚实守信类2人,敬业奉献类4人,助人为乐类3人,孝老爱亲类2人,共12人。

31日下午 由市文明办、共青团通辽市委员会、通辽志愿者联合会主办的通辽市首届公益活动大赛举行决赛,经过评委会现场评审,科尔沁艺术职业学院“多彩艺院”艺术志愿服务队获一等奖,通辽市随手公益、鲁北街道玉龙社区“特金罕”青年志愿者服务站获二等奖,科尔沁志愿者协会、通辽市青少年宫、“12349”志愿者协会获三等奖,扎网公益正能量团队、乐考之家、左中礼响树志愿者协会、通辽蒙古族中学志愿者服务队获荣誉奖,微信投票数最高的通辽市随手公益获最佳人气奖。

3月 开鲁县开鲁街道和平社区被中国地震局命名为“国家地震安全示范社区”。同时又被自治区地震局命名为“自治区地震安全示范社区”。

△ 通辽市被国家发改委确定为老工业基地产业转型技术技能人才双元培育改革试点市。试点时限为2016年—2019年,主要任务是建立产教融合、校企合作的双元办学模式,从体制机制上确立学校和企业作为职业教育的双元培育主题,统筹培育技术技能人才的企业资源、学校资源以及培训资源,发挥优势,协作配合,逐步构建和完善职业教育产教融合制度体系,通过探索,形成可复制、可推广的技术技能人才培养和经济转型升级互动的新模式。

△ 通辽市扎鲁特旗被国务院教育督导委员会评为2015年全国义务教育发展基本均衡县(市、区)。是2015年度通辽市唯一获此殊荣的旗县。

△ 通辽市获“全国绿化模范单位”荣誉称号,是自治区惟一获此殊荣的地级市。

△ 开鲁县被国家确定为农村土地经营权抵押贷款试点地区。

△ 通辽机场获2015年民用机场旅客满意优秀奖。

△ 市医院成功为1名胎龄28+3周,出生2天,体重1.2千克的出生体重极低早产儿进行经外周血管中心静脉导管置入(PICC)手术,在通辽市尚属首例。

4月

11日 内蒙古清谷新禾有机食品集团有限责任公司与上海玫海盛放股权投资管理有限公司(玫瑰资本)战略合作签约仪式举行。

△ 中共通辽市委四届

132次常委(扩大)会议召开。宣布自治区党委任职文件,自治区党委决定,冯正玉挂职任通辽市委常委,提名挂职任通辽市人民政府副市长,挂职时间为2年。

11—12日 2016中国国际电子商务博览会上通辽电子商务产业园获“2016十佳电子商务园区”。通辽电子商务产业园是内蒙古自治区惟一一家获此荣誉的园区。博览会期间,成立国家电子商务示范基地创新发展联盟,通辽电子商务产业园被选为首批联盟成员单位。

12日 市委召开全市旗县市区、苏木乡镇党委班子换届工作会议,深入学习贯彻习近平总书记关于换届工作的重要讲话和指示精神,全面落实中央和自治区党委关于换届工作的部署要求,研究部署通辽市旗县市区、苏木乡镇领导班子换届工作。市委书记罗永纲讲话。自治区党委换届工作第五指导督查组组长伏瑞峰,市领导道尔吉、高琦、杨静波、孙振云、陆军、贺志亮、王肆虎、高忱、宝音达来、曹文敏、冯正玉出席会议,巴根那、布和,各旗县市区委书记、组织部长,各苏木乡镇党委书记参加会议。

△ 科左中旗星圣种植专业合作社与爱科(中国)投资有限公司携手打造的爱科示范农场签约仪式,在星圣种植专业合作社珠日河总部基地举行,双方计划在合力推进农业机械化应用及全产业链标准化方面进行全方位战略合作。

△ 开鲁县农村信用联社办理第一批土地经营权抵押贷款首批贷款业务。

15日上午 辅仁药业集团开药集团(开鲁)制药有限公司“强力霉素”项目开工奠基仪式在开鲁县工业园区举行。“强力霉素”项目总投资30亿元,项目达产后,可实现年销售收入50亿元,利税10亿元。

15日 任明德精神传承工作室揭牌仪式在科尔沁区东郊街道明珠社区举行。市领导陆军、宝音达来、曹文敏、贺海东、宝丽华,市关工委常务主任张万忠出席揭牌仪式。任明德精神传承工作室是科尔沁区第一个以个人名字和精神命名的工作室。

16日 由北京荷马糖业股份有限公司投资15亿元建设的年加工100万吨甜菜制糖农业产业扶贫项目落户科左中旗。项目规划建设年加工100万吨甜菜制糖工厂及相应的甜菜种植基地项目。计划2016年开工建设,建设期限2年,项目达产后,年可实现销售收入12亿元,利税3.5亿元,安排就业500人。

20日 由许继集团有限公司与通辽鑫诚电力有限公司联合投资的充电设施建设项目落户通辽经济技术开发区。项目总投资10亿元,分三期建设,项目全部投产后,可实现销售收入2.4亿元,利税4800万元。

23日 2016投资内蒙古绿色农畜产品生产及加工产业(北京)洽谈会举行。洽谈会由自治区发改委、农牧业厅主办,由通辽市政府、呼伦贝尔市政府、兴安盟行政公署和欧美同学会国际投资发展中心协办。副市长韩国武带领市开放办负责人以及科尔沁区、开鲁县、科左中旗、科左后旗、库伦旗、扎鲁特旗、奈曼旗7个旗县区招商引资工作负责人参加洽谈会。会议期间,市开放办及参会旗县区负责人与北京11家企业进行深入对接洽谈,部分项目达成初步合作意向。

28日 自治区价格监督检查局在通辽市召开全区旅游市场企业价格行为提醒告诫会。会上宣读《旅游市场价格警示告诫书》,告诫旅游经营者不得有价格歧视、价格串通、哄抬价格、变相涨价等价格违法行为,强调将依法从严查处促销中虚假标价、模糊标价、虚构原价、不履行价格承诺等价格欺诈行为。

30日 由市卫计委、通辽市医学会、中国医促会国际合作推广专业委员会主办,通辽渭康消化专科医院承办,通辽市慈善总会协办的“中国·通辽胃肠疾病临床新技术应用学术高峰论坛暨通辽胃肠患者康复工程”百万医疗救助行动大型学术公益活动举行。同时,为解决“就医难,看名医更难”的就医问题,通辽市慈善总会联合通辽渭康消化专科医院开展“通辽胃肠患者康复工程”百万医疗救助行动,将先后救助1150名患有胃肠疾病的贫困患者。

4月 由通辽市委史志办公室程志峰撰写的《伪满时期日本对东蒙地区的殖民奴化教育》获全国党史部门党史优秀

成果论文类三等奖；通辽市委史志办公室刘忱撰写的《通辽抗日战争史》获全国党史部门党史优秀成果著作类三等奖。

△ 由科左后旗农牧业局申报的“添翼米”入选国家农业部《2015 年度全国名特优新农产品目录》。

△ 通辽福阳再生资源有限责任公司在上海股权托管交易中心成功挂牌，成为科尔沁区第一家进入资本市场挂牌融资的中小企业。

△ 科左后旗被命名为“全区民族团结进步创建活动示范单位”。

△ 科尔沁艺术职业学院组织美术系部分教师和学生参加在蒙古国乌兰巴托市举办的蒙古国国际旅游产品交易会。该校共有科尔沁版画、皮雕工艺品等 200 幅作品参展。在为期 3 天的交易会中，累计销售作品 120 件。

5 月

1 日零时 新世纪大酒店开出全市第一张生活服务业增值税专用发票。新旧税制成功完成转换。

6 日 “通辽志愿服务网”上线。

11—12 日 自治区党委常委、纪委书记张力在奈曼旗，就扶贫攻坚、“十个全覆盖”、农牧业结构调整以及党风廉政建设情况进行专题调研。他强调，开展扶贫攻坚，带领群众脱贫致富，这是全面建成小康社会的重大政治任务，各级党员领导干部要首先做到干净、干事、干成事，确保各项富民目标落到实处。

11 日 科尔沁区第一人民医院胸痛中心成立，是通辽市首家胸痛中心。

15 日 新的旅客列车运行图正式实施。调图首日，通辽火车站开行通辽至石家庄 K980/77 次列车，结束通辽至石家庄没有直达列车的历史，填补通辽没有进入京广线列车的空白。

17 日 全区纪委派驻机构纪检干部业务培训班（第一期）在通辽市开班。此次培训为期 5 天，市纪委领导、委局机关及各派驻机构干部，各旗县市区纪委派驻机构干部、各苏木乡镇（街道）纪（工）委书记共 480 人参加培训。

18 日上午 新华社客户端内蒙古集群“今日通辽”分端正式上线。“今日通辽”客户端是市委、市政府与新华社内蒙古分社为广大用户打造的最权威、最优质的新闻资讯服务平台，供广大用户免费下载。新华社内蒙古分社领导陈磊、王占义，市委书记罗永纲，市委常委、秘书长贺志亮出席上线仪式并共同启动“今日通辽”客户端上线。

18 日 水利部黄河水利委员会主任岳中明率考核组到通辽市就 2015 年度实行最严格水资源管理制度执行情况进行考核检查。考核组查阅通辽市及科尔沁区相关资料，就具体问题和相关数据对相关部门进行现场质询。考察组一行深入到集中连片 40 万亩玉米膜下滴灌项目区、通辽梅花生物科技有限公司、通辽自来水公司、教来河奈曼旗工业用水区考核检查。

19 日 由市旅游局主办，孝庄园文化旅游区、科尔沁区文联协办的 2016 年“中国旅游日”系列主题活动启动仪式（内蒙古通辽）暨“孝庄园”杯“画”说科尔沁 500 公里文化旅游风景大道全国摄影大赛颁奖仪式在科尔沁博物馆举行。副市长于沨、市政协副主席孟令成等出席。大赛共评选出 274 幅获奖作品。

19 日晚 全市苏木乡镇党委换届工作推进会议召开，坚持问题导向，认真研究分析当前换届工作存在的问题和不足，对换届工作进行再安排、再部署。市委书记罗永纲主持并讲话。自治区第五指导督查组组长伏瑞峰反馈督查情况并就做好下一步工作提出明确要求。市委常委、纪委书记王肆虎就严肃换届风气作安排部署。

20 日 通辽市非公经济服务系列讲坛——走进高校创业就业系列讲座在通辽职业学院举行首场讲座。

25 日 通辽市与中电投蒙东能源集团有限责任公司就通辽市主城区集中供热五期工程项目以及通辽热电与市供热公司重组事宜达成一致意见，并举行供热五期项目框架协议签约仪式。市委常委、副市长高忱，中电投蒙东能源集团公司副总经理谷俊和分别代表通辽市政府和中电投蒙东能源集团公司在协议上签字。

△ 通辽市教育教学研究院成立大会暨揭牌仪式举行。

通辽市教育教学研究院将组织开展四大工程,即初高中课程改革工程、中小学教育质量提升工程、名师名校长(园长)培养工程、学校文化与班级文化建设工程;实施十个项目,即高中课程改革项目、初中课程改革项目、通辽市普通中小学教育教学质量评价、中小学幼儿园"说课标(指南)说教材"、中小学课堂教学"三级建模"、中小学"八说"说课、设立"教改大课堂"开展教学实验、"三级人才链"培养、学校文化建设、班级文化建设。

25 日 开鲁县与河南伊赛牛肉股份有限公司就20万头肉牛产业化项目正式签约。该项目总投资30.5亿元,建设年出栏20万头育肥肉牛,年屠宰20万头肉牛,年产10万吨饲料,2万吨牛肉深加工全产业链项目,项目分两期五年建设。项目全部投产后,可实现年销售收入50亿元,上缴利税5亿元,安置就业5000人。

△ 著名马头琴演奏家、音乐教育家、中国民间音乐家、蒙古族潮尔艺术家色拉西雕像揭幕仪式在科尔沁艺术职业学院举行。雕像由著名马头琴演奏家齐·宝力高和内蒙古雕塑学会共同创作,旨在弘扬色拉西大师对艺术事业的执著精神与毕生追求,有效激励学院师生追求艺术更高造诣的信心。

△ 市委书记罗永纲会见包商银行股份有限公司党委书记、监事长李献平一行。通辽市与包商银行股份有限公司举行战略发展合作框架协议签约仪式。包振玉与包商银行首席风险官杨俊杰签订《战略发展合作框架协议》。

26 日 市委副书记、市长包振玉到科尔沁区、通辽经济技术开发区调研重点项目进展情况。市领导曹文敏、韩国武陪同调研。包振玉一行深入到科尔沁区五洲国际商贸城、伯恩露笑蓝宝石有限公司、内蒙古忠大铝业有限公司、内蒙古本纯环保工程有限公司、木里图污水处理厂、内蒙古蒙古王实业股份有限公司,开发区通辽万力城、叫来河大街公铁立交工程、通辽长川制靴有限公司、通辽金煤化工有限公司、通辽市隆圣峰天然气有限公司、内蒙古英诺泰生物科技有限公司、湛露农业科技示范园、宇东建材城等重点项目建设现场,了解工程进展情况,现场办公解决项目推进过程中存在的问题。

27 日 通辽市"最美家庭""文明家庭"故事展播暨颁奖典礼举行。包海宝、凯华家庭等50个家庭获"最美家庭"称号,赵丽、朱建国家庭等10个家庭获"文明家庭"称号,卢亚琴、赵云峰家庭等10个家庭获"文明家庭"提名奖。

△ 通辽市培养青少年科技创新行动启动仪式暨首届青少年科技创新奖颁奖大会在通辽第五中学举行。副市长贺海东出席。

28—29 日 市委书记罗永纲先后到开鲁县、奈曼旗、库伦旗、科尔沁区、科左中旗、扎鲁特旗,就"十个全覆盖"工作进行调研。

30—31 日 自治区党委常委、组织部部长李鹏新深入到通辽市,就省级领导干部推进自治区重点工作重点项目落实,开展实地督查调研。自治区交通运输厅厅长苗银柱及有关市领导陪同调研或出席座谈会。在科尔沁区,李鹏新先后考察忠大铝业有限公司、大连港综合保税物流园、伯恩露笑有限公司和蒙医药研究院等重点项目建设进展情况。在开鲁县,深入华曙生物科技、玉王生物科技、晶山食品等公司实地查看项目投产、企业运行情况。召开市四大班子成员和旗县市区、市直部门主要负责人及企业代表参加的部门座谈会,共同研究推进落实措施,指导"两学一做"学习教育和市县乡党委换届工作。

30 日 全区公安机关执法权力运行机制改革暨执法规范化建设现场推进会在通辽市召开。公安部法制局执法监督处处长曾斌,自治区公安厅党委副书记、副厅长王来明,市人大常委会副主任付泽彬,副市长、市公安局局长邱成刚,市政协副主席王德民出席会议。

△ 内蒙古自治区第十二届人民代表大会常务委员会第二十二次会议批准《通辽市人民代表大会及其常务委员会立法条例》,自2016年7月1日起施行。

5 月 通辽市医院儿科为一位3岁幼儿成功实施无痛小儿电子纤维支气管镜检查及肺泡灌洗术。此项技术的开展,标志着通辽市小儿呼吸治疗方法有新的突破,填补通辽地区空白。

△ 奈曼首个沙漠自动气象站挂牌启用。宝古图区域自动气象站是首个集检测气压、气温、风向、风速、湿度、降水气象六要素于一体的自动气象站，其辐射半径达到15～20公里，对宝古图沙漠区域的天气进行实时监控和数据采集传输。

△ 科左中旗农民石国忠获得“全国优秀农民工”荣誉称号。

△ 内蒙古蒙东萨福沃农业发展有限公司与科尔沁区签署协议，萨福沃公司投资2亿元，建设油葵、食葵种植及加工项目，并将科尔沁区打造成萨福沃蒙东地区加工中心和总部基地。项目全部达产达效后，年可创造利税4000万元，带动200人就业。

△ 2016年5月“内蒙古好人榜”发布仪式在呼和浩特市举行，通辽市有4人入选。分别是科左后旗巴嘎塔拉苏木边布拉嘎查坚持二十载义务植树的“治沙愚公”双宝、通辽经济技术开发区四年多免费为老人理发的美发师张海军、奈曼旗大沁他拉镇鄂布根包冷村捐献眼角膜和遗体的村民贾秀清、科左后旗甘旗卡街道铁东社区捐肾救妹的居民玉格。

6月

1日 随着通辽市天华电力工程有限责任公司申报的第一笔营改增税款扣款成功，通辽市建筑业、房地产业、金融业、生活服务业新试点纳税人正式迎来营改增后的首个纳税申报期。当日，全市258户营改增试点纳税人成功申报，涉及销售额1.89亿元，缴纳税款303.25万元。

△ 内蒙古自治区东部校园足球联盟在内蒙古民族大学成立。

2日 通辽市集邮家、自治区集邮协会会士、国家级邮展评审员刘永新的印花税票类邮集《华北解放区印花税票》(8框)获大镀金奖。

△ 由自治区青少年校园足球工作领导小组主办，通辽市教育局承办，内蒙古校园足球联合会、内蒙古中学生体育协会、通辽市蒙古族学校协办的2016年自治区“主席杯”校园足球四级联赛小学女子组东部区比赛暨校园足球文化节在市蒙古族学校开幕。小学女子组东部区比赛共有呼伦贝尔市、兴安盟、赤峰市、通辽市4个盟市的8个代表队151人参赛。

4日 由中铁十四局集团参建的国家重点铁路项目——通辽至京沈高铁新民北站铁路正式开工建设。线路自京沈客专新民北站引出，经彰武、甘旗卡，引入通辽站，工程正线全长197公里，其中内蒙古境内92.4公里，辽宁境内104.5公里。铁路等级为高速铁路，正线数目为双线，设计速度250公里/小时，规划运输能力80对/日，项目总投资175.7亿元。项目计划竣工日期为2018年6月份。

4—6日 市委书记罗永纲带队赴浙江、安徽、山东等地区，分别与锦江集团有限公司、露笑科技股份有限公司、奇瑞控股有限公司、山东创新集团等企业进行对接，洽谈重点项目投资建设等事宜。市领导包振玉、贺志亮、曹文敏、韩国武及市经信委、科尔沁区、霍林郭勒市有关负责人参加考察活动。

6日 通辽市文化艺术界前辈张振宇将近60年的舞台荧屏作品，由其儿女张锐琦、张瑞红主编的《科尔沁记忆》——张振宇舞台荧屏作品集由内蒙古少年儿童出版社、通辽市哲里木民族印刷有限公司印刷出版发行。

7日 市委召开副厅级以上领导干部大会，宣布自治区党委有关干部任职决定。自治区党委决定：孙振云任通辽市委副书记，提名免去通辽市副市长职务；提名崔景英为通辽市副市长人选；提名赵长青为通辽市副市长人选。

△ 通辽市第四届人大常委会立法咨询顾问聘任仪式举行。市人大常委会主任道尔吉为立法咨询顾问颁发聘书，市四届人大常委会选聘具有丰富专业知识和实践经验的8名专家、教授担任市人大常委会首批立法咨询顾问，其中法学研究类专家、教授2名、有多年行政审判工作经验和民事行政检察工作经验的专家、教授4名、有多年执业经验的律师2名。立法咨询顾问聘期与市人大常委会的任期相同。

12日 香港上市企业康臣药业集团在科左后旗的生产基地——内蒙古康臣药业有限责任公司的创新药品“缓痛止泻软胶囊”正式投产。

13日 市委副书记、市长包振玉深入科尔沁区和开发区，调研创建国家卫生城市重点、难点工作。包振玉一行先后来到西拉木伦公园北侧拆迁改造现场、金通市场、原计生委对面待拆迁工地、滨河大街与福利路交汇处垃圾中转站和公厕、北岸华庭小区、清河大街工地，实地调研环境卫生整治、集贸市场管理、机动车停放、建筑工地施工环境等情况。

14日 自治区代主席布小林到扎鲁特旗调研文化事业和文化产业发展情况，布小林深入到旗乌力格尔演播厅观看乌力格尔表演。到南宝博物馆、乌力格尔博物馆和旗通史馆参观。对扎鲁特旗乌力格尔艺术的传承和发展及文博工作给予充分肯定。自治区有关负责人及包振玉、白立柱、额尔敦夫、包红梅、白音仓等市、旗两级领导陪同调研。

15日 市食品药品监督管理局、市食品药品安全委员会办公室、市食品药品检验所、自治区东部中心食品药品检验所成立揭牌仪式举行。市委副书记、市长包振玉，市领导希日巴拉、贺海东、宝丽华出席揭牌仪式。

△ 市食品药品安全委员会第一次全体会议召开，安排部署全市食品药品安全工作。市委副书记、市长包振玉主持会议并讲话。市领导贺海东、邱成刚出席会议。

16日 市委统一战线工作领导小组第一次全体会议召开，研究审议《中共通辽市委统一战线工作领导小组工作规则》《中共通辽市委统一战线工作领导小组成员单位工作职责》《中共通辽市委统一战线工作领导小组办公室工作细则》《中共通辽市委统一战线工作领导小组贯彻落实中央、自治区党委及市委统战工作会议精神和〈条例〉重点工作规划(2016—2018年)》《中共通辽市委统一战线工作领导小组2016年工作要点》等重要文件，听取通辽市贯彻落实中央关于统一战线系列重大决策部署情况汇报，安排部署当前统战重点工作。市委书记、市委统一战线工作领导小组组长罗永纲主持会议并讲话。市领导杨静波、贺志亮、张志强、王德民出席会议。

△ 全区“责任担当·服务圆梦”主题实践活动推进会在通辽市召开，总结3年来全区开展主题实践活动的成效，表彰先进集体和先进个人，交流工作经验，安排部署下一步工作，进一步推动“中国梦·尽责圆梦”主题实践活动常态化开展。自治区党委宣传部常务副部长周纯杰出席并讲话，自治区党委宣传部副部长、文明办主任郭宇主持会议，市委书记罗永纲致辞，自治区直属机关工委副书记王学文，市委副书记孙振云，市委常委、宣传部部长宝音达来等出席会议。

△ 市委副书记、市长包振玉主持召开2016年市政府第6次常务会议，研究审议《通辽市市容和环境卫生管理条例》，进一步提升城市市容和环境卫生管理水平；部署实施通辽市中心校以下学校及教学点教师周转宿舍建设工程，有效解决农村牧区教师住宿困难问题；研究部署通辽市2016年经济生态和社会事业领域改革任务，加快推进重点领域改革。

17日 科尔沁区政府与内蒙古太阳之光新能源科技有限公司签订生物质纤维素葡萄糖酸钠及配套生物质热电、有机钾肥多联产项目合同。项目计划占地1000亩，总投资规模39亿元，是一个“化、电、热、肥”多联产的“循环经济”项目。项目达产达效后，可年产100万吨生物质纤维素葡萄糖酸钠、6万吨有机钾肥，年产值达78亿元，上缴税金7亿元，安排3500人就业。

18日 通辽至京沈高铁新民北站铁路跨国道G304线及大郑铁路特大桥第一根桩顺利灌注完成，标志着该条铁路的控制性大桥开始施工。

19日 市委书记罗永纲先后到通辽经济技术开发区、科尔沁区、科左后旗，就贯彻落实“五大发展理念”、推进重点工作重点项目建设进行调研。罗永纲先后深入到内蒙古蒙医药工程技术研究院、隆圣峰天然气公司、科尔沁绿色食品加工园区、科尔沁区丰田镇西伯营子村、伯恩露笑蓝宝石有限公司、忠大铝业公司、梅花生物科技有限公司、大连港综合保税物流园、牧合家肉牛养殖场、科左后旗努古斯台镇图古日格嘎查、科尔沁区永安六区老旧小区改造项目、中启凯建电缆有限公司等地，共商攻坚举措。

21—22日 自治区食品安全检(监)测能力建设和县级

食品安全检验检测资源整合项目推进会在通辽市召开。来自全区各盟市参会代表现场观摩通辽市食品安全检验检测项目建设情况，会议通报全区食品安全检(监)测能力建设和县级食品安全检验检测资源整合试点项目实施情况，听取各盟市局、旗县局关于食品安全检验检测项目建设情况汇报。

21日　由市委宣传部主办，通辽新华书店承办的全市首届全民阅读季之“新华书店杯——阅读点亮人生”主题演讲比赛在内蒙古民族大学报告厅举行。来自各旗县市区、市直各单位的49名参赛选手以饱满的热情、生动的语言、鲜活的事例畅谈读书对自身成长进步的重要意义，倡导大家养成爱读书、读好书、善读书的良好习惯。

22日　国杰老教授科学技术咨询开发研究院(国杰研究院)通辽技术转移中心成立。

23日　由内蒙古民族大学、蒙古国文化艺术大学联合举办的2016“科尔沁安代舞研究”中蒙国际学术研讨会在内蒙古民族大学举行。来自蒙古国、内蒙古自治区以及通辽地区的30多位专家学者参加研讨会。国内外专家学者围绕安代舞文化内涵的研究、安代舞的生存与演变、安代舞歌曲的研究、安代舞蹈的研究、安代舞传承与发展、安代舞的创新研究6个方面议题进行探讨。

△　开鲁县成为国家级出口红辣椒产品质量安全示范区。

24日晚　由市旅游局与沈阳广播电视台公共频道联合主办的“东北看草原·自驾游通辽”主题推介活动在沈阳东中街大悦城举行。沈阳电视台公共频道、辽宁都市广播频道、辽宁公共频道等媒体对通辽500公里文化旅游风景大道自驾游进行专题报道。

26日　第十届中国医师奖在北京揭晓，库伦旗额勒顺镇苏日图嘎查医生哈申通拉嘎获本届“中国医师奖”，也是自治区惟一获此荣誉者。

27—29日　民政部副部长宫蒲光到通辽市调研民政领域重点项目建设情况。民政部规划财务司司长冯亚平，民政部人事司副司长郭玉强，自治区民政厅党组书记、厅长兰恩华，副厅长冯呼和、公维春，市领导孙振云、崔景英陪同调研并参加座谈会。

27日　中铁十四局集团通辽京沈客专彰武制梁场拌和站顺利通过业主单位验收，这是通辽京沈客专全线制梁场中的第一座，标志着通辽京沈客专全线的梁场箱梁预制工作全面启动。

28日　由自治区科技厅组织、内蒙古民族大学主持，以奥·乌力吉教授为首席专家的“十二五”国家科技支撑计划项目“蒙药产业化共性关键技术研究”，通过国家科技部验收。

29日　通辽市北部煤电铝烟气污染物趋零排放示范工程在霍林郭勒市开工建设。中国环境科学研究院原院长陈复、副院长柴发合，中国环境科学研究院大气污染控制中心主任、首席专家张凡，自治区环保厅党组成员、总工程师张树礼，市委副书记、市长包振玉，副市长韩国武现场启动开工。

29日下午2时18分　通辽市祥鑫物流股份有限公司在北京股权交易所全国中小企业股份转让系统成功挂牌，成为通辽市首家进入资本市场的物流企业，也是自治区首家在新三板挂牌的物流企业。

30日　市委副书记、市长包振玉主持召开市长办公会议，听取2016年十件民生实事落实进展情况，安排部署下一阶段工作。市领导高忱、贺海东、崔景英、赵长青、韩国武出席会议。

△　通辽市公务用车制度改革基本完成，全市共取消公务用车1759辆，保留2727辆。其中，市本级公务用车取消562辆，保留474辆，各旗县市区公务用车共取消1188辆，保留2253辆，符合通辽市实际的新型公务用车制度基本形成。

△　通辽人大工作研究会成立大会暨第一届理事代表大会举行。市人大常委会主任道尔吉，副主任王玉伟、付泽彬、郭建伟、希日巴拉、宝凤山，秘书长郭学军出席会议。会议听取关于通辽人大工作研究会筹备工作情况的汇报；通过《通辽人大工作研究会章程》；选举出通辽人大工作研究会理事长、副理事长、秘书长、副秘书长。通辽人大工作研究会是具有独立法人地位、从事人大工作理论与实践问题研究的地市级学术团体，同时也是自治区人大工作研究会的理事单位。

6月　自治区首支“退伍老兵义务消防队”在奈曼旗成

立。18名消防退伍兵成为首批退伍老兵义务消防队成员。

△ 通辽市首个农业气象自动观测站在开鲁县建成并投入使用。

△ 扎鲁特旗申报的“国家级电子商务进农村示范县(旗)”项目经过专家组评审成功获得自治区商务厅批准,经国家商务部备案后,该旗将获得2000万元的国家专项扶持资金。

△ 通辽市主城区公交站亭、公交车实现无线网络全覆盖。

△ 通辽市作家、文化学者王玉涛历时两年的心血之作《百年回眸老通辽》,由内蒙古人民出版社正式出版发行。这本书收录作者为纪念通辽建城100周年专门撰写的系列文章,计50篇,曾在《通辽日报》开设专栏连载。书中记述自民国初年“巴林爱新荒”行绳丈放,通辽建城伊始,至解放后这片土地上发生的大事、有影响的重要人物、历史掌故、民风民俗等内容。全书28万字,配有50余幅珍贵历史照片,是一部具有史料价值的著作。

△ 霍林河“风火工程”获中国电力优质工程奖。

△ 通辽科尔沁朗诵艺术学会获得自治区批复正式成立,填补通辽地区没有朗诵组织的空白。

△ 科尔沁区实验小学一行7人,参加在广西壮族自治区河池市举办的首届全国中小学作文教学及本色教育杯课堂大赛。姜明明老师的三年级作文课《细节描写》、崔旭虹副校长的《趣化作文训练系统》成果汇报获得特等奖,娄淑芳老师的五年级《生活作文》获一等奖,张雪松执教的《找规律》、邹丽佳执教的《蜜蜂引路》在“本色教育杯”片段教学比赛中分别获一、二等奖。

△ 内蒙古自治区质监局公布2016年第一批内蒙古自治区地方标准制修订项目计划,其中,通辽市政务服务中心申报的《政务服务中心服务窗口管理规范》《政务服务中心政务服务事项管理规范》《政务服务中心一次性告知规范》《政务服务事项办事指南编制规范》《政务服务业务手册编制规范》5项地方标准全部获准立项。

△ 共青团中央授予通辽蒙古族中学团委“全国五四红旗团委”荣誉称号。

△ 奈曼旗工商联获全国2016年“五好”县级工商联称号。

△ 总投资30亿元的现代农业产业化体系项目落户奈曼旗。该项目计划在奈曼旗7个苏木乡镇设立项目区,总占地面积4333.33公顷,分3年建设完成,固定资产投资30亿元,流动资金15亿元,主要建设现代农业示范园,包括有机肥加工、粮食转化、规模化粮食种植、工厂化作物栽培等,可直接带动就业1万人,年实现产值80亿元以上,税收1.2亿元。

△ 开鲁被自治区列为“国家级电子商务进农村示范县”。

△ 哈民遗址公园入选自治区首批十大考古遗址公园。

△ 科尔沁区政府与通辽市州际商贸有限公司共同签订通辽义乌国际商贸城项目合同。该项目选址在科尔沁区新工二路南端东西两侧,占地约38公顷,总建筑面积约50万平方米,预计投资30亿元,商铺4000多个,可直接提供经商就业岗位2万个。

△ 中国通辽网晋级国家一类新闻网站。中国通辽网成为通辽市唯一获得国家一类新闻信息服务资质的网站。

△ 通辽市扎鲁特旗罕山敖包、扎鲁特旗甘珠尔敖包、库伦旗风水敖包、科尔沁区哈布图·哈萨尔神祇敖包、奈曼旗斯布呼勒敖包共计5座敖包入选内蒙古知名敖包。

△ 创客通辽与内蒙古煤炭工业技术学校、内蒙古民族大学、通辽市电子商务行业协会举行“创客通辽E+孵化器”揭牌仪式。标志着创客通辽正式成为通辽市电子商务协会创客通辽分会、内蒙古民族大学创新创业实践基地、内煤技校电子商务实习就业创业基地。

7月

1日 通辽市召开大会,热烈庆祝中国共产党成立95周年。

2日 通辽市在自治区生态文明建设宣传周活动中获优秀组织奖。

3日 国务院扶贫办副主任欧青平到通辽市调研。调研组一行赴科左中旗花吐古拉镇浩日彦艾勒嘎查和花胡硕苏木哈根庙嘎查调研扶贫开发工作。参观现代农牧业综合改革发展示范区40万亩集中连片玉米膜下滴灌项目区、科尔沁林业生态科技示范园。

5日 通辽市人民政协理论研究会成立大会暨理论研讨会举行。市政协主席高琦讲话。会议审议通过《通辽市人民政协理论研究会章程》;选举出通辽市人民政协理论研究会会长、副会长、秘书长、理事;蔺雪山作人民政协理论知识专题辅导;与会人员进行理论研讨。通辽市人民政协理论研究会是在政协通辽市委员会领导下,在内蒙古人民政协理论研究会指导下,从事中国共产党领导的多党合作和政治协商制度、人民政协理论的研究、学习、宣传的内设学术团体。研究会实行单位会员制,单位会员主要是各旗县市区政协、各民主党派、工商联和相关单位。

△ 全区协调劳动关系三方委员会第二次会议在通辽市召开。会议全面贯彻落实自治区党委、政府印发的《关于构建和谐劳动关系的实施意见》,部署推进新时期构建和谐劳动关系工作。

6日 全市街道社区"双城同创"工作现场推进会在科尔沁区召开。市领导宝音达来、付泽彬、贺海东、宝丽华出席。与会人员考察科尔沁区东郊街道东升社区、铁路街道安顺社区、铁路街道枫景社区和通辽经济技术开发区汪家村、二十八区。科尔沁区和开发区作"双城同创"工作汇报,科尔沁区铁路街道和通辽经济技术开发区河西街道作典型发言。

△ 科尔沁500公里文化旅游风景大道自驾游服务系统孝庄园汽车露营地开营仪式举行。科尔沁500公里文化旅游风景大道自驾游服务系统孝庄园汽车露营地是全市自驾游营地体系建设中的一站,是科尔沁500公里文化旅游风景大道上的系列配套服务功能区,营地位于新鲁高速西侧(花吐古拉镇境内),依托孝庄园景区,占地287亩,规划总投资3200万元,自2015年下半年开始建设,规划有蒙古大营、木屋区、帐篷区、敖包祈福、房车租赁、篝火广场等多处服务景点。完成投资1200万元,建成木屋宾馆9座,接待中心2处,卫生间2座,集装箱宾馆2座,具备同时接待400余人就餐、150人住宿的能力。

6—7日 由国家新闻出版广电总局规划院主办,内蒙古广播电视网络集团有限公司承办的第二届全国有线电视光纤到户(FTTH)技术讨论会在通辽市召开。国家新闻出版广电总局科技司副司长杨杰、总局规划院院长许家奇、中国广播电视网络有限公司副总经理曾庆军,内蒙古自治区新闻出版广播电影电视局副局长邹韬出席。内蒙古广播电视网络集团有限公司总经理付海波主持会议。副市长于沨致开幕词。全国各省市有线网络运营商的技术领导、技术骨干以及行业内多个FTTH设备厂商参会。

7日 通辽民营粮食购销行业商会与北京农副产品交易所有限责任公司举行战略合作协议签约大会。自治区粮食局局长张天喜,副市长赵长青出席签约仪式。北京农副产品交易所有限责任公司与通辽民营粮食购销行业商会签订战略合作协议,随后与通辽玉米指定仓库通辽通兴粮油有限公司、鑫聚元粮油有限公司签约并授牌。

△ "科尔沁书虫"阅读推广宣讲团进校园活动首场报告会在通辽实验中学举行。此次活动是市委宣传部倡导并发起的通辽市首届"全民阅读季"阅读推广活动的组成部分。

7—9日 通辽经济技术开发区综合物流园区被中物联评为2016年度"全国优秀物流园区"。

8日 数字通辽地理空间框架建设项目竣工并通过国家验收。

9日 2016通辽文化旅游季系列活动之"第二届中国北方自驾游发展高峰论坛"在奈曼旗举行。来自中国旅游协会及北京、辽宁、河北、山东等相关省市的旅游行业主管部门、行业协会、自驾游俱乐部、专家学者以及各房车厂商和房车露营联盟成员,人民网、新华网、国家旅游网等20余家媒体记者,通辽市露营地业主、旅游企业共200余人参加论坛。

12日 内蒙古蒙东铝及铝加工产业技术创新战略联盟获批复成立。该联盟成员单位26家,其中企业15家,科研院所及大专院校11家,依托"蒙东铝及新材料工业技术研究院"建设,重点开展铝冶炼低温低电压技术、工业废弃物循环再利用技术、智能化车间改造技术、重大产品的联合研究与产品开发、铝冶炼及铝深加工产品标准研究与制修订、铝产业发展战略研究等工作。

△ 中国关工委"中华魂"践行核心价值观，凝聚中华正能量主题教育活动表彰大会在北京人民大会堂举行。科尔沁区关工委等3家单位获"中华魂"主题教育活动先进集体奖，周思宇等5名同学获个人一等奖，吴丽丽等6人获先进个人奖，刘新刚等7人获优秀辅导员奖。

15日 由福建省泉州海外交通史博物馆、科尔沁博物馆联合主办的"福建省泉州宗教石刻精品拓片展"为主题的"石头上的文明对话"于2016年7月15日至9月15日在科尔沁博物馆进行为期2个月展出。

19日上午 麦达斯控股有限公司与通辽市正式签约，标志着新加坡麦达斯控股有限公司铝新材料项目正式落户通辽。新加坡麦达斯控股有限公司董事局主席陈维平，市委书记罗永纲，市委副书记、市长包振玉出席签约仪式并分别讲话。麦达斯公司计划投资50亿元，在通辽建设年产10万吨挤压高端铝合金高铁客车厢体项目、年产20万吨铝扁锭制造项目、年产20万吨热轧冷轧及箔轧等项目。项目全部达产达效后，年可实现销售收入200亿元。

19—20日 通辽市首家国家级服务业标准化试点——通辽东方利群现代医药物流服务标准化试点项目通过验收。

19—22日 通辽市第一次全国可移动文物普查数据审核与管理培训班在通辽市开班。

20日 全市国标贫困人口免费健康体检暨内蒙古自治区人民医院送健康大型义诊活动启动仪式在奈曼旗八仙筒镇举行。市政府办公厅下发《关于印发〈全市国标贫困人口免费健康体检实施方案〉的通知》，并按照"政府主导、部门组织、免费体检、自愿参与"的原则和精准扶贫的有关要求，市扶贫办、市卫计委认真核对享受免费体检人口范围，从2016年开始利用5年时间，每年对扶贫部门认定的当年国标贫困人口免费进行一次健康体检。

△ 通辽市政务服务中心通过国家级社会管理和公共服务综合标准化试点验收，成为全区第一批申请立项、第一个通过验收的市级政务服务中心。

22日 通辽万达广场开业。通辽万达广场是集购物、休闲、娱乐、餐饮、体验、商务为一体的城市综合体，主力店主要有大型超市、万达影院、苏宁云商、国际连锁快餐、国内外特色餐饮和知名咖啡、知名品牌旗舰店、品牌服饰专卖店、国际连锁店、美容美发、早教、地方特色等品类。通辽万达广场商业地产面积101.17万平方米，其中购物中心15.48万平方米。通辽万达广场总投资近70亿元，可为全市提供3000多个就业岗位。

△ 为期3天的首届通辽国际文化节在通辽万达广场开幕。文化节由市委宣传部、市文明办、通辽万达广场主办，星润合文化传媒(北京)有限公司承办，文化节期间有国际知名歌星演出、蒙古博克赛、时尚摇滚之夜、国际名模维密秀、国际桑巴风情游、跆拳道及舞林大会等主题活动。

△ 通辽市获国家2016年"宽带中国"示范城市。

23日零时 通辽市各级公立医疗机构正式执行《内蒙古自治区医疗服务项目价格(试行)2012版》，同步在所有城市公立医院取消药品加成政策，全面推开城市公立医院综合改革。至此，全市范围内基层医疗卫生机构、旗县级公立医院、城市公立医院全部取消药品加成。

23日 通辽市医疗保险信息系统顺利完成对医疗保险药品、诊疗项目和医疗服务设施三大目录的升级切换工作。通辽是继鄂尔多斯、呼和浩特之后，全区第三个切换使用自治区2012版医疗服务项目价格的盟市。

23日至8月1日 2016年自治区男子足球甲级联赛(蒙甲联赛)在通辽举行。来自全区各盟市的7支精英足球队在科尔沁奥体中心，经过10天的紧张比拼，截至7月30日晚，代表通辽出战的唯一一支代表队——科尔沁足球俱乐部代表队以五战五连胜总积分15分的优异战绩稳居排名榜首，提前一轮夺得联赛冠军。

25日 第十二届全国语音学学术会议在通辽召开。会议由中国语言学会语音学分会和内蒙古民族大学联合主办，中国社会科学民族学与人类学研究所民族语言实验研究室和内蒙古民族大学蒙古学学院联合承办。会议以“语音学与语言多样性”为主题,会期3天。来自全国各大院校和科研部门的130多名专家学者,就语音多模态研究等方面展开讨论。会议共收到137篇论文,并选出30篇论文作口头发言,其余论文以墙报形式展示。

△ 通辽经济技术开发区重点项目集中签约仪式举行。君鑫贵金属科技材料有限公司、中油华北石油化工(大连)有限公司等6家企业负责人与开发区签订合约。6个重点项目总投资达10亿元,包括君鑫贵金属科技材料有限公司年处理5000吨金属废弃物、中油华北石油化工(大连)有限公司加油加气充电站、通辽金煤化工风机节能改造、内蒙古科尔沁药业蒙药材集散中心、大连强根生物技术有限公司控释掺混肥料和奇瑞控股有限公司房车生产基地6个项目。

△ 内蒙古蒙东铝及铝加工产业技术创新战略联盟在霍林郭勒市正式挂牌成立。

28—29日 扎鲁特旗乌兰牧骑、扎鲁特旗文化馆等50余名演员,代表自治区应邀赴河北省秦皇岛市进行文化艺术交流演出。

29日 通辽市蝉联全国双拥模范城四连冠。

30日 中国·哈萨尔与科尔沁历史文化学术研讨会在通辽哈萨尔圣地蒙古风情园会议厅召开,来自全区各盟市各高校、科研院所、文化产业相关部门的60余名学者、领导及相关人员参会。

31日 市委召开会议,宣布自治区党委有关干部任免职决定。自治区党委决定:提名王军为通辽市副市长人选,提名任通辽市公安局局长。提名免去邱成刚通辽市副市长、公安局局长职务。

7月 奈曼旗被确定为2016国家级电子商务进农村综合示范旗县。

△ 科左中旗被列为自治区民族聚居区新型城镇化综合试点地区。

△ 通辽市智慧城市视频信息共享平台入选自治区PPP推介项目库。智慧城市视频信息共享平台项目是市本级第一个PPP项目。该项目总投资3.85亿元,建设期1年,运营服务期10年。

☆ 小资料 ☆

PPP模式:即公私合作模式,是公共基础设施的一种项目融资模式。指政府公共部门与民营部门合作过程中,让非公共部门所掌握的资源参与提供公共产品和服务,从而实现政府公共部门的职能并同时也为民营部门带来利益。

△ 霍林郭勒市在国土资源部举办的第三届“国土资源节约集约模范县(市)”表彰大会上被授予“国土资源节约集约模范县(市)”称号。

△ 内蒙古蒙东铝及新材料工业技术研究院成为霍林郭勒市首家自治区工程研究中心。

△ 全市首家村级农耕文化民俗博物馆在科左中旗图布信苏木四合村落成,并免费对外开放。该馆是展示图布信苏木农耕及民俗文化的区域性专题博物馆,博物馆馆藏清代至近代各类生产工具、生活用品及民俗物件300余件,运用实物、图片、场景再现等表现手法,勾画出晚清至近代图布信农耕及民俗文化的全景图,对于保存农耕文物、促进农耕文化研究、弘扬传统美德、教育子孙后代等具有重要的社会价值和积极意义。

△ 科左中旗花吐古拉镇浩日彦艾勒嘎查获“全国生态文化村”称号。

△ 奈曼旗被自治区列为整合财政涉农资金试点旗县。

8月

1—4日 通辽实验中学在第三届全国中学生模拟联合国大会上获最高奖——最佳组织奖。

8日 创建全国文明城市百家社区、百场讲坛宣讲活动正式启动。市委宣传部、市文明办有关负责人及8名宣讲员分别走进通辽经济技术开发区新城街道河畔花园社区和滨河街道碧桂园社区、科尔沁区永清街道瀚博一品社区等9个社区进行第一场宣讲。

△ 内蒙古康乃尔化学工业有限公司揭牌仪式在扎鲁特旗举行。

11日 市委书记罗永纲,市委副书记、市长包振玉在通辽会见蒙古国肯特省省长那·钢宾巴,蒙古国工商会主席兼董事长巴·勒哈格瓦扎布,蒙古国海关总署副署长达·贝赫巴图,蒙古国东方省省长莫·

巴达木苏荣,蒙古国苏赫巴托省省长扎·恩赫图日,蒙古国驻呼和浩特总领事馆一等秘书阿润图雅,毕其格图口岸海关关长巴·巴雅尔玛格奈一行,并围绕“同行草原·丝绸之路,共建合作发展走廊”主题,就进一步深化中蒙两国六方经贸合作和人文交流进行亲切交谈。中蒙博览会执委会常务副主任包广林,自治区商务厅副厅长、口岸办主任郭刚,自治区人民政府外事办公室副主任田占标,市领导道尔吉、高琦、贺志亮、崔景英等参加会见。

△ 通辽市青年企业家协会成立。

12日 以“同行草原·丝绸之路,共建合作发展走廊”为主题的中国—蒙古国博览会·2016·通辽国际商品交易会暨中国内蒙古三盟市与蒙古国三省区域合作会议在通辽市举行。通辽市、赤峰市、锡林郭勒盟与蒙古国苏赫巴托省、东方省、肯特省签署《中国·内蒙古三盟市与蒙古国三省区域合作第二次会议备忘录》。

△ 中蒙经贸与人文合作推介洽谈会在通辽召开。内蒙古民族大学、市开放办、蒙古国苏赫巴托省、赤峰市、蒙古国东方省、锡林郭勒盟东乌珠穆沁旗政府、蒙古国肯特省、锦州港等地区、部门及企业、单位的主要负责人分别进行投资环境或重点项目推介。与会人员围绕中蒙俄经济走廊建设和“一带一路”倡议,就加快推动中蒙经济合作区建设,加快交通运输、国际物流大通道建设,以及中蒙教育、文化、卫生、旅游等人文领域的合作进行深入研究探讨。

12—13日 由自治区扶贫办、中国农业银行内蒙古分行共同主办的自治区金融扶贫富民工程现场观摩会在通辽召开。自治区扶贫办副主任韩建刚,市委常委、副市长冯正玉出席。与会人员赴科左后旗甘旗卡镇束力古台嘎查、努古斯台镇图古日格嘎查,科左中旗努日木苏木柴达木嘎查、保康镇巨宝山村观摩。

13日 由市委统战部和中国东方乐团、科尔沁艺术职业学院、通辽市党外知识分子联谊会具体承办的“世界上人数最多的新筝与钢琴大协奏”创世界纪录活动取得成功,有效参演人数为366人。

13—16日 由市政府主办,市农牧业局、市旅游局、市文化广播新闻出版局共同承办的“2016·通辽(沈阳)绿色农畜产品博览会”在沈阳市辽宁工业展览馆开幕。这是通辽市首次开办网上绿博会,参展企业124家,展出产品千余种;4天共吸引10万余人次来观展购物,现场销售额608万元,签订合作意向总额2.6亿元。

△ 在著名青年古筝演奏家刘美村的领奏下,355名筝师、11名钢琴师完成。世界上人数最多的新筝与钢琴大协奏《乌江悲歌》,创下吉尼斯世界纪录。

15日 当日起通辽市开通跨省居民异地身份证换领补领业务。

△ 通辽到霍林郭勒天然气管道工程举行开工仪式。该项目总投资12亿元,由霍林郭勒岷通股份有限公司投资建设,管道全线沿国道G304自南往北敷设,起点为通辽经济技术开发区福安屯,终点霍林郭勒市工业园区。沿线经过科尔沁区、科左中旗、扎鲁特旗、霍林郭勒市。全长320千米,年输气量15亿立方米,计划2017年6月底前完成主体焊接,7月底完成氮气置换并投产。

16日 内蒙古(通辽)第二届蒙医药产业博览会暨欧亚太平洋大学联盟蒙药学术高峰论坛(以下简称博览会)在通辽市召开。主题是“聚势蒙医药、融入‘一带一路’新发展”。

△ 内蒙古蒙医药科技创新项目合作签约仪式暨创新成果新闻发布会举行。自治区科技厅副厅长云涛,自治区食品药品监督管理局副局长格日勒图,河北省保定市人大常委会主任宋文,市人大常委会主任道尔吉,副市长贺海东出席签约仪式。

△ 内蒙古(通辽)第二届蒙医药产业发展研讨会召开。来自内蒙古医科大学、内蒙古自治区食品药品检验所、北京同仁堂通辽医药科技有限责任公司等8家科研院所、相关部门及企业的主要负责人,围绕“聚势蒙医药,融入‘一带一路’新发展”的主题作报告。

△ 由通辽市政府、自治区食品药品监督管理局、自治区卫生和计划生育委员会、自治区科技厅、自治区民族事务委员会、内蒙古民族大学共同主办的2016年欧亚太平洋大学联盟蒙药学术高峰论坛在碧

桂园大酒店举行。中国、蒙古国、日本、俄罗斯等国的8位专家，从蒙药资源调查与保护、蒙医基础理论研究、蒙药及天然药化学成分研究与开发、蒙药药理作用机制研究、蒙药新制剂及关键技术研究、民族植物药的研究、蒙医临床研究等方面展开学术交流。

17日 通辽市与河北省保定市缔结友好城市签约仪式举行。市委书记罗永纲主持座谈会并讲话。保定市委副书记、市长马誉峰，通辽市委副书记、市长包振玉分别代表保定、通辽签署两市缔结友好城市合作框架协议书。

△ 第十八届全国少儿版画展、第二届全国教师版画展暨第五届全国教师高级版画讲习会在扎鲁特旗蒙古族实验小学举行开幕式，中国国家画院副院长、版画家、清华大学教授代大权，中国少儿版画研究会会长李永永，少儿美术杂志主编张耀，通辽著名版画家山丹及扎鲁特旗委副书记、旗委统战部部长梁铁宝，副旗长韩秀丽出席活动。

18日 中国·内蒙古第三届国际马术节暨第二十届“8·18”哲里木赛马节在通辽市开幕。自治区体育局副局长施李明，自治区民政厅副厅长冯呼和，自治区旅游局副巡视员郑佳宁，自治区人社厅副巡视员刘浩生，市领导高琦、杨静波、陆军、宝音达来、曹文敏、冯正玉、希日巴拉、于沨、王军、包庆贺分别出席科尔沁区赛区和通辽经济技术开发区赛区开幕式。

18日晚 由通辽经济技术开发区主办的首届科尔沁民族风情梦幻灯光艺术节在那达慕文化产业园启幕。灯光艺术节将“梦幻灯光”与蒙古族特色文化相结合，以充满蒙古族艺术韵味的花田灯光秀，向游客展示独具特色的科尔沁民族文化。

19日 内蒙古哈民考古遗址公园开园仪式在科左中旗举行。文化部党组成员、故宫博物院院长、中国文物学会会长单霁翔，中国文物学会常务副会长黄元，自治区民政厅副厅长、自治区驻通辽市督导组常务副组长冯呼和，自治区文化厅文物局副局长王大方、自治区考古研究所副所长吉平、吉林大学边疆考古研究中心副主任王立新出席仪式。哈民茫哈史前聚落遗址位于科左中旗舍伯吐镇哈民艾勒嘎查东北3.5公里处，距今约5500年至5000年的历史，是迄今为止在内蒙古乃至东北地区面积最大的一处大型史前聚落遗址，总面积17万平方米。自2010年保护性发掘以来，发掘面积达8000多平方米，清理出房址81座、墓葬14座，出土玉器、麻点纹陶器、骨角蚌器和石器等珍贵文物2000多件。

21—28日 由北京、天津、河北、山西、内蒙古自治区五省市(区)文联和舞蹈家协会联合主办的第八届华北五省市(区)舞蹈比赛在石家庄举办。通辽市民族歌舞团选送的女群舞《绣》夺得创作金奖、表演金奖双金桂冠，男群舞《遥远的路》夺得创作银奖、表演银奖双银佳绩，市民族歌舞团获最佳组织奖。

22日 通辽地区最大的敖包——科尔沁敖包奠基开工。

23日 通辽市召开重大基础设施项目建设调度会议，听取通辽连接京沈客专快速铁路项目、通辽至霍林郭勒天然气管道工程、通鲁高速和大白高速项目、±800千伏特高压直流输电工程、通辽机场飞行区改扩建工程、霍林郭勒民用机场工程等重大基础设施项目进展情况汇报，坚持问题导向，认真分析当前项目推进过程中存在的困难，研究下一步项目推进的办法和举措。市委书记罗永纲主持会议并讲话，市领导贺志亮、高忱、曹文敏、韩国武出席会议。

24日 市委文化工作(乌力格尔专题)座谈会召开，专题研究蒙古族传统曲艺乌力格尔的保护、传承和发展工作。

25日 “扎鲁特—青州”±800千伏特高压直流输电工程开工动员大会举行，工程正式开工建设。工程起于扎鲁特旗境内，途经内蒙古、河北、天津、山东，止于山东省青州市境内，线路全长1233.8公里，输电容量为1000万千瓦，工程投资预计为221亿元，计划于2017年建成投运。其中，通辽境内线路长119.55公里，起于扎鲁特换流站，止于开鲁县义和他拉牧铺，横穿扎鲁特旗、科左中旗、开鲁县3个旗县。该工程是蒙东地区和通辽市第一个特高压直流输电工程，也是通辽市一项重大基础设施建设工程。

25—26日　全区玉米结构调整暨绿色高产创建与增产模式攻关现场观摩会在通辽召开。

26日　市委副书记、市长包振玉主持召开2016年市政府第7次常务会议,研究审议《通辽市国有土地上房屋征收与补偿暂行办法》《通辽市整合城乡居民基本医疗保险制度实施方案》,部署实施清理规范行政审批中介服务、市本级权责清单编制及精简行政许可、撤销政府收费二级公路收费站、通辽机场飞行区改扩建等事宜。

27日　由中国农工民主党中央社会服务部、国家卫计委远程医疗管理与培训中心、中国初级卫生保健基金会、北京市中日友好医院、通辽市委统战部联合举办的"送医下基层健康进万家"公益项目暨"杏林春雨"行动全国脑瘫患儿义诊筛查救助大型公益活动在市博爱医院举行。市委常委、统战部部长张志强,市政协副主席巴日格其出席活动。此次公益活动为通辽市4个国贫2个区贫旗县及一家定点医院捐赠价值140万元的"远程医疗会诊系统"软硬件。活动计划利用5年时间,救助通辽市12周岁以下脑瘫患儿150名,救助12周岁以上确需手术治疗的脑瘫患儿40名,并带到北京进行免费治疗。将在5年内,逐步在全市实施"乡村医生培训"项目,实现乡村医生培训全覆盖。

28日　"送医下基层 健康进万家"公益活动暨"杏林春雨"行动全国小儿脑瘫义诊筛查救助公益活动启动仪式在扎鲁特旗第二医院举行,市政协副主席巴日格其,扎鲁特旗社会扶贫促进会会长高淑英以及来自北京和自治区的专家参加启动仪式。

29日　在通辽市交管支队平安驾校原址改建的全区首个交警办案停车场正式投入使用。

△　"民建·思源救护中国行"暨芭莎公益慈善基金为通辽市捐赠6辆救护车。

30日　通辽市与修正药业集团项目合作签约仪式举行,总投资50亿元的修正药业集团系列项目正式入驻。市委书记罗永纲出席签约仪式并讲话。修正药业集团董事长、中国光彩事业促进会副会长、中华全国工商业联合会医药业商会会长修涞贵,通辽市委副书记、市长包振玉分别代表修正药业集团、通辽市签署项目合作协议,副市长韩国武出席签约仪式。

30日　通辽市社情民意调查中心揭牌成立。

8月　科左后旗与格倍尔北京国际贸易有限公司签署阿吉奈温泉度假村及休闲养老公寓项目合同,项目总投资达5亿元,分两期建设。预计2018年10月底前可完成建设并投入运营。

△　军利商贸入选全国智慧物流配送示范企业。

△　中国移动通信集团内蒙古有限公司通辽分公司、内蒙古百年酒业有限责任公司2家企业被国家工商总局评为"守合同重信用"企业。

△　扎鲁特旗政府与北京君晟川泽科技有限公司就投资建设油用牡丹基地项目签订框架合作协议。北京君晟川泽科技有限公司拟在扎鲁特旗乌额格其苏木和鲁北工业园区内投资10亿元,建设牡丹种植基地、油料加工厂和研发中心,其中示范基地666.67公顷、种植基地2666.67公顷、工业用地33.33公顷。项目建成投产后,将年产牡丹籽油15 000吨,可安置当地就业人员200人以上。

△　国家发展和改革委员会正式印发《国家发展改革委关于内蒙古扎鲁特——山东青州±800千伏特高压直流工程项目核准的批复》,核准建设内蒙古通辽市扎鲁特——山东省青州特高压直流输电工程。

9月

5日　通辽市举行首个中华慈善日宣传活动。

6日　市委常委、副市长冯正玉会见中国保险投资有限责任公司副总裁苏峻一行,双方就通辽市城市建设、社会发展等领域重点项目融资事宜进行座谈交流。中保投资有限责任公司将投资60亿元组建草原丝绸之路(通辽)投资基金,重点支持城市基础设施建设、重大水利工程建设、"一带一路"等民生及社会事业项目。

9日上午　总投资18亿元的联晟年产15万吨高精宽幅超薄铝箔项目在霍林郭勒市正式开工建设。项目建成后,可实现每年生产0.01~0.09毫米铝箔5万吨、0.006~

0.009毫米铝箔10万吨。

9日 内蒙古奇瑞房车新能源汽车制造基地项目在通辽经济技术开发区开工。市委副书记、市长包振玉,市人大常委会主任道尔吉,市政协主席高琦,副市长韩国武,奇瑞集团副总经理鲍思语等领导出席,市有关部门主要负责人参加。

△ 中国农工民主党通辽市委员会成立暨第一次代表大会召开。自治区政协副主席、农工党内蒙古自治区委主委牛广明,市委副书记孙振云,市委常委、统战部部长张志强,市政协副主席巴日格其、王德民等出席。民革通辽总支委员会、民盟通辽市委员会、民建通辽总支委员会、民进通辽总支委员会、九三学社通辽市委员会、工商联、各人民团体负责人参会。

△ 通辽机场正式开通西安至通辽至长春航班。该航线的开通,实现通辽至西安直飞,同时也使通辽机场成为自治区内支线机场中第一家率先引进长安航空的支线机场。

△ 首届"Robo - Making"国际机器人与创客大赛在大连市举行。通辽市选手在机器人创意赛中,获高中组金奖(公路交通标识绘制机器人,李敖、刘子琦)、小学组银奖(新概念足球训练系统,傅琨博)、初中组铜奖(自动搬运机器人,张楚怡、何绍杰)。通辽创业组获得优秀组织奖。

10日 百益糖业年加工150万吨甜菜制糖项目、内蒙古牧合家牛业有限公司15万头肉牛产业化项目分别在科左中旗花吐古拉工业园区、科左后旗工业园区开工。

△ 由中国饭店协会、自治区旅游协会、自治区餐饮与饭店行业协会共同主办的"丰盛农产品杯"中蒙俄国际美食文化节暨首届蒙东农产品博览会、第二届中国蒙餐烹饪大赛启动仪式在科尔沁区丰盛农产品物流园举行。此次活动为期3天,来自中、蒙、俄共380家参展商参展。

13日 "通赤承朝锡张"三省六盟市警务合作第五届年会在通辽召开。市委常委、政法委书记梁志远出席。通辽市、赤峰市、承德市、朝阳市、锡林郭勒盟、张家口市公安机关主要领导参加会议。

△ 俄罗斯诺瓦集团总裁阿格耶夫·尼基塔带团到扎鲁特旗考察煤层气勘探开发利用情况,并与相关部门和企业探讨合作事宜。

18日 由通辽市总工会主办的庆"十一"第一届职工排球赛在市公安局交警支队体育馆内开赛,共有49支代表队610名运动员和裁判员参加。此次赛事为期8天,设男排、女排两大项目,并分成旗县市区组和中区市直组两个组别进行比赛。

△ 第三十三届全国中学生物理奥赛内蒙古赛区复赛中通辽五中的矫瑞、安南、杨一鸣、侯崇葳、陈枭、韩啸6名同学获一等奖,直接获得参加高校自主招生的资格。其中,矫瑞、安南同学将代表内蒙古自治区参加即将举行的全国决赛。

20日 由国家统计局内蒙古调查总队和国家统计局通辽调查队联合举办的主题为"农业普查 福到农家"的第七届"中国统计开放日"宣传活动在通辽市举行。活动向广大市民宣传第三次全国农业普查的目的、意义、内容和新技术等,为第三次全国农业普查的顺利实施营造良好舆论氛围。

20日上午10时55分 霍林河机场迎来首架飞机——从北京飞来的中国民用航空飞行校验中心的"C560"校验飞机。

22日 通辽职业学院与葵花药业集团股份有限公司校企合作协议签约仪式举行。副市长贺海东,通辽职业学院党委书记吴颖,院长吕永成,葵花药业集团有限公司董事局主席、总裁关彦斌,北京中医药大学教授、博士生导师林瑞超出席仪式。

25—26日 通辽市召开科技创新大会,深入贯彻落实全国科技创新大会、两院院士大会、中国科协第九次全国代表大会和自治区科技创新大会精神,中国工程院院士戴景瑞,中国科学院院士闫楚良,法国国家药学科学院外籍院士林瑞超,农业部都市农业(北方)重点实验室主任王有年,中科院寒旱所奈曼沙漠化研究站研究员赵学勇,中国科学技术信息研究所副所长郭铁成,北京市农林科学院党委副书记喻京、玉米中心副主任刘春阁,吉林大学校长助理董德明、工业技术研究院副院长张涛,自治区科技厅党组书记白宝玉,自治区科协主席孙俊青莅临会议。市委书记罗永纲讲话并为科技顾问代表颁发聘书。市委副书记、市长包振玉主持大会。

27日 “科尔沁区联社信合杯”通辽市第三届青年创新创业大赛总决赛暨颁奖仪式举行。20名优秀青年带着他们的创业项目展开激烈角逐,12人分别获创意组和创业组的一、二、三等奖。

28日 在吉林大学中心校区东荣会议中心,通辽市委副书记、市长包振玉与吉林大学副校长张向东共同签署《通辽市人民政府与吉林大学战略合作框架协议》。

29日晚 由市委、市政府主办,市委宣传部、市文化新闻出版广电局承办,市民族歌舞团协办的纪念中国工农红军长征胜利80周年交响音乐情景演出在辽河剧院上演。

30日上午 通辽市及科尔沁区烈士公祭仪式在市人民公园革命烈士陵园举行。

9月 截至9月,人民银行通辽中支机关和所辖7家支行全部晋升自治区机关档案工作一级单位,成为全市首家全系统晋升自治区机关档案工作一级单位的中区直机构。

10月

4—5日 自治区党委书记李纪恒到通辽市调研,实地察看重点产业和重点企业,深入了解农牧业生产、生态建设和基层党的建设等情况,走访慰问基层群众。他强调,要深刻认识民族工作在内蒙古工作全局中的重要地位,像爱护自己的眼睛一样爱护民族团结、像珍视自己的生命一样珍视民族团结,加大统筹城乡发展力度,积极推进新型城镇化和农牧业现代化,促进城乡共同繁荣。自治区领导张院忠、王波、白向群、王焕承先后陪同调研。

5日 由科左后旗政府、市旅游局、市文化局主办,以“香山绿犹在,通辽枫正红”为主题的“2016首届通辽·乌旦塔拉国际枫叶节”在乌旦塔拉五角枫森林公园开幕。自治区民政厅副厅长冯呼和,市领导道尔吉、于沨以及来自全国各地的艺术家和摄影、文艺、运动爱好者出席开幕式。

6日 中国旗袍协会通辽总会正式成立。

8日 市委书记罗永纲专程到开鲁县东风镇中心敬老院看望慰问老人,并通过他们向全市老年人致以节日的问候,祝各族老年人身体健康、阖家幸福、万事如意。市领导贺志亮、付泽彬、宝丽华及市民政局负责人陪同。

8日下午 市委副书记、市长包振玉到百岁老人家中和通辽市社会福利院看望慰问老人,带去市委、市政府对老年人的殷殷关怀之情,并祝愿全市老年人节日快乐,健康幸福。副市长崔景英,科尔沁区政府及市直有关部门负责人参加慰问。

9日 自治区全面提升基础教育办学水平现场推进会议在通辽召开。会议主要内容是考察通辽市与兴安盟部分中小学先进典型,总结交流各盟市基础教育发展经验,安排部署全面提升基础教育办学水平各项工作。

12日上午 2016年通辽市大众创业万众创新活动周启动仪式在内蒙古民族大学图书馆前广场举行。市委副书记、市长包振玉致词。

12—14日 中国共产党通辽市民营企业委员会第一次代表大会召开。市委常委、统战部部长张志强出席大会。

14日 新世纪大桥通车仪式举行。新世纪大桥是新城区叫来河大街连接老城区新工二路横跨西辽河的大桥,大桥全长800米,双向6车道,宽42.66米,结构形式为弧形独塔双索多曲面编花索斜拉桥,塔高80米,工程总造价3.5亿元。

14日上午10时45分 内蒙古美境环保装备有限公司在上海股权托管交易中心挂牌上市,是通辽市首家成功挂牌的装备制造企业。

15—17日 中共通辽市第五次代表大会召开。大会以无记名投票的方式,选举产生中共通辽市第五届委员会委员52名、候补委员10名;选举产生中共通辽市纪律检查委员会委员29名。大会选举出出席自治区第十次党代会代表。大会通过中国共产党通辽市第四届委员会报告的决议和中国共产党通辽市纪律检查委员会工作报告的决议。

16日 通辽市扶贫开发办公室被国务院扶贫开发领导小组办公室、人力资源和社会保障部评为全国扶贫先进集体。

18 日上午 中国共产党通辽市第五届委员会举行第一次全体会议。罗永纲主持会议。出席会议的市委委员 52 人、候补委员 9 人。自治区党委换届第五指导督查组成员和自治区党委组织部有关人员到会指导。会议选举罗永纲、包振玉、杨静波、梁志远、贺志亮、王肆虎、高忱、张志强、李莉、曹文敏为中共通辽市第五届委员会常务委员会委员；罗永纲当选为市委书记，包振玉、杨静波当选为市委副书记。大会通过中国共产党通辽市第五届纪律检查委员会第一次全体会议选举结果的报告；大会通过中国共产党通辽市第五届委员会第一次全体会议公报。

△ 中国共产党通辽市第五届纪律检查委员会召开第一次全体会议。王肆虎主持会议。出席会议的市纪委委员 28 人。会议选举产生中国共产党通辽市第五届纪律检查委员会常务委员会委员；选举产生中国共产党通辽市第五届纪律检查委员会书记、副书记；王肆虎当选为市纪委书记，赵海山、阿拉木斯、李玉良当选为市纪委副书记；通过中国共产党通辽市第五届纪律检查委员会第一次全体会议公报。

19 日 市人大机关干部大会举行，宣布市人大常委会厅级领导干部职务调整事宜。市委书记罗永纲主持并讲话。市委副书记、组织部部长杨静波宣布自治区党委和市委关于干部任免职文件。市委常委、秘书长贺志亮，市人大常委会副主任王玉伟、希日巴拉、宝凤山出席会议。自治区党委决定，提名孙振云为通辽市人大常委会主任候选人，不再担任通辽市委副书记、常委职务；提名免去道尔吉通辽市人大常委会主任职务。市委决定，道尔吉不再担任市人大常委会党组书记职务，孙振云任市人大常委会党组书记。

△ 内蒙古民族大学附属医院霍林郭勒分院揭牌仪式在霍林郭勒市人民医院正式举行。

19 日下午 市委副书记、市长包振玉深入到主城区热网建设现场，查看工程进展情况，现场办公解决存在的问题，确保主城区如期供暖。包振玉先后来到科尔沁区辽南社区土楼、日月社区土楼、北昌社区土楼、玻璃厂宿舍、通辽热电有限责任公司和通辽万通热力有限公司，了解土楼接热、老化供热管网改造、热源改造等工程进展情况。

20—22 日 “丰盛惠农”通辽市首届农民专业合作社特色产品展销会举行。包括非公企业、农合会会员及农村合作经济组织单位在内的 1200 多个单位参展，吸引约 3 万人参观，交易成功 7000 余笔，交易金额近 2 亿元。

20 日 自治区范围内首家银行业消费者权益保护服务区——通辽银行业消费者权益保护服务区正式投入运营，标志着通辽市对金融消费者的权益保护服务工作迈上一个新台阶。

21 日 霍林郭勒市、霍煤集团与奇瑞控股有限公司合作项目签约仪式举行。市委副书记、市长包振玉，副市长韩国武，奇瑞集团副总经理刘杨、鲍思语、徐晖出席签约仪式。

27 日 内蒙古民族大学、内蒙古京蒙高科校外实践教学基地建成，结束了通辽没有干细胞生物样本库的历史。

△ 中国汽车摩托车运动联合会汽车自驾运动营地评定委员会授予库伦银沙湾自驾车营地“汽车自驾运动营地”荣誉称号。

28—29 日 通辽市赴北京“985 工程”院校中央民族大学、中国人民大学举行 2 场引进人才双选会。2016 年有 50 家市属和旗县市区属企事业单位参加双选会，提供岗位 125 个，计划引进人才 259 名。

28 日上午 “中国科学技术大学优秀生源基地”挂牌仪式在通辽实验中学报告厅举行。中国科学技术大学教授、博士生导师，合肥微尺度物质科学国家实验室党委书记王兵代表中国科学技术大学授予通辽实验中学“优秀生源基地”称号。

28 日 库伦旗义务教育均衡工作通过国家义务教育均衡工作督导验收。

10 月 音乐专辑《畅想科尔沁》出版发行。《畅想科尔沁》共收录包括《就在你面前》《红绸》等 14 首科尔沁原创歌曲和《四季》《达那巴拉》等 14 首科尔沁经典民歌。

11 月

2 日 霍林郭勒市举行重点工业项目集中签约仪式，共签约项目16个,总投资额达80亿元,其中亿元以上项目有10个。集中签约的重点工业项目中联晟二期双零箔项目计划投资18亿元,建设28条箔轧生产线,设计产能15万吨;创源铝加工项目计划投资15亿元,建成年产45万吨铝精深加工产品。

3日 奈曼旗固日班花苏木赛罕塔拉嘎查村民格日乐其木格被选为中央文明办发布10月"中国好人榜"。

△ 市委副书记、市长包振玉到开鲁县调研。包振玉一行先后到东风镇、黄河龙生物科技有限公司、开药集团(开鲁)制药有限公司、伊赛牛肉有限公司、开鲁县综合物流园区、开鲁县精准脱贫大数据平台实地调研。包振玉要求开鲁县要进一步完善软件管理系统,开发群众主动参与、干部入户频率提醒等模块,使其作用更智能、更科学,努力将其打造成为指挥工作的中心、监督干部的平台、服务群众的阵地。

4日 通辽市与北京市医院管理局医疗卫生合作项目协议签约仪式在北京举行。

7日 2016年通辽市大数据产业推介会在北京市举行。自治区发改委主任包满达出席会议,市委书记罗永纲致辞,市委副书记、市长包振玉主持会议,副市长贺海东出席会议。会上,通辽市与中兴能源有限公司签订通辽大数据产业园建设项目合作协议;与杭州海康威视数字技术股份有限公司、中国普天信息产业集团公司签订智慧公安项目合作协议;与华为技术有限公司签订通辽云计算中心项目合作协议;与中国普天信息产业集团公司签订智慧安监项目合作协议;与四川长虹点点帮科技有限公司签订智慧社区项目合作协议;与中软智通科技有限公司签订市民卡综合应用项目合作协议,总签约额达68.8亿元。通辽市对智慧城市综合管廊、基础网络优化、智慧农业、智慧人社、智慧医疗、电子政务云、扶贫开发惠民服务平台、智慧旅游、残疾人群服务平台、智慧城管平台和智慧物流等11个项目进行重点推介,推介项目总投资额72.2亿元,相关部门与受邀嘉宾及参会企业现场进行项目洽谈对接。

8—10日 通辽市赴沈阳、长春"985工程"院校吉林大学、东北大学举行两场引进人才双选会。在吉林大学举行的双选会上,报名签约(扣除重复报名)人员186人。其中,博士1人,硕士166人,本科19人。东北大学双选会报名签约227人。其中,博士1人,硕士218人,本科8人。

11日 科尔沁雕塑家博杰因其在传播教育家陶行知思想方面的突出贡献而被评为"2016年中国品牌影响力(环境艺术领域)雕塑创作设计十佳首席人物"荣誉称号、全国校园文化建设十大领军人物。

△ 通辽电子商务产业园总交易额达4096万元,在自治区所有的电商产业园和3个国家级电子商务示范基地中位居第一;在天猫平台中生鲜单品单店销售2208万元,位居全国第一。

14日 市委书记罗永纲到开鲁县专题调研扶贫开发工作,强调要深入贯彻落实中央和自治区关于扶贫开发工作的重要决策部署,全面落实精准扶贫精准脱贫方略,因地制宜、精准施策、强力推进,真正做到一户一策不落一户、一人一法不漏一人,确保圆满完成2016年脱贫攻坚任务,为如期实现全面建成小康社会目标打下坚实基础。

15日 由自治区党委宣传部、自治区卫计委主办,市委宣传部、市卫计委、通辽经济技术开发区承办的"敬佑生命,守卫健康"全区卫生和计生先进事迹报告团首场报告会在通辽市举行。自治区卫计委副主任伏瑞峰、通辽市副市长贺海东出席并讲话。报告团成员"全国先进工作者"、自治区人民医院副院长袁军,"全国最美在基层——十佳计生工作者"获得者、鄂尔多斯市乌审旗卫生计生局副局长郭俊,第45届南丁格尔奖获得者、自治区人民医院护理部副主任邢彩霞,全国优秀乡镇卫生院院长获得者、锡林郭勒盟桑根达来镇中心卫生院院长恩和太翁,中国医师奖获得者、库伦旗额勒顺镇苏日图嘎查乡村卫生室医师哈申通拉嘎作报告。

16—17日 内蒙古自治区消防总队在通辽组织开展煤化工灾害事故灭火救援跨区域实战推演。通辽市、赤峰市、兴安盟3个公安消防支队、3个企业专职队和公安、医疗、城建等10个社会联动部门参加推演。自治区消防总队总队长曹奇、副总队长王晋忠等观摩推演。

17日　霍林河循环经济示范工程获国家优质工程奖。

18日　通辽市将与全区同步实施个体工商户营业执照和税务登记证“两证整合”登记制度改革。“两证整合”是“三证合一”登记制度改革向个体工商户的延伸，主要是将个体工商户营业执照和税务登记证整合。“两证整合”后，申请人只需填写“一张表”，向工商部门“一个窗口”提交“一套材料”，即可办理个体工商户工商及税务登记，简化办事流程，减少资料重复报送，缩短涉税事项办理时限。

23日　开鲁县政府与新兴重工鄂尔多斯市新能源有限公司举行项目洽谈签约仪式。总投资2亿元的天然气分布式能源便民服务站及装备制造项目落户开鲁。

25日　《科尔沁文化系列丛书》编撰第一次工作会议召开。中国作家协会、自治区文联、自治区文化厅、内蒙古大学、内蒙古民族大学、通辽市文化工作者共50余名编委会成员参加会议。副市长于飒主持会议。

28日　通辽市主城区不动产权证书首证颁发仪式在市房产局举行。北京泽信控股集团有限公司获得第一张不动产权证书。

28日上午　由国家体育总局社会体育指导中心、中央电视台体育频道、中国社会体育指导协会主办，通辽市委宣传部、通辽市体育局、库伦旗委、旗人民政府承办的《谁是舞王》——中国广场舞民间争霸赛内蒙古通辽市海选启动仪式在库伦旗举行。

29日上午　全市领导干部大会召开，宣布自治区党委关于通辽市委主要领导调整的决定：宋亮任通辽市委委员、常委、书记，罗永纲不再担任通辽市委书记、常委、委员职务。自治区党委常委、组织部部长曾一春宣布自治区党委决定并讲话。宋亮、罗永纲出席并讲话。包振玉主持会议。

29日　通辽四中获“中国曲棍球后备人才推广校”称号。

△　《库伦旗全域旅游创建规划》通过自治区评审。库伦旗成为自治区首个通过全域旅游创建规划评审的旗县。

30日　由通辽市委宣传部、市文明办主办，通辽经济技术开发区党办承办的“通辽好人榜”2016年10月入选名单发布报告会在通辽市举行，揭晓“通辽好人榜”2016年10月入选名单并对获奖人物代表进行颁奖。他们分别是敬业奉献类：邢文娟、安丽辉；诚实守信类：陶乐、王晓明、孟繁荣、格日乐其木格、罗艳芬；助人为乐类：胡桂荣、梁巴力旦。

△　科左后旗公安局因公殉职的何永顺获“内蒙古好人榜”11月榜单敬业奉献奖。

△　开鲁牧原首期项目投产二期工程启动。开鲁牧原投资30亿元的生猪养殖体系项目涵盖饲料加工、生猪育种、种猪扩繁、商品猪饲养、生态农业、有机肥生产与销售，养殖一场是其子项目，总投资4.1亿元，规划建设30万口育肥猪、1.5万口母猪场。

11月　霍林郭勒市被列入工信部有色金属工业发展规划。

△　中国人民银行通辽市中心支行与内蒙古民族大学联合建立的通辽市首个诚信文化教育基地揭牌成立。

△　库伦旗银沙湾自驾车营地获全国“汽车自驾运动营地”称号。

△　通辽第一中学、通辽第五中学、通辽实验中学、扎鲁特旗第一中学、科尔沁区第八中学、科左中旗舍伯吐蒙古族中学、市实验小学、奈曼旗实验小学、扎鲁特旗蒙古族实验小学、奈曼旗实验小学、扎鲁特旗蒙古实验小学、科尔沁区实验幼儿园、扎鲁特旗民族幼儿园11所学校正式立项为通辽市首批学校文化建设与特色办学实验学校（幼儿园）。

△　库伦旗顺利通过国家级计划生育优质服务先进旗县检查验收，成为计生卫生机构改革后，首批被评为国家级计划生育优质服务先进旗县的地区。

△　全市青少年科技教育创新成果展演活动暨Robo－Making国际机器人与创客大赛颁奖大会举行。通辽第五中学李敖、通辽市新城实验中学刘子琦、通辽市实验小学傅坤博、通辽市第二中学张楚仪、通辽市第二中学何绍杰获得一等奖。通辽市新城实验小学刘皓辰、通辽市实验小学张拓、通辽市实验小学白昊宸、通辽市实验小学张奥、通辽市铁路第一

小学王继衡获得二等奖。神鹰机器人梦工厂创始人边慧龙,神鹰机器人梦工厂教师张新丽获得优秀指导教师奖。

12 月

1 日 沈通电力安装有限责任公司在上海股权托管交易中心通辽市中小企业挂牌孵化基地举行挂牌仪式。市委常委、统战部部长张志强出席,市委常委、副市长冯正玉讲话。

2 日 国家开发银行内蒙古分行与市政府举行《"十三五"全面深化合作开发性金融合作备忘录》签约仪式。

△ 魏基成"天籁列车"慈善机构在市特殊教育学校举行捐赠仪式,向全市听力患者免费捐赠总价值 2000 万元的 1 万台助听器。

6 日 由科左后旗信用联社与易联商贸联合设立的"自助银行+便民服务"新型网点在甘旗卡镇开业,成为通辽地区首个"便民银行"。

7 日 科左中旗被列为第三批国家新型城镇化综合试点地区。

9 日下午 通辽市反电信诈骗中心在市公安局揭牌成立。

10 日 中国东部影视城项目落户奈曼旗。该项目由国商集团、中国远扬集团、北京东方吉祥哈达文化发展有限公司投资建设。项目全部建成投入使用后,年产值可达 6 亿元,实现税金 8000 万元,解决当地群众就业 2 万人次/年。

12 日 通辽市第七届知名商标认定会召开。经过市知名商标认定委员会评审,12 件商标被认定为通辽市知名商标。名优商标总量位居自治区前列。

13 日上午 10 时 来自中国国际航空内蒙古有限公司的波音"737-800"型飞机对霍林河机场进行试飞。于 12 时 49 分平稳降落,试飞成功。

14 日下午 通辽市与中信银行呼和浩特分行举行《"十三五"全面深化金融合作备忘录》签约仪式。

15 日 通辽市与浦发银行呼和浩特分行、内蒙古高路公司签署战略合作协议。

18 日—24 日 由市工商联主办,通辽丰盛农产品物流园承办的通辽市"丰盛惠农"农牧业生产资料交易会开幕。交易会分农产品区、红干椒推广区、农资农技服务区、电子商务区、土特产品区、农业金融服务区,共计 350 个展位。

△ 由市委宣传部主办、环哲书城协办的"科尔沁最美书房"颁奖仪式暨书房主人故事会在科尔沁区实验小学举行。经过历时 5 个月的图片征集、初评入选、网络投票及联合评定,金智为、苏莉的书房被评为一等奖,布仁布和等 6 人获二等奖,白晶等 13 人获三等奖。

△ 首届全国民族学人类学高端论坛在内蒙古民族大学召开。论坛由内蒙古民族大学和复旦大学民族研究中心主办,内蒙古民族大学民族研究院、复旦大学民族研究中心内蒙古民族大学研究基地和内蒙古民族大学蒙古学学院承办。论坛汇集国内民族学人类学一流的专家学者,有 2 位学部委员、2 名长江学者以及来自中国社会科学院、复旦大学、华东师范大学、中央民族大学、中国人民大学、中国政法大学、南开大学、内蒙古大学等全国知名高校的 30 多位教授、博士生导师等参加会议。

21 日 市委召开副厅级以上领导干部大会,宣布自治区党委关于通辽市政府主要领导人职务任免的决定。自治区党委组织部副部长刘德君出席并讲话。自治区党委组织部干部二处处长李俊海宣布自治区党委关于通辽市政府主要领导职务任免的决定。自治区党委决定:郝茂荣任通辽市委委员、常委、副书记,提名为通辽市市长人选;包振玉不再担任通辽市委副书记、常委、委员,提名免去通辽市市长职务。

△ 市工商局电子营业执照发放仪式在市政务中心举行。全市第一张电子营业执照发给内蒙古德盛农业发展有限公司。

△ 开鲁县被国家质检总局批准为全市首家国家级出口红辣椒质量安全示范区。示范区内有备案的出口红干椒加工企业 15 家,初步形成集种植、仓储、物流、加工、研发于一体的产业化链条,解决 2000 多人的就业问题,同时带动全县 2 万多农民从事红辣椒种植业。

22 日上午 通辽市与光大银行呼和浩特分行签署《"十三五"全面深化金融合作备忘录》。

22 日 通辽市著名词作家苏日塔拉图创作的歌曲《守望相助》获"乌兰夫基金民族文

化艺术奖”，是通辽市首次获得该奖项。

23 日下午 “铁骑王”杯第四届通辽市十大民营经济人物系列评选颁奖盛典在哈萨尔蒙古风情园举行。40 个单位及个人分别获通辽公益之星、通辽创新创业新锐人物、通辽市十大诚信企业、通辽市十强民营企业、通辽市十大民营经济人物 5 个奖项。其中，霍林郭勒市星火运输有限责任公司董事长曹立忠等 10 人获“通辽市十大民营经济人物”称号；通辽泽强药业连锁有限公司等 10 家企业获“通辽市十大诚信企业”称号；内蒙古维尔农业有限公司等 10 家企业获“通辽市十强民营企业”称号；通辽市军利易购电子商务有限公司董事长于晓辉等 5 人获“通辽创新创业新锐人物”称号；内蒙古金磊建设集团有限公司董事长季跃文等 5 人获“通辽公益之星”称号。

23 日 内蒙古自治区党委授予蒋青春“优秀共产党员”称号。

23—25 日 全市城乡居民基本医疗保险信息系统进行切换试运行。通辽市在全区范围内率先实现经办城乡居民医疗保险业务一网化建设的目标。该系统切换后，将于 2017 年 1 月 1 日正式投入使用，覆盖全市 240 万名城乡居民和全部定点医疗机构。

27 日 全市党员教育信息化工作推进会暨党建微电影《苏日娜的婚事儿》首映式举行。

28 日 全市副厅级以上领导干部大会召开，宣布自治区党委有关通辽市政协主要领导调整的决定。自治区党委常委、市委书记宋亮主持并讲话。自治区党委决定：提名高忱为通辽市政协主席候选人，不再担任通辽市市委常委，提名免去通辽市政府副市长职务。提名免去高琦通辽市政协主席职务。

28—29 日 市委宣传部向通辽市女企业家联合会、科尔沁朗诵艺术学会（爱之声朗诵团）、哈森女子书法研修班、成吉思汗族谱研究会、八马茶艺、典鉴律师事务所、亮嫂汽车服务有限公司、奥宝贝幼儿园、金铭服装有限公司、兰贵人美容生活馆、张翠丽等社会团体、非公组织及个人授予“正能量工作室”牌匾。

30 日 通辽市被中国蒙古学会正式命名为“中国蒙医药之都”。

△ 首届科尔沁冰雪节在科尔沁区大林镇青龙山村鑫奇生态农庄盛大开幕。活动为期 3 个月。

△ 全区首个刑事犯罪侦查局在奈曼旗成立，标志着奈曼旗公安局刑事侦查体制改革圆满完成。

△ 市公共资源交易中心获评 2016 年全国公共资源交易十佳学习型机构。

31 日 全市小商超零售行业协会创立大会暨诚信小商超颁奖晚会举行。活动现场评选出铁骑王杯通辽市首届“诚信小商超”一等奖 1 名，二等奖 2 名，三等奖 3 名和特殊贡献奖 15 名。有 74 家商超获诚信商超奖，36 家商超获诚信商超示范店奖。

12 月 通辽市的内蒙古小镇网上乐购有限公司、内蒙古品农电子商务有限公司、玛拉沁电子商务有限公司、娜娜烘培坊、通辽市创美商贸有限公司 5 家创业实体获 2016 年度“自治区创业示范店”荣誉称号。

△ 通辽市入选东北地区民营经济发展改革示范城市。

△ 通辽市烦恼丝美发美容专业学校美发师、奈曼旗民族技工学校焊工、开鲁县中等职业技术学校育婴师 3 个培训项目入选全区就业技能特色培训品牌；通辽市烦恼丝美发美容专业学校美发师上榜自治区知名品牌。

△ 霍林郭勒市工商联被评为 2016 年自治区级“五好”县级工商联。

△ 科左中旗养殖大户春梅被评为“全国十佳农民”，成为自治区惟一一个“全国十佳农民”资助项目获得者。

△ 科左后旗内蒙古维尔农业有限公司、科左后旗星琪源粮食购销有限公司 2 家企业注册商标被认定为自治区著名商标；内蒙古添翼米业有限公司、通辽市甘美食品有限公司和科左后旗散都水库渔业专业合作社注册商标被认定为通辽市知名商标。

△ 科左后旗玛拉沁 E 店被评为 2016 年度自治区创业示范店。

△ 库伦旗成为自治区首个通过全域旅游创建规划评审

旗县。

2016 年 人力资源社会保障部和全国妇联下发《关于表彰全国妇联系统先进集体劳动模范和先进工作者的决定》，奈曼旗妇联主席闫红梅获2016年全国妇联系统先进工作者称号，全区只有1人获此荣誉。

△ 通辽市被自治区确定为综合行政执法体制改革试点市。

△ “开鲁老白干”使用国家地理标志产品保护认证专用标志。“开鲁老白干”酒被选定为2022年冬奥会指定用酒。

△ 开鲁县被自治区列为国家级电子商务进农村综合示范县。

△ 开鲁县在七家子村发现两座辽代古墓，其中一座石室墓、一座砖室墓。两座墓室的发现对于研究辽代社会经济发展、地理、历史具有重要意义。

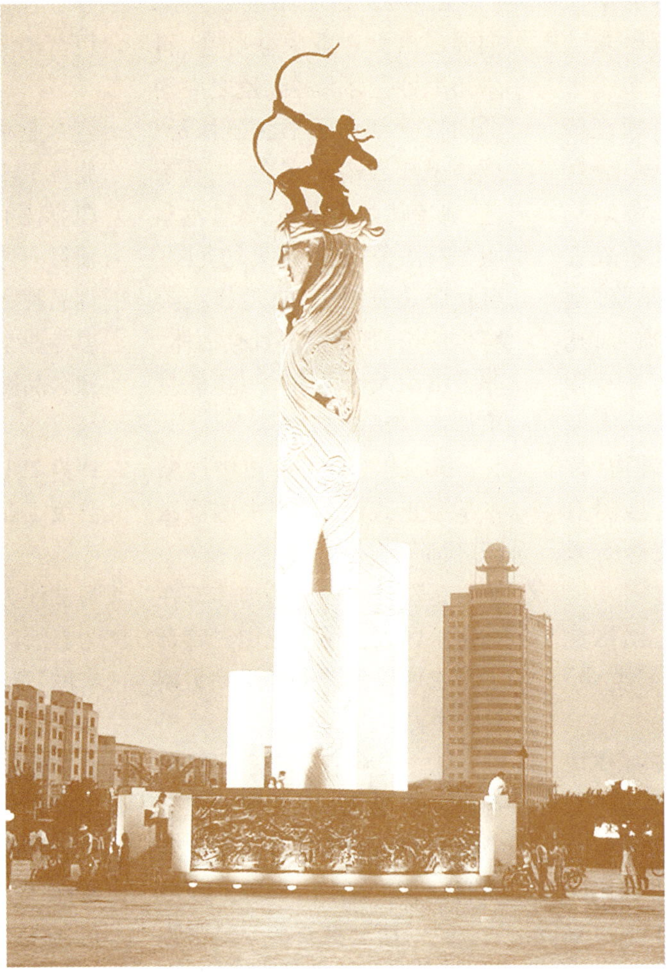

▲ **科尔沁世纪柱** 由基座、柱身、顶部三部分构成，总高度25米。基座三幅环形壁画分别为历史的科尔沁、文化的科尔沁、现代的科尔沁，内刻《科尔沁赋》全文，展示科尔沁深邃的历史文化和美好的未来。主体柱由3个附柱簇拥，寓意民族团结，共创辉煌。柱身雕饰龙马腾空，祥云朵朵，体现科尔沁人腾飞向上，追求卓越的品格。顶部弓箭手张弓蓄势，象征“坚韧不拔、一往无前”的科尔沁精神。

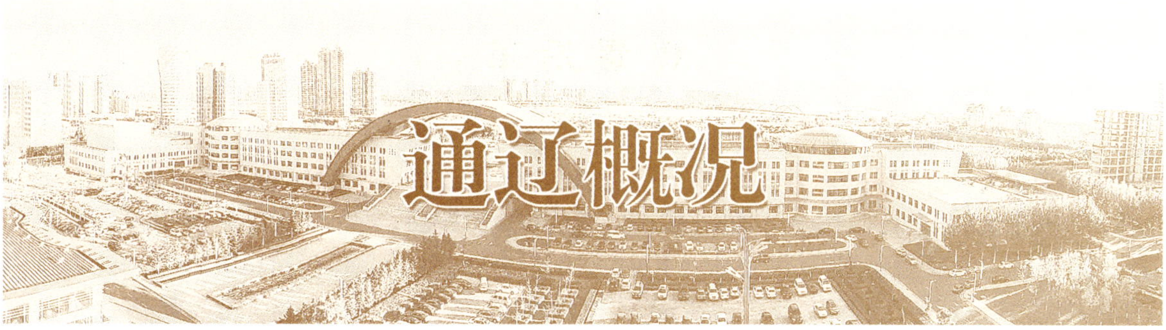

基本情况

通辽市位于内蒙古自治区东部，地处北纬42°15′—45°41′，东经119°15′—123°43′之间。东连吉林省，起于科尔沁左翼中旗东部和科尔沁左翼后旗东部；南临辽宁省，起于科尔沁左翼中旗南部、库伦旗南部和奈曼旗南部；西接赤峰市，起于奈曼旗西部、开鲁县西部和扎鲁特旗西部；北与兴安盟和锡林郭勒盟毗邻，起于霍林郭勒市北部。总面积约6万平方公里。通辽市下辖8个旗县市区和1个经济技术开发区。户籍人口318.9万人。其中，蒙古族人口155.63万人，占全国蒙古族人口的四分之一，是全国蒙古族人口最聚集的地方。通辽是蒙古民族的发祥地之一，涌现出孝庄文皇后、僧格林沁、嘎达梅林等众多历史名人，被誉为“中国安代艺术之乡”“中国民族曲艺之乡”“中国版画艺术之乡”“中国马王之乡”“中国蒙餐之都”“国家园林城市”“全国自驾游试点城市”，2016年获“中国蒙医药之都”“全国无偿献血先进市”和“全国基层蒙中医药工作先进市”称号。通辽地处环渤海经济圈、中国东北经济区和东北亚三角经济区，与东北经济区中的哈尔滨、长春、沈阳一起被国务院规划为区域性物流节点城市，把通辽市摆在与东北三省省会城市同等重要的战略位置，区位优势明显。周边800公里范围内有15个百万人口以上城市，优越的区位使通辽生产要素集聚能力强、资源配置半径小、市场空间大。通辽市是内蒙古自治区东部和东北地区西部最大的交通枢纽城市，通辽火车站是全国36个铁路枢纽编组大站之一，境内现有11条铁路纵横交错。其中京通、通让、大郑、通霍、集通5条铁路在通辽站交汇，开通“通满欧”国际货运班列，开工建设通辽至京沈高速铁路。有3条高速6条国道和7条省道贯穿，与北京、沈阳、长春均有高速公路连接。通辽民航机场可以起降波音“737”等大中型客机，现开通14条航线，通航城市达13个，霍林河民航机场通航运营。通辽市粮食产量和肉类产量在内蒙古自治区均列第一位，是国家重点农畜产品生产基地。风能资源可利用规模为3000~5000万千瓦；探明煤炭、石油、硅砂等矿产52种。通辽形成新型煤电铝、现代煤化工、玉米生物科技、清洁能源、绿色农畜产品加工、先进装备制造、新型玻璃建材、新型特种钢、现代蒙药和新材料等10大工业支柱产业，商贸物流、金融、文化旅游等现代新兴服务业蓬勃兴起，是全国流通领域现代物流示范城市之一。通辽清洁能源资源发展迅猛，已形成风电装机401万千瓦、光伏装机53万千瓦，扎鲁特至青州±800千伏特高压直流输电工程全面开工建设，实现“煤从空中走、风从天传输、光从线上传”。

建置沿革

【认识通辽】 通辽市的前身哲里木盟始建于清代。由科尔沁左翼前、中、后旗,科尔沁右翼前、中、后旗,郭尔罗斯前、后旗,杜尔伯特旗、扎赉特旗等10个旗组成,因会盟于科右中旗西哲里木之地,定名为哲里木盟。

1999年1月13日,国务院决定撤销哲里木盟和县级通辽市,设立地级通辽市。通辽市现辖科尔沁区、霍林郭勒市、开鲁县、科左中旗、科左后旗、库伦旗、奈曼旗、扎鲁特旗及通辽经济技术开发区,土地面积约6万平方公里。

通辽历史源远流长。早在五六千年前,通辽地区开始进入人类文明。南宝力皋吐、哈民茫哈等文化遗址的相继发现,证明通辽是北方草原文化的发祥地之一,是中华古文明的发源地之一。春秋战国时期,这里居住着东胡、室韦等游牧部落。北魏时期,契丹族在这里兴起,通辽成为大辽王朝的中心地区。明清时期,通辽地区成为蒙古科尔沁部的生息之地。

通辽人杰地灵。几百年来,蒙汉等各族人民在这片土地上创造出独具特色的科尔沁文化。这里曾留下一代天骄成吉思汗的子孙们金戈铁马英勇征战的足迹,涌现出清代国母孝庄文皇后、爱国名将僧格林沁、民族英雄嘎达梅林等历史名人,也涌现出阿思根、徐永清、吕明仁、麦新等革命先烈。无数的志士仁人用他们艰苦卓绝的业绩和可歌可泣的壮行,为推动民族自治,实现民族平等,维护民族团结,实现民族振兴立下不可磨灭的历史功勋。

通辽,守望相助而又充满青春活力。这里生活着蒙古族、汉族、回族、朝鲜族、达斡尔族等40个民族,户籍人口318.9万人,其中,蒙古族人口155.63万人,分别占全国蒙古族人口的1/4、占全世界的1/5,是全国蒙古族人口最为集中的地区。在历史的发展进程中,蒙古族、汉族以及各民族亲如兄弟,携手共进,为通辽经济发展、社会进步做出卓越贡献。

通辽素有“歌海舞乡”之称。美丽富饶的科尔沁草原产生和流传着著名的科尔沁三大叙事民歌(韩秀英、达那巴拉、嘎达梅林)和上千首短调民歌,产生琶杰、毛依罕等曲艺大师和查干巴拉等著名歌手。通辽素有中国“安代艺术之乡”“民族曲艺之乡”“乌力格尔之乡”的美誉,安代舞、乌力格尔艺术、蒙古四胡被列为我国第一批非物质文化遗产名录。

通辽风光秀丽,景色怡人,民族旅游特色突出。依托科尔沁草原、孝庄园、大青沟、“库伦三大寺”、可汗山、宝古图沙漠等旅游资源,全力打造“东北看草原·自驾游通辽”科尔沁文化旅游品牌,形成集城市景观、自然风光、历史文化、民俗风情、实景体验于一体的独具北疆特色500公里文化旅游风景大道,把中国草原文化名城和优秀旅游城市这张名片打造得更加亮丽。

通辽是国家和自治区著名商品粮基地,素有“内蒙古粮仓”和“中国黄牛之乡”的美誉。2016年粮食产量再创新高,达到69.58亿公斤,总量居全区第一;牧业年度牲畜存栏2203万头只,肉类产量位居全区前列。

通辽的城市化、工业化建设更具活力。通辽在深入实施“三大产业集群”发展战略,着力打造“六大产业基地”,煤电铝和铝产品加工、玉米生物、农畜产品加工、蒙医药等特色产业竞争力显著增强,商贸物流、文化旅游、电子商务等现代服务业蓬勃兴起,通辽进入创新引领、转型发展的新时期,努力建设内蒙古东部发展的重要增长极和向东向南开放的桥头堡,努力建设国家重要的生态安全屏障和各族人民和谐幸福的美好家园。

通辽先后获得全国民族团结先进地区、全国社会治安综合治理优秀城市、全国双拥模范城市、全国创业先进城市、中国魅力中小城市、国家园林城市、中国优秀旅游城市、中国金融生态示范城市、全国文明城市、国家卫生城市、中国蒙医药之都、中国蒙餐之都、全国自驾游重点城市等多项荣誉。

【哲里木盟沿革】 通辽市的前身哲里木盟建置始于清初,其地域北由索岳尔济山以南的洮尔河、嫩江流域起,南至乌哈那德山的东西辽河流域和养息牧河，西起乌哈那山，东至松花江、伊敦河。

春秋战国时代（前770—前476年），这里居住着东胡、室韦等游牧部落。

战国时期，燕长城以南归燕国的辽东郡和辽西郡管辖。

秦代，东、西辽河一带隶属于辽东郡和辽西郡，嫩江流域仍由东胡人驻牧。

西汉时期，游牧于嫩江流域和东、西辽河流域的主要是东胡人的后裔鲜卑人和乌桓人，东、西辽河以南部分地区归玄菟郡、辽东郡、辽西郡管辖。

东汉时期，嫩江流域隶属于夫余，燕长城以南隶属于东汉的辽东郡、辽西郡。

三国时期，鲜卑人大规模内迁，东、西辽河流域隶属于东部鲜卑的慕容部。

西晋时期，嫩江流域为夫余国属地。

东晋十六国时期，燕王慕容的势力达东、西辽河流域。北部隶属于契丹。

南北朝至隋唐时期，北部隶属于契丹，南部隶属于室韦。

唐代，在契丹地设饶乐都督府，后设松漠都督府；在室韦地设室韦都督府。唐末，嫩江流域部分地区归渤海夫余府管辖。

辽代，嫩江流域和东、西辽河流域归上京道和东京道管辖。

金代，嫩江流域和东、西辽河流域归上京路临潢府及东北路招讨司、咸平路咸平府管辖。

元代，嫩江流域和东、西辽河流域归辽阳行省开元路、中书省泰宁路和宁昌路管辖。

明代，嫩江流域和东、西辽河流域隶属于兀良哈三卫（即朵颜卫、夫余卫、泰宁卫），归大宁都司管辖。明成祖时，成吉思汗胞弟哈布图哈撒尔后裔奎蒙克塔斯哈喇部游牧于嫩江流域，称嫩江科尔沁，并很快控制兀良哈三卫之地。

后金天命十一年（1626年），奎蒙克塔斯哈喇后裔奥巴率科尔沁部归附后金。

清崇德元年（1636年），在科尔沁部设科尔沁右翼中旗、科尔沁右翼前旗、科尔沁右翼后旗、科尔沁左翼中旗、科尔沁左翼前旗，在郭尔罗斯部设郭尔罗斯旗。

顺治五年（1648年），在扎赉特部设扎赉特旗，在杜尔伯特部设杜尔伯特旗，析郭尔罗斯旗为郭尔罗斯前旗、郭尔罗斯后旗。

顺治七年（1650年），在科尔沁部设科尔沁左翼后旗。至此，哲里木盟共辖10旗。科尔沁6个旗受盛京（奉天）将军监督与节制，郭尔罗斯前旗受吉林将军监督与节制，郭尔罗斯后旗、扎赉特旗、杜尔伯特旗受黑龙江将军监督与节制。

清朝后期，蒙地放垦，并实行划界分治。嘉庆五年（1800年），在郭尔罗斯前旗长春堡设长春厅（1825年移驻宽城子）。光绪十五年（1889年）厅升府。1913年府改县。

嘉庆八年（1803年），在科尔沁左翼中旗招垦设梨树城（俗称买卖街）。道光元年（1821年）改设分防照磨。光绪四年（1878年）改设奉化县治。1914年改为梨树县。

嘉庆七年（1802年），在科尔沁左翼后旗常突额勒克招垦。嘉庆十一年（1806年）设昌图理事通判厅。同治二年（1863年）改为边海抚民同知。光绪二年（1876年）升为昌图府。

道光元年（1821年），科尔沁左翼中旗招垦于八家镇。同治五年（1866年）八家镇归边海抚民同知。光绪三年（1877年）改设怀德县。

道光七年（1827年），在郭尔罗斯前旗设龙湾乡。光绪八年（1882年）在龙湾乡设农安分防照磨。光绪十五年（1889年）改设农安县。

咸丰元年（1851年），科尔沁左翼中旗放荒于郑家屯。光绪六年（1880年）设郑家屯主簿。光绪二十八年（1902年）在郑家屯设辽源州。1913年改为辽源县。

光绪六年（1880年），在科尔沁左翼前旗康家屯放荒。1913年设康平县。

光绪二十四年（1898年），在科尔沁左翼中旗周边村设四平站，隶属于昌图府。

光绪二十八年（1902年），在科尔沁左翼前旗及土默特左旗交界处的横道子设彰武县。

光绪三十年（1904年），在扎赉特旗莫勒红岗子设大赉厅。1913年厅改县。

光绪三十年（1904年），在科尔沁右翼前旗双流镇设洮南府。1913年府改县。

光绪三十年（1904年），在科尔沁右翼前旗洮儿河北的白城子设靖安县，在七井子设开通县。

光绪三十一年(1905年),在科尔沁右翼后旗洮儿河南的钱家窝堡设安广县。

光绪三十二年(1906年),在郭尔罗斯后旗设肇州直隶厅,1913年改为肇州县;将郭尔罗斯前旗沐德、怀德二乡划出,设德惠县;在杜尔伯特旗设安达厅,1913年改设安达县;在杜尔伯特旗东集镇设林甸县;在科尔沁右翼中旗设醴泉镇,宣统元年(1909年)改为醴泉县,1914年改为突泉县。

光绪三十三年(1907年),在郭尔罗斯前旗设长岭县。

光绪三十四年(1908年),在科尔沁右翼后旗查干淖尔设镇东设治局,宣统二年(1910年)改设镇东县。

1913年,在科尔沁左翼中旗采哈新甸双山镇设双山县,1940年与辽源县合并为双辽县。

1914年,在科尔沁左翼中旗巴林太来设通辽镇,1918年改为通辽县。

1915年,在科尔沁右翼中旗所置的醴泉县析出开化县,1917年改为瞻榆县。

1928年,在郭尔罗斯前旗设乾安县。

1932年,科尔沁右翼前旗、科尔沁右翼中旗、科尔沁右翼后旗、科尔沁左翼前旗、科尔沁左翼中旗、科尔沁左翼后旗、扎赉特旗隶属于伪兴安省的兴安南分省。

1934年,伪兴安南分省改兴安南省,归蒙政部管辖,通辽县、库伦旗划归兴安南省,郭尔罗斯前旗归吉林省管辖,郭尔罗斯后旗归滨江省管辖,杜尔伯特旗归黑龙江省管辖。

1943年,伪兴安南省改称伪兴安南地区,隶属于伪兴安总省。

1945年10月,科尔沁左翼中旗、科尔沁左翼前旗、科尔沁左翼后旗成立三旗联合办事处。中国共产党辽北省委指派辽源专署接管通辽县。12月,科尔沁左翼三旗隶属于兴安南地区。

1946年1月,通辽、开鲁归辽西省管辖。4月,撤销兴安南地区,成立哲里木省。6月,哲里木省改称哲里木盟,由辽吉省代管。

1947年5月,扎鲁特旗划入哲里木盟。

1947年6月,辽吉省改为辽北省,哲里木盟隶属于辽北省。

1948年9月,奈曼旗和库伦旗划归哲里木盟。哲里木盟管辖通辽县、开鲁县、科尔沁左翼中旗、科尔沁左翼后旗、科尔沁左翼前旗、扎鲁特旗、奈曼旗、库伦旗。

1949年3月,科尔沁左翼前旗建制撤销,所辖地区划入科尔沁左翼后旗、库伦旗、彰武县。

1949年4月,哲里木盟划归内蒙古自治区。

1951年7月,析通辽县城关区设通辽市,为盟政府所在地。

1953年3月,哲里木盟建制撤销,所属各旗县市归内蒙古东部区行政公署管辖。

1954年4月,内蒙古东部区行政公署撤销,哲里木盟建制恢复,管辖范围与撤销前相同。

1958年10月,通辽县建制撤销,并入通辽市。

1964年12月,通辽县建制恢复,与原通辽市分开。

1965年10月,科尔沁右翼中旗由呼伦贝尔盟划归哲里木盟。

1969年7月,哲里木盟划归吉林省。

1979年7月,哲里木盟复归内蒙古自治区。

1980年7月,科尔沁右翼中旗划归兴安盟。

1985年11月,霍林郭勒市成立。

1986年7月,通辽县建制撤销,并入通辽市。

1998年,哲里木盟辖通辽市、霍林郭勒市、开鲁县、科尔沁左翼中旗、科尔沁左翼后旗、奈曼旗、库伦旗、扎鲁特旗。

1999年1月13日,中华人民共和国国务院国函〔1999〕5号文件做出《关于同意内蒙古自治区撤销哲里木盟设立地级通辽市的批复》,撤销哲里木盟和县级通辽市,设立地级通辽市。市政府所在地科尔沁区是全市政治、经济、文化中心。2000年增设通辽经济技术开发区。

自然地理

【地理位置、范围、面积】 通辽市位于北纬42°15′—45°41′,东经119°15′—123°43′之间,地处内蒙古自治区东部、松辽平原西端、科尔沁草原腹地。东与吉林省接壤,南与辽宁省毗邻，西与赤峰市、锡林郭勒盟交界，北与兴安盟相连；南北长约418公里，东西宽约370公里，土地面积约6万平方公里。

【地质地貌】 通辽市南、北部地势高，而中部地势低平，整体呈马鞍形。北部为大兴安岭南麓余脉的石质山地丘陵，海拔400～1444米，约占全市总面积的23%；中部为西辽河流域沙质冲积平原，海拔120～320米，约占全市总面积的70%；南部为辽西山地边缘的浅山、黄土丘陵区，海拔550～730米，约占全市总面积的7%。在西辽河流域冲积平原与山地、丘陵之间的过渡地带分布有沙丘与沙地，海拔大多在200～400米之间。罕山吞特尔峰为通辽市最高峰，海拔1444.2米。最低点在科尔沁左翼后旗境内，海拔不到100米。科尔沁沙地在通辽区域内的面积272.4万公顷，占全市总面积的46%。

【气候特征】 通辽市地处干旱和半干旱气候区，境内受蒙古高原气流影响，属温带大陆性季风气候，春季干旱大风多，夏季炎热降雨集中，秋季凉爽短促，冬季漫长少雪寒冷。2016年平均气温1.7～8.1℃，平均最高气温7.6～14.3℃，平均最低气温-3.7～3.1℃，降水量325.1～652.8毫米，70%的降雨集中在6、7、8三个月份。2016年日照时数2485.4～2959.2小时，平均风速2.4～3.8米/秒，大风日数4～32日，2016年平均无霜期日数119～257日。气候特点为雨热同期，有利于植物生长及物质转化和积累，干旱、洪涝和大风天气是影响农、牧、林生产的主要自然灾害。

【河流水系】 通辽市水系主要由西辽河、柳河、大凌河、嫩江及东辽河水系组成，其中西辽河流域占全市总面积的77.1%。流域面积在100平方公里以上的河流47条，其中辽河流域38条，松花江流域3条、大凌河流域5条，内陆河1条。主要河流有牤牛河、养畜牧河、教来河、老哈河、西拉木伦河、西辽河、东辽河、乌力吉木仁河和霍林河。全市多年平均地表水资源量7.99亿立方米，多年平均地下水资源量35.31亿立方米，全市多年平均年水资源总量37.47亿立方米(扣除重复计算量5.83亿立方米)。自然湖泊600余个，大中小型水库共121座。湿地面积22.8万公顷，其中河流湿地面积5.8万公顷，湖泊湿地面积2.3万公顷，沼泽和沼泽化草甸湿地面积6.5万公顷，库塘湿地面积8.2万公顷。

资源物产

【植被资源】 通辽市地处科尔沁沙地腹地，是科尔沁沙地的主体地区。截至2016年底，全市沙地面积272.4万公顷；草原面积34.19万公顷，其中可利用草原91.3%，可利用草原中有90%属于退化、沙化、盐渍化草原；森林总面积167.73万公顷，森林覆盖率28%，活立木总蓄积3455万立方米。通辽市地处森林和草原的过渡地带，原始景观为榆树疏林草原，以草原植被为主，森林植被居其次。植被类型由干旱草原及旱生草本植物构成。山地和沙地适宜杨、柳、榆、樟子松、山杏、锦鸡儿和黄柳等乔灌木生长。麻黄、甘草、山杏、沙棘等资源品种独特，质地优良。

【动物资源】 通辽市野生动物繁多，有国家一级保护动物丹顶鹤、白鹳、鸨、梅花鹿和紫貂5种，国家二级保护动物灰鹤、蓑羽鹤、鸳鸯、天鹅、猞猁、马鹿、狼和黄羊等近30种。除此外，还有环颈雉、斑翅山鹑、野兔、狐狸、斑鸠。一般经济动物则遍布全市。鸟类18目，49科，212种。

【矿藏及风能资源】 通辽已探明煤炭、石油、硅砂等矿藏52种，煤炭保有量113亿吨，霍林河煤矿是中国五大露天煤矿之一和国家重点规划建设的13个亿吨级大型煤炭基地之一。石油保有储量1.33亿吨。天然硅砂保有储量1.34亿吨，储量居全国之首。“八〇一”稀有稀土矿为世界特大型矿床，被称为“冶炼之宝”的石墨储量也很可观，功能神奇的中华麦饭石蜚声海内外。通辽清洁能源发展迅猛，已形成风电装机401万千瓦、光伏装机53万千瓦，扎鲁特至青州±800千伏特高压直流输电工程全面开工建设，实现“煤从空中走、风从天传输、光从线上传”。

【农业资源】 经过多年的建

设,通辽市的农牧业已构建较好的基础条件。在种植业方面,全市粮食作物播种面积已稳定在146.67万公顷,粮食总产量稳定在百亿斤以上。截至2016年底,全市节水高产高效农田已发展到60万公顷,设施农业发展到4.93万公顷,高效特色种植基地发展到百万亩以上,主要粮食作物玉米的年加工能力达到505万吨,杂粮杂豆等特色产品的生产加工能力达到100万吨。在畜牧业方面,牧业年度牲畜总头数已突破2000万头只。2016年,全市猪肉产量26.39万吨,牛肉产量11.18万吨,羊肉产量8.04万吨,禽肉产量6.06万吨,禽蛋产量6.18万吨,生牛奶产量39.87万吨。加工企业形成年加工50万头肉牛、400万只肉羊、400万口生猪、6000万羽禽类的生产加工能力。多年来,通辽市粮食产量和肉类产量在内蒙古自治区位居前列,是国家重点农畜产品生产基地。素有“内蒙古粮仓”和“中国黄牛之乡”的美誉。

【旅游资源】 通辽市有罕山、大青沟国家级自然保护区2处,宝古图国家沙漠公园1处,国家A级景区23处,AAA级景区11处,AAAA级景区4处,自然景区27处,历史文化景区13处,民俗风情景区17处,城市景观8处,农家休闲乐园13处,星级饭店27家。倾力整合境内的国道304线及周边地区旅游资源,打造“东北看草原·自驾游通辽”旅游文化品牌。2016年,全市旅游总收入135.15亿元,同比增长19.6%。接待国内外旅游者540.8万人次,同比增长21.66%;其中:接待入境旅游者2.6万人次。国际旅游外汇收入1916万美元,国内旅游收入130.1亿元。

区划 人口 民族

【行政区划】 通辽市辖1个市辖区、1个县级市、1个县、5个旗、1个经济技术开发区,即科尔沁区、霍林郭勒市、开鲁县、科尔沁左翼中旗、科尔沁左翼后旗、奈曼旗、库伦旗、扎鲁特旗、通辽经济技术开发区。现有苏木乡镇街道110个(26个苏木、4个乡、61个镇、19个街道),3876个嘎查村社区(2098个嘎查、1576个村、202个城镇社区),281个国有农牧林场分场。

【人口】 2016年末,全市户籍人口318.9万人,常住人口312.48万人,是内蒙古第二人口大市。其中城镇人口94.52万人,乡村人口224.39万人。0~17周岁人口54.56万人,18~34周岁人口82.14万人,35~59周岁人口131.67万人,60周岁及以上人口50.54万人。男性人口161.34万人,女性人口157.56万人,男女性别比为1.02∶1。全市常住人口312.48万人,出生人口3.10万人,死亡人口1.96万人,城镇人口148.55万人,城镇人口比重47.54%。2016年,全市城镇新增就业1.83万人,失业人员实现再就业0.67万人,就业困难人员实现就业人数0.63万人,农牧民转移就业48.95万人;城镇登记失业率为3.7%,低于调控目标0.2个百分点。

【民族宗教】 通辽市生活着蒙古族、汉族、回族、朝鲜族、达斡尔族等40个民族,少数民族人口166万人,其中,蒙古族人口155.63万人,分别占全国、全世界蒙古族人口的1/4和1/5,是全国蒙古族人口最为集中的地区。通辽地区有多种宗教流传。主要有蒙古孛额教(萨满教)、藏传佛教(喇嘛教)、基督教、伊斯兰教、天主教、道教。通辽市有信教群众约23万人,占全市总人口的6%,其中佛教信教群众达212 400人。全市依法审批设立、登记的宗教活动场所57处,合法登记场所49个。认定备案的宗教教职人员185人。

特色饮食

【综述】 科尔沁饮食在中国饮食史上有很多闪光之处：在通辽市哈民聚落遗址、南宝力皋吐古墓地发现的陶片，是迄今为止科尔沁草原上发现年代最为久远的炊具，证明这片草原的先祖至少在5000年前便从烧烤、石烹进入到陶烹。陶器、陶烹意味着人类科技的一次巨大飞跃。显然，科尔沁餐饮也是中国餐饮文明的发源地之一。科尔沁蒙古人的主食大致分为三类，即粮食、乳食、肉食。最具代表性的通辽美食有烤全羊、手扒肉、科尔沁风干牛肉干、科尔沁蒙古馅饼、库伦饸饹、奈曼拨面等。

【烤全羊】 烤全羊是蒙古族的传统名菜，也是最具有蒙古族浓郁民风和特色的一道菜。烤全羊的做法是，先选用草原上重约40斤的膘肥绵羊，宰杀后去毛带皮，腹内加葱、姜、椒、盐等佐料整体烤制而成。此菜是草原宴席中的上上品，整菜呈现为完整的羊体形，羊跪在方木盘内，色泽金黄油亮、皮酥脆、肉鲜嫩、味道醇厚，具有补气养神，强身健体之功效。吃时通常要配几盘熟菜、牛羊肉内脏做的冷盘和奶食品，同时还要上蒙古包子和米饭、羊肉汤等，多用以招待最尊贵的宾客。

全羊宴因宴席用整只羊做成而得名，烤全羊是全羊宴中一道主菜。全羊宴是热情好客的蒙古族祭奠、婚庆以及重大节日款待尊贵客人的佳肴。色、香、味、形俱佳，别有风味。所谓“全羊”，实际上并不是把羊的全部肉都用，而是只用不带蹄子的四肢、腰背部和尾巴、胸腔骨和去掉下颌的头。制法是把全羊卸成七大件（除去胸叉），带尾入锅，不放佐料，只放少量盐，用文火煮熟。摆放时，先将羊的两根胫骨、膝节向前放在底部，次将左右各若干肋骨分置其侧，再将胸尖肉骨放其间，又将带尾的全臀（乌叉）尾向后置于上，最后将划有“卍”字样的羊头向前置其上再插上几把刀子。这些关节部位的置放，要显出羊在向贵客跪卧请吃。端到桌面，主人拿起刀，先将羊头的耳尖割下一小块赏给小孩，之后撤走羊头，便以刀从肥尾左侧向上划，割下一条给主宾。随后各位宾客举杯动刀，饮酒吃肉。

【中国名菜——通辽手扒肉】

手扒肉是科尔沁草原游牧民族的传统食品，即用手扒着吃肉之意。羊、牛、马、骆驼等牲畜及野兽的肉均可烹制手扒肉。手扒肉不仅是草原牧民最常用和最喜欢的餐食，也是招待客人必不可少的食品。在科尔沁草原，制作手扒肉通常选用膘肥匀嫩的小龄羊，用“掏心法”杀之，将全羊带骨制成数十块，放入不加盐和佐料的白水锅内，用大火烧煮，保持原汁原味。适当控制火候。装盘上席后，大家圈坐，以刀割食。手扒肉鲜而不膻，肥而不腻。如在城市的宾馆餐厅、饭店，还可用芝麻酱、韭菜花、酱油、味精等调成佐料，装入碗中，割肉蘸佐料食用。一直以来，手扒肉因其营养丰富、醇香味美、食用方便而备受欢迎，通辽手扒肉传承历史上蒙古族手扒肉的做法，并不断创新，使其味道更加鲜美。2012年，通辽市新世纪大酒店制作的“通辽手扒肉”被中国烹饪协会评选为“中国名菜”，成为餐饮业的著名品牌。

【中华名小吃——科尔沁风干牛肉干】 追溯牛肉干历史，早在成吉思汗建立蒙古帝国，蒙古骑兵与牛肉干就有着不解之缘。一头牛宰杀后，牛肉切块晾干或捻成沫，装袋后背在身上，只要有水便可冲饮。牛肉干在远征作战中被誉为“成吉思汗的军粮”。草原牧民自古就有晾晒牛肉干的习俗，也是招待贵客的食品。

科尔沁风干牛肉干在保留传统手工艺基础上，精选黄牛排酸肉，结合现代工艺配料、腌制、晾晒、油炸等工序，工艺规范，配料科学，风味独特。罕山肉食品加工有限公司生产的“罕山牌”牛肉干于2002年被自治区誉为内蒙古自治区的名优小吃、2006年评为通辽市知名商标、2007年获得内蒙古自治区著名商标、2009年被评为中国牛肉干第一品牌“始创金质奖”。通辽新世纪大酒店制作的风干牛肉由于手法创新，口味地道，营养丰富，2012年被中国烹饪协会评选为

“中华名小吃”。

通辽牛肉干所蕴含的科尔沁文化和其自身独特的诱人美味吸引五湖四海宾朋的关注。“黄牛之乡”通辽市依托丰富的黄牛资源和传统手工艺基础，牛肉干产业迅猛发展，通辽市成立牛肉干行业协会，建立健全牛肉干的生产加工企业行业标准，进一步提高通辽牛肉干知名度。2016 年末全市有 30 多家正规生产企业，近 10 家成规模的大型牛肉干生产企业。牛肉干每年销售达万吨以上，销售总收入达 10 多亿元。

为打造“牛肉干之都”，通辽市将建设以牛肉干产业为主导的食品工业园区；建立独具民族特色的科尔沁旅游产品展销中心，搭建起以加工销售牛肉干为主的企业展销聚集、功能集成、经营集约、信息共享的中心场所；利用“通辽牛肉干”的地域优势，形成加工产业集群，把通辽打造成全区乃至全国的牛肉干产品加工、销售集散地。

【中国名点——科尔沁蒙古馅饼】 科尔沁蒙古馅饼在历史上曾经是孝庄文皇后和康熙、乾隆皇帝喜爱的食品。历史悠久、制作独特，酥软香嫩、营养丰富，经过数代人传承发展，成为科尔沁草原各民族喜爱的美食。2003 年元月，时任国家主席胡锦涛在通辽视察期间，“科尔沁蒙古馅饼”作为主餐之一，受到胡主席赞誉，并同厨师合影。国家原领导人布赫、回良玉，著名艺术家冯小刚、蒋大为、德德玛等都曾经食用并给予高度评价，称赞科尔沁蒙古馅饼是草原饮食文化中的精品。由于科尔沁蒙古馅饼的独特风味，在 1990 年北京举办的第 11 届亚运会上，备受各国运动员的青睐。2002 年，科尔沁蒙古馅饼被评为内蒙古名点，2012 年在黄河美食节上获“中国名点”荣誉称号。通辽市餐饮与饭店行业协会于 2012 年 10 月 24 日成功制作出中国最大的科尔沁蒙古馅饼，并取得上海大世界“基尼斯”总部的认证。至此，历经四百余年传承的科尔沁蒙古馅饼誉满中华，成为餐饮界的标志性美食。

科尔沁蒙古馅饼面坯选用优质小麦粉，馅心料以科尔沁黄牛肉为主，也有素菜、羊肉或混合馅心，全部为绿色天然有机原料。面坯调制较软后经几十分钟饧面过程，制作成型分为辅以干面和以净油两种手法，两面烙制、两面刷油烙至金黄油亮，达到皮薄透明、质地酥软的品质指标。科尔沁蒙古馅饼以其色、香、味、形俱佳而闻名，成为国内外广大人民喜爱的风味食品，凡到科尔沁草原的宾客，都以能够品尝到“科尔沁蒙古馅饼”为一大幸事。

【内蒙古自治区非物质文化遗产——炒米】 炒米，蒙古语叫作“胡列巴达”，是用糜子经过蒸、炒、碾等多道工序加工而成的，再加酸奶和白糖等搅拌，解饿又解渴，清香爽口，是别具风味的传统食品。

加工好的炒米，色黄而不焦，米坚而不硬，晶莹明亮，泡在奶茶中色香味美，酥香可口。由于经过水浸，使糜子皮表层中的水溶性维生素渗透到米粒中，增加炒米中维生素的含量。又由于蒸炒后迅速冷却干燥，使糊化后的淀粉固定在原有状态，食用时只需以茶水浸泡即可。炒米食水量低，耐贮存，易携带，不易霉坏变质，而且味美耐饥，吃法简便，适应牧区生活的需要。

日常生活中，牧民们出牧、行猎，炒米是必备的食品。

通辽人制作的科尔沁炒米由于做工精细而被列入非物质文化遗产保护项目。通辽地区生产炒米的厂家所生产的炒米酥脆可口，带着淡淡的炒香味，尤其受老人和小孩们喜欢。

【库伦饸饹】 饸饹面为北方及西北地区风行的面食，历史悠久。早在 1400 多年前，先人就用牛角钻 6 ~ 7 个小孔，孔如粗麻线大小，面糊放入牛角内，落入沸水中煮成面条。传说，清朝康熙年间，康熙皇帝指派专人对全国风味小吃进行统计上报，而“河漏”，也作为其中一种上报朝廷。一天，康熙寻吃名吃时，看到“河漏”，因其名字怪而引起注意，随命人做好食之，吃后对其独特的风味赞不绝口。但因名字“河漏”之谐音与治理河道不协调，心中不快，挥笔把“河漏”改为“饸饹”。

荞麦是库伦人主要的食用粮食之一。用库伦荞麦加工的荞面面细、色白、筋道、味美。库伦人用荞面制作多种食品，如面条、饸饹、拨面、馅饼、水饺、蒸饺、猫耳朵汤、拉拉汤、轮饼、葱花卷饼、刀削面等，各种风味独特的荞面小吃营养丰富，色味俱全，引人垂涎。在库伦旗，家家几乎都备有饸饹床子，一年当中荞面的食用量占三分之一多。特别在库伦的习俗中，孩子满月、过生日及正月初七的“人日”期望长寿均吃饸饹。说起饸饹，是把和好的面投入特制的饸饹床(中间有圆洞，下方有孔，上面有与圆洞直径相差略小的木柱圆形头伸入洞中挤压)迫使面从下方的孔内落到锅里，整个饸饹床利用杠杆原理，横跨锅上。待面压到一定长度，用刀从下方把面条截断，煮熟后配上各种浇头或打卤食用，方便又可口。

【奈曼拨面】 拨面是荞麦面在奈曼旗特有的一种制作方法。简单说，就是用当地人发明的一种叫“拨面刀”(即把儿刀)的工具，将和好的荞麦面拨成横截面为扇形长二十公分左右的面条，清水煮后浇入当地人特制的“卤子”(即调料)就好，“卤子”可选用蔬菜、豆腐、肉丁等食材。拨面软硬适度，筋力十足，味道鲜美，口感极佳。荞面含蛋白质10.3% ~11.9%、淀粉63.3% ~75%、粗纤维10.3% ~13.8%，维生素B1、维生素B2、维生素E的含量均高于水稻、小麦、玉米等作物，同时还有微量的铁、钙、铜、锌、硼等元素和多种氨基酸，人体必需的8种氨基酸含量比较丰富，配比合理，其中赖氨酸和精氨酸的含量均超过大米，尤其是所含的芦丁是荞麦特有的成分，具有软化血管、降低血脂和胆固醇的功能。

蒙古族文化艺术

【综述】 通辽的科尔沁蒙古族文化艺术积淀厚重，内容丰富，形式独特。它作为一种独特的文化形态，在通辽历史发展中占有重要的地位，并已成为世人瞩目的十分珍贵的民族文化遗产。通辽市是区内外闻名的蒙古族民间曲艺之乡、蒙古族叙事民歌之乡、安代艺术之乡和版画艺术之乡。

【乌力格尔】 乌力格尔是蒙古语，意为故事，也叫“蒙语说书”，俗称“蒙古书”“蒙古说书”“蒙古琴书”，是集蒙古说唱艺术发展之大成的一种曲艺形式，主要流传于内蒙古东部及相邻黑龙江、吉林和辽宁等蒙古族聚集区。相传12世纪前后，成吉思汗时代就有这种艺术形式。初期所表现的题材多为神话故事。到清初，满族入驻中原后，为防止蒙汉接触，修筑长达数千里的“柳条边”。雍正年间，河北、山东连年旱灾，民不聊生，哀鸿遍野。清廷不得已向卓索图蒙旗提出“借地养民”，于是大批黄河流域汉民进入关东蒙旗。移民带来黄河文化，推动蒙汉文化交融，这一文化现象史称“黄河文化北移”。京韵大鼓、评书、莲花落等走入大草原，并逐渐与以朝尔为伴奏的“陶力”(专门演唱英雄史诗的艺术形式)互为交融，汲取双方精华，衍化而出一种极具草原特色的曲艺形式——乌力格尔。

乌力格尔的节目有长篇、中篇和短篇，讲述内容多是传说故事和史书演义。其中，反映蒙古族历史的书目有《格萨尔》《江格尔》《降服蟒古斯》等，还有大量蒙译汉文书目如《唐代五传》《三国演义》等。长期以来，经过无数蒙古族民间艺人的口头说唱与专心传承，乌力格尔这一蒙古族传统文化艺术瑰宝，日益显出魅力。中华人民共和国成立后，繁华的地区都建立说书馆，艺人有固定的演出场所，也常在广播电台播音演出，使乌力格尔的受众面更趋广泛，并且出现一些反映现实生活的新书目。蒙古族曲艺大师毛依罕等人先后创作演唱《铁牛》《党和母亲》等数百首具有浓郁民族特点的歌颂祖国、歌颂党、歌颂家乡的乌力格尔作品。2006年5月20日，内蒙古自治区扎鲁特旗、科尔沁右翼中旗、辽宁省阜新蒙古族自治县、吉林省前郭尔罗斯蒙古族自治县联合申报的“蒙古族乌力格尔”经国务院批准，被列入第一批国家级非物质文化遗产名录。

【好来宝】 好来宝，又作“好力宝”，蒙古语音译，蒙古族曲艺之一，是一种由一人或者多人以四胡等乐器自行伴奏，坐着用蒙古族语言进行“说唱”表演的曲艺形式。好来宝大约形成于12世纪前后。它用蒙古语演唱，有固定的曲调，有一定的韵律。唱词初为即兴吟唱，后来就开始创作，并出现一大批“好来宝”作家。毛依罕、琶杰、色拉西是深受蒙古族人民热爱的民间艺术家。演唱的形式也多样,有单口、群口、对口问答式、对口论战式等演唱形式。演唱时,演员每人拉一把马头琴或四胡,自拉自唱,边唱边表演。唱词为四句一节,押头韵。或四句一押韵,或两句一押韵,也有几十句唱词一韵到底的情形。表演的节目,篇幅可长可短,艺人们往往即兴现场编词演唱。好来宝音乐变化多端,节奏轻快活泼,唱词朴实优美,语言形象动人。节目内容既可叙事,又可抒情,有赞颂,也有讽刺。好来宝题材多样,除一般的儿女风情、世态变化和知识性的内容外,还有许多民间长篇故事以及改编的古典章回小说。新中国成立后,产生许多反映社会主义建设的作品,如艺术家毛依罕的《铁牛》《慈母的爱》《呼和浩特颂》等。好来宝艺人,往往同时也是蒙古族其他曲种如乌力格尔等的艺人。通辽最著名的好来宝艺人是琶杰和毛依罕。2008年,好来宝入选第二批国家级非物质文化遗产。

【安代】 安代于明末清初发祥于科尔沁草原南端的库伦旗。最初是一种用来医病的萨满教舞蹈,含有祈求神灵庇护、祛魔消灾的意思,后来慢慢演变成为表达欢乐情绪的民族民间舞蹈。传统的安代舞,有准备、发起、高潮、收场几个程序,都由"博"来主持。在科尔沁地区,在逢年过节时、在庆祝丰收的日子里、在喜丧婚嫁和迎宾的宴会上,人们都要跳安代舞。姑娘媳妇挥舞头巾跳,小伙子脱去马靴光着脚丫跳,孩子们做着鬼脸跳……舞蹈动作有甩巾踏步、绕巾踏步、摆巾踏步、拍手叉腰、向前冲跑、翻转跳跃、凌空踢腿、腾空蜷身、左右旋转、甩绸蹲踩、双臂抡绸等等,这些优美潇洒的动作,融稳、准、敏、轻、柔、健、美、韵、情为一体,形成盛大的狂欢场面,把美和对美的追求推向极致。新中国成立后,安代舞逐渐变为自娱性民间舞蹈,经过不断完善和发展,由民间进入剧场,成为人们喜闻乐见的民族艺术形式。安代舞成为蒙古民族最为耀眼的文化标识。1996年,库伦旗被命名为"中国安代艺术之乡"。2006年,安代入选第一批国家级非物质文化遗产。

【科尔沁蒙古剧】 科尔沁蒙古剧是在科尔沁蒙古族民间歌舞、民间音乐、民间文学的基础上诞生的一个新剧种,是集蒙古族歌、舞、扮、诗于一体的综合艺术。产生于20世纪二、三十年代,属于民间歌舞剧类型的少数民族剧种。它的诞生标志着蒙古族文化艺术新的发展,丰富祖国灿烂的戏曲艺术宝库。其经典剧目有《嘎达梅林》《达那巴拉》《陶克陶胡》《梅其其格》《金珠》等。科尔沁蒙古剧中大量采用好来宝、安代曲、民乐曲等,优美的民间音乐形成一个独特的民乐连缀体系,在主旋律的基础上根据人物性格和情节的感情色彩而起伏,变化无穷。语言上采用蒙古族谚语、格言、成语、典故和歌谣等民间文学中的优美词汇,形成独特的语言风格,创作上也不只局限于历史题材,表演上更是趋于生活化,语言更加通俗化、口语化,念白不苛求韵律,舞美多采取实景与虚景互相补充,虚实相生的表现方法。民国初年,科左中旗的蒙古族艺人突破传统的说唱形式,扮演成叙事民歌或者民间故事中的角色,以第一人称进行说唱。科右后旗的"潮尔奇(说书人)"在说唱《蟒格斯故事》时,根据故事情节的发展,夸张地增加表演动作,有时还改换装束,以伴奏乐器马头琴为道具,站起身来模仿人物,这种化妆演唱,使说唱艺术的戏剧表演内容得到加强。20世纪40年代,蒙古剧进入一个新的发展时期,《诺丽格尔玛》《韩秀英》《达那巴拉》等叙事民歌,相继被改编成蒙古剧进行演出。1946年,内蒙古文工团成立,团内的蒙古族艺人将反映蒙古族人民参加解放战争的《血案》《额尔登格》等新歌剧译成蒙古语,用蒙古剧形式进行演出,在蒙古族群众中引起强烈反响。

新中国成立后,内蒙古歌舞团(后合并到内蒙古民族歌舞剧院)于1953年创作演出小戏《慰问带》,被专家认为是一出有鲜明民族特点的蒙古剧。1953年哲里木盟库伦旗业余剧团创作演出《汉城烽火》,表现抗美援朝这一重大题材,在唱腔音乐上由专曲专用的单曲体,发展为一个剧种中多首民歌的联用,并且吸收说唱音乐和宗教音乐。这标志科尔沁蒙古剧逐渐走上成熟。

【科尔沁叙事民歌】 草原无处不飞歌。在浩森如烟的蒙古族民歌海洋中，科尔沁叙事民歌以其别具一格的艺术风格和深厚的民族文化底蕴，深受各族人民群众的喜爱。“老哈河的岸上，脱着缰的老马奔前方，性情温柔的诺恩吉雅，出嫁到遥远的他乡。海清河的岸上，脱着缰的老马奔前方，性情温柔的诺恩吉雅，出嫁到遥远的边疆……”这首《诺恩吉雅》又译作“诺恩吉亚”“努恩吉亚”，是民间根据诺恩吉雅的传说创作出来的，最初始传于奈曼旗老哈河一带，后广为流传于内蒙古草原。歌中描述美丽善良的蒙古族姑娘诺恩吉雅远嫁他乡的凄婉故事，展示古老草原悠远的历史与独特的风俗民情。

科尔沁叙事民歌主要流传在内蒙古东部的科尔沁草原上。这种民间艺术形式之所以能够在科尔沁草原上产生、传承，与科尔沁草原这片丰厚的文化土壤分不开。逐渐走向定居生活的科尔沁人更多的是喜欢向他人倾诉。由此，叙事民歌自然更多地关注人的命运，关注人的心灵感受。由于科尔沁叙事民歌多在真人真事的基础上由民间艺人加工而成，所以绝大多数叙事民歌的歌名都是人名，如：《达那巴拉》《乌尤黛》《哲德尔娜娜》《白虎哥哥》等。据老人们讲，在科尔沁草原上，小伙子如果看上一个姑娘或与相恋的情人不幸分离，要专门带着礼品请求当地有名的民间艺人给自己编歌。若村里出现一个勇士或英雄，村里的“额布格德”(老人)也会亲自找歌手或艺人编歌。而更多的则是民间艺人们常常被身边的一些美丽动人的故事所感染，几个人坐在一起，你一句我一句，不一会儿就哼唱出一首优美动听的民歌来。一首叙事民歌往往要经过几十个甚至几百个民间艺人的口头传唱和不断锤炼、加工，才成为久唱不衰的好歌。同时，一首叙事民歌因地域的不同，会出现多个版本、多种唱词唱法。如民歌《乌尤黛》，就有科左中旗的《乌尤黛》、扎鲁特旗的《乌尤黛》和库伦旗的《乌尤黛》，其内容大致相同，但故事发生的地点却各不相同。在科尔沁叙事民歌编唱、流传的过程中，说唱艺人“胡尔奇”功不可没。他们在走村串户“说书”之余，把一首首美妙动听的民歌播撒到科尔沁草原的每一个角落。同时，他们更多的又从蒙古族老乡们那里学唱新的民歌，再按照自己的艺术理念对新学唱的民歌进行润色和加工。如著名民歌《白虎哥哥》，就是蒙古族曲艺大师——胡尔奇琶杰听到一个叫白虎的小伙子和美丽的姑娘鲁依玛的真挚爱情被活活拆散的悲剧故事后，即兴创作出来的。近年来，科尔沁叙事民歌的戏剧价值越来越被国内艺术家们看好。著名民歌《嘎达梅林》近十年相继被多次改编成话剧、舞剧和电视剧。自20世纪80年代初，文化出版部门对这一民族文化瑰宝进行系统的搜集、研究和整理，出版的较有影响的民歌集有：民族出版社出版的《蒙古族民歌一千首》(其中近一半为科尔沁叙事民歌)、内蒙古文化出版社出版的《科尔沁叙事民歌》(上、中、下)和内蒙古人民出版社出版的《民间民歌手查干巴拉演唱的民歌》(大部分为叙事民歌)。

【哲里木版画】 哲里木版画兴起于20世纪50年代。中国已故著名版画家李桦先生曾把它誉为“草原之花”。半个世纪以来，在哲里木各族版画家的不懈努力下，近千件作品在各级刊物上发表，上百件作品参加国家级展览并被收藏，不少作品获国家级美术金、银、铜奖，一些作品远涉重洋到国外参展。哲里木版画作品以雄浑、大气、纯朴、高雅而著称，被美术界称之为“科尔沁草原雄风”。哲里木版画多取材于蒙古族人民的生产与生活，内容写实，风格质朴，线条粗犷，色彩鲜艳，民族和地区特色浓郁。改革开放以来，通辽市版画家创作数千版画作品，出版《科尔沁版画》《哲里木版画》《扎鲁特版画》等各类画册书籍近50余种。哲里木版画精品力作不断呈现。《新娘》《红云》《草原你早》《乌珠穆沁的傍晚》等多幅版画作品均成为我国当代美术名画，近百幅作品获国家级奖项，其中《乌珠穆沁的傍晚》获得第十三届全国版画金奖。中国美术馆、民族文化馆、中国对外展览公司、江苏画院、哈尔滨版画博物馆等单位收藏科尔沁版画70多幅，一些作品被编入《中国新兴版画五十年选集》《中国版画家新作品》《黑白版画选》等代表我国当代美术成就的大型画册中。科尔沁版画多次在中国美术馆、民族文化馆，以及天津、南京、深圳、台湾地区和日本、韩国、德国、挪威等国举办展览。2011年,科尔沁版画进入上海世博会。

【蒙古四胡】 蒙古四胡,蒙古语称"侯勒、胡兀尔、胡尔",是最具蒙古民族特色的乐器之一,分高音四胡、中音四胡和低音四胡。多用于独奏、重奏、合奏或为科尔沁民族说唱艺术乌力格尔和好来宝伴奏,在蒙古族人民文化生活中和艺术表演中扮演重要角色。它的旋律悠扬、古朴,具有极高的审美价值,是蒙古特色最为浓郁的乐器之一,在蒙古族历史学、蒙古族文化、民俗学、中外文化交流等方面都具有很高的学术研究价值。四胡源于古代北方库莫奚部人民创造的一种乐器——奚琴。库莫奚部,原生活于科尔沁草原的西拉木伦河流域,本属东胡部。唐代中叶,库莫奚部与契丹并称为"两蕃",后逐渐与契丹融合,至元代,融入大蒙古。元以后,四胡艺术广泛流传,曾一度风靡于内蒙古自治区、辽宁、吉林、黑龙江和华北等地区。在蒙古四胡的祖籍——内蒙古大草原东部科尔沁大草原,也就是古代的东胡部,属位于科尔沁草原腹地(现通辽市)的四胡最具代表性。经通辽市著名四胡演奏家吴云龙先生几十年的努力,这门一直以民间流传为主要生存手段的艺术,发展成为一门专业的、系统的艺术学科。2006年,蒙古四胡入选第一批国家级非物质文化遗产。2010年,科左中旗"千人表演四胡"成功创造世界吉尼斯记录。

【马头琴】 马头琴是蒙古族拉弦乐器,蒙古人称它为"毛林胡尔"。马头琴的前身是"潮尔"。关于"潮尔"的传说很多,如《潮尔传说》《苏和的白马》《白马的传说》《马头琴的传说》等,相同的故事、不同版本的传说广泛流行于蒙古草原。相传马头琴在成吉思汗(1155—1227年)时在蒙古族中流传。古代文献中多次记载"古琴""胡琴""潮尔"等。中华人民共和国成立后,因琴杆上端雕有马头,在民间俗称为"马头琴"。科尔沁著名民间艺人"潮尔"能手色拉西和他的徒弟齐·宝力高多次更新"潮尔",使之成为真正的"马头琴"。马头琴改变原有的音箱、弓子,演奏方法提高四度,既保留原来柔和、深厚的音色,又增强音量,增加音色的亮度。1985年,哲里木盟艺术学校(现科尔沁艺术职业学院)设立马头琴专业,第一任老师是壮子。通过几次改革,原有的羊皮改为蟒皮,又改成梧桐木薄板,扩大音箱,弓子改为提琴弓子。可奏双音,发音圆润。改造后的马头琴声音厚重有力、洪亮清澈,善于表现深情的乐曲,特别适合演奏悠长辽阔的旋律。在伴奏蒙古族民歌时,多用三度、四度的颤音来模仿演唱的特点。使用于独奏、合奏、伴奏,最大规模的马头琴演奏能达到1000个马头琴演奏员一起表演。从科尔沁马头琴宗师色拉西开始,齐·宝力高、壮子、纳·呼和吉乐图和他们的徒弟算起,马头琴演奏传承五六代,演奏员队伍发展到千人以上。著名演奏家、世界马头琴协会主席齐·宝力高创作的《万马奔腾》闻名世界,让马头琴这一魅力四射的民族艺术奇葩在国内外引起众多的关注,国内外学习马头琴的人也越来越多。2005年8月16日晚,在世界公认的音乐圣殿——维也纳金色大厅举行的纪念反法西斯胜利60周年的音乐会上,在66个国家的华侨代表和1000多位各国友人的注视下,齐·宝力高野马马头琴乐团受邀演奏2个小时的中外名曲,其中《万马奔腾》折服在座的所有人。对于这场演出,许多媒体给出朴实但却分量很重的评价,"全世界有一次了解马头琴、了解蒙古族、了解中国的机会"。

【蒙古族马具制作技艺】 马在蒙古族人民的生活中,在民族的成长发展中起到重要作用。从古至今,蒙古族对马有着特殊的感情,并在蒙古民族生活中形成多姿多彩的马具装饰用品。马具是反映蒙古族传统文化特色的典型,是最具有民族文化特色的生活用具。婚事、喜事、春节、那达慕等特殊活动上专用带花纹、镀金银、精细制作的马具。马具也是女儿出嫁时,条件好的家庭给女儿特意准备的嫁妆。马笼头、马鞭、褡裢、车马具等是用鬃毛、皮革、帆布以及玉石、金属等制作的。它是集木工工艺、金属工艺、刺绣工艺及皮件编织等独特工艺于一身的蒙古族民间手工艺。科左后旗马具制作手工艺人制作的马具,其制作技术精良、用料考究、装饰华丽、使用舒适,与其他民族和地区的马鞍具相比有突出的特点。如,鞍桥是用科尔沁沙地百年以上树龄的干柳木或榆木的根结部分制成,美观耐用。2008 年,蒙古族马具制作技艺入选第二批国家级非物质文化遗产。

【科尔沁那达慕】 “那达慕”,意为娱乐或游戏,是蒙古族喜庆丰收或欢度节日的盛大聚会。作为蒙古族重要的传统节日,那达慕是以摔跤、射箭、赛马、歌舞等娱乐游艺项目为主要内容的集会。那达慕在蒙古人的心目中是古老而神圣的。那达慕大会的气氛隆重而热烈,充满着浓厚的民族传统色彩。早在 13 世纪初,蒙古族的首领们就举行规模较大的那达慕。据史料记载,成吉思汗在征服花剌子模后,曾举行一次盛大的那达慕大会,主要进行射箭比赛。后来,随着蒙古部落的逐渐强大,各部落在举办那达慕时,大都进行以射箭、赛马、摔跤(俗称蒙古“男儿三艺”)为主要内容的竞技比赛,并逐步成为传统那达慕竞技的固定形式。那达慕一般在每年夏末秋初举行。从季节上看,夏末秋初草原上水草丰美、牛羊肥壮,正是家畜输出和贸易交流的旺季,因而那达慕又是蒙古族庆祝丰收的节日。从民族习俗上说,七八月份又是蒙古族传统习俗中“招福”的季节,在这一时节举行那达慕,表达着蒙古族人招福祈祥的心愿。在传统的那达慕大会上,通常还要进行大规模的祭祀活动。不过时至今天,这些祭祀大多只是象征性地举行个仪式。如今的那达慕已真正成为广大牧民自己的盛会,已不仅仅是原来的吃喝玩乐,由于融入鲜明的时代色彩,其内容和形式都有很大的丰富和发展。每逢那达慕,牧民们便穿上节日的盛装,从四面八方涌向大会会场。绿色宽广的草原上,彩旗飘扬、车水马龙,场面极其壮观。牧民们喝马奶酒、唱草原歌、吃烤全羊、弹马头琴,通宵载歌载舞。那达慕大会是草原劳动人民庆丰收、庆团结、庆胜利的欢乐节日盛会;是以民族体育比赛为主,兼有文化娱乐、艺术欣赏、信息交流、经济贸易等内容的多功能的文化体育盛会。1985 年 8 月 20—23 日,哲里木盟举办首届大型那达慕大会。全盟 8 个旗县市 11 个代表团的 828 名运动员参赛。来自中央、自治区的领导,各省市自治区及友邻地区地、县、市代表以及盟、旗县市负责人和 10 万余名观众观看开幕式和比赛。这次盛会设蒙古式摔跤、中国式摔跤、赛马、掷布鲁、长跑等比赛项目,还增设射箭、马术、赛骆驼、布鲁投准、武术、军事等表演项目,大会盛况空前。一年一度那达慕大会和“8·18”哲里木赛马节,成为通辽的著名文化品牌。

经济建设

【综合经济稳中有升】 初步核算,全年完成地区生产总值(地区 GDP)1949.38 亿元,按可比价格计算,比上年增长 7.4%。其中,第一产业增加值完成 262.64 亿元,增长 3.6%;第二产业增加值完成 977.68 亿元,增长 8.4%;第三产业增加值完成 709.06 亿元,增长 7.7%。三次产业结构由 2015 年的 14.4∶50.5∶35.1 调整为 13.4∶50.2∶36.4,与上年相比,第三产业所占比重提高 1.3 个百分点,第一产业所占比重降低 1.0 个百分点,第二产业所占比重降低 0.3 个百分点。按常住人口计算人均地区生产总值 62 424 元,按 2016 年平均汇率计算为 9398 美元,增长 7.4%。限额以上固定资产投资完成 1475.5 亿元,增长 14.5%;社会消费品零售总额完成 515.3 亿元,增长 9.8%;一般公共预算收入完成 128.3 亿元,增长 6.5%;城镇常住居民人均可支配收入达到 27 444 元、增长 8.2%,农村牧区常住居民人均可支配收入达到11 585元、增长 7.7%。先行指标稳中向好,工业用电量增速全年保持 20% 以上,在东北经济区处于领先地位;铁路货物发送量平稳回升,达到 4740 万吨;新增社会融资总量 405 亿元,增加 77 亿元,保障经济平稳运行。主城区居民消费价格总水平(CPI)同比上涨 1.6%,其中:商品零售价格上涨 2.0%。

【财政收支】 全市公共财政预算收入累计完成 128.34 亿元,比上年增长 6.5%。其中:税收收入 75.69 亿元,增长 2.3%。

在税收收入中,增值税 11.84 亿元,增长 78.5%;营业税 8.18 亿元,下降 40.5%;企业所得税 3.75 亿元,增长 12.6%;个人所得税 1.71 亿元,增长 0.5%。全市完成公共财政预算支出 358.08 亿元,增长 2.4%。

【"三去一降一补"】 2016 年,通辽市供给侧结构性改革压减煤炭产能近 1000 万吨。出台中心城区阶段性购房补贴政策,设立"房产超市",全市减少商品房库存 230 万平方米。金融机构不良贷款余额和不良贷款率实现"双降",置换政府存量债务 149.2 亿元。实施补短板 9 大类、43 项重点工程。全面落实"营改增"等减税降费政策,为企业减负 10 亿元以上。出台企业降本增效 30 条意见,助力企业解难脱困。争取大用户直购电量 47.3 亿千瓦时,减少企业电费支出 7.2 亿元。通过"助保贷"为 117 户中小企业发放贷款 10 亿元。全年累计降低企业生产成本 20.2 亿元,规模以上企业利润总额增长 15%以上。通辽市企业减负增效工作获得国务院第三次大督查通报表扬。

【产业结构稳中调优】 产业结构进一步优化,三次产业比调整到 13.4∶50.2∶36.4。农牧业结构稳中调优,压减籽粒玉米 311 万亩,粮改饲 267 万亩,农产品"三品一标"认证面积 251 万亩,粮食总产达到 69.6 亿公斤;突出发展肉牛产业,新增优质肉牛 24 万头、总量达到 326 万头,"科尔沁牛"获得农产品地理标志认证。新型工业化进程提速,实施 500 万元以上工业重点项目 303 个,完成工业固定资产投资 688 亿元,规模以上工业增加值增长 9.3%。依靠科技创新,铝新材料、玉米生物技术、绿色农畜产品加工等优势主导产业向全产业链、中高端方向发展。成立内蒙古蒙东铝及铝加工产业技术创新战略联盟,铝新材料产业新增产品 100 种、优势产能近百万吨;玉米生物技术产业新增精深加工产品 50 个,玉米综合转化能力达到 505 万吨;绿色农畜产品加工企业发展到 160 家,农畜产品综合加工转化率达到 61%。战略性新兴产业向规模化迈进,伯恩露笑蓝宝石晶体产量接近翻番,风电、光伏等新能源装机占总装机的 40%。蒙医药产业规模化、市场化进程加快,蒙中药材基地达到 7 万亩,蒙成药产量占全国的 50%以上。现代服务业快速发展,科尔沁 500 公里风景大道自驾游服务系统建设初具规模,自驾游占旅游总人数的 60%,"东北看草原,自驾游通辽"品牌知名度有较大提高;与国开行等金融机构签署总规模 2830 亿元的金融合作框架协议,争取国家专项建设基金 32 亿元;开通"通满欧"跨境货运班列和大连港集装箱班列,举办中蒙博览会通辽国际商品交易会暨中蒙"3+3"区域合作会议,物流公共服务平台建设取得新进展;万达广场、长春欧亚商业综合体投入运营;电子商务交易额成倍增长,通辽电子商务产业园获国家"2016 十佳电子商务园区"荣誉。

【固定资产投资比上年增长 15%】 全年全社会固定资产投资完成 1566.7 亿元,比上年增长 15%。其中,城乡 500 万元以上固定资产投资总额完成 1475.51 亿元,同比增长 14.5%。分产业看:第一产业投资 139.34 亿元,同比增长 19.5%;第二产业投资 690.95 亿元,同比增长 10.1%,其中:工业投资 688.01 亿元,同比增长 11.3%;第三产业投资 645.22 亿元,同比增长 18.6%。三次产业投资比重为 9.4∶46.8∶43.8。分行业看:制造业完成投资 492.78 亿元,增长 1.9%;电力、热力、燃气及水的生产和供应业完成投资 181.35 亿元,增长 43.9%;批发和零售业完成投资 37.3 亿元,下降 22%;交通运输、仓储和邮政业完成投资 133.18 亿元,下降 17.8%;水利、环境和公共设施管理业完成投资 289.56 亿元,增长 65.4%。

【农　业】 全市耕地面积 138.07 万公顷。粮食作物播种面积 96.50 万公顷,比上年增加 1.33 万公顷,增长 1.4%,其中,谷物播种面积 90.91 万公顷,比上年减少 0.29 万公顷,下降 0.3%。全年粮食产量 695.81 万吨,比上年增长 0.8%。其中:稻谷 24 万吨,比上年增长 56.9%;小麦 3.2 万吨,比上年增长 99.3%;玉米 633.49 万吨,比上年下降 2.8%;谷子 5.61 万吨,比上年增长 75.9%;高粱 15.46 万吨,比上年增长 36.1%;荞麦 4.92 万吨,比上年增长 99.7%。豆类 6.18 万吨,比上年增长 1.3 倍。薯类 12.3

万吨，比上年增长50.7%。

【畜牧业】 牧业年度牲畜实有头数2202.65万头(只)，比上年增加91.09万头(只)，增长4.3%。其中：牛326.64万头，比上年增加24.2万头，增长8%；羊1277.36万只，比上年增加42.48万只，增长3.4%；猪553.54万口，比上年增加22.28万口，增长4.2%。年末生猪存栏253万口，牛存栏164.61万头，羊存栏656.34万只；年末生猪出栏330.77万口，牛出栏73.16万头，羊出栏490.75万只。年末实有家禽965.73万只，比上年增加73.87万只，同比增长8.3%。全年猪肉产量26.39万吨，牛肉产量11.18万吨，羊肉产量8.04万吨，禽肉产量6.06万吨，禽蛋产量6.18万吨，生牛奶产量39.87万吨。

【林业】 2016年全市共完成林业生态建设任务11.53万公顷，其中：人工造林48 620公顷，封山(沙)育林5.13万公顷，封禁及飞播1.53万公顷。超额完成自治区下达的10万公顷任务。完成经济林建设0.44万公顷；完成村屯绿化3215个，义务植树1000万株，公路绿化3300公里。

【全年全部工业增加值889.95亿元，比上年增长8.6%】

全年全部工业增加值889.95亿元，比上年增长8.6%。其中：规模以上工业企业增加值增长9.3%。从登记注册类型企业实现增加值情况看：国有企业增长9.1%，集体企业增长5.2%，股份制企业增长9.4%，外商及港澳台商投资企业增长0.1%，其他经济类型企业增长11.7%。从轻重工业实现增加值情况看：轻工业同比增长10.5%，重工业同比增长9.1%。轻工业高于重工业1.4个百分点。从主要产品产量情况看：原铝94.47万吨，下降6.1%；铝材173.83万吨，增长65.5%；饲料133.39万吨，增长12.0%；鲜冷藏肉73.95万吨，下降3.3%；液体乳7.87万吨，增长8.6%；白酒299 955千升，增长10.5%；啤酒234 658千升，下降3.7%。从十大支柱产业情况看：十大支柱产业企业数达到467户，占规上工业企业数的76.6%；总产值达2295.4亿元，增长8.5%，占规上工业的比重为84.3%。分产业看，煤电铝产业累计增长15.9%，玉米产业累计增长15.9%，绿色农畜食品加工业累计增长6.4%，煤化工产业累计下降3.3%，新型建材产业累计增长2.4%，现代蒙药产业累计增长8.7%，新型能源产业累计增长17%，装备制造产业累计下降1.5%，新材料产业累计下降83.2%，新型特种钢产业累计下降4.2%。

全市610户规模工业企业完成主营业务收入2634.81亿元，同比增长7.9%。全年规模以上工业企业实现利税总额254.16亿元，同比增长18.9%；实现利润总额166.13亿元，同比增长16.4%。资产总计总量达到2047.41亿元，增速达到10.9%。负债总计总量达到847.19亿元，同比增长0.1%。所有者权益总量达到1200.21亿元，增速为19.3%。

【建筑业】 全年建筑业增加值100.4亿元，比上年增长6.2%。全市有工作量的资质等级建筑施工企业60个，实现建筑业总产值51.81亿元，比上年下降3.9%。签订的合同额为78.68亿元，同比下降11.8%。全市房地产开发企业完成投资48.85亿元，增长54.7%。其中：商品住宅投资36.83亿元，增长71.9%；办公楼投资0.52亿元，同比下降12.5%；商业营业用房投资7.47亿元，同比增长25.4%；其他用房投资4.02亿元，增长12%。全年房屋施工面积681.13万平方米，比上年增长0.3%，其中：住宅施工面积476.52万平方米，比上年增长1.4%；房屋竣工面积173.16万平方米，比上年增长6.3%，其中：住宅竣工面积111.79万平方米，比上年下降13.8%；商品房销售面积186.12万平方米，比上年增长28.7%，其中住宅销售面积150.98万平方米，比上年增长23.1%。

【交通】 全年交通运输业增加值100.52亿元，比上年增长2.1%。全市公路里程21 004公里，其中，高速公路430公里。全年公路货运量9291.6万吨，同比增长9.3%；公路货运周转量179.13亿吨公里，同比增长8.2%；全年公路客运量1627.6万人，同比增长2.8%；公路旅客周转量22.27亿人公里，同比增长7.9%。2016年铁路货物发送量4740.5万吨，同比下降3%；铁路旅客发送量660.4万人，同比增长2.2%。全年民航客运量71.05万人,同比下降18.3%;客运周转量9.68亿人公里,同比下降16.6%;全年民航货运量0.15万吨,同比下降56.7%;货物运输周转量127.9万吨公里,同比下降74.1%。

【邮电】 全年全市邮政行业业务收入(不包括邮政储蓄银行直接营业收入)累计完成2.64亿元,同比增长30.1%;业务总量累计完成1.81亿元,同比增长33.1%。全市快递服务企业业务量累计完成570.48万件,同比增长67.5%;业务收入累计完成1.18亿元,同比增长61.4%;邮政函件业务累计完成22.61万件,同比下降29.1%;包裹业务累计完成2.01万件,同比下降52.8%;报纸业务累计完成3540.89万份,同比下降5.8%;杂志业务累计完成73.44万份,同比增长2.9%;汇兑业务累计完成12.61万笔,同比下降41.2%。城镇固定电话拥有量20.57部/百户;农村7.77部/百户。城镇移动电话拥有量258.53部/百户;农村241.89部/百户。每百户城镇和农村居民家用计算机数分别为84.44台和48.89台。

【旅游收入达135.15亿】 全年通辽市旅游总收入135.15亿元,同比增长22.9%。接待国内外旅游者540.8万人次,同比增长20.2%,其中:接待入境旅游者2.6万人次。国际旅游外汇收入1916万美元,国内旅游收入130.1亿元。全市已有A级景区23家,AAA级景区达到11家,AAAA级景区4家;有星级饭店27家。

【国内贸易】 全年实现社会消费品零售总额515.34亿元,增长9.8%。按城乡划分看:城镇实现消费品零售额358.36亿元,增长9.4%;乡村实现消费品零售额156.98亿元,增长10.7%。乡村消费品零售额增长高出城镇1.3个百分点。按行业划分看:全市批发和零售业实现消费品零售额430.82亿元,增长9.6%,其中:零售业实现消费品零售额369.77亿元,增长10%,占全社会消费品零售总额的71.8%;住宿餐饮业实现消费品零售额84.52亿元,增长10.9%,其中:餐饮业实现消费品零售额79.92亿元,增长10.9%,占全社会消费品零售总额的15.5%。

2016年末,全市限额以上企业及个体经营户达到484户,比2015年末增加132户。全市限额以上企业及个体经营户消费品零售额完成154.17亿元,增长6.8%。其中限额以上零售业实现消费品零售额135.57亿元,增长7.2%;限额以上餐饮业实现消费品零售额4.58亿元,增长9.4%。从限额以上零售类值看:2016年,汽车类实现零售额44.64亿元,增长8%,占限额以上企业零售额的28.9%;石油及制品类实现零售额57.93亿元,增长7.4%,占限额以上企业零售额的37.5%;煤炭及制品类实现零售额9.48亿元,增长6.9%,占限额以上企业零售额的6.2%;生活类商品零售中,日用品类实现零售额2.65亿元,增长8.6%,其中:饮料类实现零售额1.09亿元,增长5.9%;烟酒类实现零售额1.74亿元,增长7.5%;化妆品类实现零售额0.78亿元,增长6.2%;金银珠宝类实现零售额2.27亿元,增长15.3%。

【对外经济】 全年全市外贸进出口总额41 300万美元,同比下降5.2%。其中:出口29 500万美元,同比下降14.2%;进口11 800万美元,同比增长29.9%。全市民营企业累计进出口36 945万美元,同比下降8.1%,占全市进出口总额的89.5%。其中:出口29 279万美元,同比下降13.7%;进口7666万美元,同比增长22.7%。国有企业累计进出口100万美元,同比下降66.6%,占全市进出口总额的0.24%,其中均为出口累计,无进口。外商投资企业累计进出口4234万美元,同比增长40.6%,占全市进出口总额的10.3%。其中:出口121万美元,同比下降23.9%;进口4134万美元,同比增长44.9%。

【金融】 年末全市金融机构本外币各项存款余额为988亿元,同比增长21.1%;全市金融机构人民币各项存款余额为985.87亿元,同比增长21.1%。本外币各项贷款余额为992.26亿元,同比增长7%;全市金融机构人民币各项贷款余额为991.71亿元,同比增长7.4%。

【保险】 全市共有保险机构30家,其中:财险公司16家,寿险公司14家。2016年,全市保险机构保费收入达到39.15亿元,同比增加4.76亿元,增长13.9%,赔款和给付总额13.83亿元，同比增加4.69亿元，增长51.3%；其中：财险保费收入18.17亿元，同比增加1.72元，增长10.5%，赔款和给付8.07亿元，同比增加0.1亿元，增长1.3%；寿险保费收入20.97亿元，同比增加3.04亿元，增长17%，赔款和给付5.76亿元，同比增加4.59亿元，增长392.3%。

【能源】 全年全市规模以上工业企业共610户，能源消费量1388.59万吨标准煤，同比增长9.5%。分行业看，七大高耗能行业能耗合计占规上能耗比重为86.6%，对全市规模以上工业企业能耗增长拉动8.8个百分点。全年全社会用电量达351.73亿千瓦时，同比增长10.2%。其中：规上工业用电量314.66亿千瓦时，同比增长8.0%，占工业用电量比重为98.6%，占全社会用电量比重为89.5%。全市规模以上工业企业中，共有45户发电企业，累计发电量441.48亿千瓦时，同比增长14.3%。全市共有10户原煤生产企业，全年原煤产量4595.52万吨，同比下降8.5%；销售量4596.41万吨，同比下降8.4%。

【环境】 全市共有自然保护区43个，其中国家级自然保护区2个，自治区级自然保护区4个。全市自然保护区面积4900.77平方公里。年内设立的建设项目环境影响评价制度执行率达100%。全年空气质量达到二级和好于二级的天数为305天，占全年总天数的83.3%。

【中国—蒙古国博览会在通辽召开】 2016年8月11—16日，以"同行草原·丝绸之路，共建合作发展走廊"为主题的中国—蒙古国博览会·2016·通辽国际商品交易会暨中国内蒙古三盟市与蒙古国三省区域合作会议在通辽市举行。通辽市委书记罗永纲，市委副书记、市长包振玉在通辽会见蒙古国肯特省省长那·钢宾巴，蒙古国工商会主席兼董事长巴·勒哈格瓦扎布，蒙古国海关总署副署长达·贝赫巴图，蒙古国东方省省长莫·巴达木苏荣，蒙古国苏赫巴托省省长扎·恩赫图日，蒙古国驻呼和浩特总领事馆一等秘书阿润图雅，毕其格图口岸海关关长巴·巴雅尔玛格奈一行，并围绕"同行草原·丝绸之路，共建合作发展走廊"主题，就进一步深化中蒙两国六方经贸合作和人文交流进行亲切交谈。中蒙博览会执委会常务副主任包广林，自治区商务厅副厅长、口岸办主任郭刚，自治区人民政府外事办公室副主任田占标，通辽市领导道尔吉、高琦、贺志亮、崔景英等参加会见。博览会期间通辽市、赤峰市、锡林郭勒盟与蒙古国苏赫巴托省、东方省、肯特省签署《中国·内蒙古三盟市与蒙古国三省区域合作第二次会议备忘录》。同时，中蒙经贸与人文合作推介洽谈会召开。内蒙古民族大学、市开放办、蒙古国苏赫巴托省、赤峰市、蒙古国东方省、锡林郭勒盟东乌珠穆沁旗政府、蒙古国肯特省、锦州港等地区、部门及企业、单位的主要负责人分别进行投资环境或重点项目推介。与会人员围绕中蒙俄经济走廊建设和"一带一路"倡议，就加快推动中蒙经济合作区建设，加快交通运输、国际物流大通道建设，以及中蒙教育、文化、卫生、旅游等人文领域的合作进行深入研究探讨。

【蒙医药博览会在通辽召开】

2016年8月16日，聚势蒙医药、融入"一带一路"新发展为主题的内蒙古（通辽）第二届蒙医药产业博览会暨欧亚太平洋大学联盟蒙药学术高峰论坛在通辽市召开。由通辽市政府、内蒙古自治区食品药品监督管理局、自治区卫生和计划生育委员会、自治区科技厅、自治区民族事务委员会、内蒙古民族大学共同主办的2016年欧亚太平洋大学联盟蒙药学术高峰论坛在碧桂园大酒店举行。中国、蒙古国、日本、俄罗斯等国的8位专家，从蒙药资源调查与保护、蒙医基础理论研究、蒙药及天然药化学成分研究与开发、蒙药药理作用机制研究、蒙药新制剂及关键技术研究、民族植物药的研究、蒙医临床研究等方面展开学术交流。博览会期间，内蒙古蒙医药科技创新项目合作签约仪式暨创新成果新闻发布会举行。自治区科技厅副厅长云涛，自治区食品药品监督管理局副局长格日勒图，河北省保定市人大常委会主任宋文，通辽市人大常委会主任道尔吉，副市长贺海东出席签约仪式。同时召开内蒙古（通辽）第二届蒙医药产业发展研讨会，来自内蒙古医科大学、内蒙古自治区食品药品检验所、北京同仁堂通辽医药科技有限责任公司等8家科研院所、相关部门及企业的主要负责人,围绕“聚势蒙医药,融入‘一带一路’新发展”主题作报告。

注:规模以上工业企业是指年主营业务收入2000万元及以上的工业法人企业。限额以上批发、零售、住宿、餐饮企业指:年主营业务收入2000万元及以上的批发业、年主营业务收入500万元及以上的零售业和年主营业务收入200万元及以上的住宿、餐饮业。

全面推进依法治市

【综述】 2016年,先后组织召开4次领导小组办公室主任会议部署和推动相关工作。在进行充分调研论证、反复征求意见的基础上,编制《通辽市全面推进依法治市规划(2015—2020年)》,制发实施《通辽市全面推进依法治市2016年工作要点》。全市各级各地在推进工作的过程中,根据中央、自治区政策精神和通辽工作实际,均研究出台和组织实施一大批制度性成果。广泛开展调查研究工作。2016年,计划实施专题调研三批次20项,全部完成。加强对决策精神与政策文件的宣传阐释工作,在通辽日报等媒体不定期开展重点亮点工作宣传报道,并开辟专栏常态化进行法治宣传教育;市委依法治市办协调配合市电视台,结合对自治区第十次党代会精神的解读,组织法治专门工作人员和党校教授接受专访,开展宣传动员;依托《依法治市动态》等载体,制发信息简报16期。

【地方立法体制机制建立健全】 认真落实完善地方立法体制的部署和要求,严格落实宪法宣誓制度,市人大常委会任命和决定任命的11名工作人员向宪法庄严宣誓,切实增强宪法意识。建立健全地方立法体制机制,加强党委对地方立法工作的领导,制发实施《通辽市人民代表大会及其常务委员会立法条例》及2016年地方立法计划。加强城乡建设与管理、生态保护、历史文化保护等重点领域立法,《通辽市城市市容和环境卫生管理条例》完成立法程序并予公布,于2017年3月1日起施行。实行立法咨询顾问制度和地方立法联系点制度,聘请有丰富专业知识和实践经验的8名专家、教授担任立法咨询顾问,确定13个国家机关、人民团体、企事业单位、基层组织为基层立法联系点。充分发挥人大代表在地方立法中的重要作用,在市人大常委会深入各旗县市区开展立法调研时,均安排基层人大代表参加并征求意见。深入开展执法检查与调研,开展《传染病防治法》《蒙医中医条例》《农产品质量安全法》执法检查,对《文物保护法》贯彻实施情况进行实地调研。依法决定重大事项,审议通过《关于将市政府重点项目建设投融资资金列入年度财政预算的议案》等议案。认真落实规范性文件备案审查制度,对《通辽市城市户外广告管理暂行办法》等市政府、旗县市区人大及其常委会报送的10件规范性文件进行备案审查。

【依法行政体制机制推进】 依法全面履行政府职能,制定《法治政府建设实施纲要(2015—2020年)》,实行权力清单与责任清单融合等制度,向社会公布市本级“权责清单”。深化行政审批制度改革,出台《2016年简政放权放管结合优化服务改革工作安排》和《通辽市简化优化公共服务流程方便群众办事创业工作方案》,确定53项简政放权优化服务事项,重点推进23项方便群众办事创业事项。全面推行“双随机、一公开”工作机制,建立被检市场主体名录库和行政执法检查人员名录库,市直有关部门、各旗县市区均按要求组织开展检查。加强食品药品执法规范化、信息化建设,市和旗县两级单独设立食品药品监督管理局,苏木乡镇设立监管所、每所人员编制5~10人,把全市1150家药品经营企业纳入电子监管范围。行政许可与行政收费行为规范,在6个重点生态功能区内实行产业准入负面清单制度,梳理并向社会公布涉企收费目录清单。

【司法管理体制完善】 落实《领导干部干预司法活动、插手具体案件处理的记录、通报和责任追究制度》及《司法机关内部人员过问案件的记录和责任追究规定》，支持和保障司法机关依法独立公正行使职权。深化司法权力运行机制改革，公安机关严格执行刑事案件法制部门统一审核、统一出口机制，认真落实重大疑难案件集体议案制度，及时听取检察机关、审判机关的意见和建议；检察机关认真落实人民监督员制度，采取异地交叉监督的形式累计监督评议案件5件；开展“执行年”专项活动，全市两级法院共执结案件15 753件，执结率89.07%；公布失信被执行人信息1486条，有效震慑恶意拖欠、逃避执行、抗拒执行等不良现象。

【法治宣传教育“八进”】 启动实施“七五”法治宣传教育规划，深入推进法律进机关、进乡村、进社区、进学校、进企业、进单位、进监所、进宗教场所。认真落实“谁主管、谁负责”和“谁执法、谁普法”的工作责任制，借助国际妇女节、消费者权益日、税收法宣传月等开展主题普法活动，全市组织开展大型普法宣传活动35场次、印发法律知识宣传册7万余份、解答群众法律疑惑2200余人次。加强法治宣传教育载体建设，全市新建法治文化广场6个、法治图书阅览室5处、法治文化长廊(街)30余条；开通通辽普法手机报，法治通辽微信公众号关注量达7000余人。大力推进国家工作人员网络在线学法和普法考试工作，全市1577个单位59 870名工作人员参加在线学法培训，参学人数全区第二。加强青少年法治宣传教育工作，深入组织实施“小手拉大手·法律伴我行”主题实践活动，在全市每个中小学校发放一封倡议书、组织观看一次法律节目、召开一次普法报告会、举办一次法律手抄报大赛。开展群众性法治文化活动，市和各旗县市区分别举办法治文艺会演。公民道德建设，开展社会主义核心价值观“24字进万家”活动，实施“好人之城”创建活动，较好地发挥道德教化在法治建设中的重要作用。

【法治队伍建设】 加强法治专门队伍建设，法官、检察官员额制改革顺利完成，后续改革稳妥有序推进实施；先后组织执法司法工作人员参加中国法学会举办的有关专题培训班4期75人次，全市政法系统以业务骨干培训、岗位练兵、技能比武、野外拉练等形式开展培训实训808期次，受训干警33 697人次。法律服务队伍建设，加快构建优势互补、结构合理的律师队伍，全市已设立公职律师岗位39个、公司律师岗位6个、社会律师达到535人，青年法律服务志愿者达到3000余人；全面推进公安系统公职律师全覆盖工作，市和旗县两级公安局均设立公职律师岗位，公安机关公职律师达到26人；结合“两学一做”学习教育，开展律师事务所“双挂双亮”“每个律师事务所支部开展一项主题活动”等工作，并积极选派优秀律师事务所党支部书记参加党建培训。法治人才纳入党政人才培养工程，就出台政法队伍双语人才培养中长期规划和律师、公证双语人才培养中长期规划开展前期调研等工作。

【党内法规修订出台】 将党内法规纳入“七五”法治宣传教育规划及党校干部教育培训计划，并通过常委(扩大)会议、专题会议等形式及时学习领会有关文件精神。修订完善《中共通辽市委员会工作规则》《中共通辽市委员会常务委员会议事决策规则》，出台实施《党委(党组)中心组学习实施细则》《党政机关公务用车配备使用管理办法》等制度规范。对《廉洁自律准则》和《纪律处分条例》的贯彻执行情况进行专项检查，对《党组工作条例》《地方委员会工作条例》《统一战线工作条例》的贯彻落实情况进行专项督查。严格落实党风廉政建设党委主体责任和纪委监督责任，先后多批次通报违反“八项规定”、损害群众利益等方面的典型案例。认真开展党内规范性文件备案审查工作，及时审查纠正旗县市区委及市委有关部门漏报、错报、存疑文件。坚持把全面推进依法治市作为对各地各部门领导班子综合考评的重要内容，强化对工作的推动和激励引导。

【公共安全网全方位立体化构建】 出台实施《通辽市公共安全调度工作机制(试行)》和《通辽市公共安全问题隐患排查处置五星级管理办法》，建立健全组织领导“网”，严格落实党政同责、一岗双责、失职追责的工作责任制，形成狠抓公共安全的强大合力；建立健全统筹管理“网”，把维护国家安全、社会稳定、治安安全等纳入公共安全管理的“大盘子”,与各行业领域安全进行统筹协调推进,并实行日报告、周汇总、月排查、季研判等制度,确保问题早发现早处置;建立健全涉稳风险防控“网”,持续完善社会治安立体化防控体系,切实筑牢公共安全基础;建立健全重点行业领域监管“网”,突出强化和完善环境安全、生产安全、网络安全、消防安全、道路交通安全、食品药品安全、寄递物流安全等行业领域的安全监管机制,着力堵塞安全漏洞、遏制安全事故。

【以群众工作统揽信访维稳】

坚持需求从群众中来、解决问题到群众中去,制定实施《通辽市以群众工作统揽信访维稳工作实施方案》,通过走访、群众反映、信息化手段掌握社情民意,围绕群众要求提供精细化服务;通过分析民情、建立台账、及时办理、结果反馈、群众评议、动态考核等方式,切实将问题解决在基层、矛盾化解在基层;通过“情、理、法”三种方式化解纠纷,推动事要解决。2016年,全市成功调解各类社会矛盾纠纷4967件,调解成功率保持在98%以上。

【公共法律服务体系建设】 加快推动普遍建立法律顾问制度,市本级、各旗县市区、115个苏木乡镇场三级政府(管委会)、862个嘎查村(社区)聘请法律顾问,科尔沁区、科左后旗、开发区的基层组织实现法律顾问全覆盖;全市有47家规模以上企业聘请律师法律顾问,13家国有大中型企业实现法律顾问全覆盖。完善法律援助制度,市及各旗县市区法律援助机构临街一层便民服务窗口覆盖率达到85%以上,并在全市法院设立法律援助工作站,切实保障诉讼当事人合法权益;着力打造“369”法律援助服务圈,实现科尔沁主城区及各旗县市区政府所在地30分钟内、近郊农村60分钟内、偏远牧区和沙沼区90分钟内完成法律援助申请和接洽工作,全市办理法律援助案件3800多件。加强社区矫正工作,实行社区矫正工作联席会议制度,持续规范矫正工作、提高矫正质量。

【社会治理信息化应用体系建立健全】 强化信息平台建设,积极推进“5185”综治网格快线建设,设计开发社会治安综合治理信息平台系统,并对旗县市区和苏木乡镇工作人员进行集中培训。加快视联网建设,建成市级综治视联网并与自治区联通,实现对日常管理、社会协调和突发事件的可视化沟通、调度、指挥;全市安装公共安全视频监控摄像机近11万台,其中“平安城市”道路监控系统实现与旗县市区联通。积极开展试点推进,启动开鲁县网格服务管理信息化建设项目,实施综治网格快线、手持终端配置、视频监控系统、视联网系统、基础数据采集和社会资源整合6个系统工程,在相应领域均取得一定成效。

【基层法治创建工作推进】 组织在全市所有苏木乡镇(街道)、嘎查村(社区)中,紧紧围绕法治宣教、法律服务、依法行政、依法治理等着力点,探索基层法治建设的思路和方法,加快推进依法治市在基层的拓展和深化,着力夯实法治通辽建设的基层基础。各地创建活动全面铺面,形成一系列符合基层实际、民族地区特点的创新载体和经验做法。

精神文明建设

【综述】 2016年,通辽市坚持以培育和践行社会主义核心价值观为根本,着力加强公民道德建设,着力深化文明城市、文明村镇、文明单位、文明家庭、文明校园“五大创建”活动,公民文明素质和社会文明程度有新的提升,在全国文明城市年度测评中取得93.07分的好成绩,位列全国100个提名资格城市第14名,在自治区6个参评城市中得分最高。

【道德模范评选深入基层】 认真学习贯彻习近平总书记对全国道德模范表彰活动作出的重要批示精神,规范流程、立足基层,广泛发动群众参与,大力开展宣传学习,评选通辽市第四届道德模范14人、提名奖11人,邵兵、刘宏阁、臧其珍入选自治区第五届道德模范,双宝、范桂兰入选自治区第五届道德模范提名奖。组织新闻媒体以“价值观 中国梦”“身边好人故事”“寻找新乡贤”等为主题，开设专题专栏，刊播道德典型事迹。在文化场所、城市重点部位举办系列道德模范事迹展览、张贴道德模范公益广告，举办100场道德模范故事会，组织创作演出一批典型事迹的歌曲、诗歌、小说、广播剧、话剧、小戏小品、微电影等各类文艺作品，各级党委、文明委在传统节日组织开展帮扶生活困难道德模范活动。扎鲁特旗、奈曼旗举办道德模范、美德少年颁奖晚会；霍林郭勒市、开发区等地紧紧围绕道德模范评选，开展形式多样的道德模范巡讲、巡演、事迹报告会、事迹展览等活动；科左后旗开展“身边的榜样”学习活动；库伦旗开展对家庭困难的道德模范慰问活动；扎鲁特旗、科左中旗、科尔沁区、开鲁县等地道德讲堂开展得有声有色。

【身边好人选树工作常态化开展】 持续选树“通辽好人”，每月在一个旗县市区召开一场发布活动，2016年发布12期、126人，其中，格日乐其木格入选“中国好人榜”、范桂兰等25人入选“内蒙古好人榜”。同时，通过资格审查、专家评审、小组审议、社会公示等环节，确保通辽好人事迹过得硬、群众信得过、学得来。成功承办“内蒙古好人榜”2016年10月发布仪式暨全区道德模范与身边好人现场交流活动，生动诠释各级各类道德模范和身边好人的感人事迹和崇高精神，产生较好反响。科尔沁区连续多年开展“感动科尔沁人物”评选活动，广受欢迎和好评。

【社会主义核心价值观宣传教育形成声势】 制作赠送“24字”内容的围裙、手提袋等温馨提示物，制作张贴画、宣传板和公益广告，印发简易读物，使“24字”基本内容家喻户晓、人人皆知。实施文明交通、文明旅游、文明餐桌、文明环境、文明礼仪、文明服务、文明校园、文明家庭等“八大文明行动”，参与人数达180多万人次。印发市民文明手册15万册，引导市民做文明有礼通辽人。通辽经济技术开发区、库伦旗、奈曼旗、科左后旗、科左中旗等地组织绘制文化墙，编排核心价值观歌曲、顺口溜、快板、广场舞；科尔沁区积极打造核心价值观示范区。

【网络文明传播影响扩大】

通辽文明网影响不断扩大。通辽文明网能全方位、多角度、及时地将通辽市精神文明建设成果和创建活动情况在中国文明网传播，树立通辽市创建全国文明城市的良好形象。通辽文明网动态栏目日常更新量头条430余条、焦点图410余条、资讯900余条、文明创建70余条、志愿服务120余条、未成年人80余条、原创评论60余条。策划《创城每日一星》，在通辽市区20万名微信用户上推广《建我家园 · 爱我城市》等工作。

【全国文明城市创建推进】 坚持“创建为民、创建利民、创建惠民、创建化民”理念，全面实施创城工作“一把手”工程，市委、市政府30余次组织召开各类推进会、座谈会，研究部署工作，市委、政府主要领导亲自带队实地督导，现场办公解决重点难点问题。市创城办制定印发《“双城同创”工作2016年推进方案》，明确整体工作目标和重点工作任务，并对重点任务进行责任分解；召开材料收集、氛围营造、文明旅游、诚信制度化建设、未成年人思想道德建设、七小行业整治、食品安全等20多个专题会议；印制《全国文明城市实地考察督查指导手册》等，分别制定社区小区、窗口单位、中小学校、营业场所、集贸市场等重点部位创建标准，有效推动创城工作在各部门、各领域的落地见效。聚焦社区小区建设，106家中区市直单位包联102个社区，600多名党员干部深入包联社区，帮助群众解决实际问题，有力提升群众对“双创”工作的满意度；3900多名志愿者走上街头开展文明劝导，成效明显。科尔沁区、开发区由“领导带头检查、督查随机调度”到“每日现场办公、全员上下联动”，从包联领导到各部门驻点人员和督查组，全天候深入现场，发扬“5+2”“白加黑”精神，主动发现问题现场及时解决，完善从部门到社区的层层工作机制。不断完善督查工作机制，成立街道社区、城市建设文明交通、窗口单位公共场所、经营性场所、未成年人工作和氛围营造6个督导小组，定期召开调度会，对创建工作实行跟踪督查、专项督查、滚动督查。

2016年,共召开创城重点工作调度会20多次,下发整改令60多个。组织开展九中市场、花鸟鱼市等多个专项整治行动;召开街道社区创城推动会,以点带面广泛推行铁路街道永安六区等老旧小区精品化改造的先进做法。

【农村牧区精神文明建设深化】 认真贯彻中央文明办推动移风易俗、树立文明乡风电视电话会议精神,落实自治区文明委《内蒙古自治区2016—2020年文明村镇创建五年行动计划》。开鲁县委书记赵长勇作为自治区旗县委书记代表参加全国农村精神文明建设现场经验交流会,奈曼旗在全区农村牧区精神文明建设现场经验交流会作典型发言。下发《关于推荐申报和复查市级文明单位、文明单位标兵、文明社区和文明村镇的通知》,制定市级文明村镇创建标准,评选市级文明村镇300个。

【文明家庭创建】 按照中央提出的"注重家庭、注重家教、注重家风"的要求,下发《关于推荐、评选、表彰文明家庭的实施方案》,评选出50个"最美家庭"、10个"文明家庭"和10个"文明家庭"提名奖。在12月12日中央文明委召开的第一届全国文明家庭表彰大会上,通辽市推荐的扎鲁特旗诺恩达古拉家庭光荣入选并受到习近平总书记的亲切会见。

【文明单位创建】 按照通辽市文明单位管理办法、市级文明单位测评体系和市级文明单位"六个一"标准,对市级文明单位开展复查工作。对文明单位创建工作中严重滞后的13家自治区级以上文明单位下发约谈通知并对单位负责人进行约谈。全市命名市级文明单位46个,文明单位标兵29个,文明社区21个,文明村镇300个。

【文明校园创建】 召开文明校园创建工作启动仪式,下发《2016年通辽市文明校园创建工作计划》。细化目标任务,制作文明校园测评体系和操作手册,明确各高校、各中小学校创建文明校园过程中材料申报、实地考察和问卷调查的内容,通过档案资料、实地查看和询问的形式反映各学校文明校园创建工作的进程和全貌。建设文明校园网络动态管理系统,通过网络申报的形式审核各学校文明校园创建工作,实现对文明校园的动态化监管。

【志愿服务】 下发《关于在全市推广使用"内蒙古志愿云"志愿服务信息系统的通知》,全市注册志愿者总数123 100人,其中建成区注册82 000人。继续以"德润草原文明之行"——学雷锋志愿服务在行动主题实践活动为抓手,推动志愿服务项目化运作、专业化支撑,保持活动经常有效开展。除继续做好"三关爱"的常态化工作,从2016年开始,通辽市把每年的3月5日学雷锋志愿服务活动月的启动活动列为常态化工作。结合《关于组织专业志愿服务队进社区开展志愿服务的实施方案》文件下发,团市委、市妇联、市教育局等单位都成立专业的志愿服务队,进社区开展丰富多彩的志愿服务活动。市文明办组织10场志愿服务进社区暨文艺会演活动、全市党员干部文明交通志愿服务活动,评选全市第二届"最美志愿者、最佳志愿服务组织、最佳志愿服务项目、最美志愿服务社区"评选活动。开通"通辽志愿服务网",并与内蒙古志愿者联合会"志愿云"信息系统实现对接和共享,主要解决志愿者网上注册、记录查询、志愿服务项目发布和开展志愿服务活动信息发布的一个综合性网站。同时,继续发挥"时间银行"志愿服务载体作用,让"时间银行"的志愿服务模式在社区内全覆盖。

【诚信制度化建设】 宣传诚信人物、诚信企业、诚信群体,加强舆论引导和监督,营造守信光荣、失信可耻的浓厚氛围。结合"3·15"消费者权益日,组织新闻媒体对"3·15"活动进行专题报道。落实《内蒙古自治区"构建诚信、惩戒失信"合作备忘录》,通辽市发改委建立信用通辽平台,方便全市20多家诚信单位间的沟通与交流,加强信用共建共享,为全市诚信建设工作搭建坚实的桥梁。依法建立诚信"红黑名单"制度,制定守信优待政策,对失信违法者进行联合惩戒。《通辽日报》《科尔沁都市报》与通辽广播电视台都开通"诚信红黑榜"专栏。

【文明旅游活动开展】 召开文明旅游工作联席会议暨宾馆酒店旅行社规范化服务工作会议,建立通辽市文明旅游工作联席会议制度,下发《加强全市旅游行业文明旅游工作实施方案》，推动各成员各地区各部门齐心协力做好文明旅游工作。协调媒体既做好正面宣传，也做好反面曝光，形成警示效应。组织媒体在元旦、春节、暑假、国庆节等重要时间节点开展宣传报道，形成宣传规模和声势。市文明办与旅游局在春节、“五一”、端午、中秋开展文明旅游宣传活动，为喜迎国庆，9月25日，开展“红旗飘扬科尔沁文明旅游伴我行”主题活动。同时，协调旅游局开展2016年度全市导游人员培训班、2016年全市旅游星级饭店服务礼仪培训班和“寻找通辽市最美导游”等评选活动。

【未成年人思想道德建设】 落实《全国未成年人思想道德建设测评体系》各项任务要求，召开中央文明办未成年人思想道德建设电视电话会议精神，打造暖情行动、护苗行动2016等常态化工作品牌，推动领导体制和工作机制的落实。在公园、广场制作展示未成年人主题的公益广告的宣传栏，刊播关爱未成年人的公益广告图片和标语。主城区内所有商业街区和建筑工地围挡均投放一定数量的公益广告。刊印社会主义核心价值观知识读本下发给各中小学校作为校本教材，要求各中小学校开设校本课程讲授社会主义核心价值观的内容。组织各大中小学校和幼儿园学生熟记核心价值观。实施4所中央、22所自治区彩票公益金支持乡村学校少年宫建设项目。各项目学校建设资金已到位，完成项目预算、审批和招投标等工作，2017年上半年全部实现建设并投入运营。下发《通辽市乡村学校少年宫使用管理办法》《通辽市“乡村学校少年宫”建设实施方案》。2016年9月，通辽市文明办牵头制作“乡村学校少年宫项目网上考评系统”，并将得分情况以通报形式下发各地文明办、教育和财政部门。围绕立德树人根本任务，启动主题实践活动，引导未成年人积聚正能量，共筑中国梦。表彰宣传“美德少年”22名，组织352 989万人次参与“网上祭英烈”活动，“六一”期间开展系列美德少年学习宣传活动，“七一”期间组织全市12 000余名未成年人开展“童心向党”歌咏活动，形成良好的育人氛围。组织开展“心灵港湾 快乐起航”未成年人心理健康辅导系列活动，通过团体辅导、辅导站参观、心理电影观看、心理知识课堂等形式组织开展13次活动。各心理辅导站组织未成年人心理健康辅导专兼职教师，走入社区开展心理健康辅导，共走入5个社区，为70余名孩子提供面对面咨询服务，接受100余次现场咨询。

社会建设

【社会事业协调发展】 开展民族团结进步创建活动，各民族大团结的良好局面进一步巩固。公共文化服务标准化、均等化建设走在自治区前列，市图书馆新馆主体完工，乌力格尔艺术馆和版画艺术中心基本建成，哈民考古遗址公园向公众开放。成立全区首家科技银行，通辽市被科技部认定为国家农业科技园区。组建市教育教学研究院，完成农村牧区338所学校教师周转宿舍和21所蒙古族小学“大通铺”改造工程，霍林郭勒市、库伦旗通过国家义务教育基本均衡县评估认定，自治区全面提升基础教育办学水平现场推进会在通辽召开。足球改革发展初见成效，承办自治区高水平联赛，获得蒙超、蒙甲联赛冠军。城市公立医院综合改革全面推开，市医院晋升三级甲等综合医院，旗县综合医院全部晋升二级甲等医院，第二轮京通医疗卫生合作全面启动，举办内蒙古第二届国际蒙医药博览会，获“中国蒙医药之都”“全国无偿献血先进市”和“全国基层蒙中医药工作先进市”称号。统一权威的食品药品监管体系基本建立，监管能力进一步提高。城乡居民基本医疗保险整合工作全面完成，实现城乡医疗保险一网化运行管理。

【基础设施建设加快】 通辽至京沈高铁新民北站铁路、扎鲁特至青州±800千伏特高压直流输电工程和通辽至鲁北、大沁他拉至白家湾子高速公路项目全面开工，霍林河至阿力得尔一级公路、舍伯吐至大兴二级公路建成通车，通霍、通大等铁路电气化改造工程顺利实施，霍林河民航机场试飞成功。启动北部1000平方公里区域战略环评，煤电铝烟气污染物趋零排放示范工程开工建设，区域燃煤锅炉治理任务超额完成，中央环保督察交办和反馈问题整改见到成效。完成科尔沁沙地“双千万亩”综合治理44.2万公顷、重点区域绿化11.77万公顷，获“全国绿化模范城市”称号。

【公共服务能力建设亮出清单】 行政许可事项由61项压减到41项，审批时限缩减64%，公布中介服务、公共服务事项、政府权责“三张清单”。推广“煤电铝”一体化循环经济发展模式，电力洼地效应进一步显现，霍林河循环经济示范工程获国家优质工程奖。组建水务、交通等4家投融资平台，通过设立“美丽乡村”产业基金等方式多渠道融资200多亿元。商事制度改革和大众创业、万众创新政策深入实施，市场主体新增2.9万户、总量突破20万户，被国家确定为东北地区民营经济发展改革示范城市。农村牧区综合改革取得新进展。对外贸易平稳增长，进出口总额超过4亿美元。与保定市缔结友好城市，与吉林大学等高校开展合作。人才强市工程深入推进，引进急需高层次人才138名。实施精准招商，新签约千万元以上项目177个，实现到位资金685亿元。

【民生支出占一般公共预算支出的78%】 各级财政民生支出280亿元，占一般公共预算支出的78%。全力推进脱贫攻坚，4万贫困人口稳定脱贫，科尔沁区、开发区、霍林郭勒市率先解决区域性整体贫困。城镇新增就业1.8万人，农牧民转移就业47万人，城镇登记失业率控制在3.7%。城乡低保、特困救助供养人员保障标准和补助水平稳步提升，建成农村牧区互助养老幸福院80所，新增养老床位8529张。农村牧区“十个全覆盖”工程基本完成。城镇基础设施和公共服务进一步完善，辽河公园获中国人居环境范例奖。百姓安居、供水改造和水质提升、贫困人口免费体检、城市公共交通等十项民生工程取得明显成效。

【人民生活】 2016年抽样调查数据显示，全市全体居民人均可支配收入为18 415元，同比增长8.4%。从常住地看，城镇常住居民人均可支配收入为27 444元，同比增长8.2%；农村牧区常住人口人均可支配收入为11 585元，同比增长7.7%。全体居民人均消费性支出13 457元，增长5.3%。分城乡来看：城镇常住居民人均消费性支出17 879元，增长3.3%；农村牧区常住居民人均消费性支出10 056元，增长10.7%。城镇和农牧民家庭食品消费支出占消费总支出的比重分别为24.4%和30.6%。年末城镇常住居民人均拥有住房面积29.5平方米，比上年增长1.4%；农村牧区常住居民人均拥有住房面积27.69平方米，比上年增长3.2%。

【社会保障】 年末参加城镇职工养老保险(不含离退休)的人数为24万人，增长0.4%；参加城乡居民养老保险的人数为101.8万人；参加失业保险的人数为18.2万人，下降0.5%；参加医疗保险的人数为104.5万人，增长0.5%；参加工伤保险的人数为23.7万人，增长2.2%；参加生育保险的人数为28.8万人，增长1.2%。年末城镇最低生活保障救济户3.17万户，城镇居民最低生活保障人数为6.04万人，占城镇人口的4.2%，城镇居民最低生活保障支出3.44亿元；农村定期救济户6万户，农村牧区居民定期救济人数11.19万人；五保户1.04万户，五保户人数1.06万人，农村五保户支出531.8万元。全市收养性福利事业单位64个，农村收养性老年福利机构56个，社会福利院2个，光荣院3个，优抚安置单位2个，复退军人精神病院1所。年末收养性福利事业单位有职工333人，其中：医护人员189人；床位5852张，年末在院人数1572人，其中：老人1304人，少年儿童41人。

【文化】 年末全市有艺术研究所2个，文化馆95个(其中分馆86个)，博物馆11个，城市电影院16个，图书馆114个(其中分馆105个)，图书馆藏书118.73万册。专业艺术表演团体9个，艺术团体共演出1076场(次)，观众达94.8万人次。全市县级广播电视台7个，乡广播电视站74个，通电视的村2127个，调频台42座，无线广播电台1座，广播节目3套，广播节目综合人口覆盖率99.27%，电视节目综合人口覆盖率99.21%，有线电视入户率为61.0%。

【科技】 2016年，印发《通辽市科技创新三年行动计划》《通辽市引进高层次科技人才实施办法》《通辽市科技创新基金管理办法》《通辽市科技成果转化引导基金管理办法》和《通辽市科技项目招标投标管理暂行办法》的征求意见稿。2016年新增院士专家工作站1家，高新技术企业7家(其中2家为重新认定)，产业技术创新战略联盟1家，工程技术研究中心2家，自治区级企业研究开发中心5家，可持续发展实验区1家。截至2016年底创新载体总计133家。9月25—26日，召开科技创新大会。中国工程院戴景瑞院士、中国科学院闫楚良院士等专家，自治区科技厅党组书记白宝玉，自治区科协主席孙俊青等上级领导莅临会议。市委书记罗永刚和市四大机关领导出席会议。区内外科研院所专家学者、各旗县市区党委书记及分管科技工作领导、各旗县市区科技局长，市直、中区直单位、驻市高等院校、市直学校、市直医疗机构、市属各科研院所、重点企业及科技创新平台载体主要负责人和获奖科技人员代表400余人参加大会。2016年，成立全区首家科技银行，通辽市被科技部认定为国家农业科技园区。

【教育】 全市有普通高等院校3所，全年共招生8881人；在校生31 922人，其中：全日制研究生761人；有教职工2657人，其中：专任教师1623人。全市幼儿园620所，在园幼儿8.29万人，全年招生3.41万人，从事幼儿教育的专任教师0.46万人。全市有小学298所，在校生18.31万人，招生2.9万人，毕业生3.04万人，专任教师1.49万人；初中107所，在校生8.76万人，招生2.99万人，毕业生3.05万人，专任教师0.75万人；普通高中29所，在校生6.79万人，招生2.32万人，毕业生2.16万人，专任教师0.44万人；各类中等职业教育学校24所，在校生1.17万人，招生0.37万人，毕业生0.36万人，专任教师0.10万人；全市共有特殊教育学校9所，共有在校生593人，招生148人，毕业生29人，从事特殊教育的专任教师157人。

【卫生】 年末全市有卫生机构3400个。其中：医院35个，基层医疗卫生机构3299个，专业公共卫生机构56个。医疗卫生机构共有床位13 293张，其中：医院有床位9306张，基层医疗卫生机构3595张，专业公共卫生机构392张。全市卫生在岗职工21 457人，卫生技术人员14 991人。其中：执业(助理)医师5967人，注册护士5271人，药师(士)824人，技师(士)899人。

【体育】 全市有国家一级体育运动员10人，国家二级体育运动员70人；国家一级裁判10人，国家二级裁判20人。获国家级比赛金牌3枚，银牌4枚，铜牌8枚；获自治区级比赛金牌24枚，银牌46枚，铜牌58枚。全民健身站点2265个，健身气功站点180个，全市125万体育人口开展全民健身活动2000次。社会体育指导员8010人，其中：国家级50人。

生态文明建设

【科尔沁沙地“双千万亩”综合治理工程】 2016年科尔沁沙地“双千万亩”综合治理工程总任务346万亩，其中：林业生态治理170万亩，重点围绕科左后旗努古斯台、奈曼旗常兴穿沙公路两侧、科左中旗西部花胡硕和珠日河、扎鲁特旗南部4个大沙带，采取人工造林、封山育林、飞播等措施进行集中连片治理。完成林业治理工程172.93万亩，是全年任务的102%。

【生物多样性保护示范区建设工程】 重点对罕山、大青沟、乌斯吐、老哈河南岸沙带4个生物多样性示范区进行续建完善，同时新启动实施科左后旗乌旦塔拉生物多样性示范区建设。罕山示范区生态定位观测站二期工程正在实施；对大青沟示范区的退化林地进行清理、抚育，对小青湖水源地进行保护、退耕还林，扩建珍稀植物培育基地，建设救助鸟类放飞基地;对奈曼旗老哈河南岸沙地示范区进行扩建。对乌斯吐示范区进行围封保护,扩建植物展示园。科左后旗乌旦塔拉示范区以保护五角枫原生树种为主,建设五角枫种质资源采集基地,对核心区进行围封,并积极申报国家级森林公园。

【健全自然资源资产产权及使用制度】 开展自然资源资产状况调查、评价工作,健全自然资源资产及有偿使用制度。充分落实《内蒙古自治区自然资源资产及有偿使用制度改革方案》,严格执行自治区出台的自然资源及其产品定价机制,探矿权抵押备案办法等。充分开展土地整治项目、地质环境治理项目比价招标试点示范,严格规范土地市场运行。并把生态保护绩效纳入各级领导班子综合考核评价体系,加大产能过剩、生态效益、环境损害、资源消耗指标在考核体系中的权重。

【国有林场和集体林权制度改革】 开展国有林场综合情况调查摸底,全面摸清资源资产、人员结构、社会保障、历史债务、基础设施等基本情况,梳理改革面临的困难和问题,测算改革成本。制定《通辽市关于深入贯彻落实中央和自治区国有林场改革方案的意见》。启动奈曼旗国有林场改革试点工作。

【水资源管理】 顺利完成国家和自治区对通辽市实行最严格水资源管理制度的考核工作,2次考核均对通辽市工作给予了充分肯定;按照市政府要求组织完成对全市8个旗县市区和1个经济技术开发区关于实行最严格水资源管理制度的考核工作;按照市人大的工作要求,完成《通辽市水资源管理条例》立法调研报告编制工作;完成通辽市地下水超采区边界划定工作,其中科尔沁区超采区面积3056.4平方公里,霍林郭勒市超采区超采面积42.61平方公里;初步构建通辽市水资源管理信息平台,对全市18家重点用水户建立46个用水监测站点,实现实时在线监测。

【环境源头治理】 全市61个未批先建项目,已完成整改58个,完成率95.1%。剩余3个项目正在整改中。全市"久拖不验"项目57个,列入自治区级清单14个已全部完成整改,列入市级清单43个项目已完成整改36个,其余7个均属于长期停产项目。全市35个列入自治区重点项目完成环评审批24个,未进入审批11个,其中已编制完环评1个、正在编制环评7个、尚未编制环评3个;45个市级重大项目已完成环评审批39个,未进入审批6个,其中已编制完环评1个、正在编制环评1个、尚未编制环评4个;119个"自治区成立70周年大庆通辽献礼工程"项目完成环评审批61个,未进入审批58个,其中打捆项目24个;其他项目市本级完成环评审批47个,完成建设项目竣工环保验收15个。

全面深化改革

【综述】 2016年全面深化改革夯基垒台、立柱架梁的关键之年。领导小组坚持谋大事、议大事、抓大事,先后召开4次领导小组会议,研究改革政策举措,部署推进改革工作。市委书记专门作出10次批示,对改革工作提出明确要求。市政府召开45次会议,其他小组多次召开会议,研究各领域改革工作,推动改革举措落地生根。改革办按季度召开4轮改革办主任会议,听取43个重点部门和7个专项小组专题汇报,督促改革任务落实。统筹推进党的十八届五中全会确定的改革举措,制定贯彻党的十八届五中全会重要改革举措实施规划,提出68项改革举措、118条改革任务。市委、市政府和有关部门共制定出台各类改革成果形式185件。领导小组把试点先行作为推进改革的重要方法,对全市改革试点进行分类清理规范,市本级停止试点3项、继续试点25项。按照领导小组要求,改革办对专项小组和部门推进重点改革情况进行督察,制发催办通知单12份;联合专项小组办公室对旗县市区进行半年督察,形成督察反馈意见9件;开展改革"回头看",全面排查十八届三中全会以来各项改革任务的推进落实情况,向相关部门下发整改通知书7件。坚持以考促改，修订改革考核办法，制定2016年改革工作考核细则，增加改革成效和亮点工作的赋分比例，增设加减分项。领导小组注重加强宣传和舆论引导，汇聚全社会支持改革的正能量。确定34项改革重点宣传内容，在市级媒体进行宣传报道。

经济体制改革

【“三去一降一补”扎实推进】 加减法并用“去产能”，淘汰煤炭产能943万吨，淘汰通顺铝业落后产能5.8万吨，推进煤电铝循环发展，把优势产能做成优势产品，全市铝后加工产品达328个。供需两端发力“去库存”，制定去库存33条意见和阶段性购房补贴政策，全市房地产库存量减少180万平方米。用管结合“去杠杆”，减少对“僵尸企业”和产能过剩行业的信贷投放，有效利用金融杠杆保障重点项目和重点工作资金需求，全市不良贷款总量、不良贷款率实现双降。多措并举“降成本”，从减免行政事业性收费、清理涉企收费等8个方面制定30条配套政策措施，共为企业降低成本17.7亿元，受到国务院第三次大督查表扬，是全区唯一受到表扬的盟市。对焦差距“补短板”，铁路网、公路网、航空网、能源网、水利网、信息网和市政网“七网建设”成效显著。

【“放、管、服”改革继续深化】 公布中介服务、涉企收费、政府权责3个清单，建立“容缺审批”机制和行政审批机制超时默认和缺席默认制度，行政许可事项压减到41项，审批时限缩减64%。建成统一的公共资源交易平台，政务服务标准体系建设工作通过国家验收，成为全区第一个通过验收的市级政务服务中心。深化商事制度改革，发放电子营业执照，完成“五证合一”、个体工商户“两证整合”、餐饮服务许可证和食品流通许可证“两证合一”等工作，新增市场主体2.9万户，总量突破20万户。落实自治区政府核准投资项目管理办法和自治区企业投资项目备案管理办法，将项目核准前置条件缩减为“两项半”。完成党政机关和参公事业单位公车改革，共封存停驶车辆1593台、保留车辆2727台，发放公务交通补贴1056万元，全面完成司勤人员安置工作。稳步推进扩权强县试点，霍林郭勒市承接下放权限61项。

【电力体制改革推进】 国电投扎哈淖尔多能互补集成优化示范工程通过国家能源局审批。推广“煤电网铝加”循环经济发展模式，加快局域微电网建设，蒙东能源形成180万千瓦火电、30万千瓦风电、4万千瓦光伏的电力装机，锦联铝材火电装机172万千瓦，综合用电成本0.28元/千瓦时，吨铝节省成本2295元。落实大用户直供电42.3亿千瓦时，三年累计为企业节约成本近20亿元，居蒙东地区首位。扎鲁特至青州±800千伏特高压直流输电工程开工建设，为自治区东部第一条特高压电力外送通道。

【国资国企改革】 以管资本为主推进国有资产监管机构职能转变，制定国资监管责任清单。印发加强市本级经营性国有资产集中统一监管工作实施方案，启动实施行政事业单位国有资产清查工作。推进国有企业分类改革，制定国有企业功能界定分类改革方案，分类推进公益类、特定功能类、商业竞争类国有企业改革、发展、监管、考核。采取“分块搞活，分散突围”战略，推进霍煤集团改制重组，与麦达斯、辽宁忠大、奇瑞集团等进行合作对接。

【财税体制改革】 完善预算管理制度，清理规范重点支出同财政收支增幅或生产总值挂钩事项。做好政府存量债务置换工作，争取置换债券资金144.94亿元。全面推进营业税改增值税试点工作，纳入正常管理户1.94万户，全年为企业减税5亿元。落实各项资源税改革政策，实行从价计征。创新政府配置资源方式，将矿产资源全部纳入市公共资源交易中心平台挂牌出让，完成7宗采矿权挂牌出让和5宗矿业权转让鉴定，有偿处置采矿权16家。

【投融资体制改革】 组建水务、交通、财投等投融资平台，与金融机构合作设立“美丽乡村”“魅力通辽”等6支基金，融进增量资金200多亿元。落实政府和社会资本合作项目财政管理办法，市级储备库项目128个，拟投资494亿元，全市共成功申报国家级示范项目5个、自治区推介项目9个，居全区第二位。加快融资租赁业发展,将融资租赁业监管纳入地方金融监管体系范畴。支持企业直接融资,成立上海股权托管交易中心通辽中小企业挂牌孵化基地,实现新三板挂牌3家、上海股权托管交易中心挂牌2家、内蒙古股权交易中心挂牌5家。

【科技体制改革】 设立科创基金和成果转化引导基金,组建科技银行,设置重大科技贡献奖,聘请21位院士顾问组成“科技顾问团”,国家农业科技示范园区获批,科技大市场累计完成技术交易额超过5亿元、代理专利195件。全市玉米、肉牛良种化率分别达到100%和98%。蒙医药产业化关键技术通过科技部验收,被评为中国蒙药之都。

【农村牧区综合改革】 建设农村牧区综合改革试验区,在土地确权、农田小型水利工程、扩权强镇、农村牧区金融等方面进行探索实践。科尔沁区等4个旗县区启动土地承包经营权确权登记颁证整旗推进工作,全面完成草原确权承包工作。完善三级土地流转服务中心功能,建设奈曼旗产权流转交易市场,全市土地流转42.25万公顷。全市80%龙头企业与农牧民建立利益联结关系,50%为紧密型利益联结。深化农村金融改革,“四权”抵押贷款余额10.8亿元,库伦旗村级小额贷款担保基金发放贷款372万元。启动开鲁县国家级农村承包土地经营权抵押贷款试点,发放贷款455万元。落实国家粮食收储制度改革,发放玉米生产者补贴21.8亿元,设立玉米收购贷款信用保证基金,制定玉米深加工企业补贴方案,16家企业获批成立“粮食银行”。出台国有林场改革方案,明确改革方向和任务。推进供销合作社综合改革,实现基层社全覆盖。建设9个优势特色产业34个标准化示范基地,全市“三品一标”有效用标企业62家,建立全国首例肉牛成产信息化管理及质量安全可追溯系统,实现4万头肉牛可追溯。

【城市建设管理体制改革深化】

制定公交发展专项规划,全面完成主城区公交管理体制改革,实现15分钟自行公交圈。推进“多规合一”试点,形成“土规”与“城规”差异斑块280平方公里。推进综合行政执法体制改革试点,科左后旗成立城市管理行政执法局和农村牧区综合执法局。建立主城区城市地下管网综合信息管理机制,制定主城区城市地下管线规划管理办法,建设中心城区地下管网信息系统和地下管线基础信息平台,整合城市供水、排水、燃气、电力等信息资源。

【开放型经济新体制构建】 印发融入“一带一路”建设实施意见,开通“通满欧”跨境货运班列和大连港集装箱每日班列,开通锦州港班列,开辟向南新通道。成功承办中蒙博览会“3+3”区域合作会议,举办内蒙古第二届蒙医药博览会暨欧亚太平洋大学联盟学术高峰论坛。与河北省保定市缔结友好城市,与吉林大学等科研院校签署合作协议,京通合作全面深化。开展精准招商,新签约千万元以上项目165个,实现到位资金629亿元。成立国家电子商务产业研究院分院,通辽电子商务产业园成为全区唯一的国家级“2016年十佳电子商务园区”,科左中旗、奈曼旗、开鲁县、扎鲁特旗评为国家级电子商务进农村综合示范旗县,全市电商交易额突破16亿元。

【生态文明制度改革】 印发生态文明制度建设实施意见,围绕大气、水、土壤开展专项整治,划定耕地、水资源、基本草原和林地生态保护红线。启动北部地区区域发展规划战略环评,投资10亿元的电解铝烟气污染物梯度利用、减量趋零排放示范工程开工建设。完成水、矿产、土地、林木和草原5种自然资源资产实物量变动表编制工作。推进土地节约集约利用,更新基准地价,落实土地利用动态巡查制度,闲置土地处置率达到78%,霍林郭勒市被评为全国国务资源节约集约模范县。建立不动产统一登记制度,市本级和8个旗县市区全部实现“停旧发新”,发放新证4316份。推动环境污染强制责任保险制度,在重金属、危险化学品生产经营企业开展试点。制定生态文明建设目标考核办法,出台党政领导干部生态环境损害责任追究专项考核评价实施办法和苏木乡镇(街道)党政领导干部生态环境损害责任追究实施细则。完成科左中旗开展草原资产审计试点。

民主法治领域改革

【地方立法体制不断完善】 印发加强党委领导地方立法工作意见，建立健全人大立法工作的组织机构，成立法制委员会和法工委，充实立法工作人员。建立健全立法咨询顾问制度，按照法律专业为主、理论与实务相结合、人员规模适度的原则，聘请8名立法咨询顾问。建立基层立法联系点制度，制定工作办法，确立13个基层立法联系点。

【人大监督工作不断加强】 落实市人大常委会讨论决定重大事项暂行规定，在市四届人大常委会第24次会议上做出关于依法加强传染病防治工作的决议。制定市人民政府重大决策向市人大常委会报告的意见，健全各级政府重大决策出台前向本级人大报告制度。成立人大工作研究会，召开第一届市人大研究会理事大会。

【协商民主建设积极推进】 印发2016年度协商工作计划，召开2次专题议政性常委会议，围绕促进物流业发展和精准扶贫工作进行专题协商，形成物流业发展、精准扶贫精准脱贫等调研报告；召开对口协商会议2次，围绕重点业态食品安全、规范社区矫正等工作与相关部门联合开展调研考察、协商座谈。制定提案办理协商办法，从四届四次会议以后立案的338件提案中，筛选203件提案作为重点督办提案和面对面协商办理的提案，组织委员与21个部门，就163件提案进行面对面办理，参与委员达240人次。

【基层治理体系不断健全】 健全完善会员评议职工之家制度，完善基层工会民主选举制度。深入开展民族工作进社区试点，在科尔沁区巴黎之春社区等5个社区开展试点工作。推进基层群众自治组织普遍建立法律顾问制度，全市共有862个聘请律师法律顾问。

文化体制改革

【五级公共文化服务网络建成】

建成90个文化站、2127个文化室，基本实现苏木乡镇、嘎查村全覆盖，初步建成五级公共文化服务网络。推进科尔沁文化生态保护区和3大原生态保护区建设，建成30个非物质文化遗产传承基地。制定出台通辽市全民阅读中长期规划草案，开展青少年寒暑假系列阅读、书香科尔沁等大型活动，累计参与2100人次。

【市旅游委员会组建】 启动建设13个自驾游营地、东西南北4门户，吸引自驾游游客293.4万人，创建全国自驾游目的地试点城市，承办全区品牌旅游线路创建现场会。

【文化旅游重点项目库建立】

实施“科尔沁文化旅游季”4大板块、43项活动，举办阿古拉楚古兰节、国际枫叶节等文化旅游节庆盛会。创新哲里木赛马节举办方式，在各旗县市区设置赛区，增加游客20万人。以政府补贴方式支持文化艺术团体进文化旅游景区、景点和自驾游沿线服务，26家民间艺术团体在景区演出500余场。

【特色文化产业园区建设工程实施】 推进印刷文化产业园、哈萨尔圣地蒙古风情园、那达慕风情园、鼎元盛世文化产业等项目建设。培育开发科尔沁文化产品，成功组织参加文化产业博览会4次，成交项目33个，成交金额2261万元，现场销售和贸易额近300万元。以科尔沁区为试点，建立以“7类群体、2种方式、4步分析、4个研判”为主要内容的舆情会商和社会舆情预警机制，已收集信息2大类2349件，对350余件典型信息进行深度分析，为中心城区舆情分析研判工作积累经验。

【志愿服务组织扶持发展】 全市注册志愿者62 272人，周平均服务时间超过2小时，有1个志愿服务组织被评为全国优秀志愿服务组织。

司法体制改革

【司法人员员额制实施】 制定法官、检察官入额实施方案，按照规定程序选拔入额法官337名、检察官211名，年内完成员额内法官检察官职务任免和司法辅助人员身份确认、职务套改工作。

【审判权运行机制试点推进】

在建立“一主一助一书”审判组合、推进行政管理权、监督权和审判权分离的基础上，以通辽市人民法院刑事庭、少年庭、民三庭为试点庭室,落实独任法官、审判长裁判文书签署权,1259件办结案全部由主审法官签发。

【以审判为中心的诉讼制度改革】 建立“侦控辩审”四方联席会议制度,制定刑事庭审实质化改革方案及配套制度规范,在26件案件中通知证人出庭26人次、侦查人员出庭6人次、鉴定人员出庭7人次,充分发挥庭审决定性作用。

【行政诉讼案件异地集中管辖机制完善】 全面推行案件材料清单制度,扩大案前调解范围,实行巡回审判制度,改革文书送达机制,采用电子邮件传送案件文书。

【律师参与化解和代理涉诉信访案件】 率先在全区开展律师代理申诉,建立110名律师组成的律师人才库,选任律师在市旗人民法院诉讼服务中心接待来访群众,参与涉法涉诉信访案件178起,代理8起,出席重大信访事项听证3起,化解信访骨头案5起。

【户籍制度改革推进】 妥善解决247名无户口人员落户问题,纠正重复户口、重号数据和无相片人员错误数据43 892条。制定常住户口登记管理实施细则,对农村牧区升学参军等4类群众放宽迁入城镇落户条件,取消市内迁移证明。建立户籍管理监督制约、终身负责制和户籍管理责任追究机制,拓宽异地办证范围,在通辽市可办理18个省市身份证补换业务。

社会事业领域改革

【教育领域改革稳步推进】 推进基本公共教育服务均等化,库伦旗、霍林郭勒市义务教育均衡发展通过国家验收。提升教育教学科研能力,成立教育教学研究院。优化学前教育资源,科尔沁区等3所幼儿园通过自治区示范幼儿园评估认定。为7个旗县区40所学校安装74套同频互动课堂设备。启动中小学职称制度改革工作,已完成职称过渡工作,开展中高级职称评审。职教集团开展实质性运作,完成“四校合一”主体工程。

【医药卫生体制改革持续深入】

全面开展城市公立医院改革,取消药品加成政策,同步实行自治区新版医疗服务项目价格,调整市公立医院管理委员会,推进建立运行新机制。推动建立分级诊疗制度,奈曼旗完善新农合“10+100+20%”支付方式,科左后旗推行新农合家庭病床服务,累计补助634万元,全市家庭医生签约10万人。实现医保跨盟市、跨旗县异地就医直接结算,参保人员可在82家两定机构刷卡结算,已完成市内就医结算9945人次、779万元。制定“智慧医疗”的建设方案,建成电子健康档案、全员人口信息、电子病历信息三大数据库。

【就业创业体制机制逐步健全】

制订2016年就业创业行动计划,共举办77场企业用工和大学生求职专场招聘会,提供就业岗位5.17万个,城镇新增就业18 910人。围绕三大产业集群开发就业岗位带动就业32.41万人,发放创业担保贷款11 309万元,鼓励高校毕业生到基层就业10 939人,开展“春风行动”农村牧区转移技能培训18 139人。启动劳动用工排查夯实劳动保障监察责任网格专项行动,对社会法人劳动保障信用失信行为进行督促整改。

【社会保障制度改革不断深化】

整合城镇居民基本医疗保险和新型农村合作医疗两项制度,开发统一的城乡居民医疗保险信息系统,率先在全区实现“一网化”运行。出台低保政策和扶贫政策衔接的实施方案,制定农村牧区留守人员社会工作关爱服务计划。完成科区红十字康复安养院等6所养老机构医养结合改革试点,建立医养融合新机制。制定出台贫困旗县退出机制,创新资产收益扶贫模式,在科左中旗、科左后旗、库伦旗、奈曼旗开展资产收益扶持制度改革试点,实现3000户贫困户脱贫。

【食品药品监管体系建立完善】

独立设置市、旗、镇三级食品药品监管机构,构建统一权威的食品药品监管体系。全市新核定食品药品监管系统人员编制1100人,其中新增加400个编制全部充实基层一线。制定食品药品安全网格化监督管理办法,共建立市、旗、镇、村四级监管网格3360个,聘用协管员2000多名。建设“1+8+N”食品药品检验检测体系,41个基层监管所标准化建设均达标。

党的建设制度改革

【党的组织制度不断完善】 贯彻落实全面从严治党要求100条意见、“五个一”工作机制、全面从严治党工作任务分解和考评细则、五级示范抓引领工作意见。印发市委常务委员会议事决策规则，组织协调各级党委(党组)创新党务公开方式。严格执行领导干部报告个人有关事项规定，委托市审计部门对19名县处级领导干部进行经济责任审计。严格落实“四个凡提”，对领导干部遵守党纪法纪、廉洁自律情况征求意见687人次，对受理的信访件全部进行核实办理；深入开展8个方面专项整治，切实防止干部“带病提拔”。

【干部人事制度改革不断深化】 制定领导班子和领导干部综合分析研判实施办法，建成综合分析研判信息管理平台，对县乡两级领导班子和领导干部进行分析研判。健全完善干部选拔任用民主推荐、民主测评的具体办法，采取先谈话推荐，再会议推荐的方式进行民主推荐。深入推进女干部、少数民族干部、党外干部培养选拔试点，探索完善促进科学发展的考核评价机制，制定出台“脱贫攻坚”“生态环境损害责任追究”“服务业发展”三个专项考评办法。加大从基层一线选拔干部工作力度，全市有38名事业编制人员、8名优秀嘎查村书记、3名优秀大学生村官通过换届选举进入苏木乡镇领导班子。

【党的基层组织建设不断加强】 扩大处置不合格党员试点范围，在每个旗县市区确定3个基层党委开展试点，在明确界定标准、规范认定程序、完善处置方式、加强教育转化上加大探索力度。完善苏木乡镇党代会年会制运行办法和工作模式，全市90个苏木乡镇全部召开党员代表会议。

【人才发展体制机制改革不断深化】 落实自治区关于加强基层专业技术人才队伍建设实施意见。推进卫生领域专业技术人才职称评审工作，严格执行自治区制定的22个系列48个专业的专业技术资格评价标准。深化“煤电铝、煤化工人才改革试验区”建设，推进公共实训基地建设和职业技术学校办学模式改革，加速人才与产业深度融合。编制年度急需紧缺人才目录，修订人才引进政策，建立选才用才留才的长效机制，采取举办产业人才交流会等方式广纳贤才。

纪律检查体制改革

【权力行使的制约和监督】 继续开展党委(党组)书记向市纪委全会述责述廉工作，霍林郭勒等6个党委(党组)在市纪委四届六次全会上进行述责述廉。深化一把手“5个不直接”分管制度，市直部门和旗县市区实现全覆盖。完成科尔沁区“三重一大”改革试点回头看工作，重点在完善制度、规范流程、强化落实上进行巩固提升。出台规范共产党员、领导干部婚丧喜庆事宜规定，制发加强公共财政资金安全运行监管和监督执纪等制度规定。完善市监察局局长办公会议议事规则，发挥特约监察员职能，听取特邀监察员意见建议。

【党风廉政建设主体责任和纪委监督责任的落实】 实行履行主体责任定期报告制度，印发纪委(纪检组)报告党风廉政建设主体责任履职情况的通知，对8个旗县市区及1个经济技术开发区和74个市直部门进行半年督查。深化点题式、跟踪式、提醒式“三式”监督工作法，加强对同级党政领导班子成员的监督。以地方党委换届为契机，全面调整优化市及旗县市区纪委委员及其常委会结构。印发落实党风廉政建设“一岗双责”“一案双查”实施办法，加大问责力度。继续落实加强市直机关纪委建设的意见，29个市直部门单位全部建立机关纪委或设立专职纪检员。开展“基层基础建设巩固提高年”活动，出台进一步改进和加强苏木乡镇、街道、国有农牧场纪律检查工作的实施意见。

【纪检工作双重领导体制完善】 健全下级纪委向同级党委、上级纪委报告制度，各旗县市区纪委、派驻纪检组定期向市纪委报告工作开展情况。结合旗县市区党委换届，按1∶3比例重新调整完善旗县市区纪委书记、副书记备用人选库。严格执行纪委书记副书记、派驻纪检组长和国有企业纪工委书记副书记提名考察办法,出台苏木乡镇纪委书记调整任免审核备案办法。实行纪检监察干部监督工作责任清单和负面清单制度,加强对干部监督管理。

【完善派驻机构管理体制】 落实纪委派驻纪检组管理办法,召开市纪委派驻纪检组述职大会。加强对派驻机构工作考核,对市纪委26个派驻纪检组进行考核。市纪委26个派驻纪检组与所有被监督部门主要负责人、班子成员、环节干部及二级单位负责人逐一进行廉政谈话,做到早提醒、早预防。下发纪委(纪检组)报告党风廉政建设主体责任履职情况的通知,督促履行主体责任。推进巡察工作试点,出台巡查工作暂行办法,成立巡察办和巡察组,对3个市直党组和8个旗县市区开展巡察。

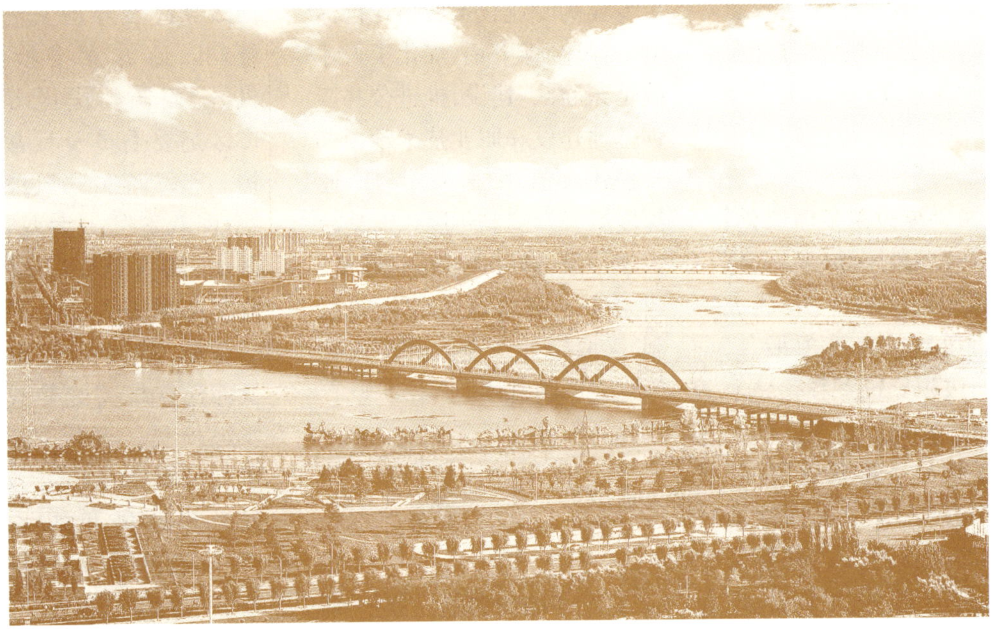

▲ 通辽新貌

组织机构及负责人

【中共通辽市委员会领导人名录】

书　　记　罗永纲(11月离任)
　　　　　宋　亮(11月任职)
副 书 记　包振玉(蒙古族 12月离任)
　　　　　郝茂荣(12月任职)
　　　　　孟宪东(2月离任)
　　　　　孙振云(6月任职 10月离任)
　　　　　杨静波(蒙古族 10月任职)
常　　委　罗永纲(11月离任)
　　　　　宋　亮(11月任职)
　　　　　包振玉(蒙古族 12月离任)
　　　　　郝茂荣(12月任职)
　　　　　孟宪东(2月离任)
　　　　　杨静波
　　　　　梁志远(蒙古族)
　　　　　孙振云(蒙古族 10月离任)
　　　　　陆　军(10月离任)
　　　　　张国忠(3月离任)
　　　　　贺志亮
　　　　　王肆虎
　　　　　高　忱(12月离任)
　　　　　张志强
　　　　　李　莉(10月任职)
　　　　　曹文敏(2月任职)
　　　　　冯正玉(4月挂职)
　　　　　宝音达来(蒙古族 10月离任)
秘 书 长　贺志亮

【通辽市人大常委会领导人名录】

主　　任　道尔吉(蒙古族)
党组书记　孙振云(蒙古族 10月任职)
副 主 任　王玉伟
　　　　　特木尔巴根(蒙古族 1月退休)
　　　　　付泽彬
　　　　　郭建伟
　　　　　希日巴拉(蒙古族)
　　　　　宝凤山(蒙古族 1月任职)
秘 书 长　郭学军(达斡尔族 12月辞职)
副秘书长　王志国(蒙古族 7月逝世)

办公厅

主　　任　郭学军
副 主 任　柴红光
　　　　　于有志

【通辽市人民政府领导人名录】

市　　长　包振玉(蒙古族 市委副书记 12月离任)
　　　　　郝茂荣(蒙古族 12月任市委副书记、代市长)
常务副市长　孙振云(蒙古族 市委常委 6月离任)
副 市 长　张国忠(市委常委 3月离任)
　　　　　高　忱(市委常委 3月任职)
　　　　　冯正玉(市委常委 4月挂职副市长)
　　　　　于　沨
　　　　　贺海东
　　　　　崔景英(女 6月任职)
　　　　　赵长青(6月任职)
　　　　　韩国武
　　　　　邱成刚(兼市公安局局长 8月离任)
　　　　　曹文敏(兼扎鲁特旗委书记 3月离任)
　　　　　王　军(兼市公安局局长 8月任职)

【通辽市信访局领导人名录】

局　　长　史厚纯(副秘书长兼)
副 局 长　王悦英(女)
　　　　　王子龙

【通辽市对外开放办公室领导人名录】

主　　任　李　奎(政府副秘书长兼)
副 主 任　乔振斌
　　　　　刘丽静(女)
　　　　　罗延东(蒙古族)

【通辽市政府外事办领导人名录】

主　　任　陈　华(政府副秘书长兼)

【政协通辽市委员会领导人名录】

党组书记　高　忱(12月任职)
主　　席　高　琦
副 主 席　包庆贺(蒙古族)
　　　　　巴日格其(蒙古族)
　　　　　汤连荣(12月退休)
　　　　　王德民
　　　　　孟令成
　　　　　吴国林
　　　　　宝丽华(女　蒙古族)
　　　　　王喜春
秘 书 长　张志刚(6月离任)
办公厅副主任　庄建军
　　　　　滕志文(女)

【通辽市纪委监察局领导人名录】

书　　记　王肆虎
副 书 记　赵海山(蒙古族)
　　　　　李志刚(10月离任)
　　　　　甘广慧(蒙古族 10月离任)
　　　　　阿拉木斯(蒙古族 10月任职)
　　　　　李玉良(回族 10月任职)
监察局局长　赵海山(蒙古族)
副 局 长　金斯琴(蒙古族)
　　　　　赵永江(蒙古族)
　　　　　赵　枫(蒙古族 10月离任)

【通辽军分区领导人名录】

司 令 员　陆　军
政治委员　任通运(5月离任)
参 谋 长　宋庆贵
政治部主任　赵建涛

【中共通辽市委组织部领导人名录】

部　　长　杨静波(蒙古族)
副 部 长　王会阁
　　　　　朱云霞(女　蒙古族)
　　　　　赵亚春

【中共通辽市委宣传部领导人名录】

部　　长　宝音达来(蒙古族 10月离任)
　　　　　李　莉(女　蒙古族 10月任职)
副 部 长　陈　利
　　　　　李　明(蒙古族 兼通辽日报社社长)
　　　　　赵　航(兼文明办主任)
　　　　　王　宇(女)
　　　　　武随文(蒙古族)
　　　　　王　奎(兼通辽广播电视台台长)

【中共通辽市委统战部领导人名录】

部　　长　张志强(满族)
副 部 长　于文清
　　　　　许立华(蒙古族)
　　　　　王宏华(女　蒙古族)
　　　　　包根柱(蒙古族)
　　　　　青格乐图(蒙古族)

【中共通辽市委政法委领导人名录】

书　　记　梁志远
副 书 记　孙树军
　　　　　王孝义

【中共通辽市委政研室领导人名录】

主　　任　高志峰(满族)
副 主 任　田　军(蒙古族)
　　　　　娄　枫(蒙古族)

【中共通辽市委改革办领导人名录】

主　　任　贺志亮
专职副主任　郭明群

【中共通辽市委农村牧区工作部领导人名录】

部　　长　王立恒
副 部 长　李锦标
　　　　　王月英(女　蒙古族)

【通辽市直机关党工委领导人名录】

书　　记　宋建忠(兼市委组织部副部长)
副 书 记　万代瑛(女)
　　　　　戴广超(兼纪工委书记)

【中共通辽市委老干部局领导人名录】

局　　长　马洪文(蒙古族)
副 局 长　张梅梅(女　满族)

【通辽市档案局领导人名录】

局　　长　姜明杰(女　蒙古族)

【中共通辽市委史志办公室领导人名录】

主　　任　程志峰(蒙古族)
副 主 任　乌力吉巴雅尔(蒙古族)
　　　　　孙　岩(女　蒙古族)

【通辽市发展和改革委员会领导人名录】

主　　任　刘兰英(女)
常务副主任　陈　力
副 主 任　敖喜君(蒙古族)
　　于晓非
　　张永海(回族)
　　史艳春
　　武立民
　　刘海龙(3月离任)
　　许　宏(蒙古族 3月任职)

【通辽市教育局领导人名录】

局　　长　高　娃(女 蒙古族)
副 局 长　张都荣(蒙古族)
　　蒋志强(蒙古族)
　　巴　图(蒙古族)
　　田向阳

招生考试管理中心

主　　任　郭志霞(女)

【通辽市科学技术局领导人名录】

局　　长　张鸿福(5月离任)
副 局 长　王明远
　　包兴华(蒙古族)
　　王梅玲(女)

【通辽市经济和信息化委员会领导人名录】

主　　任　王　琼
副 主 任　佟新民(蒙古族 兼中小企业局局长)
　　刘世铎(兼信息化推进中心主任)
　　单国福
　　钱启俊(蒙古族)
　　姜国福

【通辽市民族事务委员会领导人名录】

主　　任　包根柱(蒙古族)
副 主 任　赵乌日塔(蒙古族)
　　孟根达来(蒙古族)
副 局 长　鲍春光(蒙古族)

【通辽市公安局领导人名录】

局　　长　邱成刚(8月离任)
　　王　军(8月任职)
副 局 长　李树城
　　姜　波(蒙古族)
　　张彦忠
　　王彦东(蒙古族)
　　白世平
　　张子军
　　付　锐
政治部主任　姜　波(蒙古族)
纪委书记　张志江
办公室主任　邵明明(女)

刑事侦查支队

队　　长　马忠钰

【通辽市民政局领导人名录】

局　　长　杨宝连(蒙古族 5月离任)
副 局 长　赵国河
　　李树森
　　穆永春(蒙古族)
双拥办主任　齐向明(党组成员)

【通辽市司法局领导人名录】

局　　长　闫佩林
副 局 长　肖利中(蒙古族 2月离任市强制隔离戒毒所所长)
　　赵美杰(女 蒙古族)
　　王宝玲
　　费敬东(蒙古族 2月兼任市强制隔离戒毒所所长)

【通辽市财政局领导人名录】

局　　长　宝凤山(蒙古族 3月离任)
　　徐天鹏(3月任职)
副 局 长　吕占民(6月离任)
　　关铁山(蒙古族)
　　孙建国(满族)
　　白玉堂(蒙古族)
　　付建民
　　王　涛
非税收入管理局局长　裴玉红(女 蒙古族)

【通辽市人力资源和社会保障局领导人名录】

局　　长　崔迎跃
副 局 长　王伟琴(女)
　　范宏伟(蒙古族 7月离任)
　　张国辉
　　吴青海(蒙古族 7月任职)

白春山(蒙古族)

就业局局长　孙万民

【通辽市国土资源局领导人名录】

局　　长　林文惠

副 局 长　桑　杰

纪景海(蒙古族)

宝寒松(蒙古族)

刘中平(女　蒙古族)

刘　峰(蒙古族　兼土地储备中心主任)

韩　杰(蒙古族)

执法支队队长　王勤荣

【通辽市规划局领导人名录】

局　　长　王大军

副 局 长　郝景元

李　志

【通辽市住房和城乡建设委员会领导人名录】

主　　任　王宏哲

副 主 任　高继业(蒙古族)

李旭辉(蒙古族)

郭英杰

高崇军(兼任城管支队队长)

张景琦(蒙古族　兼任质监站站长)

顾凤梅(女)

【通辽市环境保护局领导人名录】

局　　长　徐　辉

副 局 长　冯宝珠

薛玉成

宫小勇

董成余

【通辽市交通运输局领导人名录】

局　　长　王宏图

副 局 长　吴金成(蒙古族)

吕金福(蒙古族)

尹　凯(蒙古族)

康红光

田玉忠

毕金诚(6 月离任)

柴国祥

【通辽市水务局领导人名录】

局　　长　关文涛(蒙古族　3 月离任)

副 局 长　白显金

宋庆玉

管长山

杨占田(蒙古族)

李建国(蒙古族)

【通辽市农牧业局领导人名录】

局　　长　刘凤武(蒙古族　7 月离任)

副 局 长　何长福(蒙古族)

刘光毅(7 月任职)

张喜富

孙福全(蒙古族)

吕国华(7 月任职)

魏庆生

【通辽市林业局领导人名录】

局　　长　姜晓东

副 局 长　徐振喜(蒙古族)

包宝君(蒙古族)

贺希格(蒙古族)

吴玉国(蒙古族　12 月任职)

防火办主任　罗　君

【通辽市商务局领导人名录】

局　　长　李金柱(蒙古族)

副 局 长　姜福坤

赵　俊

何　刚(蒙古族　3 月离任)

孙书涛(蒙古族　3 月任职)

【通辽市文化新闻出版广电局领导人名录】

局　　长　盛　勤

副 局 长　杜广兴(满族)

苏日塔拉图(蒙古族)

齐根柱(蒙古族)

市文化市场综合执法局

局　　长　宋　斌

【通辽市卫生和计划生育委员会领导人名录】

主　　任　王向东(蒙古族)

副 主 任　孙景生

赵玉儒

马葆壮(蒙古族)

郑国庆(蒙古族)

周宝德

【通辽市审计局领导人名录】

局　　长　张　青(女)

副 局 长　王志刚

马砚春(女)

刘庆林

【通辽市体育局领导人名录】

局　　长　孙忠礼

副 局 长　刘晓光(蒙古族)

付庆森(蒙古族)

【通辽市食品药品监督管理局领导人名录】

局　　长　李惠放

副 局 长　于　辰

郝魁先

【通辽市工商行政管理局领导人名录】

局　　长　刘殿文(蒙古族)

副 局 长　张福森

李勇智

赵　玲(女　蒙古族)

苗金成

总会计师　程学义

【通辽市质量技术监督局领导人名录】

局　　长　董景秀

副 局 长　董久平(蒙古族)

李海滨

任全宝(蒙古族)

总工程师　刘淑琴

【通辽市安全生产监督管理局领导人名录】

局　　长　白云飞

副 局 长　李忠臣

秦　晖

李洪举

【通辽市统计局领导人名录】

党组书记　田　野

局　　长　徐宝君

副 局 长　曹俊卿

杨国庆(蒙古族)

【通辽市旅游局领导人名录】

局　　长　檀志军

副 局 长　矫敏利

孙海鹰

解春贺

那日苏(蒙古族)

【通辽市粮食局领导人名录】

局　　长　周志文

副 局 长　王敏峰(满族)

赵　颖(女　蒙古族)

【通辽市金融工作办公室领导人名录】

主　　任　杨国会(蒙古族 3 月离任)

副 主 任　覃一龙(8 月离任)

陈醒菊(女)

嵇海洋(蒙古族)

张冬欣(蒙古族 3 月离任)

【通辽市人民防空办公室领导人名录】

主　　任　王守义

副 主 任　刘凤义

曹树祥

马瑞芳

【通辽市扶贫开发办公室领导人名录】

主　　任　王亚林(蒙古族)

副 主 任　宝　林(蒙古族)

张　仪

【通辽市地震局领导人名录】

局　　长　李洪伟

副 局 长　陈晓福

白领利(蒙古族)

【通辽市供销合作社联合社领导人名录】

党委书记
理事会主任　卢俊强

理事会副主任　包云学(蒙古族)

赵颖秋(女)

【通辽市政务服务中心和公共资源交易中心领导人名录】

主　　任　包建设(蒙古族　市政府副秘书长兼)

副 主 任　王志刚(兼机关党委书记)

毛建春

魏洪波

李世英(兼纪委书记)

【通辽市中级人民法院领导人名录】

院　　长　巴根那(蒙古族)

副 院 长　王胜利

李凤玉(蒙古族)
沈明元

专职审判委员会

委　　员　刘　国
政治部主任　景志宏

【通辽市人民检察院领导人名录】

检 察 长　布　和(蒙古族)
副检察长　王　野(蒙古族)
韩志武
霍玉春(女)

反贪污贿赂局

局　　长　李玉良(回族 10月离任)
政治部主任　于　勇

【中国人民武装警察部队通辽市支队领导人名录】

支 队 长　刘　强
第一政治委员　邱成刚(10月离任)
王　军(10月任职)
政治委员　曹永红
参 谋 长　张子宝(满族)

【通辽市公安消防支队领导人名录】

支 队 长　张连勇(蒙古族)
政治委员　高利平(11月离任)
金基山(朝鲜族 11月任职)

【武警通辽市森林支队领导人名录】

支 队 长　刘凤瑞
政治委员　王晓航(4月离任)
史继承(4月任职)
参 谋 长　刘国东(4月离任)
包文玖(4月任职)

【通辽市总工会领导人名录】

主　　席　郭建伟
副 主 席　孙小平(蒙古族)
宫大勇
佐宝坤(女)

【共青团通辽市委员会领导人名录】

书　　记　刘　洋
副 书 记　塔　拉(蒙古族)

【通辽市妇女联合会领导人名录】

主　　席　包兰芳(女 蒙古族)
副 主 席　王晓燕(女)
马金春(女 蒙古族)

【通辽市科学技术协会领导人名录】

主　　席　包海梅(女 蒙古族)
副 主 席　姚静丽(女)

【通辽市文学艺术届联合会领导人名录】

主　　席　杨文环

【通辽市红十字会领导人名录】

会　　长　贺海东
常务副会长　薛　静(女)
副 会 长　杨国旭(蒙古族)
孙建萍(女 蒙古族)

【通辽市归国华侨联合会领导人名录】

党组书记　王宏华(女 蒙古族)
主　　席　乌兰哈达(蒙古族)

【通辽市残联领导人名录】

党组书记　王力彬
理 事 长　崔　健
副理事长　王功有

【通辽市工商联合会(总商会)领导人名录】

党组书记　许立华(蒙古族)
主　　席　赵白玉(女 蒙古族)
副 主 席　夏飞雁(女)
赵海峰(回族)

【中国国民党革命委员会通辽总支委员会领导人名录】

主　　委　邬君明(蒙古族)
副 主 委　刘光宇(蒙古族)
王丽娟(女)
秘 书 长　王丽娟(女 副主委兼)

【中国民主同盟通辽市委员会领导人名录】

主　　委　张景琦
副 主 委　田　明
鲁静源
褚晓玲
秘 书 长　徐春华

【中国民主建国会通辽总支委员会领导人名录】

主　　委　王兴龙
副 主 委　杨澄宇
孙海民
韩秀丽(女)

秘 书 长 杨 枫

【中国民主促进会通辽总支委员会领导人名录】

主　　委 朱瑞莲(女)

副 主 委 王晓红(女)

徐翠荣(女)

孟祥军

秘 书 长 张润英(女)

【中国农工民主党通辽市委员会领导人名录】

主　　委 布仁巴图(蒙古族)

副 主 委 赫金香(女 满族)

乌力吉巴特尔(蒙古族)

金丽杰(女 蒙古族)

隋爱国

秘 书 长 赫金香(女 满族)

【九三学社通辽市委员会领导人名录】

主　　委 包庆贺(蒙古族)

副 主 委 李云娟(女)

杨 萍(女)

王湘涛

秘 书 长 狄长志

【通辽日报社领导人名录】

社　　长 李 明(蒙古族)

副 社 长 吴金刚(蒙古族)

【通辽广播电视台领导人名录】

台　　长 王 奎(蒙古族)

副 台 长 白毅夫(蒙古族)

李志军

崔延辉

关雪芹(女 满族)

乌力吉(蒙古族)

斯钦巴雅尔(蒙古族)

田 勋

【中共通辽市委党校领导人名录】

校　　长 孟宪东(6月离任 市委副书记兼)

孙振云(市委副书记兼)(6—11月)

杨静波(11月任职 市委副书记兼)

常务副校长 蔡 凯(市委副秘书长兼)

副 校 长 于艳君(女 6月20日退休)

校委委员 海曙光(蒙古族)

刘铁骑(满族)

张亚辉(女 蒙古族)

【内蒙古民族大学领导人名录】

书　　记 刘志彧

副 书 记 陈永胜(蒙古族)

白莉莉(女 蒙古族)

校　　长 陈永胜(蒙古族)

副 校 长 巴根那(蒙古族)

陈凤玉

任 军

修长百

李文阁

【科尔沁艺术职业学院领导人名录】

书　　记 李 莉(女 蒙古族 10月离任)

院　　长 赵魁武(蒙古族)

副 书 记 赵魁武(蒙古族)

照日格图(蒙古族)

副 院 长 照日格图(蒙古族)

史运来(12月离任)

戴国琴(女)

【通辽职业学院领导人名录】

书　　记 吴 颖(女 蒙古族)

院　　长 吴长海(蒙古族 6月离任)

吕永成(6月任职)

副 书 记 吴长海(蒙古族 5月离任)

吕永成(5月任职)

副 院 长 贺喜格(蒙古族)

【内蒙古自治区煤炭工业技术学校领导人名录】

校　　长 刘福友

副 校 长 王永仲

刘 晋

程士林

【通辽市第一中学领导人名录】

校　　长 陈久明(蒙古族)

副 校 长 贾永岩

王兴文

杨淑琴(女 满族)

张文国

【通辽市第五中学领导人名录】

校　　长 刘 锋

副 校 长 张立今

周长宏
王洪志
王子忠
张本发
王志国(蒙古族)

【通辽市实验中学领导人名录】

校　　长　孙　发
副 校 长　周　玉
刘占达
白春华(女　蒙古族)
王春光

【通辽蒙古族中学领导人名录】

校　　长　王宝龙(蒙古族)
书　　记　包文瑞(蒙古族)
副 校 长　布和德力根(蒙古族)
王伟东(蒙古族)
冯冶冻(蒙古族)

【通辽新城第一中学领导人名录】

校　　长　董淑芹(女　蒙古族)
副 校 长　杨　竞
吴卫东
张春风

【通辽市蒙古族学校领导人名录】

校　　长　宝　山(蒙古族)
副 校 长　特古斯(蒙古族)
韩立忠
金　荣(女)
刘太平

【通辽市实验小学领导人名录】

校　　长　由国宏
副 校 长　付存刚
刘洪波
佐晓梅(女)
李建国

【通辽市幼儿园领导人名录】

园　　长　李效华(女)
副 园 长　马　玲(女　满族)
刁建伟(女　蒙古族)

【通辽市蒙古族幼儿园领导人名录】

园　　长　吴晓红(女　蒙古族)
副 园 长　常　勤(女　蒙古族)
白迎春(女　蒙古族)
乌　兰(女　蒙古族)

【通辽市特殊教育学校领导人名录】

校　　长　钟国范
副 校 长　潘义成(满族)
吕金雁

【中国人民银行通辽市中心支行领导人名录】

行　　长　贾殿钧(兼国家外汇管理局通辽市中心支局局长)
副 行 长　王德文
赵玉强(11 月退休)
王维民(蒙古族)
李长春(10 月任职)

【通辽银监分局领导人名录】

局　　长　姜仕学(8 月离职)
范振杰(8 月任职)
副 局 长　包志伟(蒙古族)
荣占峰

【中国工商银行通辽分行领导人名录】

行　　长　叶　凯
副 行 长　马银飞
董秀元
杨　富
马晓春

【中国农业银行通辽分行领导人名录】

行　　长　成　强
副 行 长　田　宇
李景林(蒙古族　8 月离任)
海日汗(蒙古族　1 月离任)
吴长江(蒙古族)

【中国银行股份有限公司通辽分行领导人名录】

行　　长　苏　健
副 行 长　李景辉
曹亚军
杜雪清(女)
袁忠东(8 月任职)

【中国建设银行通辽分行领导人名录】

行　　长　孟丽萍
副 行 长　冯万新

张宝清
王运彤

【中国农业发展银行通辽市分行领导人名录】

行　　长　任学海(蒙古族)
副 行 长　李　波(3 月任职)
肖俊志
李晓春

【包商银行股份有限公司通辽分行领导人名录】

行　　长　赵力莉(女　蒙古族)
行长助理　周翔宇
魏宝祥(蒙古族)
风险总监　冯　勇(蒙古族)

【内蒙古银行股份有限公司通辽分行领导人名录】

行　　长　张广德(7 月离任)
副 行 长　牛利民(蒙古族　主持工作)
刘仲翼
孙万君(蒙古族)
风险总监　梁志哲

【中国邮政储蓄银行股份有限公司通辽市分行领导人名录】

行　　长　邢科峰
副 行 长　潘建新(女　蒙古族)
王晓华
杜　兴(蒙古族)

【中国人民财产保险股份有限公司通辽市分公司领导人名录】

总 经 理　梁建强
副总经理　卢风雨
王伟刚

【中国人寿保险股份有限公司通辽分公司领导人名录】

总 经 理　田国华(11 月任职)
副总经理　田国华(11 月离职)
刘佳才(12 月离职)
翟欣刚
李　颖
殷建华(12 月任职)

【通辽市国家税务局领导人名录】

局　　长　姜晓光
副 局 长　赵文君
刘金玉
刘树向
刘玉石
张铁林(4 月挂职)
总经济师　王旋慧
总会计师　杨桐良(1 月任职)

【通辽市地方税务局领导人名录】

局　　长　吴建勤
副 局 长　王金喜(蒙古族)
孙宝国(蒙古族)
夏振才
总会计师　张鹏越
社保分局局长　马俪华(女　蒙古族)

【通辽市出入境检验检疫局领导人名录】

局　　长　高全亮(8 月离任)
任华军(8 月任职)
副 局 长　白永利(蒙古族)
牛志平

【通辽市气象局领导人名录】

局　　长　李　毅(蒙古族　9 月任职)
副 局 长　石　磊
李长生

【满洲里海关驻通辽办事处领导人名录】

主　　任　刘德坤(5 月离任)
副 主 任　王剑峰(兼缉私局副局长)
王亚涛

【通辽市邮政管理局领导人名录】

党组书记
局　　长　柴国祥
副 局 长　何　宏(兼纪检组长)

【通辽市盐务管理局(盐业公司)领导人名录】

局　长(书记、总经理)
邹铁壮(蒙古族)
副局长(副经理)　蔺　萍(女)
张广珠

【通辽市烟草专卖局(公司)领导人名录】

局　　长　郭东信(兼经理)
副 局 长　白俭华(兼副经理)
智慧海(蒙古族)
副 经 理　白立宏(满族)

【国家电网通辽供电公司领导人名录】

总 经 理　陈玉胜(11 月离任)
　　　　　李　鑫(11 月任职)
副总经理　张　量(蒙古族)
　　　　　于成勇
　　　　　张少杰
　　　　　陈连君(蒙古族)
　　　　　张忠杰(11 月任职)
总会计师　杨广臣(蒙古族)
总工程师　张忠杰

【中国石油内蒙古通辽销售分公司领导人名录】

经　　理　张俊杰
党委书记　李生进(7 月离任)
　　　　　金　生(7 月任职)
副 经 理　董晓利(10 月离任)
　　　　　张燕峰(蒙古族)
　　　　　李　冰(蒙古族)
总会计师　宁玮莉(女)

【内蒙古自治区民航机场集团有限责任公司通辽分公司领导人名录】

总 经 理　孙广平
党委书记　刘志敏(蒙古族)
财务经理　李玉华(女 蒙古族)
副总经理　刘晓辰(蒙古族 1 月离任)
　　　　　郑海波(1 月任职)
　　　　　李　新(1 月任职)

【中国移动内蒙古公司通辽分公司领导人名录】

总 经 理　边德明(蒙古族)
副总经理　毕　胜(满族)
　　　　　刘海波
　　　　　李宝强

【中国联通通辽市分公司领导人名录】

总 经 理　卢海金(蒙古族 12 月离任)
　　　　　田学忠(12 月任职)
副总经理　刘轶兵(女 蒙古族)
　　　　　王俊山
　　　　　刘宏宇(女)
　　　　　杨晓辉

【中国电信股份有限公司通辽分公司领导人名录】

总 经 理　李萌晅(9 月离任)
　　　　　王　刚(9 月任职)
副总经理　陈跃伟
　　　　　韩智泉
　　　　　于　海(9 月离任)
　　　　　谷孝丰(9 月任职)

【中国邮政集团公司通辽市分公司领导人名录】

党组书记
总 经 理　李　强(蒙古族)
副总经理　江立新(蒙古族)

【通辽市城市投资集团有限公司领导人名录】

董 事 长　杨树清(女 满族)
总 经 理　孙晓明
副总经理　张春雨(蒙古族)
　　　　　闫国玉(蒙古族 12 月任职)
监事会主席
工会主席　张丽颖(女)
财务总监　张洪涛(女 蒙古族)

【通辽市水务建设投资有限公司领导人名录】

董 事 长　关文涛(3 月任职)
总 经 理　张冬欣(2 月任职)

【通辽交通投资集团有限责任公司领导人名录】

董 事 长　杨国会(蒙古族 3 月任职)
总 经 理　佟泽民(蒙古族 2 月任职)

【科尔沁区领导人名录】

区　委
书　　记　高　忱(2 月离任)
　　　　　曹文敏(2 月任职)
副 书 记　哈斯布和(蒙古族)
　　　　　刘兴臣

区人大
主　　任　刘晓梅(女 蒙古族)
副 主 任　王立波
　　　　　李云娟(女)
　　　　　赵喜忠
　　　　　杨大光

区政府
区　　长　哈斯布和(蒙古族)
副 区 长　刘兴臣(6 月离任)
　　　　　于会涛(蒙古族)
　　　　　张连宇

刘建生(蒙古族 6 月离任)
张　亮(蒙古族)
朱瑞莲(女)
王欣欣
王凤森(满族 6 月任职)
牛利民(11 离任)
刘士岗(3 月离任)
斯琴高娃(女 蒙古族 3 月挂职)
王惠杰(8 月挂职)

区政协

主　　席　艾武利
副 主 席　张　华
李伟东(蒙古族)
高雪峰(女 满族)
王玉成(蒙古族)

区人武部

部　　长　贾　光(5 月退伍)
政　　委　任志斌

【霍林郭勒市领导人名录】

市　委

书　　记　张国平(蒙古族)
副 书 记　张　华(4 月离任)
张鸿福(4 月任职)
薛子君

市大人

主　　任　李东辉(女 蒙古族)
副 主 任　张春雨
郭久元
金青格乐吐(蒙古族)
徐凤莉(女)

市政府

市　　长　张　华(5 月离任)
张鸿福(5 月代理市长 8 月任职市长)
副 市 长　战青林(蒙古族)
徐天鹏(4 月离任)
高金枝(8 月任职)
包凤英(女 蒙古族)
刘景富
郭天宝(蒙古族)
包永辉(蒙古族 8 月离任)
张玉树
尹显林(8 月任职)

市政协

主　　席　吕　财
副 主 席　杨海涛(蒙古族)
张亲辉(女)
贺　群(女)
岳玉海

市武装部

部　　长　吴铁明(蒙古族 上校军衔)
政　　委　许　浩(上校军衔)

【开鲁县党政领导人名录】

县　委

书　　记　赵长勇
副 书 记　刘兴涛
庄路轲(女 蒙古族 统战部部长)

县人大

主　　任　孙国栋
副 主 任　黄木兰(女)
恩和加力根(蒙古族 2 月离任)
贾　和
周景忠

县政府

县　　长　刘兴涛
副 县 长　姜晶莹(女)
于久彦(6 月任职)
邵凤林(蒙古族)
王山林(蒙古族 公安局局长)
金国辉
田　双(蒙古族)
张　利
范立军(6 月任职)
李景辉
赵　杰(8 月挂职)
王国泉(蒙古族 6 月离任)
王洪江(6 月离任)
孙　研(8 月离任)
县长助理　岳远朋(3 月挂职)

县政协

主　　席　包步仁(蒙古族)

副 主 席 赵建军
侯俊发
丁淑杰(女)
齐学良

武装部

部 长 彭云祥
政 委 刘梦丛

【科左中旗领导人名录】

旗 委

书 记 赵布和(蒙古族 4 月离任)
刘百田(4 月任职)
副 书 记 刘百田(4 月离任)
张海明(蒙古族 4 月任职)
吴吉力特(蒙古族)

人大常委会

主 任 李寿江(蒙古族)
副 主 任 诸贵才(7 月任职)
马越伟(满族)
贾萨仁(女 蒙古族)
张敬瑞(7 月离职)
包翠萍(女 蒙古族)

政 府

旗 长 刘百田(4 月离任)
张海明(蒙古族 4 月任职)
副 旗 长 褚贵才(7 月离任)
王洪江(2016 年 8 月任职)
张胜利(蒙古族 6 月离任)
谭凤霞(女 蒙古族 6 月离任)
邵彦军
薛宏国
韩占峰(蒙古族)
胡跃平
张敬瑞(8 月任职)
唐红梅(女 蒙古族 8 月任职)

政 协

主 席 徐长春(蒙古族)
副 主 席 李 洪(蒙古族)
包娜仁高娃(女 蒙古族)
张邦柱(蒙古族)
于庆伟

武装部

部 长 张崇欣
政 委 刘 波

【科左后旗领导人名录】

旗 委

书 记 许爱莲(女 蒙古族 3 月离任)
刘士海(3 月任职)
副 书 记 刘士海(3 月离任)
何志伟(蒙古族)
乌力吉(蒙古族 7 月任职)

旗人大

主 任 姜守义
副 主 任 赵青龙(蒙古族)
包建平(蒙古族)
王丽华(女 蒙古族)
纪桂兰(女 蒙古族)

旗政府

旗 长 刘士海(3 月离任)
何志伟(蒙古族 4 月任代旗长 8 月任旗长)
副 旗 长 吕国华(8 月离任)
特布钦(蒙古族 8 月离任)
郑洪军(蒙古族 挂职 8 月离任)
宋丽君(女 挂职 8 月离任)
玄东升(蒙古族)
关海峰(蒙古族 8 月任职)
杨宇奇
张大力
康晓东(蒙古族)
董瑞武
白青山(蒙古族 8 月任职)
周俞波(11 月挂职)

旗政协

主 席 韩 涛(蒙古族)
副 主 席 张建国(蒙古族)
史加强(蒙古族)
史连维
方丽君(女 满族)

旗人武部

部 长 赵建华

政　　委　杨　强

【库伦旗领导人名录】

旗　委

书　　记　白跃华(4月离任)
　　　　　门德白乙拉(蒙古族　4月任职)
副 书 记　门德白乙拉(蒙古族　4月离任)
　　　　　张海明(蒙古族　4月离任)
　　　　　张玉玺(蒙古族　6月任职)

旗人大

主　　任　阿木古冷(蒙古族)
副 主 任　霍守山(蒙古族)
　　　　　丛月秀(女)
　　　　　翁格日勒图(蒙古族)
　　　　　吕伟东

旗政府

旗　　长　门德白乙拉(蒙古族　4月离任)
　　　　　张玉玺(蒙古族　6月任职)
副 旗 长　张立峰(7月离任)
　　　　　张胜利(蒙古族　7月任职)
　　　　　包思沁夫(蒙古族)
　　　　　王桂兰(女　蒙古族　7月离任)
　　　　　程忠民
　　　　　王　勇(7月任职)
　　　　　李富尧(满族)
　　　　　徐浩涛
　　　　　李国华
　　　　　张铜会
　　　　　杜　兴(2月离任)
　　　　　迟晓旭(挂职　6月离任)
　　　　　王晓华(挂职　6月离任)
　　　　　葛萨楚拉(挂职　8月任职)

旗政协

主　　席　王庆川
副 主 席　曹世杰(蒙古族)
　　　　　林　杰(蒙古族)
　　　　　高玉华(女　蒙古族)
　　　　　吴喜恩(蒙古族)

武装部

部　　长　武德鹏
政　　委　关宏军(4月离任)

【奈曼旗领导人名录】

旗　委

书　　记　王广权(4月离任)
　　　　　张　华(4月任职)
副 书 记　布　仁(蒙古族)
　　　　　李玉山(蒙古族)

人　大

主　　任　吴志强(蒙古族)
副 主 任　侯玉琴(女　蒙古族)
　　　　　特木勒(蒙古族)
　　　　　张亚军
　　　　　于兴海(满族)

政　府

旗　　长　布　仁(蒙古族)
副 旗 长　郭　勇
　　　　　李春国(蒙古族　10月离任)
　　　　　吴　波(10月挂职)
　　　　　常晓东
　　　　　陈　静(女　蒙古族)
　　　　　白　华(蒙古族)
　　　　　王　刚
　　　　　孙宏志
　　　　　张显鹏
　　　　　刘文斌(12月离任)
　　　　　辛兆顺(12月离任)
　　　　　赵茂林(挂职)
　　　　　沈福林(12月挂职)
　　　　　王　迪(女　12月挂职)

政　协

主　　席　蔡川龙
副 主 席　张丽宏(女)
　　　　　苑德存
　　　　　李哈日巴拉(蒙古族)
　　　　　席额日很白音(蒙古族)

武装部

政　　委　葛洪鹏
部　　长　陈晓东

【扎鲁特旗领导人名录】

旗　委

书　　记　曹文敏(兼任通辽市副市长　2月离任)

白立柱(蒙古族 2月任职)
副 书 记　白立柱(蒙古族 2月离任)
额尔敦夫(蒙古族)
梁铁宝(兼任旗统战部部长 6月任职)

旗人大

主　　任　额尔敦夫(蒙古族 4月离任)
副 主 任　乌力吉门德(蒙古族)
李　杰
孟根花(女 蒙古族)
伍　晓(女 蒙古族 12月兼任旗总工会主席)

旗政府

旗　　长　白立柱(蒙古族 2月离任)
额尔敦夫(蒙古族 4月至7月代理 7月任职)
副 旗 长　刘光毅(6月离任)
肖　强
包红梅(女 蒙古族 兼任旗宣传部部长 8月离任)
白音仓(蒙古族 6月任职)
乌恩吉雅(蒙古族)
韩秀丽(女)
王艳军(蒙古族)
林曙光(蒙古族)
齐　昌(兼任旗公安局局长)
马文强(6月离任)

旗政协

主　　席　孙茹秋(女)
副 主 席　郃学兰(女 蒙古族)
邵占军(蒙古族)
布茂祥
额尔敦(蒙古族)

旗人武部

部　　长　任德玲
政　　委　董成林

【通辽经济技术开发区领导人名录】

党工委

书　　记　李艳荣(女 蒙古族 6月离任)
副 书 记　李凤文
高　玮
委　　员　庞　友(蒙古族)
郝　江
王剑岩(满族)
赵建军
李振清(蒙古族)
刘东华
何　刚(蒙古族)
格根哈斯(女 蒙古族 3月挂职结束)

管委会

主　　任　李凤文
副 主 任　高　玮
庞　友(蒙古族)
王剑岩(满族)
赵建军
李振清(蒙古族)
付　锐
刘东华
格根哈斯(女 蒙古族 3月挂职结束)
冯　勇(蒙古族 11月挂职结束)

中国共产党通辽市委员会

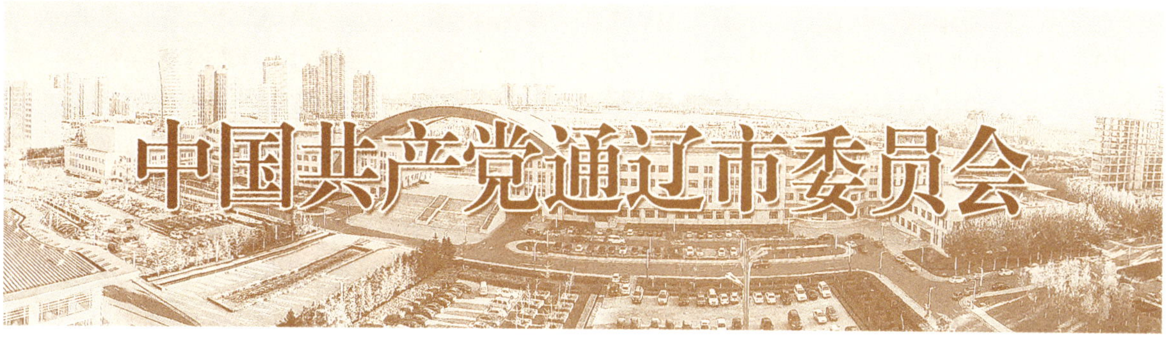

市委重要决策与部署

【全面从严治党推进】 严格履行管党治党主体责任，扎实推进“两学一做”学习教育，坚持领导带头、以上率下，突出分类指导、问题导向，形成真学真懂真用的良好氛围。全程严肃纪律、严格程序、严把关口，市县乡三级党委换届风清气正、顺利完成。强化干部教育培训和管理监督，深入开展专项整治，处级干部超职数消化任务全面完成。分类推进基层党建工作，基层党组织和党员队伍凝聚力、战斗力明显增强。坚持党风廉政建设与反腐败并举，全市通报违反中央八项规定精神等典型案例84件(次)、涉及484人，受理信访举报1871件(次)、立案711件、给予党纪政纪处分651人。

【经济平稳健康发展】 2016年实现地区生产总值1949.38亿元，增长7.4%，限额以上固定资产投资增长14.5%，社会消费品零售总额增长9.8%，一般公共财政预算收入增长6.5%，主要经济指标保持中高速增长。着力推进项目建设，开工亿元以上项目122个。铝新材料、玉米生物技术等优势产业规模质量同步提升，绿色农畜产品加工、现代蒙药等特色产业快速成长，商贸物流、文化旅游等现代服务业加快发展，产业结构不断优化。建成节水高产高效粮食功能区60万公顷，牧业年度牲畜存栏2203万头只，其中牛327万头，粮食和肉类产量处于自治区前列。推进供给侧结构性改革，煤炭落后产能有效淘汰，商品房库存大幅减少，金融风险监测预警机制和应对体系不断完善，多措并举为企业降低成本20.2亿元，发展短板逐步补齐。

【全面深化改革扩大开放】 坚持向改革要动力，以开放增活力，全面推进289项改革任务，形成主要成果188条，简政放权、投融资体制、农村牧区综合改革等重点改革取得新突破。成功举办一系列国际性、区域性交流合作活动，开通“通满欧”跨境货运班列和大连港集装箱班列。设立科技创新基金，扶持蒙医药、铝新材料等技术研究院发展，深化与中科院、清华大学等院校合作，国家农业科技示范园区获批。

【社会主义民主政治建设】 坚持正确政治方向，支持和保证人大及其常委会依法履行职责，首部地方性实体法规《通辽市城市市容和环境卫生管理条例》顺利出台。支持政协围绕转型发展大局深入调查研究、反映社情民意、开展民主协商、参与行风评议。巩固和发展爱国统一战线，加强民族宗教工作，充分发挥群团组织桥梁纽带作用，支持国防和军队建设，广泛汇聚起团结奋进的智慧和力量。

【宣传思想文化工作加强】 持续深入抓好思想理论武装，围绕重大主题抓学习宣传，全市各级干部参学108万人次。严格落实党委意识形态工作责任，覆盖广泛、运转高效的舆情监控处置体系初步形成。积极争创全国文明城市，培育和践行社会主义核心价值观。深入推进乌力格尔等优秀民族文化挖掘保护、创新发展，实施一批文化产业项目，科尔沁文化魅力全方位展示。

【民生保障和改善】 2016年民生社会事业支出280亿元，占财政支出的78%。城乡常驻居民人均可支配收入同比分别增长8.2%和7.7%；投入各类扶贫资金41.8亿元，促进4

万人稳定脱贫;新增城镇就业18 910人;改善128所学校办学条件,各级各类教育均衡发展;城乡医疗卫生体系不断健全;社会保障标准稳步提高;平安通辽、法治通辽扎实推进,安全生产形势总体稳定。

【生态建设和环境保护加强】 完成科尔沁沙地"双千万亩"综合治理363万亩,人工造林72.9万亩,实施生物多样性示范区建设工程,建成科尔沁生态科技示范园。全力抓好中央环保督察组转办和反馈问题整改,大力推进大气、水、土壤污染防治,主城区空气质量优良天数达到303天,同比增加44天。

【中国共产党通辽市第五次代表大会召开】 10月15—17日,中国共产党通辽市第五次代表大会召开。大会审议通过中国共产党通辽市第四届委员会报告、中国共产党通辽市纪律检查委员会工作报告。大会由罗永纲主持,自治区党委换届第五指导督查组组长、自治区卫计委党组成员、副主任伏瑞峰,自治区党委换届第五指导督查组成员、自治区党委组织部组织二处副处长李文彬到会指导。大会邀请不是代表的中国共产党通辽市第四届委员会委员、候补委员和纪律检查委员会委员代表,邀请王佐玉、包海泉等党内部分老同志代表,邀请任明德、蒋青春等部分先进模范人物列席会议。大会以无记名投票的方式,选举产生中国共产党通辽市第五届委员会委员52名、候补委员10名;选举产生中国共产党通辽市纪律检查委员会委员29名。大会选举产生自治区第十次党代会代表。大会对换届风气进行民主测评。

巡　　视

【制度建设加强】 2月,通辽市委出台《通辽市委巡察工作暂行办法》,坚持参照和改造办法,把制度体系建设作为巡察试点工作的基础性、根本性举措来谋划和推进,建立起以《通辽市委巡察工作暂行办法》为总纲,以规范领导小组、巡察办、巡察组、被巡察单位职责和任务4项工作规则为支撑,以巡察准备、巡察了解、巡察报告、巡察反馈、线索移交、整改落实、信息宣传、工作保密、文档管理等40项工作流程规范为基础,形成具有通辽特色的"1+4+X"巡察制度体系。

【机构正式组建】 成立市委巡察试点工作领导小组,组长由市委书记亲自担任,副组长由纪委书记和组织部长担任,市纪委、市委组织部分管领导和巡察办主任为领导小组成员。7月,正式组建市委巡察办和3个巡察组。巡察办主任、副主任和3个巡察组组长已全部到位。同时,着手建立巡察组长库和巡察人才库,实行一次一任命、一次一授权。

【组织开展巡察】 五届市委换届后,立即组织开展第一轮巡察,对市粮食局、市旅游局和市人防办党委开展为期一个月的巡察。各巡察组聚焦全面从严治党,紧扣"六项纪律"(政治纪律、组织纪律、廉洁纪律、群众纪律、工作纪律、生活纪律),紧盯"党的领导弱化、党的建设缺失、全面从严治党不力和履行意识形态不到位等突出问题,紧抓"三个重点"(重点人、重点事、重点问题),创新方式方法,通过听取被巡察单位党组织和下属部门工作汇报、开展民主测评和文件调查、组织个别谈话、调阅相关文件资料、走访调研、召开座谈会和抽查个人报告事项等方式,严格按照巡察工作流程开展工作,发现一批问题线索,形成有力震慑。

(全　力)

组　　织

【中国共产党十八届六中全会及区市两级党代会精神学习宣传贯彻】 坚持把学习宣传贯彻党的十八届六中全会和自治区、市级党代会精神作为一项重大政治任务,及时印发《关于认真学习宣传党的十八届六中全会精神的通知》,对全市学习宣传贯彻工作进行安排部署。制订培训计划,对全市各级党组织学习宣传全会精神进行具体安排,指导各级党组织采取培训班、报告会、讲坛讲座、交流研讨等形式,分层次开展学习培训,分阶段组织宣传阐释,分领域开展理论宣讲,将学习计划细化到周,工作责任落实到人,确保全会精神学习传达到每名党员。及时制订干部集中轮训全覆盖计划,把全会精神和自治区、市级党代会精神纳入党校主体班次和重点课程。2016年开展专题培训3期,培训干部741人。培训过程中,坚持有"学"有"考"、以"考"促"学",开展领导干部"考学"工作,对参加轮训的县处级和科级干部进行理论测试,切实提高培训的实际效果。同时,把学习贯彻全会精神和区市党代会精神作为重点培训内容,纳入全市街道社区和嘎查村党组织书记、非公有制经济组织和社会组织党务干部培训班,确保全会精神迅速传达贯彻到每一个基层党组织。

【市县乡三级党委换届工作】 按照中央和自治区党委的统一部署,坚持把市县乡党委换届工作作为重中之重,紧紧围绕"五个好"目标,扎实推进各项工作。在党委换届启动前,对8个旗县市区和90个苏木乡镇领导班子开展三轮分析研判,全面了解掌握干部的基本情况和思想动态。在指导县乡两级党委换届中,围绕换届重点环节制作"一表一书三图四规程",形成"四位一体"换届工作指导体系。在党代表推选工作中,在坚持党代表5个正向条件的基础上,县乡明确9种反向条件、市级进一步明确14种反向条件,县乡采取"九部门联审"、市级采取"十四部门联审"的方式,对代表资格进行严格审查,市县乡三级共取消115名不符合条件的党代表资格。按照自治区党委要求,对102名市委委员、候补委员、纪委委员提名人选和旗县市区99名常委提名人选、拟任县处级干部人选的干部档案全部开展"两核查"、上好"五把锁",坚决防止干部"带病提名""带病提拔"。深入开展换届风险预测评估,针对换届工作中问题易发多发环节,排查梳理出5大类20项换届风险点,逐级逐项制定防控预案。在市县乡三级党代会召开前,举办实训观摩和集体演练,对会议日程、议程等内容反复研究讨论,提升应急处置能力,有力保证三级党委换届圆满成功。在全区苏木乡镇和旗县市区换届风气监督工作座谈会上,通辽市先后两次作典型交流发言,得到自治区党委的认可;7月下旬,通辽市作为自治区指定的2个受检盟市之一,代表自治区接受中纪委、中组部换届风气督查组的监督检查,得到上级的认可;自治区党委组织部把通辽市严明换届风气的经验做法推荐上报到中组部。自治区党委第五指导督查组调查问卷和民主测评结果显示,广大干部群众对县乡换届风气总体评价"很好"的达到98.35%;市党代表对换届风气总体评价"很好"的达到100%。

【"两学一做"学习教育推进】 "两学一做"学习教育常态化、制度化。研究制定"1+4+5"系列方案,对不同领域党员学习教育提出具体要求,并在每个领域选树10~15个示范点,充分发挥引领带动作用。研究确定4个学习研讨专题,并及时将总书记"七一"讲话、六中全会精神等纳入学习研讨重要内容。分别制作5类《党支部工作手册》,推动党内组织生活规范化、制度化。先后召开5次调度会,分领域召开6次现场观摩会,对"两学一做"学习教育跟进调度。围绕"五个着力"和市委提出的3大类12个突出问题,全市各级党组织和党员排查认领各类问题5万余条,已整改完成98.5%。同时,完成"三严三实"专题教育查摆问题后续整改11 405件,使基层群众感受到学习教育带来的新变化新气象。

【领导班子和干部队伍建设加强】 深入推进干部素质提升工程,全面落实大规模培训干部任务,通辽市本级共举办主体班次66期,培训各级各类干部3495人次。选派各级领导干部参加中央和自治区党委组织的各类培训108人次;开展"走出去"培训班11期,培训干部563人次;举办各类讲坛讲座24期,培训干部5318人次;举办干部自主选学6期,培训干部779人次。选派47名干部到国家部委、发达地区、信访部门和基层挂职锻炼。加大理想信念教育和党性教育比重,在市旗两级党校教学安排中,政治理论教育课时不低于总课时的50%,党性修养教育课时不低于总课时的20%。健全进一步促进科学发展的考核评价机制,配套出台脱贫攻坚和生态环境损害责任追究两个专项考评办法,加大差异化考核和平时考核力度,将平时考核赋分权重确定为60%。集中推进选人用人8个方面专项整治,按要求完成整治任务。对领导干部遵守党纪法纪、廉洁自律情况征求意见687人次,对受理的信访件全部进行核实办理;委托市审计部门对19名县处级领导干部进行经济责任审计,完成1077名领导干部的个人有关事项的填报、录入和汇总,并按照10%比例随机抽查108名市委管理干部,对277名干部进行重点抽查核实和后续处理,推动干部管理制度化常态化。不断优化国有企业领导班子配备,提出市交投公司和水投公司两家新成立国有企业领导岗位设置方案,配齐董事长和总经理。启动通辽职业学院、科尔沁艺术职业学院内设机构正处级领导岗位的聘任工作,38名正处级干部走上新的工作岗位。完成全市法检系统法官、检察官职务套改审批及上报工作,建立健全符合职业特点的法治工作人员管理制度。

【基层打基础工作力度加大】

贯彻自治区党委从严治党"1+3"系列制度文件,研究制定11类主体党建任务清单,实行抓党建全程纪实制度,推进各领域党组织书记述职评议全覆盖。深入开展嘎查村"两委"班子集中教育整顿月活动,对倒排出的214个相对后进村级党组织进行清理整顿,调整处置不合格嘎查村党组织书记123名。以全区农村牧区基层党建工作规范化建设(农区)片会在通辽市召开为契机,加大基层组织规范化建设力度,全市各嘎查村规范化建设水平显著提升。采取逐级签订责任状、建立任务清单、建档销号等方式,推进基层党建七项重点任务有效落实。扎实推进非公经济组织和社会组织党建"两个覆盖"专项行动,超额完成自治区下达的"双40%"组建目标。推进非公有制企业和社会组织"两个覆盖",推行"五同步三推进"工作法,全市"两个覆盖"均达到70%以上,市财政拿出105万元对新组建的党组织给予奖励。制定抓党建促脱贫攻坚的实施意见及专项行动方案,建立各级领导干部直接联系贫困嘎查村制度,深化机关单位党组织与贫困嘎查村结对共建、党员干部与贫困户结对帮扶制度。向矛盾突出、工作薄弱的嘎查村选派1115名机关干部担任"第一书记",选派5439名干部下乡驻村开展工作,实现贫困村全覆盖。探索建立"党员分类积分排位管理+党员民主评议+不合格党员处置"三位一体制度措施,打造从严管理党员的制度链条。创建远程教育"五星级站点管理模式",《老兵任明德》《咱村有个女支书》等6部党建课件,在自治区组织系统、国家行业电视系统评奖中分获一、二、三等奖。建立基层党建工作经费保障机制,严格落实嘎查村级组织和社区工作经费,建立逐年增长机制,嘎查村6万元的办公经费和其他必要支出、"两委"正职1.5万元的基本报酬、每名农牧民党员不低于300元的年活动经费和每个社区6~7万元的办公活动经费、每个社区10万元的党组织活动专项补助资金全部落实到位。对3273名担任嘎查村党支部书记、主任15年以上且正常离任的干部,给予每人每月160元的离任补贴。对1019名建国后至1959年12月31日前入党、未享受离退休待遇的老党员,每人每月给予200元的生活补助。加大基层党组织活动场所建设力度,全市累计投入2.83亿元,新建、改扩建嘎查村、社区活动场所533个。整合相关部门力量和涉农涉牧项目资金,采取开发闲置土地营运、依托优势资源联营、创办产业协会服务、培育特色产业经营、盘活固定资产租赁等方式,加快发展壮大嘎查村集体经济。大力充实基层党务工作力量,为90个苏木乡镇全部配备党建专职副书记、组织委员。

【人才支撑保障作用发挥】 贯彻中央《深化人才发展体制机制改革的意见》,围绕实施自治区"草原英才"和通辽市"科尔沁英才"工程,制定《优化人才服务环境暂行办法》《人才公寓建设使用管理办法》等制度文件,为优秀人才提供户籍办理、医疗保健、出行服务等社会公共服务。不断深化"煤电铝人才改革试验区"建设,成功举办2016中国铝加工产业技术创新交流大会。持续开展内蒙古民族大学"人才挂职服务团"工作,不断深化与吉林大学等高校的市校人才合作。争取上级人才项目支持,2016年全市共入选"草原英才"工程产业创新创业人才团队5个,"草原英才"2名,人才项目引领支持计划2项,滚动支持产业创新创业人才团队1个,获得自治区扶持资金415万元。院士专家工作站增加到9家,柔性引进"两院"院士9名、各类专家50余名,柔性引进国家"千人计划"人选1名。按计划组织开展第二届“科尔沁英才”评选和“双创”“双型”“双高”人才团队评选工作，为引进的60余名高层次人才落实编制待遇。在北京、吉林、沈阳等地“985”院校举办四场引进人才双选会，现场签约毕业生638人，其中博士生4人、硕士生578人，为推动经济社会发展提供有力的人才和智力支撑。

【党建制度改革推进】 坚持突出重点、突破难点、深化试点、打造亮点，有序推进党建制度改革和法治队伍建设各项工作。召开党建制度改革推进会议，印发年度工作安排及任务分解表，明确把领导班子和领导干部综合分析研判、完善促进科学发展考评机制、从优秀嘎查村干部中选聘事业编制人员三项工作作为新的重点改革任务加以推进，着力打造标志性改革成果。加大改革亮点选树力度，全市共有6篇案例入选《全区典型案例选编》，有3项市级试点升格为自治区级试点。

（李纯赫）

宣　传

【理论武装】 以学习宣传习近平总书记系列重要讲话精神贯穿全年工作。贯彻落实党委(党组)中心组学习制度，积极探索学习讲话精神与具体实际相结合的学习方法，组织市委中心组集体学习与研讨17次。组织开展创建正能量工作室、“科尔沁书虫”阅读推广、“惠民社群”理论推送等创新载体活动，创建正能量工作室80个，全市共组织集中宣讲2200余场，听众72万人次。开设空中理论微讲堂，“村村响”已成为面向农村牧区基层群众理论宣讲的新平台、新途径。发挥内蒙古民族大学马克思主义学院和党校的学科优势，组织开展十八届六中全会、自治区第十次党代会、市第五次党代会精神解读，承担自治区社会主义核心价值观研究基地重点课题任务，课题组完成并发表6篇论文。《科尔沁蒙古族民俗物品图鉴》等3部(篇)作品获得自治区哲学社会科学优秀成果奖。

【意识形态工作】 建立健全工作机制和管理制度，加强意识形态阵地管理。制定贯彻落实自治区《党委(党组)意识形态工作责任制实施细则》的意见，建立健全领导工作机制、定期研判机制、情况检查通报机制，加强意识形态领域分析研判工作。出台《关于规范外请报告人来我市讲课的管理办法》《关于进一步加强和改进中小学校思想政治工作的通知》等政策性文件，新闻舆论、社科理论、文化、互联网等阵地监督管理责任进一步增强。

【舆论引导】 组织“学习贯彻十八届六中全会精神”“市第五次党代会”“双城同创”等重大宣传战役，社会热点、突发事件舆论引导积极平稳，网上舆论引导和管理得到强化。印发《关于进一步加强新闻舆论阵地管理的意见》等文件，组织媒体完善重大事项报告、新闻例会、重大突发事件应急预案等制度，召开新闻发布会18场，新闻发言人模拟演练得到自治区党委宣传部的肯定和推广。从经济发展、城市建设、社会稳定、人文历史、资源优势等多角度讲述通辽故事。2016年在自治区级以上媒体发稿7302篇，其中在中央级媒体发稿1788篇。努力构建覆盖广泛、灵敏高效的舆情信息网络，召开网络舆情分析研判会，联席协商，应对处置能力不断提升。建立1000人左右的网评员队伍，在自治区级网络媒体登载网评文章795篇。

【精神文明创建】 深入推进全国文明城市创建，持续深入开展群众性精神文明创建活动。文明办、创城办工作人员夜以继日开展组织协调、督查指导、材料收集等各项创建工作，在年度测评中获得优异的成绩。扎鲁特旗诺恩达古拉家庭被评为全国首届文明家庭，得到习近平总书记接见。臧其珍、刘宏阁、邵兵入选自治区第五届道德模范，自治区党委书记李纪恒亲切接见道德模范及亲属代表；评选通辽市第四届道德模范15名、提名奖11名；累计发布“通辽好人”12期、126人，奈曼旗格日乐其木格入选“中国好人榜”，另有25人入选“内蒙古好人榜”。评选命名市级文明单位46个、文明单位标兵28个、文明社区21个、文明村镇300个。承办全区“责任担当·服务圆梦”主题实践活动推进会，举办纪念红军长征胜利80周年系列演出、烈士纪念日公祭等教育活动，积极开展

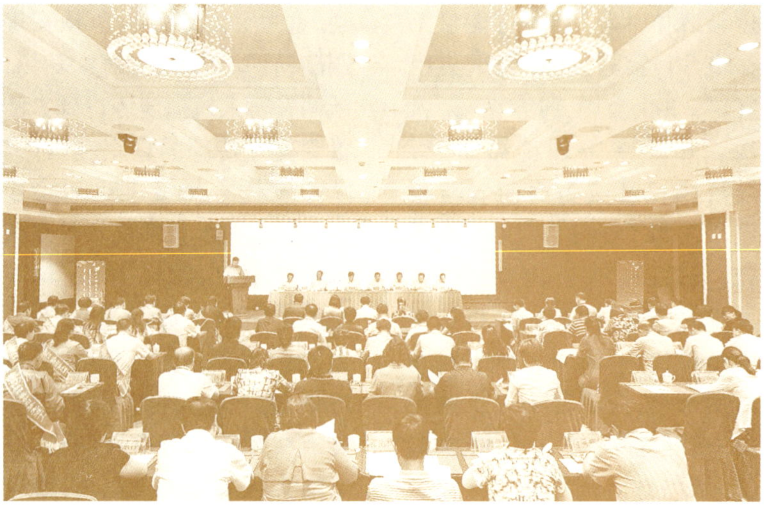

▲ 6月16日,全区"责任担当·服务圆梦"主题实践活动推进会在通辽市召开　摄影:张力军

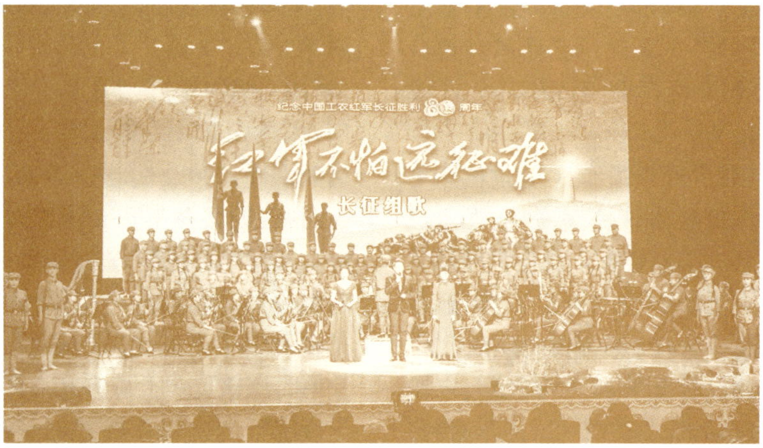

▲ 9月29日,纪念红军长征胜利80周年交响乐情景演出《长征组歌》　摄影:张力军

八大系列文明行动,在青少年中开展"我的中国梦"主题教育实践、中华经典诵读等活动,积极吸引和带动全社会参与精神文明建设。搭建志愿服务供需对接平台,全市志愿者注册超过12万人。

【文化建设】 促进文艺繁荣和产业发展,不断活跃文艺创作。歌曲《多想听你唱首歌》、民间文学作品《蒙古族民间故事——巴拉根仓》、摄影《打马印》获自治区第十一届艺术创作"萨日纳"奖;歌曲《守望相助》获乌兰夫基金奖;科尔沁区戏曲剧团选送的传统二人转《皇亲梦》获全区首届地方戏曲展演一等奖。开展群众性文化活动,全市各专业艺术团体和民间剧团下基层演出达到6100余场,覆盖城乡的公共文化服务体系愈加完善。年度改革任务基本完成,推进基本公共文化服务标准化、均等化。服务文化产业发展,为2家文化企业申请自治区的文化产业专项扶持资金。

【荣誉】 2016年7月,中共通辽市委宣传部被中宣部宣传教育局、中宣部时事报告杂志社授予学习运用《时事报告》工作先进单位。

(张　超)

统一战线

【综述】 以落实中央统战工作会议精神和统战工作条例为抓手,推动各地全部成立由书记任组长的统战工作领导小组,统战部长全部实现由同级党委常委担任或兼任,研究制订重点工作三年规划,明确全市统战工作的任务书、路线图和时间表。以调研督查为抓手,协助市委开展调研督查四次,推动各地党委落实统战工作条例,建机制、补短板、强基础取得显著成效。市本级统战系统层面:共增加机构2个(光彩事业服务中心、非公经济服务中心),编制11个。市委统战部工作经费增加145万元,总数达到295万元。基层统战系统层面:8个旗县市区统战部长全部由党委常委担任或兼任,其中1个实现专任,其余由党委副书记兼任,并配齐常务副部长。各旗县市区均设立工商联党组,侨联组织全部建立,苏木乡镇专兼职统战委员实现全覆盖。旗县市区共增加工作机构8个,编制17个,工作人员普遍达到8人以上,工作经费全部达到15万元以上。

【统一战线"凝心聚力'十三五'行动"实施】 围绕"五位一体"总体布局和"四个全面"战略布局,制定全市行动方案,引导统一战线成员深入领会习近平总书记系列重要讲话精神，及时学习中央、自治区党委及市委重要会议精神，统一思想、凝聚共识、汇集力量；完善“党委出题、党派调研、政府采纳、部门落实、督查反馈”工作机制，指导协助各民主党派、工商联和无党派人士围绕经济社会发展重大问题，开展深入调研，为实现“十三五”良好开局发挥优势、贡献智慧；整合统一战线各领域资源，积极参与自治区组织的首届蒙商大会暨民间投资洽谈会，积极对接“光明行”活动，救助白内障患者数百人，积极参与脱贫攻坚，为全市农村牧区经济社会发展累计投入资金2000余万元。

【多党合作和政治协商推进】

持续深入开展民主党派、无党派人士坚持和发展中国特色社会主义学习实践活动，进一步增强多党合作制度自信和效能。进一步深化政党协商，协助市委开展政党协商7次，其中3次由市委书记亲自主持召开。严格按照中央、自治区党委、市委部署要求，坚持“人心”“人头”两手抓，协助6个民主党派全部顺利换届，政治交接平稳有序。举办市委与各民主党派30年总结大会，民主党派之家正式揭牌启用，共同的思想政治基础更加巩固。严格执行中共中央关于党派组织和成员发展政策要求，强化人员、场所和经费保障，将民主党派服务中心工作人员由3名增加至6名，将党派工作经费由每年12万元大幅增加至60万元。经过争取，农工党通辽总支顺利升格为农工党通辽市委。支持党派组织更好发挥作用，以“同心”为主题开展系列社会服务活动近百场次，为贫困学生、留守儿童、孤寡老人、贫困家庭等弱势群体捐款捐物达数百万元。

【中央民族宗教工作会议精神落实】 深入开展民族团结进步教育和创建活动，开展一系列卓有成效的创建、命名及表彰活动，团结奋斗、守望相助理念深入人心，各民族大团结的良好局面进一步巩固。扎实推进城市民族工作网格化管理和嵌入式发展模式，制度化、规范化、精细化水平不断提升，加强少数民族流动人口管理和服务工作，帮助解决实际问题，使其尽早融入城市。坚持党的宗教工作基本方针，加强对宗教界的教育引导，加强爱国宗教团体建设，推进宗教活动场所规范化建设和自我管理水平，加快宗教教职人员认定备案工作，在4个旗县开展三级宗教网络建设试点工作，加大对非法宗教活动和敌对势力渗透破坏活动的治理和打击力度，持续推动宗教领域重点难点问题的解决，确保宗教界的和睦和顺。

【非公有制经济“两个健康”推进】 深入开展理想信念主题教育实践活动，着力构建“亲”“清”新型政商关系，开展第四届通辽市非公经济人物系列评选活动，加大对年轻一代非公企业家的教育培养，引导广大非公经济人士积极履行社会责任，关注新农村建设，关心弱势群体，关爱企业员工，推动共同富裕，促进社会和谐。引导广大非公经济人士顺应经济发展新常态，坚定信心、提振士气，加强科技创新驱动，加快产业转型升级。充分发挥非公经济领导小组作用，建立健全工作体制机制，推动鼓励支持非公经济发展政策措施的贯彻落实，积极为非公经济减压松绑、助力加油。持续加强非公经济服务中心功能建设，着力提高服务水平，在政策发布、人才培

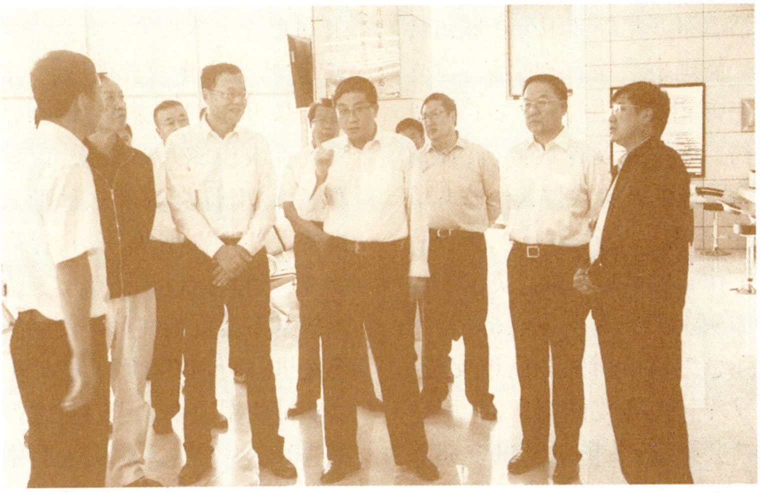

▲ 2016年9月12日，自治区党委常委、通辽市委原书记罗永纲(左四)一行到通辽市非公经济服务中心检查指导工作

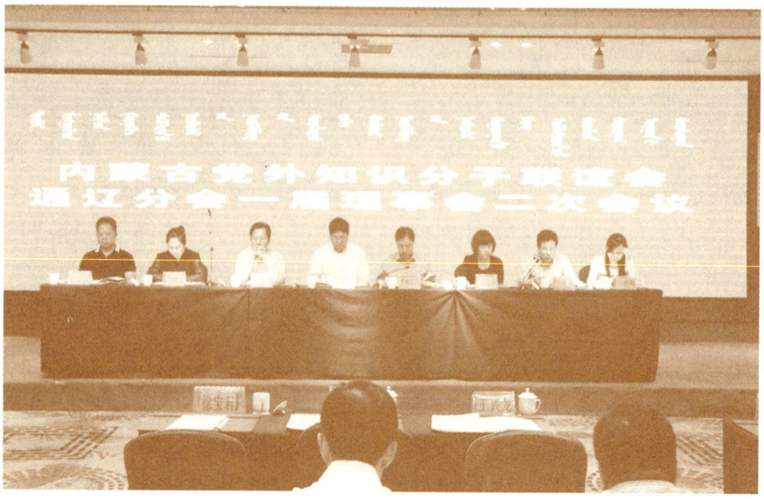

▲ 2016年6月8日，内蒙古党外知识分子联谊会通辽分会一届理事会二次会议开幕仪式

训、企业用工、融资投资、创新创业、法律维权等方面逐渐发挥作用，服务驱动非公经济发展的良好效应日益显现。

【党外知识分子工作协调推进】 坚持分类施策，一手抓传统领域，一手抓新的社会阶层人士。通过学习先进地区经验，将通辽市党外知识分子联谊会在市直按理事界别设立8个活动委员会，其余理事按旗县市区分别设立8个活动小组，使活动开展更加方便和灵活。召开党外知识分子联谊会一届理事会第二次会议，建立完善相关工作制度和工作机构。继续开展专项调研，摸清全市新的社会阶层人士基本情况，掌握一批代表人士，为今后工作开展奠定基础。突出新媒体从业人员这个重点群体，加强思想政治引领和联谊交流，发挥其在净化网络空间、引导社会舆论、弘扬正能量方面的积极作用。

【与台胞联络】 开展涉台知识讲座、图片展3次。接待台胞台属来访50余人次，协调解决就业、低保、寻亲、企业纠纷等问题15件次，保障其合法权益。以中秋茶话会为媒介，做好与台胞台属的互动联络，征求意见，增进感情。

【与海外华侨联络】 争取到上级海外联谊会项目资金60万元，援建基层卫生室12所。加强与海外华侨华人的联系，开展侨商科尔沁草原行活动，接待国内外客商7批20余人次，促成项目2个，到位资金3000余万元。

【党外代表人士培养使用】 市本级举办培训班8期，培训党外代表人士300多人次，以挂职锻炼、岗位交流等多种形式推动党外干部增加阅历、提高能力。紧紧抓住贯彻落实三级统战工作会议精神和条例的重要契机，协助市委加大党外干部安排使用力度。经过持续推动，2016年两所高职院校新增正处级党外干部11名，使党外干部的数量和比例明显提高。

（吴永昌）

政策研究

【综述】 中共通辽市委政研室是党委组成部门，主要职能是为市委做好决策服务工作，当好决策参谋和助手；行政编制12名，内设科室5个。2016年，市委政研室认真学习贯彻党的十八届三中、四中、五中、六中全会精神和自治区党委、市委各项重大决策部署，主动服务市委决策，认真履行以文辅政职责，为全市经济社会发展大局做出积极贡献。

【起草重要文稿】 牵头组织市第五次党代会报告起草工作，经过深入调查研究，形成今后五年通辽市发展定位、战略目标、路径举措，在此基础上起草形成《市第五次党代会报告》《关于党代会报告形成过程说明》及草案等；对会议期间的新闻稿件进行把关修改；组织起草9篇党代会报告解读文章，在《通辽日报》发表。为迎接李纪恒书记到通辽市调研考察，起草专题片脚本《亮丽风景线上的通辽》；按照市委要求，就通辽市如何落实新一轮东北振兴战略进行深入研究思考，形成《东北三省推进新一轮东北振兴重要举措》《东北地级市主要经济指标完成情况及“十三五”规划安排》《抓住东北振兴机遇推动通辽跨越发展几点建议》等文稿；起草市委书记在通辽代表团的发言提纲、会议期间信息简报和《自治区第十次党代会精神传达提纲》等文稿，圆满完成会议期间各项服务工作。

【领导讲话起草】 起草市委主要领导在全市公共安全工作会议上的讲话、在自治区十八届五中全会研讨班上的发言提纲和宋亮书记在全区党委常委会上的发言提纲等。

【政策性文稿起草】 起草《通辽市委2016年党建工作要点》《通辽市党委(党组)书记抓党建工作安排》11张清单、《市公共安全调度工作机制(试行)》《通辽市十三五规划建议重要政策措施分工方案》《贯彻落实通辽市第五次党代会报告重要举措分工方案》,以市委正式文件下发。

【课题调研】 与市农牧业局联合开展肉牛交易情况调查,形成《通辽肉牛交易情况调查》;联合开发区人社局深入通辽市电子产业园进行调研,撰写《关于破解电商人才培训难题的对策建议》;与市环保局、质监局、财政局、发改委、住建委等部门联合对通辽市燃煤锅炉使用情况及存在的问题进行深入调查研究,执笔起草《关于加快我市燃煤锅炉淘汰和升级改造的对策建议》;按照市委安排,邀请原自治区党委副秘书长、政研室主任布和朝鲁主持开展关于农牧民增收方面的调研,形成《关于增加通辽市农牧民收入的研究报告》,其中提出的"农机现代化和整村土地托管粮改饲"等对策建议在科尔沁区西伯营子村和向阳村开展试点工作;与奈曼旗联合调研起草《奈曼旗农业产业结构调整调查》《奈曼旗脱贫攻坚工作调查》《奈曼旗生态建设调查》;围绕改革落地见效,开展行政审批制度改革、电力体制改革、粮食收储制度改革、基层公共文化服务体系建设、扶贫体制改革等8项专题调研。

【其他材料起草】 代市委起草《关于贯彻落实2015年度盟市和部分厅局党委(党组)书记抓党建述职评议会精神情况的报告》《通辽市工作总结及今后五年工作思路目标举措》,上报自治区;应自治区社科院约稿,撰写《通辽市2016年经济社会发展情况》;按照市委安排,就通辽、四平、辽源、白城四市经济区域合作开展如何实现四市产业互补、区域协作方面的基础调研,起草通辽市产业发展情况、十大支柱产业及旅游、现代物流产业发展情况等介绍材料,为推动四市经济区域合作做出贡献。

【《今日通辽》编印】 充分发挥《今日通辽》载体作用,及时印发市委领导重要讲话、传达市委重大决策部署、宣传各地区各部门好经验好做法,全年共围绕推进"两学一做"学习教育、贯彻落实五大发展理念、中共十八届六中全会精神、市第五次党代会和自治区第十次党代会精神等主题编印《今日通辽》10期,刊发各类稿件150余篇。

(刘宇军)

改　革

【综述】 中共通辽市委改革办是市委全面深化改革领导小组的常设办公机构,与市委政研室一个机构、两块牌子,办公室主任由市委秘书长兼任。内设综合科、经济生态科、文化社会司法科、政治党建科4个科室,负责全市改革的政策研究、文稿起草、督促协调、信息汇总等工作。2016年,完成220条具体改革事项,56项重点改革事项和25项改革试点有序推进,制定出台各类改革成果形式191件,一些改革重点取得标志性进展,改革主体框架基本确立。

【改革调度监测】 建立总体规划、工作要点、改革试点、重点事项、改革亮点5本台账,开展月调度8次、季分析3次,坚持重点改革任务周报告制度。集中开展改革"回头看"活动,全面排查十八届三中全会以后各项改革任务的推进落实情况。建立改革办、专项小组办公室会商制度,梳理纠正46条改革任务实施进度,剔除78件不属于改革范畴的文件。

【改革督察督办】 坚持督察跟进改革,制定改革督察办法,联合专项小组办公室对旗县市区进行半年督察,形成督察反馈意见9件。

【改革考核问责】 坚持以考促改,修订改革考核办法,制定2016年改革工作考核细则,增加改革成效和亮点工作的赋分比例,增设加减分项。

【联动协调】 全面落实12项工作机制,实行全程化、规范式管理。健全改革牵头部门机构设置,建立电子办公群,改革工作架构进一步完善。开展行政审批制度改革、粮食收储制度改革等专题调研8次，形成调研材料7篇。

【改革信息宣传】 注重培育改革工作亮点，指导部分旗县打造形成改革亮点线路，形成43件改革典型案例，汇编成册供各地参考学习。制定信息报送管理办法，加强改革成果和动态信息报送，累计向自治区报送52篇信息材料，被自治区采用8篇。确定34项改革重点宣传内容，在市级媒体进行宣传报道，营造浓厚的改革氛围。

（于鸿鸣）

老干部工作

【概述】 全市老干部工作以“让党委、政府放心，让老干部满意”为目标，坚持“常规工作上水平、重点工作求突破”的工作思路，全面落实离退休干部政治、生活、文化、社会待遇，实行目标化管理，强化基础工作，不断创新发展，为全市的社会和谐稳定发挥积极作用。截至2016年12月31日，全市共有离休干部763人，其中：机关238人、事业258人、企业267人；享受副地级待遇33人、享受县处级待遇416人、享受科级待遇314人；市直部门261人，旗县市区502人。全市共有退休干部38 143人，其中：市直部门8884人，旗县市区29 259人；机关9407人、事业21 871人、企业6865人；厅级83人、处级1375人、科级4909人。全市共有各级各类老年社会组织518个，参与的离退休干部达到11 388人。

【生活待遇落实】 春节前夕，由市四大班子领导带队，分成12个慰问组，走访慰问实职副厅级以上离退休干部，为每位离退休干部送去3000元的慰问金和节日祝福；市委老干部局代表市委、市政府，对享受副厅级医疗待遇的抗战时期参加工作的干部和2015年去世离休干部遗孀、困难离休干部进行慰问，充分体现市委、市政府对离退休干部的关心和照顾。在老年节前夕，市委老干部局组成3个慰问组上门看望慰问31名市直困难离休干部及困难遗属，并为他们送去慰问金。组织盟市级离退休干部开展健康检查，体检标准从去年的人均1600元提高到人均2300元。协调市发改委、残联等部门，为769名离休干部配发助听器。

【政治待遇落实】 通辽市始终坚持离退休干部情况通报、参观考察、走访慰问、征求意见、组织生活、报刊订阅、参加会议、联系老干部等八项政治制度。加强离退休干部党组织建设，与市委组织部联合下发《关于加强全市离退休干部党员党组织建设的意见》，对全市离退休干部党员党组织建设提出明确要求，重点抓好5个方面的具体工作任务。按季度编印《离退休干部学习手册》，发放到全市。4月22日，举办学习十八届五中全会精神专题辅导讲座，邀请市委党校孟凡军教授做专题辅导，市直150余名离退休干部参加辅导讲座。9月7—8日，根据市委的安排，组织盟市级离退休干部一行20余人分别在市委常委、统战部部长张志强，副市长贺海东的陪同下，到科左中旗、开鲁县、科尔沁区和通辽经济技术开发区，参观考察重点项目、“十个全覆盖”及“双城同创”等工作开展情况。9月9日，组织召开市直离退休干部形势通报会，市委书记罗永纲亲自参加会议，并向老干部通报全市经济社会发展情况。9月13日，由市委老干部局和易丰集团在新世纪大酒店联合举办市直离退休干部迎中秋联谊会，这项活动已经连续举办14年。12月5日，刚刚到任的自治区党委常委、市委书记宋亮专程走访看望盟市级离退休干部汪海涛、张家骏等。市委组织部与市委老干部局联合下发文件，要求各地、各单位组织所属离退休干部就近就便参观“十个全覆盖工程”和“双城同创”建设成果。

【社会待遇落实】 坚持和完善“五四四”工作制度，按照“四就近”的工作要求，不断加强社区离退休干部工作，构建离退休干部所在单位、街道社区、家庭和离退休干部主管部门“四位一体”的社会化服务体系。各社区都建立老干部活动站，设立老年人日间照料中心，为老年人提供必要的餐饮、卫生医疗、文化娱乐和精神慰藉等服务。特别是2015年通辽市开展全国文明城市和国家级卫生城市创建工作以后，各社区的为老服务功能进一步完善和提升，离退休干部能够在社区就近参加学习、就近开展活动、就近得到关心照顾、就近发挥作用。

【文化待遇落实】 各地、各部门积极筹措资金，不断加大离退休干部活动场所和老年大学建设力度。市老干部活动中心每天接待参加活动的离退休干部达到1500余人次，年接待能力在40万人次以上；市离职干部休养所负责接待盟市级离退休干部参加活动，坚持每周一、三、五开展集体活动，每月开展一次集中活动。6月29日，市干休所老干部活动站举行离退休干部“健步走”活动启动仪式，倡导离退休干部养成坚持日常锻炼的良好习惯。全市老干部活动中心室内、室外活动场所面积分别达到6万平方米和24万平方米，进一步满足广大离退休干部文体娱乐活动需求。老年大学建设逐步规范，研究制定《通辽市老年大学“十三五”发展规划》，改革完善招生办法、学员管理制度、教师聘用制度等，在校学员由去年的150人增加到500余人。通辽市有各级各类老年大学56所，其中市本级1所，旗县级8所，苏木乡镇级28所，街道社区19所，共有在校学员3974人，全市有离退休干部3.9万人，老年大学学员占离退休干部总数的10%。

（王　鹏）

机关党建

【思想建设】 以“两学一做”学习教育为抓手，扎实推进机关思想政治建设常态化。指导基层党组织以支部为单位，从严落实“三会一课”等党员日常教育管理制度，市直机关各级党组织集中学习6648次，党委(党组)班子成员在所在单位及联系点讲党课836场次，开展党支部专题学习讨论2200场次、专题知识竞赛102场次。工委为各机关支部统一编印学习资料、配发辅导光盘、征订辅导丛书、印制学习笔记，为学习教育开展提供坚实保障。抓好专题培训，全年举办市直机关党务干部培训班2期、入党积极分子培训班1期，累计培训500余人次。创新党员教育方式，探索“互联网＋机关党建”模式，有效利用机关党建网、党建信息平台、党员微信平台等新媒体，向市直机关统一调配更新多媒体党员教育设备40套。继续深入开展“三带三创”活动，选树中心组学习典型3个，学习型党组织示范基地典型3个，基层大讲堂示范讲堂2个，优秀宣讲员2名，优秀宣讲稿3篇，有效带动活动深入开展。

【组织建设】 以推进基层党建七项任务为重点，加大基层基础工作力度。开展党员组织关系、“两代表一委员”和党员违纪违法未给予相应处理情况排查，共排查出失联党员199人，“口袋”党员15人，依据党章和党内有关规定进行组织处置。认真抓好市直机关任届期满的党委、总支、支部的换届选举工作，指导完成41个党委、38个总支、728个支部的换届选举工作，进一步配齐配强基层党组织班子。做好党费收缴工作专项检查，由工委副书记带队开展全面督查、指导，对未足额交纳党费的单位要求限期整改，完成565个支部的自查自改工作。召开纪念建党95周年表彰大会，表彰市直机关各条战线涌现出来的先进基层党组织32个、优秀共产党员100名、优秀党务干部33名。召开市直机关党代表会议，选举产生市直机关出席市第五次党代会代表75名。做好困难党员救助慰问工作，春节、“七一”等节日期间走访慰问困难党员278名，累计发放慰问金18.3

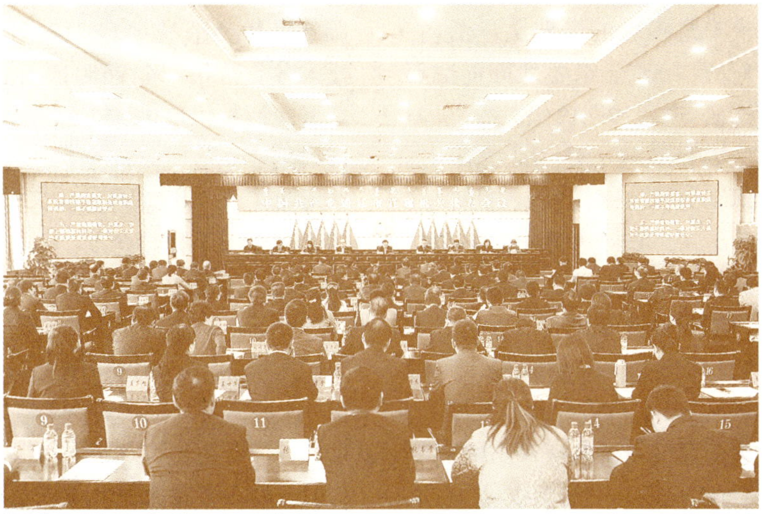

▲ 2016年10月，中国共产党通辽市直属机关代表会议召开

万元。严把党员发展“入口关”,加强对所属系统党委(机关党委)发展党员工作的检查指导,全年新发展党员196名,预备党员转正204名。截至2016年末,市直机关工委所属党员13 115名,所属党组织909个,其中党委59个,党总支42个,党支部808个。

【党风廉政建设】 加强市直机关纪律作风建设,深入开展市直机关治理“懒政怠政为官不为”专项活动,抽查中区市直机关单位32家,有效提高市直机关作风建设水平。加强反腐倡廉宣传教育和培训,召开市直机关纪检干部业务工作推进培训会,进行纪检业务培训150人次;开展市直机关纪检干部学《党章》、学《准则》《条例》知识竞赛活动。开展市直机关廉政文化评比“六个一”活动,即主要领导或班子成员讲授一堂廉政党课、党员干部选读一本廉政好书、党员干部职工观看一部反腐倡廉电教片、健全一项廉政建设工作机制、建立一个廉政文化宣传平台、组织一次丰富多彩的廉政文化活动。对所属34个纪委进行走访和调研,进一步明确纪工委、机关纪委和基层纪委的职能职责,对部分执法部门和窗口单位进行走访。调查处理市纪委交办的党员干部违纪案件1起。

【精神文明建设】 围绕市委“双城同创”的决策部署,对2014年以前(含2014年)认定和命名的自治区级和市级文明单位、文明单位标兵共84个单位进行考核验收,推荐申报2016年度自治区级文明单位3个、文明单位标兵2个,通辽市级文明单位6个、文明单位标兵9个,届期取消自治区级文明单位标兵2个、通辽市级文明单位4个,有力提升市直机关单位特别是窗口单位、服务行业文明程度。组织市直机关3473名50周岁以下党员全部加入志愿者服务队伍,深入所包联社区及街路开展社区卫生、交通文明等志愿服务活动,助力城市文明程度的提升。

【干部下基层扶贫增收】 继续深入推进机关单位定点扶贫工作,重点落实好精准扶贫、精准帮扶各项措施。坚持定期调度、定期督查、信息通报制度,截至年底深入重点扶贫项目村进村入户全面督导、排查2次,召开市直机关单位包村扶贫工作汇报会1次,举办全市干部下基层扶贫增收观摩展1次,定期办好干部下基层扶贫增收专刊。“七一”期间表彰全市干部下基层扶贫增收活动先进集体100个、先进个人120人,推动工作纵深开展。年内仅市本级包联单位、扶贫工作队就协调落实各类帮扶项目210个,投入各类帮扶资金9650万元,开展实用技术培训3570人次。

【荣誉】 通辽市干部下基层扶贫增收工作获内蒙古自治区机关党建单项工作特色奖。

(董建新)

党　　校

【2016年春季开学典礼举行】

3月9日上午,中共通辽市委党校、通辽市行政学院、通辽市社会主义学院举行2016年春季开学典礼。市委常委、组织部部长杨静波出席典礼并讲话,市委常委、统战部部长、社会主义学院院长张志强出席,市委副秘书长、党校常务副校长蔡凯主持开学典礼。市委党校副校长、社会主义学院常务副院长于艳君出席典礼。春季开学的县处级干部学习十八届五中全会和市委四届十一次全委会议精神轮训班、第十七期中青年干部培训班、学习贯彻十八届五中全会精神科级公务员任职培训班、党外干部素质提升研修班全体学员和党校教师共300余人参加开学典礼。

【全市理论骨干培训班举办】

为深入学习宣传党的十八届五中全会精神,贯彻中宣部全国宣传思想战线“基层工作加强年”的相关要求,进一步用习近平总书记系列重要讲话的最新成果武装头脑、指导实践,推动市委、市政府重大决策部署的落实,4月26—28日,市委宣传部在市委党校举办全市理论骨干培训班。市委常委、市委宣传部部长宝音达来做结业讲话。

【第十七期中青班“学员论坛”举办】 为充分发挥党校“三个阵地、一个熔炉”重要作用,提高教学的针对性和实效性,引导学员善于运用科学理论说明和解决实际问题,4月14—15日,通辽市委党校举办第十七期中青年干部培训班“学员论坛”。论坛以党的十八届五中全会精神为指导,围绕市委四届十一次全委会议、《政府工作报告》以及《通辽市国民经济和社会发展第十三个五年规划纲要》内容，选定四个课题，分4个小组进行专题调研、收集整理资料、撰写研究报告，大会主讲、研讨和交流。

【二连浩特市委党校到通辽市委党校学习考察】 5月12—13日，二连浩特市委党校常务副校长时军一行4人，到通辽市委党校学习考察。时军一行参观党校的软硬件建设，并与教学、科研、教务等部门负责人座谈。市委副秘书长、党校常务副校长蔡凯，副校长于艳君，校委委员海曙光、张亚辉出席座谈会。12日，副校长于艳君陪同时军一行考察奈曼旗委党校。

【参观开鲁县麦新纪念馆】 为持续深入开展“两学一做”学习教育，进一步深化和巩固学习教育成果，结合纪念建党95周年，6月7日，市委党校组织36名党员干部到开鲁县麦新纪念馆参观学习。

【福建省福州市委党校到通辽市委党校学习考察】 7月27—29日，福州市委党校副校长林秀玲、科研处处长周挺、机关党委专职副书记季仲明等一行4人到党校学习考察并与教师座谈。校委委员海曙光主持座谈会，校委委员刘铁骑，校委委员、教育长张亚辉出席座谈会，教务处、科研处、教研部和图书馆、办公室等科室负责人参加座谈会，还参观科尔沁博物馆，并深入扎鲁特旗党校，调研县级党校在智库建设、科研、咨政、机关党建、队伍建设等方面的工作。

【在科研工作会议暨学习贯彻五大发展理念研讨会上获奖】

8月11日，全区党校、行政学院系统第七届科研工作会议暨学习贯彻五大发展理念研讨会在赤峰市委党校召开。市委党校校委委员、教育长张亚辉等一行5人参加会议，张亚辉在分组讨论中做题为“通辽市委党校智库建设之路”的发言。市委党校获得第七届科研工作组织奖，已连续四届获得此项殊荣。市委副秘书长、党校常务副校长蔡凯主持的《开展党的群众路线教育实践活动要做到五个“真”》调研报告获得第一届优秀决策咨询成果奖，雷桂莲获得优秀科研管理工作者奖，宋智娟、童贤东、张少禹获得优秀科研成果奖。

【阿拉善盟委党校到通辽市委党校学习考察】 8月12—13日，阿拉善盟委党校常务副校长曹学武一行9人到党校学习考察。考察组一行参观党校的软硬件建设，并与部分教师座谈。考察组还参观科尔沁博物馆，并到科左后旗委党校进行考察。市委副秘书长、党校常务副校长蔡凯，校委委员海曙光、刘铁骑、张亚辉分别陪同考察。

【干部教育培训】 坚持以中国特色社会主义理论为主线，围绕学习贯彻十八届五中、六中全会精神、习近平总书记系列重要讲话精神、自治区第十次党代会、通辽市第五次党代会等重要会议精神调整教学布局，全年完成16种主体班次、29期次，培训2814人次。举办自主选学6个班次、培训844人，党校教师的点击率100%。

【人才引进工程实施】 通过“人才双选”，经公开试讲，招聘国民教育硕士学位教师9名，专兼职教师由28人增加到36人，35周岁以下年轻教师占38.9%，平均年龄由45周岁降到41周岁，占职工比例由48%提高到55%，具有硕士和相当于研究生以上学历的人员21人，占教师比例由43%提高到58%，教师队伍的学科结构、年龄结构、知识结构更趋合理。

【主动承担各项宣讲活动】 组织教师10人次参加中央党校等地的培训，举办6期县处级领导干部和2期科级干部学习贯彻习近平总书记系列重要讲话暨十八届六中全会精神专题轮训班，培训1029人次。7名骨干教师深入8个旗县市区巡回宣讲十八届六中全会、自治区第十次党代会和市第五次党代会精神，并为市直部门培训50多场。教师15人次接受通辽电视台采访、12人次在《通辽日报》发表文章，解读中央、自治区和市委重要会议精神。

【党的理论教育和党性教育进一步突出】 科学设置理论教育和党性教育教学模块，全年理论教育实际讲授552课时，占51%，党性教育420课时，占39%，合计达90%，超出20%。

【教学方法创新】 综合运用讲授式、研讨式、案例式等教学方法，组织学员论坛、社会实践、参观警示教育基地各1次，互动式交流讨论8次，异地培训5次，还首次组织党性分析1次，区内外专家学者、部门领导授课、讲话、座谈11人次,客座教授3人次,提高培训的针对性。

【教学科研】 完成内蒙古党校2015—2016年度重点课题4项,3个项目成果为良好,送市委、市政府领导参阅。新立项内蒙古党校课题3项。完成全市党校系统2015—2016年度32项课题,校内8项;立项全市党校系统2016—2017年度课题32项,校内10项。向全区党校系统"学习贯彻党校工作会议精神,研究探讨'五大发展理念'理论研讨会"提交论文44篇,其中4篇获奖。在自治区法学会"公正司法理论研讨会"征文中,获优秀组织奖,获奖成果5篇。全年发表论文54篇,其中国际学术会入选1篇,国家级2篇,省级16篇。出版优秀科研成果论文集《足迹(二)》。

【研究生教育】 2014级内蒙古党校经济管理、公共管理和法律3个专业225名研究生毕业,市委党校已为全市培养研究生学历人才1639名。2016级又招收经济管理和法律2个专业、200名研究生。

【《科尔沁学报》编辑】 《科尔沁学报》出刊4期,出版纪念建党95周年专刊,增设学习贯彻党的十八届六中全会专栏。

(姜占新)

农村牧区工作

【概况】 截至9月30日,农村牧区"十个全覆盖"工程投入资金119.8亿元,2016年全市各项工程任务全面全线完成。其中,危房改造完成7.14万户,完成自治区任务的275%;解决660个嘎查村、43.3万人安全饮水问题,完成自治区任务的429%;硬化街巷18 322公里,完成自治区任务的129%;其他7项工程(校舍建设及安全改造、广播电视村村通、标准化卫生室和文化室、便民连锁超市、村村通电、农村牧区社会保障),全部超额完成自治区下达的任务。同时,投资90.1亿元,"十项"之外工程全面完成,其中,院墙改造33 991公里、路肩硬化3424万平方米、街路绿化24 223公里、建设村部521个,达到建设整体效果提升、整体环境改善。

【干部下乡驻村工作推进】 全市5439名干部下乡驻村,"推进'四个全面'、加强重点工作落实"。每个嘎查村至少有1名科级干部包联,人人扛指标、定任务,重点抓好"十个全覆盖"工程建设、农村牧区产业发展和产业结构调整、农村牧区基层党组织建设三项重点工作落实,不完成任务不撤离。

【"十个全覆盖"工程考评】

2015年10月至2016年10月,市委市政府对各旗县市区"十个全覆盖"工程进行6次考评,以评促改、以评促干。每次对考评中查摆出的问题全部详细反馈,明确提出整改措施和时限责令限期整改到位。

【县域经济发展推进】 根据自治区县域经济考核指标,协调配合15个市直部门,抓经济、民生、生态、创新等"扩权强县"4项考核内容、48项考核赋分指标的常年跟踪和及时调度,抓半年和年末指标检测,对出现的问题及时研究解决,完成年末自测,各项指标均完成,重点生态建设、重点区域绿化、城乡三项基本医疗保险参保率等考核指标位列全区前列。霍林郭勒市"扩权强县"第二批试点圆满完成,9大类61项权限全部下放到位,有力推动霍林郭勒市经济发展。

【生态移民扶贫工程强化】 在自治区生态移民扶贫项目停止运行的情况下,与脱贫攻坚和"十个全覆盖"工程紧密结合,继续推进未完成工程,实现搬迁安置413户、1232人,总计搬迁安置1068户4056人。投入1.44亿元,完成住房建设9.2万平方米,配套建设水电路暖等基础设施和标准化卫生室、文化活动室、村部等公共服务设施;重点培育肉牛产业、高产高效粮食功能区、特色优质经济作物、城镇就业等脱贫致富产业。

【固定观察点工作落实】 有序推进科尔沁区、科左后旗、奈曼旗、开鲁县的7个观察点171记账户的收支登记工作。同时,发放记录员和调查员补贴15万元,评选优秀调查员8名、辅助调查员7名。开展观察点专项调查,形成《用农村固定观察点数据成果指导当地农民加快增收步伐》《开鲁县农民家庭收入情况分析报告》等6篇专题报告。

【调研工作开展】 开展大下基层、大调研活动,领导干部下乡120天以上、科室干部下乡90天以上，形成《科左中旗探索农牧户庭院“十有四分离”工程建设》《扎鲁特旗因地制宜探索“大围栏小院套”建设模式》《开鲁县“四个一”工作法推进“十个全覆盖”工程》《用农村固定观察点数据指导当地农牧民加快增收步伐》等34篇典型调研和成果调研材料。

（李海江）

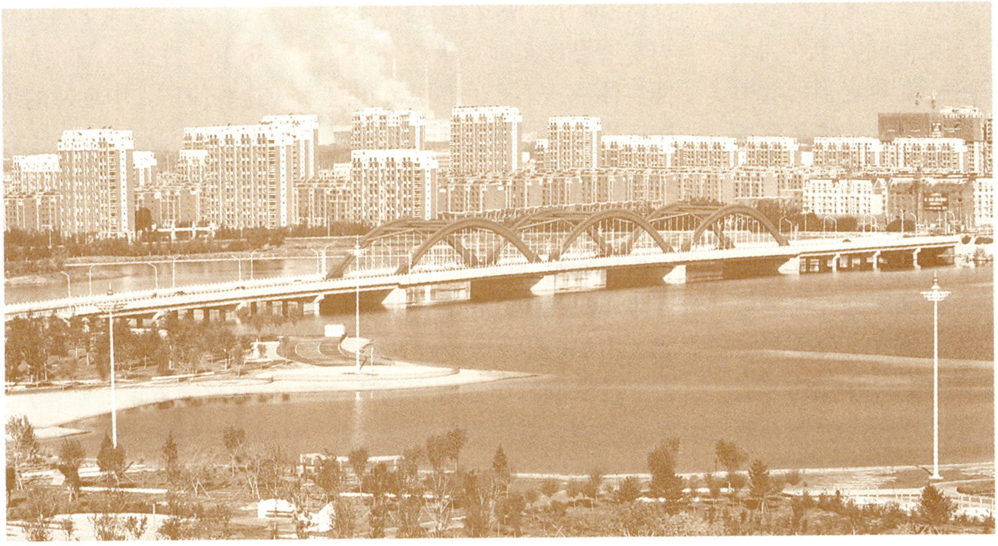

▲ 彩虹飞两岸　崇先鸣　摄

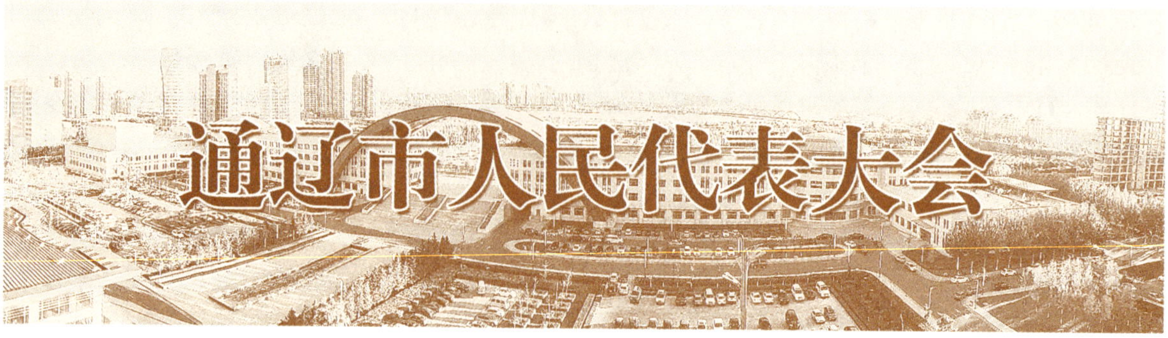

通辽市人民代表大会

人大综述

【概况】 2016年,通辽市人大常委会全面贯彻党的十八大和十八届三中、四中、五中、六中全会精神,深入学习贯彻习近平总书记系列重要讲话精神,依法行使宪法和法律赋予的各项职权,圆满完成通辽市四届人大四次会议确定的各项工作任务。全年制定并出台2部地方性法规,作出4项决议决定,听取和审议"一府两院"23项工作报告,组织开展3项执法检查、1项专题询问、1项工作评议、2项视察、5项专题调研、4项立法调研,对市政府报送的9件规范性文件进行备案审查,依法任免国家机关工作人员27名,充分发挥地方国家权力机关的作用。

【全面深化改革牵头任务】 通辽市人大常委会全年完成深化改革任务9项,依法治市任务14项。全面落实宪法宣誓制度,共16名被任命的国家机关工作人员面对国徽向宪法庄严宣誓。通辽人大工作研究会积极开展工作,成为人民代表大会制度理论研究和工作研究的重要平台。加强立法工作机构建设、充实立法工作人员,出台3项立法工作制度,保证科学立法、民主立法始终贯穿于人大立法全过程。

【行使地方立法权】 通辽市人大常委会制定通辽市首部地方性实体法规《通辽市城市市容和环境卫生管理条例》,进一步明确政府、居民、业主在市容环境与卫生管理中的责任,并针对执法监督和法律保障等重点环节作出具体规定。扎实开展通辽市《物业管理条例》《水资源管理条例》《非物质文化遗产保护条例》《农作物秸秆禁止露天焚烧和综合利用管理办法》4项立法调研工作,为编制年度立法计划和通辽市第一个五年立法规划奠定基础。

【规范性文件备案审查】 市人大常委会开展对政府及其工作部门规范性文件的备案审查工作,共对9件规范性文件进行认真的备案审查,切实维护了法制统一。

【人事任免】 市人大常委会严格按照法律法规的程序和要求,认真做好拟任免人员的资格审查、任前公示、法律知识考试、审议表决等工作。组织拟任人员在常委会上作供职发言、向宪法宣誓、颁发任命证书等。全年任免国家机关工作人员27名,其中决定任命7名、任命5名、决定免职7名、免职2名、接受辞职6名。

【处理群众来信来访】 市人大常委会全年共受理群众来信来访147件次,注重发现和研究这些信访件中反映的敏感事件和共性问题,督促有关方面及时调查核实,依法妥善处理。

人大监督

【财政预算审批监督】 通辽市人大常委会听取和审议《2015年财政决算情况的报告》《2015年度市本级预算执行和其他财政收支审计工作报告》《2016年市本级预算调整情况的报告》,要求市政府加强《预算法》的宣传贯彻落实工作,继续深化财税体制改革,优化财税收入结构,强化资金使用管理,把有限的财力更多用于保民生、保重点、保运转方面。

【经济工作监督】 通辽市人大常委会听取和审议《通辽市2016年上半年国民经济和社会发展计划执行情况的报告》,充分肯定在宏观环境错综复杂、经济下行压力持续加大的情况下,政府采取的有力应对措施,同时针对存在的问题要求政府围绕通辽市主导产业和资源优势，加大招商引资力度，强化项目对经济发展的支撑作用，积极推进供给侧结构性改革，支持和鼓励重点企业开展技术创新，促进实体经济提质增效。把《通辽市非物质文化遗产保护条例（草案）》确定为年度立法调研项目，提出非物质文化遗产保护要坚持保护、传承、开发并重的原则，促进非物质文化遗产与旅游开发相结合等意见。围绕市委关于创建科尔沁文化旅游名城战略规划的实施，对市旅游局工作评议意见、辽代文化遗产保护及利用情况工作报告审议意见落实情况进行跟踪督办，进一步推动全市旅游发展理念创新和科尔沁文化与旅游业融合发展，促进科尔沁 500 公里文化旅游景观大道建设。

【民生工作监督】 通辽市人大常委会加大对社会保障、食品安全、教育和医疗卫生等社会热点问题的监督力度，切实为群众排忧解难。开展《农产品质量安全法》执法检查，并就“加强监管和检测体系建设、加快推进农牧业标准化基地建设”等方面提出审议意见，有效推进了工作落实。结合督办《关于加强城市饮用水保护的建议》，推动有关部门启动实施供水设施改造工程，居民饮用水检测能力提升到 106 项，达到省会城市标准。对市人力资源和社会保障局进行工作评议，提出“深入开展大众创业、万众创新活动，完善就业政策、扩大就业渠道，加快推进社会保障体系建设”等评议意见，人社部门按照评议意见的要求，努力把积极的就业政策落到实处，为全民创新创业开辟更加便捷、高效的“绿色通道”，不断拓展社会保障政策衔接的领域和范围，充分发挥社会保障在民生中的兜底作用。

【社会事业监督】 通辽市人大常委会对全市民族教育工作进行专项督查，有效解决民族学校教师短缺等问题。对加强安全生产工作的决议落实情况进行跟踪监督，要求进一步落实安全生产岗位责任，从机制上、源头上杜绝安全隐患。听取和审议市政府关于政务服务工作情况的报告，作出审议意见，要求有关部门进一步转变职能，提升政务服务水平，为群众提供优质、高效、便捷的服务。开展《传染病防治法》执法检查，要求各级政府依法加强传染病防治体制机制建设，认真落实各项综合防治措施，切实保障人民群众身体健康和生命安全。

【司法工作监督】 通辽市人大常委会听取市中级人民法院和市人民检察院关于推进司法体制改革工作情况的报告，要求进一步完善司法管理体制和司法权力运行机制，加强司法队伍建设，推进司法公开，促进司法公正，努力让人民群众在每一个司法案件中都感受到公平正义。围绕市中级人民法院司法改革中的重点、热点和难点问题进行专题询问，市中级人民法院及时拿出贯彻落实人大常委会审议意见的具体方案，并在抓好“完善司法责任制、司法人员分类管理、司法职业保障和人财物省级统管”四项改革的基础上，继续深入推进“行政诉讼案件管辖制度改革试点、刑事庭审实质化改革试点、完善涉诉信访第三方化解机制”等改革任务。

【法律监督】 通辽市人大常委会对“六五”普法依法治理工作完成情况进行督查，作出《关于深入开展第七个五年法治宣传教育的决议》，全市普法依法治理工作向深层次、宽领域迈进。重点对《传染病防治法》《农产品质量安全法》《蒙医药中医药条例》《物业管理条例》《水资源管理条例》《非物质文化遗产保护条例》《农作物秸秆禁止露天焚烧和综合利用管理办法》等法律法规组织开展执法检查或执法调研。

人大代表工作

【人大代表与群众的联系】

2016 年，常委会组成人员通过视察、调研、座谈、走访等形式，联系人大代表 300 余人次，邀请 18 位人大代表列席常委会会议，6 位公民旁听了常委会会议，208 位人大代表参与执法检查、视察调研等活动。

【开展代表建议办理推进年活动】 四届四次人代会上代表提出的 142 件建议、批评和意见多数在规定时间内办结，12 件重点建议得到较好落实。大力推进人大代表之家建设，全市已建立代表之家 136 个。

【代表履职能力提高】 加强代表学习培训，举办了市人大代表和苏木乡镇人大主席履职专题培训班，年内培训人大代表243人次,乡镇人大主席46人次。积极开展人大代表回原选举单位述职活动,已有25名自治区人大代表在市人大常委会上述职,274名市人大代表在各旗县市区人大常委会上述职。

人大重要会议

【代表大会】 1月15—18日,通辽市第四届人民代表大会第四次会议在市行政中心3号楼礼堂举行。第一次全体会议上,大会执行主席罗永纲、道尔吉、孟宪东、王玉伟、特木尔巴根、付泽彬、郭建伟、希日巴拉、郭学军在主席台前排就座。大会执行主席、主席团常务主席道尔吉主持会议。通辽市第四届人民代表大会有代表355人,出席本次会议的代表302人,符合法定人数。会议听取和审议通辽市人民政府市长包振玉关于政府工作的报告;审查通辽市国民经济和社会发展第十三个五年规划纲要草案;审查通辽市人民政府关于通辽市2015年国民经济和社会发展计划执行情况与2016年国民经济和社会发展计划草案的报告;审查通辽市人民政府关于通辽市2015年财政预算执行情况和2016年财政预算草案的报告;听取和审议了通辽市人大常委会主任道尔吉关于通辽市人民代表大会常务委员会工作的报告;听取和审议通辽市中级人民法院院长巴根那关于通辽市中级人民法院工作的报告;听取和审议通辽市人民检察院检察长布和关于通辽市人民检察院工作的报告;会议选举宝凤山为通辽市第四届人民代表大会常务委员会副主任,王宝龙、包海梅、孙小平、韩晓峰为通辽市第四届人民代表大会常务委员会委员。会议表决通过了《通辽市人民代表大会及其常务委员会立法条例(草案)》;关于《通辽市人民政府工作报告》的决议;关于《通辽市国民经济和社会发展第十三个五年规划纲要》的决议;关于《通辽市2015年国民经济和社会发展计划执行情况与2016年国民经济和社会发展计划》的决议;关于《通辽市2015年预算执行情况和2016年全市及市本级预算》的决议;关于《通辽市人民代表大会常务委员会工作报告》的决议;关于《通辽市中级人民法院工作报告》的决议;关于《通辽市人民检察院工作报告》的决议。

【常委会议】 1月7日,通辽市第四届人民代表大会常务委员会举行第二十一次会议。会议听取和审议通辽市人大常委会关于召开通辽市第四届人民代表大会第四次会议的决定(草案);审议市人大常委会工作报告(征求意见稿);审议市四届人大三次会议代表建议、批评和意见办理和督办情况的报告(征求意见稿);听取和审议市四届人大四次会议议程(草案)、日程(草案)、选举办法(草案)、表决议案办法(草案)、代表提出议案截止时间的决定(草案);听取和审议市四届人大四次会议主席团和秘书长名单(草案)、主席团常务主席名单(草案)、执行主席分组名单(草案)、副秘书长名单(草案)、列席人员名单(草案);听取和审议通辽市第四届人民代表大会代表资格审查委员会关于补选市人大代表的代表资格审查报告;听取和审议通辽市人民代表大会及其常务委员会立法条例(草案)及其说明;听取和审议通辽市第四届人民代表大会第四次会议关于设立通辽市第四届人民代表大会法制委员会的决定(草案);听取和审议通辽市第四届人民代表大会第四次会议关于通辽市第四届人民代表大会法制委员会组成人员人选的表决办法(草案);听取和审议关于提请补选自治区人大代表的报告;听取和审议有关人事任免的议案;听取和审议《内蒙古自治区人民检察院报请许可采取强制措施报告书》。会议票决通过有关人事任免;通过《通辽市人大常委会关于召开通辽市第四届人民代表大会第四次会议的决定》;通过《通辽市第四届人民代表大会第四次会议列席人员名单》;通过《通辽市人民代表大会及其常务委员会立法条例(草案)的议案》;通过《通辽市第四届人民代表大会第四次会议关于设立通辽市第四届人民代表大会第四次会议关于通辽市第四届人民代表大会法制委员会组成人员人选的表决办法(草案)》;表决《内蒙古自治区人民检察院报请许可采取强制措施报告书》。

2月26日,通辽市第四届人民代表大会常务委员会举行第二十二次会议。会议审议并通过《通辽市人民代表大会常务委员会2016年工作要点》；审议市人民政府《关于2015度审计查出问题整改情况的报告》；听取和审议市人民政府关于落实《市人大常委会关于对2014年市本级预算执行及其它财政收支的审计工作报告的审议意见》情况的报告。

3月25日，通辽市第四届人民代表大会常务委员会举行第二十三次会议。会议听取市人民政府关于设立城市建设发展基金等议案；听取市人大常委会主任会议关于刘福贵等同志职务任免的报告；听取市人民政府关于提请高忱等同志职务任免的议案；听取有关同志的供职发言。会议票决通过有关人事任免并进行宪法宣誓，审议并通过关于设立城市建设发展基金等议案。

4月28日，通辽市第四届人民代表大会常务委员会举行第二十四次会议。会议听取和审议市人大常委会关于《中华人民共和国传染病防治法》执行情况的检查报告、关于对《内蒙古自治区蒙医药中医药条例》执行情况的检查报告；听取和审议市人民政府关于落实《市人大常委会关于加强市主城区大气污染防治工作的专题询问意见书》情况的报告、关于政务服务工作情况的报告。会议表决通过有关人事任免，对杜良、金辉钟两位自治区人大代表的履职情况进行了测评。

6月29—30日，通辽市第四届人民代表大会常务委员会举行第二十五次会议。会议听取和审议《通辽市市容和环境卫生管理条例(草案)》；市人民政府关于通辽市城市市容和环境卫生治理工作情况的报告；市人民政府关于通辽市2016年上半年国民经济和社会发展计划执行情况、预算执行情况的报告；市人民政府关于全市侨务工作开展情况的报告、关于落实《市人大常委会关于进一步依法加强安全生产工作的决议》情况的报告、关于落实《市人大常委会关于〈中华人民共和国草原法〉和〈内蒙古自治区草原管理条例〉执法检查报告审议意见》情况的报告；市人民政府关于提请市人大常委会将市政府重点项目建设投融资资金列入年度财政预算的说明；听取有关同志的供职发言；票决通过有关人事任免并进行宪法宣誓。

8月30日，通辽市第四届人民代表大会常务委员会举行第二十六次会议。会议听取和审议《通辽市市容和环境卫生管理条例(草案修改稿)》，市人民检察院关于深化检察改革工作情况，市人大常委会关于深入开展第七个五年法治宣传教育的决议(草案)；听取和审议市人民政府关于对《市人大常委会对市人民政府辽代文化遗产保护及利用情况工作报告审议意见》落实情况的报告，市人民政府关于市四届人大四次会议代表建议、批评和意见办理情况的报告。听取有关同志的供职发言，票决通过有关人事任免并进行宪法宣誓，对刘凤先、蔡慧星两位自治区人大代表的履职情况进行了测评。

10月27—28日，通辽市第四届人民代表大会常务委员会举行第二十七次会议。会议听取并审议市人大法制委关于《通辽市城市市容和环境卫生管理条例(草案)》修改情况的报告、市人民政府《关于2015年财政决算的报告》、市人民政府《关于2015年市本级预算执行及其他财政收支的审计工作报告》、市人民政府《关于2016年市本级预算调整情况的报告》、市人社局工作开展情况的报告、市人大常委会对市人社局进行工作评议的调研报告、市人大常委会《关于〈中华人民共和国农产品质量安全法〉执法检查情况的报告》、市人民政府《关于全市耕地保护情况的报告》、市人民政府《关于通辽至京沈高铁新民北站铁路借用国开行专项建设债券情况的报告》、市人民政府《关于落实〈市人大常委会对市人民政府政务服务工作情况报告的审议意见〉整改情况的报告》、市旅游局《关于对市人大常委会工作评议意见整改方案的落实情况的报告》；听取市中级人民法院关于提请本次会议任免干部的报告；听取并审议市中级人民法院《关于司法改革试点工作进展情况的报告》。会议通过有关人事任免；对郑凤君、王淑玲两位自治区人大代表履职情况进行测评；对市人社局工作开展情况进行民主测评；听取市人社局负责同志的表态发言；通过市人民代表大会常务委员会关于对市人社局工作的评议意见；通过《通辽市城市市容和环境卫生管理条例》、市人大常委会《关于批准2015年市本级财政决算的决议》、市人大常委会对《市人民政府关于2015年市本级预算执行和其他财政收支的审计工作报告》的审议意见、市人大常委会《关于批准2016年市本级预算调整方案的决议》、市人大常委会《关于〈中华人民共和国农产品质量安全法〉执法检查报告》的审议意见、市人大常委会对《市人民政府关于全市耕地保护情况报告》的审议意见、市人民政府《关于国开发展基金有限公司向通辽至京沈高铁新民北站铁路项目股东借款有关事项的议案》。

12月29日,通辽市第四届人民代表大会常务委员会举行第二十八次会议。会议听取审议市人民政府关于政府债务和融资资金使用情况的报告、市人大常委会关于召开通辽市第四届人民代表大会第五次会议的决定(草案);审议市人大常委会工作报告(稿)、市四届人大四次会议代表建议、批评和意见办理和督办情况的报告(稿);听取和审议市四届人大五次会议议程(草案)、会议日程(草案);听取和审议市四届人大五次会议主席团和秘书长名单(草案)及说明、主席团常务主席名单(草案)、执行主席分组名单(草案)、副秘书长名单(草案);听取和审议通辽市第四届人民代表大会代表资格审查委员会关于部分代表的代表资格的审查报告;听取和审议市四届人大五次会议列席人员名单(草案)、选举办法(草案)及说明、表决议案办法(草案)、代表提出议案截止时间的决定(草案)。票决通过有关人事任免并进行宪法宣誓。

(段　强　沈晓玲)

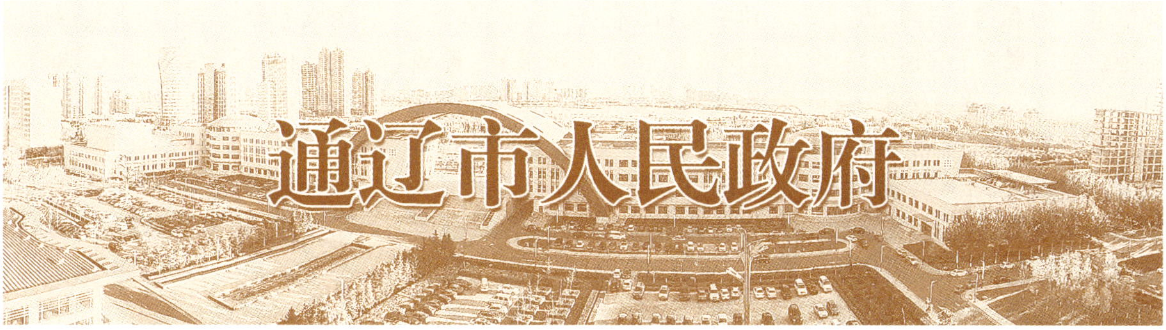

重大决策与执行

【经济运行总体平稳】 地区生产总值完成1949.4亿元，增长7.4%；限额以上固定资产投资完成1475.5亿元，增长14.5%；社会消费品零售总额完成515.3亿元，增长9.8%；一般公共预算收入完成128.3亿元，增长6.5%；城镇常住居民人均可支配收入达到27 444元、增长8.2%，农村牧区常住居民人均可支配收入达到11 585元、增长7.7%。先行指标稳中向好，工业用电量增速全年保持20%以上，在东北经济区处于领先地位；铁路货物发送量平稳回升，达到4740万吨；新增社会融资总量405亿元，增加77亿元，保障经济平稳运行。压减煤炭产能近1000万吨。出台中心城区阶段性购房补贴政策，设立“房产超市”，全市减少商品房库存230万平方米。金融机构不良贷款余额和不良贷款率实现“双降”，置换政府存量债务149.2亿元。实施补短板9大类、43项重点工程。全面落实“营改增”等减税降费政策，为企业减负10亿元以上。出台企业降本增效30条意见，助力企业解难脱困。争取大用户直购电量47.3亿千瓦时，减少企业电费支出7.2亿元。通过“助保贷”为117户中小企业发放贷款10亿元。全年累计降低企业生产成本20.2亿元，规模以上企业利润总额增长15%以上。通辽市企业减负增效工作获得国务院第三次大督查通报表扬。

【转型升级步伐加快】 产业结构进一步优化，三次产业比调整到13.4∶50.2∶36.4。农牧业结构稳中调优，压减籽粒玉米311万亩，粮改饲267万亩，农产品“三品一标”认证面积251万亩，粮食总产量达到69.6亿公斤；突出发展肉牛产业，新增优质肉牛24万头、总量达到326万头，“科尔沁牛”获得农产品地理标志认证。新型工业化进程提速，实施500万元以上工业重点项目303个，完成工业固定资产投资688亿元，规模以上工业增加值增长9.3%。依靠科技创新，铝新材料、玉米生物技术、绿色农畜产品加工等优势主导产业向全产业链、中高端方向发展。成立内蒙古蒙东铝及铝加工产业技术创新战略联盟，铝新材料产业新增产品100种、优势产能近百万吨；玉米生物技术产业新增精深加工产品50个，玉米综合转化能力达到505万吨；绿色农畜产品加工企业发展到160家，农畜产品综合加工转化率达到61%。战略性新兴产业向规模化迈进，伯恩露笑蓝宝石晶体产量接近翻番，风电、光伏等新能源装机占总装机的40%。蒙医药产业规模化、市场化进程加快，蒙中药材基地达到7万亩，蒙成药产量占全国的50%以上。现代服务业快速发展，科尔沁500公里风景大道自驾游服务系统建设初具规模，自驾游占旅游总人数的60%，“东北看草原，自驾游通辽”品牌知名度正在提高；与国开行等金融机构签署总规模2830亿元的金融合作框架协议，争取国家专项建设基金32亿元；开通“通满欧”跨境货运班列和大连港集装箱班列，举办中蒙博览会通辽国际商品交易会暨中蒙“3+3”区域合作会议，物流公共服务平台建设取得新进展；万达广场、长春欧亚商业综合体投入运营；电子商务交易额成倍增长，通辽电子商务产业园获国家“2016十佳电子商务园区”殊荣。

【基础保障能力提升】 通辽至京沈高铁新民北站铁路、扎鲁特至青州±800千伏特高压直流输电工程和通辽至鲁北、大沁他拉至白家湾子高速公路项目全面开工,霍林河至阿力得尔一级公路、舍伯吐至大兴二级公路建成通车,通霍、通大等铁路电气化改造工程顺利实施,霍林河民航机场试飞成功。启动北部1000平方公里区域战略环评,煤电铝烟气污染物趋零排放示范工程开工建设,区域燃煤锅炉治理任务超额完成,中央环保督察交办和反馈问题整改见到成效。完成科尔沁沙地“双千万亩”综合治理363万亩、重点区域绿化26.5万亩,获“全国绿化模范城市”称号。

【发展活力持续增强】 行政许可事项由61项压减到41项,审批时限缩减64%,公布中介服务、公共服务事项、政府权责“三张清单”。推广“煤电铝”一体化循环经济发展模式,电力洼地效应进一步显现,霍林河循环经济示范工程获“国家优质工程奖”。组建水务、交通等4家投融资平台,通过设立“美丽乡村”产业基金等方式多渠道融资200多亿元。商事制度改革和大众创业、万众创新政策深入实施,市场主体新增2.9万户、总量突破20万户,被国家确定为东北地区民营经济发展改革示范城市。农村牧区综合改革取得新进展。对外贸易平稳增长,进出口总额超过4亿美元。与保定市缔结友好城市,与吉林大学等高校开展合作。人才强市工程深入推进,引进急需高层次人才138名。实施精准招商,新签约千万元以上项目177个,实现到位资金685亿元。

【民生状况显著改善】 各级财政民生支出280亿元,占一般公共预算支出的78%。全力推进脱贫攻坚,4万贫困人口稳定脱贫,科尔沁区、开发区、霍林郭勒市率先解决区域性整体贫困。城镇新增就业1.8万人,农牧民转移就业47万人,城镇登记失业率控制在3.7%。城乡低保、特困救助供养人员保障标准和补助水平稳步提升,建成农村牧区互助养老幸福院80所,新增养老床位8529张。农村牧区“十个全覆盖”工程基本完成。城镇基础设施和公共服务进一步完善,辽河公园获“中国人居环境范例奖”。百姓安居、供水改造和水质提升、贫困人口免费体检、城市公共交通等十项民生工程取得明显成效。国家卫生城市、全国文明城市创建取得阶段性成果,凝聚全市广大干部群众干事创业、建设美好通辽的巨大正能量。

【各项社会事业协调发展】 开展民族团结进步创建活动,各民族大团结的良好局面进一步巩固。公共文化服务标准化、均等化建设走在自治区前列,市图书馆新馆主体完工,乌力格尔艺术馆和版画艺术中心基本建成,哈民考古遗址公园向公众开放。成立全区首家科技银行,通辽市被科技部认定为国家农业科技园区。组建市教育教学研究院,完成农村牧区338所学校教师周转宿舍和21所蒙古族小学“大通铺”改造工程,霍林郭勒市、库伦旗通过国家义务教育基本均衡县评估认定,自治区全面提升基础教育办学水平现场推进会在通辽市召开。足球改革发展初见成效,承办自治区高水平联赛,获得蒙超、蒙甲联赛冠军。城市公立医院综合改革全面推开,市医院晋升三级甲等综合医院,旗县综合医院全部晋升二级甲等医院,第二轮京通医疗卫生合作全面启动,举办内蒙古第二届国际蒙医药博览会,获“中国蒙医药之都”“全国无偿献血先进市”和“全国基层蒙中医药工作先进市”称号。统一权威的食品药品监管体系基本建立,监管能力进一步提高。城乡居民基本医疗保险整合工作全面完成,实现城乡医疗保险一网化运行管理。“平安通辽”建设扎实推进,被评为全区普法依法治理先进市。“双拥”优抚政策有效落实,连续四届获“全国双拥模范城”称号。

【政府自身建设不断加强】 扎实开展“两学一做”学习教育,持续推进作风建设,公务员队伍素质得到提升。认真执行人大及其常委会的各项决议、决定,自觉接受政协民主监督,主动接受社会和舆论监督,认真办理市人大代表建议和政协委员提案。全面落实从严治党主体责任和党风廉政建设“一岗双责”,加强审计监督,规范行政权力运行。建立政府文件合法性审查机制,大力推进政务公开,完善新闻发布制度,推广电子政务和网上办事,行政效能进一步提高,依法行政工作进入全区前列。

政府重要会议

【政府常务会议】

1月18日，市政府召开2016年第1次常务会议，研究讨论《政府工作报告》《通辽市国民经济和社会发展第十三个五年规划纲要(2016年—2020年)》《关于通辽市2015年国民经济和社会发展计划执行情况与2016年国民经济和社会发展计划(草案)的报告》《关于2015年预算执行情况和2016年预算(草案)报告》等讨论稿。

2月15日，市政府召开2016年第2次常务会议，部署2016年重点工作。

3月14日，市政府召开2016年第3次常务会议，研究市政府领导分工、中信银行融资、高铁资金审批流程、通辽市闲置土地整改处置情况、蒙医药大师招聘传承人、公车改革、审计整改等事宜。

4月16日，市政府召开2016年第4次常务会议，研究智慧城市视频信息共享平台建设、成立旅游委员会实施方案、霍煤集团企业债券回售、阿日昆都楞地区环境监测、户籍制度改革实施意见等事宜。

5月16日，市政府召开2016年第5次常务会议，研究《实行审计监督全覆盖的实施意见》、房屋建筑和市政基础设施工程施工评标办法、推进价格机制改革的实施意见的工作方案、简化优化公共服务流程方便基层群众办事创业工作方案、地方政府性债务管理、新城区科技文化项目区城市基础设施项目、蒙中征拆扩建、蒙医药发展的实施意见、内蒙古第二届蒙医药产业博览会暨欧亚太平洋大学联盟蒙药学术高峰论坛实施方案、蒙医整骨诊疗技术和蒙医药古籍整理传承人遴选工作方案、促进企业降低成本增效益的实施意见等事宜。

6月16日，市政府召开2016年第6次常务会议，研究《通辽市市容和环境卫生管理条例》、通辽市中心校以下学校及教学点教师周转宿舍建设工程实施方案、组建市财政投资公司、通辽市经济生态和社会事业领域改革2016年工作安排、通辽市公安系统编制授衔警察调整新警衔津贴标准建议等事宜。

8月26日，市政府召开2016年第7次常务会议，研究《通辽市国有土地上房屋征收与补偿暂行办法》、清理规范行政审批中介服务、市本级权责清单编制及精简行政许可、城乡医保合并工作、撤销政府收费二级公路收费站、通辽机场飞行区改扩建、通辽机场新增资产产权权属、解决开发区土地遗留问题等事宜。

9月18日，市政府召开2016年第8次常务会议，研究2016年度市政府各部门工作实绩考核指标、霍煤集团减员增效工作实施方案和分离统筹项目外费用、霍煤集团转让蒙东能源股权、深化改革加强通辽市本级经营性国有资产监管工作和通辽市国有企业功能界定与分类改革、改组设立通辽市国有资本投资运营有限公司、通辽至京沈高铁新民北站项目融资等事宜。

9月30日，市政府召开2016年第9次常务会议，研究玉米生产者补贴发放事宜。

10月24日，市政府召开2016年第10次常务会议，研究2017年重点工作、重点项目进展情况，2016年市本级预算调整方案和通辽市2015年财政决算情况报告等事宜。

10月31日，市政府召开2016年第11次常务会议，研究LXB内蒙古(通辽)支线前期工作、霍煤集团有关问题等事宜。

11月30日，市政府召开2016年第12次常务会议，研究开发区设立行政区有关事宜，研究《通辽市有关部门和单位安全生产工作职责规定》，研究《通辽市关于贯彻落实内蒙古自治区鼓励和支持非公有制经济加快发展若干规定的实施细则》，研究主城区居民天然气实施阶梯气价，研究《通辽市城乡居民基本医疗保险管理暂行办法》和调整通辽市城镇职工基本医疗保险有关政策，研究智慧公安建设，研究《通辽市全面推进政务公开工作的实施意见》，研究《关于开展乌力格尔保护传承发展“十个一”工程的实施意见》，研究《通辽市文化精品创作扶持奖励办法》《科尔沁非物质文化遗产保护传承扶持办法》，研究歌舞团排练演出及办公场地选址、东方影剧院消防安全隐患问题等事宜。

12月30日，市政府召开2016年第13次常务会议，传达李纪恒书记有关讲话精神、国务院安委会文件精神；各位副市长通报2016年重点工作、重点指标完成情况，2017年重大项目、重要工作安排情况；市委副书记、市长郝茂荣安排部署近期重点工作。

【政府全体会议】

1月9日，市政府召开第1次全体会议，审议《政府工作报告》《通辽市国民经济和社会发展第十三个五年规划纲要(2016年—2020年)》《通辽市2015年国民经济和社会发展计划执行情况与2016年国民经济和社会发展计划(草案)报告》《关于2015年预算执行情况和2016年预算(草案)报告》等讨论稿。

5月13日，市政府召开第2次全体会议，即市政府第四次廉政工作和全市推进简政放权放管结合优化服务改革电视电话会议。

7月20日，市政府召开第3次全体会议，即全市经济运行调度分析会议。

10月18日，市政府召开第4次全体会议，即全市2016年前三季度经济形势分析暨部署第四季度重点工作会议。

(张亮　崔元婷　夏青石)

扶贫开发

【概况】 2016年，全市整合到位各类资金41.8亿元，完成年度计划整合投入资金35亿元的119.4%。扶持1.06万户、4万人(自治区下达任务33 911人)稳定脱贫，贫困人口年人均收入增幅超过15%，解决科尔沁区、霍林郭勒市区域性整体贫困现象。在“10·17全国扶贫日”表彰大会上，通辽市扶贫办被国务院扶贫办授予“全国扶贫先进集体”称号。

“三到村三到户”项目全面落实。全市435个“三到”项目村到位国家自治区财政扶贫资金22 750万元。2016年底，435个“三到”项目村退出152个。

严格落实“五个一批”分类扶持措施，对435个贫困嘎查村逐村制定脱贫规划，对1.06万户贫困户逐户制定脱贫方案，对4万名贫困人口逐户造册落实扶持措施，全市4万名贫困人口稳定脱贫。其中：整合资金30.58亿元，扶持发展特色产业和就业减贫3.4万人，占比近85%；整合资金1335万元，通过生态补偿减贫890人，占比2.23%；整合资金1.94亿元，实施易地扶贫搬迁安置减贫3230人，占比8.08%；整合资金1.08亿元，实现教育扶贫减贫4350人，占比10.88%；整合资金1.42亿元，实施纳入低保等兜底性政策措施减贫4125人，占比10.31%。

全面推动精准扶贫机制创新。建立健全精准扶贫机制，精准建档立卡管理，落实精准帮扶措施，强化脱贫成效考核，制定出台《关于打赢脱贫攻坚战的实施意见》《通辽市2016年扶贫开发行动计划》《旗县市区党委和政府脱贫成效考核办法》《精准脱贫第三方评估实施意见》和《脱贫攻坚督查巡查工作办法》等指导性文件，统领精准扶贫改革创新。

落实贫困旗县退出机制。在深入贯彻国家、自治区《关于建立贫困退出机制的意见》的基础上，制定出台通辽市《关于建立贫困退出机制的实施意见》。

【发展生产脱贫一批】 2016年，通过发展优势特色种养业和转移就业，实现减贫3.4万人。全面实施“四点一带”绿色经济产业带建设，瞄准区域集中连片特困地区，坚持产业精准扶贫输血与造血并重，大力发展玉米、肉牛等优势主导产业，发展节水农业3万亩，新增肉牛5万头。实施“一村一品”产业推进行动，同步发展庭院养殖、立体种植、林果业等多种庭院经济，整合投入资金4.5亿元，扶持3000户贫困户实现稳定增收。积极发展旅游、电商和光伏产业。扶持15个嘎查村、300户贫困户开发农家乐、牧家乐、采摘园等餐饮娱乐为一体的乡村旅游富民项目，带动贫困户1500户发展电商产业，在科左中旗、奈曼旗、扎鲁特旗3个试点旗县发展光伏产业，建设总规模达到5万千瓦，带动1890贫困人口受益。

【易地移民搬迁有序实施】 整合投入资金1.94亿元，用于搬迁安置房建设以及水、电、路、气、网等配套基础设施和教育、卫生、文化等公共服务设施建设。落实搬迁建档立卡贫困户3230人，同步搬迁1544人，新建房屋1357套，建筑总面积7.942万平方米，项目覆盖6个旗县、156个嘎查村，所有工程项目进展顺利，11月末，完成全市33个项目区建设任务，搬迁人口如期入住。

【生态补偿脱贫政策全面落实】落实主体功能区规划，创新生态资金使用方式，利用生态补偿和生态保护工程资金，让有劳动能力的890名贫困人口就地转成护林员、基层草原监理员和村屯保洁员。

【教育扶贫政策措施全面实施】开展全市建档立卡贫困家庭子女在读情况排查，扶贫部门与教育、民政等部门协作，市、旗县、苏木镇、嘎查村四级联动，核定2016年建档立卡贫困家庭在读子女4350人，根据相关政策及贫困学生实际情况，分类落实帮扶措施。

【社会保障兜底政策有效实施】2016年，推动扶贫工作与农村牧区低保政策有效衔接，各旗县市区落实社会保障兜底政策4125人口，其中，落实低保3990人口、五保135人口。同时，对全市13.54万名建档立卡贫困人口实施健康扶贫工程，采取“未病先治”措施，为贫困农牧民进行免费体检，及时发现、早期预防，减少因病致贫、因病返贫人口。

【“三到村三到户”项目精准落实】 2016年，“三到村三到户”项目以全市4万贫困人口稳定脱贫为目标，全市435个嘎查村“三到”项目村到位资金2.175亿元，各旗县市区都建立扶贫资金专项账户，扶贫资金专款专用封闭运行。另外各旗县市区在财政资金紧张的情况下，地方匹配扶贫资金1000万元，重点用于“三到村三到户”项目村。通过建档立卡“回头看”，对不符合要求的建档立卡户进行清理，对符合要求的贫困户进行识别录入。采取贫困户识别“九步法”，按照人均收入低于2855元、未达到“两不愁三保障”为标准，通过农牧户申请、民主评议、公示公告和逐级审核的方法，全市2016年初核定建档立卡贫困人口13.5万人，经抽样检测，识别精准度达98%以上。全市435个“三到村三到户”项目村公共设施建设基本完成，解决农村牧区基础设施建设滞后、公共服务不均衡等方面问题。从群众最关心的“两不愁、三保障”着手，2016年投入“三到”项目资金6542万元，为7743户建档立卡危土房改造贫困户进行直补，彻底改善贫困户的住房条件。继续发展种养殖业，对已经建棚舍、窖池的贫困户，利用金融扶贫贷款购进基础母牛、羊、猪等，巩固脱贫成果。对未得到扶持的户，利用专项扶贫资金和金融扶贫贷款，建棚舍、窖池等基础设施，购进基础母牛、羊、猪等发展养殖。按照因地制宜、因需施策的帮扶原则，根据贫困户意愿，对建档立卡贫困户低于20户的“三到”项目村，实行项目资金直补或购买基础母畜等进行扶持，对不需购畜的贫困户，采取资金垫付的方式，用于加强贫困户棚舍、窖池等基础设施建设。全市2016年重点扶持的1.06万户、4万贫困人口逐户制定脱贫方案及扶持措施，完成435个贫困嘎查村村级规划。选派市级、县处级领导和科级及以下干部10 241人驻村扶贫，实现建档立卡贫困户干部包联全覆盖。

【精准扶贫大数据平台建设】通辽市坚持把精准扶贫大数据平台建设工作作为精准扶贫、精准脱贫的一项重要工作。精准扶贫大数据平台建设形成基础信息、数据分析、项目跟踪、资金监管、干部包联、贫困户互动、信息服务、通知公告、扶贫大事记、综合查询10个功能模块。集扶贫信息管理和大数据分析、市旗镇村四级互联互通、贫困户一户一码、项目跟踪和资金监管、包联干部考核监督于一体，初步实现贫困户供给信息发布和电商功能。

【资产收益——探索扶贫新模式】 在建档立卡贫困人口中，有一部分人口或因病致贫、或年老体弱没有劳动能力；或受文化知识水平所限无经营能力。针对上述无劳动能力、无生产经营能力的建档立卡贫困户，通辽市探索实施“资产收益扶贫模式”：通过土地流转、牲畜托养、奖补量化、土地草牧场经营权入股等方式，鼓励和引导贫困户将扶贫项目资金、金融扶贫贷款等财政涉农涉牧资金投入到专业合作社。合作社通过规模化经营、市场化运作，实现合作社稳定收益，而加入合作社的贫困户则根据股份分红获得收益；同时，加强与商业银行合作，统筹金融扶贫贷款使用，扩大金融扶贫贷款规模，贫困户以“三到”资金或金融扶贫贷款入股合作社和企业，贫困户不参与生产经营，企业负责偿还贷款本金及利息，贫困户根据入股股份进行分红，实现稳定收益。2016年，采取“银行提供金融贷款+贫困户入股+企业分红”“合作社+贫困户”方式,在4个国贫旗和扎鲁特旗、开鲁县累计扶持近3000户没有劳动能力、缺乏经营能力的贫困户人均增收1000元。

【《关于做好医疗补充保险助推脱贫攻坚的指导意见》出台】

在建档立卡贫困人口中,因病致贫、因病返贫比例高达40.35%,高额的医疗费用是贫困人口致贫、返贫的主要原因。为做好保险业助推脱贫攻坚工作,充分发挥保险业在风险管理、经济补偿等方面的独特优势,通辽市启动医疗补充保险,制定《关于做好医疗补充保险助推脱贫攻坚的指导意见》,统筹旗县市区财政扶贫项目资金支持建档立卡贫困人口购买商业医疗补充保险,降低贫困人口就医费用支出,有效解决全市贫困人口因病致贫、因病返贫问题。《意见》明确,医疗补充保险覆盖新农合医疗保险和大病医疗保险的所有建档立卡贫困人口。保险费用可使用财政扶贫资金和扶贫项目资金,由旗县财政统筹支付。对建档立卡的贫困人员在保险期间内发生的住院医疗费用,在新农合基本医保、大病保险等补偿后,对剩余个人自付的合规医疗费用,扣除保险起付线后由保险公司按比例赔付,使贫困户住院医疗费用综合报销比例增加30%以上。

【启动特殊贫困人口家庭病床服务】 通辽市启动特殊贫困人口家庭病床服务。家庭病床服务指由新农合定点苏木镇卫生院对符合规定的卧床(不能行动和自理)且住院治疗确有困难的参合农民,根据患者病情和医疗需要在其家庭设立病床进行医疗服务,并给予新农合补偿的一种医疗服务方式。新农合家庭病床所发生的医药费用按镇级定点医疗机构住院报销比例核销,不设起付线,每月实际报销金额不得超过350元/人,年封顶线为4200元/人。患者自付部分要按照门诊统筹模式将其家庭所有的门诊统筹基金进行核销,核销后仍有余额的可向患者或家属收取费用。将家庭病床项目列入定额付费,家庭病床患者每月治疗费用为450元,其中医保(新农合)报销350元,患者自付100元,超过的费用由救治卫生院承担,不足350元的实报实销。

【易地扶贫搬迁工程稳步推进】

2016年,全市实施易地扶贫搬迁建档立卡贫困户1032户3230人,同步搬迁人口515户1589人。全市6个旗县投资20 969万元(含同步1589万元),其中:中央预算内投资2584万元,自治区生态脆弱地区移民搬迁资金646万元,自治区投融资平台统筹安排资金12 920万元;同步搬迁1589万元。全市易地扶贫搬迁资金已全部到位。

2016年开工建设安置点78个,项目区33个(集中安置点29个,分散安置点49个),开工率100%,安置搬迁户建档立卡贫困人口1032户3230人,全面完成自治区下达建档立卡贫困人口安置任务。安置点中有53个已经全部完成住房、基础设施建设;完成住房主体建设(基础设施未完工)安置点25个。

【金融扶贫富民工程】 按照“政府推动、金融支持、扶贫贴息、贫困户受益”的原则,确定“先建机制,后建工程”的工作思路,同“三到村三到户”精准扶贫项目有机结合,实现整村推进、全面覆盖。2016年,全市投入风险补偿金5500万元,通过“两免一直一优先”方式,金融扶贫富民工程贷款累计投放36.6亿元,滚动扶持6.45万户贫困户。2016年新增“金融扶贫富民工程”贷款11.26亿元,完成自治区下达任务5.5亿元的205%。其中,建档立卡贫困户投放3.69亿元,扶持8477户,有贷款意愿的建档立卡贫困户覆盖率达79.95%。同时,发放金融再贷款1亿元,小额信贷3亿元。

【荣誉】 2016年4月,市扶贫办获自治区扶贫办、农业银行内蒙古分行授予的“2013—2015年全区金融扶贫富民工程‘先进集体’”称号。2016年10月,中华人民共和国人力资源和社会保障部、国务院扶贫开发领导小组办公室授予通辽市扶贫开发办公室“全国扶贫系统先进集体”荣誉称号。

(罗　利)

外事工作

【概况】 2016年,通辽市进一步加强对外事工作的统一领导,认真贯彻中央和自治区党委决策部署,广泛促进对外交往、交流与合作，认真学习贯彻习近平总书记重要外交思想、准确把握新形势下外事工作的原则和要求，加大外事管理力度，严明外事纪律，落实外事工作报告制度。修订《通辽市涉外突发事件应急预案》，维护通辽市安全稳定的涉外环境，确保涉外突发事件应对工作科学化、规范化。按照自治区统一安排，对通辽市地方政府签订涉外协议情况开展调研梳理，促进对外合作交流更加规范，加强对外交流中的务实程度。此外，在办理邀请外国人来华、涉外院校信誉等级评定、外国专家管理、留学生管理等方面，外事与各有关部门单位密切配合，形成合力。

【因公出国(境)健康有序】 进一步规范因公出国(境)管理，优化完善管理措施，按照中央“八项规定”及自治区党委、市委有关配套规定的要求，认真贯彻执行中央、自治区关于因公出国(境)管理有关文件精神和市委、市政府领导指示，进一步严格审批程序，根据对外交流合作任务需要，控制因公出国(境)团组数量和规模。同时，努力处理好保证对外交往需要与压缩党政人员出访规模的关系，积极支持正常的对外交流与合作，全力支持配合对蒙、俄开放各项工作。全年实际因公出国(境)共计10批、14人次，其中党政团组7批11人次。

【对外友好交流服务】 通辽市外事办主动拓展对外交流合作渠道，充分发挥通辽市外事资源优势，全力服务“向北开放”战略，制订《通辽市2016年下半年和2017年度对蒙交往工作计划》，不断深化与蒙古国在经贸、文化各等领域的交流合作，扎实有序地做好对蒙开放各项工作，加强与蒙古国有关方面的对接，共同推进双方合作具体事宜，确保双方合作不断取得新进展、新成效。充分发挥友好城市的交流平台作用，为进一步提升合作层次，促进双方友好交往不断向深度和广度发展，中蒙“3＋3”区域合作会议期间，通辽市与肯特省签订《中华人民共和国内蒙古自治区通辽市与蒙古国肯特省建立友好城市关系意向书》，自治区政府已批复并同意通辽市与蒙古国肯特省建立友好城市关系，并将向全国友协上报通辽市与蒙古国肯特省缔结友好地区关系的请示。在自治区外事办指导和匈牙利驻华大使馆协助下，启动与匈牙利德布勒森市的友好城市续签程序，已完成通辽方的所有手续(对方签署暂未完成)。为企业引进人才服务，共邀请蒙古国、罗马尼亚技术人员到通辽市工作4人次。做好涉外活动审批管理、组织服务和接待指导工作，确保活动取得圆满成功。通辽市成功举办中国·内蒙古三盟市与蒙古国三省区域合作会议(简称中蒙“3＋3”区域合作会议)、“2016科尔沁安代舞研究”国际学术研讨会、2016ITF国际女子网球巡回赛、澳大利亚魏基成天籁列车慈善活动助听器捐赠仪式等涉外活动，接待蒙古国巴嘎诺尔地区区长边巴道尔吉率考察团一行4人、俄罗斯诺瓦斯集团总裁阿格耶夫·尼基塔一行5人、日本明治大学学生访问团、日本绿化之会、日本爱阳经济教育支援协会等到通辽市访问。

(任一男)

对外开放

【招商引资签约项目】 新签约投资亿元以上招商引资项目143个，总签约额1551亿元。重点有麦达斯集团计划投资50亿元的铝新材料、吉林修正药业集团计划投资50亿元的中草药种植及生物制药、河南牧原集团计划投资100亿元的千万头生猪全产业链、奇瑞集团计划投资50亿元的铝轮毂和汽车配件、河南伊赛集团计划投资30.5亿元的肉牛养殖屠宰深加工等48个投资10亿元以上的大项目。

【新开工项目】 新开工亿元以上招商引资项目131个，重点有牧原集团计划投资100亿元的千万头生猪全产业链、忠大集团计划投资30亿元的轨道列车和汽车专用板材、开封制药集团计划投资30亿元的强力霉素和庆大霉素、百益糖业集团计划投资15亿元的甜菜制糖、山东创新集团计划投资15亿元的铝精深加工等29个10亿元以上的大项目。

【招商引资】 经自治区认定，通辽市招商引资项目实现到位资金685.41亿元，位列自治区各盟市第二位，占全市限额以上固定资产投资额的46%。

(周　冰　陆文华)

民族宗教

【学习交流】 4月6日,兴安盟民委经验交流团到通辽市就开展蒙古语文工作情况进行经验交流。交流以座谈会和实地考察方式进行,交流的主要内容包括民族语言文字政策贯彻落实经验;户外广告牌匾标识使用蒙汉两种文字管理经验;监督检查工作机构和人员管理方面的经验。11月29日,全区第四次蒙古语文工作现场交流会暨全区民委系统蒙古语文工作培训班在锡林郭勒盟锡林浩特市举行,全区各盟市共138人参加自治区民委党组书记、主任特古斯出席会议并作重要讲话。通辽市民委副主任孟根达来对通辽市蒙古语文工作主要措施及成效、存在问题、对策及建议等方面进行专题汇报。通辽市民委蒙古语文科科长、各旗县市区民族宗教事务部门主要领导、开发区党办(民族事务)工作人员参加本次会议。并就锡林浩特市达布希勒特社区、盟政务服务中心、盟蒙医医院、锡林浩特市蒙汉市面用文工作进行实地考察。

【少数民族地区经济发展】

2016年,通辽市民委积极争取国家少数民族发展资金项目131个,共计2849万元,项目覆盖全市8个旗县市区,涉及基础设施建设、公益性事业、农牧业生产、少数民族文化产业等多个领域。全市有44个特色嘎查村、16个特色小镇被列入自治区"十三五"期间建设名录;科左中旗舍伯吐镇被列为全国第一批特色小镇建设项目;科左中旗花吐古拉镇浩日彦艾里嘎查被列为自治区特色村寨建设项目。认真落实国家关于民族贸易和民族特需商品定点生产企业优惠政策,协调金融、财政部门,组织上报全市151家企业为全国"十三五"时期民贸企业,全部获批。

【民族团结进步创建活动】 认真贯彻落实中央、自治区党委民族工作会议精神和《内蒙古自治区党委政府关于加强和改进新形势下民族工作的实施意见》,推进民族团结进步事业再上新台阶,积极协调各类媒体宣传通辽市民族团结进步创建活动。与《中国民族画报》合作开展通辽民族团结进步事业成果系列宣传,对通辽市牧民生产生活、农牧业生产新技术推广普及、蒙古族服饰和蒙医药推广应用等方面进行充分展示。为纪念第十七个"国际母语日",宣传《国家通用语言文字》《内蒙古自治区蒙古语言文字工作条例》,展示内蒙古自治区保护母语方面的成就,传承民族文化,促进文化多样性,推进民族教育事业发展,联合中国蒙古学学会、内蒙古自治区民族事务委员会、内蒙古自治区社会科学院在内蒙古民族大学举办"保护母语:我们的态度与行动"主题活动。

【民族团结进步宣传教育】 通辽市民委大力开展民族团结进步宣传教育工作,制定印发《通辽市民族团结进步教育基地评审命名管理办法》,并对命名条件成熟的通辽市博物馆、通辽市孝庄园文化旅游区、科尔沁区施介烈士纪念馆、科尔沁区吕明仁烈士纪念馆、霍林郭勒市敖包相会可汗山草原旅游区、开鲁县麦新纪念馆、科尔沁左翼中旗腰林毛都镇党史教育基地、僧格林沁博物馆、奈曼旗王府博物馆、扎鲁特旗原炮台山革命烈士陵等11个单位进行命名。并向自治区组织上报通辽市博物馆、孝庄园文化旅游区为全区民族团结进步教育基地,争取获得命名。以"全区第33个民族团结进步宣传月"活动为契机,邀请《中国民族》《中国民族报》《中国民族杂志》《国家民委舆情中心》《通辽日报》《通辽都市报》等10多家媒体多角度、多层面集中报道通辽市的发展成就。结合普法活动、科尔沁文化"三进"活动、民族团结进步活动月等活动,广泛开展宣传教育,不断提高广大干部群众贯彻执行党的民族政策和国家法律法规的自觉性。大力表彰奖励和宣传模范典型,每四年召开一次民族团结进步模范集体和模范个人表彰大会,每两年召开一次学习使用蒙古语言文字先进集体和先进个人表彰大会,每年召开工作会议和专项工作现场会,表彰先进,交流工作。

【就业培训】 通辽市民委协调人社部门选聘20名应往届蒙古语授课大学毕业生充实到城市民族工作试点街道、社区,提高城市民族工作整体水平。针对蒙古语授课大学生就业现状,积极开展"全市蒙古语授课大中专毕业生就业问题"专题调研活动,形成《关于认真解决蒙古语授课大中专毕业生就业难问题的若干意见》提交市委、市政府。为切实保障蒙古语授课初中高中生充分就业，会同市人社局、通辽职业教育学院、科尔沁区艺术职业学院等部门，开设农村医学、护理、眼视、物流管理、学前教育、汽车检测和维修技术、声乐、器乐、舞蹈表演、民族声乐、马头琴、四胡等12个专业，专门招录61名全市未就业蒙古语授课初中、高中毕业生进行两年免费培训。已经在自治区教育厅备案，毕业后颁发中专毕业证。9月12—19日，在中共中央统战部干部培训中心—苏州培训中心，内蒙古自治区社会主义学院举办通辽市统战系统宗教工作培训班，通辽市委统战部、宗教局、公安、国保和各旗县市区乡镇宗教干部共40人参加培训。培训班围绕全国宗教会议精神，我国经济发展新常态和苏州地区先进发展经验，开设“文化全球化与统一战线”“当前我国的宗教形势及未来发展趋势”“内蒙古的宗教历史”“宗教问题怎么看、怎么样、怎么办”“以供给侧结构性改革引领经济新常态”和“吴地文化·苏州地情”等课程。

【少数民族文体活动】 1月31日，由通辽市民委举办的“欢腾的科尔沁”通辽市2016年蒙古语春节晚会在哈萨尔大剧院上演。同时与市蒙文书法研究协会联合举办“送文化下乡写蒙文春联送祝福”活动，为前来观看的市民送新春祝福。此次活动为广大蒙古族群众送上700副蒙文春联。

通辽市民委与通辽市教育局、通辽市广播电视台、中央人民广播电台联合举办“金马镫”中小学生歌咏比赛。比赛分初赛与决赛两个阶段进行，2016年5—6月间在全市各旗县市区蒙古族中小学和通辽市蒙古族中小学分别进行初赛，共录制625件参赛作品。7—8月间，进行两轮的筛选与评比，评选出24部优秀作品进入决赛，为使决赛更加透明、公正，把进入决赛的24部作品发布到中央广播电台微信公众平台上进行公开投票。投票结果在决赛总数中占10%的份额。9月11—12日，在通辽市进行总决赛。经过两天的激烈角逐，评选出一等奖4名，二等奖8名，三等奖12名，最佳人气奖7名，分别进行奖励。同时，为鼓励参赛者，从未进入决赛的参赛作品中评选出36部作品颁发优秀作品奖。

7月联合科尔沁艺术职业学院组织30名蒙古族男青年组成合唱队，代表自治区参加全国第五届少数民族文艺会演开幕式演出，得到党和国家领导人的高度认可。

8月3—5日，八省区第二届“克鲁伦杯”蒙古族手工艺品大赛在呼伦贝尔市新巴尔虎右旗阿拉坦额莫勒镇举办。本次大赛共有内蒙古、新疆、青海、辽宁、吉林、黑龙江等地的300多名选手，1500多幅作品参加雕刻工艺、皮革制品、蒙古族缝制工艺、金属工艺四大类的参赛和角逐。通辽市选手白海军的勒勒车和满宝的马鞍在参赛的1500多幅作品中脱颖而出，被评为雕刻工艺二等奖。在皮革制品项目上通辽市选手白静取得优秀奖的好成绩。另外，通辽市还获得优秀组织奖。

9月30日，由通辽市民委、通辽市蒙古语文工作委员会、通辽市博物馆、通辽蒙古文书法协会主办的通辽市2016年蒙古文书法大赛（第六届）颁奖仪式在通辽市博物馆成功举行。市人大、政府、政协有关领导出席大赛颁奖仪式。本次大赛是纪念建党95周年、《内蒙古自治区蒙古语言文字工作条例》颁布实施11周年、第33个民族团结进步活动月系列活动之一。本次大赛吸引全市各旗县市区蒙古文书法协会会员等300多名蒙古文书法爱好者，共参赛作品200余幅，经过严格评选，评选出主题鲜明、题材新颖、思想性及艺术性感染力强的38幅作品，其中一等奖4名、二等奖6名、三等奖8名、优秀奖20名。

10月22—23日，由市委宣传部、通辽市民委、通辽市教育局、通辽广播电视台主办，通辽市蒙古族幼儿园协办的通辽市第二次中小学生蒙古语文听写电视大奖赛半决赛、决赛及颁奖典礼在通辽市蒙古族幼儿园演播厅举行。比赛分为小学生组和初中生组，共有54名学生，18名指导老师参与半决赛和决赛。产生团体一等奖2名、团体二等奖2名、团体三等奖4名、优秀奖40名，奖金总额达到208 000元。

11月13日，由通辽市民委、通辽市蒙古语文工作委员会、通辽市教育局主办，《阿拉腾文都苏》杂志社承办的“第八届《阿拉腾文都苏》杯蒙授中小学生有奖作文比赛”颁奖仪式在奈曼旗蒙古族实验小学举办。本次活动自开展近一年时间,受到全市广大蒙授中小学校师生的热烈欢迎和积极参与。在众多参赛作品中经学校内部认真筛选共选出优秀作品800余篇。经过“通辽市第八届《阿拉腾文都苏》杯蒙授中小学有奖作文比赛”评审委员会认真评审,选出109篇作品分别给予一、二、三等奖和优秀奖,130名教师获“优秀指导教师”称号,全市有22个学校获得优秀组织奖。

12月15—18日,通辽市民委在通辽市科尔沁棋院举办通辽市参加全区第九届民运会蒙古象棋训练赛。本次训练赛召集8名运动员,采取用投影仪播放国际象棋世界冠军卡尔森和挑战者卡尔亚金的对局记录及女子世界冠军侯逸凡的对局记录等,并复盘进行分析训练。

【少数民族干部素质提升工程】

6月12—18日,市民委举办少数民族干部培训班。市委副书记、市长包振玉向全体学员做专题党课,市民委主任包根柱作题为《正确认识和处理新时期宗教问题》的讲座,师生反响良好。6月,与市委组织部在市委党校和吉林大学联合举办为期20天的少数民族干部培训班,全市37名少数民族科级以上干部参加培训。内容涉及民族理论、新型城镇化建设、国内外时事热点分析、生态环境等多个领域,进一步提升少数民族干部的理论业务能力。在江西井冈山市举办全市民委系统理想信念教育培训班。组织全市民委系统20名科级以上干部,参加全国第27期少数民族干部能力提升班。

【城市民族工作】 会同市委统战部印发《关于开展城市民族工作进社区试点工作方案》,进一步完善城市民族工作和城市少数民族流动人口服务管理体系建设试点工作。以被市政府命名的7个民族团结进步示范社区为重点,全面铺开城镇、社区民族工作,初步建立健全城市民族工作社会管理、联络协调、矛盾排查调处等工作机制,为更好的创建民族团结进步街道社区奠定坚实基础。指导科尔沁区召开城市民族工作阶段性总结暨推进会,全面总结科尔沁区城市民族工作取得的成绩,深入分析存在的问题,进一步安排部署下一步工作,为全市城市民族工作现场经验交流会的召开积累经验,打下基础。

【宗教活动场所服务管理体系】

相继印发《通辽市宗教活动场所主要教职任职备案专项工作实施方案》和《通辽市宗教活动场所主要教职任职备案工作操作试行规程》,将科尔沁区、开鲁县、奈曼旗确定为试点地区,市级成立专项领导小组,完成6处宗教活动场所主要教职人员备案工作。进一步完善宗教工作基础信息数据。严格按照《宗教工作基础信息采集工作手册》和《宗教工作基础信息采集系统软件》的要求,对全市宗教场所、教职人员基本信息进行全面采集,对错误信息予以及时核对更正,确保信息采集工作按时完成以及系统信息准确无误,数据光盘已送自治区备审。

【和谐寺观教堂创建活动】 着重从贯彻中央八项规定精神入手,丰富创建内容;结合“平安宗教活动场所”创建,落实宗教活动场所安全责任制;与统战部积极沟通,完成第二届全区创建和谐寺观教堂先进集体和先进个人评比表彰推荐准备工作;对全市宗教教职人员的养老保险参保情况进行一次全面摸底。

【抵御宗教渗透工作机制】 按照市委要求,针对《通辽市维护国家安全和社会稳定责任意见》(征求意见稿)提出相应修改意见,将宗教干部队伍建设、加强宗教场所管理及加强对非法宗教活动排查等工作内容纳入其中,明确宗教工作部门在维护国家安全和社会稳定方面应当发挥的作用。

【蒙古语言文字政策法规宣传】

各旗县市区通过电视、电台、报纸等多种媒体以及张贴标语、悬挂条幅、出租车顶广告、开展讲座、出动宣传车、发放宣传单等多种方式,大力宣传《内蒙古自治区蒙古语言文字工作条例》和《社会市面用文蒙汉两种文字并用管理办法》。2016年,各地累计发放宣传单(册)3万余份,悬挂条幅200余个,出动宣传车30余辆(次),开展各类讲座、培训40余期(次),在全市范围内营造良好的蒙古语言文字工作氛围。开展《内蒙古自治区蒙古语言文字工作条例》颁布实施11周年活动。通过电视电台设立蒙古语会话栏目和市行政中心大厅设立学习蒙古语言文字平台等措施推动全市各族群众和干部职工学习蒙古语日常会话积极性,促进各族干部间的交流。

【蒙古语言文字执法检查】 注重源头管控,对牌匾制作企业(点)采取评星评级的管理措施,进一步规范广告牌匾审批制度,同时集中开展专项检查治理活动。2016 年,全市蒙古语文执法部门联合出动 6000 多人次,改正市面用文不合格牌匾 25 000 余块,下发整改通知书 16 000 余份。对全市“三馆”(博物馆、纪念馆、展览馆)蒙汉文并用情况进行检查。为全面贯彻落实《内蒙古自治区蒙古语言文字工作条例》和自治区九届党委第 162 次常委会精神,市民委与市委宣传部、文广局、史志办联合对“三馆”建设相关事宜进行检查。此次检查内容包括 8 个方面,通过检查,10 处内容未达到“三率”要求,相关部门承诺对不规范的情况 15 天之内进行限期整改。结合“双城同创”和立面改造工程,对全市社会市面蒙汉两种文字并用工作开展监督检查。规范窗口服务行业、商铺牌匾、商业广告、宣传标语、旅游景区、重点集镇及公路(高速公路、国道、省道、县道)两侧各种广告牌匾标识的规范使用蒙汉两种文字,并将检查结果通报全市。

【少数民族古籍整理】 按照《内蒙古自治区人民政府办公厅关于印发自治区抢救保护〈格斯尔〉工作实施方案的通知》精神,启动《格斯尔》古籍的挖掘、整理、保护和研究工作,采取实地调研、走访搜集、召开座谈会等形式,对《科尔沁格斯尔》文本、扎鲁特旗的《琶杰格斯尔》口承文本遗存、科左后旗出版古籍图书进行全面搜集整理及研究,并形成抢救保护“格斯尔”招标课题申报项目书上报自治区古籍整理与《格斯尔》征集研究室并通过审核验收。

【蒙古语言文字活动】 5 月 21 日,由通辽市民委主办,市图书馆、通辽成吉思汗族谱文化研究会承办的“达尔罕蒙古语言文化班”开班仪式在市图书馆举行,并进行第一次授课培训。该文化班主要针对因某种原因失去学习母语机会的蒙古族同胞或热爱蒙古语言文化的朋友,邀请通辽市在蒙元文化方面具有造诣的专家学者作为志愿者讲师团,讲授蒙古族语言文字和蒙元文化内容。学习班不收学费、不限年龄(幼儿除外)、不限民族,从零起点开始教蒙古语言文字。该文化班的成立和免费授课,为广大想学习蒙古语言文字和了解蒙古族历史文化的各族同胞提供难能可贵的学习机会与交流平台,将进一步推动蒙古族文化传承。9 月 22—24 日,通辽市民族事务委员会、通辽市蒙古语文工作委员会联合通辽市委宣传部、市教育局在通辽广播电视台成功举办全市首届义务教育阶段蒙语授课中小学生蒙文听写电视大奖赛。经过两天的激烈角逐,最终科尔沁区、扎鲁特旗和市蒙古族学校代表队分别获得小学组团体第一名、第二名和第三名;科左后旗代表队、市蒙古族学校和科左中旗代表队分别获得初中组团体第一名、第二名和第三名。

(乌云娜)

信　　访

【群众上访情况】 2016 年 1—12 月,全市信访总量共 2971 批次 5272 人次,同比批次下降 17.12%,人次下降 32.07%。其中:来信 395 件次,同比下降 23.59%;来访 1711 批次 4012 人次,同比批次下降 39.26%,人次下降 42.62%;网上信访 865 件次,同比上升 244.62%。

【信访案件办理情况】 1—12 月,承办中央和自治区日常交办信访事项 107 件,到期 104 件,全部办结,到期办结率 100%。

【领导接访约访】 2016 年,安排市党政领导接访 47 人次,实际到位 30 人次,到位率达到 63.82%,接待群众来访 219 批 4383 人次。

【信访积案化解】 2016 年国家信访局开展积案化解年活动,根据自治区、通辽市统一部署,把 2016 年作为“全市信访积案化解年”。自治区交办 96 件信访积案和 330 件信访突出问题,通辽市采取有力措施,不断加大推进力度,要求相关事权单位和部门严格按照“三到位一处理”(诉求合理的解决到位、诉求无理的思想教育到位、生活困难的帮扶救助到位、行为违法的依法处理到位)和“四个清单四个清”(四个清单即合理诉求清单、教育疏导清单、帮扶救助清单、依法处理清单,四个清即底数清、责任清、措施清、结果清)的要求,逐案建立化解方案,落实包案领导和直接责任人,明确化解时限,使全市信访积案化解工作取得一定的效果,一批长期缠访、闹访的“骨头案”“钉子案”得到有效化解或终结。

【信访工作平台建设】 进一步规范电话、网上信访的受理办理工作,引导群众通过电话、互联网反映信访问题,加强全国信访信息系统应用,来访来信能够按时准确登录,推广使用内蒙古自治区网上信访信息系统,推进信访工作改革,完善网上信访软、硬件建设,达到上下同步、互通互联的标准,实现信访事项网上受理和答复全覆盖,减少群众信访成本。全面加强信息系统建设,截至2016年底,全市8个旗县市区和1个经济技术开发区信访局、133个苏木镇(街道、场)、383个旗县委办局、41个市直部门共566个单位接入全区信访信息系统,其中通过专线接入的有76个单位(部门),通过VPN接入的有490个单位(部门),旗县信访部门全部采用专线接入,联通率100%。

【信访工作机制创新】 探索创建信访工作新机制,初步形成信访工作机制体系。制定印发《关于规范秩序强化实体切实做好初信初访办理工作的指导意见》《市级党政领导包案化解信访事项的意见》《关于推进信访分类管理规范行政类信访事项终结工作的意见》等8个规范工作文件。重点推广信访听证机制、联合办案机制及陪访代访机制。加强对旗县和市直部门业务指导,以个案为点,针对受、办理环节中出现的不足耐心指导,对重大、疑难信访事项及时召开协调会,2016年共召开案件审查会10次,案件协调会23次,听证会3次。

【信访工作“四个清单四个清”机制建设】 组织各旗县市区信访局及事权部门召开4次专题会议,并结合每月全市信访局长工作调度会议,要求各地区、各单位认真完成此项工作。全市已落实各类清单2250件,其中合理诉求清单700件、教育疏导清单1500件、帮扶救助清单34件、依法处理清单16件;合理诉求化解率达100%、教育疏导率达100%、帮扶救助率达100%、依法处理率达100%。相关负责科室已对2016年一至三季度信访事项“四个清单”进行规范有序的分类归档,建立近3000页、共16个卷宗的纸质档案,同时将电子档案也进行分类存档,行之有效的将“三到位一处理”落到实处,真正做到“底数清、责任清、措施清、结果清”。

【信访定期调度机制】 2016年,按照市委关于按月(季)调度研判分析信访工作的意见,共召开10次全市信访工作调度会,及时分析总结当月信访工作中存在的问题,部署安排下月重点工作。调度会上,先后两次对旗县市区信访局评出“信访事项规范办理先进单位”“信访事项办理录入先进单位”等6个单位,通过抓典型来带动整体信访工作的提升。制订《通辽市2016年信访质量提升年行动计划》,使信访工作制度化、规范化和法制化水平不断提高。

【信访文化建设】 2016年,重点打造“网—微—号”,即通辽市信访局门户网站、“通辽信访”微信公众号和“通辽市信访局政务头条号”为一体的信访宣传阵地。2016年2月,通辽市正式启动远程信访综合平台建设工作,年底,平台搭建工作已接近尾声,即将进入实际应用阶段。通过全力打造信访工作“新媒体”,不断加大宣传力度,积极引导群众变“上访”为“上网”。4月以后,市信访部门针对各事权单位存在的信息系统应用不熟练、超期受理和超期办结问题,通过网上指导和实地培训的方式对旗县信访部门和事权单位进行有针对性的指导。全年组织和参与全市性培训2次,赴旗县指导培训8次,培训1085人次。

【《通辽市信访志》撰写】 根据内蒙古自治区信访局《关于做好〈内蒙古信访志〉编纂工作的通知》文件要求,通辽市信访局及时组织各旗县市区信访局召开《通辽市信访志》编纂工作培训会,安排部署撰写工作任务。《信访志》的编纂工作是《内蒙古信访志》的重要一环,也是全市信访文化建设的重要组成部分,全面、翔实地记录通辽市信访工作的历史和现状,有利于全市信访事业的科学发展。市及旗县共撰写志稿约40万字,搜集照片近百张。

【全力做好日常和特殊时期信访】 在全国和自治区、通辽市“两会”“中秋国庆”“十八届五中全会”期间，做好深入排查、督查、值班、派驻、信息报送工作，及时召开全市维稳信访调度会，部署落实维稳措施，由于措施得力，稳控到位，顺利完成各个特殊时期信访维稳工作。

（王雪姣）

政务服务

【市旗两级行政审批“三集中、三到位”推进】 按照通辽市政府《关于进一步深化行政审批制度改革的意见》要求，中心对相关工作任务进行细化分解，明确责任科室、责任人员和完成时限，促进各项工作有效落实。在扎实做好市本级行政审批“三集中、三到位”工作的基础上，2016年1月以后，中心通过下发文件、开展专项督查、召开推进会的形式，对旗县市区政务服务中心“三集中、三到位”工作进行推动，促进旗县“三集中、三到位”工作有效落实。截至2016年12月底，市本级行政审批服务事项办理16.9万件。

【优化审批流程，压缩审批时限】 本着能简则简、能并则并的原则，认真清理和取消无法律法规依据的前置条件及申报材料，简化审批手续，使审批服务事项的审批环节由原来的5个以上减少到3个以内。大幅压缩审批时限，使审批服务事项的办理时限在法定时限的基础上平均压缩到64%。同时，通过建立审批事项“附件清单”和实行“容缺审批”机制等措施，进一步提高行政审批效率。

【全市统一电子政务平台基本建成】 本着规范、优化、高效、便民的原则，中心与上海卓繁软件公司开发通辽市统一电子政务平台。截至2016年6月底，市级统一电子政务服务平台已经启用、网上审批的各项软硬件条件已经具备，实现网上材料共享、网上批阅文件、网上控制时限、网上监督审核、网上留痕备查的行政审批全程电子化工作模式，做到网络平台之外无审批，网上流程之外无操作。旗县级电子政务平台除科尔沁区和通辽经济技术开发区两个地区因办公场所或软件兼容等问题外，其他7个旗县市电子政务平台均已部署完毕，并已投入运行。

【网上办事大厅建设推进】 逐步建立和完善市本级网上办事大厅，在中心网站设有专门板块，实行网上咨询、网上申报、网上评议、网上投诉。同时，积极推进各旗县市区网上办事大厅建设工作。

【并联审批】 以通辽市统一电子政务平台为依托，扎实推进基本建设开工项目网上并联审批工作，对相关流程、要素、环节进行整合，避免重复提交材料、重复审核、重复审图、重复勘察检测等工作。2016年7月，中心代市政府起草《通辽市行政审批超时默认和缺席默认实施办法（试行）》，市政府审议后印发执行，为保障并联审批及相关审批工作深入推进提供有力保障。

【公共服务流程优化简化】 对进入中心办理的公共服务事项形成公共服务事项目录，并在中心网站进行公布。制定审批流程图，编制公共服务事项办事指南，摆放在窗口供办事群众查询、使用。制定并印发《简化优化基本建设项目办理环节和流程的实施办法（试行）》，在相关部门窗口试行，进一步提高行政审批效率。

【行政审批中介服务规范管理】 2016年5月，对市政府法制办梳理的《通辽市行政审批中介服务事项目录》，向市发改委、住建委、环保局等13个部门征求意见，并将征求意见情况向市政府法制办作书面反馈。

【行政审批创新性工作方案制定】 按照市政府的要求，中心制定创新性工作方案，确定10项创新性工作，明确责任领导、责任科室和完成时限，使重点工作推进更有抓手。

【标准化试点工作顺利通过国家验收】 2014年4月，中心被国家标准化委员会正式列为第一批国家级“社会管理和公共服务综合标准化试点单位”。经过两年多的努力，形成由644项标准组成的政务服务标准体系，并在实际工作中严格执行相关标准，政务服务工作更加规范高效。2016年7月20日，中心标准化试点工作以97.5的高分顺利通过国家标准委的验收，成为全区第一批申请立项、第一个通过验收的市级政务服务中心。

【公共资源交易平台管理进一步完善】 进一步细化不同类型公共资源交易活动的工作流程、技术标准和操作程序，完善公共资源交易市场内部管理、职责分工、工作人员行为规范等内部制度,促进公共资源交易工作更加公平公正。截至2016年12月底,完成公共资源交易项目843个,交易金额159.4亿元。

【投标保证金管理工作不断加强】 与研发企业合作开发投标保证金管理系统。该系统有效解决投标人信息在银行转账环节泄密的问题,有效限制串标行为的发生。

【公共资源交易各方参与主体信息库建成】 通过建立投标企业、中介代理机构和供应商的信息档案并向社会公示的方式,加大投标企业及相关机构的信息公开力度,接受社会监督,促进诚信交易。

【公共资源交易电子化工作】

与上海卓繁软件公司合作,研发全市统一的公共资源交易电子化系统,截至2016年11月底,除投标、开标和评标环节外,政府采购和建设工程交易项目已实现网上办理,初步实现与自治区公共资源交易系统的对接和业务数据推送。

(耿 岩)

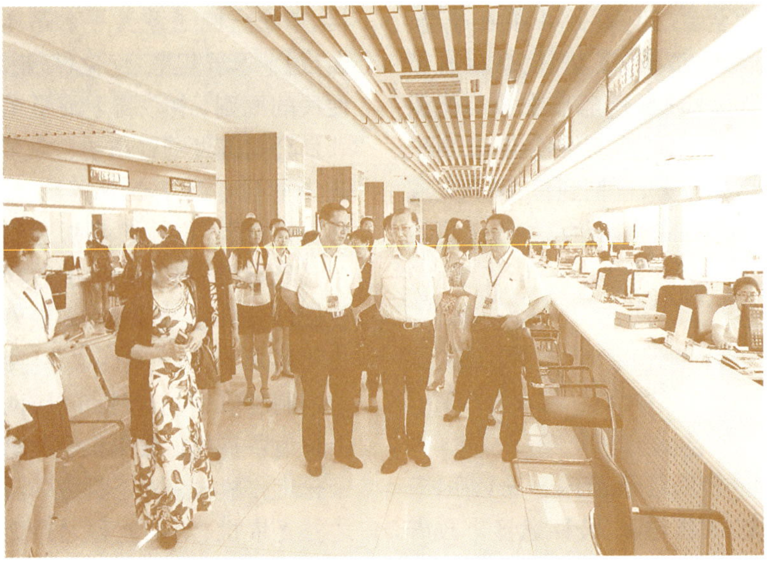

▲ 2016年7月20日,国家标准化委员会组成专家组,对通辽市政务服务中心第一批国家级社会管理和公共服务综合标准化试点工作进行验收

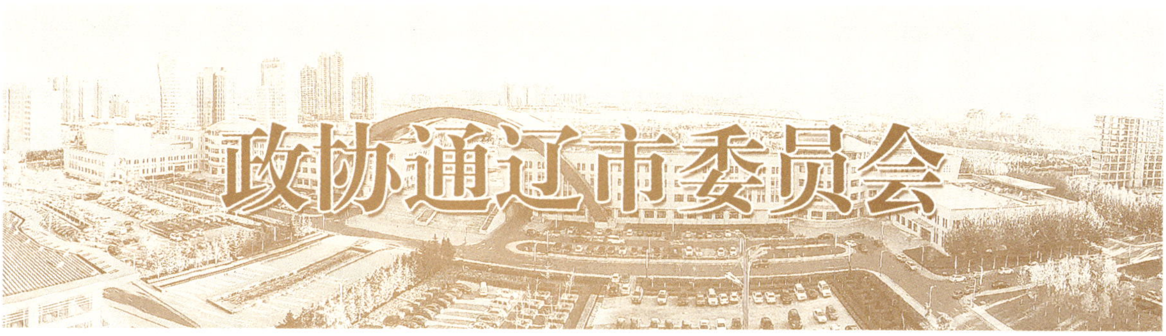

政协综述

【协商民主】 围绕统筹推进“五位一体”总体布局、协调推进“四个全面”战略布局、落实“五大发展理念”，破解改革发展的难点问题，召开专题议政性常委会议3次，专题协商座谈会和月协商座谈会2次，对口协商会3次，重点围绕促进物流业、蒙医药产业发展等协商议政，献计献策。提交大会发言材料70多篇，整理报送委员讨论发言160多条。筛选人民群众关注、委员反映问题集中的205件提案为面对面办理提案，组织委员与35个部门进行面对面协商办理，推动提案进一步落实。确定8个协商议题，探索开展专题协商座谈会、月协商座谈会等协商形式，围绕推动学前教育、做强县域龙头企业进行协商。不断规范协商活动程序，将党委政府领导到会听取发言并讲话，部门到会通报情况，与委员面对面协商等规定落细落实，确保协商活动有序进行。在出台加强人民政协协商民主建设具体意见和年度协商计划制定办法的基础上，结合工作实际，学习先进地区经验，制定出台提案办理协商办法、视察工作办法和社情民意信息工作办法，从协商前的准备、协商活动开展以及成果转化等方面进行规范，推动协商民主广泛多层制度化发展。

【文史宣传】 充分发挥文史资料“存史、资政、团结、育人”作用，编辑出版通辽市文史资料第十八、十九集，编写完成《通辽政协志》（2005—2016）和通辽市文史资料第二十集《图述通辽》的编撰大纲。通过政协网站、会刊等媒介，传播政协声音、讲好通辽故事，与全国50多个地方政协建立信息交流渠道。

政协委员活动

【调研视察】 就做强做大县域骨干企业、发展生态畜牧业、推动绿色农业发展、旅游景区餐饮及食品安全等课题，开展专题调研视察11次，形成调研报告10篇。认真贯彻落实党的民族和宗教政策，聚焦影响和制约民族聚居区发展的突出问题深入调研，推动精准扶贫、蒙医药产业发展、发展生态畜牧业、推动历史文化名镇建设等相关工作。发挥少数民族界、宗教界委员桥梁纽带作用，组织深入企业、社区、学校、农牧区和宗教活动场所，开展慰问看望、政策宣传、座谈交流等活动。组织开展走访港澳台侨界委员活动，了解情况，征求意见，帮助其解决实际问题。主动加强与全国、自治区政协的联系，积极加强与各地政协的联谊交流。全国、自治区及外省市政协到通辽市调研考察31批次，组织委员赴湖南、重庆、四川等地6次，学习考察政协工作和经济社会发展的经验思路。

年内，自治区政协中共界别一组在任亚平主席带领下到通辽市，就中央、自治区党委关于加强人民政协协商民主建设的文件贯彻落实情况进行调研。任亚平一行听取通辽市政协协商民主建设情况的汇报，调研组成员结合各地工作实际交流经验体会，任亚平主席就深入学习贯彻落实好中央、自治区关于加强人民政协协商民主建设的文件精神，扎实推进协商民主广泛多层制度化发展提出要求。全国政协常委、人口资源环境委员会副主任、武警部队原司令员吴双战，全国政协人口资源环境委员会副主任凌振国一行到通辽市,就沙漠治理与精准扶贫工作进行调研,自治区政协副主席梁铁城,秘书长魏军等陪同。自治区政协副主席罗志虎,内蒙古中蒙医医院党委书记、副院长伊乐泰一行到通辽市,就促进民族医药事业发展进行调研。自治区政协副主席梁铁城到通辽市,深入扶贫包联点开鲁县调研指导工作。自治区政协副主席郑福田一行到通辽市专题调研幼儿教育工作。内蒙古人民政协理论研究会常务副会长蔺雪山一行到通辽市调研,调研组在通辽市人民政协理论研究会常务副会长、市政协副主席王喜春等陪同下,先后赴科左中旗、扎鲁特旗、霍林郭勒市调研基层委员联络活动和社情民意信息工作。自治区政协常委、副秘书长、民盟内蒙古自治区委副主委李相合率民盟界别委员,到通辽市就农村饮用水安全与村卫生室建设情况进行调研。自治区政协文教卫委员会主任牛敏带队,到通辽市科左后旗、奈曼旗就深化县级公立医院综合改革进行专题调研。自治区政协社会和法制委员会副主任云肖峰、谢绍清带队到通辽市就食品药品安全监管和执法检查工作开展调研。

配合自治区政协,就"推进旅游和文化融合发展"议题开展调研,并形成调研报告报送自治区政协。配合自治区政协新闻出版界委员界别调研组,赴内蒙古民族大学等部门单位调研。配合自治区政协专题调研组对通辽市"十个全覆盖"中危房改造、街巷硬化工程实施情况开展联合调研,并形成调研报告报送自治区政协。

【提案工作】 四届四次会议以后,政协委员和政协各参加单位深入贯彻中共十八大、十八届三中、四中、五中、六中全会和市第五次党代会精神,围绕统筹推进"五位一体"总体布局、协调推进"四个全面"战略布局和通辽市"十三五"规划的实施,通过提案履行职责,建言献策,共提出提案368件,立案338件。提案紧紧围绕通辽市全面建成小康社会目标,突出稳增长、调结构、惠民生、促和谐等重大问题,既有对全市经济社会发展综合性、前瞻性的建议,也有解决关系群众切身利益问题的具体对策,提案质量普遍较高,办理质量明显增强。截至2016年12月30日,所有立案提案全部办结。从办理情况来看,提案所反映的问题得到解决和列入计划逐步解决的共216件,占立案提案的63.9%,一时难以解决的共122件,占立案提案的36.1%。评选出27件优秀提案和12个先进承办单位,在四届五次会议上予以表彰。11月,在开鲁县召开全市政协提案工作座谈会,总结交流旗县市区开展提案办理协商和"面对面"办理提案的做法和经验,达到互相学习、取长补短、共同提高的目的。

【民主监督】 注重在调研视察、协商议政中增加监督内容,实事求是查找问题,集思广益提出建议,与相关部门面对面协商,在协商议政中实施监督,在有效监督中促进工作。如围绕依法规范社区矫正工作,组织委员深入各旗县市区进行调研,召开协商座谈会与相关对口部门面对面协商,就存在的问题提出建议。积极参与全市重大决策部署落实情况的监督,先后就农村牧区"十个全覆盖"工程建设、精准扶贫、安全生产等工作进行督查。加强与公检法司等部门的联系配合,组织政协委员参加听证、论证等活动,开展经常性监督。

政协重要会议

【全委会议】 1月14—17日,政协通辽市第四届委员会第四次会议胜利召开。会议听取审议高琦代表政协通辽市第四届委员会常务委员会作的《政协通辽市第四届委员会常务委员会工作报告》和包庆贺代表政协通辽市第四届委员会常务委员会作的《政协通辽市第四届委员会常务委员会关于四届三次会议以来提案工作情况的报告》;审议通过政协通辽市第四届委员会第四次会议各项决议和提案审查情况的报告;列席通辽市第四届人民代表大会第四次会议,听取并讨论《政府工作报告》和其他报告;表彰30件优秀提案和15个先进承办单位。大会期间征集提案361件,立案334件。

【党组会议】 11月1日,政协党组(扩大)会议,召开重点传达和学习贯彻中共十八届六中全会精神。党组书记、主席高琦主持会议,副主席王德民对十八届六中全会精神进行传达,党组成员、机关干部参加会议。

【常委会议】 1月8日,四届十二次常委会议召开,主席高琦、副主席包庆贺、巴日格其、王德民、孟令成、吴国林、宝丽华、王喜春,秘书长张志刚出席会议。会议听取通辽市人民政府关于政协通辽市第四届委员会第三次会议提案办理情况的通报;审议通过关于召开政协通辽市第四届委员会第四次会议的决定、会议议程(草案)、日程,秘书长、副秘书长、列席人员、编组办法和小组召集人名单;审议通过政协通辽市第四届委员会常务委员会工作报告和通辽市第四届委员会常务委员会关于四届三次会议以来提案工作情况的报告,并推举报告人;审议通过《通辽市疾病预防控制体系建设调研报告》《关于我市科普工作情况的调研报告》;听取通辽市政协各专门委员会工作报告;审议通过政协通辽市第四届委员会关于表彰四届三次会议优秀提案和先进承办单位的决定。

1月16日,四届十三次常委会议,召开听取张志刚秘书长关于各讨论组讨论情况的汇报,审议通过政协通辽市第四届委员会第四次会议政治决议(草案)、常务工作报告决议(草案)、提案工作报告决议(草案)和提案审查情况的报告(草案)。

5月5日,四届十四次常委会议召开。主席高琦主持会议并讲话,副主席巴日格其、孟令成、宝丽华,秘书长张志刚出席会议。会议审议通过关于汤连荣辞去政协副主席的决定,增补塔拉等7人为委员,通过王建军等3人辞去常务委员职务的决定,传达学习全国“两会”精神,就党的十八届五中全会精神进行专题辅导。

6月27日,四届十五次常委会议暨专题协商会议召开,围绕通辽市物流业发展工作展开专题协商。会议审议通过《通辽市政协关于推进我市物流业发展的调研报告》,市商务局、市交通局、科尔沁区政协、开鲁县政协、科左中旗政协、开发区管委会及部分委员作专题发言,市政府党组成员崔景英代表政府作表态发言,市政协主席高琦,副主席巴日格其、王德民、孟令成、宝丽华、王喜春出席会议。

9月18日,四届十六次常委会议暨专题协商会议召开,围绕通辽市实施精准扶贫精准脱贫进行专题协商。市政协主席高琦主持会议,市政府副市长赵长青出席会议并讲话,副主席巴日格其、王德民、孟令成、宝丽华、王喜春出席会议。会议审议通过《关于我市精准扶贫精准脱贫工作情况的调研报告》,市扶贫办、市直属机关党工委、奈曼旗政协以及部分常委、委员作专题发言。

【主席会议】 1月5日,四届二十一次主席会议召开,审议通过四届十二次常委会议的有关事宜并研究确定2016年度政协协商议题。

2月17日,四届二十二次主席会议召开,研究2016年度政协协商工作计划。

4月27日,四届二十三次主席会议召开。审议四届十四次常委会议的有关事宜,研究部署2016年度政协协商工作、2016年度市政协全面深化改革工作、《通辽市政协志》的编撰工作以及重点提案和面对面办理提案工作。党组副书记、统战部长张志强参加会议,市纪委派驻组、统战部、市政协办公厅、各专委会有关负责人列席会议。

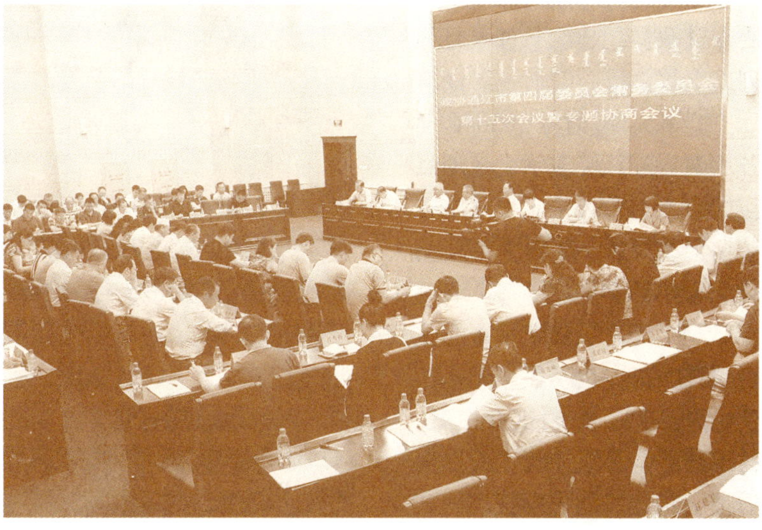

▲ 6月27日,政协市四届十五次常委会议召开

6月23日,四届二十四次主席会议召开。审议通过四届十五次常委会议相关事宜;研究成立通辽市人民政协理论研究会有关事宜;就全市年度考核目标体系设置征求意见;审议有关人事事项。

9月12日,四届二十五次主席会议召开,研究审议第十六次常委会议有关事宜,审议通过《中国人民政治协商会议通辽市委员会委员视察考察工作办法(试行)》《中国人民政治协商会议委员会反映社情民意信息工作办法(试行)》《中国人民政治协商会议通辽市委员会提案办理协商办法》。

【其他会议】 1月12日,举行政协通辽市第四届委员会第四次会议新闻发布会。大会秘书长、市政协秘书长张志刚就会议有关情况进行发布。

1月29日,召开党组"三严三实"专题民主生活会。党组书记、主席高琦主持会议,党组成员、副主席汤连荣、王德民、孟令成、吴国林,党组成员、秘书长张志刚参加会议,市纪委派驻政协纪检组长韩嘎日迪列席会议。

2月5日,通辽市2016年各族各界迎新春茶话会在通辽宾馆举行。市委书记罗永纲在茶话会上致辞,市政协主席高琦主持茶话会。

2月26日,召开四届四次会议提案交办会。副主席包庆贺出席会议并亲自交办提案,秘书长张志刚主持会议,提案委员会主任方胜杰通报四届四次会议提案的征集和审查情况。市委、市政府办公厅负责人、市委办、市政府办督查室负责人、部分政协委员参加会议。

3月8日,市政府召开会议向各提案承办单位交办市政协四届四次会议委员提案,市委副书记、市长包振玉亲自交办提案并讲话,高琦主席代表市政协讲话。

3月25日,提案委员会召开工作会议,总结2015年工作,研究确定2016年面对面办理提案和2016年工作安排。副主席包庆贺参加会议并讲话,提案委员会主任方胜杰主持会议。

4月9—11日,4月21日,高琦主席带领机关相关人员、市扶贫办负责人等一行,深入到扶贫包联点科左后旗阿古拉镇调研指导扶贫增收工作,与旗、镇、嘎查三级负责人及村民代表进行交流研讨,就做好脱贫攻坚工作提出要求。

5月6日,提案委员会召开面对面办理提案工作协调会,传达学习市长包振玉在市人大代表建议、政协委员提案交办会上的讲话精神,传达《关于印发市政协2016年重点提案和面对面办理提案的通知》和《关于面对面办理政协委员提案的实施办法(试行)的通知》。提案委员会主任方胜杰主持会议,各承办单位相关负责人及市委、市政府办督查室工作人员参加会议。

6月28日,办公厅组织机关离退休老干部一行赴扎鲁特旗,就该旗重点项目建设情况和"十个全覆盖"工程进展情况进行参观考察。副主席王德民,办公厅负责人米法兴参加活动。

7月5日,召开通辽市人民政协理论研究会成立大会暨理论研讨会,内蒙古人民政协理论研究会常务副会长蔺雪山,市政协主席高琦,副主席王德民、王喜春,通辽市人民政协理论研究会会员,市委宣传部、统战部、党校等有关部门领导及市政协机关干部职工参加大会。会议审议通过《通辽市人民政协理论研究会章程》,选举

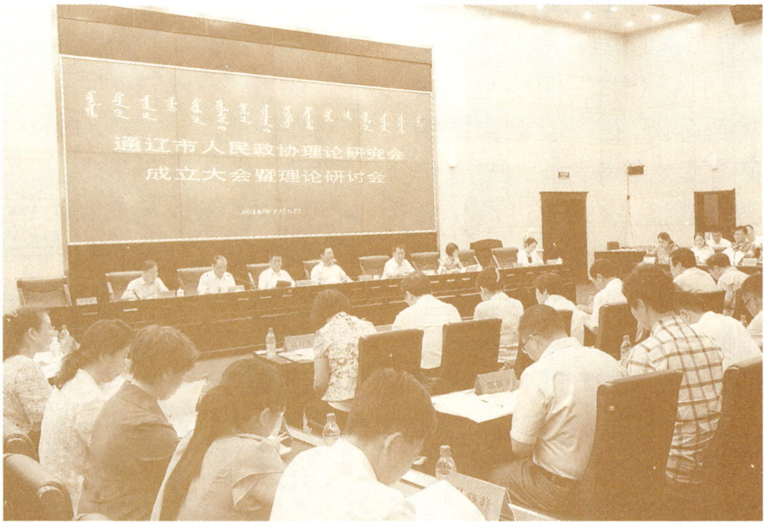

▲ 7月5日,通辽市人民政协理论研究会成立大会召开

高琦为理事会会长，王喜春、张志刚、刘福英为副会长，包黎明为理事会秘书长，庄建军为副秘书长，选举马强等71人为理事会理事。蔺雪山就人民政协理论研究和建设方面作专题辅导，部分理事作研讨发言。

8月16—26日，在延安先后组织举办两期“通辽市政协委员革命传统教育培训班”。副主席巴日格其、王德民、孟令成、宝丽华、王喜春及自治区、市、旗三级政协委员等160余人参加培训。

8月，副主席包庆贺带队，提案委员会组织提案委员和专家学者，到市住建委、发改委、金融办、政务中心、政法委、财政局、旅游局、环保局等部门面对面办理委员提案，提案委员会主任方胜杰主持。

11月11日，社会法制委员会组织召开“法治思维引领，规范社区矫正工作”对口协商会议，副主席王德民主持会议，市综治办、法院、检察院、公安局、司法局、通辽监狱、人力资源和社会保障局、民政局、财政局、编办、工会、团委、妇联、公车办等16个相关单位负责人参加会议。会议听取市政协社会法制委员会《关于通辽市社区矫正工作的调研报告》和市司法局《全市社区矫正工作的通报》，与会人员围绕依法规范全市社区矫正工作展开交流讨论。

11月23日，全市政协提案工作座谈会在开鲁县召开。副主席包庆贺出席会议并讲话，提案委员会主任方胜杰主持会议。提案委员会成员、各旗县市区政协分管主席和提案委负责人、驻开鲁县市政协委员及市直有关部门负责人参加会议。

12月5日，自治区党委常委、市委书记宋亮到机关走访调研，与机关干部职工进行座谈，听取高琦关于政协工作情况的汇报，提出政协组织要发挥优势，凝聚思想共识，汇集各方力量，努力在融入东北振兴、推动产业转型升级、保护传承与发展科尔沁文化、引进和培养企业家等方面献计出力。市委副书记、组织部部长杨静波，市委常委、秘书长贺志亮等陪同走访。

12月7日，高琦主持召开座谈会，征求对通辽市蒙医药产业化发展工作的意见和建议。民族宗教港澳台侨主任清格勒、副主任刘晓英和市发改委、卫计委，民族大学附属医院、蒙医学院，蒙医研究所和蒙药股份领导及相关专家参加座谈会。

（马　强）

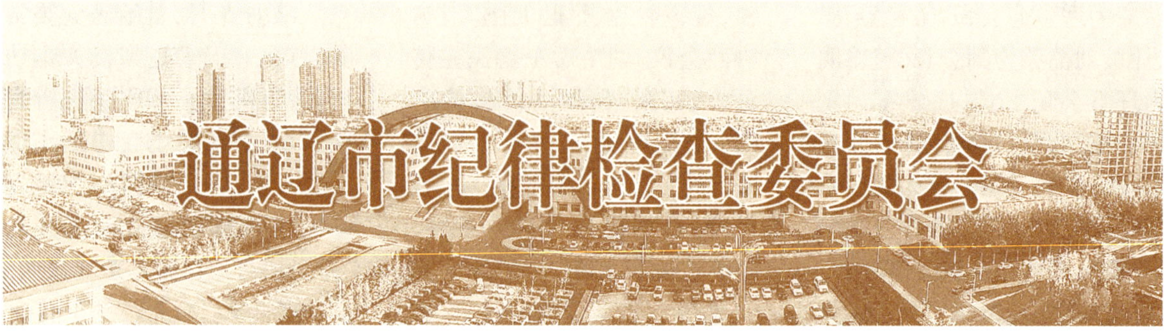

通辽市纪律检查委员会

重要会议

【中共通辽市第五届纪律检查委员会第一次全体会议举行】

10月18日上午,中国共产党通辽市第五届纪律检查委员会召开第一次全体会议。王肆虎主持会议。出席这次会议的市纪委委员28人。会议选举产生中国共产党通辽市第五届纪律检查委员会常务委员会委员;选举产生中国共产党通辽市第五届纪律检查委员会书记、副书记;王肆虎当选为市纪委书记,赵海山、阿拉木斯、李玉良当选为市纪委副书记;通过中国共产党通辽市第五届纪律检查委员会第一次全体会议公报。新当选的中国共产党通辽市第五届纪律检查委员会书记王肆虎在会上讲话。

纪律检查

【"两个责任"落实】 在全区率先建立党风廉政建设责任清单和负面清单,从党组(党委)书记第一责任人责任清单、党组(党委)领导班子成员责任清单、主体责任负面清单、纪委监督责任清单和负面清单5个方面明确45项重点内容,明确能做什么、不能做什么,使"两个责任"细化、实化、具体化,实现履责有清单、考责有抓手、追责有依据。责任清单和负面清单已覆盖全市乡科级以上党员干部。全市乡科级干部共制定主体责任清单34 913条、负面清单34 881条;乡科级纪检干部制定监督责任清单3455条、负面清单3084条。

【实行"三式"监督工作法】 建立党风廉政建设责任清单和负面清单,实施点题式监督;建立市党政领导"日报告工作制度",实施跟踪式监督,市纪委运用大数据原理,定期对领导活动进行汇总分析,其结果为市委及市党政领导改进作风、推动落实、加强监督提供参考;对市党政领导发出定期提示函和专项提示函,实施提醒式监督,督促履行主体责任和"一岗双责"。

【履行主体责任定期报告制度】

各级党委(党组)每季度从6个方面、23个小项数字报告履行主体责任情况,纪委和派驻纪检组定期报告同级党委(党组)领导班子和被监督部门落实主体责任、执行民主集中制、廉洁自律和班子团结等情况,报告班子主要负责人"四个亲自"、提醒谈话、发扬民主、正确集中、开展批评、严肃纪律等方面情况,促使履职监督形成常态。

【日常监督和问责力度加大】

强化对"三重一大"事项集体决策、一把手"五个不直接分管"等制度执行情况的监督。坚持市委书记和纪委书记与旗县市区党政正职及市直部门主要负责人年中廉政谈话、年度述责述廉、新任党政正职廉政谈话等制度,每年开展一次市纪委书记、副书记与旗县市区党政正职和市直部门负责人廉政谈话,强化对权力运行的监督。市纪委相继出台《实施履行党风廉政建设责任约谈暂行办法》《落实党风廉政建设"一岗双责""一案双查"实施办法(试行)》等规定,认真贯彻落实《中国共产党问责条例》,以强有力的问责倒逼责任落实。

【加强对市县乡三级党委换届工作的纪律监督】 坚决把严肃换届纪律贯穿换届全过程,进一步压实责任,全面深入落实"九个严禁、九个一律"的纪律规定,围绕"四必看""四必谈""四必训""四个凡提"等关键环节,强化资格审查、诊脉把关、分析研判、统筹结合,严把党风廉政意见回复关,防止"带病提名”“带病提拔”,确保换届风清气正。通辽市被自治区作为盟市委加强换届风气监督的先进典型,向中组部推荐。

【深化廉洁教育】 充分发挥大宣教优势,进一步完善反腐倡廉宣传教育联席会议制度,加大外宣力度,在国家、自治区级新闻媒体发表稿件353篇,在市级新闻媒体专题专栏刊发新闻宣传稿件1000余篇(条)。加强纪检监察“网微端刊”全媒体宣传教育,开展廉洁公益广告展播、行风热线、党内法规在线学习测试等活动。利用基层讲堂集中宣讲2200余场(次)、受教育72万人次。强化正面引领,选树表彰37名群众身边的先锋模范,弘扬新风正气。用好反面“活教材”,开启每月一通报、半月一剖析、每周一说纪“三个一”常态化警示教育新模式,通过组织党员领导干部到监狱接受警示教育、召开警示教育大会、参观警示教育基地、编印警示教育教材等多种方式,加强警示教育。针对韩某案件,召开全市纪检监察机关警示教育大会,以案为鉴,警钟常鸣。全年共召开警示教育大会190余场(次),受教育2.1万余人。

【谈话函询力度加大】 践行监督执纪“四种形态”,把纪律和规矩挺在前面,坚持抓早抓小,以“六项纪律”为尺子,对存在苗头性、倾向性问题的党员、干部,及时谈话提醒、函询核实,通过红红脸、出出汗,避免小毛病演变成大问题。1—12月,全市各级纪检监察机关开展函询谈话128人次,诫勉谈话38人次。市纪委监察局开展函询谈话26人次,诫勉谈话9人次。

【依纪依规执纪审查】 坚持“零容忍”态度不变,始终保持惩治腐败高压态势,做到依纪依规安全文明执纪审查和“快查快结快移送”。全年,全市纪检监察机关共接受信访举报1871件(次);立案711件;给予党纪政纪处分651人。市纪委共接受信访举报825件(次);立案39件,其中,县处级27件;处分24人,其中县处级17人。

【中央八项规定精神和“四风”问题的监督落实】 盯住重要时间节点,加大监督检查和明察暗访力度,严防“四风”问题反弹回潮。市纪委坚持每月通报曝光典型案例,切实发挥警示震慑作用。2016年,全市通报违反中央八项规定精神和“四风”问题、侵害群众利益问题曝光典型案例84件(次)、484人,市纪委分12批次通报典型案例55件(次)、76人。

【专项整治深入开展】 组织开展“懒政怠政、为官不为”和“贪腐谋私损害群众利益问题”专项整治活动,促进干部作风转变、工作落实,维护群众利益。围绕党的方针政策和重大决策部署落实、扶贫攻坚、“双城同创”等重点工作,以及惠农惠牧政策资金落实中存在的问题,加大查处力度,保证政令畅通。进一步加大扶贫等领域监督执纪问责力度,推动惩治腐败向基层延伸。按照自治区统一部署,开展7轮“拍苍蝇”专项行动,给予党政纪处分100人,移送司法机关8人。

【作风建设长效机制健全完善】 结合“三严三实”专题教育整改建章立制,建立常态化的监督检查、暗访督查和通报曝光机制,协助市委制定加强公共财政资金安全运行监督执纪、规范党员干部婚丧喜庆事宜等具体规定和制度,从体制机制层面强化对权力运行的监督制约,向制度建设要长效。

【纪检体制改革工作推进】 3月,成功组织筹办全区纪律检查体制改革推进会。市纪律检查体制改革领域确定的各项改革任务扎实推进,全年出台改革成果形式17个。加强和改进对权力行使的制约和监督,严格落实党委(党组)党风廉政建设主体责任和纪委监督责任,进一步完善纪检工作双重领导体制,建立健全下级纪委向同级党委、上级纪委报告制度,加强对派驻机构的管理,发挥派驻监督作用。党风廉政建设社会评价及推行纪检监察干部监督工作责任清单和负面清单制度2项改革重点,巡察工作和“三重一大”事项集体决策制度2项改革试点都已完成并取得实质性成效。

纪检监察

【纪检监察基层基础加强】 在旗乡两级纪委换届中,在选拔任用配齐配强纪检监察干部上严格执行纪委书记、副书记提名考察办法,严把入口、畅通出口,激发队伍活力。全市共调整交流纪委干部119名,其中,新任旗县纪委书记2名,提拔和调整交流旗县纪委副书记5名;新任苏木乡镇纪委书记26名,系统内提拔9名、系统外提拔6名,平职交流11名。

【执纪规范化建设全面推进】

重点围绕基础建设、执纪工作、监督机制、管理体制、队伍建设等方面,进一步完善相关机制和制度,从执纪审理规范化入手,对信访受理、线索处置、审查过程、执纪审理、处分执行、复议申诉等各个环节进行全流程规范化建设。问题线索严格按照“五类标准”分类处置、规范管理,建立实行每日一次舆情报告、每周一次书记专题例会、每周一次线索排查、每月一次典型案例通报、每季度一次协调会议、每半年一次全面督查的“六个一”工作机制。出台《通辽市纪检监察机关案件质量检查标准及评审办法》《通辽市纪检监察机关优质案件评审办法》《通辽市纪检监察机关案件审理会议制度》《通辽市纪委监察局案件主审人工作制度》等一系列制度文件,编制《纪检监察案件审理工作流程和公文格式规范》,加强对基层规范执纪的指导,有效提升全市执纪审查质量和安全文明规范执纪水平。

【学习教育培训力度加大】

严格落实纪检监察机关党员干部“三会一课”、集体学习等制度,通过调训轮训、参与纪律审查工作等方式,推动传帮带,借助互联网、学习手册、信息专刊、微信平台等载体,开展灵活多样的学习宣传。全年市旗两级培训专职纪检干部1446人次;选派77名干部参加中纪委、自治区纪委业务培训班;抽调129人次参与自治区纪委和市纪委的巡视巡察及纪律审查等工作,促进干部能力素质的提升。

【开展“忠诚度、纪律性”专项教育活动】 按照“打铁更要自身硬”的要求,结合“两学一做”学习教育,从11月28日开始,利用两个月时间,在全市纪检监察干部职工中开展“忠诚度、纪律性”专项教育活动,聚焦忠诚度,突出纪律性,通过查信念、抓提升,查纪律、抓执行,查风险、抓防范,查业绩、抓作为的“四查四抓”,争做对党绝对忠诚、守纪执纪、修身用权和创先争优的表率,着力实现理想信念有新提升、能力素质有新增强、工作推动有新举措、作风形象有新转变的“四新”目标。

【日常管理监督】 建立纪检监察干部管理监督工作“两个责任”清单,严格执行干部外出请示报告、领导干部报告个人有关事项等制度,突出重要岗位和关键环节,不断健全内控机制,严格执行纪检监察干部执行公务回访制度,开展系统内专项巡查,主动接受社会监督,着力打造忠诚、干净、担当的纪检监察干部队伍。

(全　力)

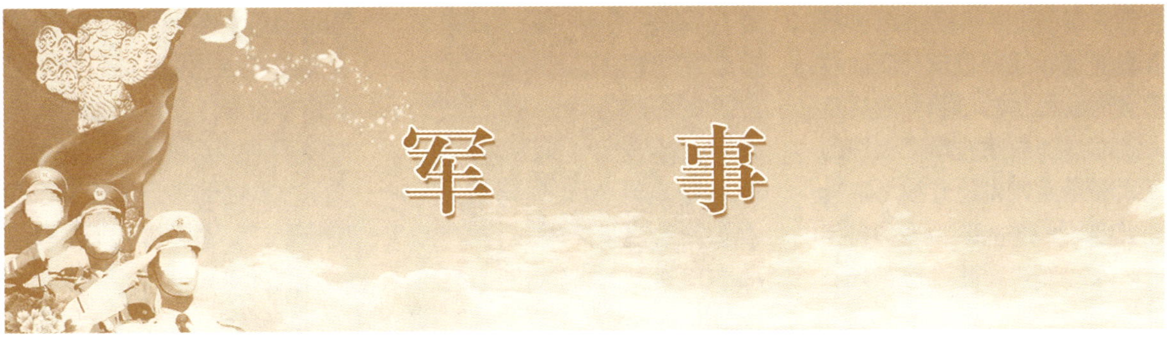

通辽军分区

【概况】 2016 年，通辽军分区以党在新形势下的强军目标为统揽，围绕"政治建军、改革强军、依法治军"总体布局和上级精神，主动适应关系转隶、职能转型、任务转变的新挑战新要求，抓主线，抓主业，抓主官，保底线，较好地完成年度各项工作任务。从 4 月开始，军分区采取"规定动作"与"自选动作"相结合的方式，以强化组织建设、授课辅导、集中督导和学习保障等手段，扎实开展"两学一做"学习教育。利用每周五党团日活动时间，组织全体党员集中观看中央党校各专家对"两学一做"学习教育的系统解读；司令员陆军结合党史、军史和戍边史，以"党章是共产党员心中最神圣的经典"为题，与全体党员进行党课交流；党员个人围绕"四讲四有"撰写承诺书。认真落实内蒙古军区"四个一"活动，军分区为援建学校协调资金 110 万元。5 月 26 日，全分区组织"博爱一日捐"活动，共捐款 5200 元；9 月 28 日，军分区 9 名团职以上干部为库伦旗六家子镇中心校 9 名贫困学生资助 9000 元助学金，为学校捐赠文体器材以及 300 册红色经典书籍。为推动全面停止有偿服务工作，军分区党委专门成立领导机构，专题进行部署，先后 5 次召开专题会议，推动工作落实，并逐级签订责任状，确保此项工作顺利完成。

【冬季适应性训练】 1 月中旬，军分区采取统一计划部署、异地同步组织的方式，以应急维稳和抢险救灾行动为背景，组织军分区机关、8 个人武部带民兵应急分队开展冬季适应性训练。

【军分区党委九届十次全体(扩大)会议】 3 月 28 日，军分区召开党委九届十次全体(扩大)会议。传达学习中央军委国防动员部、北部战区党委扩大会议和内蒙古军区党委八届五次、六次全体(扩大)会议精神；军分区党委书记任通运代表党委常委会作工作报告，副书记陆军作主题讲话；参谋长宋庆贵、政治部主任赵建涛、后勤部部长吕晓峰分别部署 2015 年度军事、政治和后勤工作。会议还对部队全面停止有偿服务活动进行部署，通报表彰 2015 年度先进单位和个人。会议期间签订领导干部理财、安全管理和全面停止对外有偿服务活动责任状。

【理论学习】 突出改革这条主线，深入学习贯彻习近平主席系列重要讲话，特别是加强"强军兴军篇""国防动员篇"的学习理解，凝聚打"国动牌"、吃"国动饭"、当"国动人"的思想理念和行动自觉。在机关干部中开展"月读一本书、书香满军营"活动，推荐阅读《大道之行——中国共产党与社会主义》《心胜 2》等书目。第一时间传达党的十八届五中、六中全会精神，专题研读习近平总书记"七一"讲话精神、纪念长征胜利 80 周年讲话精神，采取录像辅导、专题宣讲、领导领学等方式，深化学习理解。引导官兵自觉拥护、支持、服从改革，做到"四个正确对待"，军科院主编的《中国军队政治工作》2016 年第 5 期刊登主要做法。

【战备训练】 突出抗洪抢险、森林防火、抗震救灾、抗击雪灾、城区维稳等重点，深入沿边沿线实地勘察，重新修订各类应急方案和行动计划，细化作战值班多种情况处置预案，加大重大节日、特殊敏感期作战值班抽查和战备值班分队的拉动演练。科尔沁区和科左后旗人武部参加内蒙古军区组织的人武部全面建设检查抽考取得好成绩，并被表彰为“2016 年全区人武部全面建设检查先进单位”。

【通辽市大学生征兵启动仪式举行】 5 月 13 日，通辽市征兵办在内蒙古民族大学举行“2016 年通辽市大学生征兵启动仪式”。副市长贺海东、司令员陆军、政委任通运分别为高校授牌，优秀退役复学大学生代表、具有参军意愿的大学生代表分别发言。

【征兵工作电视电话会议召开】 7 月 25 日，通辽市 2016 年征兵工作电视电话会议召开。会议对 2015 年征兵工作进行总结，部署 2016 年度征集任务，并提出具体要求。9 月 13 日，通辽市委、市政府和军分区等领导在通辽火车站举行仪式，欢送 2016 年夏秋季入伍新兵启程。

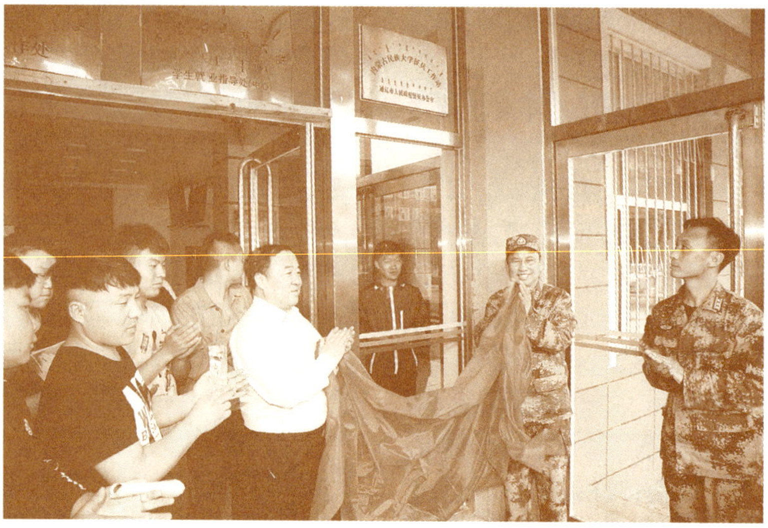

▲ 内蒙古民族大学征兵工作站启动仪式

【征兵宣传】 2016 年，针对重点征集大学生的特点，军分区司令员陆军带领机关人员，先后到内蒙古民族大学、通辽职业学院、科尔沁职业艺术学院等高校宣讲调研。军分区政治部主任赵建涛主动协调地方有关部门，持续开展政策宣讲进高校、征兵宣传进基层、体验生活进军营为主要内容的征兵宣传“三进入”活动。两次指导科尔沁区人武部在内蒙古民族大学和通辽职业学院 2 所高校组织两场征兵宣传专题讲座，现场宣讲征兵政策；为通辽市主城区 114 个街道、社区和居委会的便民服务大厅设计安装征兵宣传图板，印制下发宣传手册 3 万余份。在市内各大商场、火车站、机场等人流密集区设立多块电子显示屏，滚动播放有关征兵和国防宣传标语 2 万多条。在科尔沁区东郊街道明珠社区居委会召开征兵宣传进基层观摩会；组织内蒙古民族大学 50 多名大学生代表到驻通辽武警 350 团参观见学，感受军营生活。6 月 7 日，人民网以“通辽军分区征兵宣传线上线下并进”为题进行报道。中央人民广播电台 6 月 12 日《国防之声》栏目予以报道。

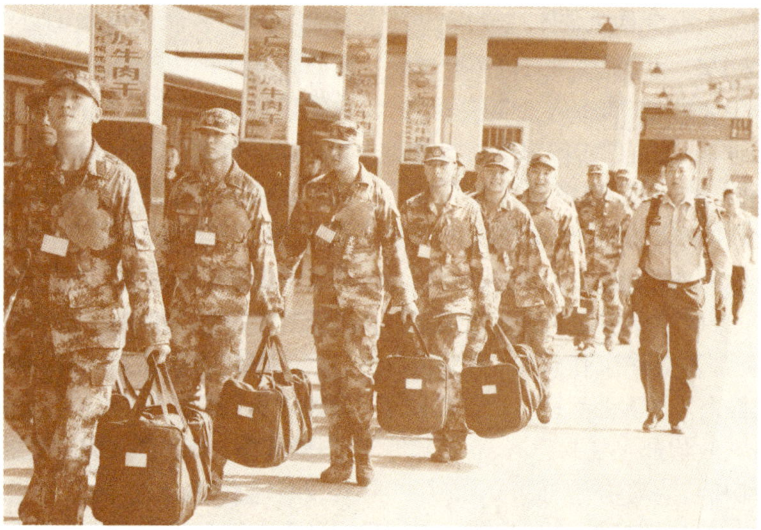

▲ 2016 年 9 月 13 日，新兵启程

【双拥座谈会召开】 为庆祝中国人民解放军建军 89 周年，8 月 1 日上午，通辽市召开双拥座谈会。通辽市委书记罗永纲、政府市长包振玉、市人大主任道尔吉、军分区司令员陆军、政治部主任赵建涛等党政军领导出席会议。通辽武警支队、森警支队、消防支队、武警 350

团、沈阳房管局、军代处等单位领导分别汇报部队建设和双拥共建开展情况，提出需要帮助解决的困难和问题。市长包振玉对部队提出的困难和问题进行答复，明确新形势下双拥工作的主要任务和具体要求。市委书记罗永纲围绕“加强新形势下双拥工作和军民融合发展”这个主题，提出要求：认真学习贯彻党中央关于双拥工作的部署要求，进一步增强新形势下做好双拥工作的政治责任感和历史使命感；军地合力、军民同心，全面做好新形势下双拥工作；加强领导、统筹推进，为做好双拥工作提供坚强保障。陆军司令员主持会议，并就加强双拥工作和国防后备力量建设提出意见：要站在讲政治的高度来谋篇布局；要多级发力、同频共振；部队要冲锋在前、勇挑重担；要切实做实做足军民融合这篇大文章。

【安全管理】　持续开展“学法规、用法规、守法规”活动，“人人学法规、事事用法规、时时守法规”的良好氛围基本形成，军分区机关和科左后旗人武部在3月内蒙古军区组织的视频抽考中取得好成绩。联合市委、市政府对重要军事设施周边进行保密专项清查。军分区机关、奈曼旗人武部、民武库的安全管理受到内蒙古军区检查组的肯定，霍林郭勒市人武部被内蒙古军区表彰为“安全管理工作先进单位”。军分区连续12年保持“双无”。

【军地联合实兵演习】　11月10—13日，军分区组织市、旗县两级国动委领导及成员单位和现役官兵，参加内蒙古自治区组织的代号为“北部·内蒙古－2016”战役集训暨军地联合实兵演习。市委书记罗永纲、市长包振玉、副书记杨静波、副市长高忱和市委国动委相关成员单位及各专业办公室参加战役演习。

【双拥共建】　细化通辽市委、市政府和军分区联合下发的《关于融合推进八个体系建设、推动军民融合深度发展的实施意见》。与市档案局在行政中心联合筹建任明德先进事迹展厅，配合市委宣传部在科尔沁区东郊街道建立任明德工作室，任明德典型宣传工作收到良好成效，得到内蒙古军区的肯定。大力开展国防教育进校园、进军营、进基层活动，与通辽四中共建国防教育宣教室、组织“好军嫂”“兵妈妈”进军营、与双拥办共同举办篮球赛、乒乓球赛等活动，营造军地齐抓共管双拥工作的良好氛围。市县两级聚力解决驻市官兵后路后院后代问题的做法，被《中国国防报》刊发，受到国防动员部主要领导的肯定。

【涉军维权】　积极开展应急信访和涉军维权工作，督导全市13个军人军属法律援助工作站妥善解决官兵涉法涉诉问题，对两起涉军维权案件及时进行跟进协调。

（杨　军）

武警通辽市支队

【班子建设】　支队地处蒙东前沿战略要地，班子过硬尤为重要，“一班人”着眼立起党性原则、纯正政治生态，把党委班子建设当作“龙头工程”来抓。带头在学习习近平主席系列重要讲话上狠下功夫，坚持每周四下午党委中心组学习制度雷打不动，确保在思想境界、思维层次上与党中央合心合拍、同频共振；全面推开、纵深挺近“两学一做”学习教育，做到“两学”不忘初心、“一做”方得始终；年内40余篇稿件在总部以上报刊网站刊载，“两学一做”经验做法在总队推广。靠根本制度强机能。深入做好古田会议的“下篇文章”，正副书记带头做到懂规矩、懂沟通、懂尊重、懂拒绝，做到科学决策不盲目、民主决策不武断、依法决策不蛮干。年内共提升使用干部××名，做到层层考评、择优选用，选学培训××名官兵公开透明，发展党员××名严格正规，研究大项经费开支××万元，上下满意。始终保持正风肃纪、纯正生态的紧度实感，公布监督热线，常态开展明查暗访，抓好“四整八查”，纠治“微腐蝇贪”，彻查“六块石头”，年内共累计清查会计凭证××本、原始凭证××余份、原始票据××多张，清理违规家属补贴××人，收回××亩租赁土地，××套违规住房顺利腾退。坚持为基层官兵办实事、解难题，年内先后为2名随军未就业家属争取生活补贴，协调11名官兵子女入学入托，免费为96名官兵家属体检，申请106套公寓房，对6名困难党员、10名特困干部、1名家庭受灾干部进行救济慰问，全力保障、积极推动干部休假的刚性落实,全年干部休假率达96%,用实际行动维护党委班子的良好形象。

【政治教育】 紧盯改革进程及“互联网+”时代官兵“活思想”,深入抓好主题教育;结合基层风气专项整治活动,广泛开展警示教育;大力宣传时代楷模张楠事迹,召开援疆特战队员事迹报告会,用榜样力量感召引领;清理陈旧教案,探索推广情景式教案、互动式教学、“双四会”教员新模式,解决政治教育“板”的问题;开展“多读书、读好书”活动,培养官兵健康向上的兴趣爱好;开辟网上评课专栏,将干部授课和官兵点评“晒”出来,以问题倒逼促改增效。在“卫士-16”演习赴赤峰长途机动、“魔鬼周”等演训任务中,政治工作作战功能发挥明显。三中队指导员程旭在总队优秀“四会”政治教员评比竞赛中夺冠,开鲁县中队指导员户重阳代表总队参加总部比赛。

【思想工作】 密切关注意识形态新动向、深化改革新进程、正风反腐新常态下官兵的思想反映,突出珍爱生命、密切内部关系和“四反”教育;用好“双争”评比栏,下发“三帮一带”展示板,浓厚帮带氛围、激活争先热情;有效发挥“三支队伍”预警疏导、帮教转化作用,先后成功转化“个别人”××名,顺利移交××名伤病残滞留战士;把思想工作向家庭延伸,开展“好军嫂”评比和军属进警营等活动,部队上下反映良好。

【警营文化建设】 以文化建队、文化强队、文化兴队为目标,着眼“一强两能三化”提振官兵精气神。5月中旬,借力民族大学优势资源,开展新闻报道、板报制作、微电影创作、球类裁判等基层文体骨干队伍的培训。先后两次参加驻地“双拥杯”“银行杯”篮球赛均取得第三名,7月举办支队“强军杯”足、篮球比赛,达到丰富文体活动、激发精武热情的目的。精心搞好营区“武化”建设,坚决拆除休闲凉亭3处,更换大型宣传标语牌40余块,立起20余块砺志石;印制退伍士兵名册,让官兵留住军旅记忆,传承优良作风;组织官兵参观麦新纪念馆、瞻仰烈士陵园,邀请驻地抗战老兵任明德作报告,引导官兵将红色基因融入血脉。

【练兵备战】 以“广西会议”、实战化军事训练集训为抓手,紧紧扭住方案完善、基础建设、战备演练三个环节,常态开展实案化拉动演练,做到“两个不经、一个保持”;按照平战一体要求,制定《机关联合作战勤务值班实施细则》,规范战备值班秩序;从最小作战单元抓实编携配装,全力推进“一队一车”协调配备工作。年内,共出动兵力××人次,完成××余次临时勤务,5月下旬,首长机关带部分实兵全程机动800余公里,圆满完成“卫士-16”演习任务。稳步推进执勤方式优化改革,按照“五防一体化”要求,进一步完善执勤设施,支队作战勤务值班室高清化改造完毕,××套“UPS”电源全部上哨位,各单位移动式防冲撞拒马、岗楼门锁、上勤通道门禁系统均投入使用。监控高清化和AB门建设全部达标,人脸(虹膜)识别系统,地磁雷达报警等硬件设施完备;所属××个值班室全部接入驻地社会面监控,走在兄弟单位前列。瞄准“三场维稳战役”中的实战需要,注重“八落实”标准,推开“六种组训模式”,突出在“五头一建”上下功夫。抓“排头”,以“学研训考评”为抓手,坚持“四考四带”,大力开展学理论,练谋略、练指挥、练协同、练保障、练体能、练作风活动,有针对性地解决好“五个不会、一个不知道”的问题。抓“教头”,着眼培养一批郭兴福式“武教头”,分2批组织教练员、狙击手集训,严密组织侦察员集训、勤训轮换、预提指挥士官培训和首长机关训练;先后两次组织实地及网上教练员会操考核。教导队教员王斌被评为总部“优秀教练员”。抓“拳头”,以特勤排野外驻训、“魔鬼周”极限训练和应急班分批轮训等载体,大抓特勤排和应急班处突技能训练和战法演练;加大实弹射击训练力度,推出废旧弹药“以训代销”模式,持续推动部队遂行任务能力实现体能向技能、技能向智能的逐级跃升。在总队特战队员集训考核中综合排名第二;10月底,××名特战队员赴疆遂行换班维稳任务。抓“重头”,立足执勤分队实际,开展“五小练兵”,加强以防逃制逃为重点的专勤专训、专哨专训和方案演练,侧重应用射击、哨兵反袭击、“三员一兵一组”等课目训练,不断提高官兵执勤能力。抓“源头”,坚持把新兵工作当作“源头工程”“基础工程”“希望工程”来抓，科学拟定《新兵教育训练计划》，抽选优秀干部骨干组建新训机构，突出抓好新兵基础体能、基本技能和应急处置训练，顺利完成两个单位新兵新训任务。建好“场地”，按照大块场地规范建、小块场地灵活建，受限场地拓展建的思路，加强训练场地设施建设。支队基本训练场全部达标，一大队和教导队“合建共用”模式优势逐步体现，教导队“基地化”辐射作用日趋凸显，获评武警部队先进教导队。

【基层建设】　以总部党委1号文件为依据，以“四个基本”建设和八项经常性工作为抓手，从一日生活制度入手，从点滴养成抓起，紧盯末端抓落实，不断规范“四个秩序”。5月着眼党务工作“一岗双责”、书记“六会”要求，举办党支部书记培训班，突出实际操作，搞好补差训练，培养按纲抓建明白人和实干家；坚持以“四看四不看”“四既看四又看”“三用三不用”为参照选贤任能，全年调整优化16个党委（支部）班子，将2名工作能力弱的主官调整到副职岗位“墩苗”，形成“优秀优先、先进先提、有为有位、实干实惠、吃苦吃香”的浓厚氛围。坚持把落实总队基层建设工作会议精神作为事关部队长远建设的重大任务盯紧抓实，常委带头搞好理论辅导和要点解读，将会议精神编入应知应会、制成音频文件下发基层，以板报橱窗为宣传载体，浓厚学习贯彻会议精神氛围，利用交班会、网上查勤、实地检查等时机抽查提问，确保会议精神主旨入心入脑。结合总队《关于落实总队基层建设工作会议指标性任务的通知》要求，各部门对口制定贯彻落实推进计划。在抓帮带思路上逐步向精准靠拢，着眼“一队一案、一队一策”实施“供给侧”式指导；采取“吃碰饭、听碰课、开碰会”的办法，深入饭堂、课堂、会堂，进行面对面指导、手把手帮带、脚跟脚督导；年内先后组织6个批次110人次当兵代职、蹲点帮建。

【安全管理】　坚持把没事当作有事抓、小事当作大事防、预防当作战役打，不断构筑安全屏障。抓好安全常识教育及救护设施使用、自救互救训练和紧急避险演练；将安全风险评估纳入各项活动任务，确保安全工作纵向到底横向到边；建立安全责任制，逐级签订《安全工作责任状》，逐人签订安全承诺书，层层传导压力，树牢官兵安全意识。10月初，一大队四中队上等兵孔某因家庭矛盾诱发突发性心理疾病，在毫无征兆的情况下跳楼自杀身亡，在百日安全活动收官之日安全底线失守，教训极为深刻。事发后，党委痛定思鉴、深刻反思，汲取教训、整装再发，及时做好“亡羊补牢”工作，引导大家以史为鉴，算好政治账、经济账、感情账，宁花小钱买安全、不花大钱买教训，宁听骂声、不听哭声。对存有安全隐患的“危险动作”坚决亮起红线底线，先后因执勤违纪、超假、使用手机等违规违纪事件，2名士官在军人大会上做出深刻检查，通报批评3名机关干部，有效警示部队，提升安全质量。突出人员、车辆、枪弹、信息安全和治酒禁酒管理。在人员管理这个重点上，建立通联机制，加强“一队两部三种人”（直属队，大队部、中队部，领导身边的人、关键岗位的人、经常有机会外出的人）和待安置干部（士官）的管控；对重点关注对象采取“五离”（离武器、离车辆、离哨位、离危险源、离重要岗位），真正把放心的人放在不放心的岗位上，确保关键因素不发生问题。在车辆管理这个难点上，紧盯“两个时段”（8时、18时上下班高峰期），安装车载定位系统和行车记录仪，扎实抓好行车管理；严格落实每周“车场日”和每月安全行车教育；积极协调交管部门，采取“送出去考，请进来教”的办法抓好驾驶员队伍建设。在枪弹管理这个险点上，采取“动用支队审批、训练主官到场、射击机关指导、入库网上联检”的办法，坚持动态枪弹管理，落实枪弹分离，押运勤务携带移动枪柜、巡逻分队配备车载子弹安全箱，坚决把枪弹管死控牢。在信息安全这个热点上，将过期废旧资料以及报废的电脑、存储介质集中进行销毁，与网监部门建立抄告机制，严防网络失泄密和涉军炒作等问题发生；及时发现和纠治官兵网上消费、婚恋、交往等隐患苗头，制作手机柜集中规范智能手机管理；投入30余万元，对机关核心要害部位的保密室、集中文印室、机要室进行升级改造。在治酒禁酒这个暗点上，以纠治发生在基层官兵身边违规违纪问题专项整治为抓手，狠抓“八严六禁”，紧盯战友会、老乡会、朋友会饮酒频发点，利用短信平台时常提醒、部队与家庭互管，确保管理不脱节，行为不失控。

【后勤变前勤】 始终聚焦“三个服务”，着眼后勤变前勤要求，大力推动现代后勤建设向纵深发展。按照最大兵力抽组的自我保障要求，进一步配套完善应急预案、计划措施。拓展警民融合式保障模式，与通辽市仓储、运输、维修、军粮站配送公司等单位签订协议。加大“一组五队”建设力度，加强战伤救护、机动运输、炊事保障等业务训练，努力实现精准保障。进一步强化勤俭建军意识，优化物资经费投向投量，严格预算管理和经费标准执行；全力推进基层中队温室大棚和生态猪圈建设。坚决收回XX亩租赁土地，在一大队建起集种植养殖于一体的农副业生产基地，初具规模，“有机菜”“放心肉”“自养鱼”走上官兵餐桌；强化定期普查伙食、食谱统一审批以及伙食管理“6211”和“1126”等制度落实，提高伙食保障质量。协调通辽市106套保障性住房作为官兵公寓房，投入172万元用于支队作战值班室高清化改造、机关围墙建设及安装防护纱窗，为基层单位配发执勤哨兵智能保温餐柜。

【荣誉】 2016年教导队被总部表彰为先进教导队，教导队食堂被总部表彰为先进食堂，一中队被总队表彰为标兵中队。

（郝文艺）

武警通辽市森林支队

【概况】 2016年，武警通辽市森林支队用“精武、拓新、笃实”的队魂凝神聚力，在提士气、蓄底气、正风气上下功夫，部队四项经常性工作落实质量提升明显，部队全面建设保持稳中有升的发展态势。支队被武警总部表彰为“安全工作先进单位”。

【思想阵地建设】 始终坚持守牢思想阵地不放松，打赢思想意识形态主动仗。着眼“四个全面”战略布局，深入学习习近平主席强军战略思想，官兵核心意识更加坚定自觉。强力推进改革强军主题教育，按照“五化”模式，运用“六学”“四会”授课评比等活动，安排50余场次交流授课，教指导员能力素质提升明显，培树以优秀士官庄启国为代表的个人典型。投入29.84万元创建完善网上史馆、加强政治环境建设、配备电脑，营造文化育人的政治生态。严格落实个别人滚动排查制度，充分利用“三帮一带”“双四一”“五同”等有效载体。努力营造文化育人氛围，科左后旗中队“三队一组”初见成效。以“双建”活动为载体，积极参与打赢脱贫攻坚战，投入7万余元与奈曼旗呼钦苏默村开展文化创联。

【军事训练】 按照“八落实”要求，运用“六种组训模式”，采取“小块时间小练兵、零散人员集中训、补课补训及时跟”等办法，突出抓好新老兵合成训练和专业技能训练。先后投入55万元对3个训练场进行改扩建，配发相关训练器材，训练设施得到进一步规范统一。两防期间先后派出3个分队，进驻罕山、青龙山和乌斯吐自然保护区等重点火险区域实施靠前驻防，配合地方林业部门开展防火执勤21次，累计出动执勤兵力2000余人次，检查非法入山车辆140余台，发放防火宣传单2万余份；严密组织“卫士－16”演习、野营拉练和野外驻训活动，派出100名官兵，奔赴大兴安岭永安山地区实施跨区靠前驻防，较好地锻炼摔打部队。全年，处置火警火灾22起，动用兵力515人次，24小时扑灭率达100%。

【基层建设】 认真学习贯彻武警党委1号文件和《森林部队依法抓建工作机制》，以“三帮一提高”为重点，落实季度考核、蹲点帮建制度，基层建设质量得到进一步提升。科左后旗中队保持“基层建设标兵中队”荣誉，扎鲁特旗大队二中队得到脱贫，跨入先进行列，基层建设发展不平衡的问题得到扭转。深入探索动中抓建的路子，永安山驻防期间，结合实际提出“动中建抓经常纲要统揽，散中管盯全员法规严控”的抓建思路，得到上级的一致认可。坚持依法从严治军，严密组织“学规范用规范”“严纪律、治‘四涉’、刹‘三松’”和“‘创安助行强军路’安全文化建设活动”等系列活动，取得显著成效。坚持运用“四查”机制和“三结合”措施，突出关键节点和重点阶段，部队四个秩序不断正规，高标准实现“三个确保”。

【后勤建设】 按照后勤变前勤要求，紧盯中心抓保障，服务基层解难题，着眼效益抓管理。指导基层单位与驻地医院、商店、银行、加油站等单位签订协议，充分做好医疗保障、给养代储、应急取现工作。结合“卫士-16”演习、靠前驻防、野外驻训、野营拉练等时机，加强对后勤应急保障组进行训练，驻防期间成功处置13名被蜱虫咬伤人员；持续开展伙食管理年活动，严格落实主副食品定点采购、转账支付制度；严密组织财务大清查“回头看”和资产清查活动。

（陈 旭）

人民防空

【人防工程建设】 认真贯彻落实《内蒙古自治区人民防空工程建设管理规定》，规范工程质量监管。科尔沁区大象广场自建平战结合人防工程主体完工。基本指挥所主体工程及其地面收发室的给排水工程和供热工程进一步完善。

【平战结合人防工程】 落实平战结合人防工程管理要求，最大限度开发利用人防工程，充分发挥人防工程的社会效益和经济效益。对出租人防工程，依法与使用单位签订书面租赁合同、使用人防工程责任书和消防安全责任合同书，并按规定发放人防工程使用许可证。

【易地建设费收缴】 严格按照《内蒙古自治区发展和改革委员会、财政厅、人民防空办公室关于规范全区防空地下室易地建设费标准的通知》（内发改费字〔2013〕870号）规定的收费标准，依法收缴防空地下室易地建设费。

【防空袭预案修订完成】 市旗两级人防办公室认真落实“一中心三部门”要求，按时完成防空袭预案和各类保障计划修订工作。

【人防专业队整组训练】 按照城市人口1‰～3‰的比例和国家人防办“一兵一职”的要求，完成人防专业队伍整组训练。市人防办组建直接掌控的可实施跨区支援任务的特种应急救援队，配备雷达生命探测仪、音视频生命探测仪和人防应急救援车及其配套救援设备。

【“9·18”人防警报试鸣仪式】

9月18日，全市人防通过“三网合一”系统举行警报统一试鸣仪式，市人防移动指挥平台、8个旗县（市、区）人防办分别向市办指挥中心报告人防警报试鸣工作准备情况。9时30分，在市人防办下达试鸣命令后，全市警报器统一参加试鸣，警报器的参试率、鸣响率均达100%。

【人防实战化指挥通信机动演练】 9月5—8日，通辽市人防办与辽宁省沈阳市、铁岭市人防办，在科左中旗孝庄园人防疏散基地开展人防实战化指挥通信跨区域协同机动演练。专业队伍及车辆装备迅速集结到达指定地点，搭建“一中心三部门”指挥帐篷，开通移动指挥平台和地面指挥中心，进行短波通信设备互联互通。市人防应急救援专业队利用雷达生命探测仪等进行生命探测并对被困人员实施救援，现场画面通过4G公网、卫星通信传输至自治区、通辽市人防办地面指挥中心。全面检验通辽市人防机动指挥系统的车辆和装备性能，提升专业队伍的组织指挥和快速反应能力，加强与其他省市指挥通信保障的协作，为远距离执行机动应急通信保障任务积累宝贵经验。

【国防动员潜力人防数据统计采集】 10月26日，组织开展

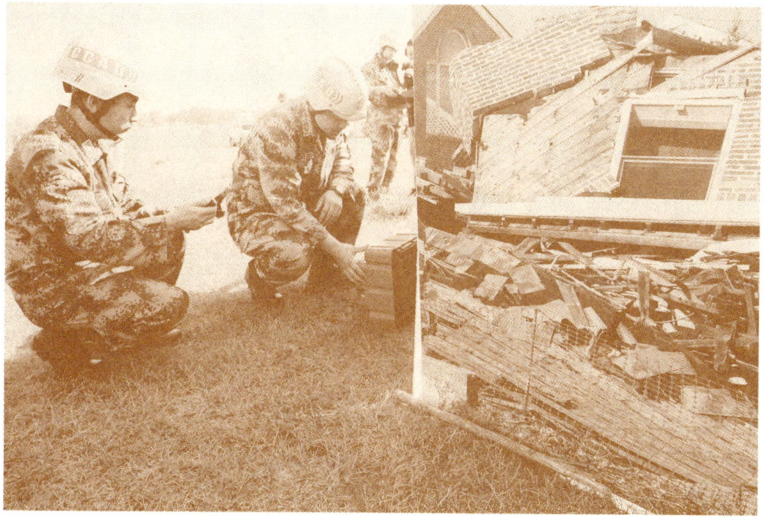

▲ 人防实战化指挥通信跨区域协同机动演练，人防特种专业队使用雷达生命探测仪进行生命探测

全市国防动员潜力人防数据统计采集培训,传达自治区国动委关于开展国防动员潜力数据统计采集的通知精神,部署全市国防动员潜力人防数据统计采集任务,并就“军委国防动员部国防动员潜力信息系统”的安装使用,以及数据录入、修改、汇总、上报等操作进行详细讲解。负责数据采集人员全部签订保密承诺书,完成市旗两级人防数据统计采集工作,并按规定时限分别上报至自治区人防办和市国动委。

【第三代军用短波通信网建设完成】 市旗两级人防办全部配备第三代军用短波电台,完成短波通信网组网建设。认真组织业务人员参加自治区举办的第三代军用短波电台集训,按自治区人防办指示,12 月 1 日恢复开通短波通信网。

【警报建设】 全市新建人防警报完成区办下达任务指标的137.5%,市旗两级人防办全部完成本地警报统控建设任务。按照国家人防办要求,升级改造人防警报控制设备频点。

【信息网络系统综合应用】 加强“人防综合信息系统”软件的应用和管理,充实、更新建成的指挥、工程、重要经济目标、国防动员、通信警报、防灾应急等各类数据库。完成网站升级改造,制定网站维护管理、安全保密等相关制度及绩效评估措施,及时更新、上报网站信息。内外网计算机全部实现软件正版化。

【防灾应急】 成立应急管理工作领导小组,对全市人防系统应急管理工作实行统一领导、统一指挥、统一协调。制定参与处置突发公共事件应急预案,建立健全分类管理、分级负责、条块结合、属地管理为主的人防防灾应急工作体系。增配超短波手持机、救援帐篷防灾应急器材和物资装备。6 月 16 日,市本级与科左后旗人防办,在科左后旗阿古拉镇组织开展跨区域实战化处置自然灾害应急支援演练。演练中各专业队反应迅速准确、配合协调到位,对《通辽市人民防空办公室参与处置突发公共事件应急预案》的可行性和操作性进行全面检验,提高通辽市人防系统参与处置城镇防灾应急救援的能力。

【政务公开】 建立健全主动公开、依申请公开、保密审查等政务公开工作制度,在窗口和网站全面公开服务内容、办事程序、审批依据、申报材料、承诺时限和收费标准 6 项内容,及时发布人防业务、审批服务、党建工作等信息 60 余条。制定《通辽市人民防空办公室推广随机抽查规范事中事后监管实施方案》,全面建立“双随机一公开”工作机制。

【依法行政】 组织行政执法人员参加 2016 年度全市行政执法人员清理换发行政执法证件培训班,完成清理换发行政执法证件及行政复议人员资格考试工作,有 13 人取得行政执法资格证。在行政执法过程中,严格执行法律法规和区办制定的行政执法制度,做到程序合法,文明执法。年内没有违法案件发生,执法人员没有违法违纪现象出现。在 2016 年度全市依法治理工作会议上,市人防办被评为全市“六五”普法依法治理先进单位受到表彰,并作典型发言。

【宣传教育】 全市共完成人防宣传教育进社区 25 个,进企业 6 家,进校园 22 所,超额完成区办下达的任务指标。在通辽市实验中学建立人防宣传展室,为通辽市第七中学购置 LED 全彩显示屏。结合“5・12”防灾减

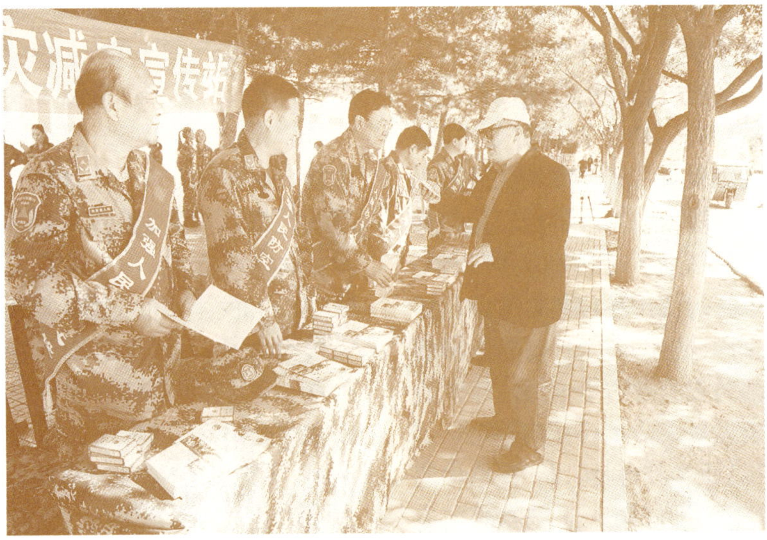

▲ “9・18”防空防灾宣传活动

灾日，开展防灾减灾宣传活动暨社区人防工作站揭牌仪式。结合“9·18”人防警报试鸣，开展以“防灾减灾”为主题的人防宣传周活动。9月14日，走进通辽广播电台“行风热线”直播间，解答群众关心的人防工程建设、法律法规等方面的问题。9月20日，参加市政府门户网站“在线访谈”节目，上线内容为《全面提升履行“战时防空、平时服务、应急支援”使命任务的能力》。全年出动人防宣传车20余台次，发放《居民防灾减灾知识手册》、民防宣传纪念品等2000余本(件)，发放人防杂志1000余册，自办人防信息90余期，在各类报刊杂志刊稿100余篇。人防宣传教育展馆即将投入使用。

【人防改革】 深刻领会中共中央《决定》及自治区《实施意见》对人防发展提出的新要求、新目标、新任务，努力将文件精神实质贯穿于人防工作中。《中共通辽市委员会、通辽市人民政府、通辽军分区关于深入推进人民防空改革发展若干问题的实施意见》正式出台，《通辽市“十三五”人防建设规划》和《通辽市城市人民防空工程规划2015—2030年》正式印发。

【获全国人民防空先进单位称号】 2016年5月13—14日，第七次全国人民防空会议在北京召开。通辽市人防办被评为“全国人民防空先进单位”，受到国家人防办的表彰。2016年6月1日，市政府办公厅印发《通辽市人民政府办公厅关于对市人防办被评为“全国人民防空先进单位”进行表扬的通报》，在全市范围内对市人防办进行通报表扬。

（韩志宏）

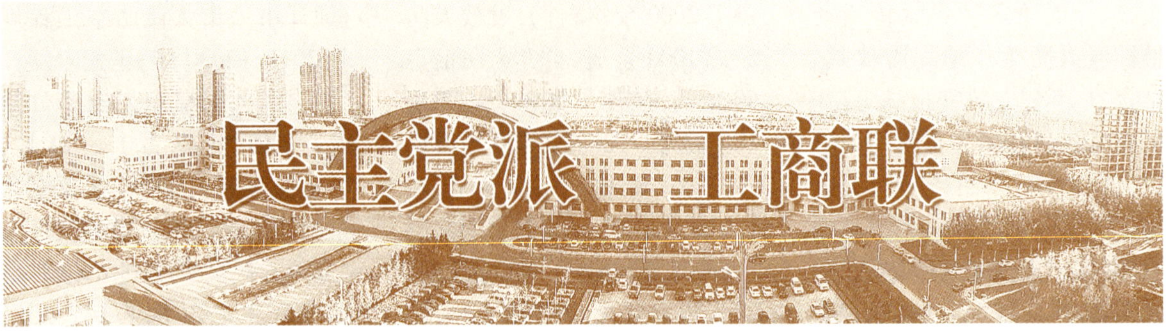

民革通辽总支委员会

【思想建设】 民革通辽总支坚持“理论上清醒、政治上坚定、组织上巩固、机制上健全,充满活力的、致力于建设中国特色社会主义事业参政党”的目标,把打基础、提素质、扩影响作为思想建设的重中之重,取得显著成效。加强方针政策、民革党史、党章以及多党合作理论的学习,先后集中组织学习中共中央统战工作会议精神和统战工作条例、中共十八届六中全会精神,召开孙中山诞辰150周年座谈会,全员印发《中国国民党革命委员会章程》和《民革党员应知应会知识手册》,并建立微信学习平台,在平台上发布包括中共十八届三中、四中、五中、六中全会精神,统一战线条例、“一带一路”、四个全面等十多个专题近百期讲座,坚定广大党员的政治责任感和历史使命感,提高民革党员的大局意识、核心意识、政治意识。

【参政议政】 民革党员中人大代表、政协委员在两会期间尽心履职,邬君明、刘光宇、吴哲斌3人获通辽市政协四届四次会议优秀提案奖,王志杰、周利、徐英英、胥雅丽获科尔沁区“优秀政协委员”称号。邬君明《关于加快发展农牧民专业合作社促进农村牧区经济繁荣的建议》在自治区《关于加快培育领军企业推进产业集群发展提升农牧业产业化经营水平的意见》中予以采用。刘光宇提出的“关于确保农畜产品质量安全,加强绿色农畜产品生产监管”的提案被自治区十一届政协主席办公会列为主席督办重点提案。邬君明提出的“关于加强法律援助工作的建议”被列为自治区政府副主席王波亲自批办重点提案,自治区财政厅、司法厅领导高度重视,亲自到通辽市进行为期3天的法律援助工作专项调研,对通辽法律援助工作的许多亮点和特色,给予很高的评价。全国政协副秘书长、民革中央副主席刘家强和全国政协委员、民革区委主委刘斌率调研组在通辽就现代畜牧业发展问题开展调研,通辽民革积极参与,并围绕在内蒙古建立全国现代化畜牧业试验区的有关问题进行深入研究,最终形成调研建议上报中共中央。

【组织发展】 认真贯彻执行《各民主党派中央关于加强自身建设若干问题座谈会纪要》和《民主党派组织发展实施细则》精神,加强组织建设,平稳有序推进组织发展工作。截至2016年底,共有党员67人,下设通辽市直属支部、民大支部、科区支部、科教支部和新城区支部五个支部。按照《民革内蒙古自治区支部工作手册》的要求,实施量化目标管理,保证各个支部工作有序进行,有效促进组织规范发展。在民革区委开展的“创先创优”活动中,民革科教支部被评为自治区级先进基层组织。2016年11月26日,经过党员代表无记名投票方式完成民革通辽总支第四届委员会换届工作,邬君明、刘光宇、王丽娟、周利、胥雅丽、齐樵之当选为第四届委员会委员,邬君明当选主委,刘光宇、王丽娟(兼秘书长)当选副主委。

【社会服务】 “博爱·牵手”是民革实践社会主义核心价值观的重要载体,也是落实“精准扶贫”工作的重要实践活动。民革携手台商企业大润发,开展系列帮扶活动:累计捐赠儿童图书2500余册，并筹建阅览室；"六一"儿童节当天，大润发超市专门为丑小鸭特殊教育学校的孩子们开展绘画比赛活动，并免费开放儿童乐园2小时；把大润发作为"丑小鸭"的第二课堂，提高孩子们的生存本领和生活能力。民革科教支部还聘请内蒙古民族大学美术学院的教师，一起长期为"丑小鸭"做义教活动，帮助其进行康复训练。在全国残疾人日和世界残疾人日，为"丑小鸭"承办大型公益活动，每次捐款1000元。结对帮扶5名钱家店镇双宝小学学生，现场捐赠善款5000元和体育用品。在"大美科尔沁"活动中，为明仁小学贫困学生捐款1000元和书包等学习用品。协调中国银行交通支行专项为主城区个体工商户、小微企业发放无抵押贷款，完成放贷3200万元，帮助民营中小微企业化解融资难题，促进企业创新发展。成功组织23名民营企业家赴清华大学培训学习。促成"金港物流园区物流标准化和技术推广项目""中国邮政内蒙古东部区分拣中心""通辽市丰盛农产品物流园"等项目落户通辽，中国邮政物流内蒙古东部分拣中心投资1.2亿，通辽市丰盛农产品物流园投资3亿元。

【法律援助】　发挥民革的法律援助中心优势，围绕"一个中心，四个工作站"，为通辽市广大弱势群体以及困难群众无偿提供法律援助和法律保障，为机关、学校、街道、乡镇、村居委会进行普法、法律知识培训讲座累计39场；为大中专、中小学校、特教学校及心理咨询师考试培训心理辅导讲座累计26场；承接未成年人犯罪、家庭暴力离婚、土地纠纷、赡养纠纷等案件累计76件。法律援助活动得到中央媒体《团结报》的关注，在头版头条报道通辽民革的法律援助活动。由于法律援助工作社会效果显著，民革科尔沁区支部被民革自治区委员会评为年度先进支部，民革党员王志杰律师被评为基层组织先进工作者。王志杰律师还被自治区党委宣传部、自治区政法委、内蒙古电视台评选为内蒙古自治区"十佳法治人物"。

【"两岸一家亲"】　促进祖国和平统一工作，是民革的重点工作和主要特色。民革通辽总支牢牢把握两岸关系和平发展的主题，充分发挥民革优势和特色，开展"两岸一家亲"行动，架构两岸关系的纽带，沟通血脉亲情，邀请台湾摄影家一行27人专程到内蒙古进行文化交流，促成内蒙古民族大学与台中国立教育大学结成姊妹学校。邬君明在祖国统一工作中成绩显著，获得祖国统一工作全国先进个人。

（王丽娟）

民盟通辽市委员会

【思想建设】　组织盟员学习中共十八届六中全会相关文件，学习《中国共产党领导的多党合作和政治协商制度建设的意见》以及《中国民主同盟章程》。通过学习，进一步激发广大盟员的爱国热情和民族自豪感，坚定社会主义信念，进一步增强与中国共产党肝胆相照、荣辱与共、风雨同舟的决心。盟员代表积极参加各种学习班、培训班、座谈会、调研考察活动等，发挥优势、扩大视野、交流沟通、增进感情，达到把议政与学习有机结合起来的目的。其中张景琦5月随中共通辽市委统战部及全市各党派主委赴长沙考察；刁建辉赴成都参加民盟区委举办的政治交接培训班；徐春华、李塔娜参加内蒙古党外后备干部培训班（北京怀柔）；陈春雷随同市政协赴井冈山学习考察；褚晓玲、王浩然到呼和浩特参加民盟区委2016社情民意信息专题会；自治区政协关于饮水安全调研组到通辽调研，盟员张铁男老师参加活动。

【组织建设】　支部本着"坚持标准，注重质量"和"人才兴盟"的原则，把组织发展工作与加强盟的建设以及参政议政的需要结合起来，严格按照发展程序，6位盟员通过考核。另外，不断强化盟组织的政党意识，通过学习盟章、盟史，加强对已入盟盟员的组织纪律教育，让他们通过学习，了解民盟的光荣历史，增强作为参政党成员的光荣感和使命感。

【参政议政】　在2016年政协通辽市四届四次全委会上，民盟通辽市委员会的7名政协委员紧紧围绕统筹推进通辽市在蒙东地区率先发展、确保如期全面建成小康社会踊跃建言献策、积极协商议政，提交集体提案2个,委员个人提案5个;向大会提交大会发言3篇。民盟通辽市委员会《关于对我市中小学代课教师现状普查及制定管理机制的建议》获得政协通辽市委员会四届三次会议优秀提案,受到表彰和奖励。

【服务社会】 2016年5月,民盟通辽市委主委刁建辉率民盟市委各支部盟员30余人到科尔沁区就“双城同创”“十个全覆盖”工程、“精准扶贫”情况进行考察调研。并同通辽市其他各党派一道赴钱家店小学进行捐资助教活动。

(徐春华)

民建通辽总支委员会

【思想建设】 深入学习中共十八大和十八届三中、四中、五中、六中全会精神,重点把握对国际国内形势的科学判断,把握经济社会发展的主题,增强全面建成小康社会的责任感和使命感,把思想和行动统一到中共中央的决策和部署上来,进一步深化对中国特色社会主义的政治认同和思想认同。继续深入开展树立和践行社会主义核心价值体系活动,深刻领会社会主义核心价值体系的重大意义、科学内涵、精神实质和基本要求,把践行社会主义核心价值观作为中国特色社会主义主题学习教育活动的深化和延伸。认真学习贯彻《中国共产党统一战线工作条例(试行)》。结合民建中央成立70周年,民建通辽市总支组织会员认真学习民建会章、会史。创办《会务简讯》,搭建宣传平台。加强信息员队伍建设,积极选派会员参加内蒙古区委举办的信息员培训班,指导基层组织支部做好宣传工作。加强与新闻媒体联系,着力宣传民建会员的先进事迹,不断扩大民建的社会影响,树立参政党的良好社会形象。

【组织建设】 民建通辽总支有会员73名,其中中高级以上职称49名,新社会阶层人士37名,企业家会员38名,任各级人大代表、政协委员共23人。初步形成以企业经营管理者和经济界有密切联系的专家学者为骨干的基本会员队伍,体现民建的特色,为切实履行职能、服务社会奠定坚实的组织基础。本届委员会选拔5位后备干部,4人成为管理干部,1人成为先进工作者。在发展新会员方面,坚持“三个为主”方针,注重质量、兼顾数量,发展有代表性的经济界专家、学者和社会新阶层人士入会。

【参政议政】 为提高会员参政议政的意识,通过不同形式参政议政、建言献策的表达方式,新增设社工部,负责各类调研报告以及各种提案、议案、社会民情的组织、整理、统计、上报工作。民建通辽市总支委员会有3名通辽市人大代表,12名通辽市政协委员,6名科尔沁区政协委员。围绕民建区委、中共通辽市委、市政府的中心工作和战略部署,充分发挥民建经济界别的独特优势,深入调研,积极建言献策。在2016年通辽市“两会”上,民建通辽市总支部委员会共提交团体提案5件,个人提案25件。两位会员在市政协会议上发言。2015年的集体提案《大力推进民办养老机构的发展满足快速增长的社会养老需求》被评为优秀提案,获得奖励。这是市总支部委员会团体提案连续三年被市政协列为重点提案。会员杨澄宇对三农三牧的实际情况,深入实际,调查研究,他的《关于库伦旗茫汗苏木精准扶贫的调研报告》为通辽市农牧业经济更好发展建言献策。杨澄宇在政协通辽市四届四次会议上还提出《通辽市公交运营改革的几点建议》的提案,提案于2016年6月18日获得面对面督办。《充分发挥行业协会在食品药品安全管理工作中的作用》的调研报告得到市政协领导的高度重视,被列为大会发言材料。在2016年政协科尔沁区第十三届五次会议上,民建科尔沁区支部向大会递交的提案“发挥地域优势,促进文化旅游融合发展”、胡玉良委员向大会递交的提案“关于尽早规划、设计通辽高铁南出口广场”,都得到相关部门的高度重视,旅游局、规划局都进行面对面的答复。有3名会员被通辽市及科尔沁区政府相关部门聘请为行风评议员、监督员。

【社会服务】 科尔沁区钱家店镇在推进“十个全覆盖”进程中遇到困难,民建通辽总支获悉后立刻协调铲车、钩机5台,提供无偿援助,清理大量的建筑、生活垃圾,挖掘树坑近万延长米,并帮助施工队伍将道路两旁土地进行整理。4月17日,民建会员到森林公园,进行义务植树活动，在这里植下“同心林”。8月29日，组织会员参加“民建思源救护中国行”暨芭莎公益慈善基金会向通辽市6家医院捐赠救护车发车仪式活动。热心助学扶困事业。市直三支部主委田春燕为留守儿童（平安东区及孔家村）捐款12 000元，自闭症儿童麦当劳68份1938元，精准扶贫（宝仁图嘎查）2000元，精准扶贫（哈海沟）100 000元，留守儿童贫困妈妈（科左后旗）15 000元，精准扶贫（库伦旗）10 000元，志愿者及小区困难住户2000元，看望车祸病人马丽丽及家属5000元，为钱家店小学捐款10 000元，八中贫困学生家长联谊会10 000元，为透析病人捐款5000元。田春艳个人为中国“微笑行动”通辽唇腭裂小孩捐助5000元，为天使之翼捐款10 000元，为光彩事业捐款10 000元，为团委活动捐款5000元，精准扶贫（哈海沟）30 000元，其他各项捐款12 000元；通辽职业学院张继红教授，为推动贫困大学生就业和创业，在本校进行多次创业讲座和辅导，激励年轻学子积极创业，探索人生新历程。

2016年春节前夕，民建科尔沁区支部深入到高林屯种畜场一分场，对11户贫困家庭进行慰问，加深通辽民建与蒙古族同胞的感情，同时也让蒙古族同胞加深对民主党派认识。胡玉良为家庭贫困的大学生白鹤捐款10 000元，这是他第四年为这名大学生捐款（每年捐款10 000元）。

（苗　椿）

民进通辽总支委员会

【理论学习与思想建设】　民进通辽总支委员会始终把思想建设作为加强自身建设的第一要务，始终把加强会员思想理论学习、提高自身政治修养作为重要任务来抓，坚持用科学理论武装头脑，加强理论学习，采取4个支部分散学习和总支集中学习的方式，通过各种形式的学习教育活动，进一步提高广大会员的思想觉悟和政治素质，加深对中国共产党加强执政能力建设和民主党派提高参政议政水平重要性的认识。民进通辽总支班子成员积极参加中共市委、市政府及统战部组织的各项政治学习和活动。在全体会员中开展“讲政治、讲学习、讲奉献、创先进”为内容的“双岗建功”活动和“同心”教育活动，切实增进政治道路认同、奋斗目标认同、文化价值认同，增强坚持中国共产党领导的多党合作和政治协商制度的自觉性和加强参政党自身建设的责任意识。开展中共十八大、十八届三中、四中、五中、六中全会精神、习近平总书记系列讲话精神和中国特色社会主义理论的学习实践活动，同时把会章和会史的学习作为入会积极分子及各级各类培训的重要内容，学习宣传多党合作光荣历史和民进优良传统，引导广大会员深刻认识中国特色社会主义政治发展道路的历史必然性和现实优越性，不断增强接受中国共产党领导的自觉性和坚定性。2016年民进通辽总支出台《民进宣传信息工作的意见》，成立宣传信息工作领导小组，建立人人参与的信息宣传员队伍。以“通辽民进信息”为载体，宣传统战理论、会务工作动态、展现会员工作业绩和风采，实现宣传信息工作的制度化、常态化。2016年共报道“通辽民进信息”35期。以通辽民进换届暨成立30周年为契机，刊发《我参与、我建言》参政议政文集，编印《不忘初心、且学且行》纪念画册，印制《雪泥行吟》单文海书法作品集。2016年1月，民进通辽总支荣获“中国民主促进会全国先进集体”光荣称号。

【组织建设】　民进通辽总支于2016年8月举办第五期积极分子培训班，使会员、积极分子对中国共产党领导的多党合作与政治协商制度的认识更加清晰、深刻，政治信念更加坚定。民进总支本着“三高”原则，培养和发展优秀会员，2016年发展博士、硕士高学历、高素质会员4人。

【参政议政】　民进通辽总支在“两会”期间围绕关系通辽市改革发展稳定大局和人民群众切身利益的重大问题，认真履行职能，积极协商议政，踊跃建言献策，撰写提案23件。全国人大代表、市政协委员、民进通辽总支主委朱瑞莲在通辽市政协四届四次会议上围绕编制“十三五”规划积极建言献策，提出《加快公共文化服务体系建设，促进公共文化服务标准化、均等化》《推进义务教育均衡发展，促进教育公平》的建议，副主委孟祥军在通辽市政协四届四次会议上就“弘扬民族文化，发挥蒙医优势，推动蒙医药产业发展”，胡春光就“有效治理大气污染，推进我市绿色发展”，分别接受电视台采访。2016年，经济支部副主委、内蒙古民进企业家联谊会副会长孟祥军随同全国政协副主席、民进中央常务副主席罗富和就“健康服务业发展”在贵州开展为期3天的专题调研。会上，孟祥军就“华佗工程”在基层实施的可行方案及民族偏远地区健康发展存在的问题作了汇报发言。

【社会服务】 民进通辽总支发挥会员界别优势，积极开展对口支援和社会服务工作。总支部坚持结对帮扶童鹤赡养院和丑小鸭特教学校。5月25日在国际“六一”儿童节来临之际，中共通辽市委统战部联合各民主党派，走进科尔沁区钱家店镇，开展助力精准扶贫——关爱成长，情暖童心捐资助学活动。民进会员孟祥军、田凤茹、肖勇、邢晓东、张平出席并捐资捐物。“六一”儿童节当天，由民进通辽总支委、科尔沁区敖力布皋镇政府联合主办，敖力布皋镇中心小学承办的“六一儿童节专场”活动隆重举行。民进通辽总支捐赠图书2000余册，价值3万元，又为该镇贫困户捐资2万元。随后民进通辽总支一行走访贫困户，参与扶贫工作，发挥民进作用。2016年，民进科尔沁区支部建立“文化惠农”社会服务长效机制，坚持“面向基层、服务群众”，努力使公共文化覆盖农村、服务农民。进一步拓宽渠道和途径，把农村需要的文化科技卫生信息与服务源源不断地送到农村、送给农民，促进文化、科技、卫生“三下乡”活动深入开展，为推动农村加快发展、科学发展、又好又快发展服务。

【对外交流与交往】 民进通辽总支以民进中央社会服务年为契机，充分发挥民进会员联系面广，知名度高的特点，走出去、请进来，扩大对外交流与交往。2016年，拜访杭州民进企业家，走进阿里巴巴参观取经，深入学习“互联网＋精华”模式。助推四川广元民进主委、广元市副市长赵爱武牵线的“广元米仓茶落户孝庄园”项目。各地民进企业家走进通辽，增进各地民进之间的工作交流和对外交往，推动民进工作的发展和对外联络，同时企业之间对一些项目进行对接并达成合作意向，扩大通辽市的对外影响力。

（张润英）

农工党通辽市委员会

【思想建设】 组织全体党员学习中共十八大和十八届三中、四中、五中全会精神，学习习近平总书记系列重要讲话精神、《中国共产党统一战线工作条例(试行)》等，不断提高全体党员的思想政治理论水平。积极创造机会，组织领导班子成员、后备干部、新党员和入党积极分子到农工党中央培训基地、中共中央统战部培训基地、中共内蒙古自治区委党校、内蒙古社会主义学院、通辽市社会主义学院、清华大学、浙江大学等学府学习统一战线理论、多党合作理论和参政议政理论等，提高政治理论水平、社会主义基本道德水平和参政议政的能力。自觉拥护中国共产党的领导，进一步坚定走中国特色社会主义道路的信念。总支部委员会中的大部分党员在卫生战线工作，他们在高尚的医德指引下，利用精湛的医术救治众多患者，受到广大患者的好评。在坚持和发展中国特色社会主义学习实践活动中，努力践行社会主义核心价值观。

【参政议政】 紧紧围绕中共通辽市委出台的各项工作方针政策，开展参政议政工作，完善民主监督，促进通辽市各项事业发展。针对通辽市发展中的重大问题、民生问题，有目标有方向地做好调查研究工作，找出影响发展、民生改善的关键因素，提出政策建议和提案、议案，为党委、政府科学决策、民主决策、依法决策提供重要参考。在中共通辽市委统战部的支持下，巴日格其副主席先后深入霍林郭勒市、扎鲁特旗、科左中旗、奈曼旗、科左后旗、库伦旗等地调研，根据调研成果，撰写《我市中小学生视力情况的调研报告》，报送中共通辽市委统战部和农工党自治区委。总支部委员会撰写的《请示各级领导加强对扎鲁特旗前德门苏木的扶贫力度》调研报告，报送通辽市政协领导、农工党自治区委和中共通辽市委统战部后，得到高度重视，纳入通辽市政协2016年调研项目。

【社会服务】 与有关部门合作，到农村牧区、偏僻乡村和街道社区进行送医送药等义诊活动10次以上，受益人数2万余人。先后到库伦旗白音花镇赵怀子嘎查和排楼嘎查、科左后旗阿都沁苏木、科左中旗敖宝乡、科尔沁区大林镇前黑坨子村和钱家店镇西亿棵树村、科尔沁区平安西社区、翠堤东郡社区、阿卡迪亚社区、经济技术开发区滨河街道闫家村等地进行义诊活动，为农牧民做心电图、测血糖、B超检查，现场针灸、诊脉、开方、赠药。诊治病人2万余人次，捐赠价值2万余元药品，深受农牧民和社区居民的欢迎。与通辽市中小学生眼病防治中心合作，每年为中小学生检查视力约2万余人次、进行眼防知识讲座8～10次。与霍林郭勒市关心下一代工作委员会合作，把霍林郭勒市第一小学设为“霍林郭勒市青少年近视眼防治2014—2018年跟踪试点”。为建立青少年眼病防治长效机制，针对青少年近视眼发病现状，经协商把霍林郭勒市作为近视眼预防矫治试点。向霍林郭勒市眼病防治中心赠送先进技术设备，进一步完善霍林郭勒市中小学生近视眼防治医疗条件。筹集矫治资金20万元，为霍林郭勒市第一小学试点班学生每年免费发放全套预防治疗设备共120件，包括预防近视眼功能眼镜、预防近视眼坐姿矫正器、防治近视眼握笔器等，跟踪合作研究机构——内蒙古民族大学附属医院眼科、霍林郭勒市卫生局眼病防治中心的专家学者为学生进行详细的眼科检查，并向学生家长普及各类护眼知识。农工党科尔沁区支部委员会在王震主委带领下，每年到科尔沁区童鹤敬老院为老人义诊，为“五保”老人送温暖，关爱老年人的身心健康，受到敬老院全体人员的欢迎，收到很好的社会效果。发挥优势开展医疗义诊活动。农工党通辽市医院支部委员会调动党员积极性、发挥党员优势，组织党员义务为翠堤社区的40多名老年人进行老年病免费体检，受到社区居民的赞誉。开展助力“精准扶贫”——关爱成长，情暖童心捐资助学活动。2016年5月25日，在第67个“六一”国际儿童节来临之际，中共通辽市委统战部联合全市各民主党派，走进科尔沁区钱家店镇，开展助力“精准扶贫”——关爱成长，情暖童心捐资助学活动。党员捐资5000元，捐助3名钱家店中心校的贫困学生。同时，开展助力“十三五”科普进校园活动，将有着“流动科技馆”之称的“科普大篷车”开进校园，为期盼科学知识的学生们送上一份丰盛的“科普大餐”，受到学校广大师生的热烈欢迎。2016年5月10日—15日，中国初级卫生保健基金会智慧与健康产业发展基金管委会秘书长刘建军一行5人到通辽市，就基层医疗卫生服务能力建设工作进行考察调研。刘建军先后赴奈曼旗、库伦旗、科左后旗、科尔沁区和扎鲁特旗的20余家基层卫生院进行调研，详细了解公共卫生服务、人才队伍建设、医疗设备建设等情况，并与医疗卫生人员及相关负责人进行交流和座谈。中国初级卫生保健基金会智慧与健康产业发展基金的“区域卫生精准扶贫”项目拟向通辽市有需求的旗县区提供医务人员及医疗技术培训并提供相关医疗设备的资助。2016年8月26—29日，由中国农工民主党中央社会服务部、中国农工民主党内蒙古区委社会服务部、内蒙古县域经济发展促进会主办，在全国小儿脑瘫康复专项基金、吴阶平医学基金会检验专项基金、内蒙古自治区残疾人基金会支持下，农工党通辽市总支委与10家单位联合承办，农工民主党《送医下基层 健康进万家》公益项目启动仪式暨“杏林春雨”行动——内蒙古贫困脑瘫患儿义诊筛查救助活动在通辽博爱中西结合医院正式启动。由北京专家对通辽市8个旗县市区的624名18周岁以下的脑瘫患儿进行筛查。根据农工党中央工作部署，完成对库伦旗3个贫困村和扎鲁特旗3个贫困村因病致贫和因病返贫家庭的健康扶贫问卷调查工作，问卷调查报告已报送农工党自治区委，为农工党中央开展相关工作提供有效支撑。

【组织建设】 在中共通辽市委和农工党自治区委领导下，以“人才强党”为导向，做好基层组织建设工作。按照组织发展要求，坚持标准，2016年培养发展党员9名。每年走访或考核所辖基层支部，2016年完成各支部的换届工作。按照上级要求，培养12名后备干部，为总支部委员会的发展储备人才。党员隋爱国被通辽市精神文明建设委员会评为“第四届通辽市爱岗敬业类道德模范”;党员王金花、齐晓飞获得通辽市政府科技进步二等奖各一项。2016 年 9 月 8—9 日,中国农工民主党通辽市委员会成立暨换届大会在通辽市成功召开。会上选举产生中国农工民主党通辽市第一届委员会。中国农工民主党通辽市委员会一届一次委员会经选举产生主委布仁巴图,副主委赫金香、乌力吉巴特尔、金丽杰、隋爱国。

(赫金香)

九三学社通辽市委员会

【思想建设】 加强对社员的思想教育,落实学习制度。深入学习中共十八大、十八届三中、四中、五中、六中全会精神和习近平总书记系列重要讲话精神。贯彻学习中央统战工作会议精神和社中央十三届四次全会精神。九三学社通辽市委主办《通辽市十三五计划》及《九三学社十大精神》的集中学习。通过组织社员对时事政治、多党合作理论和社史的学习,引导社员自觉增强政治意识、政党意识和使命意识,进一步坚定对中国特色社会主义的道路自信、理论自信、制度自信,切实担当起作为中国特色社会主义事业亲历者、实践者、维护者、捍卫者的政治责任。

【组织建设】 2016 年着重开展“学习社章、遵守社章”活动。对照社章要求,学习贯彻《九三学社中央关于加强基层组织建设的意见》,特别是对新社员的教育学习,不仅以内部学习为重点,还要求他们配合实际工作,加深对九三学社历史的了解。在配合基层组织领导班子建设、创新组织活动的同时,在激发热情、提高合作共事上下功夫,使后备干部队伍建设得到长足发展。放手让年轻人走到第一线,充分调动工作热情:参加科尔沁区“十个全覆盖”工作的郭冬梅、赵东东、马亮,以九三社员的高标准严格要求自己,以自身的智力优势,身先士卒,不辞劳累,较好的完成“十个全覆盖”工作任务。徐飞主动承担新农村的农房设计工作。蔡明丽热心群众文艺宣传活动,由她创建的神鹰哈萨尔艺术团,活跃在通辽市的各个宣传阵地,她本人不但获得通辽市政府颁发的“公共文化建设优秀民间剧团团长”荣誉称号,而且还被聘为内蒙古音乐家协会合唱联盟理事。

【参政议政】 积极建言献策弘扬民主科学精神,发挥人才和智力优势、积极参政议政是九三学社致力于在中共的领导下同中共长期合作,实行兴国富民、长治久安的根本途径。2016 年根据九三市委要求“要进一步发挥我社科技优势、积极建言献策、献智出力”。各级政协委员身体力行,积极撰写提案。李鸿《关于在幼儿园开展国学教育的建议》的提案,获得优秀提案奖。由付丽艳执笔完成的《科尔沁区养老服务体系建设情况汇报》,已上报统战部。根据年初的工作安排,科尔沁区支社结合走访与汇报,撰写《关于科尔沁区城乡居民基本养老保险工作的调研报告》。

为了加强与社员联系,通辽九三学社利用互联网通讯技术,2016 年开设微信群,并建立社员 QQ 群,使社员及时了解上级精神、活动安排和新闻报道,提高信息的时效性,也方便社员之间的相互沟通和信息分享,提高社员参政议政的积极性。

【社会服务】 2016 年,通辽九三学社围绕“要将九通合作从内容和形式上不断引向深入”的具体要求,推进落实广东爱心团资助库伦旗 50 名贫困大学生项目。开展科技下乡、送医送药服务、以九三门诊为依托的专家门诊活动等。进一步落实习近平总书记消除贫困、改善民生、逐步实现共同富裕目标,参与完成奈曼旗沙日浩来镇水资源勘测、打井工作。组织社员开展《霍林河工业园区的投资与开发建设》调研活动。全体社员热心公益事业,在精准扶贫工作中发挥积极作用。10 月慰问敖力布皋镇 8 户精准扶贫户,送去价值 2000 元的粮油。社员黎涛常年帮助弱势群体,救助孤寡老人;社员刘壮东资助内蒙古民族大学贫困学生三年累计 1 万余元,为 35 位心理问题来访者提供免费咨询,免费为社会各界人士提供多种课程。

(霍　钧)

工　商　联

【推进非公经济发展】 通辽市出台《通辽市人民政府关于进一步促进企业降成本增效益的实施意见》《通辽市人民政府贯彻落实内蒙古自治区党委自治区鼓励和支持非公有制经济加快发展若干规定的实施细则》。各旗县市区结合本地实际，分别出台相关文件支持非公经济发展。初步统计，全市已经出台政策措施10余条。通过政府性投资公司或信用担保机构等市场化运作平台，实现多渠道融资，有效缓解资金瓶颈问题。市本级重点打造通辽市汇鑫担保公司，增资1.8亿元，使其注册资本金达到3亿元，每个旗县市区建立1个注册资本金1亿元以上的国有控股融资担保机构，为企业融资创造良好环境。成立通辽市第一家私募股权投资基金公司——内蒙古亿达股权投资基金管理公司，为私募基金发展奠定基础。组织召开银企对接会和重点项目融资对接会，签约总额达72.33亿元，发放24.16亿元。优化城市商业网点布局，重点培育铁南长春欧亚商圈、城东五州国际商圈、城中万达广场商圈、新城南日升日美碧桂园商圈、新城西万力城商圈、新城北金都王府井商圈等六大商业集聚区。推进科左中旗成峰牲畜交易市场、开鲁县雨田牲畜交易市场、科尔沁区建国农产品批发市场、开鲁县红干椒专业市场等重点农畜产品批发市场建设及配套改造，培育构建区域公益性农产品批发市场。不断推进电子商务园区等基地建设，通辽电子商务产业园在成为全国电子商务示范基地的基础上，又在由商务部承办的中国国际电子商务博览会上获得“2016年十佳电子商务园区”殊荣，是内蒙古唯一一家，并成为国家电子商务示范基地创新发展联盟首批成员单位。科左中旗、奈曼旗、开鲁县、扎鲁特旗申报“2016年国家级电子商务进农村综合示范旗县”，已通过自治区评审。科尔沁区电子商务产业园区被评为自治区级示范基地。组织军利易购、可意申报自治区电子商务示范企业，正在公示。以开发区、科尔沁区、奈曼旗等旗县为重点，建设电子商务示范村12个。发挥非公有制经济阳光服务中心积极作用。通过打造“五位一体”（实体大厅、网上大厅、智能手机APP终端、微信公众号、便民便企专线）运营模式，服务非公有制经济发展初见成效。已促成金融合作总金额20余亿元；为700余家企业解决用工问题，为社会累计提供工作岗位6000余个；先后举办3期大型“服务非公经济系列讲坛”，培训企业家及从业人员400名、培训大学生460名、培训青年企业家56名。2016年入驻服务中心的内蒙古农村牧区土地经营权交易市场流转耕地130.6万亩、牧场47万亩、林地14万亩，协助农户贷款8500户、总金额2.55亿元。深入实施百户创新型工业中小企业成长工程，建立“成长型”中小企业数据库，筛选150户非公中小企业做为重点扶持对象。

2016年全市非公经济生产总值完成1179.37亿元，占全部GDP的61%，同比增长7.5%。全市非公市场主体达到19.60万户，比年初增加1.42万户，同比增长7.81%，占全市各类市场主体总量19.90万户的98.46%。

【发挥桥梁纽带作用】 4月5日下午，市工商联、检察院组织21名民营企业家到通辽市人民检察院与市旗两级检察院领导、检察官座谈，共同学习2月19日最高人民检察院制定下发《关于充分发挥检察职能依法保障和促进非公有制经济健康发展的意见》（下称《意见》），并就检察机关如何服务非公经济，助力全市非公经济发展展开讨论。通辽市委常委、统战部部长、通辽市推进非公经济发展领导小组组长张志强，市检察院党组书记、检察长布和出席会议并讲话，市委统战部副部长、工商联党组书记许立华主持座谈会。会后，与会人员到检察院的警示教育基地参观学习。组织通辽市6家民营企业参评“内蒙古民营企业100强”活动。参与落实中央经济会议精神的《通辽市人民政府关于进一步促进企业降成本增效益的实施意见》起草工作，提出6条惠企意见，被采纳。参加自治区首届蒙商及民间投资大会，开展“蒙商情，家乡行”活动，有5位日本和内蒙古商会人员到通辽考察，达成意向投资项目6个。与玉米行业商会联合到玉米销售区进行考察,并与有关方面签署战略合作协议。根据考察并结合实际,提出注册“通辽黄玉米原产地”品牌,建设“黄玉米基地”等意见,得到市委政府高度重视。同时为加强粮食购销行业发展,还成立通辽市民营粮食购销行业经济人分会,开办培训班对经济人进行培训。

【工商联组织及商会建设】 深入贯彻全区工商联基层组织建设经验交流会精神,加强旗县工商联建设,不断提升服务会员企业的能力和水平。霍林郭勒市工商联、科左后旗工商联、奈曼旗工商联被评为全国“五好”工商联,霍林郭勒市工商联、科左后旗工商联、奈曼旗工商联、扎鲁特旗工商联被评为全区“五好”工商联。按照“坚持标准、积极发展、确保质量、优化结构、加强服务、规范管理”的原则要求,高度重视会员发展工作。全市会员数量由2005年的2800人已发展到2016年的13 186人。成立通辽山东商会、通辽青年企业家商会。截至2016年,全市共有商会组织162个,其中:行业商会组织53个,异地商会组织6个,乡镇街道商会组织96个,市场商会6个,村级商会1个。在工作中积极指导商会创建会刊、网站,搭建信息服务平台;举办行业论坛、展会、年会等,搭建交流服务平台;通过组织银企对接,互助担保等形式,搭建融资服务平台;通过企业维权、法律咨询等形式,搭建法律服务平台。先后与河北保定、浙江内蒙古商会、浙江嘉兴市工商联签订友好商会协议,横向联合迈出新步伐。

【精准扶贫】 开展百企帮百村“村企合作”精准扶贫工作。按照全国工商联、自治区工商联的要求,组织非公企业积极参与“村(嘎查)企合作”精准扶贫开发行动,相继印发《通辽市开展“村(嘎查)企合作”精准扶贫开发行动的实施方案》《通辽市“村(嘎查)企合作”精准扶贫结对名单》推动工作。非公企业已经通过产业扶贫、智力扶贫、金融扶贫、捐赠扶贫、就业扶贫相结合等方式开展工作,投入资金300余万元。在全市干部下基层扶贫增收活动和精准扶贫工作中,市工商联组织3家非公企业包联库伦旗茫汗苏木4个嘎查村,与群众“同吃、同住、同劳动”,协助推进“十个全覆盖”工程建设、植树造林和环境卫生整治。4月,赠送化肥和现金用于贫困户备春耕生产。为嘎查每名党员送去“两学一做”学习资料和笔记本,指导包联嘎查“两学一做”工作。10月组织部分企业家和工商联机关领导班子成员对所包联的村进行走访。先后投入包扶资金50万元,用于改善贫困户的住房、上学、就医和日常生活开支等。包扶工作效果明显,已经有50户脱贫,占总包联户的30%。11月组织浙江大学培训班学员47名会员到库伦旗茫汗苏木对32名贫困学生进行捐助,捐资4万元。

【思想政治工作】 按照中央统战部、全国工商联的统一部署,以“坚定信心守法诚信”为重点深入开展非公经济人士理想信念教育实践活动,制发工作方案,调整充实领导机构。5月5日召开动员会,市和各旗县市按照会议要求,举办丰富多彩的活动。市工商联组织非公企业学习习近平总书记在政协民建工商联界别联组会上重要讲话,邀请市党校教授为民营企业党委党组织进行新常态新理念专题培训。发挥商会作用,与基层商会开展理想信念教育进商会活动,邀请专家教授为各商会做培训,提高商会开展理想信念教育活动水平。霍林郭勒市在井冈山举办非公经济人士理想信念教育培训班,科尔沁区组织非公经济人士理想信念教育培训,300余人参加。组织学习习近平总书记系列讲话,党的十八届三中、四中、五中、六中全会精神,市五次党代会精神,不断加强党的理论和政治思想学习教育,努力培育一支坚决跟党走,政治素质高的非公人士队伍。

【教育培训】 与东北大学联合举办《总经理和财务管理》《企业税务筹划》等专题培训班。坚持“走出去、请进来”,围绕与非公企业发展密切相关的投融资、企业管理等方面内容,进行系统培训。2016年,邀请犹太商学院院长潘伟成,结合通辽市实际就新常态下非公经济转型发展进行专题讲座。与市人社局、科技局共同举办通辽市首期推进大众创业万众创新专题讲座。市女企业家联合会在清华大学举办女企业家培训班;市民营粮食购销商会也积极举办粮食企业经营管理和粮食收储业务培训;房地产行业商会举办“营改增”业务培训、

“互联网 + 去库存”专题发布会。根据通辽市人才工作领导小组印发的《通辽市第二届“科尔沁英才”评选方案》要求，市工商联制订《第二届“科尔沁英才”（非公企业经营管理人才）评选细则》，并通过资格审查、部门评审、组织公示等程序，推荐 10 名非公经济经营管理人才。先后举办通辽市非公经济品牌建设大讲堂，在北京聘请专家进行讲座，对 150 多家企业进行培训。举办“互联网 + 时代转型”科尔沁大讲堂；“生涯规划师”认证培训等。

【年轻一代非公经济人士教育培养】 由市委统战部、市工商联共同在井冈山年青干部培训中心举办全市年轻一代非公经济人士培训班，全市 50 余名年轻一代非公经济人士参加培训。积极筹备成立青年企业家商会，建立青年企业家微信群，搭建青年企业家交流、学习、合作平台，关注青年企业家的思想状况，支持、帮助青年企业家健康成长。11 月与组织部、统战部联合在浙江大学举办培训班，对 70 名青年企业家进行培训。

【非公经济党的建设】 以“两学一做”学习教育为主要载体，在市民营企业党委全体党员中开展学习教育活动，召开动员座谈会，制定《“两学一做”学习教育工作方案》，党组书记上专题党课，并深入各基层党组织督查指导工作开展情况，开展“两学一做”进商会、进企业巡回宣讲，聘请市委党校教授进行 2 次专题辅导。各商会和企业党组织制定工作方案，坚持自学和集中学习相结合，并通过开展“三亮”行动，建立党员示范岗、开辟学习园地、重温入党誓词等活动深化教育工作成果。开展形式多样的活动，纪念建党 95 周年召开庆“七一”表彰大会，对先进党组织和个人进行表彰。组织非公经济代表人士参加在重庆举办的党务工作培训班，学习先进经验和开展党务工作的好做法。10 月 12 日，中国共产党通辽市民营企业委员会第一次代表大会召开，选举出新一届党委班子和书记。同时结合民营企业党委换届和推荐市五次党代表工作，对民营企业党委所属支部进行组织整顿，使党组织战斗力、凝聚力和执行力进一步增强。

【开展“十大民营经济”人物系列评选活动】 市工商联与市委统战部、宣传部、内蒙古日报传媒集团联合开展“铁骑王杯”第四届通辽市十大民营经济人物系列评选活动。评选活动通过报名推荐、网上投票、评委会评审、评选公示等，评定出 40 人获得通辽市十大民营经济人物、通辽创新创业新锐人物、通辽十大诚信企业、通辽公益之星、通辽市十强民营企业等系列奖项，12 月召开颁奖盛典，对获奖单位和个人进行颁奖表彰，展示非公企业家的良好形象，激发并形成全民创业、万众创新的新热潮。

【非公有制经济工作宣传】

2016 年度，各类媒体刊发宣传非公有制经济稿件 80 余篇，图片 100 余幅，整版设计 10 余块。刊发综述专访评论 30 余篇，达 6 万多字。

【大力开展招商引资】 利用商会平台优势，积极引进大青沟 AAAAA 级景区项目，已签约。

（霍清林）

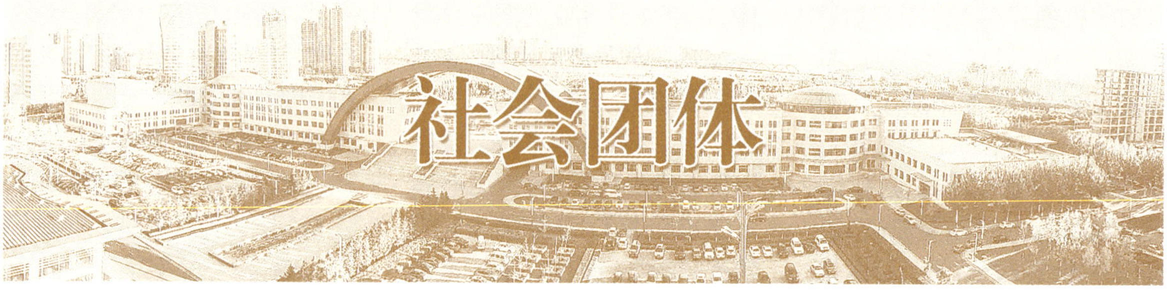

社会团体

工　　会

【劳动竞赛和技能比武活动开展】 深入开展“践行新理念、建功‘十三五’”为主题的劳动竞赛活动。以服务“三大产业集群”和“43个行动计划”为重点,组织开展不同类型的劳动竞赛,促进各项重点工程、重点项目的顺利实施。全市劳动竞赛参赛企业3651家,参赛职工35.9万人,劳动竞赛已成为市工会工作重要品牌。2016年“五一”期间召开五一劳动奖状奖章暨劳动竞赛表彰大会,表彰通辽市五一劳动奖章获得者80名,五一劳动奖状获得单位20个,劳动竞赛先进个人10名、先进集体10家。推荐评选出全国五一劳动奖状1个、奖章2名,自治区五一劳动奖状4个、奖章9名。先后与市保险行业协会、市卫计委、民大附属医院等有关单位联合举办4场13个工种的职工职业技能比赛,组织4支代表队参加自治区举办的全区职业职工技能比赛,扎鲁特旗代表通辽市取得全区团体第三名的好成绩。

【职工创新工作室创建活动】

深入开展职工创新工作室创建活动,全市共创建自治区级职工创新工作室6个、市级38个、旗县级27个。通过开展岗位练兵、举办培训班等方式,帮助700名职工提升技术等级。

【劳模待遇落实】 走访慰问全国劳模36名、自治区和通辽市困难劳模198人次,发放劳模慰问金110万元;针对企事业单位劳模荣誉津贴由本单位发放不能及时到位等问题,积极争取市委、市政府支持。市委副书记、市长包振玉亲自听取市总工会汇报,协调财政等有关部门解决劳模待遇问题,将中区市直183名“老劳模”荣誉津贴全部纳入市级财政预算(全国劳模每人每月200元、区市两级劳模每人每月180元);此外,中区市直113名在职全国和自治区级劳模荣誉津贴(标准为每人每月80元)、633名在职市级劳模荣誉津贴和市级劳模“三金”(劳模低收入补助金、特殊困难帮扶资金、春节慰问金)列入2017年市级财政预算。关心爱护劳模身体健康,为282名劳模进行健康体检,安排63名市级以上劳模进行疗休养。

【职工文化阵地建设】 通辽市和6个旗县市区按照自建、整合等方式建成职工活动中心,并组织开展形式多样的职工文体活动。科尔沁区总工会将职工文化阵地建设与“职工之家”进社区相结合,为职工提供8小时之外的服务。各级工会围绕弘扬社会主义核心价值观,组织开展乒乓球、足球、排球、网球、象棋等比赛。同时,举办“美在岗位”随手拍、“不忘初心、跟党走”短文大赛和“写一封信”感恩教育等主题鲜明、积极向上的职工文体活动。

【企业工资集体协商】 市总工会采取年初分解任务、启动“要约季行动”、集体协商指导员包联企业、劳动关系三方共同开展“四步约谈法”(即:工会干部约谈企业工会主席、工资集体协商指导员约谈职工代表、工商联约谈企业法人、人社部门约谈企业人力资源负责人)等方式,推动集体合同和工资集体合同的签订和履约,积极构建和谐劳动关系。全市建会企业签订集体合同2517家,签订率为91.2%。其中,百人以上企业数为584家,签订集体合同538家,签订率92.2%。建会企业签订工资集体合同2484家,签订率90.1%。

【民主管理和民主监督】 大力完善以职代会为基本形式的厂务公开民主管理制度，选树6家企事业单位推荐为全区厂务公开民主管理工作先进单位。推行职工代表培训、职工代表提案、工会联系职工代表、职工代表巡视、职工代表旁听重要会议、职工代表联系职工群众、民主恳谈会及民主对话议事等七项制度，充分发挥职工代表在推动民主对话、民主议事方面的作用。举办组织建设和民主管理工作培训班，全市培训职工代表180人。加强工会劳动保护。严格落实安全生产各项工作要求，组织召开全市工会劳动保护工作会议，部署“安康杯”竞赛活动。组织开展劳动保护监督检查员培训工作，累计培训工会劳动保护监督检查员350名。积极组织职工做好劳动保护参与安全生产，维护职工安全健康权益。全市开展“安康杯”竞赛企业达到532家，参赛职工6.9万人。参加5起事故的调查处理，通过源头参与维护职工权益。

【组织基础夯实】 按照做实做优做出特色的要求，采取积极有效措施，扩大工会组织覆盖面。全市达到“六有”标准的基层工会1611家，建会率和职工入会率动态保持在95%和97%以上。采取召开现场推进会等措施，积极推进农牧民工入会工作。农牧民工会员达到17.4万人，比去年净增4.6万人。指导达到“六有”标准的基层工会组织开展“双亮”和“会员评家”活动。开展“双创”活动的基层工会达到95.6%。规范基层工会换届和民主选举工作。全市新建非公企业工会135家，换届工会组织121家，指导规范246家。继续开展苏木乡镇(街道)、开发区(工业园区)工会“双创优”活动，达到三类以上标准的93家。在科尔沁区、霍林郭勒市、科左后旗、奈曼旗开展会员普惠工作，发放普惠卡41 750张。

【“职工之家”进社区】 召开全市推进“职工之家”进社区工作现场观摩经验交流会，推动社区“职工之家”建设有序开展。全市建成社区“职工之家”124个。在自治区总工会十届五次全委会上通辽市围绕“职工之家”进社区工作进行经验交流。

【暖心服务】 “两节”期间，全市各级工会深入开展“送温暖”活动，为在档12 562名困难职工进行生活救助。通过“送温暖”活动，让困难企业和困难职工切实感受到党和政府的关怀和温暖。做好困难职工解困脱困建档立卡和管理工作。举办困难职工解困脱困建档立卡工作培训班，市旗两级帮扶中心工作人员对部分困难职工家庭进行入户走访调查，详细登记和认真审核，通过摸底调查、分类建档，掌握底数，确保帮扶工作精准有效。严格进行分类建档，及时了解掌握帮扶情况，为精准帮扶，高效救助打下良好基础。开展“环卫工人关爱行动”。6月15日，市、旗两级工会同时启动“环卫工人关爱行动”免费健康体检活动，为全市2300名环卫工人进行免费健康体检。投入5.2万元，为全市1479名环卫女工免费办理特病保险，实现环卫女工特病保险全覆盖。深入推进“爱心驿站”建设。联合泽强药业、利群药业共同打造环卫工人“爱心驿站”30家，使市区爱心驿站达到90家。霍林郭勒市和奈曼旗总工会在农牧民工集中场所建立“农牧民工之家”(户外工作者驿站)，为户外工作的农牧民工提供临时休息场所。围绕促进就业、文化建设、帮扶救助、关爱女职工、法律援助等方面加大对职工服务力度，积极帮助和引导1764名困难职工家庭高校毕业生、农牧民工和城镇困难职工实现就业、为1543名困难职工子女提供助学救助(其中跟踪助学164名)、为140名排水工人进行免费健康体检、新建职工书屋28家、建设“爱心妈咪”小屋11家、为全市4100名困难女职工购买“特病保险”、办理法律援助案件9件。

【工会改革创新】 按照习近平总书记提出的保持和增强“三性”，防止和克服“四化”要求，切实加强工会改革创新。制定《通辽市总工会健全完善会员评议职工之家制度》。承接自治区总工会改革方案，正在研究制定《通辽市总工会改革方案》。建立市总工会听取旗县市区总工会主席季工作汇报和机关部室月工作汇报制度。深入服务基层，开展“送教上门”活动，聘请专业讲师深入利群药业等8家基层单位，举办3场“家庭教育、职工道德”知识和5场女职工保健知识讲座，受到基层职工们的欢迎。主动适应信息化和新媒体广泛应用的新趋势，大力推进

"互联网+工会"工作,完善工会门户网站,创建微信公众号,举办通辽市"互联网+工会"培训班,有效促进工会网上工作的创新发展。

(陈 希)

共 青 团

【共青团改革】 团市委成立深化改革领导小组,按照团中央、自治区团委改革方案精神,有序有力推进自身改革工作。市委对共青团改革创新工作给予高度重视,时任市委书记罗永纲对全市共青团改革先后两次做出重要批示,通辽市委领导、团市委书记跟随自治区调研组专门赴重庆市进行考察学习,并在工作中给予强有力保障。《通辽市共青团改革方案》已起草完成,并已报主要领导审阅。团市委先后向市委、市政府提出多项工作支持,其中市政府将团市委经费预算进行调整,按照"一人一元经费"的标准进行经费列支;开鲁县等部分地区团委班子成员已形成专兼挂体系,团代表大会和青联委员中基层代表比例达到上级团委要求;凡新入团的青年必须至少有10小时以上志愿服务时间等意见已经落实。

【青少年理想信念教育】 组织开展核心价值观记心中、红领巾相约中国梦等各项主题活动。举办"传承五四精神·凝聚青春力量"全市新团员入团宣誓仪式,2000余名新老团员代表参加。举办"万众爱国情"清明节祭奠革命烈士活动,1500余名中小学生参加并向烈士纪念碑敬献花篮。国庆期间,举行"我和我的祖国——升国旗、唱国歌"主题升旗仪式,7000余名师生集体参加。深化"三年跑完长征路"主题活动,专题举办表彰大会,向红军长征胜利80周年献礼。通辽市青少年宫举办"做环保小卫士、秀绿色T型台""探索未来走进气象科普馆""我和家乡有个约会"儿童书画展等活动,并带领舞蹈班学员代表参加中央电视台《看我72变》的节目录制,以丰富多彩的主题活动为载体,推动青少年德育教育工作深入开展。以学雷锋活动日、国际禁毒日等重要时间节点为依托,在全市青少年中广泛开展"关爱明天,普法先行"青少年普法宣传主题活动,先后印发"两法"宣传资料1000余份,印发《青少年自护教育手册》500余册,开展预防青少年犯罪法律咨询服务100人次,报告会6场,图片展2次,组织参观1次。

【团干部直接联系青年】 在"1+100"工作中,按照全区统一部署,团市委专题研究部署,扎实推进团干部直接联系青年工作。印发指导手册,建立定期督导制度。"1+100"书记管理系统共录入团干部389人,联系青年46 394人、人均联系青年119人,共开展线上线下活动6377次,人均开展活动16.3次。在"五级示范抓引领·常态化联系服务青年在基层"行动中,通辽市团委选派市级引领员11人,旗县乡镇级引领员1106人,确定每月第一周为"引领工作周",深入到一线开展工作,全年累计联系青年31 133人,上报日志7763篇、经验交流288条、完成调研思考501篇。开展以青年突击队助力"十个全覆盖""陪你一起看草原"单身青年联谊会、春季义务植树、助力脱贫攻坚、"双城同创"等主题为载体的活动200余场,发动团员青年5万余人。开展"走进青年、转变作风、改进工作"大宣传大调研活动,团市委机关11名干部全部深入基层,累计开展宣传21场次、直接联系青年510余人,召开座谈会14场,形成调研报告12篇。全市各级团组织累计组织开放日11场次,520余名青年参加。

【基层组织建设】 扎实推进落实《关于推进"北疆基层团组织强基固本"工作的实施意见》,实施区域化团建街道23个,建立共建委员会街道23个,建立街道直属团组织51个,社区团建率100%,工作经费落实街道5个,落实经费10万元。加强非公企业团建工作力度,全年完成非公企业团建75家,树立万力置业等一批规范化非公企业团建典型。在全市中学中职学校中深入开展"驻校蹲班"工作,发动369名团干部进驻学校蹲班。强化入团比控制,对全市所有中学和中职学校的学生及团员进行统计,统一印制入团志愿书,实现全市团员统一编号管理,2016年全市新发展共青团员10 104名。市、旗两级总辅导配备率为100%。

【"青年爱里"平台建设】 全年投入专项资金25万元。全市已累计建设青年爱里110家。其中,国家级青年爱里1家,自治区级青年爱里3家,市级青年爱里25家。承办自治区团委组织的全区“青年爱里”进驻“青年之家云平台”工作培训班,全区40余名相关团干部参加培训。团市委带领机关相关部门及各旗县团委负责人到北京市朝阳区实地参观当地的社区青年汇建设情况,为通辽市青年爱里建设提供经验。

【团干部学习培训加强】 先后在大连、井冈山、北戴河举办全市青年人才培训班、全市团干部培训班、少先队辅导员培训班,通过集中授课、实践教学、研讨交流、案例分析等多种培训方式,培训各级团队干部150余人。

【网上共青团】 强化通辽市共青团网络新媒体中心建设,开展两期针对网络宣传员、网评员的业务培训。举办“游子归来看家乡巨变”大型网上主题宣传活动,在新浪微博、微信公众平台开设专题,突出以青少年视角进行观察,呈现全市各地“美丽乡村”建设的变化,引导农村牧区青年热爱自己的家乡,并积极投入到家乡建设中来。在高考期间与搜狐网教育频道、社会公益组织联合开展高考志愿填报线上咨询线下辅导活动,为5000余名高考考生提供志愿填报方面的辅导和咨询。制作关于纪念红军长征胜利80周年、青少年拒绝毒品、勿忘国耻等25个宣传正能量的视频和第五代超文本标记语言作品。2016年“青春通辽”微信公众号在自治区地市级团委中排名第一位,11次冲入全国前50,在通辽市所有官方政务微信公众号中全年总阅读量和影响力位列第一位。“青春通辽”微信公众号单篇最高阅读量60 086次,单周最高名次全国第四名。团市委官方微博的总阅读量和综合影响力在全区团组织微博中同样排名年度第一位。将“青年之声”作为共青团线上联系青年的入口,集中精干力量进行工作推进,明确专人具体负责平台建设工作的组织指导、协调和督促检查。全年平台浏览量达到2700万人次,广大青年在平台留言提问5.7万余个,累计回答4.4万余个,点赞数1.9万次,位列全区各盟市第一位。加强专家库建设,已有创业就业、志愿活动、心理健康、维护权益、爱心传递、婚恋交友、成长教育等领域的专家2733人列入专家库。

【共青团和青联组织广泛性和代表性建设】 强化团代会代表中来自各领域普通青年的比例,进一步完善代表大会和委员会工作制度。年内,开鲁县、霍林郭勒市团委通过开展团代会换届增强代表性,开鲁县团委领导班子中产生兼职副书记1名。截至2016年12月底,团市委书记、班子和机关干部配备率分别为100%、66.7%、90.9%,旗县级团委书记、班子和机关干部配备率分别为62.5%、77.8%、74.5%。加强青联组织的广泛性建设,团市委积极筹备召开通辽市青联三届一次全体会议。在青联委员的增补过程中,进一步完善界别设置,新设社会组织界别,定向增补29名一线劳动者、基层和新兴青年群体中的优秀青年代表。

【助力脱贫攻坚】 团市委联合市扶贫办印发《通辽市共青团组织助力脱贫攻坚工作实施方案》,为贫困青年建立精准帮扶数据库。团市委书记带队,深入8个旗县市区和1个通辽经济技术开发区140余户贫困群众家中,与贫困群众共同探讨致贫原因和脱贫路子。启动“精准扶贫爱心助学”行动,投入30万元专项助学金,精准帮

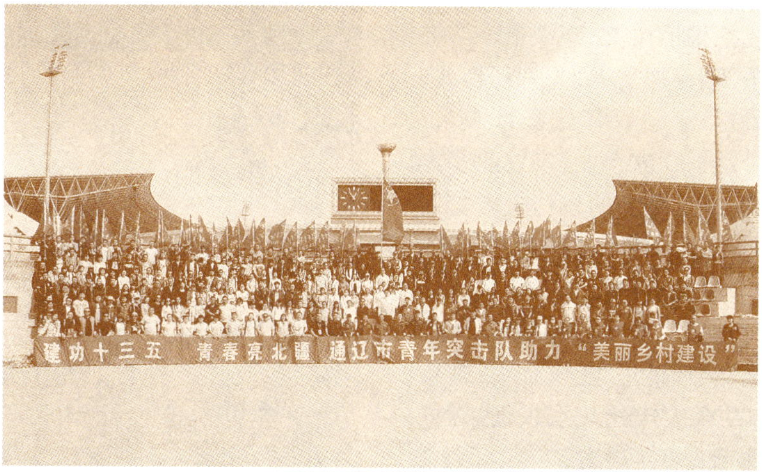

▲ 通辽市青年突击队助力"美丽乡村建设"主题活动

扶460名贫困学生。落实“一万个家庭帮扶一万个少年儿童”工作,征集860个爱心家庭,结对帮扶1050名贫困少年儿童。强化希望工程建设,争取爱心小鸟班、成美女童班、国酒茅台班等活动和项目,累计争取助学金82.5万元,救助贫困学生373人。积极发动青年社会组织奉献爱心,通过提供爱心助学包的方式,累计提供价值30万元的物资,帮扶贫困学生。争取“流动少年宫”关爱中西部农村留守儿童项目,为3所学校捐赠6万元素质拓展设备。组建137支青年突击队助力“美丽乡村”建设,深入30个嘎查村,进行环境整治、垃圾清理等工作。开展争创青年路、少先队路、红领巾路等活动,组织策划“小手拉大手、我帮父母改陋习”、评选青年文明户等活动,切实动员广大青少年参与“美丽乡村”建设的积极性和主动性。启动“绿动你我·绿满通辽”青年突击队义务植树活动,组织1200余名团员青年,深入到努古斯台镇全市义务植树基地,共计完成挖掘植树坑5000余个。推进“创业扶贫N+1+N”模式,确定75名青年致富带头人,带动130家企业、农牧业合作社,确定帮扶的建档立卡贫困户共计310人,确保扶持一户、脱贫一户。

【“12355”青少年服务平台】

“12355”热线先后接听200余人次的热线求助,建立典型青少年档案57个,开展个案辅导37个,为上百个家庭答疑解惑。中高考前夕,举办“轻松备考·“12355”与你同行”主题活动,邀请专业心理咨询师为参加考生进行心理减压辅导。围绕防范电信诈骗活动,组织“预防电信诈骗、维护网络安全”知识讲座,联合广播电台开设“防范电信诈骗专题宣传”,切实提高广大青年预防电信诈骗的意识和能力。加强对重点青少年群体的教育管理和预防犯罪工作,闲散青少年大幅下降,较去年减少12%。

【青年志愿服务活动】　举办首届公益大赛,从全市200余个报名的公益项目中评选出10个获奖优秀公益活动项目。组织开展“青春志愿行温暖回家路”主题活动,招募150余名青年志愿者参加通辽火车站春运志愿服务活动,为返乡人群提供购票引导、维持秩序、引导换乘等方面志愿服务。“七一”期间,带领113名青年志愿者,深入到科左后旗,对16名老党员进行慰问和义诊,为困难党员送去生活物资,进入村屯开展环境清理等活动。“八一”建军节期间,带领志愿者70余人前往武警一大队,为抗战老兵和武警官兵送上节日的祝福。

【助力“双城同创”活动】　为增强“双城同创”浓厚氛围,团市委牵头拍摄制作“创城有我·青春同行”等6条创城公益短片,通过媒体、微博、微信等平台宣传扩散,提高市民对创建全国文明城市的知晓率、支持率和参与率。联合相关部门启动“除四害、讲卫生、促健康”主题活动,向广大青年发出创卫倡议。切实加强与包联的金灿社区联系,召开社区“创双城动员会”,听取社区负责人、物业和居民代表的意见,开展环境卫生专项整治行动,加大对小区环境卫生整治力度。广泛联系各类青年社会组织,先后开展“发放烟灰袋·助力卫生城创建”“小手拉大手·文明卫生齐步走”“双城同创助老爱老”“创卫生城市·骑手宣传员在行动”“关爱生命安全出行·电动车道路交通安全主题宣传”等活动。

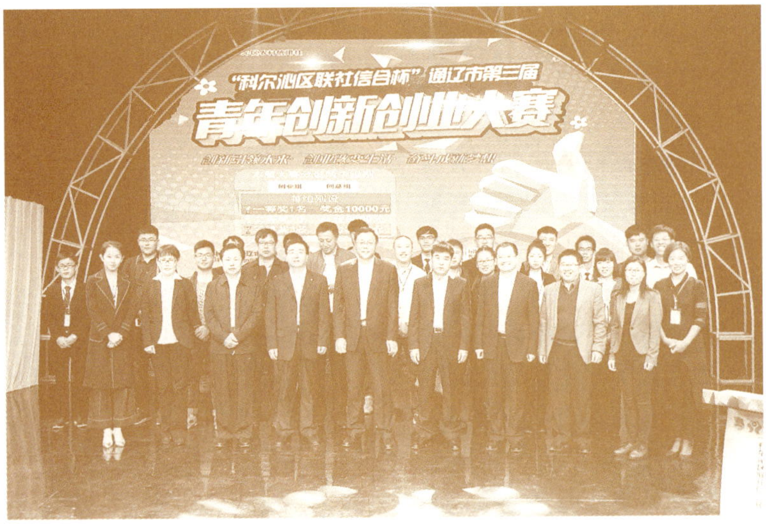

▲ 成功举办通辽市第三届青年创新创业大赛

【青年就业创业】 成功举办第三届青年创新创业大赛，筛选出50余个优秀青年创业项目。组织青年创客分享活动，带领青年创客参观青年电子商务梦工厂，听取优秀创客的创业分享。广泛开展青年电商培训工作，组织青年电商培训班18期、微商培训班2期，培训青年电商1500余人次。搭建“互联网+青年创业培训”的模式，参与全区“创青春讲堂”线上培训活动，组织18家企业的130名创业青年参与线上集中培训。举办“玛拉沁 E+”主题招聘会，吸引参与招聘企业26家，提供实体岗位300个，在互联网上200余家企业、商户同步招聘，发布岗位信息1000个。围绕促进青年电商扶持体系建设，召开全市共青团与人大代表、政协委员“面对面”座谈会，邀请电商龙头企业、初创企业负责人共同探讨电商发展的路径和措施。

（戴 勤）

妇 联

【基层组织改革】 探索妇联组织改革路径，先后两次组织旗县市区妇联主席到包头市土右旗学习改革做法及经验，起草《通辽市妇联系统改革方案（讨论稿）》，召开通辽市妇联系统改革座谈会，找准改革的发力点和落脚点，对妇联工作现状、制约妇女工作有效开展的瓶颈、短板进行认真梳理。在开鲁县小街基镇探索乡镇妇联区域化改革创新、库伦旗敖伦新村探索妇代会改妇联工作模式。

【女性社会组织建设】 投入24万元，新建市级“妇女之家”示范点28个，培育升级版“妇女之家”10个和特色版党史国防教育、绿色产业带动“妇女之家”各1个，对市级“妇女之家”示范点进行规范指导。加强对女性社团的指导服务，吸纳通辽女子书法班、女作家阅读沙龙、通辽旗袍文化协会、科尔沁朗诵艺术学会、通辽女企业家联合会等女性组织为市妇联团体会员，引导建成“妇女微家”100余个。

【女性素质提升】 全市各级妇联组织、各族各界妇女群众广泛深入地开展学习习近平总书记系列重要讲话，学习党的十八届五中、六中全会，自治区第十次党代会和市第五次党代会精神，学习中央、自治区、市委党的群团工作会议和《全国妇联改革方案》要求，更加明确妇联组织工作职责和任务，在创新妇联组织思维方式、工作方法等方面形成共识。通过开展“书香伴成长·阅读圆梦想”读书论坛、“党史进妇女之家”“巾帼心向党·扬帆新征程”学习习近平总书记“七一”重要讲话座谈会、“巾帼心向党·忆党史颂党恩”红色经典品读会、党史国防教育暨素质拓展、慰问子弟兵暨巾帼最美故事进军营、“巾帼心向党·红色井冈行”“勿忘国耻·爱我中华”南京大屠杀纪念日主题朗诵会等丰富的载体活动，引导广大妇女群众学党史、知党情、颂党恩，听党话、跟党走、做党的好女儿。

实施导师培训计划，采取“请进来、走出去、走下去”措施，开展健康教育、法律维权、家庭教育、励志等专题讲座100余场次。举办第二期全市女干部素质提升研修班，首次举办全市“妇女之家”负责人培训班2期。组织6名女性经纪人参加全区第九期女经纪人、合作组织女理事长培训班。

【家庭文明创建】 投入5万元，培育寻找“最美家庭”活动

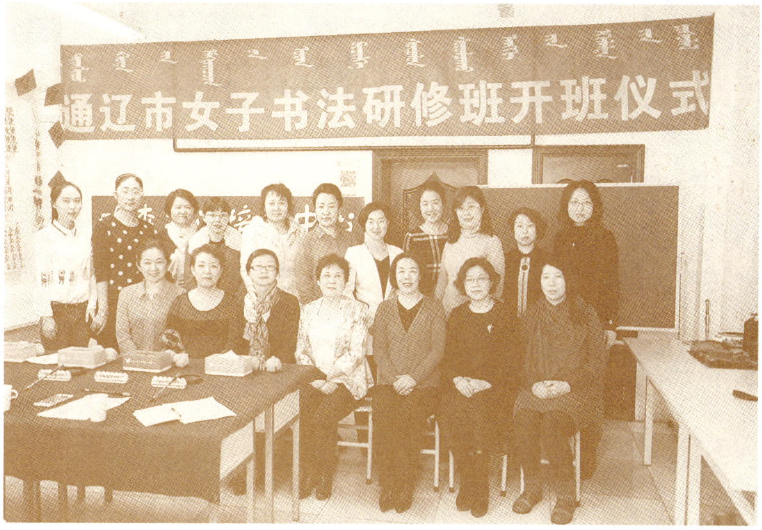

▲ 通辽市女子书法研修班开班仪式

示范村(社区)10个。争取自治区妇联25万元培育自治区级寻找“最美家庭”示范点5个。开展寻找“最美家庭”创建“文明家庭”暨“百家社区、百场活动、百万市民”通辽首届全民梦想秀、“培育好家风传承好家训”巡讲、“最美家庭”故事展播、“最美家庭”故事走进军营、“最美家庭”游最美通辽、通辽市培育好家风传承好家训交流座谈会等主题实践活动,引导广大城乡妇女积极参与到寻找“最美家庭”和“好家风好家训”征集宣传展示活动中,评选表彰市级“最美家庭”50户。

投入5万元,培育“百灵鸟”家庭教育示范点10个。邀请专家学者开展家教知识讲座517场,其中市妇联11场,受益13万余人。启动读书漂流计划,举办“我爱我家·与梦同行”第四届家庭趣味运动会、“沐浴书香,放飞梦想”小学生读书演讲比赛、“少年托起中国梦”诗歌朗诵比赛和少儿才艺大赛活动,开展“爱在慈铭·共享蓝天”庆“六一”贫困留守儿童体检暨爱国主义教育实践活动和“百灵鸟”爱心爸妈结对贫困留守儿童等家庭教育活动,为留守儿童结对爱心爸妈954对,全市妇联组织协调发放慰问金近80余万元,救助慰问儿童3544名。

【巾帼创业创新】 全年发放妇女小额担保贷款3842万元,受益妇女1022人。投入10万元重点培育手工村5个,培训带动150名农村牧区妇女从事手工制作。创建自治区级巾帼农业示范基地、巾帼家政转移就业培训基地、巾帼巧手致富示范基地4个,市级巧手脱贫示范基地、巧手脱贫带头企业巾帼脱贫创业创新基地、新媒体创业创新基地4个,市旗两级创建各类妇字号脱贫基地26个,2000余名贫困妇女实现就业增收。联办、自办家政培训班185期,培训家政人员5492人。建立6支巾帼脱贫带头人队伍,通过线上线下互动方式,17万余名新型职业女农牧民接受培训。完善通辽女手艺人电商创业联盟。举办全市“创富通辽·成就梦想”首届巾帼电商创业演讲大赛,推进巾帼电子商务发展。依托妇女创业园、妇女创业就业基地、巾帼家政机构,通过举办“春风送岗位”推介会、职业技能大赛,带动3000余名妇女实现就业。

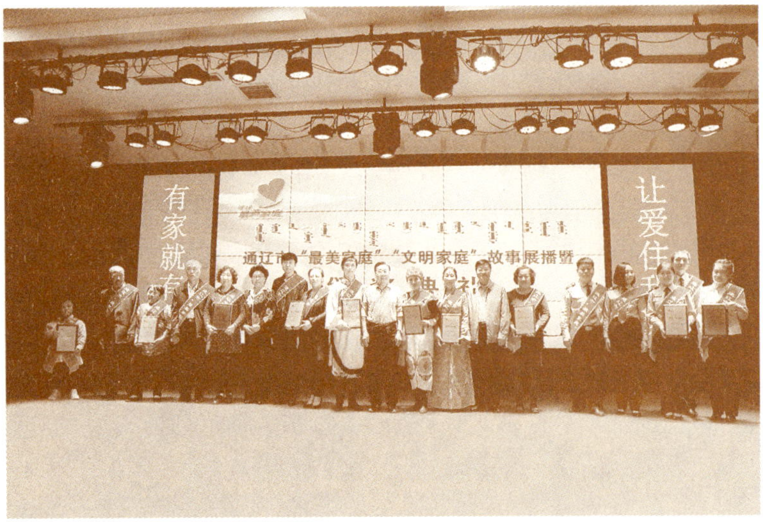

▲ 通辽市“最美家庭”表彰大会

【巾帼精准扶贫】 制定《通辽市妇联落实自治区妇联“草原巾帼脱贫行动”的实施意见》,以市委名义下发至各部门及各旗县市区,推动工作落实。对全市52 594名贫困妇女、1476名“两癌”贫困妇女、3441名留守儿童建立档案。常态化开展“暖心暖冬关爱救助送温暖”行动,拿出20万元对500余个贫困家庭、留守儿童、特教儿童、孤寡老人、老妇干等走访慰问。争取自治区妇联受灾贫困妇女慰问金9万元,对180名受灾贫困妇女进行救助。启动“美丽乡村·健康通辽”慈铭助力巾帼健康扶贫行动,为全市建档立卡适龄贫困妇女群众提供健康知识讲座、免费健康检查、免费“两癌”筛查和大病优惠治疗服务,并对健康状况进行数据统计和分析。在包联嘎查村开展“市妇联携手社会各界助力精准扶贫让爱绽放哈海沟”等主题实践活动,牵头组建包联村巾帼(志愿者)、党员(志愿者)和少年(先锋队)三支队伍,开展志愿服务活动近30次;发放救助金17万余元;协调贷款40万元;整合社会资金47万余元帮扶救困。培育麦丰农业发展有限公司巾帼脱贫绿色产业带动芽苗菜种植项目,打造

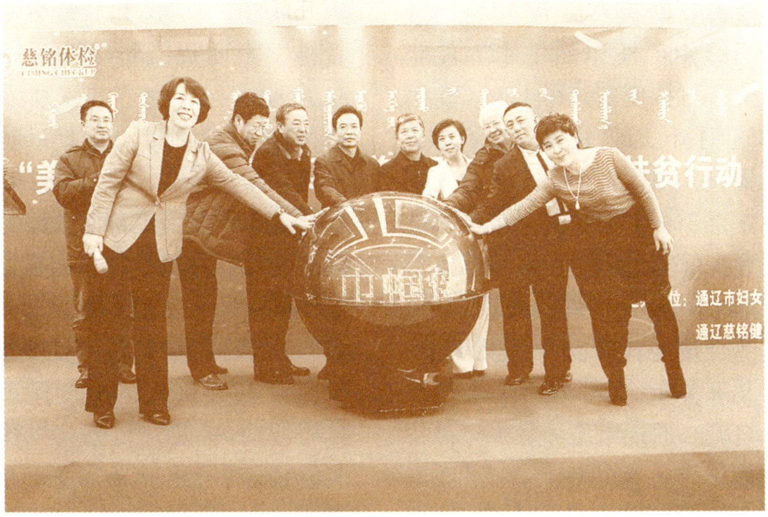

▲ 通辽市"美丽乡村·健康通辽"慈铭助力巾帼健康扶贫行动启动仪式

哈啾嗨蒙古娃娃有限公司、豁尔沁民族服装厂、蒙尚瑞彩羊绒制品有限公司3个巧手脱贫项目，助力精准扶贫。

【"美丽庭院"创建】 深入8个旗县市区和1个通辽经济技术开发区召开通辽市妇联组织创建"美丽庭院"助力"十个全覆盖"现场推进会、"干净人家·勤快媳妇"表彰会，开展"城乡牵手建家园·巾帼先行美庭院""十个全覆盖与我家变化恳谈会"等主题实践活动。投入468万元，通过村企联建、干部牵头、志愿服务、互访观摩、典型示范、自编自演等方式，培育选树市级"美丽庭院"示范村241个，示范户23 162户，"干净人家·勤快媳妇"126户，召开"十个全覆盖与我家变化恳谈会"1412次，引导广大妇女姐妹积极参与以"三化""五美"为主要内容的"美丽庭院"创建活动，引领农村牧区妇女群众转变观念、改掉陋习，从自身做起，自觉净化庭院、美化村庄、保护环境，成为美丽乡村的建设者和维护者。

【妇儿权益保障】 建立通辽市法规政策性别平等评估机制并成立委员会。联合相关单位，制定《关于做好诉前调解与妇联组织人民调解衔接工作的意见》《通辽市家庭暴力告诫制度实施办法》，召开《反家庭暴力法》座谈会2次。以婚姻家庭为重点参与大调解，全市建立婚姻家庭纠纷人民调解委员会25个，婚姻家庭调解室75个，聘任人民调解员1052人，调解案件485起。新建自治区、市级、旗县级品牌婚姻家庭调解室42个(自治区级6个、市级9个，旗县级27个)，对18个市级"留守家园"进行规范指导。深入开展"建设法治通辽·巾帼在行动——万家联动·送法到家"和"拒绝毒品·巾帼在行动"主题实践活动，邀请中华女子学院张荣丽教授专题解读《反家庭暴力法》，全市各级妇联组织举办普法"六进"讲座568场次，其中市妇联10场次，受教育人数达6万余人次。与新闻媒体跟踪采访报道"通辽市7岁女童疑因家庭暴力致死"的典型案件。各级妇联共接待信访案件120件，12338妇女维权热线接听来电166件，信访代理诉求8件。完成土地草牧场承包经营权确权专题调研工作。

【"两纲"贯彻实施】 开展"两纲"中期评估并完成2011—2020年通辽市"两纲"中期评估报告、《2015年度妇女儿童状况综合统计报表制度》和中期评估数据监测统计表。全市8个旗县市区妇儿工委办机构、人员、编制、经费全部落实。召开"两纲"监测统计工作会议和推进"两纲"工作座谈会。争取中国儿基会"儿童快乐家园"、自治区关爱留守流动儿童家园各1处、自治区妇联"两癌"资金63万元。实施"贝因美与爱同行公益项目"，全市694名贫困婴幼儿受益。全市74 996名适龄妇女进行"两癌"免费检查。协调5家医院开展妇女病优惠普查活动，为5万余名农村牧区妇女进行健康检查。争取到"母亲健康快车"1台，发挥"母亲健康快车""草原母亲健康快车"作用，为全市贫困母亲免费检查，3.5万余人次受益。开展健康讲座53场，12 000余人受益。

【典型培树推广】 评选表彰全市20名市级"三八红旗手"、16个"三八红旗集体"、33名市级"巾帼建功标兵"。通辽市3户家庭获全国"最美家庭"、2户获全国"五好文明家庭"、1户获全国"文明家庭"，3户获全区"最美家庭标兵户"、6户获全区"最美家庭"、2名获自治区级"巾帼建功标兵"称号，表彰全市妇女脱贫典型59人,妇联干部11人。在全市"十大民营经济人物"评选中,通辽"最美家庭"白秀枝、蔡慧星、李智莉、白丽丽榜上有名。

【妇女工作宣传】 全市妇联系统各项工作信息被国家、自治区、市三级报刊媒体发表700余条,其中国家级40余条。充分利用通辽妇女网站、微信、微博公众平台宣传妇联工作和妇女儿童事业。本着讲好通辽故事,传递好通辽声音,投入15万元拍摄50个家庭故事短片、5部"最美家庭"微纪录片,并在全市场外LED屏及搜秀国际影城播放。同时,还注重档案资料的整理,编写通辽女作家作品集,完成2016大事记、工作图文集、信息集、《最美家庭故事》《美丽庭院剪影》等书籍画册宣传品20余种,注重蒙汉双语并行。

(张贺英)

科学技术协会

【概况】 2016年,市科协深入贯彻落实市委、市政府《关于加强和改进新时期科协工作的实施意见》,树立"五大发展理念",开展"五大行动",坚持科协工作职能定位,实施"四大工程",团结带领全市广大科技工作者,积极投身经济社会和科技创新主战场,推动科协事业创新发展。

【青少年科技创新行动】 举办"科普报告通辽行"活动,5000名中小学生、领导干部和公务员参加。在第32届全区青少年科技创新大赛上,市科协选送的460件作品中127件获奖。科技创新获得14金25银58铜;科幻画获得4金5银8铜;科技辅导员科教创新成果获得3金1银8铜。市科协被评为优秀组织单位。在第十六届中国青少年机器人竞赛中,综合技能比赛获一等奖1个、二等奖1个,并取得1个国赛名额。通辽市培养青少年科技创新行动"科普教育基地"在市实验小学揭牌运行。开展"流动科技馆"巡展活动,全市有3.1万余人互动参展。开展科普大篷车进校园活动,参观人数达8000余人。举办全市科技辅导员培训班,培训130余名科技辅导员。

【城乡一体普及科学知识行动】

开展"科普走千村,联万户"等大型科普宣传和科技推广主题活动。举办各类科技培训班2120期,专家、科技人员下乡1630人次;推广普及新技术17项,新品种28个;举办科普大集42次、科普展览19次;主办科普专栏与橱窗80期;发放科技图书6.8万多册,发放科普宣传资料12万份(册),受益人数达15.6万人次。启动"科普大篷车发放暨巡展万里行活动"。实现科普大篷车配备全覆盖,总数为11辆。新建4所农村牧区科普学校,总数达到7所。开展"通辽市科协科普讲师团百场科普实用技术讲座"活动,深入农村牧区共举办140场。组织专家编印《现代肉牛养殖技术》和《无公害蔬菜实用生产技术》两套科普丛书,并免费发放给农牧民。深入开展"城镇居民和城镇劳动者科学素质提升行动",全市34所社区科普大学和4所农村科普学校共举办152期(场)科普讲座,发放各类科普图书、资料2.5万册。市科协被评为全区文化科技卫生"三下乡"先进集体。

【环境保护科普行动】 开展2016年公共机构节能环保宣传周活动,普及宣传公共机构节能科普知识和行动。全市开展"环境保护科普行动"20余次。发放科普图书、资料、宣传单5000余册,受益人数达6000人次。

【科普益民行动】 开展"科普益民行动计划"及科普活动周、全国科普日等主题科普活动。组织科普展览2次、免费义诊3次、食品安全科普培训2次,发放食品安全相关科普图书、宣传资料8000余册,受益人数达1.2万人次。

【科普服务百姓行动】 举办"基层科普行动计划"项目工作培训班,全市科协系统近百名工作人员参加。在全市范围选出80个村建立科普书屋,投入40万元购置配备各类图书达100万册。对农牧民科学素养提升起到助推作用。

【公众科普信息提升工程实施】

强化互联网思维,充分利用互联网等信息技术手段,增强科普活动的先进性和群众性。精心打造通辽市科协网站和通辽市科技馆网站,全年上传科普信息580条;完成对科协官方网站的全新改版和网站微信公众号的申请工作。与通辽日报社合办《科普之窗》栏目，提供120条科普知识。向通辽市广播电视台汉语综合广播“农牧新天地”栏目提供240条农牧业科普知识内容。

【学术交流工程实施】 市直各学会突出自身学科特点，开展学术交流活动30余次。市医学会开展学术交流活动20余次。市气象学会邀请有关专家举办讲座10场，听讲500余人次。市心理学会开展心理健康教育学术交流、科学普及与咨询服务等活动。

【科协干部素质提升工程实施】 培训110名科普工作者和科普志愿者，采取各种有效方式，在全市科协系统开展干部素质提升工程。组织开展农技协考察学习活动。召开全市科协系统职工业务培训班。

【科普主题活动开展】 结合全市“科普之冬(春)”“科技活动周”和“全国科普日”等主题活动，以实施《全民科学素质行动计划纲要》为主线，通过科普讲座、科普文化知识竞赛、科普文艺活动、科普信息推送等方式，满足公众对各类科普文化日益多样化的需求。圆满完成自治区下达的“十百千万”创新工程各项指标，对“十”项目，在技术合作、科普培训与辐射推广等方面加大工作力度。对“百”项目，完成10个科技中介组织的申报工作。对“千”项目，加强对企业“院士专家工作站”的建设和管理，发挥高端人才在通辽经济社会发展中的独特优势。对“万”项目，全市共招募和登记1200名科普志愿者。

【社会活动参与】 实施2个学会确定的4项承接政府转移职能试点工作。通辽心理学会承接3项：成立服刑人员心理教育专业委员会并开展心理健康讲座活动；开展社区居民心理健康教育活动；编写出版《家庭心理与生命教育系列丛书》等读本。通辽市医学会承接1项：接受委托开展医疗事故鉴定工作。

【精准扶贫】 为帮扶村科尔沁区大林镇前黑坨子村新建270平方米葡萄保鲜窖。协调农电部门投资20余万元架设一条480余延长米高压线，解决用电问题。筹措8万余元创建一所科普学校，购置电脑、投影仪等教学设备，建一处高标准科普画廊，为村里开展科普宣传和科技培训提供场所。为葡萄协会争取到中国科协20万元奖补资金；协调农行为36户农户发放惠农贷款140余万元；协调辽宁省北镇大棚蔬菜协会示范建造24个标准钢架大棚；聘请专家进行8场讲座和现场指导；组建含葡萄种植户和葡萄专家微信群，开展专家咨询、技术交流和远程葡萄病情诊断等技术服务活动。

【荣誉】 全市5个农技协、2个科普示范基地、4个科普带头人和1个科普示范社区获得全国先进单位和个人称号，获得奖补资金180万元。

（包　刚　邓计超）

文　联

【参加首届中国版画艺术节】 市文联与内蒙古蔚蓝文化发展公司合作，通过精心组织，认真筛选，以新创作的60幅科尔沁版画，8位代表性画家，代表内蒙古自治区参加5月11日在深圳举办的“首届中国版画艺术节”。

【歌曲创作】 市文联以自治区成立70周年为契机，抓歌曲创作，打造重点大庆献礼作品。从年初开始，市文联面向全国征集歌词歌曲，聘请内蒙古民族大学音乐专家进行修改、试唱和录制，并将评选出的作品在《通辽文艺微信公众平台》《通辽文艺网》长期展播。根据听众反馈意见，从展播曲目中精选出《马兰花》《阿爸的目光》《科尔沁草原》等10首优秀原创歌曲，定名为《天佑草原》，9月26日由内蒙古文化音像出版社正式出版发行。该专辑出版后，被录入内蒙古自治区党委宣传部主办的70周年大庆献礼项目《经典回放七十年——内蒙古歌舞乐影视作品集萃》(2007—2016)，并于12月6日在“聆听草原”音乐平台上以“经典产品介绍”栏目推出。

【繁荣精品创作】 2016年向中国作家协会、自治区作家协会申报蒙汉文重点扶持作品《围猎天下》《烽火炮台山》《麦新壮行西辽河》等20部长篇，内容包括蒙译汉，涉及16位作者。其中一部长篇散文进入中国作家协会扶持对象，一部长篇儿童文学入选内蒙古“草原文艺精品工程”。

【“萨日纳”奖评选】 2016年自治区三年一届的艺术创作“萨日纳”奖评选。为取得好成绩，市文联本着公平、公正、公开的原则，严格按照第十一届艺术创作评选时间、名额、质量要求，推荐参评作品36部，包含美术、摄影、书法、音乐、舞蹈、电影、民间文艺等9个艺术门类。其中图日根白乙拉的民间文学作品《蒙古族民间故事——巴拉根仓》、包曙光的摄影作品《打马印》，在评选结果中高票获奖。

【出版发行成果】 通辽市作曲家吉日木图创作的歌曲《老家在中国》被ICN国际卫视选定为北美华人春晚主题歌，由知名歌手在美国好莱坞激情唱响，并且在海内外广泛传唱，受到中国驻美国大使的高度赞扬；作家方纲的诗词选集《至今犹听大刀歌》、长篇小说《冰上火上》由内蒙古文化出版社编辑出版；通辽市青年作家何君华的小说集《与大师约会》3月由美国南方出版社出版；许廷旺创作的5部长篇系列儿童文学《台来花草原动物记》由湖北教育出版社出版；格日勒图的蒙古文长篇小说《裂变》由内蒙古人民出版社出版。在第十五届中国人口文化奖评选中，通辽市作者李福奎的水彩画《草原上幸福的额吉》获美术类优秀奖。

【打造精品推出新人】 2016年，创办开通“通辽文艺微信公众平台”、编辑出版《科尔沁艺术报》新名家专刊。通过“科尔沁版画”“蒙古文书法”“优秀科尔沁原创歌曲”“文艺社区”等特色栏目，打造精品，推出新人。市文联从文学、美术、音乐3个门类中选取6位创作成绩显著的新人，以“通辽市新名家”为栏目标题，在《通辽日报》《通辽文艺网》《通辽文艺微信公众平台》《科尔沁艺术》上连续推出，大力提升本土文艺家的知名度，其中《文艺创作更需要自信(作者杨文环)》一文，被中央党校收录进《党的建设与思想政治优秀成果汇编2016年上卷》，引起社会广泛关注。

【文艺创作展示活动】 2016年市文联举办“纪念红军长征胜利80周年征文”“颂歌草原歌曲创作研讨会”、刘贤亮画评、广场安代舞培训班等系列文艺活动。重点是两年一届的第五届全市美术书法摄影展览。展览以”扎根人民，颂歌草原”为主题，以“出精品，推新人”为主导，从近千幅征稿中精心选出146幅作品，于12月16日在市博物馆举办开幕仪式。展出作品汇集全市美术书法摄影创作的新成就，社会反响良好。为顺应时代要求和广大艺术家的愿望，使书画艺术得以推介和交流，弘扬地域文化和人文艺术，推动中华传统文化的发展和繁荣，在全国文代会的东风吹来之际，科尔沁书画名家联展于12月10日在北京宋庄隆重举行。北京通州区委宣传部原副部长陈立军、中央电视台导演李秀山、北京远东洋文化艺术公司董事长余地、九至美术馆董事长李建文等知名人士参加开幕仪式。

【学习培训】 2016年市文联积极推荐2名文艺创作人才进入国家级院所进行培训学习，其中许廷旺进入中国儿童文学作家班，葛·呼和少布进入鲁迅文学院文研班。杨喜庆进入国家级采风团“海上丝绸，侨乡文化”深入汕头学习交流。

【志愿服务文化惠民活动】 市文联正式成立市文艺志愿服务中心。主要职责是组织动员广大文艺家进社区、农村牧区、厂矿企业开展“送文化，种文化”活动。为广泛开展文艺志愿服务工作，市文联组织艺术家多次深入科尔沁区、库伦旗、霍林郭勒市、科左中旗等地开展文化惠民活动。为弘扬传统书法艺术，用健康向上的思想内容和艺术形式提高大众书法欣赏水平，并与广大书法爱好者共同交流，春节期间，市文联主席杨文环、书法家协会主席周云华等20名书法家，分别于1月14日、27日、28日及2月3日，通过书法进社区，写春联，送作品到企业、农村牧区、春运一线现场创作等方式，与广大书法爱好者切磋讨论，受到社区百姓和企业员工的热烈欢迎。为增强“送文化，种文化”活动的实用性，市文联聘请内蒙古民族大学法学院教授白军胜到科尔沁区西门街道办事处团结社区进行法律知识专题讲座，讲座主要涉及与民间借贷担保、婚姻财产归属、交通行为、赌博吸毒违反治安管理处罚条例有关的法律知识，为社区居民与社区工作人员解答现实生活中最关心的问题。为使文艺志愿服务更加广泛深入，市文联《哲里木文艺》编辑部深入科左中旗农村牧区，开展赠书赠阅活动，先后向3个嘎查村赠送50余套图书。《天骄》编辑部助力随手公益暖读书库，向贫困学校助学捐赠图书，共计1000册,向通辽市图书馆捐赠《天骄》创刊起出版至2016年的全套刊物,便于通辽本地作者翻阅查询。2016年完成文艺志愿服务12次,超过市委下达不少于4次的考核目标2倍。

(文联办公室)

侨　　联

【对外宣传和联络】 本着“两个并重”(海内和海外并重)、“两个拓展”(拓展海外、拓展新侨)原则,大力开展对外宣传联络工作。元旦、春节前后向海外华侨华人及外国友人、有关团体发送传递友谊贺卡、慰问信及通辽市宣传材料100多件(封)。走访和慰问通辽市部分老归侨、老侨眷和海归人员,通过乡情、亲情宣传推介通辽。截至年底,看望、接待留美博士、新侨田密,新加坡共和国理工学院教授、新侨刘淑宾、曾玲夫妇及加拿大啤酒麦芽技术中心酿造和麦芽技术主任、华人李月树等4批回通辽省亲的通辽籍华侨、华人。在与他们座谈中,介绍近年来通辽市经济社会发展情况,以及市侨联在服务地方经济发展、拓展海外联谊等方面所做的工作及下一步工作思路,倡议他们向驻在国讲好中国故事,传播中国好声音,宣传推介通辽。他们也表示要尽自己所能,在当地宣传推介通辽,为通辽市招商引资、招贤纳才牵线搭桥,贡献力量,特别是在促进通辽市与驻在国科技文化交流中做好穿针引线工作,力争取得实质性成效。“请进来”,扩大通辽市影响力。2016年,邀请接待台湾台北城市科技大学董事、台湾职业技术发展协会理事长、泉州华侨大学国际学院特聘教授甘露泽,香港豪德集团、蒙古商报社长胡日勒沙等3批海外及港台朋友到通辽市考察。通辽市独具特色的科尔沁文化,丰富的资源和巨大的发展潜力,给他们留下深刻印象,他们表示愿意为通辽市与韩国、台湾地区有关方面的合作牵线搭桥,特别是在职业技术培训方面发挥作用,取得实质性成果。借助中国侨联和外省市组织的各类会议和招商平台,积极主动宣传、介绍和推介。侨联有关人员利用参加中国侨联全委会、中国侨联组织的西安“丝博会”暨“海内外侨商县区行”“法制中国、你我同行”、中国侨联成立60年庆祝活动、内蒙古侨商换届大会等机会和平台,积极主动与海内外华侨、华人、华侨社团、侨商联系、沟通,宣传、推介通辽市的区位、资源、政策优势和项目,诚邀侨商到通辽考察。在中秋、国庆佳节来临之际,市侨联、台办联合举办“三胞”眷属联谊会。通辽市部分归侨、侨眷,台胞、台属、港澳同胞及其亲属和部分侨资企业代表40余人到会。

【招商引资】 启动2016年度“侨商·科尔沁草原行”活动。侨联领导通过实地走访、信函、电子邮件、电话等方式,与长三角、珠三角、京津、东北等经济发达地区侨联、侨商会和侨商联系和推介项目,待客商有意向后邀请其到通辽市实地考察洽谈。先后有广州雅莹玻璃有限公司黄应昭、深圳市广兴通讯工程有限公司董事长周殿富、山东润峰电力有限公司副总经理付春水、苏州协鑫新能源投资有限公司东北区经理李新、中盛光电能源股份有限公司等5批20人(次)客商到通辽市考察、洽谈,其中协鑫新能源投资有限公司已与科左中旗合作,建设50兆瓦太阳能电站,大连绿舟集团投资3亿元在科左后旗成立内蒙古聚丰农牧业发展有限公司,项目占地2000亩,计划饲养75万头猪、牛,项目已开工建设,到位资金3000万元。“走出去”,到发达地区推介宣传通辽,“一对一”开展招商引资工作。侨联专程到北京、天津、吉林等地,先后与天津津兰集团、天津瑞普生物技术有限公司、河北康达制药有限公司等企业进行对接和推介。

【为侨服务】 截至年底,接待上访侨界群众3批5人(次),对归侨侨眷的信访事宜,侨联及时与有关方面联系、协调,全力予以解决,避免侨界群众越级上访;为2名归侨侨眷子女上学提供帮助。

【专题调查研究】 为深入宣传、贯彻《归侨侨眷权益保护法》,市侨联会同市人大民族侨务外事旅游委员会就全市贯彻落实《归侨侨眷权益保护法》情况进行调研督查。调研组先后深入科尔沁区、奈曼旗、库伦旗、科左中旗、开鲁县等旗县区,通过实地走访、座谈等形式就《归侨侨眷权益保护法》贯彻落实情况，特别是侨联机构建设、人员配置及经费保障等情况进行调查了解。各旗县区政府、财政、人事、教育等部门分别汇报《归侨侨眷权益保护法》贯彻落实情况，部分归侨侨眷代表就侨法宣传贯彻、维护侨益、联谊活动及侨联组织建设等方面存在的困难和问题，认真向调研组反映。针对这次调研中发现的问题和归侨侨眷代表提出的意见建议，市人大民族侨务外事旅游委员会、市侨联经过认真研究，整合分类，上报有关部门协调解决。在此基础上，6 月 29 日，在市人大四届 25 次常委会上听取市政府关于全市侨务工作开展情况的报告。为进一步了解通辽市侨资侨属企业现状和发展情况，促进侨资侨属企业健康发展，市侨联组成调研组，从四月中旬开始，深入科尔沁区等 5 个旗县区，对全市侨资侨属企业运行情况进行调研，先后走访通辽环哲图书有限责任公司、通辽市麒元水利水电有限公司、通辽健民医院、通辽博爱医院、通辽市大元科尔沁文化旅游产业园区、通辽市沈通电力安装有限公司、内蒙古鸿彤农业发展有限公司等 12 家侨资侨属企业，发放调查表 24 份，召开座谈会 5 次，就全市侨资侨属企业基本情况、经营规模、存在问题及扶持发展建议等进行全面调查了解，最终形成通辽市侨资侨属企业调研报告，并上报自治区侨联和有关部门。

【侨商助力“十个全覆盖”活动】 自农村牧区“十个全覆盖”工程实施以后，市侨联通过多种方式组织归侨侨眷助力“十个全覆盖”。积极宣传、动员，调动归侨侨眷助力“十个全覆盖”的积极性。为宣传通辽市“十个全覆盖”工程，侨联组织 30 多名归侨、侨眷、港澳眷属代表人士到科尔沁区木里图镇薛家街村、三棵树村等地参观考察，实地了解“十个全覆盖”工程开展情况，感受工程为农村牧区带来的变化。组织归侨侨眷为“十个全覆盖”工程献计出力。通辽市侨眷、通辽市麒元水利水电有限公司董事长桑宏向通辽市侨联包扶联系点——库伦旗芒汗苏木苏日图嘎查捐赠价值 2 万余元的办公设备。

【参政议政】 组织侨界政协委员积极提案，在 2016 年的通辽市“两会”上侨界提（议）案 7 件。利用侨联平台，积极参政议政。侨联主席作为中国侨联委员，在中国侨联及其他侨联平台上就基层侨联组织建设、发挥侨务优势为经济建设等议题提出意见和建议，扩大通辽市侨联在全国的影响力。

【基层组织建设】 2016 年末，通辽市 8 个旗县市区成立侨联并召开第一次归侨侨眷代表大会，实现旗县市区侨联组织全覆盖。侨联主席由统战部副部长兼任，并设有 1 ~2 名专职工作人员。进一步完善基层侨联工作领导小组和工作网络，构筑健全的组织建设框架和支撑点，为侨联工作提供有力保障。

（任鹏达）

残　联

【综合设施建设】 市残联整合社会资源，与民大附属医院合作创办“通辽市残疾人康复保健医院”，使其发展成为康复训练、康复医疗、技术培训、先进经验和医术交流推广中心。该医院使用面积 7000 平方米，设 100 个住院床位，工作人员 110 名，7 个科室。市残疾人康复托养中心充分发挥综合服务场所作用，筹备创办残疾人托养中心、残疾人信息化就业基地、残疾人文体人才培养基地，每年为残疾人提供康复托养服务 1500 人次。开鲁县、扎鲁特旗、科左后旗、奈曼旗、科尔沁区残疾人康复托养中心已开始建设，霍林郭勒市、库伦旗康复托养中心建设项目列入 2017 年建设计划，通辽市残疾人康复托养中心建设工作走在全区前列。

【就业扶贫】 市残联联合扶贫、民政、教育、卫生等部门完成 18 943 名贫困残疾人识别、建档立卡工作。结合精准扶贫，市残联为科左中旗支持康复经费 4 万元，为包联点科左中旗花胡硕苏木珠日很茫哈嘎查争取 45 万元扶贫资金，为 19 户贫困户购买奶牛 38 头。同时坚持普惠与特惠相结合，做好残疾人社会保障扩面、提标、兜底工作，将符合条件的残疾人纳入城乡低保、城镇集中供养和农村五保供养范围。市残联投入 40 万元，举办“残疾人厨师培训班”“推拿按摩培训

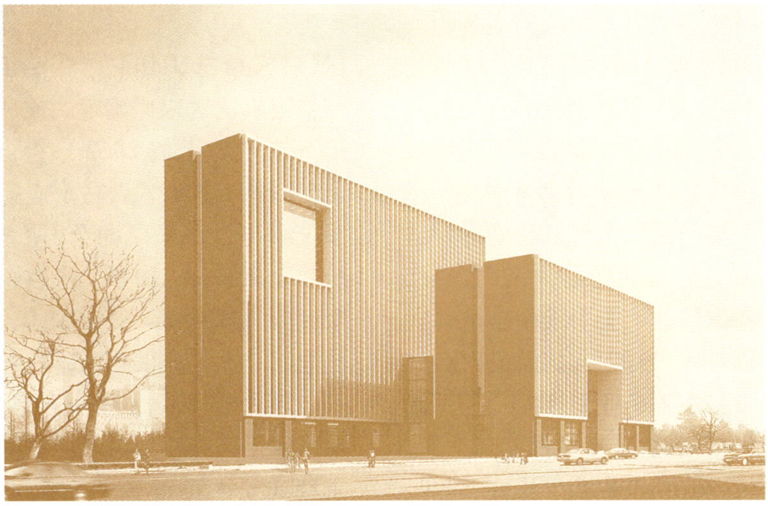

▲ 通辽市残疾人康复托养中心

班”“服装裁剪、皮具护理培训班”和“美容美甲培训班”等5批次职业技能培训，120人接受培训。完成城乡残疾人职业培训和实用技术培训4611人，援助城镇残疾人就业904人，新建残疾人扶贫就业基地11处，带动部分残疾人就业创业。为扶贫就业基地和9961名就业创业残疾人发放“康复扶贫贷款”贴息资金59万元。为653名重度精神和智力残疾人发放“阳光家园”项目资金98万元。

【康复救助】 为完善重度残疾人医疗服务保障措施，将29项康复训练和医疗康复项目纳入到基本医疗保障支付范围。按照“人人享有康复服务”的目标要求，实施精神病人住院治疗、残疾儿童康复等10项康复工作，为5424名残疾人提供康复治疗和服务。其中：免费为748名白内障患者实施复明手术、为14名聋儿植入人工耳蜗每名受益18万元、505名残疾儿童得到康复治疗和训练，救助771名贫困精神病患者。市残联、市发改委协调澳大利亚华人慈善家魏基成为听力障碍人士捐助价值每台2000元的助听器1万台，为残疾人免费发放2000余件辅助器具。承办自治区“老牛阳光助行项目总结表彰大会”，市残联被评为先进集体。

【特殊教育事业】 按照《内蒙古自治区特殊教育提升计划(2014—2016)实施意见》《内蒙古自治区救助和资助贫困残疾学生办法》有关要求，与教育等有关部门配合，对未入学残疾儿童和需要救助、资助贫困残疾学生开展调查摸底和经费落实工作。全市特教学校8所，其中5个旗县建成公办特教学校，为110名残疾人大学生发放补助资金16.6万元，残疾儿童学前教育机构380人补助19万元。发放学前教育0~6周岁专项彩票公益金补助9.6万元；对丑小鸭、天使之翼特教学校教学条件进行改善，加大对特教师资的培训力度。科左后旗为9所幼儿园招收的22名残疾儿童发放8.55万元补贴。科左中旗残联联合工商联、教体局开展“关爱孤残儿童，让爱洒满人间”活动，动员爱心企业及爱心人士捐款捐物共计6.44万元。

【社会化工作】 充分利用“全国助残日”等时间节点，联合媒体开展关注孤残儿童、残疾人就业创业、无障碍环境建设等系列宣传活动。加大“文化进

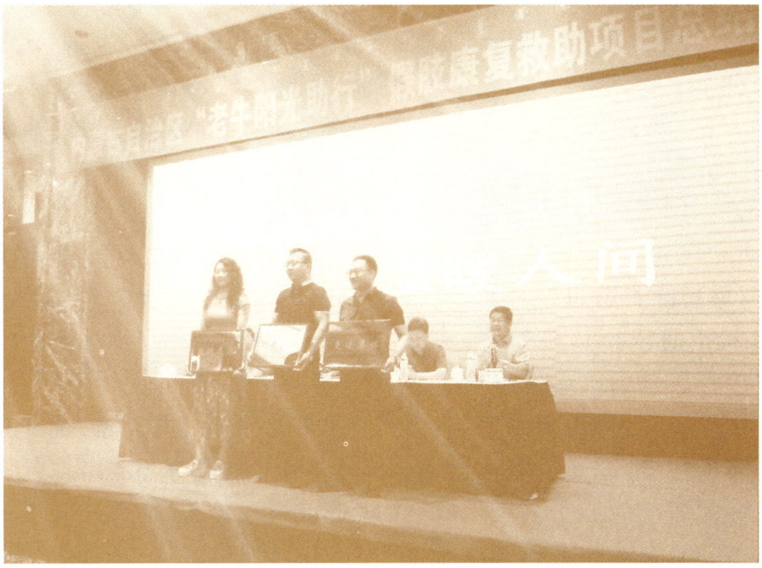

▲ 6月22日，全区“老牛阳光助行项目总结表彰大会在通辽市举行

社区"活动的宣传力度,创建10个残疾人文化进社区示范点。加大对残疾人运动员后备人才的培养,选拔优秀体育人才参加全国、自治区残疾人运动会,建立比较稳定的残疾人运动员队伍。在科尔沁区投资120万元建成4个温馨家园。与联通公司合作开通12385残疾人服务热线,开展为残疾人政策解答、信息沟通、康复和教育转介等项服务工作。联合通辽市顺达医疗器械有限公司为开鲁县麦新镇捐助价值4万余元的残疾人辅助器具。

【残疾人保障体系】 市残联积极协调各有关部门落实各项政策,已出台的残疾人"两项补贴"制度、部分康复项目纳入基本医疗保险报销范围、扶持残疾人就业创业等政策措施,相关部门已经把任务措施有效纳入工作议事日程。完成《通辽市人民政府关于加快推进残疾人小康进程的实施意见》《通辽市残疾人事业发展"十三五"规划纲要》征求意见稿起草工作,进一步完善残疾人教育、就业、脱贫、康复、危房改造、保底等工作应采取的政策措施。通过"一卡通"发放残疾人两项补贴等助残资金2300余万元,52 538人受益。

【残疾人帮扶工作】 2016年与住建部门对未经鉴定的危房逐一核实鉴定,将2962户符合条件残疾人纳入农村危房登记系统。与教育部门配合,调查核实全市6~14周岁义务教育阶段未入学残疾儿童691人,已全部登记造册,由当地教育部门因人施策,制定解决方案。对家庭无障碍改造需求的贫困重度残疾人进行核实,对200名残疾人入户进行家庭无障碍改造。

(布 和 侯庆伟 朱新荷)

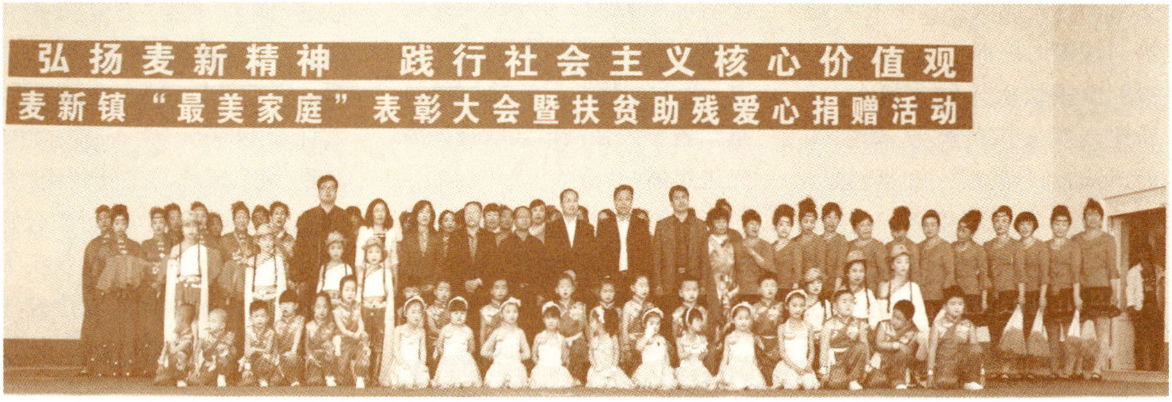

▲ 5月10日,市残联联合通辽市顺达医疗器械有限公司到开鲁县麦新镇开展爱心助残活动

红十字会

【救援能力建设工程】 实行24小时汛期值班制度,清点库存。全面推广使用灾害管理系统,完善应急预案,加强培训考核,组建应急救援队,并配备初级救援装备。联合市公安局成立"通辽市红十字公安应急救援队"及"通辽市红十字消防应急救援队"。举办应急救援队成立仪式,并现场开展救援演练活动。全市应急救援队14支。

【应急救护培训工程】 严格执行《中国红十字会应急救护培训标准化工作手册》,落实"四统一"(统一教学大纲、统一技术标准、统一考核标准、统一发证管理)的要求和标准,在公安、学校、社区、旅游景区和企业中开展应急救护培训工作。全市红会系统专职授课师资36人,培训红十字救护员2420人,普及性培训14 000人。

【博爱救助品牌工程】 继续实施"光明行"活动。7月18日至8月30日,市旗两级红十字会工作人员和赤峰朝聚眼科医院医务工作者,历时43天,驱车行驶8个旗县(市、区)及1个经济技术开发区110个乡镇(苏木)、农牧林场39个筛查点4600公里,为4500名眼疾患者进行筛查,对343名贫困白内障患者实施免费复明手术。结合"双城同创"和"十个全覆盖”工作，开展以“红十字博爱送万家”为主题的送温暖活动，全市投入款物总计364.7万元，30万人受益（其中：市本级投入120万元；旗县市区投入244.7万元）。根据自治区红十字会《十三五规划》中人道救助项目的要求，实施“博爱家园项目”8个，“应急救护点”8个，“应急救护角”8个。分别为科左后旗和奈曼旗的文化广场、扎鲁特旗的饮水工程、科左中旗的排水设施建设、科尔沁区的救助站项目、开鲁县公众卫生项目等多种类型。项目硬件建设工程已全部完成，“应急救护点”和“应急救护角”已完成。红十字青少年暑期志愿服务项目2个，分别为通辽实验中学的关爱空巢老人“暖情行动”和内蒙古民族大学的“青春筑梦十三五”，宣传医技白衣天使。

【关爱生命人道工程】 已完成采集造血干细胞血样304人份，超额完成自治区年初下达280人份任务数，完成回访750人(次)。扎鲁特旗社区志愿者苑璐颖、科左中旗派出所辅警刘雷成功捐献造血干细胞，全市实现捐赠6例。奈曼旗农民贾秀清、开鲁县冯汉章、11岁女童于露露因病去世，均成功捐献遗体和眼角膜。全市45名志愿者签署遗体（器官、角膜）自愿书，实现捐献眼角膜7例、遗体8例。

【人道理念传播工程】 利用“5·8世界红十字日”“5·12防灾减灾日”等主题宣传日，全市各级红十字会上下联动，开展形式多样、内容丰富的系列宣传活动。通过广场主题宣

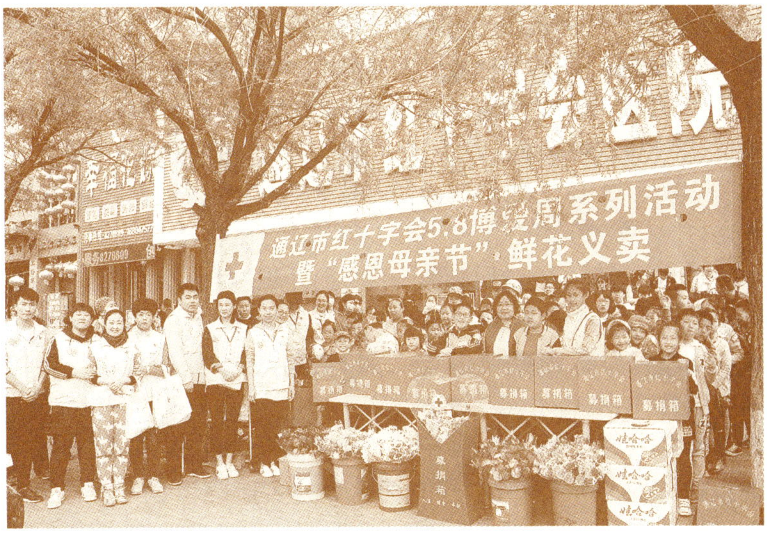

▲ 5月8日，红十字会开展博爱周系列活动暨“感恩母亲节”鲜花义卖活动

传、知识竞赛、“母亲节”鲜花义卖、扶贫村党员活动日、成立应急救援队并演练等一系列活动，用行动诠释“处处为人人”的红十字博爱精神。在日常工作中，积极建立开放式、社会化宣传工作格局，不断加强培养宣传队伍，使红十字会专兼职干部，人人都是宣传员。充分利用网站、通辽日报社、通辽广播电视台等媒体，通过设置专版、合办栏目等，宣传红十字在行动的人和事。密切与主流媒体合作，提升红十字网站、报刊、微博、微信等媒体宣传能力，着力构建传统媒体和现代媒体相融合全方位、立体式的人道文化传播体系。截至12月底，全市各级红十字会已发信息快报297期，在报纸、电视等媒体播发报道65篇，提升红十字会的社会知名度。

【筹资能力提升工程】 积极协调市政府下发《关于开展2016

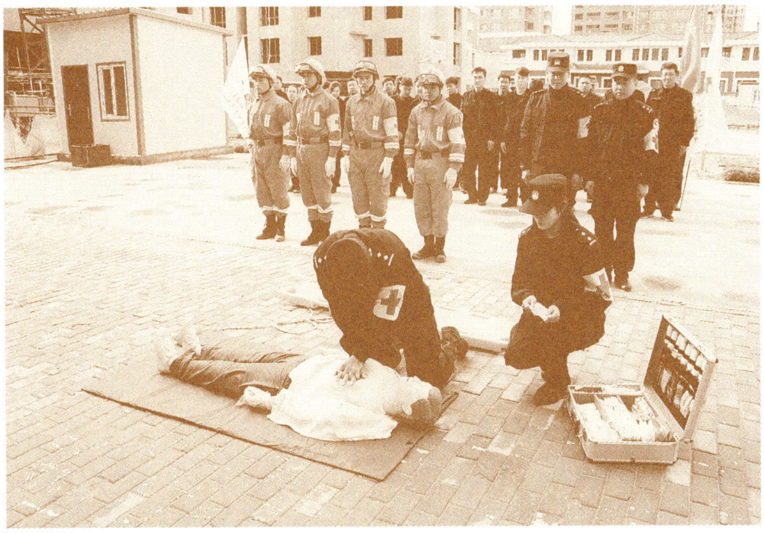
▲ 5月12日，举办“防灾减灾日”应急救援队成立仪式，并现场开展救援演练活动

年“博爱一日捐”募捐活动的通知》(通政办发〔2016〕49 号)。截至 12 月底,全市“博爱一日捐”募集 1361.48 万元(其中:市本级募集 233.11 万元,旗县市区 1128.37 万元)。

【社会救助】 提高城乡低保和农村牧区五保对象供养标准。城乡低保保障标准分别达到 590 元/月和 4400 元/年,同比增长 9.3% 和 12.8%,人均补助水平分别达到 450 元/月和 2700 元/年,同比增长 4.7% 和 7.1%,五保供养对象集中和分散供养标准分别达到 8000 元/年和 4500 元/年,同比增长 14.3% 和 12.5%,低保和五保标准及增幅均排在自治区前列。确定 34 家定点医疗服务机构开展医疗救助“一站式”即时结算,医疗救助封顶线达到 10 万元,比去年增加 7 万元。全面开展“救急难”工作,救助资金封顶线达到 2 万元。截至 12 月份,共发放社会救助资金近 10 亿元,17.3 万城乡低保对象、10 589 名五保对象、72 607 名医疗救助对象、9690 户困难家庭、2044 名贫困大学生、3373 名城镇“三无”人员、孤儿和“文化大革命”时期的“三民”人员及 45 320 名困难和重度残疾人的基本生活得到有效保障。下发救灾资金 1540 万元,救助受灾群众 11.2 万人。妥善应对暴雨风雹、“狮子山”台风和干旱等恶劣自然灾害。推进住房和自然灾害公众责任保险试点,拓宽救灾资金来源和渠道。与通辽市进前佳商贸有限责任公司签订应急救灾物资储备供应协议,完善救灾物资储备形式。

【荣誉】 2016 年在全区红十字年度目标考核中,通辽市红十字会获得筹资工作奖、“三献”工作奖。

(张晓慧)

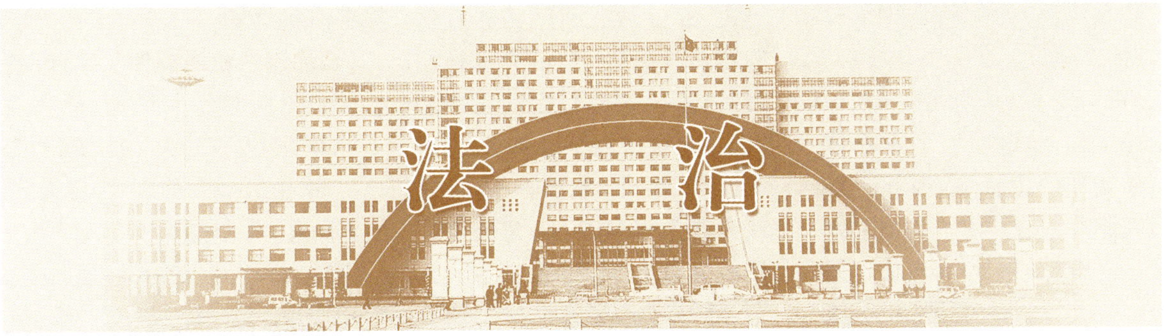

政法委及综治

【综治信息化】　把建立健全综治信息化应用体系作为推进全市社会治安综合治理体系和治理能力的必然要求，启动市级综治中心建设项目并设计开发社会治安综合治理信息平台系统。通辽市被自治区列为全区综治中心标准化建设工作和综治信息化建设工作唯一试点地区。完成自治区、市、旗县三级标清互联互通视联网建设，实现对处置突发事件的可视化沟通、调度、指挥。

【矛盾纠纷调解】　建立健全市、旗、镇、村、网格五级矛盾纠纷化解平台，推进“网格化”服务管理，推进“多元化”的矛盾纠纷调处机制建设，健全完善各类调解组织、法律服务人员、两代表一委员、专家学者等“多方参与”，人民调解、行政调解、司法调解等“多调联动”，调解、仲裁、行政裁决、行政复议、诉讼等“多元对接”的矛盾纠纷化解体系。全年全市人民调解案件累计4604件，调解成功4497件，调解成功率97.7%；防止民间纠纷转化为刑事案件2件4人，防止群体性上访20件661人。全市信访批次、人次和“非访”同比均实现下降。

【社会治安综合治理】　构建完善“1·3·5”处警圈，开展“零命案旗县市区”和“刑事案件零发案社区”创建活动。全年全市立刑事案件6826起，同比下降9.97%，破获案件（现案）3327起，同比下降5.83%，现案破案率48.74%，抓获各类刑事案件作案人员2637人。发现受理治安案件15 170起，同比下降10.55%，查处各类治安案件14 701起，同比下降10.8%，查破率96.91%，查处违法人员11 325人（次），同比上升12.42%。发生命案62起，破获61起。

【维护社会稳定】　通辽市把维护国家安全、社会稳定及有关行业领域安全纳入公共安全管理的“大盘子”，市旗两级成立公共安全工作领导小组，实行日报告、周研判、季调度和问题隐患“五星级”台账式管理、突发事件联动应急处置等工作机制，促进有效防范、化解、管控各类风险。

在维护社会稳定方面，市旗两级建立健全涉稳信息搜集、会商研判和应急处置工作制度以及“重大不稳定问题清单”制度。

【公共安全防控】　对重点消防要害部位进行“拉网式”排查，着力消除火灾隐患，火灾起数同比下降9.7%，未发生重特大火灾事故。深入实施“公路安全生命防护工程”，道路交通事故487起，同比下降0.81%，死亡113人，同比上升22.21%，受伤493人，同比上升62.71%，财产损失127.44万元，同比上升11.31%。在寄递物流安全方面，全市寄递企业均实现收寄验视、实名寄递、X光机过机安检“三个100%”；物流企业实现收寄验视、实名寄递“两个100%”。

【依法治市】　推进依法治市各专项领域工作，分类有序组织实施151项年度要点任务。完成对食药、质监、工商、城建、城管等涉改部门职能职责、人员编制、执法模式的摸底调研和信息登记造册；加强食品药品执法规范化、信息化建设，市和旗县两级单独设立食品药品监督管理局，苏木乡镇设立监管所，并把全市1150家药品经营企业纳入到电子监管范围；加大行政许可与行政收费行为的规范力度，加强对行政权力的制约和监督,实施“互联网+政务”体系建设。

【公正司法】 认真落实《领导干部干预司法活动、插手具体案件处理的记录、通报和责任追究制度》及《司法机关内部人员过问案件的记录和责任追究规定》,支持和保障司法机关依法独立公正行使职权。公安机关严格执行刑事案件法制部门统一审核、统一出口机制,认真落实重大疑难案件集体议案制度,及时听取检察机关、审判机关的意见和建议;检察机关认真落实人民监督员制度,审判机关深入推进行政诉讼案件异地集中管辖,配套完善行政机关负责人出庭应诉规定,并加大巡回审判力度,切实减轻群众“诉累”(指因诉讼所带来的麻烦和风险)。

【法治宣传教育】 加强载体阵地建设,全市新建法治文化广场6个、法治图书阅览室5处、法治文化长廊(街)30余条,并积极运用普法手机报、法治通辽微信公众号等新媒体加强法治宣传教育。

【法治队伍建设】 全市政法系统开展各类培训实训309期次、受训干警11 480人次;全市设立公职律师岗位39个、公司律师岗位6个,社会律师535人,青年法律服务志愿者3000余人。

【司法体制改革】 2016年,通辽市计划实施司法体制改革要点任务54项102条、谋划实施重要改革事项8项、确立实施改革试点项目1项。属地方事权的改革事项全部启动实施,属中央和自治区事权的改革事项,大部分开展前期工作或试行相关改革举措。在司法体制“四项改革”方面,启动实施法官、检察官员额制改革,顺利完成笔试、面试、考核等工作,建议人选上报自治区;完成全市法检两院机构编制、人员、工资、财物等情况和数据的调查统计工作,推进科尔沁区法院审判权运行机制改革试点,结案案件全部由主审法官签发。

(刘　森　邱仲德)

公　安

【打击违法犯罪活动】 全市立刑事案件5461起,同比下降8.2%,破获刑事案件(现案)2647起,同比下降0.2%,破案率48.5%。刑事案件起诉2578起,同比上升8.3%。发现受理治安案件11 835起,同比下降7.3%,查处11 551起,同比下降6.2%。全市现行命案发案51起,侦破49起。

【盗窃等多发性侵财案件】 全市立盗窃等多发性侵财案件4150起,破获1479起。自2016年4月起,在全市范围组织开展为期三年的打击“盗抢骗”犯罪专项行动,成功破获一大批系列侵财案件。

【经济违法犯罪案件】 全市立经济案件360起,破案322起,挽回经济损失近8330.6万元。开展“猎狐2016”境外追逃专项行动,抓获境外逃犯1人。2016年4月29日,公安部再次授予通辽市“境外追逃专项行动先进集体”荣誉称号,是全区唯一连续两年获此荣誉的盟市。

【毒品违法犯罪案件】 全市破获毒品刑事案件55起,抓获犯罪嫌疑人73人,缴获冰毒1.46公斤,新发现吸毒人员209人,强制隔离戒毒27人。开展“打毒枭、斩链条、强收戒、摸底数、大宣传”各项工作,重拳出击,严打贩毒犯罪。对所有涉毒人员一律登记造册。加大禁种铲毒工作力度,逐级签订责任书,深入推进“天目-16”禁种铲毒工作,全市铲除非法种植罂粟两万余株。加大易制毒化学品企业管理力度,全市未发生易制毒化学品流入非法制毒渠道案件。推进“6·27”工程及“8·31”工程建设,奈曼旗、霍林郭勒市建有禁毒教育基地,加快推进通辽市第四中学禁毒宣传长廊、通辽市第十一中学禁毒教育基地建设,加快推进社区戒毒、社区康复建设工作,2016年底禁毒教育基地、社区戒毒(康复)工作站实现8个旗县市(区)和1个经济技术开发区全覆盖。推进毒品预防宣传教育工作,成立全区首支禁毒志愿者联盟队伍,有内蒙古民族大学志愿者协会、水滴公益等20余个团体主动加入联盟,全面提升禁毒宣传影响力和覆盖面。

【食药违法犯罪】 全面开展药品市场的清查检查工作,成功侦破2起非法经营疫苗案。开展打击冷冻肉品走私集中行动,联合通辽市食品药品监督管理局销毁2.15吨无证冷冻羊肉。成功破获1起生产销售假药案,捣毁生产窝点1个,缴获假药原料280余公斤及大量制假工具，查清涉及25个省（市）的销售网点，涉案金额近百万元。

【电信诈骗违法犯罪】 全市发案565起，涉案金额1457.24万余元。破获59起，挽损60万余元。其中，开鲁止付2起涉案账号，挽损15.6万元。科尔沁区因录入及时避免受害群众资金账户转账支付6起，挽损30余万元，科左后旗止付1起案件涉案账号，挽损8万余元。紧紧围绕“两升两降”（发案数、群众损失下降，破案数、抓获犯罪嫌疑人数上升）的目标，扎实开展打击治理电信网络新型违法犯罪，启用新电信诈骗案件侦办平台，规范电信诈骗案件侦办工作程序。与三大运营商分别研究制定警信协作机制，进一步加大与金融部门在打击电信诈骗方面的协作力度，坚决遏制电信诈骗的高发态势。全面宣传，耗资10万余元印刷宣传册、海报、宣传单进行分发，组织协调工商局、各大商会，在全市范围开展针对企业法人以及财务人员防范电信网络新型违法犯罪讲座，持续不断扩大宣传防范电信网络新型违法犯罪知识。

【街面巡逻防控网建设】 制定印发《通辽市公安机关全面深化巡逻防控网建设实施方案》，实行24小时全天候“步巡、携犬巡、车巡、视频巡”工作法，最大限度把警力摆在街面，确保重点部位、场所不失控、不漏巡；健全完善“1·3·5”处警圈，在全市建立1分钟规范化处警点72处，3分钟处警圈190处，5分钟处警圈199处；创新110接处警“抢警”工作模式，通过350兆集群对讲、4G图传定位系统建立起相互配合、相互协作、整体联动、快速反应的人机互动机制，确保及时出警，快速反应，有效处置。

【单位内部防控网建设】 扎实推进重点单位“三防”建设，党政首脑机关和学校、医院、银行等重点单位、重要部位技防设施覆盖率达到100%；对全市金融网点进行安全评估，对承担全市押运护卫工作的68名押运员进行身份审查，进行守押理论和枪支使用培训，消除隐患。

【视频监控网建设】 推进“智慧城市”视频监控工程建设。推进视频监控资源整合工作，全市各地视频监控系统与市公安局系统完成对接，市公安局完成火车站、飞机场视频专网接入工作，整合交管视频监控和卡口资源，全市公安系统自建监控整合对接量达到80%。

【城乡社区防控网建设】 整合社会安全防范资源，将从事门卫、巡逻、秩序维护等保安服务的人员全部纳入保安队伍管理之中，有效发挥各类社会保安力量的治安防范作用。开展流动人口出租房屋考评工作，部署全市加强流动人口出租房屋信息管理服务系统的录入及应用工作。截至年底，录入流动人口16.04万人，出租房间4.8万间。

【区域警务协作网建设】 在通（辽）赤（峰）承（德）朝（阳）锡（林浩特）张（家口）三省六盟市警务合作区、内蒙古东部及友邻地区“6+7”警务合作区、蒙吉辽三省毗邻地区警务合作区等毗邻、区内、区外警务合作模式基础上，创新打造毗邻地区、蒙东地区、省级毗邻地区、点对点地区合作，覆盖全国的“五环”警务合作模式，以区域警务合作助推区域经济协同发展。

【网络安全防控网建设】 加强公共场所无线上网安全管控系统建设，开展公共Wi-Fi上网场所摸底和落实互联网安全保护工作。推进网综平台应用手段向旗县延伸。将各警种信息系统科学配置使用权限并开放系统资源，数据上报率达到90%以上，网安数据资源向旗县级公安机关延伸率达到100%。

【交通安全管理】 扎实推进农牧区道路交通管理工作，对17处危险路段、事故多发点段实施市级挂牌督办制度，限期整改。取消全市区间测速，规范设置交通设施标识，采取“警力+科技”手段，主城区高峰时段交通拥堵问题得到明显改善。加强路缘石以上车辆停放秩序，对1.3万余辆不按规定导向停车车辆进行违法抓拍处罚。截至年底，全市发生道路交通事故280起，死亡68人，受伤225人，直接经济损失74.65万元，交通事故四项指数全部下降。2016年“春运”安保工作获公安厅通令嘉奖。

【消防安全管理】 全面推进基础设施建设，采取市旗两级政府出资的方式，利用2016—2017年两年时间，力争补齐全市消防装备设施历史欠账，召开市政消火栓建设协调会，投入经费500万元一次性补齐主城区消火栓欠账。农牧区防火工作增强,开工建设10个农村牧区消防站;科尔沁区敖力布皋镇消防井获得国家专利,6月末实现全镇管网覆盖;奈曼旗成立全区首支老兵义务消防队。重大火灾隐患整改初见成效,19家市级重大火灾隐患单位投入3044万元对自动消防设施、消火栓管网、电气线路进行改造。截至年底,全市共发生火灾事故429起,伤1人,直接财产损失561.2万元,未发生重大火灾事故。

【缉枪治爆安全监管】 在全市集中开展危爆物品寄递物流清理整顿和矛盾纠纷排查化解工作,市公安局治安支队被公安部评为"两清理一排查"专项行动成绩突出集体。未发生涉爆安全事故。

【监所安全管理】 创新开展"警医共建"工作,并在全区率先完成监管场所的医疗卫生专业化建设工作,扎鲁特旗看守所被公安部监所管理局评为全国监所医疗卫生专业化建设工作成绩突出单位。健全羁押监管制度,在全市看守所实行女性、未成年人和严重传染病患者分类集中关押。全市8个看守所都设立未成年人、严重传染病患者单独关押室,并在科尔沁区、科左后旗、扎鲁特旗、科左中旗、开鲁县5个看守所设立、完善女子监区。库伦旗看守所被公安部授予全国一级看守所。全年全市监管场所安全无事故。

【公安改革】 在全区首创成立改革创新评估委员会,客观务实评价公安机关改革创新项目效益。完善市旗两级维稳联动机制。国家级、自治区级国保战略支撑点数量增加至6个,占旗县局总数的2/3,位居全区前列。继续推动权限下放、服务下移、便民利民,下放爆破作业单位许可证核发等2项行政审批权。推动车驾管业务改革,启动"流动车管所",驾考报名实现网上预约。自主研发在审验系统中增加液体危险货物罐车紧急切断装置项目,加强对液体危险货物罐车的源头管理。创新外国留学生服务、管理模式,开通英语服务"绿色通道",提供外管业务咨询、居留许可到期提醒等多种形式服务。完善执法权力运行机制,探索实施主办侦查员制度;推进警员职务晋升工作,加强协警、临时聘用人员管理,抓好专业人才的选拔、培养、管理、使用,推进特殊人才招录工作,由公安厅从5所公安院校统一招录43个专业人才岗位。"通辽市金盾公安民警优抚基金会"优抚资金纳入每年财政预算列支,2016年支出70万元慰问因公牺牲民警遗属、困难民警职工、离退休人员等优抚对象。

【基础信息建设】 组织开展"全市基础信息采集会战",采集基础信息120余万条。加强社会资源整合,整合全市工商、交通、人社保险类等社会资源信息7亿条,完成2亿条数据的清洗、转换、入库工作。深入开展清理重复户口、重号数据和无相片人员专项工作,共清理重复身份证号2人,清理重复户口9336人,清理无相片人员9734人。

【警务实战化建设】 坚持保障向实战倾斜,为一线实战单位配发一批装甲车、运兵车、指挥车等大型实战化车辆,执法记录仪、救生衣等实用装备。新建改造应急物资储备库、智能化枪支弹药库、警体训练馆等。市公安局业务技术用房项目开工建设,完成主体工程。警犬技术实战效能日趋明显,科尔沁区警犬技术侦查大队被公安部沈阳片区警犬基地评为警犬使用先进集体,并受到表彰。

【执法规范化建设】 在中国人民公安大学举办两期全市公安机关法制人员业务提升培训班。两级公安机关全部落实法律顾问制度,聘请法律顾问43名。5月,全区公安机关执法权力运行机制改革暨执法规范化建设现场推进会在通辽市召开,通辽市公安机关执法规范化建设工作受到公安部和自治区公安厅领导的肯定。

【队伍正规化建设】 提出"党性更加坚定、修养更加提升、管理更加科学、业绩更加突出""组织满意、群众满意、民警满意""四个更加"和"三个满意"的目标,进一步加强队伍建设。在全市公安机关开展纪律作风集中整顿专项行动和整顿公务用枪专项行动,通过查工作作风、生活作风、纪律作风、执行能力等"八查"并强化考察验收,全面规范枪支管理使用,进一步强化队伍管理工作。

【"智慧公安"建设】 市公安局党委在推动将公安机关视频监控体系建设纳入市政府"智慧通辽"建设的基础上,全力推动市政府启动二期"智慧公安"建设，将公安云计算、大数据、视频监控体系建设以及更先进的技侦手段应用、网综平台升级等高科技信息化建设项目全部纳入“智慧通辽”大体系中，投入24亿元资金高起点、高标准全面推进。在组织机构、人才引进和培训、经费保障等方面采取切实有效措施，争取市政府在“智慧城市”一期建设中，划拨800万元用于加强公安科技基础设施建设。

【警务共同体构建】　全市在“维护稳定、管理服务、矛盾调解、校园安全、农村社区、舆情引导”等6个领域，建成警学、警企、警医、警媒等多种形式的警务共同体。中央电视台“两会在线”栏目在全国“两会”期间，集中介绍通辽市“爱民拥警，构建警务共同体”情况，全方位展示和谐警民关系建设成果，起到良好社会效果。以考评促落实，构建三级考评体系，出台《通辽市2016年度“爱民拥警”构建警务共同体工作考评办法》《通辽市公安局2016年度对旗县公安局“爱民拥警”构建警务共同体工作考核细则》《警务共同体构成要素及评定标准》，推动“爱民拥警”构建警务共同体工作在全市范围内开展。市政府督导调研组，通过实地查看、座谈了解和个别谈话等方式对各地开展“爱民拥警”构建警务共同体工作情况进行调研督导。2016年5月，通辽市委、市政府组织召开全市“爱民拥警”构建警务共同体工作视频推进会，市委常委、政法委书记梁志远对警务共同体建设进行部署，市委常委、宣传部部长宝音达来主持会议并在会上宣读市委书记罗永纲对警务共同体建设工作的批示，为下一步工作的开展提供坚强的保障。市公安局召开全市公安机关“爱民拥警——构建警务共同体”工作推进会，明确工作重点，深入推进警务共同体构建工作。深入开展“爱民拥警”活动，市公安局将2016年6月最后一周确定为全市“爱民周”，集中开展爱民活动；7月1日至7日确定为“爱警周”活动，宣传拥警事迹典型。市政府办公厅专门印发通知，动员社会力量，广泛开展“拥警助警”活动，各地分别成立爱(拥)警协会，形成警爱民、民拥警、警民一家亲的良好互动氛围。

【公安队伍建设】　把党建工作置于首要位置，严格落实“一岗双责”，签订《党风廉政建设责任状》，在市局二级单位领导班子和各部门实职副科以上干部中全部制定和落实党风廉政建设责任清单和负面清单。全面加强民警违法违纪的查办，扎实开展领导干部经济责任审计、“三公”经费审计等专项审计。自2016年7月13日开始，在全市公安机关开展为期一个月的纪律作风集中整顿专项行动，着力解决局机关队伍在思想、作风、纪律等方面存在的突出问题。春节前后，全市公安机关各级领导干部深入全市各基层所队慰问基层一线民警，通辽市公安机关慰问总人数近1100人，占全市公安民警、职工、协警总数的13%。加强民警身心健康保护，进一步畅通民警医疗救治的“绿色通道”，为市公安机关775名民警进行健康体检。完善警察职业保障制度，全市两级公安机关警衔津贴调整工作全部到位。坚持宣传树警，整合内外宣工作，抽调骨干力量，成立宣传工作办公室，制定通辽市公安机关构建“大宣传”工作格局的实施意见，形成“大宣传”工作格局。邀请中央、省、市主流媒体，组织公安新媒体走进业务警种及县市公安机关，开展走基层、寻典型系列新闻采访活动，营造全方位、立体式的公安正面宣传声势。截至年底，全市公安机关在各级各类媒体刊、播发稿件2357条，其中国家级70篇、省部级350篇、地市级1937篇。

（宋　戈）

通辽市公安消防支队

【抢险救援】　2016年，全市共发生火灾2643起，抢险救援409起，社会救助243起。其中录入系统火灾518起，死亡1人，受伤3人。直接财产损失637.2万元。同比去年，火灾起数下降9.7%，死亡人数下降66.7%，受伤人数上升66.7%，直接财产损失下降22.7%，未发生重大以上火灾事故，火灾形势总体平稳。

【铁军队伍打造】　深入开展条令条例学习月、纪律作风教育整顿、“五无”创建、夏季百日安全大检查、视频队列会操等活动，制定《机关正规化管理试行办法》，立起“四个样子”，部队正规化建设和规范化管理水平明显提升。出台《督查工作实施办法》，组建督查队每月实地督导1轮、远程监控1遍,对部队实施全天候监控,队伍正规化建设不断加强。在部局举办的“依法治警从严治警集训班”上,全国共选用5个支队进行经验交流,通辽市支队作“固本强基重实效,凝心聚力谋发展,努力推动部队正规化建设再上新台阶”的发言。围绕“能打仗、打胜仗”,继续推行“捆绑式”训练,以训练考核、比武对抗、骨干培训、战例研讨及灭火救援能力测试为手段,进一步固化练兵比武模式。圆满完成总队煤化工灾害事故灭火救援实战推演任务,率先开展严寒天气条件下战斗力检验,警务实战化水平显著提升。瞄准实战靶心,制定《灭火救援指挥长制度实施办法》,“每周一考”等级派警相关规定,开展跨区域应急通信训练及通信业务培训,实现与公安交警部门地理信息资源共享,指挥中枢更加高效快捷。注重信息化支撑,采购无人机等高精尖装备,基础信息化建设水平不断提高。

【抓实两项教育】 严密组织“改革强警”“两学一做”学习教育,开展“消防讲武堂”“评党课”“抄党章”授课评选、知识竞赛等活动,把自己摆进去,让学习接地气,官兵“四个意识”特别是核心意识、看齐意识持续增强。支队领导到基层听课评课18次,为官兵授课6次。

【和谐警营】 制定《全市公安消防部队和谐警营建设活动实施方案》及《和谐警营建设活动验收标准》,大力推进队史馆、红门影院及警营文化建设。微电影作品《火浪中挺拔的身躯》获得全国第二届“我奉献我快乐”公安民警“三微”大赛二等奖。制定《支队机关内务设置及干部休息室使用规定》,建成警官公寓楼,重点解决已婚干部和士官的随军家属住房问题。推动基层将消防员高危补贴纳入财政预算,在人保部门设立消防救助专项基金,组织为患病官兵及亲属募捐筹款近50万元。

【创先争优】 坚持唯旗誓夺,注重典型培树,全面开展“公安消防党旗红”创先争优活动,全年有3个集体、4名个人获得省部级以上表彰,有17名个人荣立三等功以上奖励。持续深化扶贫帮困、拥政爱民、民族团结创建活动,支队被自治区评为拥政爱民模范单位,奈曼旗中队、开鲁县中队被自治区评为全区五四红旗团支部,并涌现出“公安现役部队优秀士官人才二等奖”巴乙拉、“内蒙古好人”赵云树等先进典型,提振队伍士气,展示部队形象。

【经费保障】 紧紧围绕中心任务,多渠道争取经费支持,全市地方消防业务经费总量达5185.94万元,同比去年增长27.4%。坚持党委理财,出台《通辽市消防支队财务管理汇编》,开展2013年、2014年财务工作大清查“回头看”及2015年财务工作大清查活动,财务规范化建设水平和经费使用效能明显提高。

【车辆装备】 市政府召开市长办公会,议定两年内投入2.48亿元,推动通辽消防车辆装备建设步入先进行列。《2016—2017年车辆装备购置计划》论证通过,部分装备进入招投标程序。全年支队本级和各大队累计投入装备建设资金2469.3万元,购置消防车17辆,无人机1架,装备器材1872件套。承办全区消防部队工程机械培训,开展装备技师培训考核,开展“小革新小发明小创造”活动,管装用装水平有效提升。

【营房基建】 以和谐警营建设和正规化达标创建为抓手,加强营房修缮力度,最大限度完备功能、健全设施,营造舒适温馨的工作生活环境。续建培训基地项目,已经投入使用。按照责任状要求,开工建设科尔沁区、科左后旗室内训练馆项目,预计2017年交付使用。

【消防工作责任落实】 市委、市政府高度重视消防工作,力促消防安全成为全市公共安全机制的核心内容。原通辽市委书记罗永纲多次深入基层慰问部队,并在支队主持召开全市军警座谈会。市长包振玉2次对主城区消火栓建设进行批示,主持市长办公会研究消火栓及装备建设。重大安保活动特别是全区安全生产大检查期间,各地党政领导多次听取消防工作汇报,通过现场办公、实地督查解决消防安全短板问题,督导火灾防控措施落实情况。各级行业部门分兵把守,运用定期通报、会商研判、联合检查等工作机制,推动落实消防工作责任。

【依法清剿火灾隐患】 深入开展夏季消防检查、冬春火灾防控及高层、地下建筑、易燃易爆场所、大型城市综合体专项整治行动，累计检查单位19 293家、发现隐患30 630处、整改30 390处、临时查封54家、“三停”101家、拘留26人、罚款426.62万元。6家重大火灾隐患单位具备摘牌条件，被公安厅和自治区综治办挂牌督办的科尔沁艺术职业学院由市政府批复同意摘牌，彻底解决部分历史遗留问题，消防安全环境进一步净化。

【夯实公共消防基础】 大力推进责任目标任务，完成15个重点镇、28个建制镇消防规划，组建26个区域联防协作组织，安装5049个简易喷淋、独立式感烟报警设施。市政府召开农牧区消防站暨微型消防站建设现场会，普及推广部分地区先进经验，全市新建政府专职站5座，农村志愿消防站18座，招录事业编制、合同制专职消防队员50名，消防文员20名。609家重点单位、157个社区建成微型消防站。市政府组织召开消火栓建设协调会，结合水质提升工程一次性补齐主城区消火栓欠账，新建消火栓454个、消防水鹤59个，提前1年完成自治区政府公共消防设施建设任务。

【弘扬消防公益精神】 《人民公安报·消防周刊》11次报道监督执法、执勤保卫、农牧区消防工作、官兵典型事迹等内容，《通辽新闻》推出农村消防工作系列报道。微博、微信发布17万余条消防常识，关注人数37.3万人，支队官方微博被内蒙古自治区互联网信息办公室评为2016年度内蒙古自治区最具影响力政务微博。市本级媒体开设4个消防专栏，建成114个固定阵地，全天候刊播消防知识。80%以上的中小学校设置主题消防课堂。举办各类消防培训141次，参训人数2.9万余人。

（包　健）

检　察

【查办和预防职务犯罪】 适应反腐败新形势，加大职务犯罪侦查预防工作力度。保持查办职务犯罪案件的规模，全年立案查办贪污贿赂案件86件134人，同比立案人数上升4.7%，大案19件，占22%，要案2人；查办渎职侵权案件38件62人，同比人数上升19.2%，重特大案件21件，占55%，要案2人。查办涉及重点执法部门的市审计局办公室副主任甄某某挪用公款180余万元等大要案，抽调业务骨干配合自治区人民检察院查办乌海市原市委书记侯凤歧受贿、巨额财产来源不明案，赤峰市原政法委书记孟繁有受贿、贪污等重大案件。以“小专项”带动“大专项”，开展就业、医保、农合、危房改造等领域小专项活动，查办职务犯罪25人，挽回经济损失240余万元。开展集中整治和加强预防扶贫领域职务犯罪专项工作，助推精准扶贫工程实施。市人民检察院召开电视电话会议对专项工作进行部署动员，与市直18个部门召开联席会议，制定专项工作实施意见，设立专项工作协调指导小组，建立健全专项工作联席会议制度加强工作沟通联系。开展对扶贫领域职务犯罪情况的调研，对扶贫部门、扶贫政策资金和惠农项目资金底数进行调查摸底，切实找准工作的切入点和着力点。全年查办扶贫领域职务犯罪案件16件49人，占立案总数的15%和25%，挽回经济损失530万元。整合办案资源，形成贪渎并查、联动发力的查办职务犯罪工作新模式，相关经验做法得到自治区人民检察院的充分肯定。深化职务犯罪预防工作，对通辽至京沈客专连接线等重大工程建设项目开展专项预防。注重对滋生腐败犯罪深层次体制机制分析，科左中旗人民检察院预防职务犯罪年度报告被评为全国检察机关“百优”年度报告，市人民检察院等4个院的年度报告被市、旗县主要领导批示，并被自治区人民检察院评为全区“十佳年度报告”和“优秀年度报告”。依托“通辽市预防职务犯罪警示教育基地”和“预防职务犯罪微信”平台，深化廉政警示教育，发布信息1085条，基地接受警示教育123批5742人。加强专项工作宣传力度，市人民检察院派出宣讲团成员，深入8个旗县市区开展预防扶贫领域职务犯罪宣讲活动，受教育人数1400余人。编印《扶贫领域职务犯罪50例》1万册，作为基层预防扶贫领域职务犯罪的教材。创新行贿犯罪档案查询工作机制，科尔沁区人民检察院、开鲁县人民检察院等尝试使用QQ预约等网上预约查询方式，接受行贿档案查询4018次。

【刑事检察】 全市两级检察院全年受理审查批捕案件1590件2037人,同比上升4.98%和1.6%,批捕1405件1784人,不捕176件240人,办理立案监督案件82件,同比上升6.49%。受理移送审查起诉案件2962件4009人,同比上升13.57%和3.7%,起诉2531件3367人,不诉56件84人。对媒体和社会广泛关注的科右中旗辛某等41人,因与科左中旗花胡硕苏木白音温都嘎查村民土地权属纠纷引发的故意杀人、故意毁坏财物、窝藏案,科尔沁区科尔沁派出所工勤人员杜某故意杀人案提起公诉。注重规范技术性证据审查对接机制,出台《通辽市人民检察院公诉部门关于进一步加强鉴定人、专家辅助人出庭工作的意见》,市人民检察院结合办理科尔沁区河西派出所民警刘某故意伤害、滥用职权上诉案,在全区首次探索技术部门法医辅助公诉人共同出庭指控犯罪,取得良好的庭审效果。注重提升办案效率,针对通辽经济技术开发区公安分局近年来主要移送轻微刑事案件的情况,为避免因改变管辖导致的羁押期限过长、案件审结率低的问题,制定《快速办理轻微刑事案件暂行办法》,力促办案提速。注重社会矛盾化解,以争创"文明接待室"为载体,不断创新工作机制,积极搭建律师作为第三方参与化解涉法涉诉信访案件的新平台,全市各检察院均聘请2~5位律师以预约到岗的方式参与化解涉法涉诉信访案件,协同律师成功将王某等久访不息信访人的问题导入诉讼程序。利用远程视频接访系统接待群众,视频接访102人次。注重司法维权工作,对涉罪未成年人权益保障问题、在校学生遭受暴力犯罪侵害问题进行调研分析,并提出防范对策助力社会管理法治化。科尔沁区人民检察院联合公安、法院设立专门机构实现未成年人维权全覆盖,被最高人民检察院确定为未成年人检察工作联系点。对司法办案中老年人权益保护,科左后旗人民检察院被评为全国老年法律维权工作先进集体。

【诉讼监督】 开展全市食品药品行政处罚案件、环境资源行政执法检察立案监督专项活动,检查2014—2015年两级食药监行政处罚案件1424件,对发现的50多个问题进行通报并监督整改。开展破坏环境资源行政处罚案件专项评查,对环保、林业等5个行政执法机关2013—2016年上半年办理的行政处罚案件5144件进行评查,对发现的问题监督整改。转变诉讼监督方式,在市中级人民法院执行局设立派驻检察室,对执行案件进行跟踪监督,在通辽经济技术开发区滨河派出所设立派驻检察室,开展案件评查和执法活动监督,探索由事后纠正、事后追责转变为防微杜渐、前置预防的监督工作机制。加强刑事审判监督工作,市人民检察院加强对一审判决审查工作的跟踪指导,完善抗诉工作的考评体系建设,提升抗诉案件质量,提出抗诉31件,同比上升6.9%。市人民检察院支持抗诉的孙金和盗窃案入选"100件全国检察机关优秀刑事抗诉案件"。加强刑罚执行监督工作,集中开展审前未羁押判实刑未交付执行案件集中清理纠正等4个专项检查活动,联合市中级人民法院、市监狱推进减刑、假释、暂予监外执行网上协同办案平台建设,纠正不当减刑、假释、暂予监外执行123人,纠正审前未羁押判实刑未交付执行11人,办理建议释放、变更强制措施等羁押必要性审查案件145人。加强民事行政检察监督工作,积极组织开展"基层民事行政检察工作推进年""环境资源行政执法检察监督"等活动,提出抗诉3件,提请抗诉13件,办理执行监督案件102件,办理督促履行职责案件44件。

【控告申诉检察】 全市两级检察院控申部门共受理群众控告、申诉、举报444件次,同比上升18.4%。其中市人民检察院202件次,同比上升32.9%,约占全市信访总量的45.5%。审查办理新增业务248件,其中受理涉法涉诉案件110件次,同比增长2.8%;受理民行监督案件70件,同比上升11.1%;举报线索初核137件,同比增长13.2%;办理自侦不立案线索审查10件;办理1起公检法三机关阻碍诉讼代理人依法行使诉讼权利的控告案件,并得到妥善处理。受理不服检察机关处理决定申诉案件7件,同比下降41.7%,立案复查6件,立案复查率85.7%,高于全区平均水平,办结5件;受理不服法院生效刑事裁判申诉案件21件，同比增长10.5%，立案复查14件，立案复查率66.7%，办结11件(包括审查结案6件)，提请抗诉1件，已得到自治区人民检察院支持；受理国家赔偿申请2件，民事赔偿监督申请1件，办结率100%；受理司法救助申请9件11人，同比上升200%，发放救助资金人民币30万元，同比增长445.5%。首次实现四级联动，成功化解越级上访。在扎鲁特旗的申诉人与远在北京的最高人民检察院检察官实现“面对面”的沟通，这是全市两级检察机关成功开通视频接访系统以来，第一次与最高人民检察院的远程接访视频成功对接，为妥善化解涉诉信访案件开拓新的模式。

【检察队伍建设】　立足通辽实际，扎实推进司法责任制改革。完成首批员额内检察官选任，按照自治区院确定的员额比例，通过严格的考试考核程序，选任首批员额制检察官210名，其中市人民检察院42名，基层人民检察院168名，蒙汉双语检察官17名。检察官年龄结构、学历层次得到进一步优化，蒙文蒙语检察工作得到进一步加强。推进司法责任制，组织学习自治区人民检察院制定的检察官权力清单和落实司法责任制的11项配套制度，从探索建立全市侦查监督人员执法工作档案入手，推进检察官依法行使职权承担责任的实践积累。建立专业组等办案组织模式，提升办案流转质效。破解案多人少难题，霍林郭勒市人民检察院推行主辅岗位锻炼制度。落实统一业务应用系统随机分案的要求，探索蒙汉双语诉讼案件的专业化办理模式。

【检察精细化管理】　加强精细化管理理念和认识，召开党组扩大会对自治区人民检察院“检察精细化管理”活动指导意见和马永胜检察长讲话精神进行学习讨论，市人民检察院各部门负责人结合岗位实际对本条线工作的精细化管理进行认真思考，撰写心得体会，进一步明确检察工作精细化管理的内涵、要求和任务。制定出台活动实施方案，从组织、责任落实等方面对活动进行部署，在市人民检察院内网开设精细化管理活动专栏，促进学习交流。着眼问题补齐短板，注重结合科学发展抽样评估、规范司法行为专项整治工作、与兴安盟检察分院互相评查案件、统一业务应用系统的完善升级，对律师权益保障不到位，案件信息公开不全面、统一业务应用系统填录不准确等司法不规范突出问题深究细研，构建检察工作精细化管理机制。

(包丽佳)

法　　院

【概况】　2016年，全市法院受理各类案件71 617件，审结64 352件，同比分别上升26.42%和33.15%。其中，市中级人民法院受理案件4049件，审结3657件，同比分别上升6.05%和7.78%。全市94.21%的案件经一审后息诉，99.72%的案件在法定期限内结案。

【刑事犯罪审理】　受理一审刑事案件2786件，审结2620件，同比分别上升6.78%和10.18%。对3198名刑事被告作出有罪判决。严厉打击严重刑事犯罪，审结故意杀人、抢劫、强奸、绑架等暴力犯罪案件167件，危害公共安全犯罪案件618件，毒品犯罪案件77件。审理辛某等41人故意杀人案、黄可进贩卖毒品案等一批社会关注的案件。严惩职务犯罪，依法审结由自治区高院指定管辖的鄂尔多斯市原政府副市长、公安局局长王某受贿案等职务犯罪案件107件，加大对行贿犯罪打击力度，审结行贿犯罪3件5人，促进反腐败斗争深入开展。加强对涉嫌犯罪未成年人的帮扶、挽救工作，推行圆桌审判和轻微刑事案件和解等未成年人犯罪审理方式，对98名未成年人犯罪记录进行封存。坚守防范冤假错案底线，严格落实定罪标准，对1名被告人依法宣告无罪，确保无罪的人不受刑事追究。严格减刑、假释案件审理，审结减刑、假释案件444件。

【民商事案件审理】　受理一审民商事案件46 587件，审结41 767件，同比分别上升24.01%和25.94%。坚持调判结合化解矛盾纠纷，妥善审理医疗纠纷、婚姻家庭、相邻关系、人身损害赔偿等案件10 338件，一审民事案件调撤率55.76%。坚持依法保障劳动者合法权益与企业生存发展并重，促进劳动关系和谐，审结劳动争议案件645件。积极防范和化解金融风险,平等保护市场各类主体,审结信贷、保险、证券等金融案件3415件。规范民间借贷案件审理,依法认定利息保护区间,审结民间借贷案件11 528件,标的额15亿元。依法保障房地产市场健康发展,审结商品房预售和销售纠纷案件288件。依法规制建筑施工领域非法转包、工程挂靠等行为,审结工程合同纠纷案件569件,依法追缴出借资质违法所得200余万元。加强知识产权保护,推动创新驱动发展战略实施,审结侵犯专利权、商标权、商业秘密等案件11件。推进知识产权“三合一”审判机制,对20名侵害知识产权犯罪的被告人依法判处刑罚。

【行政案件审理】 受理一审行政案件297件,审结253件,同比分别下降17.04%和12.15%。妥善审理涉重点项目、重点工程建设案件,参与“京沈客专”高铁项目的案件审理及强制执行工作,协调化解高铁沿线140余户的征收补偿矛盾纠纷。加强行政行为司法审查,对行政行为违反法定程序、适用法律法规错误的,依法判决行政机关败诉,全年行政机关败诉率22%,撤销违法行政行为35件,同比降低25.71%。协调化解行政行为纠纷,经过法院向当事人释法说理、建议行政机关完善行政行为,原告主动撤诉62件,撤诉率达到24.51%。完善送达制度,与市政府联合制发互联网电子送达实施办法,提高送达效率。推进行政机关负责人出庭应诉工作,全年行政机关负责人出庭应诉35人次,出庭率从2015年的5.54%上升到2016年的13.60%,有效促进行政争议实质性化解。选派资深法官到行政机关授课、召开联席会议20余次,发布《行政审判白皮书》,认真梳理依法行政方面存在的问题,促进司法与行政的良性互动。

【执行工作】 按照自治区高院统一部署大力开展“执行年”专项活动,共执结案件15 753件,执行标的额28.25亿元,同比分别上升59.85%和39.10%,执结率89.07%。坚持突出执行工作强制性,严厉打击拒不执行判决、裁定等犯罪行为,全市法院共拘留2029人,罚款271人、163万元,拘留、罚款人数是2014年的4.4倍和12.9倍,通过拘留等强制措施有六成以上当事人主动履行义务;以涉嫌拒执罪向公安机关移送58人,判决5件5人;公布失信被执行人信息1486条,加强惩戒措施,促进社会诚信体系建设。深化执行查控系统运用,完善执行工作联动机制,构建与公安、银行、工商等部门的联系网络,及时查找被执行人和财产下落,全年查询执行信息6132条,网络冻结3004万元、划扣资金420万元。推进执行工作规范化建设,狠抓执行款物清理,为当事人发放滞留执行款466笔、521万元。

【司法便民渠道拓宽】 整合升级诉讼服务中心各项功能,开通“12368”诉讼服务热线,集成“立、访、答、调、助”一体化诉讼服务平台,为当事人诉讼提供便利。推动社会矛盾纠纷化解,市中级人民法院制定下发《关于建立健全多元化纠纷解决机制工作实施意见》,指导基层法院加强诉调对接工作,为群众提供更多可供选择的纠纷解决方式。奈曼旗人民法院探索建立“评、调、裁、审”四步工作法,有效发挥司法对非诉纠纷解决机制的引导作用,全旗90%劳动争议、84%的交通事故、62%的医患纠纷均在诉前得到解决。落实领导干部大接访和包案责任制,接待处理来信来访573件、703人次,妥善化解信访积案26件。充分发挥人民法庭和巡回法庭贴近群众的优势,在未设人民法庭的苏木镇设立巡回办案点、法官联系点196个。各基层法院结合实际情况开展网上立案、预约立案、假日法庭等活动,全年巡回审判6123件。

【司法救助】 全市法院缓、减、免交诉讼费103万元,为64名特困群众申请发放司法救助金280万元。依法保护国家赔偿请求人合法权益,审结国家赔偿案件9件,赔偿金额89.6万元。落实人权司法保障制度,为95名可能判处三年以上有期徒刑直至死刑的被告人聘请法律援助律师出庭辩护。

【法官员额制改革】 严格规范组织法官入额工作,确保高素质法官进入员额。全市法院通过实绩考核、笔试、面试的层层筛选,最终确定337名入额法官,占原有法官总数的64.81%。首批入额法官中,在审判执行一线工作的占比

78.93%，本科以上学历占96.44%，35周岁以下占20.18%，36～50周岁占55.19%，形成合理的梯队结构，长期在审判一线工作、业务能力较强、审判经验比较丰富的优秀法官进入员额的预期目标得以实现。

【司法责任制改革】 以明晰法官职权和责任划分为重点，确定审判权运行机制改革和完善司法责任制同步推进的工作思路。科尔沁区人民法院等试点单位根据实际情况，以法官为核心优化审判组织形式，组建“1＋1＋1”和“1＋N”(无法官助理)的审判单元。制定审判人员权力清单，明确法官、合议庭直接签发裁判文书范围，院领导由过去的签批案件转为对重大疑难复杂案件的把关监督。市中级人民法院制定《落实司法责任制工作指引(试行)》，建立完善40余项配套制度，完成司法责任制改革基础工作。

【审判方式改革】 认真开展以审判为中心的庭审实质化改革，在市委政法委的组织下，联合检察机关、公安机关签发会议纪要，深化改革共识。在26起案件中通知6名侦查人员、26名证人、7名鉴定人出庭作证，有效防范冤假错案；建立律师参与化解和代理涉诉信访案件制度，全年律师参与化解涉诉信访案件50件，经律师介入依法导入程序2件、促进息诉罢访5件；深入推进行政案件异地集中管辖改革，有效解决行政案件“不立不裁”等问题，进一步完善工作机制，加大调解和巡回审判力度，减少当事人异地诉讼成本。

【司法公开制度改革】 坚持“以公开为原则，不公开为例外”，努力构建开放、动态、透明、便民的阳光司法机制。完善文书公开机制，自觉接受社会公众监督，在中国裁判文书网公开生效法律文书37 634份。健全信息发布制度，通过官方微信、微博及时向社会公开重要工作举措和重大活动情况，累计发布图文信息500余条。举办新闻通报会、公众开放日活动39场次，与通辽电视台合作制作法治节目15期，及时发布典型案例，开展法治宣传。

【审判管理】 充分发挥好审级监督作用，市中级人民法院依法审结二审案件2599件，审结再审案件38件，改判、发回重审454件。推进案件繁简分流，构建简易程序、小额诉讼程序配套制度体系，实行繁案精审、简案快结，有效提高诉讼效率，民事案件简易程序适用率80.68%。落实院庭长办案制度常态化，明确院领导办案数量标准，院长、副院长主动审理重大疑难复杂案件。全市法院、院庭长办理案件或担任审判长参与办案32 794件，占案件总数的45.79%。

【司法行为规范】 坚持把守纪律讲规矩摆在更加重要的位置来抓，每周五开展全体干警政治理论学习教育，举行首批员额法官宪法宣誓仪式，增强法官廉洁意识，筑牢思想道德防线。通过领导干部讲党课、与干警一对一谈心谈话、观看警示教育专题片、支部学习讨论等活动，重点解决组织建设和思想政治建设存在的突出短板，引导广大党员干警自觉尊崇党章、严明政治纪律、严肃党内政治生活。

【司法能力建设】 坚持学与做相结合，引导广大干警把“做合格党员”落实到执法办案中。有针对性地加强双语审判工作，成立双语法官教学基地，提升双语法官素质能力，充分保障少数民族群众的诉讼权利。组织开展庭审观摩、裁判文书评选、青年法官论坛和“十大精品案件”等活动，不断提升法官能力水平。2016年，全市法院有20篇学术论文在国家级司法论坛上获奖。在全区“保证公正司法，提高司法公信力”理论研讨会上，通辽法院有10篇论文获奖，是获得一等奖和奖项最多的法院。

【典型引领示范作用】 开展向邹碧华、蒋青春、那顺学习活动，组织先进事迹征文、演讲比赛等活动，引导广大法官自觉以先进典型为标杆，增强职业修养，严守职业道德。2016年，全市法院180名干警、59个集体获得市级以上表彰奖励，开鲁县人民法院蒋青春被评为全国模范法官。

【荣誉】 市中级人民法院在全区法院绩效考核中获第二名。市中级人民法院获全区法院第六届“天平杯”乒乓球赛精神文明奖。开鲁县人民法院办公室被自治区高院授予全区法院先进集体。科左中旗人民法院被自治区高院授予全区优秀法院。

(隋春亮)

司 法 行 政

【律师领域改革】 建立政府法律顾问律师人才库和《政府法律顾问规则》等工作制度,推进嘎查村(社区)法律顾问聘任率达到50%以上。其中,库伦旗实现基层自治组织法律顾问全覆盖。建立涉法涉诉信访案件代理律师人才库,在市直公、检、法系统分别设立机构,推进律师参与代理涉法涉诉信访工作全覆盖。壮大"两公律师"队伍,公职律师新许可执业9人,全市公职律师总数达到39人;在霍煤通顺碳素有限责任公司成立全市首家公司律师事务部,新批准6名公司律师执业。在北京道成通辽律师事务所成立通辽市蒙汉双语律师培训基地,建立以审判专家、资深律师、民大教师为主体的师资队伍;设立双语模拟法庭,编译50余万字的蒙语法律法规汇编;建设蒙汉双语网站及微信群,组织开展双语培训研讨和庭审实践活动,提高通辽市蒙汉双语律师的法律服务水平。

【法律援助制度体系完善】 根据自治区《关于完善法律援助制度的实施意见》,市司法局提请市委办、政府办下发《通辽市关于完善法律援助制度的工作方案》,进一步降低法律援助门槛,扩大法律援助事项范围,完善"369"法律援助服务圈工作体系。推进法律援助便民服务窗口、法律援助工作站、点规范化建设。扎鲁特旗、科左后旗、霍林郭勒市法律援助中心临街一层便民服务窗口达到自治区规范化建设标准,全市实现苏木乡镇(街道)法律援助工作站全覆盖。在内蒙古典鉴律师事务所、科斌律师事务所设立公益性法律服务中心,探索为妇女、未成年人、农民工等群体提供公益法律服务,实现法律援助工作的拓展和延伸。强化"12348"公共法律服务平台管理,建立完善值班员周学习制度、解答咨询案例库和月度话务分析制度,提高平台法治宣传、法律咨询和法律服务水平。2016年,"12348"公共法律服务平台解答群众咨询1万余件。

【社区矫正改革】 根据司法厅建设标准,建设旗县级社区矫正中心和社区服务基地、就业基地、教育基地。扎鲁特旗、开鲁县、科尔沁区、科左后旗等旗县建成符合司法厅标准的社区矫正中心,全市已建立社区服务基地73个、就业基地15个、教育基地57个。落实重点管控措施,开展调查评估和走访活动,加强社区服刑人员的日常监管;落实分级管理、分类教育、分析研判、风险评估、考核检查等各项制度,推进全市社区矫正规范化执法,进一步提高社区服刑人员教育矫正质量。及时向各旗县(市区)配发330部定位手机和防分离手环,组织开展定位监管系统和社区矫正综合管理系统操作技能培训,加强对社区服刑人员的动态管理。将社区矫正工作纳入政协调研议题,通过开展工作调研、召开座谈会,形成《关于进一步加强我市社区矫正工作的意见》,市委、市政府主要领导分别做批示,有力推动社区矫正工作的发展。

【人民调解机制健全】 在全市推广"公调对接、民调进所"工作模式,与市公安局联合下发《关于开展"公调对接、民调进所"工作的实施意见》,健全公安派出所调解机构的人员组成、工作机制和调解室建设。其中,科左中旗在6个苏木乡镇推行"警司联调"工作机制,将调解工作阵地前移,预防和减少较小社会矛盾纠纷升级,发挥积极作用。加强行业性、专业性调委会建设,组建由资深律师、法官等专业人士组成的专家库和专业咨询队伍,加强组织保障、提高调解效力,推动行业性、专业性调委会发挥作用。其中,奈曼旗强化交通事故纠纷调解委员会软硬件建设,促进作用发挥,获得司法厅表彰。健全社会矛盾纠纷排查化解机制,组织全市人民调解组织,深入开展"小事不出村、难事不出乡镇、大事不出旗县"社会矛盾纠纷排查化解活动。其中,通辽经济技术开发区司法信访局建立健全社会稳定风险评估和社情民意调查工作机制,维护社会安全稳定。2016年,全市人民调解组织成功调解矛盾纠纷11 460件,防止民间纠纷引起自杀1件1人,防止民间纠纷转化为刑事案件3件6人,防止群体性上访37件816人,有效发挥人民调解在维护社会安全稳定中的第一道防线作用。

【基层基础建设】 组织全市基层司法所,开展"五好"司法所创建活动,加强司法所软硬件建设,充分发挥司法行政服务大局、服务地方发展的积极作用。全面推进基层“法务室”建设。制定印发《关于推进嘎查村(社区)法务工作室建设的实施方案》,联合市综治办下发《关于加快嘎查村(社区)法务工作室规范化建设的通知》;设计制作全市统一的“法务室”上墙制度、流程、组织机构和职责牌匾,为全市“法务室”建设提供可借鉴模式。召开全市“法务室”建设推进会,全力推进全市嘎查村(社区)“法务室”覆盖率达到92%。其中,科左中旗打造花胡硕、花吐古拉、舍伯吐等基层“法务室”建设典型,发挥示范引领作用。扎鲁特旗、开鲁县、霍林郭勒市等旗县实现基层“法务室”建设全覆盖。

【法制宣传】 市委、市政府印发《通辽市委宣传部、司法局深入开展法治宣传教育的第七个五年规划》,市人大通过《关于开展第七个五年法治宣传教育的决议》。召开全市普法依法治理工作会议,全面启动全市“七五”普法工作。全力推动网络在线学法和普法考试,组织全市1657个单位的62 096人参加在线学法和普法考试,通辽市参加人数在全区位列第二,圆满完成网络在线学法和普法考试组织实施工作。以“法在身边、法治北疆”为主题,利用重大节日、行业法专业法宣传日(周、月)等重要节点,采取召开会议、专题讲座、志愿者走基层、主题实践活动等方式,组织开展一系列丰富的法治宣传活动。市司法局举办通辽市“宪法宣传月”法治文艺会演,为广大群众送上一桌丰盛的法治文化大餐。开鲁县创新开展“法律进乡村、进庙会”法治宣传活动,收到较好宣传效果;科尔沁区加大投入,新建法治图书阅览站,强化阵地建设;奈曼旗依托普法大讲堂组织开展“社区一月一法”宣传活动。2016年,全市开展大型普法宣传活动45场次,树立、悬挂法律标语600余处,印发法律知识书籍、宣传册(单)、购物袋等50多万份。

【律师公证】 建立健全对律师事务所、公证处日常管理和律师、公证员执业活动动态管理机制,建立完善律师诚信档案,组织开展律师、公证业务质量评查工作;创新培训方式,与点睛法律教育网合作开办通辽律师网校,不断提升律师公证行业的法律服务水平。2016年,全市律师办理各类案件9509件,公证员办理各类公证业务12 265件,为社会经济发展提供强有力的法律保障。

【法律援助】 加大法律援助宣传力度,组织全市各法律援助机构开展妇女、未成年人、老年人、农牧民工、军人军属等专项维权宣传活动,散发宣传单(册)6万余份,便民联系卡3000多张,解答咨询近千人,提高法律援助社会知晓率。进一步加强看守所、军人军属法律援助工作站建设,组织开展第三方质量评估,开展法律援助案件质量评查活动,提高案件补贴标准、有效提高法律援助办案质量。2016年,全市办理法律援助案件4011件,做到应援尽援。

【司法鉴定】 进一步完善机构标识及信息公开栏设置,建立司法鉴定人诚信档案,推行司法鉴定风险提示告知制度,建立司法鉴定机构互助机制,优化鉴定质量流程,促进全市司法鉴定整体水平和社会公信力得到提升。2016年,全市司法鉴定机构办理鉴定案件1887件。

【社区矫正】 开展社区矫正安全隐患排查整治活动,对社区服刑人员脱管漏管等安全隐患进行排查、整改,确保社区矫正安全稳定;开展执法规范化专项检查,重点对社区矫正调查评估、法律文书交接、教育管理等执法行为进行专项检查和治理,提高社区矫正规范执法水平。

【强制隔离戒毒】 推进戒毒所基础设施建设,顺利完成新办公楼、学员楼工程的收尾和启用工作;健全戒毒工作制度体系,推行戒毒人员“三期六级”戒毒模式,组织开展多次安全检查督查,实现场所安全稳定“六无”工作目标;进一步加强对戒毒人员的教育矫治,组织开展课堂化教育512课时,有力提升场所教育戒治水平。

【安置帮教】 认真贯彻落实《内蒙古自治区关于加强刑满释放人员救助管理工作的实施意见》,联合市综治办出台《关于推进社会力量参与安置帮教工作的实施意见》,将市安置帮教基地纳入全额事业单位管理,加强刑满释放人员衔接、安置、救助、帮扶等各项工作,推进全市3754名在册刑满释放人员衔接管控到位,保障安置帮教工作的安全稳定。

【信息化建设】 新建市司法局监控指挥中心，按照司法厅要求，装备视频监控指挥系统和社区服刑人员定位监控系统，在全区率先安装戒毒场所监控系统，自主研发安装全市警用车辆北斗卫星定位监控系统和“369”法律援助服务圈业务系统，完善中心应急指挥和集中、统一监管的各项功能，为强化各项业务管理、规范执法行为、促进工作科学发展搭建平台。推进各旗县(市区)司法局全部接入自治区电子政务外网，推进司法所等基层司法行政单位全部实现网络通畅；保障视频会议系统管理维护良好，运行正常；组织各旗县(市区)开展远程探视探访室建设；组织各级司法行政单位有效落实业务系统基础数据录入工作任务，为推进全市司法行政系统工作流、业务流、信息流深度融合，促进司法行政科技信息发展奠定基础。加强通辽市司法局网站管理，全年更新信息400余条，确保门户网站信息更新及时；开展“法治通辽”微信公众号推广活动，促进全市关注人数超过8600人，坚持每个工作日发布司法行政工作动态，提升司法行政信息宣传工作效果。

【荣誉】 2016年，全市司法行政系统受市级以上表彰先进集体29个，其中，国家级表彰2个，自治区级表彰20个；受市级以上表彰先进个人54人，其中，国家级表彰2人，自治区级表彰26人。在全区司法行政系统“十佳先进集体和先进个人”争创活动中，全市有8个集体、10名个人被自治区人社厅、司法厅表彰为“十佳”先进集体和先进个人。司法局干警李瑞被自治区综治办评为“见义勇为先进分子”受到表彰，并奖励人民币2万元。市司法局被市委、市政府评为文明单位标兵，通辽市被自治区党委、政府表彰为全区普法依法治理先进城市。

(赵海峰)

仲　　裁

【仲裁概况】 通辽市仲裁委员会由内蒙古自治区人民政府内政办发〔2003〕444号文件批复设立，市工商联按照商会主导型的模式，经过精心筹备，于2009年登记并成立，由工商联代管并与工商联合署办公。根据市编办通机编字〔2009〕50号文件，核定通辽仲裁委员会办公室为自收自支事业单位，级别为正科，编制为4人，在岗仲裁人员4人。

【仲裁审理】 全年受理案件23件，标的总额为5244万元，其中建设工程合同纠纷4件，房屋买卖合同纠纷4件，借款、质押合同纠纷3件，公路工程房建施工合同纠纷2件，物业合同纠纷7件，入网合同纠纷1件，工矿产品购销合同纠纷1件，借款协议纠纷1件。

【劳动仲裁】 在全区率先实现劳动仲裁机构实体化建设全覆盖，市本级及各旗县市区均成立仲裁院；启动仲裁办案规范化建设系统，案件录入量全区排名第一。2016年，劳动监察受理投诉举报案件232件，结案222件，结案率98.7%，涉案金额6954万元。受理劳动人事争议案件1511件，结案1503件，结案率99.5%，为当事人挽回各类经济损失3278万元。

(仲裁办)

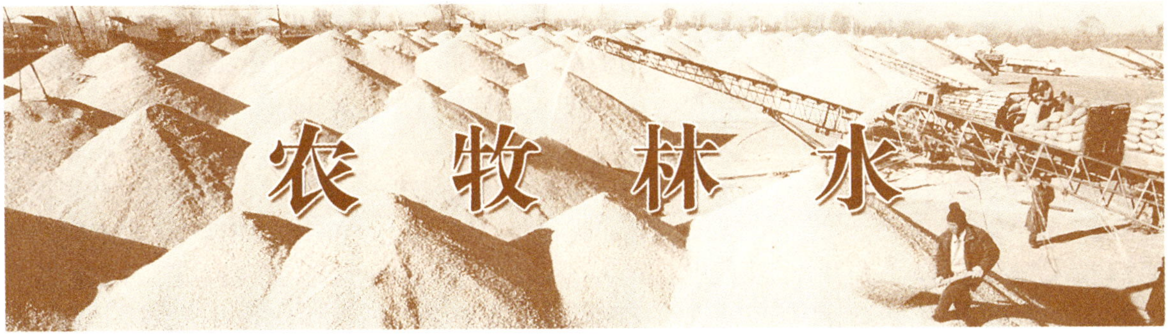

农牧业综述

【概况】 2016年，全年粮食产量695.81万吨，比上年增长0.8%。牧业年度牲畜实有头数2202.65万头（只），比上年增加91.09万头（只），增长4.3%。全市农畜产品综合加工转化率61%，农畜产品加工企业实现销售收入371亿元，农村牧区富裕劳动力劳务输出总人数49万人次，实现劳务输出收入67亿元。

【农牧业产业化】 2016年销售收入500万元以上加工企业147家，实现销售收入371亿元；流通企业21家，实现销售收入42亿元，种养殖企业22家，实现销售收入26亿元。带动农牧户33万户。农牧民人均来自产业化收入占农牧民总收入的48%。形成600万吨玉米、60万头肉牛、400万口生猪、400万只肉羊、4000万羽禽类和100万吨杂粮杂豆等特色产品的加工能力。2016年，全市共有30家重点龙头企业建设玉米、肉牛、肉羊、生猪、红干椒、沙稻、荞麦等9个优势特色产业34个示范基地，实施“公司+基地+农牧户+标准”农牧业标准化推广模式。梅花、玉王等玉米生物产业产品正在向酸、糖、醇、胶、药方向推进；科尔沁牛业、金锣等肉类加工企业产品正在向冷鲜分割肉系列、调理制品、休闲食品转变；蒙药集团、昶辉生物等特色加工企业研发能力不断提高，龙头企业产品市场份额逐年扩大。

【农牧业机械化】 2016年，农机总动力710万千瓦，拖拉机保有量17.8万台，配套农机具37万台，玉米收获机10 168台；全市农机化综合水平84%，高于全区平均水平2个百分点，比上年提升一个百分点。全市完成机械耕整地1738万亩，完成机械播种1710万亩，完成机械收获1372万亩。全年落实中央农机补贴资金3.2亿元，落实自治区农机补贴资金600万元，全市享受补贴农牧户20 839户、补贴购置农机具21 914台（其中：大中型拖拉机11 904台、玉米收获机1789台、播种机6065台）。全年新创建农机专业合作社250个，总数524个，新创建农机大户262户，总数7744户，农机化服务能力提升，一个以农机专业合作社为龙头，以农机大户口为依托的农机社会化服务体系基本形成，为全市农牧业生产提供物质和技术保障。

【农牧业科技推广】 2016年，全市有8个旗县市区实施基层农技推广补助项目，围绕主导产业，全市遴选和培育技术指导员730人，培育科技示范户7300户，举办田间学校42所，建设试验示范基地40处，开展新技术展示百余项。组织参观、观摩活动2000场次，基地接待参观人数10万人次，取得较好示范效果。全市完成农牧业科技人员重点班培训1000人，青年农场主培训60人。选送46名种养殖大户和合作社人员参加全国农村牧区实用人才带头人培训。组织推荐通辽市科技进步奖，有2项成果获得通辽市科技进步一等奖，1项成果获得二等奖，4项成果获得三等奖，获得实用技术推广奖3人。获得全国农牧渔业丰收奖三等奖2项，全国实用技术推广奖4人。

【劳动力转移】 全市常年外出务工劳动力49万人，举家外出农牧民3.09万户，实现转移农村牧区人口101 971人，农牧民人均纯收入中务工收入3000元。劳务输出总收入67亿元。

【农畜产品质量安全检验检测】 2016年加强基层农畜产品质量安全监管、检测体系建设,为全市41个乡镇监管站配备300万元的速测设备,为开展好质量安全监管和启动食用农畜产品产地证明管理工作奠定良好基础。2016年新增标准化基地5个,全市累计建设9个优势特色产业标准化基地34个,养殖业基地13个。2016年,全市“三品一标”新颁证企业11家,“三品一标”有效用标企业60家,认证产量202.79万吨,认证面积251.06万亩。2016年,完成全市农畜产品质量安全例行监测抽检14 801批次,农牧业投入品(农兽药)的产品质量抽检280批次,为区域农畜产品质量安全监管工作提供有效技术支撑。自2015年起,承担自治区农牧业厅下达的针对“东部四盟市”的农畜产品质量安全例行监测、监督抽查等抽检任务。2016年4月,中心顺利通过“农业部能力验证”和“自治区能力验证”等省部级业务考核工作,该中心是国家首批农业部农产品质量安全风险评估实验站,承担国家农产品质量安全风险评估机构和农业部农产品质量安全风险评估实验室委托的风险评估、风险监测等工作,2016年全年完成自治区农畜产品质量安全例行监测、监督抽查定量检测940批次。

【休闲农牧业】 截至年底,通辽市休闲农牧业经营主体发展到111家,从业人数1881人,带动农户1489户,当年接待849 200人次,实现营业收入10 131万元,获得利润2685万元,从业人员劳动报酬1600万元。2016年申报1家自治区级休闲农业示范点,截至年末,全市自治区级休闲农业示范点6家,分别是:开鲁县牵手草原度假村示范点、奈曼旗青龙山镇八虎山庄度假村示范点、科尔沁区钱家店镇快乐星期五开心农场(龙泽风情园)休闲农业示范点、奈曼旗帝华商贸有限公司叫来河山庄休闲农业示范点、科尔沁区绿水园林有限公司休闲农业示范点、开发区米家乐园休闲度假村休闲农业示范点。

【政策法规及行政审批】 梳理监管事项清单28项。建立市场主体名录库335个,执法人员名录库85人,为全面推广随机抽查监管工作奠定基础。2016年办结行政审批事项15 458件,其中拖拉机、联合收割机号牌、驾驶证核发15 455件,在草原上修建直接为草原保护和畜牧业生产服务工程设施使用100~1050亩草原审批3件。

【绿色农畜产品博览会】 根据农业部、自治区农牧业厅和市委市政府的要求,为打造通辽市绿色农畜产品加工输出基地的成果,体现“绿色发展、开放发展”的理念,2016年组织“三品一标”认证企业、产业化龙头企业和标准化基地产品共参加7次农畜产品博览会。博览会通过整体宣传展示通辽地域特色和形象,集中推介通辽市丰富的绿色农畜产品,给外界留下深刻、全面、独特的通辽印象。通辽市的绿色农畜产品深受当地市民欢迎,现场销售比较好的产品有牛肉、羊肉、荞麦、杂粮杂豆、红干椒、奶制品等,销量远远超过参展企业的预期数量。博览会期间组织开展科尔沁肉牛、开鲁红干椒、库伦荞麦等特色产业、新产品推介会10余场,促成晶山食品、蒙鑫羊业、广发草原等18家企业与采购单位签约,其中谷道粮原、广发草原、沙枝食品等企业与北京、沈阳、昆明、台湾以及广东的客商签订合作意向和订单,蒙鑫羊业、太阳花等中小企业虽然初次参加展会,均签订合作意向。博览会鼓励电商企业参与,同步开通网上绿博会。展会期间网上销售额780万元;扫描二维码人数超过15万人,网上新增注册用户和微信粉丝近20万人。博览会结束后,网上博览会继续开展促销活动,线上线下互相补充和促进,让产品实现持续销售。博览会为中小企业,特别是初入市场的小微企业,提供一个展示展销、学习交流的平台,有利于扶持有潜力、有前景的中小企业开拓市场、发展壮大。沙枝、谷龙塔等中小、微小企业应用现代经营手段闯市场,纷纷在外地建立代理店、代销店、批发店、供货店、直销店以及实体体验店,促进企业转型升级。

2016年内蒙古绿色农畜产品(北京)展销会 2016年1月15—18日,北京农业展览馆,自治区人民政府主办,自治区农牧业厅协办的这次展会,主要宗旨是给首都市民送年货,把内蒙古最有特色的农畜产品送到餐桌上,谷道粮原、广

发牛肉干和红干椒产品现场销售火爆，这次展会通辽市参展企业 17 家，展出产品 150 种；现场销售 10 万元，签订合作意向总额 1700 万元。

第五届中国·内蒙古绿色农畜产品会　2016 年 8 月 6—10 日，内蒙古国际会展中心，自治区农牧业厅连续主办的第五届博览会，把全区各盟市的绿色农畜产品齐聚首府，通辽市 34 家企业参加此次博览会，展出产品近 300 种，现场销售近 30 万元，签订合作意向总额 3500 万元。

2016·通辽（沈阳）绿色农业畜产品博览会　2016 年 8 月 13—16 日，辽宁工业展览馆，市委、市政府主办，市农牧业局、文化局、旅游局 3 家承办，这次绿博会首次将农牧业、文化、旅游相结合，整体宣传展示通辽地域特色和形象，集中推介通辽市的绿色农畜产品、文化旅游产品，以及丰富的农畜产品，给外界留下深刻、全面、独特的通辽印象。农畜产品与文化、旅游产品相辅相成、互为补充。通辽市参展企业 124 家，展出产品千余种；4 天共吸引 10 万余人次来观展购物，现场销售 608 万元，签订合作意向总额 2.6 亿元。

第十七届中国绿色食品博览会　2016 年 9 月 2—5 日，长春市农业博览园，中国绿色食品发展中心主办，各省市绿色食品发展中心协办，此次博览会必须是经过认证的绿色食品和有机食品企业，通辽市参展企业 5 家，展出产品近百余种；4 天共吸引 10 万余人次来观展购物，现场销售 100 万元，签订合作意向总额 0.8 亿元。

第十六届中国沈阳国际农业博览会　2016 年 9 月 10—13 日，沈阳国际展览中心，沈阳市人民政府主办，邀请全国 20 多个省市参加，通辽市组织“三品一标”认证、产业化龙头企业 37 家参展，展出产品 400 余种，现场销售 300 万元，签订合作意向总额 1 亿元。

2016·内蒙古（扎兰屯）第九届绿色食品交易会　2016 年 10 月 24—26 日，扎兰屯市，呼伦贝尔市人民政府连续主办，扎兰屯市委市政府承办，按照自治区农牧业厅的要求，组织 5 家绿色食品企业参加交易会，展出产品 80 多种，现场销售 10 万元，签订合作意向总额 300 万元。

第十四届中国国际农产品交易会　2016 年 11 月 5—8 日，昆明国际会展中心，经国务院批准，农业部主办，按照自治区农牧业厅的要求，通辽市组织 20 多家企业参加交易会，展出产品 200 余种，现场销售 15 万元，签订合作意向总额 500 万元。科左中旗蒙达炒米价值 2 万元的奶酪、炒米一天就销售一空，与台湾客商和广东客商签订三年的销售订单；库伦谷龙塔的荞麦制品在展会上倍受青睐，现场制作的荞面条让市民赞叹不已，有很多市民要求直接加微信、要名片，要求定期发货；开鲁人禾斋的辣椒酱深受当地市民的喜爱，由于当地气候常年湿润，市民喜欢吃辛辣食品，各种辣椒酱和辣椒粉，让前来品尝的市民赞不绝口，40 余件产品 3 个小时就抢购一空。

（发展计划科）

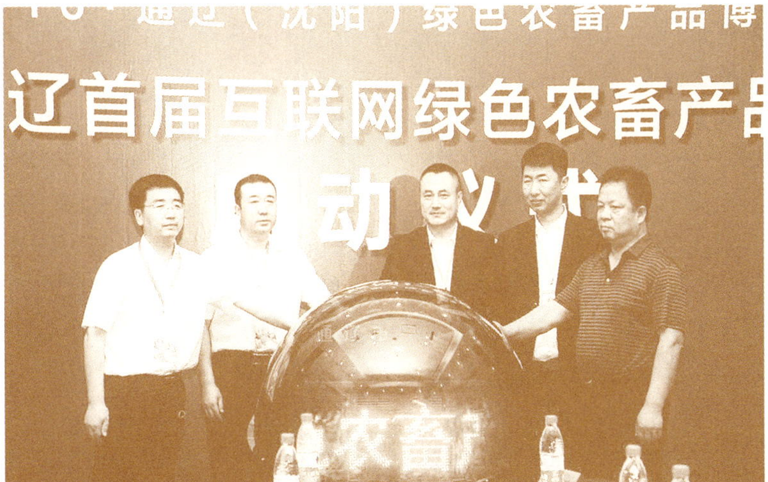

▲ 通辽市首届互联网绿色农畜产品博览会启动仪式

种　植　业

【种植业概况】　全市耕地面积 138.07 万公顷。粮食作物播种面积 96.5 万公顷，比上年增加 1.33 万公顷，增长 1.4%，其中，谷物播种面积 90.91 万公顷,比上年减少0.29万公顷,下降0.3%。全年粮食产量695.81万吨,比上年增长0.8%。其中:稻谷24万吨,比上年增长56.9%;小麦3.2万吨,比上年增长99.3%;玉米633.49万吨,比上年下降2.8%;谷子5.61万吨,比上年增长75.9%;高粱15.46万吨,比上年增长36.1%;荞麦4.92万吨,比上年增长99.7%。豆类6.18万吨,比上年增长1.3倍。薯类12.3万吨,比上年增长50.7%。

【种植业生产】 年内完成推广测土配方施肥面积1700万亩,完成农作物病虫害防治面积2274.62万亩次,玉米良种覆盖率98%,机械播种面积1710万亩,机械耕整地1738万亩,机械收获1372万亩,实现粮食平均亩产612.37公斤,油料总产1.49亿公斤,蔬菜总产24.71亿公斤。

(发展计划科)

畜牧业

【畜牧业概况】 2016年,牲畜实有2202.65万头(只口),比上年增加91.09万头(只口),增长4.3%。其中:牛326.64万头,比上年增加24.2万头,增长8%;羊1277.36万只,比上年增加42.48万只,增长3.4%;猪553.54万口,比上年增加22.28万口,增长4.2%,骡驴45万头。全年禽类饲养量1亿只。年末生猪存栏253万口,牛存栏164.61万头,羊存栏656.34万只;年末生猪出栏330.77万口,牛出栏73.16万头,羊出栏490.75万只。年末实有家禽965.73万只,比上年增加73.87万只,同比增长8.3%。全年猪肉产量26.39万吨,牛肉产量11.18万吨,羊肉产量8.04万吨,禽肉产量6.06万吨,禽蛋产量6.18万吨,生牛奶产量39.87万吨。年内完成牛冷配80万头,羊人工授精100万只,猪人工授精20万口;扩繁母牛"万千百十"示范工程年内落实新增万头母牛苏木镇1个,新增千头母牛嘎查村5个,新增百头母牛养殖场10个,新增十头母牛养殖户2000户。

【肉牛产业】 2016年,肉牛产业认真贯彻落实市委《2016年农村牧区创新性、突破性工作的实施方案》及《通辽市肉牛产业十三五规划》文件精神,抓实扩繁母牛"万千百十"示范工程、1万户基础母牛繁育重点工程等工作,促进通辽市肉牛产业发展。2016年,牛存栏326.64万头,基础母牛存栏149.19万头,农牧民人均肉牛养殖纯收入2200元。生产加工能力达到60万头以上。饲养基础母牛超万头苏木乡镇43个,超千头嘎查村370个,超百头养殖场464个,超十头养殖户25 563户。

【草原建设】 全市草原建设总规模589.93万亩,其中青贮玉米468万亩(粮改饲267万亩,其他青贮饲料201万亩),多年生牧草101.68万亩,饲用灌木20.25万亩。饲草料储备总量216.6亿公斤,其中打贮青干草10.5亿公斤,制作青贮饲料122.9亿公斤,秸秆"三化两贮"饲料和83.2亿公斤。全市草原治虫灭鼠防治总规模270.5万亩。

【动物疫病防控】 2016年,全市完成重大动物疫病防疫总数5146.2万(头只)羽次,完成动物疫病监测总数13.06万份,动物报检检疫率100%,检疫动物184.2万(头只),屠宰检疫动物121.4万(头只),"瘦肉精"抽检动物13 856头(只口),监管饲养场户83家,屠宰场76家,动物诊疗场所17家,牲畜交易市场6家。

【畜禽定点屠宰企业资格审核清理】 按照《通辽市畜禽定点屠宰企业资格审核清理工作实施方案》要求,开展全市畜禽定点屠宰企业资格审核换证工作,共对全市现有的100家畜禽屠宰企业进行审核清理,其中验收通过42家企业,要求继续整改40家企业,取缔18家企业。

(发展计划科)

林业

【林业概况】 2016年全市完成林业生态建设任务172.93万亩,其中:人工造林72.93万亩,封山(沙)育林77万亩,封禁及飞播23万亩。超额完成自治区下达的150万亩任务。完成经济林建设6.6万亩;完成村屯绿化3215个,义务植树1000万株,公路绿化3300公里。

【生物多样性示范区建设】 重点对罕山、大青沟、乌斯吐、老哈河南岸沙带4个生物多样性示范区进行续建完善，启动实施科左后旗乌旦塔拉生物多样性示范区建设。罕山示范区生态定位观测站二期工程正在实施；对大青沟示范区的退化林地进行清理、抚育，对小青湖水源地进行保护、退耕还林，扩建珍稀植物培育基地，建设救助鸟类放飞基地；对奈曼旗老哈河南岸沙地示范区进行扩建。对乌斯吐示范区进行围封保护，扩建植物展示园。科左后旗乌旦塔拉示范区以保护五角枫原生树种为主，建设五角枫种质资源采集基地，围封核心区，并申报国家级森林公园。

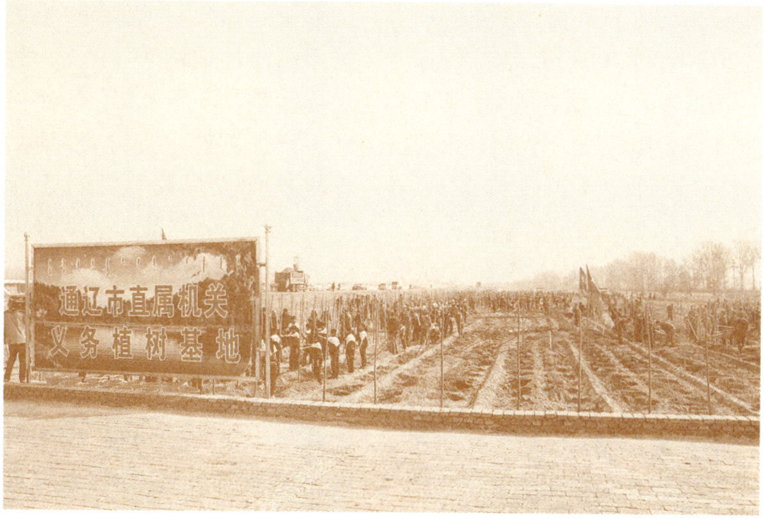

▲ 4月14日，通辽市开展全民义务植树活动

【全民义务植树活动】 4月14日，通辽市开展全民义务植树活动。市领导道尔吉、高琦、梁志远、孙振云、陆军、王肆虎、高忱、宝音达来、曹文敏、冯正玉、付泽彬、郭建伟、宝凤山、贺海东、宝丽华、王喜春等到科尔沁区育新镇市直属机关义务植树基地，与武警、森警、消防官兵、市直部门干部职工、部分学校师生和当地群众一起挥锹培土，引水浇树，参加义务植树活动。当日，在科尔沁区育新镇和科左后旗努古斯台镇的植树基地，有2000余人参加全民义务植树活动，栽植苗木2.53万余株。

【科尔沁生态科技示范园建设】

2016年对示范园进一步补充完善和增加建设内容。依托院士专家工作站科研团队先进技术力量，积极开展林木品种引选育及林木种质资源收集保存、利用研究工作。投资1000多万元，建设完成以增加科技含量为重点的续建工程。

【重点区域绿化】 以村屯周边、房前屋后、庭院内外、街巷道路、文化广场、街角空地为重点，对城镇和嘎查村街路、周边进行绿化美化。全市完成重点区域绿化26.5万亩，是自治区下达任务的147%，用各类绿化苗木2600万株。围绕"十个全覆盖"工程完成村屯绿化3215个，是往年任务的20倍以上。围绕好通高速、大广高速、甘库线、八茫线、国道303线等8条重点公路完成绿化3300公里，是往年任务的5倍以上。

【国有林场改革】 制定《通辽市关于深入贯彻落实中央和自治区国有林场改革方案的意见》。启动奈曼旗国有林场改革试点工作。

【森林资源保护管理】 持续开展以治理滥开垦、滥放牧、滥樵采等违法行为的"三滥"治理专项行动，严厉打击侵占、蚕食、开垦、采石采矿等毁林行为以及滥捕滥猎违法行为。8月，市政府对于"三滥"治理工作进行安排部署，下发关于开展"滥开垦"土地情况调查的通知，对重点通道两侧500米范围和重点区域内滥开乱垦土地进行全面调查摸底。加强林业有害生物防控工作，与各旗县（市、区）签订防控责任书，将防控责任落实到人头和地块；与毗邻的辽宁省沈阳市、阜新市、铁岭市建立联防联治协作机制，及时通报信息，交流防治经验，整体推进防治工作。开展清理整治非法侵占国有林地专项行动，严厉打击破坏和非法占用国有林地行为，收回流失国有林地。严格落实森林生态效益补偿制度，依法管理管护好天然林、公益林、自然保护区和湿地，孟家段湿地成功晋级国家级湿地公园。不断加强森林草原防火工作，严加防范，严格落实防火责任，实现连续18年无重特大森林草原火灾、无人畜伤亡事故和无火烧连营的"三无"目标。

【科尔沁沙地"双千万亩"综合治理工程】 2016年完成科尔

沁沙地“双千万亩”综合治理工程建设363万亩,是总任务的105%。完成林业治理工程173万亩,是全年任务的102%。完成人工造林73万亩、封育77万亩、飞播3万亩、封禁保护20万亩。完成草原生态治理190万亩,是全年任务的108%,其中完成退化沙化草牧场治理126万亩、饲草料基地建设64万亩。重点围绕科左后旗努古斯台、奈曼旗常兴穿沙公路两侧、科左中旗西部花胡硕和珠日河、扎鲁特旗南部4个大沙带,采取人工造林、封山育林、飞播等措施进行集中连片治理。为提高造林绿化和防沙治沙科技水平,依托院士(专家)工作站、“蒙草抗旱”专家技术团队力量,建设科尔沁生态科技示范园二期工程,利用先进的生态建设理念、人才、技术和种质资源,采用智能化水肥一体化滴喷管系统,对科尔沁沙地原生植物进行普收集(采集)、展示和驯化。对其优良的、抗逆性强的和生态经济价值高的品种通过组培、控根等先进技术快速繁殖,将苗木和相关技术用于沙地治理工程,为科尔沁沙地“双千万亩”综合治理工程提供技术支撑,沙地治理科技含量提高。针对连年干旱、土地承载能力下降等因素,在沙地治理中不断加大乡土树种近自然林造林比例,并通过调整林种树种结构,逐步压缩耗水量大的乔木树种,加大抗旱乡土乔木树种、灌木造林比例和混交林比例,采取近自然林模式开展植树造林,增强森林质量和生态系统的稳定性,充分发挥森林生态系统在生态平衡中的主体作用。开展综合治理,生态系统趋于稳定。实施草原、湿地、沙地生态系保护,开展“三滥”治理,不断加大退耕退牧还林还草力度,合理开发地表水,严格控制地下水开采,节约地下水还给生态,对生态区位十分重要和生态环境恶化严重地区,开展生态移民搬迁,建立无人区和封禁保护区,减少人为破坏,促进生态系统自然修复等一系列生态保护和修复措施,不断优化生态系统结构,改善生态环境,增强生态功能区定位,以森林植被为主体,生物多样性为特质,森林、草原、湿地相结合的国土生态安全体系正在逐步建立,生态平衡趋于稳定。

(周莉莉)

水　　利

【概况】 2016年,通辽市实施水利项目7大类28项,完成总投资9.56亿元,实现“十三五”水务工作的良好开局,为全市经济社会持续健康发展提供有力的水利支撑和保障。2016年,全市完成农村牧区饮水安全工程140处,受益农牧民101 473人;新增节水灌溉面积57万亩;新增灌溉饲草料地面积3万亩;水土流失综合治理面积99.45万亩;全市用水总量26.92亿立方米;全市万元工业增加值用水量较2015年度下降6.8%;全市农田灌溉水有效利用系数0.61;国家重要水功能区水质达标率72.2%。

通辽市水利基础数据表

表1

河流水系	全市水系构成	辽河水系、大凌河水系、嫩江水系	
	全市流域面积在100平方公里以上的河流	47条	
降水情况	全市多年平均降雨量	385毫米	
	近十年平均降雨量	325.30毫米	
水资源总量及可利用量	全市多年平均水资源总量37.47亿立方米(重复计算5.83亿立方米)	地下水资源总量35.31亿立方米	
		地表水资源总量7.99亿立方米	
	全市多年平均可利用水资源总量29.40亿立方米(重复计算2.93亿立方米)	地下水多年平均可利用量27.96亿立方米	
		地表水多年平均可利用量4.37亿立方米	

续表 1

<table>
<tr><td rowspan="14">2016 年全市用水情况</td><td rowspan="5">全市总用水量 27.42 亿立方米</td><td>农业</td><td colspan="3">23.39 亿立方米(85.3%)</td></tr>
<tr><td>工业</td><td colspan="3">2.29 亿立方米(8.4%)</td></tr>
<tr><td>第三产业</td><td colspan="3">0.31 亿立方米(1.1%)</td></tr>
<tr><td>生活用水</td><td colspan="3">0.94 亿立方米(3.4%)</td></tr>
<tr><td>生态用水</td><td colspan="3">0.49 亿立方米(1.8%)</td></tr>
<tr><td colspan="2">全市万元 GDP 用水量</td><td colspan="3">139.50 立方米</td></tr>
<tr><td colspan="2">人均用水量</td><td colspan="3">877 立方米</td></tr>
<tr><td colspan="2">万元工业增加值用水量</td><td colspan="3">21.89 立方米</td></tr>
<tr><td colspan="2">人均生活用水量</td><td colspan="3">80 升/人·日(城镇 90、农村 70)</td></tr>
<tr><td colspan="2">农田灌溉亩均用水量</td><td colspan="3">243 立方米</td></tr>
<tr><td rowspan="2">地下水超采区</td><td>位置</td><td colspan="2">科尔沁区</td><td>霍林郭勒市</td></tr>
<tr><td>面积</td><td colspan="2">3056.40 平方公里</td><td>42.61 平方公里</td></tr>
<tr><td>中部平原地下水平均埋深</td><td>11.33 米</td><td>科尔沁区超采区最大埋深</td><td>17.18 米</td><td>山区埋深</td><td>暂无数据(正在开展评估和监测)</td></tr>
<tr><td rowspan="3">防洪工程</td><td colspan="2" rowspan="2">全市共建成水库 122 座总库容 12.38 亿立方米</td><td colspan="3">大型水库 5 座、中型水库 14 座、小型水库 103 座</td></tr>
<tr><td colspan="3">目前总蓄水量 1.0 亿立方米(为总库容的 8%)</td></tr>
<tr><td colspan="2">建成河流堤防</td><td colspan="3">2059 公里</td></tr>
<tr><td rowspan="5">农业用水</td><td colspan="2">近 5 年平均农业用水量</td><td colspan="3">23.23 亿立方米</td></tr>
<tr><td colspan="2">亩均用水量</td><td colspan="3">约 260 立方米</td></tr>
<tr><td colspan="2">全市耕地面积</td><td colspan="3">2023 万亩</td></tr>
<tr><td colspan="2">有效灌溉面积</td><td colspan="3">966.67 万亩</td></tr>
<tr><td colspan="2">全市可发展节水面积</td><td colspan="3">约 1000 万亩</td></tr>
<tr><td rowspan="5">农业用水</td><td colspan="2" rowspan="3">全市现有节水灌溉面积 902 万亩</td><td colspan="2">低压管灌面积</td><td>676 万亩</td></tr>
<tr><td colspan="2">喷灌面积</td><td>22 万亩</td></tr>
<tr><td colspan="2">微滴灌面积</td><td>204 万亩</td></tr>
<tr><td colspan="2">全市配套机电井数</td><td colspan="3">7.98 万眼</td></tr>
<tr><td colspan="2">全市建成万亩以上灌区</td><td colspan="3">30 处</td></tr>
<tr><td rowspan="6">水土保持</td><td colspan="2">全市水土流失面积</td><td colspan="3">5446.29 万亩</td></tr>
<tr><td rowspan="5">已治理面积</td><td>基本农田</td><td colspan="2" rowspan="5">1733.19 万亩</td><td>165.36 万亩</td></tr>
<tr><td>水保林</td><td>757.02 万亩</td></tr>
<tr><td>经济林</td><td>304.09 万亩</td></tr>
<tr><td>种　草</td><td>148.98 万亩</td></tr>
<tr><td>封禁治理</td><td>357.73 万亩</td></tr>
</table>

【防汛抗旱】 2016年,全市各主要河流入境水量1.4亿立方米(其中西拉木伦河入境1亿立方米、乌力吉木仁河入境0.4亿立方米,为孟家段水库引水6300万立方米、红旗水库引水2500万立方米)。建设抗旱应急水源工程8处,完成投资1518万元,年增加抗旱应急供水量108万立方米。

【水资源管理】 国家和自治区对通辽市实行最严格水资源管理制度进行考核,并给予充分肯定。完成全市关于实行最严格水资源管理制度的考核工作。按照市人大的工作要求,完成《通辽市水资源管理条例》立法调研报告编制工作。完成全市地下水超采区边界划定工作,其中科尔沁区超采区面积3056.4平方公里,霍林郭勒市超采区超采面积42.61平方公里。初步建设通辽市水资源管理信息平台,建立46个用水监测站点对全市18家重点用水户时时在线监测。

【大江大河治理及重要支流治理工程】 西辽河干流治理工程批复总投资41 882.23万元,下达中央投资计划28 000万元,资金下达率67%,完成工程投资32 530.83万元,完成年度投资计划任务。完成通辽市乌力吉木仁河、西拉木伦河、三江口地区省界堤防西辽河科左后旗段3项重要支流治理工程批复工作,批复总投资19 586.91万元。

【城市供水】 通辽市主城区供水主管网改造完成16条街路35公里改造工作。完成54处老旧小区供水管线改造和26处供水二次加压水箱更换,第二、第三水厂改造和106项水质检测工程基本完成并试运行。106项水质检测能力建设总投资1294万元,设备全部安装完毕,完成人员培训,处于试运行阶段。

【农村牧区安全饮水】 全市"十个全覆盖"饮水安全工程完成660个村工程建设,解决43.6万人饮水问题,总投资3.4亿元。其中包括自治区下达的饮水安全巩固提升计划140处,投资7901万元,受益人口10.1万人。涉及贫困村126个,贫困户4350户,受益贫困人口12 423人。

【毛都水库】 毛都水库设计总库容8810万立方米,批复总投资4.4亿元,工程于2015年6月开工建设,项目法人为扎鲁特旗鲁丰国有资产发展投资经营有限公司。年底,完成地下连续防渗墙1621米;开通256米的泄洪隧洞;工业供水涵洞洞身长146米,浇筑120米,完成率82%;完成溢洪道石方开挖工程,完成投资8500万元。

【水土保持】 完成国家水土保持重点建设工程和全国坡耕地水土流失治理工程年度建设任务,其中国家水土保持重点建设工程投资1890万元,治理面积42平方公里;全国坡耕地水土流失治理工程投资500万元,治理面积2.22平方公里。

【农牧水利】 实施科左中旗、扎鲁特旗2个牧区水利重点县2016年度项目,完成总投资3200万元,发展饲草地喷灌面积2.67万亩。

【重点工程前期工作】 完成"引绰济辽"工程需通辽市配合的7项支撑性文件。辽西北供水通辽支线工程水资源配置方案获得批复。修改引嫩济锡(霍)工程规划。基本完成库伦旗嘎海山水库前期工作。

(李静林)

水务投资

【公司概况】 通辽市水务建设投资有限公司(简称"市水投公司")成立于2016年5月5日,是由通辽市政府筹集资金组建的具有独立法人地位、独立核算的特定功能类国有独资公司,为政府的战略性、前瞻性服务,由市国资局代表市政府履行出资人职责,重点围绕"引绰济辽""引辽济通""引嫩济霍"跨流域、跨区域三大引调水工程开展前期及投融资工作。公司注册资本金为50亿元,主要经营范围是政府性投资的重大水利项目及其他涉水项目的投融资、建设及运营管理以及市政府授权范围内水利国有资产的运营管理,涉水工程项目的项目法人前期及投融资工作。公司设有董事会、监事会、经理层,内部设置投融资部、财务部、规划部、建设管理部、综合部5个部门。公司党支部成立于2016年8月,有共产党员16人。公司董事长、总经理由市委组织部任命。2016年2月27日,通辽市人民政府(通政任字〔2016〕8号)文件,任命关文涛为通辽市水务建设投资有限公司董事长;张冬欣任通辽市水务建设投资有限公司总经理。

【引绰济辽工程】 引绰济辽工程主要解决通辽市科尔沁区、通辽经济技术开发区、开鲁县、扎鲁特旗、科左中旗5个旗县区的缺水问题。该工程管线总长约389.57公里,其中兴安盟供水量2.67亿立方米,通辽市供水量3.33亿立方米,工程估算总投资237亿元。国家发改委对《引绰济辽供水工程可行性研究报告》进行评审,环境影响评审报告通过环保部复审查,市政府同意将通辽市城投集团公司在引绰济辽供水有限责任公司10%的股份转让给通辽市水务建设投资有限公司。

【引辽济通工程】 引辽济通工程以辽宁省清河水库为水源,调水至通辽市科左后旗、库伦旗、奈曼旗、科尔沁区、通辽经济技术开发区5个受水区。工程年调水总量1.08亿立方米,输水管线总长约430公里,匡算项目总投资83亿元。2016年10月14日,项目可行性研究阶段勘测设计招标工作完成,工程测量、勘察工作稳步推进,预计2018年完成工程前期工作。

【引嫩济锡(霍)工程】 引嫩济锡(霍)工程主要解决锡盟7个旗县和霍林郭勒市的缺水问题。该工程是跨地区、跨流域大型引水工程,水量分配计划2020年为霍林郭勒市调水1.06亿立方米,2030年为霍林郭勒市调水1.35亿立方米。工程计划投资326.04亿元,项目规划报告由自治区水利厅委托设计单位完成编制工作,通过自治区水利厅初审,2016年5月报告修改完成并上报自治区水利厅。

【扎鲁特旗毛都水库工程】 扎鲁特旗毛都水库是胜利河(也称鲁北河)上一座中型拦河水库,距扎鲁特旗政府所在地鲁北镇北约23公里。毛都水库的主要任务是工业供水,兼顾防洪。水库供水量536万立方米/年,水库总库容8810万立方米,保证率P=97%,工程等别为Ⅲ等,主要建筑物有大坝、供水涵洞、泄洪隧洞、非常溢洪道。工程总投资4.4亿元,项目拟融资3亿元。与扎鲁特旗政府达成合作协议,由扎鲁特旗水投公司作为承贷主体,通辽市水投公司提供担保,通过光大银行贷款的方式解决工程建设资金3亿元。

【扎鲁特旗七泡子水库工程】

扎鲁特旗七泡子水库由欧力高泡子、保力高泡子等沿乌力吉木仁河的7个泡子组成。该工程总库容3.4亿立方米,属大型水库,投资估算12亿元,协调自治区水利厅、国家水规总院,自治区水利厅、国家水规总院、中水北方院,正式列入国家“十三五”规划,并与扎鲁特旗政府达成合作协议,由市水投公司承担七泡子水库的项目法人,负责开展前期和融资工作。

【红旗水库引水洞及输水渠扩建工程】 红旗水库于2011年春季完成除险加固后开始蓄水,并向通辽市区生态公园供水。由于红旗水库征占地问题没有解决,且水库的蓄水能力受限,达不到蓄水水位,不能满足辽河公园的生态用水。2016年6月,政府出面协调,红旗水库征占地问题得以解决,有效增加水库蓄水能力。水库的引水渠扩建,将增大引水流量,进一步保证水库引水和蓄水作用的发挥,有利于解决通辽市辽河公园生态用水等景观建设。该工程总投资1.39亿元,引水渠扩建由现在的20立方米/秒扩建到50立方米/秒,有效拦蓄乌力吉木仁河洪水,确保红旗水库及通辽市主城区生态公园用水。

【库伦旗嘎海山水库工程】 库伦旗嘎海山水库工程是以拦沙、城镇生活及工业供水为主,兼顾灌溉、防洪等综合利用的中型水利枢纽工程。总库容3362万立方米,可灌溉周围农田2.8万亩,工程等别为Ⅲ等,设计洪水标准为50年一遇,校核为1000年一遇。嘎海山水库建成后,可供水492万立方米/年,工程总投资6.08亿元。项目可研报告通过自治区水利厅审查,自治区发改委对可研报告进行评估。项目融资总额4.2亿元,与库伦旗政府协商,拟合作成立子公司作为项目贷款主体。

【主城区水质提升工程融资工作】 通辽市水质提升工程包括两部分:主城区水质提升工程项目和新城区、河西镇供水管网建设工程项目。根据《通辽市人民政府市长办公会议纪要》(〔2016〕60)文件精神,水投公司加大融资力度,保障工程资金需求,与光大银行合作,为水质提升工程融资金额

2.86 亿元，年底 6000 万贷款资金入户。

【资本金注入情况】 根据市政府《关于将市直水务系统部分国有资产所有权划入市水务建设投资有限公司作为注册资本的批复》(〔2016〕140 号)要求，公司按照注资需求，依据《企业国有资产法》的有关规定，首先对市直水务系统所属的辽河供水管理处等 6 个单位开展资产评估工作。第一批完成资产评估的单位有辽河供水管理处、乌力吉木仁水利枢纽工程和吐尔基山水库管理处，资产评估总值 23.58 亿元；第二批完成资产评估的单位有台河口水利枢纽工程、苏家堡水利枢纽工程和西辽河总办窝堡水利枢纽工程，资产评估总值 8.24 亿元，截至年底完成 31.82 亿元的注资工作。围绕重点投融资任务，与相关金融投资机构进行广泛沟通联系，与中国建设银行、国家开发银行、光大银行、农业发展银行、农业银行、浦发银行等 10 余家银行以及与天风证券有限公司、南京卓远资产管理有限公司、维恒投资管理有限公司、北京碧水源科技股份有限公司等 25 家公司积极对接融资业务，洽谈融资事宜，拓展融资渠道，为大项目、好项目做好前期融资准备工作。

(安　娜)

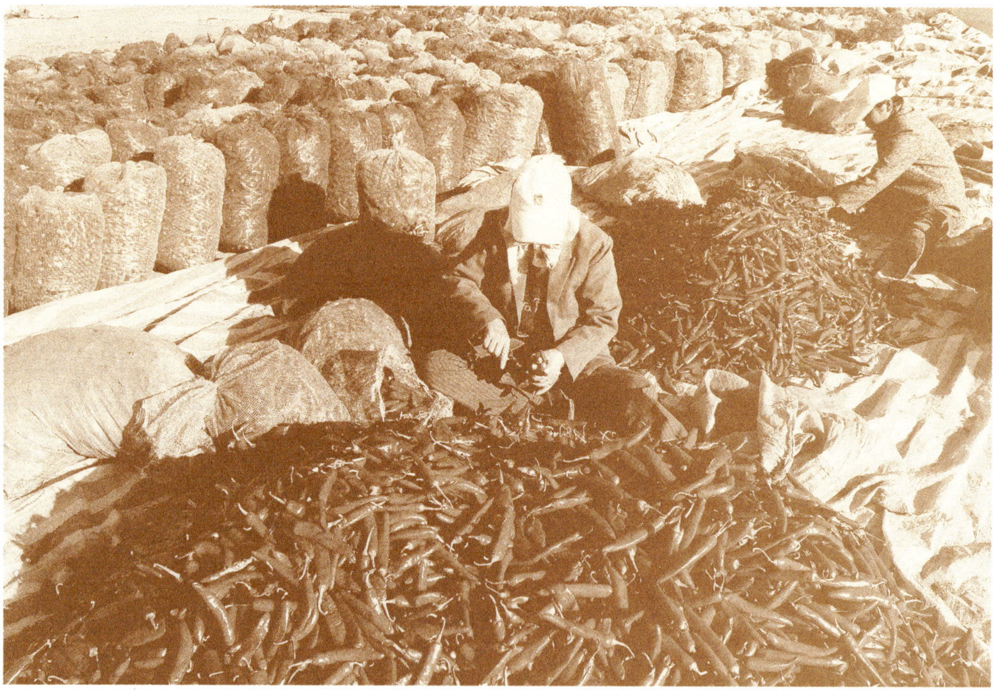

▲ 开鲁红干椒

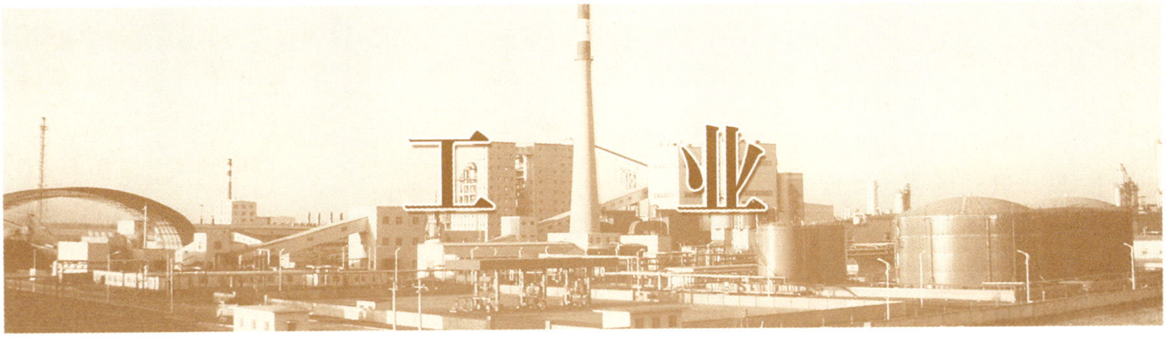

工业

工业综述

【工业概况】 通过"日监控、周调度"等措施，对重点企业生产经营情况和重点产品产量、价格进行实时监控，工业监测平台上报率和审批率达到100%。开展停产半停产企业、霍煤集团生产经营状况专项调研，并分别形成调研报告上报市委、市政府。推进停产半停产企业复产工作，全年复产46户。"十二五"期末，全市形成具有支撑作用的煤电铝、玉米生物、绿色农畜产品加工、高技术煤化工、新型建材、现代蒙药、装备制造、新材料、新能源、镍铬合金等10个重点支柱产业。2016年，全部工业完成增加值889.95亿元，同比增长8.6%。主要工业产品：原铝94.47万吨，下降6.1%；铝材173.83万吨，增长65.5%；饲料133.39万吨，增长12%；鲜冷藏肉73.95万吨，下降3.3%；液体乳7.87万吨，增长8.6%；白酒299 955千升，增长10.5%；啤酒234 658千升，下降3.7%。开工建设工业重点项目303个，完成固定资产投资688亿元，居全区第三位。全年发电量440.7亿千瓦时、同比增长13.7%，工业用电量324.8亿度、同比增长22%。

【规模以上工业企业】 规模以上工业企业达到610户，居全区第二位，规模以上工业增加值增速9.3%；全市规模工业企业完成主营业务收入2634.81亿元，同比增长7.9%。全年规模以上工业企业实现利税总额254.16亿元，同比增长18.9%；实现利润总额166.13亿元，同比增长16.4%。资产总计总量2047.41亿元，增速达到10.9%。负债总计总量847.19亿元，同比增长0.1%。所有者权益总量1200.21亿元，增速为19.3%。

【支柱产业】 十大支柱产业企业数467户，占规模以上工业企业数的76.6%；总产值2295.4亿元，增长8.5%，占规模以上工业的84.3%。分产业看，煤电铝产业累计增长15.9%，玉米产业累计增长15.9%，绿色农畜食品加工业累计增长6.4%，煤化工产业累计下降3.3%，新型建材产业累计增长2.4%，现代蒙药产业累计增长8.7%，新型能源产业累计增长17%，装备制造产业累计下降1.5%，新材料产业累计下降83.2%，新型特种钢产业累计下降4.2%。

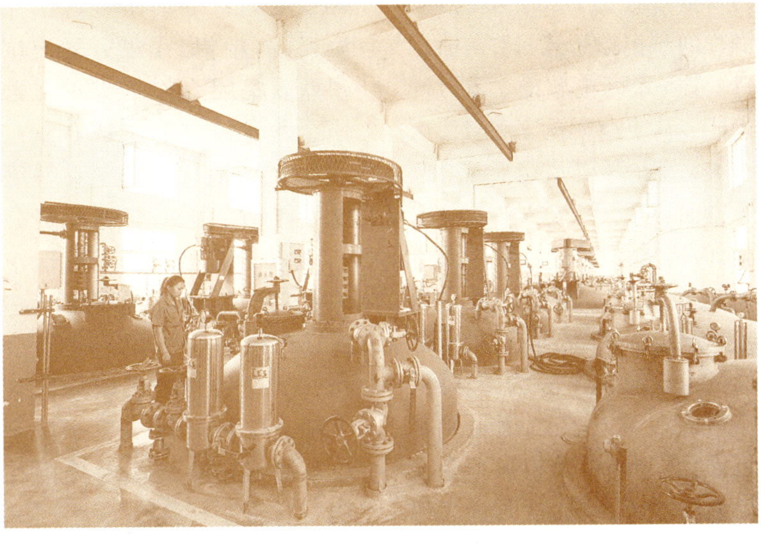

▲ 内蒙古华曙生物科技有限公司土霉素碱生产车间

【重点项目】 加强专项推进，围绕全年计划实施的300个工业重点项目，全面落实项目建设“五个一”跟踪机制，建立统一集中、纵横联通的项目调度制度，逐个项目理出关键点，专人盯办督办，一月一总结，逐项办结销号，确保如期投产达效。开工建设500万元以上工业项目303个，完成固定资产投资680亿元，在全区排名第三位；其中新建项目195个，完成固定资产投资323亿元，续建项目108个，完成固定资产投资357亿元。19个自治区级重点项目、17个市级重点项目全部开工建设。锦联铝材二期、伯恩露笑蓝宝石、联晟板带箔项目(一期)、创源45万吨铝加工、邦杰肉食品等90个项目投产或具备投产条件。

【去产能降成本】 严格督促全市22处煤矿按照国家276天弹性工作日要求，煤炭产能由5735万吨压减至4792万吨；制定《通辽市化解煤炭过剩产能初步方案》，确定主动引导退出3处煤矿，总产能90万吨；淘汰通顺铝业工艺相对落后的110千安系列电解槽5.8万吨产能。认真落实国家和自治区有关政策，研究制定通辽市8个方面、30条降成本的具体措施，多措并举为企业降低成本20亿元以上。其中，落实税费优惠政策4.95亿元；以最低标准供应土地340.36公顷，降低用地成本5.7亿元；通过铝水直供，为电解铝及铝加工企业降低成本4.5亿元；通过大用户直购电、电价补贴，为企业降低用电成本7.6亿元；首批10家困难企业落实稳岗补贴资金931万元；为5户玉米深加工企业落实地储粮补贴920万元；降低企业失业保险、生育保险基金、工伤保险缴费比例，进一步减轻企业负担。降本增效工作获得国务院第三次大督查的通报表扬。

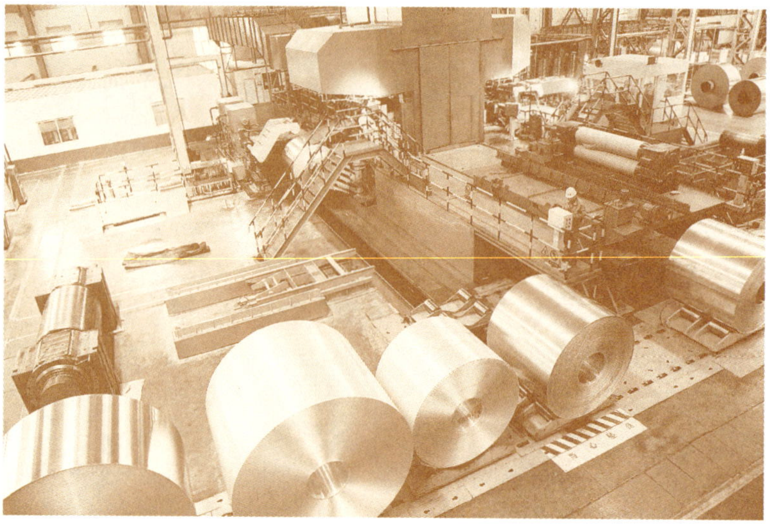

▲ 内蒙古联晟新能源材料公司2号轧机

【国企改革】 国有企业混合所有制改革进展顺利，霍煤集团与麦达斯集团签订战略合作协议；银河铝业与辽宁忠大集团达成合作意向；霍煤集团与奇瑞集团签订合作协议；高精铝、霍煤万祥与杭州鼎盛集团合作事宜正在洽谈。处置霍煤集团持有蒙东能源35%股权事宜正在开展前期工作；组建交通投资公司和水务投资公司，通辽市国有资产经营公司改组组建通辽市国有资本投资运营公司；出台《通辽市国资局监管事项清单》(试行)《关于深化改革加强市本级经营性国有资产监管工作实施方案》《通辽市国有企业功能界定与分类改革的实施方案》3个国资国企监管文件。

【政策扶持】 巩固融资服务创新成果，在中国银行通辽分行以及浦发银行合作的基础上，又与邮储银行通辽市分行合作建立“中小微企业池”；与青岛半岛港湾控股集团签订中小企业风险缓释基金合作协议，引进全市首家风险缓释基金；通过“助保贷”平台为117家企业发放贷款10.01亿元，累计为282家企业发放贷款20.01亿元。新增小微企业创业基地5户，中小企业公共服务“窗口”平台与自治区“枢纽”平台顺利对接，全年通过平台为26家服务机构申请到电子券交易资格，网络入驻服务机构40多家，企业130多家。深入实施百户创新型工业中小企业成长工程，建立“成长型”中小企业数据库，确定150户中小企业做为重点扶持对象。

【“智慧城市”建设】 加强“智慧城市”建设，信息化工作稳步实施。全市政务云平台建成并与自治区平台对接，同市政府直属部门连接完毕，8个旗县市区和1个经济技术开发区政务平台均建成并连入电子政务外网。智能公交项目部分设备设施建成并投入运营；智慧教育试点建设已经启动；一卡通项目准备签订框架协议；智慧公安项目开始视频前端设备建设更新；智慧旅游、智慧食药监项目正在进行前期配套设施建设。积极组织申报财政部第三批PPP示范项目，视频信息共享平台运营项目PPP模式社会投资人项目已通过自治区专家评审论证，在全区名列第一。

【通辽市大数据产业推介会在京举行】 11月7日，2016年通辽市大数据产业推介会在北京市举行。内蒙古自治区发改委主任包满达出席会议，通辽市委书记罗永纲致辞，市委副书记、市长包振玉主持会议，副市长贺海东出席会议。通辽市与中兴能源有限公司签订通辽大数据产业园建设项目合作协议；与杭州海康威视数字技术股份有限公司、中国普天信息产业集团公司签订智慧公安项目合作协议；与华为技术有限公司签订通辽云计算中心项目合作协议；与中国普天信息产业集团公司签订智慧安监项目合作协议；与四川长虹点点帮科技有限公司签订智慧社区项目合作协议；与中软智通科技有限公司签订市民卡综合应用项目合作协议，总签约额68.8亿元。通辽市对智慧城市综合管廊、基础网络优化、智慧农业、智慧人社、智慧医疗、电子政务云、扶贫开发惠民服务平台、智慧旅游、残疾人群服务平台、智慧城管平台和智慧物流等11个项目进行重点推介，推介项目总投资额72.2亿元，相关部门与受邀嘉宾及参会企业现场进行项目洽谈对接。内蒙古自治区被国家正式批复为国家大数据综合实验区，为通辽市加快发展大数据产业提供难得的机遇。通辽市将抢抓机遇，把发展大数据产业作为引领产业转型升级、创新社会治理、服务民生的重要抓手，全面落实内蒙古自治区“五大支柱”发展战略，运用大数据加快传统产业转型升级、推动新兴产业发展、改善民生、建设智慧城市，着力打造国内一流、富有特色的大数据产业基地。中兴能源有限公司、华为技术有限公司、杭州海康威视数字技术有限公司等20余家企业参加推介会。

【奇瑞房车新能源汽车制造基地项目开工】 2016年6月5日，市委书记罗永纲带队的市考察团一行到安徽省芜湖市，与奇瑞集团公司洽谈项目合作。市委副书记、市长包振玉和奇瑞集团公司董事长尹同跃共同签订双方合作项目协议书。根据协议，双方将本着优势互补、互惠互利、长期合作的原则，重点在车辆采购、汽车组装、铝后加工、农牧业机械等领域开展深入合作。奇瑞集团计划在通辽市投资建设房车改装基地、牧民棚户改造等项目，与通辽市相关铝后加工企业共同推进汽车铝轮毂及相关配件的采购和制造，为做大做强相关产业基地注入新动力。9月9日，通辽市重大项目之一的内蒙古奇瑞房车新能源汽车制造基地项目在通辽经济技术开发区开工。市委副书记、市长包振玉，市人大常委会主任道尔吉，市政协主席高琦，副市长韩国武，奇瑞集团副总经理鲍思语等领导出席。奇瑞汽车作为中国自主品牌汽车企业和首批“创新型企业”，在全球范围内具备一定的品牌知名度。奇瑞房车新能源汽车制造基地项目由奇瑞途居露营地股份有限公司投资建设，预计总投资5亿元。项目位于通辽经济技术开发区原渤海重工厂区，占地总面积18.2万平方米。

（张宏威）

工业园区

【工业园区概况】 通辽市工业园区建设开始于2000年，截至2016年年底规划建设9个工业园区，其中：自治区级4个，分别是通辽经济开发区、霍林郭勒工业园区、科尔沁工业园区、开鲁县工业园区；市级5个，分别是奈曼旗工业园区、科左后旗工业园区、科左中旗工业园区、库伦旗工业园区、扎鲁特旗工业园区。9个工业园区均为自治区级承接产业转移示范园区。截至2016年，全市工业园区规划总面积545.39平方公里，其中建成区面积238.93平方公里，入驻企业总数1137户，实现工业总产值2677.1亿元，营业收入2664.2亿元，税金67.04亿元，就业人数16.48万人。8个旗县市区及1个经济技术开发区工业园区中营业收入超200亿元的达

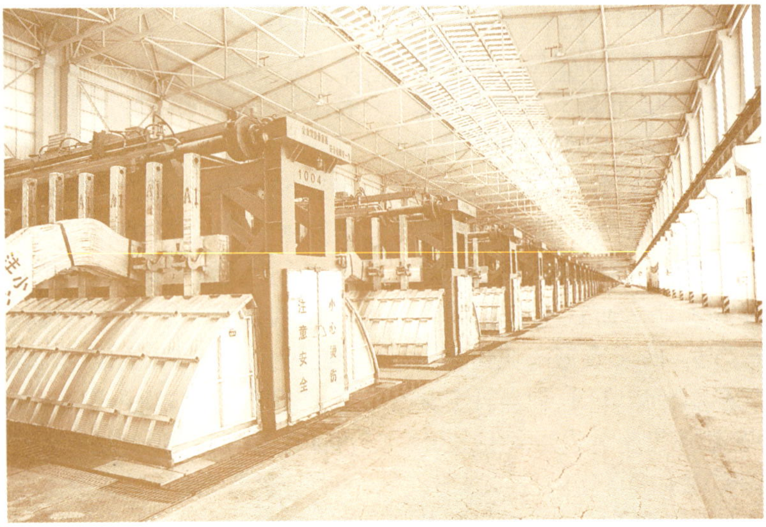

▲ 锦联铝材有限公司电解车间

到7个。起草《霍林河综合资源循环经济工业园区一体化发展的指导意见》,从规划、管理、基础设施建设、资源共享等方面提出具体实施意见。加强调度和考核,推动各园区加快水、电、路等基础设施建设。

【科尔沁区工业园区】 科尔沁区工业园区于2005年经通辽市政府批准成立,建成区面积39平方公里,累计投入基础设施建设资金12亿元。该工业园区形成玉米生物科技、原铝及铝后深加工、绿色农畜产品加工三大主导产业。2010年,被工信部评定为国家级新型工业化产业示范基地。2011年11月,内蒙古自治区人民政府正式批复科尔沁工业园区为自治区级工业园区。2016年,入驻企业总数150户,完成工业总产值510亿元,营业收入462亿元,税金8.2亿元,就业人数4.35万人。

【霍林郭勒工业园区】 霍林郭勒工业园区于2002年12月经通辽市人民政府批准设立,2003年3月正式启动建设。2006年,经国家发改委核准并经自治区人民政府批准,晋升为自治区级工业园区,被列入自治区24个重点工业开发区之一。园区建成面积60.87平方公里,形成以能源产业为核心的煤炭、电力、冶金、化工四大产业集群和比较完整的煤电铝、煤电硅、煤化工循环产业链条,成为综合实力位居全自治区工业开发区前列的省级工业园区。2011年12月26日,被自治区科技厅认定为“霍林郭勒煤电冶化高新技术特色工业产业化基地”;2015年2月,被国家工信部认定为“国家级新型工业化产业示范基地”。2016年,入驻企业总数113家,实现工业总产值585亿元,营业收入590亿元,税金19.08亿元,就业总人数1.89万人。

【通辽经济技术开发区工业园区】 通辽经济技术开发区工业园区总规划面积近22.5平方公里,建成面积22.5平方公里。2016年,入驻企业总数266户,完成地区生产总值180.55亿元,三次产业比2.62∶46.82∶50.56,财政收入17.37亿元;入驻规模以上工业企业83户,实现工业总产值288亿元,营业收入263.3亿元,税金8.4亿元,就业人数2.65万元。

【开鲁县工业园区】 开鲁县工业园区于2008年规划启动,建成区面积13平方公里,累计投入资金5亿多元。园区形成玉米生物科技、绿色农畜产品加工、新能源三大产业,是自治区级工业园区、自治区承接产业转移示范园区、工业循环经济示范园区、自治区农牧业产业化示范园区。2016年入驻企业总数90户,实现工业总产值353亿元、营业收入355亿元,税金9.61亿元,就业总人数2.04万人。

【奈曼旗工业园区】 奈曼旗工业园区于2003年开始筹建,2009年被通辽市政府批准为市级工业园区。建成区面积25平方公里,形成金属冶炼及制品、建材、绿色农畜产品加工三大产业,生物医药产业正在积极谋划推进中。2016年,入驻企业总数101户,实现产值148.6亿元,营业收入160亿元,税金3.89亿元,就业人数1.08万人。

【科左中旗工业园区】 科左中旗工业园区包括保康、宝龙山和花吐古拉3个工业园区,建成面积16.6平方公里,累计投入基础设施建设资金9.1亿元,形成绿色农畜产品加工、汽车零部件制造、风电设备制造及新型化工四大支柱产业。2016年,入驻企业总数91户，实现工业总产值168.4亿元，营业收入205亿元，上缴税金4.2亿元，就业人数0.73万人。

【库伦旗工业园区】　库伦旗工业园区于2006年开始筹建，于2011年11月被通辽市政府批准为市级工业园区，包括兴源工业园区、库伦沈阳工业园区和三家子工业园区，建成面积14.5平方公里，建园以来累计完成基础设施投入4.57亿元。2016年，园区入驻企业53个，完成工业总产值126.82亿元，营业收入125.2亿元，税金0.73亿元，就业人数0.45万人。

【扎鲁特旗工业园区】　扎鲁特工业园区包括扎哈淖尔工业园区、鲁北工业园区(含高技术煤化工园区)，2011年经通辽市人民政府批准成为市级工业园区，建成区面积30.46平方公里，基础设施累计投入超过20亿元，形成煤电铝及铝新材料、现代煤化工、绿色农畜产品加工业、新能源四大产业。2016年，入驻企业总数119户，实现产值283亿元，营业收入287.7亿元，税金10.08亿元，就业人数1.08万人。

【科左后旗自主创新与承接产业转移工业园区】　科左后旗自主创新与承接产业转移工业园区于2011年9月被批准为市级工业园区，2012年12月被批准为自治区级承接产业转移示范园区，建成面积28平方公里，形成有色金属加工、医药、农畜产品加工、矽砂和装备制造为主导产业的集群。2016年，入驻企业总数154户，实现工业总产值214.3亿元，营业收入216亿元，税金2.85亿元，就业人数1.45万人。

(王永军)

主导产业

【煤电铝产业】　截至年底煤电铝产业有60户企业(其中：电解铝企业3户、铝深加工企业20户、火电企业15户、煤炭开采企业22户)，重点企业有蒙东能源、霍煤集团、锦联铝材、创源金属等，煤炭保有储量112亿吨，形成年产褐煤4792万吨、电力装机容量1131.8万千瓦(其中：火电681万千瓦、风电393.1万千瓦、光伏49.9万千瓦、生物质4.2万千瓦，建成未发电3.6万千瓦)、电解铝198.3万吨、铝精深加工257.5万吨生产能力，产品涵盖普铝、精铝两大系列，拥有铝合金棒(锭)、铝型材、汽车零部件、铝板带箔、铝合金电缆、铝粉、铝压铸件等402种产品。2016年实现产值611.4亿元。该产业重点分布在霍林郭勒市、扎鲁特旗、科尔沁区。依托褐煤资源，通辽市积极探索褐煤综合利用途径，走出一条以低热值煤发电、以电炼铝、以铝做深加工的路子，形成煤电铝联营发展资源综合利用的产业格局。蒙东能源循环经济示范项目实现高碳产业的低碳、清洁生产，在联合国气候变化大会上被评为今日变革进步奖；锦联铝业被国家工信部列为首批46个国家智能制造试点示范项目；联晟新能源材料公司哈兹列特连铸连轧生产线全世界共有13条，是国内引进的第2条。

【绿色农畜产品加工产业】　截至年底绿色农畜产品加工产业有166户企业，形成55万头肉牛、400万只肉羊、360万口生猪、4000万羽肉禽、70万吨粮油、30万吨红干椒、3.5万吨荞麦、18万吨乳制品的加工生产能力，重点企业有金锣集团、科尔沁牛业、蒙牛乳业、清谷新禾等。2016年实现产值699.8亿元。绿色农畜产品加工产业在全市各旗县市区均有分布。肉制品精深加工主要分布在科尔沁区、开鲁县、扎鲁特旗、科左后旗；荞麦精深加工主要分布在通辽经济技术开发区、库伦旗、奈曼旗；红干椒精深加工主要分布在开鲁县；乳制品加工主要分布在科尔沁区、通辽经济技术开发区、扎鲁特旗。通辽市是国家重要的商品粮基地和畜牧业生产基地，农畜产品加工已经形成“绿色五谷、牛羊肉品、民族食品、草原饮品、健康休闲”五大系列产品。其中科尔沁肉牛、沙漠水稻、库伦荞麦、沙地小米、开鲁红干椒知名度最高。

【玉米生物科技产业】　截至年底玉米生物科技产业有企业26户，玉米深加工产业链13条，深加工产品200种，已形成130万吨淀粉、40万吨味精、20万吨氨基酸、10万吨葡萄糖酸钠、40万吨酒精、3万吨黄原胶、1万吨土霉素碱、5万吨硬葡萄糖淀粉脂、14万吨玉米胚芽油、120万吨复合肥等玉米深加工产品生产能力，玉米综合加工转化能力505万吨。重点企业有梅花生物、玉王生物、利牛生物、华曙生物等。2016年实现产值349.5亿元。该产业重点分布在科尔沁区、开鲁县。通辽市地处世界“黄金玉米带”,玉米品质好,淀粉含量70%以上;梅花生物是世界最大的小品种氨基酸单体生产企业,普鲁兰多糖、海藻多糖、植物胶囊突破日本和欧美等国家的技术垄断;黄河龙公司3万吨高品质黄原胶生产能力居亚洲第一。

【新型建材产业】 截至年底新型建材产业有企业100户,形成优质汽车玻璃30万吨、水泥1070万吨、硅砂加工360万吨的生产能力,重点企业有福耀玻璃、东蒙水泥、大林型砂、中联水泥等。2016年实现产值295.2亿元。在各旗县市区均有分布。硅砂加工主要分布在科尔沁区、科左后旗、奈曼旗;水泥熟料生产主要分布在库伦旗、奈曼旗;浮法玻璃主要在开发区;新型墙体材料主要分布在霍林郭勒市、开发区、扎鲁特旗、科尔沁区等。通辽市大林型砂有限公司是中国最大的铸造用天然硅砂生产基地,是铸造用硅砂以及标准砂唯一定点生产单位;福耀集团通辽有限公司浮法玻璃生产线采用世界先进的浮法玻璃生产工艺、设备和技术,拥有1个自治区级企业技术中心,生产的1.4~1.6毫米超薄玻璃填补自治区空白。

【装备制造产业】 截至年底装备制造产业有企业44户,形成1800台风机主机、1400套风机塔筒、600套风机叶片、3000套风机机舱罩、1.5万台套农牧业机械的生产能力,重点企业有美泽风电、华创风电、中科风电等。2016年实现产值179.4亿元。装备制造产业在全市各旗县市区均有分布。风电装备制造产业重点分布在开鲁县、科左中旗;矿山机械设备产业重点分布在霍林郭勒市、扎鲁特旗;农牧机械制造各旗县市区均有分布。通辽市风机装备制造拥有2.5兆瓦以上风电主机及全套风电设备制造能力。

【煤化工产业】 截至年底煤化工产业有企业11户,形成20万吨乙二醇、10万吨草酸、1240万吨褐煤提质的生产能力,重点企业有金煤化工、嘉华能源等。2016年实现产值67.7亿元。重点分布在扎鲁特旗、霍林郭勒市、通辽经济技术开发区。金煤化工的一氧化碳偶联两步法煤制乙二醇技术属全球首创,拥有完全自主知识产权,是重要的煤化工技术之一,与国内外普遍采用的石油工艺路线相比,具有成本低、节能环保、节省石油资源等优势。通过乙二醇中间产品草酸二甲酯,研发具有自主知识产权的草酸、乙醇酸、草酰胺等化工产品,具有多项国家专利产品,均属国内首创。

【新能源产业】 截至年底新能源产业有企业34户,总装机容量447.2万千瓦,其中:风电393.1万千瓦、光伏发电49.9万千瓦、生物质发电4.2万千瓦,重点企业有华能、国电、国华、大唐等。2016年实现产值49.1亿元。在全市各旗县市区均有分布。

【现代蒙药产业】 截至年底现代蒙药产业有企业14户,形成15种剂型、300多个品种、1500吨蒙药的生产能力,是全国最大的蒙药生产基地,重点企业有蒙药股份、库伦蒙药厂等。2016实现产值36.1亿元。重点分布在通辽经济技术开发区、库伦旗。蒙药股份是国内最大的蒙药生产企业。

【镍铬合金产业】 截至年底镍铬合金产业有企业1户,形成20万吨镍合金的生产能力,重点企业为和谊镍铬复合材料有限公司。2016年实现产值5.9亿元。以奈曼旗为重点发展镍铬复合材料产业。

【新材料产业】 截至年底新材料产业有企业2户,形成500吨单晶硅、12 300个蓝宝石晶体的生产能力,重点企业有昌盛光伏材料科技、伯恩露笑蓝宝石。2016年实现产值1.3亿元。重点分布在科尔沁区、霍林郭勒市。伯恩露笑蓝宝石有限公司是世界最大的蓝宝石供应基地。

(王永军)

电力供应

【企业概况】 国网内蒙古东部电力有限公司通辽供电公司(简称国网通辽供电公司)是国网内蒙古东部电力有限公司(简称国网蒙东电力)所属盟(市)供电公司,负责辖区内一定电压等级的电网规划建设、电气设备运行检修和143余万用电客户供电服务工作。通辽电网是典型的“大电源、轻负荷、远距离”外送型电网，是东北地区重要能源基地。

【城乡供电】　通辽电网是以500千伏网架为骨干、220千伏网架为支撑、66千伏网架为主导、10千伏网架为脉络覆盖全市的中型电网。截至2016年末，通辽电网发电装机容量10 859.87兆瓦，其中，火力发电厂15座，装机容量6282兆瓦，包含6座自备电厂，自备装机容量2940兆瓦，风力发电场34座，装机容量4078.8兆瓦，光伏电站16座，装机容量499.07兆瓦，风光互补发电2座，容量39兆瓦。全年发电量339.1亿千瓦时。500千伏变电站3座，主变容量5400兆伏安，500千伏线路8条，线路总长871公里；220千伏变电站22座，主变容量5016兆伏安，220千伏牵引站10座，主变容量1071兆伏安，220千伏开关站3座，220千伏线路125条，线路总长3948.7公里；66千伏变电站191座，主变容量5125.95兆伏安，66千伏线路274条，线路总长4467.16公里。全年最大负荷227万千瓦（2016年7月17日）。2016年，通辽供电公司售电量101.69亿千瓦时，位列国网蒙东电力四盟（市）首位。城市、农网用户供电可靠率分别完成99.95%和99.71%。

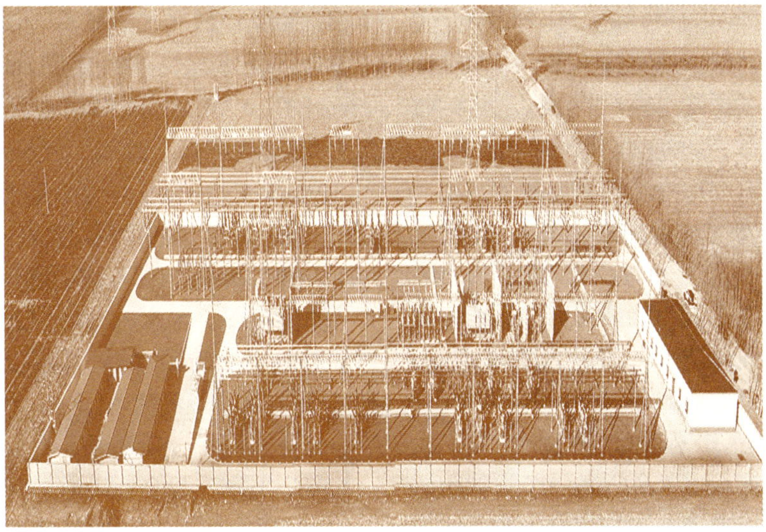

▲ 9月8日，通霍铁路电气化改造配套工程220千伏哲里木变电站正式投运　于　平　摄

【开展活动】　持续开展青春光明行活动，组织青年创新创效。成功举办“奋斗的青春最美丽”青年论坛辩论赛，开展“缘来你也在这里”大型青年联谊活动。1名员工获国网蒙东电力“青年读书荐书分享活动”第一名。1项青年创意项目获国网蒙东电力第一名。1名基层员工获国网蒙东电力青年五四奖章。

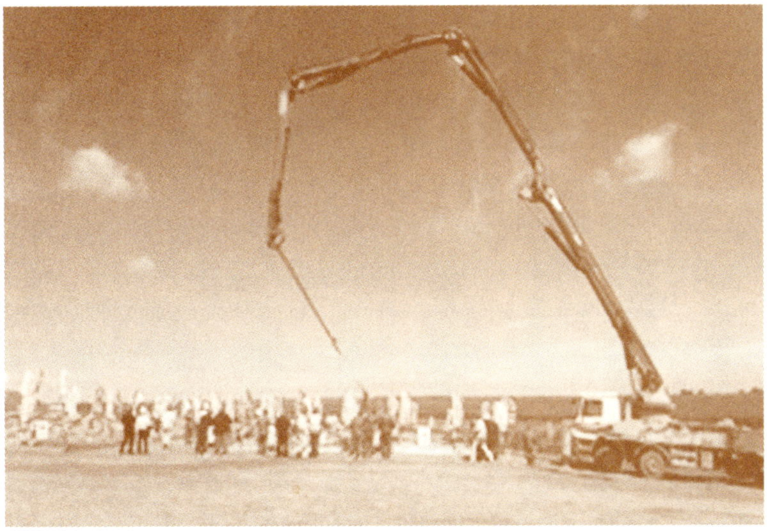

▲ 9月6日，扎鲁特—山东青州±800千伏特高压直流线路工程蒙1标段首基试点正式开工　王英杰　摄

【电网建设与发展】　编制完成“十三五”公司发展规划、“十三五”新一轮农网改造升级建设方案及目标网架。取得扎鲁特配套等153项重点工程及市、县两级政府188项前期相关文件协议，高效完成1300余项10千伏项目节能评估备案。全力推进同期线损建设。通过国家电网公司年度全部考核指标，累计核查档案信息数据16 420条，勾稽10千伏及以上计量关口2096个，配置66千伏以上关口860个。推进电网标准化建设，基建工程全电压等级应用“三通一标”、全方位应用技术标准体系，确保工程建设的安全质量与效率效益。全年累计新开工500千伏扎哈

淖尔等14项工程,开工66千伏及以上线路239.15公里,新开工变电容量80.3万千伏安;投产66千伏及以上线路977.76公里,变电容量159.3万千伏安,开工、投产完成率100%。扎鲁特—青州±800千伏直流特高压工程属地协调工作成果显著。在通辽市委、市政府及相关部门的通力配合下,用不到3个月的时间完成通辽境内227基线路基础的征占地工作。完成扎哈淖尔500千伏输变电工程线路部分以及变电站一、二次设备安装。

配合完成全年电气化铁路投运任务。完成牧场220千伏变电站以及铁路电气化改造外部供电工程7座220千伏变电站(开关站)及630公里220千伏线路的投运工作,为铁路10座牵引站供电,实现通辽市境内的通辽至霍林河、通辽至大虎山、通辽至四平三条铁路全线电气化通车。迅速落实国家发展改革委员会办公厅文件要求,开展"中心村""机电井"及"村村通动力电"核查工作,签订电网改造及通电协议,2016—2017年计划投入10.73亿元解决273个中心村电网升级改造、81个行政村动力电不足、13 716眼机井通电问题。2016年,建设完成5项66千伏工程、402项10千伏及以下农网工程。2016年12月第三批投资计划3项66千伏工程、146项10千伏工程全部开工。哲里木220千伏变电站等15项工程被命名为国家电网公司优质工程,优质工程率保持100%,科左后旗10千伏润伊线新建工程被评为国家电网公司农网百佳工程,库伦旗先进66千伏变电站获国网蒙东电力优秀设计三等奖。

【安全生产】 推进本质安全建设工作,举办主题展、紧急救护法竞赛等文化载体活动,提升公司安全生产工作管控能力和员工职业素养。落实通辽市委、市政府安全工作部署,扎实开展"三查三强化"和安全大检查安全专项行动督查,排查并整改隐患1777项,提升电网设备健康水平。举办1325人/次"三种人"统一考试,建立《安规》常态化抽考机制,安排到岗到位1983人/次,查处违章行为50起、不规范行为112起并进行严肃考核,完成年度安全生产工作任务。严密部署迎峰度夏(冬)、防汛工作。修编公司总体和大面积停电应急预案,开展库伦220千伏变电站全停事件等18次486人参加的专项应急演练。确保灾害天气和节日期间电网安全稳定运行和可靠供电。截至年底,开展10千伏城市配电网不停电作业2529次,通辽供电公司实现连续安全生产4652天,连续12年实现"安全年"目标。

【营销服务】 推广实施电能替代项目108个。推进大用户直接交易。深化电能服务管理平台应用,新增用电客户能效采集终端490个。完成国家0.3%节约电力电量指标。深入推进"无投诉供电企业"创建。举办服务技能实务培训班6期、参培1120人次;组织窗口暗访、入户走访、交流互访、视频查访,辖区供电营业厅明察暗访实现全覆盖;建立"无投诉星级评比"制度,每月对县公司打分排名并进行星级命名公示。2016年,公司获得投诉管理和营业厅管理2项标杆。

开展标准化示范营业厅试点建设。走出电力,跨行业吸收服务精华,编制《国网通辽供

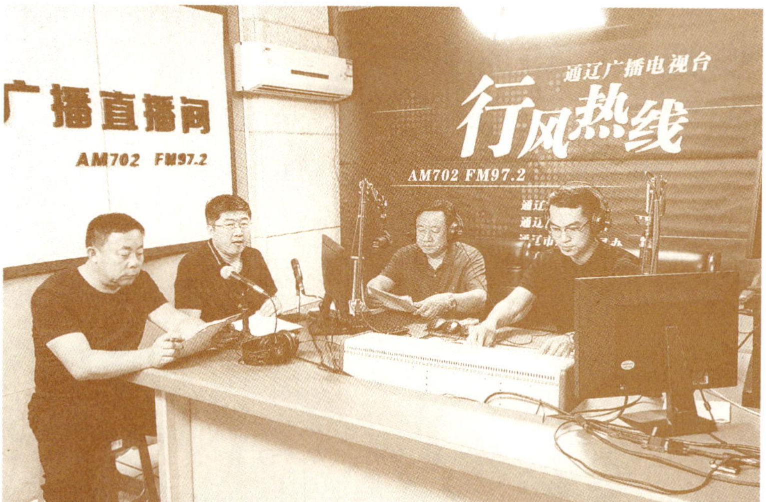

▲ 8月1日,公司副总经理张忠杰(右二)带领营销部、运维检修部负责人走进通辽"行风热线"直播间,现场解答用户用电难题

殷志鹏 摄

电公司标准化示范营业厅建设指南》,促进优质服务水平持续提升。全面推广使用掌上电力应用软件及“95598”智能互动网站等自有线上办电渠道,方便客户在家申请办电。落实园区办电“绿色通道”政策,快速响应客户用电需求,加快业扩报装速度,确保客户及时用电。

【荣誉】 2016 年,通辽供电公司获国家电网公司 2016 年度先进集体、内蒙古自治区 QC(质量控制)小组活动优秀企业、全区文明服务窗口单位、国网蒙东电力“双十佳”等多项殊荣。1 个集体被评为全国优秀质量管理小组,2 个班组被评为全国质量信得过班组,2 名员工获得自治区五一劳动奖章。

(于爽　孙畅)

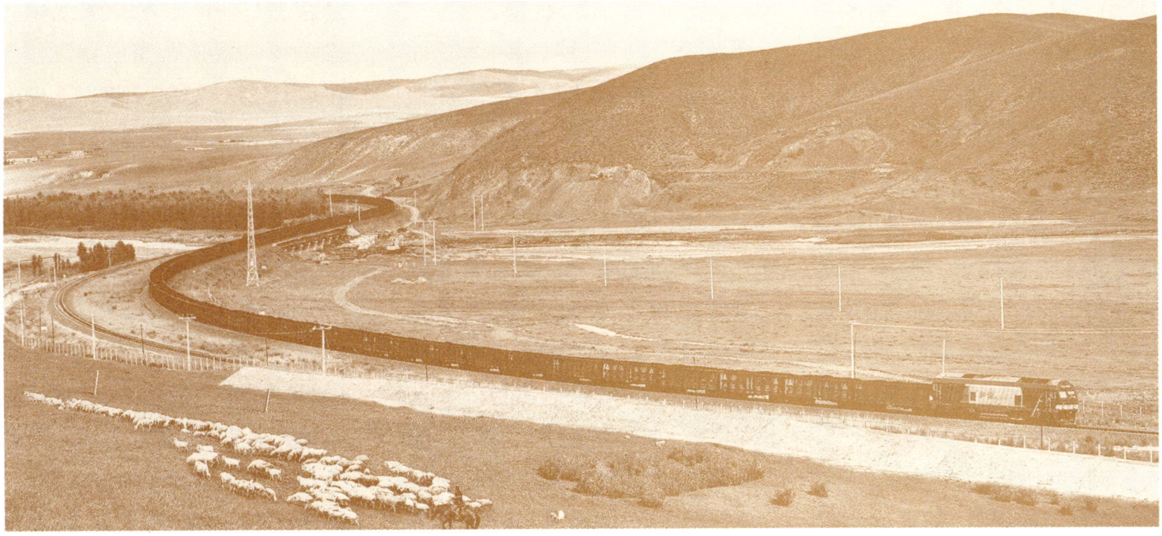

▲ 煤海长龙　王佐玉　摄

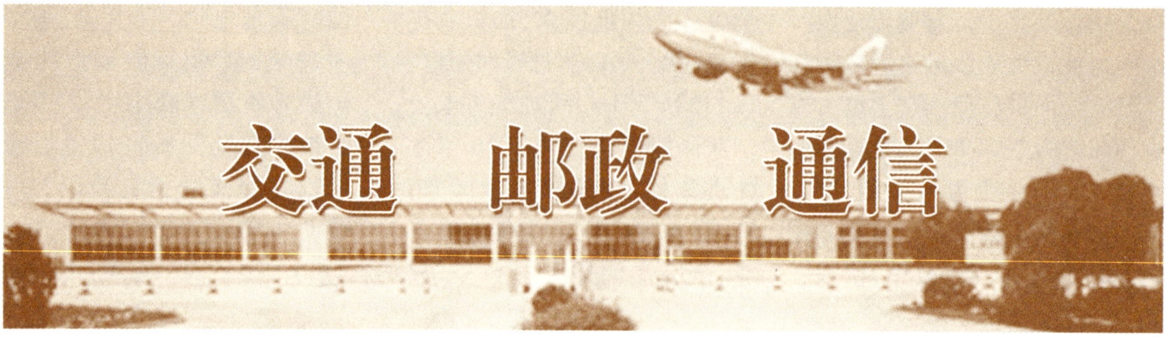

交通　邮政　通信

交通管理

【公路概况】　全市公路里程21 004公里，其中，高速公路430公里。全年公路货运量9291.6万吨，同比增长9.3%；公路货运周转量179.13亿吨公里，同比增长8.2%；全年公路客运量1627.6万人，同比增长2.8%；公路旅客周转量22.27亿人公里，同比增长7.9%。开展道路客运非法营运、货运违法行为专项整治，查处违章违法行为2755例、“黑车”449辆。

【交通运输改革】　加大简政放权力度。承接好取消、下放审批事项工作，进一步梳理部门权利清单和责任清单，简化审批程序。加快组建交通运输投资有限责任公司，进一步创新融资模式，推进交通基础设施建设政府和社会资本合作(PPP)，探索建立政策性贷款、股权合作等融资模式，争取在存量换增量、资产换资金、产权换股权方面取得新突破，不断拓展融资新空间。组建公交总公司，完善现代法人治理结构和现代企业制度。做好撤销政府还贷二级收费公路工作。建立重大事项集体决策风险评估机制，重点抓好工程建设领域规范化、法治化、制度化管理。

【交通运输服务建设】　巩固公交服务提升活动成果，完善主城区公交站亭、停保场、首末站及公交附属设施建设，落实公交“十三五”专项规划，全面落实各项公交惠民政策，完善公交发展财政补贴机制。加快行业科技创新能力，充分发挥智慧交通引领作用，加快大数据现代信息技术在交通运输行业的应用。推动信息化与公共基础建设同步规划、同步建设、同步使用。加快货运车辆北斗导航系统的安装使用，充分发挥“两客一危”车辆监控平台的作用。加快道路运输结构调整，扩大客运接驳运输试点，推进货运甩挂运输，加快金港物流甩挂运输站场建设。

【公路建设】　完成交通基础设施建设投资79亿元，同比增长11%，占全市固定资产投资的5.3%，再创历史新高。新增里程2500公里，通车总里程达到2.1万公里。完成客货运综合周转量181亿吨公里，同比增长8.2%。建成霍林河至阿力得尔一级公路、通辽市区北环一级公路、舍伯吐至大兴二级公路3条辖区内公路。通鲁高速公路、大沁他拉至白家湾子高速公路、国道111线舍哈一级公路、省道208线鲁开二级公路、国道111线大沁他拉镇过境线二级公路完成年度预期建设计划。实施2522公里农村公路和3736公里街巷硬化建设，嘎查村通畅率达到96%，硬化覆盖率达到100%。

【公路养护管理】　全年实施路段总量程448.8公里。其中，创建“畅通舒适路”40公里，创建“平安放心路”233.1公里，创建“生态景观路”175.7公里。累计投入资金7550万元，处理干线公里路面病害坑槽2.4万平方米，加固危桥3座、危涵3道。实施国道111线、国道303线、国道304线、省道304线、省道305线路面病害维修处置工程，并通过自治区“区检”。路政巡查干线公里里程85万公里，查处破坏路产、路权案件92起，挽回经济损失122万元。

（刘　哲）

交通投资

【企业概况】　2016年5月5日完成通辽市交通投资有限责

任公司注册，下设3个全资子公司，分别为通辽文化产业有限责任公司、通辽市文化旅游产业投资有限公司和通辽体育产业投资有限公司。10月8日完成组建通辽交通投资集团有限责任公司，着力打造五大板块经营业务(交通基础设施建设、城市基础设施建设、文化产业、旅游产业和体育产业)，现有资产总额24.57亿元。公司性质为国有独资，功能界定为特定功能类国有企业。按照法人治理结构设立董事会，实行董事会领导下的总经理负责制。集团公司内设综合部、投融资部、项目管理部、财务部。

【运营管理】　按照市政府要求和企业发展需要，招聘选调24名工作人员。2016年，财务核算准确监督到位，项目管理正常运行，人事劳资稳步推进，党建工作有序开展，公文处理高效规范，集团公司网站上线运行。制定公司24项管理制度，基本达到按制度运营的管理理念，逐步进入科学管理轨道。制定《通辽交通投资集团有限责任公司“十三五”经营发展规划》。

【项目融资】　与建设银行通辽分行合作，为科左后旗“十个全覆盖”街巷硬化项目融资6亿元。与国家开发银行内蒙古分行合作，为国贫旗行政嘎查村基础设施建设项目申请扶贫贷款22亿元，其中科左后旗7.5亿元、科左中旗9亿元、库伦旗5.5亿元，通过国家开发银行审贷会审批并进入落实贷款合同签订阶段。

【支持旅游业发展】　按照市政府要求，参与500公里文化旅游风景大道建设。遵照市政府〔2016〕64号会议纪要精神，对自驾车露营地拨付补助资金及实物。对11家露营地、1家驿站、1个观景平台予以实质性扶持，资金总额达4144.89万元；配置房车85辆，并于2016年10月末运送至各自驾车露营地投入使用。推进通辽旅游景区及自驾车露营地行业协会注册登记工作。

【文化体育产业项目】　根据通辽市国有资产监督管理局《关于划转通辽文化产业有限责任公司相关事宜的批复》通国资字〔2016〕64号文件精神，通辽文化产业有限责任公司(简称文产公司)正式划入交投集团。制定《“十三五”时期通辽文化产业有限责任公司发展规划》和文化产业项目建设实施方案，策划18个重点开发项目，其中“经典100草原民歌”“北方影视产业中心”“草原国际微电影节”3个项目申报自治区文化产业发展专项资金。通辽体育产业投资有限公司制定“十三五”时期体育产业发展规划和年度体育产业项目实施方案。

(孙守相)

铁　　路

【京沈高铁通辽段开工建设】

6月18日，作为通辽至京沈高铁新民北站铁路咽喉工程的跨国道304线及大郑铁路特大桥第一根桩顺利灌注完成，标志着该条铁路的控制性大桥开始施工。跨国道304线及大郑铁路特大桥全长3785.93米，墩柱112个，双线一字形桥台2个，在跨越国道304线及大郑铁路段桥梁采用双线连续箱梁，转体施工。此次灌注的是70—2#桩基，桩长36米，共灌注混凝土30余立方米。跨国道304线及大郑铁路特大桥是全线最为关键的控制性工程。该桥88#墩、89#墩箱梁将进行转体，同时跨过国道304线及大郑铁路，工期紧，施工难度大，要求标准高。10月30日，通辽至新民北客专首跨大郑铁路钢横梁架设成功。10月24—30日，近百名作业人员、十几台大型机械紧张而有序的作业，共7片总重1000吨的钢横梁安全架设完毕，通辽特大桥以不到10度的角度，斜跨大郑铁路双线，完成通新客专施工对既有大郑线的首次安全跨越。

通辽至京沈高铁新民北站铁路正线全长为197公里，铁路等级为高速铁路，设计速度250公里/小时，项目总投资175.7亿元。该项目计划竣工日期2018年6月。建成后，乘坐高铁，通辽到沈阳的乘车时间将由5小时缩短至1.5小时，通辽到北京的乘车时间也将由14小时缩短至3.5小时。

【铁路电气化改造完成】　2016年12月29日，钱家店铁路牵引变电所送电成功，标志着国网蒙东检修公司圆满完成2016年通辽电气化铁路改造工程建设任务。2016年通辽完成电气化铁路改造工程包括通辽—大虎山、通辽—霍林河、

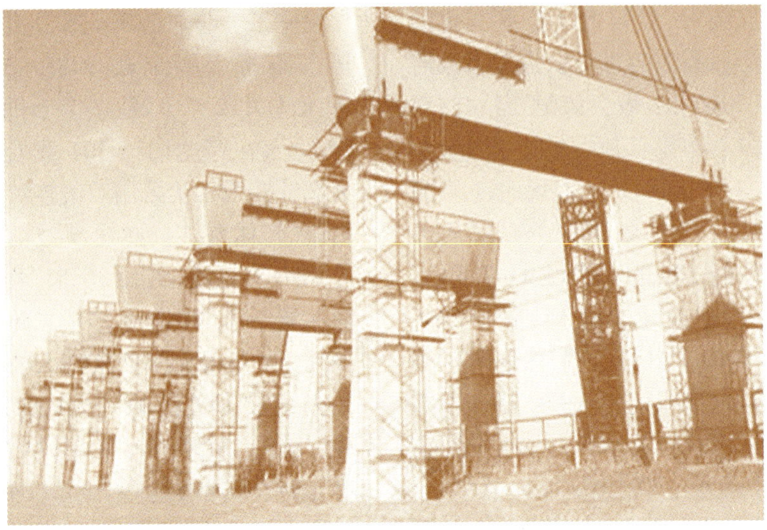

▲ 10 月 30 日,通辽至新民北客专首跨大郑铁路钢横梁架设成功

通辽—四平 3 条铁路,涉及 17 个牵引变电所,其中国网蒙东检修公司负责 12 个牵引变电所送电工作,配套建设 6 座 220 千伏变电站,改扩建 15 个 220 千伏线路间隔,线路长达 1300 公里,设备投运规模相当于通辽电网从 1973—2003 年间设备投运规模的总和。通过测算,线路电气化后,仅运营成本每年可节省 2.6 亿元,运输效率和运输效益将显著提高。

【奈曼旗工业园区铁路专用线建成通车试运行】 11 月 26 日,总投资 1 亿元的奈曼旗工业园区铁路专用线建成通车试运行。通辽市奈曼工业园区铁路由沈阳铁路局投资建设,工程于 5 月 5 日开工建设。该铁路专线自奈曼站引出,出站后并行既有京通铁路折向北偏东方向,进入通辽市奈曼工业园区,预留工业园区站,终至内蒙古和谊镍铬复合材料有限公司装卸场,线路全长 6.5 公里。通辽市奈曼旗工业园区铁路专用线将惠及工业园区内 80 家企业,构建高效畅通的物流运输体系,有效降低园区的物流成本,提升市场竞争力。

民　　航

【民航概况】 内蒙古自治区民航机场集团有限责任公司(以下简称“内蒙古民航机场集团公司”)通辽分公司(以下简称“通辽机场公司”)隶属于内蒙古民航机场集团公司,通辽机场公司成立于 2003 年,是内蒙古自治区大型国有企业内蒙古民航机场集团有限责任公司旗下成员企业之一。内蒙古通辽机场始建于 1958 年,位于内蒙古东部科尔沁草原,毗邻东三省,是自治区东部重要的航空支线机场。2016 年新开通国内航线 6 条,全年开通国内航线 14 条,通航国内城市 13 个,航班起降 9144 架次,全年民航旅客运输总量 71.05 万人次,同比减少 18.3%;客运周转量 9.68 亿人公里,同比下降 16.6%;全年民航货运量 0.15 万吨,同比下降 56.7%;货物运输周转量 127.9 万吨公里,同比下降 74.1%。

【安全运行服务】 完成内蒙古民航机场集团公司下达的年度任务目标,未发生责任原因造成的运输保障、空防和航空地面事故及事故征候。安全管理体系建设方面,继续整章建制,强化制度管控,修订和制定规章制度 11 部。组织运行值班领导培训,逐级渗透“失职追责”的责任意识,受训人员达 80 人次。重督导、勤检查、查隐患,全年开展安全检查 20 余次,有效排查和督导整改隐患 71 项。充分发挥六大委员会(安全管理委员会、安全生产委员会、消防安全、空防安全、空管安全、除冰雪)平台作用,发布安全风险预警提示 5 份,提升风险管控水平。以机场换证审定工作为契机,对标局方要求积极整改落实 33 个问题项,成为华北地区率先完成换证审定的机场。“平安民航”建设工作有序推进,保持空防安全的平稳态势。结合机场运行和局方“三个底线”等要求,开展控制区管理、防跑道入侵、机坪运行管理及危险品运输管理等 4 个专项治理。安全科技应用方面,运行监控室于 10 月 1 日正式运行,发挥监控安全运行状态、监控规章标准执行和隐患排查处置作用,处置不正常信息 69 起。安全文化建设方面,建立安全服务绩效考核机制,以落实任务分解的方式,推行目标考核、过程管理,签署安全诚信保密协议。启动抓无后果违章和安全服务随手拍工作,完善自愿报告的激励机制。

【提升服务品质】 全年机场公司收到有效旅客投诉事件0起，旅客满意度ACI平均值4.46分，服务质量有较大提升，获得全国民用机场旅客满意优秀奖。落实民航局“真情服务”工作要求，开展服务质量提升和特殊旅客服务保障等专项治理活动。成立旅客服务促进委员会，规范服务管理工作。开展服务知识培训6次，受训人员130人次。开展服务检查10余次，并建立服务风险数据库，强化风险管理水平。落实集团“首府中转”服务战略，制定“中转旅客”服务方案，重新梳理服务保障流程，设立专用柜台，助推首府中转服务落地，中转报送率位居集团公司前列。启动公司对外电话服务拨测工作，进而有效提升服务品质。落实通辽市政风行风建设和市长热线监督工作，力促机场服务质量得到社会监督。

【航运】 2016年，围绕内蒙古民航机场集团公司“首府中转”和“支支通”两项重点工作，持续优化航线网络，不断提升运营品质，提前10天完成集团公司下达的年度任务目标。运输生产总量位列集团第5名、全区第6名。谋划航线网络布局，有序开展运力引进及市场开发工作，全年通航“一干三支”四个区内机场，成为区内开通“支支通”最多的直线机场。累计运营航线14条，通航城市13个，先后有9家航空公司参与运营，其中长安航空为首次加盟运营内蒙古支线航空。通过引入国航加盟运营“呼通支线快线”，提升航线运营品质。据统计，呼通支线快线全年完成旅客吞吐量301 994人次，占比达42.51%，连续4年增长超过24%。持续固化常态化宣传，全年召开航班推介会3次，发布微信宣传101期，有效提高通辽机场关注度和航空产品知名度。

【基础设施建设】 安全设施投入方面，完成航管楼更新改造和机场盲降系统更新工作；组织实施跑道裂缝补灌及道面标志标识整改工作；创建驱鸟实验基地、助航灯光模拟基地和密实度检测试验基地。民生改善方面，完成机场生活用水改造和锅炉供暖系统维修工作，提高职工工作生活质量；借助“十个全覆盖”政策执行机遇，解决机场市内家属院楼房窗户更新、污水井改造等民生问题。机场改扩建方面，配合地方政府相关部门，成立以机场公司为主体的飞行区改扩建工作领导小组，并于2016年10月正式启动《通辽机场总体规划》修编工作。通辽机场改扩建工程被列入《内蒙古自治区十三五发展规划》和民航专项计划，通辽机场航空口岸开放被列为《自治区“十三五”口岸发展规划》。

（程丽波）

邮政管理

【概况】 2016年，通辽市邮政行业业务收入（不包括邮政储蓄银行直接营业收入）累计完成2.64亿元，同比增长30.12%；业务总量累计完成1.81亿元，同比增长33.10%，位居全区第五位。全市快递服务企业业务量累计完成570.48万件，同比增长67.46%；业务收入累计完成1.18亿元，同比增长61.38%，位居全区第五位。

单位:亿元

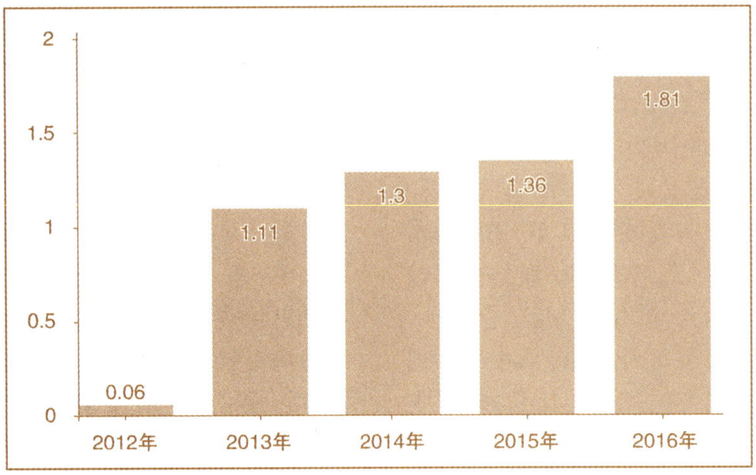

图6 2012年—2016年邮政行业业务总量发展情况示意图

注:各年邮政行业业务总量均按2010年不变价格调整计算

单位:亿元

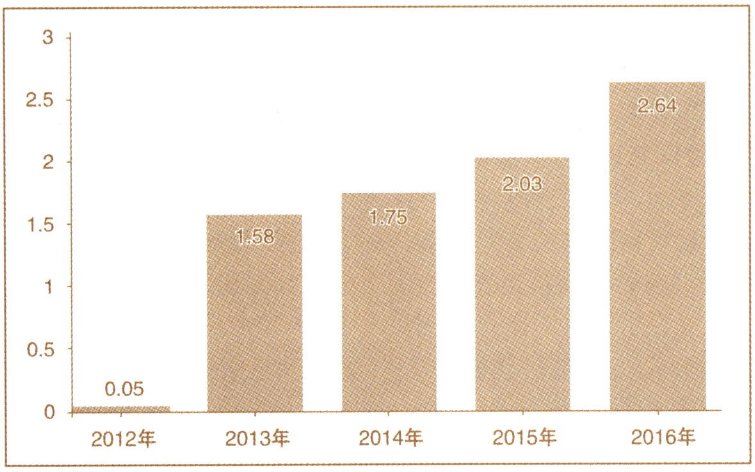

图7 2012年—2016年邮政行业业务收入发展情况示意图

注:各年邮政行业业务总量均按2010年不变价格调整计算

【促进快递业发展的实施方案】 出台《通辽市人民政府印发〈关于促进快递业发展的实施方案〉的通知》,该《方案》指出,要以解决制约快递业发展的突出问题为导向,以“互联网+”快递为发展方向,培育壮大快递市场主体,融入并衔接综合交通体系,完善四级物流网络,整合电商快递资源,支持快递企业入驻电商快递物流园,推动电子商务与快递物流协同发展,打造“工业品下乡、农畜产品进城”双向流通渠道,不断满足全市经济社会发展需求。《方案》要求,坚持政府引导、企业实施、突出重点、分步推进、市场运作、讲求实效的原则,推动快递业持续健康发展。全力推进电子商务与快递物流协同发展,力争到2020年,建成自治区东部以通辽市为中心,覆盖旗县(市、区)、苏木乡镇、嘎查村四级,功能完善、运行高效的电商快递综合服务平台,基本实现“盟市有园区、旗县有分拨中心、乡镇有网点、村村通快递”的局面。充分发挥通辽市独特的区位优势,建成连通周边,辐射东北、华北的区域快递服务网络。《方案》提出,力争到2020年,快递业务收入达到1.8亿元,年均增长20%以上;快递业务量(出港量)达到850万件,年均增长20%以上;年服务对象达到4000万人次,带动电子商务网络购物交易额达到50亿元;培育3~5家年营业收入超过1000万元的快递企业,2家年营业收入超过3000万元的快递企业,累计新增就业岗位达到1000个;快递企业依法合规经营管理水平进一步提升,服务网点建设标准化率达到90%;投诉处理满意率达到95%以上,行业服务社会用户满意度达到85%以上。《方案》围绕落实培育壮大快递市场主体、协同推进“互联网+”快递、健全完善四级服务网络、加强快递业信息化建设、提升快递业标准化水平、促进快递业与综合交通运输体系融合和全面提升监管水平七大主要任务,从简政放权、优化快递市场环境、健全法规规划体系、加大政策支持力度、人才支持政策、保障通行政策、末端建设政策七方面提出多项政策保障措施。

【邮政普遍服务业务】 函件业务持续下滑,全年函件业务量完成22.61万件,同比下降29.08%。全年包裹业务量完成

2.01万件，同比下降52.82%。报刊业务同比下降。全年订销报纸业务完成3540.89万份，同比下降5.83%。全年订销杂志业务完成73.44万份，同比增长2.87%。全年汇兑业务完成12.61万笔，同比下降41.16%。

【快递业务】 全年快递服务企业业务量完成570.48万件，同比增长67.46%；快递业务收入完成1.18亿元，同比增长61.38%。全年同城快递业务量完成157.30万件，同比增长372.55%；实现业务收入1923.04万元，同比增长383.71%。全年异地快递业务量完成412.93万件，同比增长34.46%；实现业务收入7145.85万元，同比增长31.41%。国际及港澳台快递业务同比下降。全年国际及港澳台快递业务量完成0.25万件，同比下降9.70%；实现业务收入153.19万元，同比增长143.93%。同城、异地、国际及港澳台快递业务量占全部比例分别为25.57%、72.38%和0.04%，业务收入占全部比例分别为16.34%、60.72%和1.30%。

单位：万件

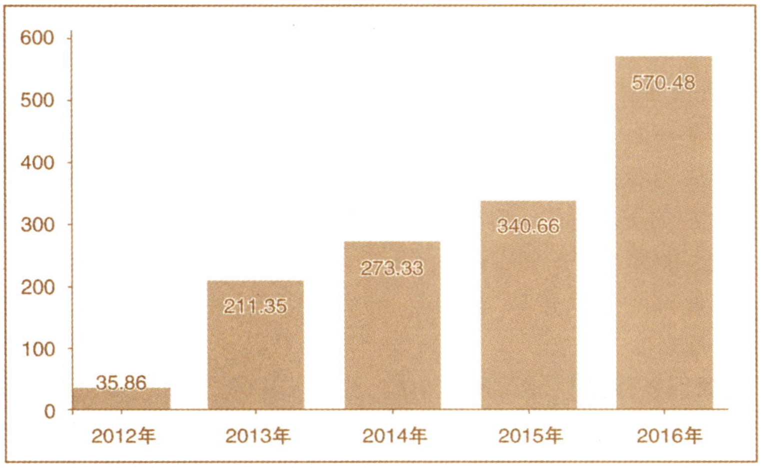

图8　2012年—2016年快递业务量发展情况

单位：亿元

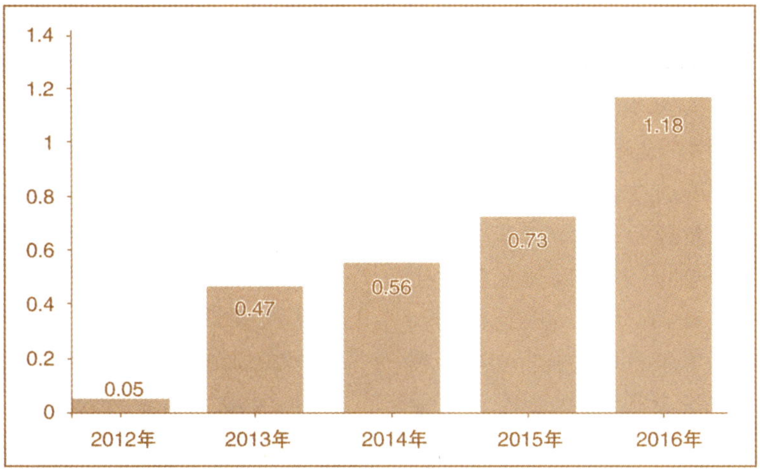

图9　2012年—2016年快递业务收入发展情况

【通信能力和服务水平】

机构设备　全行业拥有各类营业网点383处，同比增长14.67%，设在农村的有166处，同比增长2.47%。全市拥有邮政信筒信箱126个。全行业拥有各类汽车309辆，比上年末增长14.02%，其中快递服务汽车191辆，比上年末增长16.46%。快递服务企业拥有计算机468台，比上年末下降0.21%；手持终端843台，比上年末增长29.69%。

通信网路　全市邮政邮路总条数211条，邮路总长度19 535公里。

服务能力　全行业平均每一营业网点服务面积155.44平方公里；平均每一营业网点服务人口0.82万人。人均函件量0.07件。年人均快递使用量1.83件。年人均用邮支出84.49元，年人均快递支出37.76元。

注：部分数据因四舍五入的原因，存在着与分项合计不等的情况。全市总面积数据来自通辽市国土资源局《通辽市地理国情普查外业统计工作情况》。全市人口数据来自通辽市统计局《通辽市2016年国民经济和社会发展统计公报》

【苏木（乡镇）邮政普遍服务局所覆盖及服务情况检查】 采取现场检查和发函调查的方式对辖区内所有苏木乡镇邮政营业场所覆盖情况进行调查，调查结果显示,有邮政普遍服务网点覆盖的乡镇83个,乡镇网点覆盖率92.2%;督促邮政企业增设7处邮政普遍服务局所,实现全市苏木乡镇邮政普遍服务局所全覆盖。

【建制村直接通邮工作】 通辽市有2092个建制村,17个农村社区。全市未直接通邮建制村627个,建制村直接通邮率70.03%。

【邮政普遍服务“两项审批”和“五项备案”管理工作】 2016年,在坚持总量控制和普遍服务标准前提下,依法规范开展行政审批与备案工作,受理并批准同意撤销普遍服务局所2处,备案新增普遍服务局所2处,暂时停限办业务局所1处,恢复办理业务局所1处,迁址局所1处。

【开鲁县“邮快合作”试点工作】 与邮政企业召开座谈会,共同探讨开鲁县“邮快合作”试点工作推进事宜。解决农村投递“最后一公里”。

【快递下乡及快递三进工程】 全市快递末端投递网点245个,覆盖全市74个乡镇苏木,覆盖率82.22%。快递进校园、进机关工作有效开展。

【机构名录审核】 依规优化快递分支机构名录变更受理、核查工作。2016年度新增分支机构36家,分支机构变更23家,证件补录1家。

【快递运单销毁】 联合通辽市国家保密局开展2016年全市快递运单统一销毁工作,销毁快递运单8.45吨,维护寄递渠道信息安全。

【信用体系建设】 按照自治区邮政管理局信用体系建设工作方案要求,结合工作实际,成立专项领导小组,编制工作方案,召开全市信用体系建设动员会议布置相关工作,组织企业开展行业诚信体系建设工作,并将全市快递企业全部录入信用系统,录入从业人员1000余人。

【寄递企业安检机配置工作】 贯彻落实《邮件快件微剂量X射线安全检查设备配置管理办法(试行)》,积极引导寄递企业加强安检设备管理。引导各企业建立安检制度,制定本企业安检应急预案,建章立制,规范企业安检设备使用;要求各企业配备专职安检人员,并经培训合格后上岗;引导各企业建立安检台账,并对使用中发现的异常情况如实记录并及时处理。全市有10家寄递企业配备安检设备。

【旺季服务保障】 成立通辽市旺季服务保障领导小组,制定工作方案;与快递企业签订旺季服务保障承诺书,落实企业主体责任,加强旺季期间监督检查,确保快递旺季期间安全生产。

【寄递渠道安全监管】 加大对行业安全生产工作监管力度。在全市19家寄递企业范围内开展安全生产大检查、快递服务质量整治工作、快递业务旺季服务保障检查、行业统计工作检查、邮政用品用具检查及快递市场清理整顿行动等7项重点检查活动,检查寄递企业及网点415个,出动检查人员929人次,下达责令整改通知书26份,约谈企业负责人6人次,依法对2家快递企业违法违规行为进行处罚。组织各寄递企业做好春运、“两会”、G20峰会、园艺博览会、中共十八届六中全会、自治区党代会等重大活动期间的邮路安全。组织召开专题会议安排部署进一步加强全市寄递渠道安全监管工作,要求企业落实安全生产主体责任、严格落实寄递安全防范措施、分清责任段落、做好矛盾纠纷排查化解和安全应急管理等工作,并与各企业签订各类安全责任书131份。发挥寄递渠道安全管理领导小组工作机制作用,提升行业监管能力。联合公安、国安等部门加强执法检查,确保全市寄递渠道安全畅通和行业平稳运行。

【反恐怖工作】 成立通辽市邮政业反恐怖主义工作领导小组,制定《通辽市邮政业反恐怖工作方案》《通辽市邮政业反恐怖工作应急预案》和《通辽市邮政业反恐怖防范标准》。

(丁　冉)

邮 政 公 司

【公司概况】 2016年,全市邮政公司累计实现业务收入1.47亿元,完成区分公司预算的107.33%,增长12.78%;连续四年超额完成区分公司预算目标,并保持11.75%的平均增幅,累计增收4600万元,完成支差2557万元,完成预算的100%。

【代理金融业务】 实现收入7996.26万元,完成区分公司预算的107.74%,增长11.02%。其中,代理银行实现收入

7311.75万元，代理保险业务实现收入577.25万元，汇兑业务实现收入107.26万元。

【邮务类业务】 实现收入5160.41万元，增长15.33%。

【增值业务】 实现收入2478.71万元，增长20.13%；报刊发行业务实现收入1171万元；集邮业务实现收入905万元；函件业务实现收入570万元；报刊零售业务实现收入19.04万元；分销业务实现收入28.51万元。

【包裹快递业务】 实现收入1120.43万元，完成收入预算的107.53%，增长24.15%。

【银行业务】 本年新增金融总资产9.58亿元，总资产规模达到46.19亿元，其中本年新增邮储余额5.42亿元，余额总规模达到36.37亿元；年内累计布放金融机具1308部，累计结存2082部；发展手机银行2.84万户，个人网银1.98万户。年内代收费规模达到11.42亿元，实现收入1012万元。其中，代收交通违章罚款规模达到8179万元，实现收入211万元；采取灵活方式，加大窗口营销力度，储蓄短信业务实现收入906万元；"双代"业务顺利推进，代征税额达到5656万元，实现业务收入223万元；以政策激励促进资源整合，以流程优化促进市场开发，推动包快业务的发展。

【其他业务】 充分发挥投递员、营业员和专职营销员"三支队伍"作用，合力开拓包快市场，实现经营收入835万元；集邮业务通过举办系列主题邮展和签售会活动，全年实现收入905万元；函件业务通过项目营销等活动，实现收入570万元。"体检卡"稳步推进，累计销售7500张，实现收入188万元；2016年建成"政讯通"媒体宣传栏537块，累计建成2667块，实现收入97.37万元；在做好一次性报刊大收订的基础上，不失时机地抓好项目开发，报刊发行业务实现规模发展，完成报刊收订流转额3968万元，实现收入1171万元；转变经营模式，适应市场需求，零售业务和分销业务实现稳步发展；客户营销体系建设进一步完善，为企业发展起到积极的促进作用，年内实现收入500万元。

【企业建设】 全年累计投资338万余元，对全市11处网点进行整体改造，对部分网点进行局部改造，完善服务设施，提升企业形象；投资40万元，完成开鲁邮政农村电子商务运营中心和50个示范店建设；新增CRS(存取一体机)设备12台，终端打印机185台；新增生产用车19辆，电动车52辆。全面推行散件外走、"二码合一"工作，旗县层面推行分转投"三合一"。为4个旗县分公司安装邮件传送带，减轻员工劳动强度，提高生产效率，加快邮件处理时限；科左后旗、奈曼旗5条委代办邮路转为2条自办邮路，优化调整邮路3条，减少邮件经转次数，提升运输时限，加快邮件传递速度，满足用户需求；积极应对邮件处理量的大幅增长，制定完备的疏运方案及应急预案，"双十一"期间邮件处理量同比增长132%，最高峰值日处理2.2万余件，当日妥投率达到95%以上，妥投信息反馈率达到99%以上，投递重点考核指标全部达标，实现增量提质。

【邮政公司荣誉】 2016年通辽市分公司获"全国用户满意企业"荣誉称号；开鲁县分公司投递部获全国"安康杯"优胜班组称号；霍林郭勒市分公司投递班被集团公司授予"五星投递班"称号；白国丽获"五星投递班长"称号；康力军、包建国、于嘉琪获"五星投递员"称号；张艳春获全区邮政"身边最美邮政人"称号；在全区邮政投递员职业技能竞赛中，通辽市分公司获团体第四名，唐满贵获名址录入个人单项第一名，个人全能第十名；朱旭获内蒙古自治区五一劳动奖章，关丽敏获通辽市五一劳动奖章。

（中国邮政通辽市分公司办公室）

移　动

【移动概况】 开展管理岗位竞聘工作，选拔各层级管理人员6人。加强对关键岗位人员管理监督，关键岗位职位/职责变更29人。完成客户经理等级评定工作，116名客户经理参与专业等级评定认证，11人为优秀级，34人为良好级。完善培训体系建设，全年开展各类培训145期，受益人次达4935人次。推进"职工之家""五小""暖心工程"建设，解决员工生活问题。推进班组建设工作，获得全区班组建设优秀推进单位第二名，7项"十小"创新课题获得区公司成果奖；网络维护技能显著提升,获得全区网络运维与IT支撑技能竞赛团体第一名。

【网络领先优势】 网络领先优势得到巩固,实现城区、县城、乡镇的连续覆盖。扩大新产品、新技术应用,快速灵活解决弱无覆盖问题点。完成EPC下沉工程。全网开通VoLTE语音功能。加大网络普查和优化力度,4G网络深度、广度、厚度、精度得到增强。

☆ 小资料 ☆

VoLTE:VoLTE是Voice over Long Term Evolution的英文缩写,基于IMS网络的LTE语音解决方案。通过IMS网络,移动运营商不仅可以无缝的继承传统的语音、短消息业务,还可以将语音通话与丰富的增强功能相整合,提供多样化的服务。

VoLTE是中国移动4G+的组成部分,是高清语音的简称,是中国移动率先推出的基于4G网络的高品质音、视频通话服务。

【4G客户】 4G客户规模实现新突破,以客户需求为出发点,加强客户细分,促进2G、3G双高客户迁移,同时改变传统营销模式,推进线上线下协同营销,突出差异化、灵活化,助力4G客户规模拓展。

【流量价值实现突破】 以视频类应用推广为核心,积极营销大颗粒APP应用,提升客户流量体验感知,培养用户流量使用习惯,实现流量收入、规模双提升。快速推进老旧资费的迁移,逐步降低收入风险。

【宽带收入首次突破千万元】 立足"高起点、高品质、高价值",快速推进家庭宽带业务的发展,以"魔百和"为入口,加快融合发展,收入首次突破千万元大关。

【重要信息化项目】 落实自治区公司与通辽市政府"互联网+"战略合作内容,推广"互联网+"解决方案。重点推进开鲁县网格化管理项目,内蒙古民族大学、通辽实验中学和通辽市第五中学数字校园,奈曼旗、科左后旗、库伦旗、开鲁县、科左中旗等政府以及科左中旗教育局云视频会议项目等大项目落地。

【网络支撑能力】 所有旗县及大型乡镇实现第三应急路由,全面实现PTN(分组传送网,即Packet Transport Network的英文缩写)业务的双设备主备保护,实现单端设备宕机零业务阻断的能力,网络支撑能力得到增强。

【客户满意度】 客户满意度得到提升,建立服务监测队伍,实现VoLTE业务的实时监测和深入分析。全年标准满意度完成83.48%。全面落实"实名制登记"工作,实名制客户占比达到100%。

【客户响应能力】 客户响应能力有效改善,开展"家客优+行动""家客末端资源整治劳动竞赛",落实"集客精耕行动"和"集家客装维能力提升活动",有力支撑集家客市场发展。

【网络信息安全保障】 开展防范与打击电信诈骗专项工作,全年共处理僵尸木马蠕虫病毒安全工单78起;处理网间流量攻击37起,整治网管系统漏洞7处;对分公司自有设备进行2架构漏洞检查;打击"伪基站"7个,网络信息安全保障能力进一步提高。

(焦　爽)

联　通

【概况】 通辽联通全面落实集团公司聚焦战略,围绕实现"收入止负转增"目标,各项工作都取得新进展。全年实现主营收入5.3亿元,完成预算目标的103%,累计同比增长5%,全区排名第四位。实现考核利润-3300万元。全网出账用户达到101.4万户,其中移动用户70万户,宽带用户22.9万户;用户市场份额达到39%。

【业务工作】 移动业务聚焦4G,用户占比快速提升。全年4G网络用户达到18.7万户,4G网络用户占比较年初提升19.3PP,达到26.8%。4G收入占比达到45%。宽带业务发挥视频引领作用。全年联通电视累计发展4.3万户,拉动宽带发展比为43%。创新业务充分利用智慧城市信息化建设的有力契机,打造智慧综治、智慧公交等项目,实现通辽城市一卡通工程;建设IDC机房,可提供200G带宽的互联网接入服务,储备一批ICT、IDC重大项目。

【渠道建设】 加强渠道掌控与自营厅提效。自营厅全年累计终端销量4.03万台,移动业务发展13.5万户,完成年目标的386%。全年社会渠道完成126家核心门店的建设,基本达到50%门店份额。三星级门店达到125家，门店效能提升105%。驻地网全年发展宽带4.25万户，FTTH用户中50兆占比达到73%，20兆以下用户占比降低至8.87%。集团客户发展移动业务1.8万户，其中4G用户1.1万户；发展宽带业务1929户。农村市场新建乡镇自营厅65家、核心门店76家、三星级门店61家，拓展能人模式乡镇216个，新增移动用户16.4万户，占全网比32.5%。客户服务方面，投诉问题解决率91%，工单升级执行率95%，投诉限时办结率97%；申诉率82件/百万用户，高于全区平均水平。

【网络建设与维护】 新开工项目完成投资1.84亿元，网络能力大幅提升，实现全光网络改造，数据国干出口达到560G，移动网基站达到4018个。新建FTTH端口39 874个，改造用户21 245户，光纤入户占比达到96.7%。通过加强与铁塔公司对接沟通，移动网宏站开通570个，室分42个，开通率达到95%。电信普遍服务试点工程项目涉及7个旗县367个村屯，于2016年11月启动施工，到12月底，杆路完成47%，光缆布放完成11%。

【企业管理】 优化薪酬配置结构，推行专业化核算，加强部门考核与薪酬分配权。建立工效挂钩激励机制，全年对完成毛利基础上超额完成任务的基层单元匹配奖励达100万元。全年人工成本同比增长7.7%，人均工资增长5%。通过优化职级薪酬、竞聘上岗等方式鼓励52人下派到乡镇支局工作；推进一线营维队伍的人员优化配置和能力提升，298名岗位偏低的基层员工和24名后台综合支撑管理人员职位得到晋升。用工总量较年初净减43人。全年调整中层管理人员20人次，试用期满转正9人，免职8人，提任6人。全年完成物资采购624笔，完成公开招标27项，同比增长42%，降低采购成本，规范采购方式。内部电子商城共完成采购订单6583笔，采购率46.12%，高于全区水平，内部电子商城运行效能提升。

（隋 欣 王 旭）

电 信

【经营发展】 2016年移动网用户规模达到24.91万户，宽带用户达到9.42万户，全年累计完成运营收入1.83亿元。

【通信网络建设】 重点支撑4G、全光网建设。2016年全市建设室外宏基站154个。2016年底通辽电信LTE网络主要完成市区、旗县城区和重点乡镇的覆盖，满足重点区域广覆盖的需求。

☆小资料☆

LTE：4G LTE是TD－LTE和FDD－LTE等LTE网络制式的统称。工信部于2015年2月27日正式向中国电信和中国联通发放FDD制式4G牌照。

【宽带建设】 推进宽带中国光网城市的建设，家庭宽带开展全城普提20兆营销活动，网速更加顺畅，视频更加清晰。推出50兆/100兆的家庭宽带产品，满足不同用户的需求。开展“电信宽带进村屯”活动，为广大农村客户提供高速、稳定宽带网络，满足农村客户生活、娱乐等上网需求。中国电信通辽分公司持续升级服务质量，继续做好“宽带宽心”服务承诺、“宽带卓越服务”，提升中国电信宽带品牌优势。2016年新建FTTH（光纤到户）覆盖用户12.88万户，其中城区4.77万户，乡镇及农村8.11万户。2016年完成提速改造覆盖用户6万户，带宽达到100兆以上。

【通信保障】 网络承载能力增强。通辽作为内蒙古自治区网络出口，2016年网络峰值占用率良好。光宽网络不断延伸，除扎鲁特旗和霍林郭勒市，其他旗县所在地城域网基本成形，乡镇光网覆盖平均达到74.44%。良好的网络基础，使通辽光宽百兆平均占比47.78%，远超竞争对手，促使IPTV（网络电视）高清电视业务落地。4G＋无线网：LTE数据用户成为主要业务发展群体，4G流量占比为66.6%；通辽LTE日最大激活用户数与2016年1月比，增幅254%。全区KPI（关键指标）考核年度排名第五。其中安全生产工作，高于区公司的考核标准开展，在2016年全区网络运行安全大比武中，通辽安全天数超过200天。应急保障出动9次，参加金煤化工消防演练、哈民遗址博物馆揭牌等重大保障工作，获得包括内蒙古消防总队、内蒙古自治区文物考古研究所等政府单位好评。

（刘 斌）

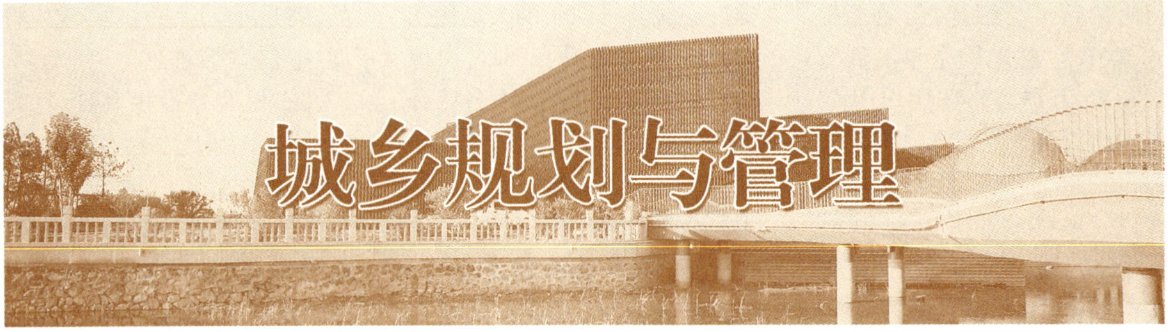

城乡规划与管理

城乡规划

【城乡规划编制】《通辽市城市总体规划(2015—2030)》成果经自治区规划委员会审查通过。通过城市总体规划修编工作,深入落实“主动融入东北城市群发展,构建以中心城区为核心,霍林郭勒市、甘旗卡镇为次中心的‘一核双心多点,一轴一带三区’城镇空间格局”的规划目标。完成中心城区《铁南片区控制性详细规划》《建国片区控制性详细规划》及其他片区控规成果;组织专家对老城区、新城区、城东片区、机场物流片区、开发区(河西、西北)等片区的控制性详细规划进行论证,并按照程序提交市规划委员会审议。开展城市设计规划编制工作。2016年底完成新城区城市设计、新工二路沿线城市设计、火车站周边区域交通整治及城市设计工作。开展专项规划编制工作,组织公交、燃气、排水等规划成果评审;完成综合交通体系、综合管廊、道路工程、地下管网、加油加气站充电桩等专项规划;根据住建部、国土部印发的《关于进一步完善城市停车场规划建设和用地政策的通知》精神,完善中心城区公共停车场专项规划。

【“多规合一”改革试点工作有序开展】组织起草《通辽市中心城区近期建设规划“多规合一”试点工作实施方案》《通辽市城市总体规划修改工作规则》,两个文件均由市政府印发。推进改革试点前期工作,组织召开相关部门业务对接会,收集各行业、部门、单位相关资料,就有关问题进行协商,为全面推进试点工作创造前提。开展“多规合一”数据库制作工作。完成规划、国土等数据库制作工作。

【城乡规划管理】加强城乡规划管理工作,认真开展建设项目规划审查、审核、审批工作。全年市规划局审批建设项目选址18项、用地面积57万平方米,用地规划29项、用地面积99万平方米;建设工程规划32项、建筑面积81万平方米;市政规划90项,公厕选址36处;提交市规划委员会审议项目8项;组织规划验收15项。做好重点工程重点项目规划工作,重点对科尔沁区第三中学、蒙古族中学扩建、市医院新院区等重点项目选址进行前期论证,办理规划审批手续。加大建设项目规划批后监察力度,认真落实网格化管理相关制度,不断强化建设项目规划巡查,确保各项监管措施落实到位。全年查处违规违法建设案件2起。会同住建、房管等部门、单位,开展社区用房专项调查;对中心城区15个街道办事处(科尔沁区11个,经济技术开发区4个)社区用房配建情况进行调查,就调查结果进行汇总分析,形成相关报告。认真开展政务信息公开和行政复议工作,办理政务信息公开62件、行政复议23件,确保群众合理诉求得到及时回应和落实。

【城市规划基础工作】推进城市规划基础工作,开展城市规划测绘管理、服务工作,推进规划定桩、工程线路、规划竣工等测量及各类地形图测绘工作。完成主城区地下管线普查成果及综合验收工作,实际测量管线长度2478公里,使主城区各类地下管线测量总长度达到4081公里。落实智慧城市总体规划,做好现有基础空间地理信息数据库更新、维护工作;

"数字通辽"地理空间框架项目通过国家验收。推进通辽市城市展览馆项目建设,完成地下建筑工程施工、主体建筑地上一层土建工程施工任务。

【城镇规划指导协调工作】 加强对旗县镇村规划指导工作,推进各旗县市城市总体规划修改评估,推动自治区级园区尽快编制完成园区总体规划,启动旗县乡镇政府所在地小城镇规划建设指导编制工作。根据市政府工作安排,对各旗县"一法一条例"执行情况及重点工作进展情况进行调研,促进旗县规划工作依法有序开展。认真指导各旗县城关镇、建制镇规划编制工作,全市31个自治区级重点镇全面开展总体规划编制,其中24个镇编制完成总体规划初步成果,7个镇开展现状调研。完成全市历史文化名镇、街区、传统村落规划研究第二轮调研工作,取得规划研究初步成果。

(宋康明)

城乡建设与管理

【城乡建设概况】 截至2016年底,全市建成区面积165.05平方公里,中心城区建成区面积61.2平方公里,全市城镇化率46.35%。全年完成嘎查村(场)街巷硬化项目2996个,投资37.13亿元实施民生城建项目。启动"智慧城市"建设,包括智慧交通、智慧安监、主城区视频信息共享平台建设。在农村牧区改建新建标准化综合文化中心582个、文化广场587处。农村牧区完成户户通工程14 500户、村村响工程的嘎查村2365个。科左中旗舍伯吐镇入选全国第一批特色小镇。第三批国家新型城镇化综合试点地区通辽市有1个,即科左中旗。

【园林绿化】 2014年,通辽市被住建部正式命名为国家园林城市。2016年中心城区辽河公园获得中国人居环境范例奖称号。为巩固创建成果,城市园林绿化水平不断提高,呈现出育苗、修剪、补植、栽种、培育五位一体的发展格局。在街路绿化和景观绿化建设过程中,始终注重"乔灌草相结合、针叶阔叶树种相搭配"的原则,确保四季景观丰富多样,各具特色。2016年,全市园林绿化建设累计完成投资9.1亿元,建成区绿化覆盖率达到37.89%,建成区绿地率达到34.39%,人均公园绿地面积18.36平方米,累计栽植各类乔灌木576万余株;中心城区建成区绿化覆盖率达到42.52%,建成区绿地率达到38.39%,人均公园绿地面积21.06平方米。2016年,建成绿化景观带14条,市内主城区和新城区新栽植树木24万株。

【市政建设】 截至年底,全市城镇道路总面积2443万平方米,总长度1184.39公里,人均城镇道路面积22.13平方米;中心城区城市道路面积1189万平方米,长度514.59公里,人均道路面积26.36平方米。2016年市中心城区重点实施霍林河大街、胜利北路、新工一路等12项道路桥梁改造工程,完成投资3.88亿元,全部小街小巷基本实现硬化。在城镇道路建设过程中,普遍使用感性沥青、热再生等新技术、新工艺,工程质量得到提升,居民出行得到改善。全市建成污水处理厂11座,总设计处理能力35.88万立方米/日,城镇污水处理率达到97.34%,比2010年提高13.57个百分点,累计完成投资17.37亿元。中心城区污水处理率达到97.91%,比2010年提高11.73个百分点,累计完成投资8.17亿元。中心城区建成污水处理厂3座,分别为通辽市桑德水务有限公司,设计处理能力10万立方米/日;通辽市木里图工业园区污水处理厂,设计处理能力5万立方米/日;东达集团通辽水务有限公司,设计处理能力5万立方米/日。

全市城镇污水处理率97.34%,中心城区污水处理率97.91%;全市城镇生活垃圾无害化处理率95.74%,中心城区生活垃圾无害化处理率95.85%;全市有排水管道长度1682.54公里,中心城区有排水管道长度676.37公里。实施城市修补工程,以"双城同创"为契机,全面改造提升城市基础设施建设水平,全年完成市政基础设施维护投资2.16亿元,其中:道路、路灯维护完成投资9935万元,园林绿化维护完成投资5576万元,排水设施维护完成投资6099万元;完成新城区TIT路面30万平方米修复工程,沥青路面灌缝50万平方米,维修沥青路面17.5万平方米,维修路灯15 248盏。

【环境卫生】 市内主城区和新城区道路清扫面积1426万平方米,生活垃圾清运量14.73万吨,生活垃圾处理率100%,公共厕所307座,环卫专用车辆1074台,环卫系统职工2419人。

【城市供水】 市区供水总量3361.76万吨,市区日均供水量9.23万立方米,市区供水人口50万人,市区用水普及率100%,年销售水量2643.35万吨,完成城市供水旧管网改造31公里。

【保障性安居工程】 推进保障性安居工程建设,努力构建更加完善的住房保障体系。2016年,全市城市棚户区改造完成7961套,基本建成公共租赁住房1094套,完成危房改造任务71 401户,均完成自治区下达任务。为5797户城镇低保和低收入家庭发放廉租住房租赁补贴资金624.36万元。

【民生城建项目】 2016年,全市投入资金3.6亿元,完成既有居住建筑节能改造200万平方米;投资5072万元,完成中心城区铁南供热管网互联互通、50条老化供热管网分支改造、科尔沁区56栋“土楼”接热等供热工程;投资2.8亿元,完成73个小区、31栋单体楼老旧住宅区环境设施改造工程;投资2000万元,建成公共停车场20处。为9152户特困群体及军队复员干部发放救助资金595.22万元。

【城市供气】 全市燃气普及率93.74%,中心城区燃气普及率96.23%,中心城区居民安装燃气13.84万户、开通使用11.14万户。全市有燃气企业43家,中心城区有燃气企业10家,其中:管道燃气企业1家,灌装燃气企业9家。

【城市供热】 全市城关镇以上集中供热普及率84.3%,供热上网面积4858万平方米,中心城区供热上网面积2736万平方米。全市有集中供热企业18家,中心城区现有规模较大集中供热企业5家,供热能力3300万平方米,实际供热上网面积2736万平方米,其中:通辽热电公司1926万平方米、万通热力公司420万平方米、洪泰公司140万平方米、长兴公司90万平方米、铁路公司160万平方米。

【新农村新牧区建设】 全市全年改造农村牧区危房7.14万户,解决安全饮水问题43.3万人,街巷硬化1.83万公里,改造校舍90所,建设便民超市454家,通光纤行政村1731个。

【城市管理行政执法】 为贯彻落实中共中央、国务院《关于深入推进城市执法体制改革改进城市管理工作的指导意见》,参照自治区《开展推进城市管理执法体制改革改进城市管理工作试点方案》要求,制定《通辽市深化城市管理体制改革推进城管综合执法工作实施方案》,为推进全市城市管理体制改革,提升城市管理水平奠定坚实基础。加强城市环境卫生管理,规范建筑垃圾运输、消纳管理,通过开展专项整治行动,集中整治建筑垃圾运输车辆封闭改装、建筑工地围挡及出入口硬化不达标等不规范现象。加强中心城区城市亮化设施管理,印发《通辽市主城区城市亮化管理实施办法》。为加强和规范全市市容和环境卫生管理,出台《通辽市城市市容和环境卫生管理条例》,经自治区人大常委会审议通过,该《条例》为通辽市出台的第一部地方性法律法规,开创通辽市地方立法的先河。2016年,全市采购环卫车辆设备投入资金4947.35万元,建筑垃圾消纳场建设工程、餐厨垃圾资源化综合利用工程等一批环卫工程积极推进,全市城镇生活垃圾无害化处理率达到95.74%,中心城区生活垃圾无害化处理率达到95.85%,中心城区完成新建和改造公厕100座。

(袁文瑜　赵小豪)

建　筑　业

【建筑业概况】 全年建筑业增加值100.40亿元,比上年增长6.2%。全市有工作量的资质等级建筑施工企业60个,实现建筑业总产值51.81亿元,比上年下降3.9%。签订的合同额为78.68亿元,同比下降11.8%。全市现有资质建筑业企业188家,其中:施工总承包企业110家、专业承包企业45家、劳务分包企业33家,总承包和专业承包企业中一级企业6家、二级企业27家、三级企业122家。全市2016年资质以上建筑业企业完成建筑业总产值49.4亿元,比上年同期下降13%,建筑业增加值9.6亿元,比上年同期下降12%。其中,建筑工程产值43亿元,比上年同期下降9%；安装工程产值2亿元，比上年同期下降10%；其他产值4.4亿元，比上年同期下降37%。全市完成竣工产值39亿元，比上年同期下降5%。通辽市房屋建筑工程施工总承包企业完成产值47亿元，约占全市建筑业总产值的95%。施工总承包一级企业完成产值11亿元，约占全市建筑业总产值的22%；二级企业完成产值24亿元，约占全市建筑业总产值的48%；三级企业完成产值12亿元，约占全市建筑业总产值的24%；专业承包企业完成产值2亿元，约占全市建筑业总产值的4%。2016年度通辽市所属建筑业企业签订的合同额达96亿元，比上年同期下降1%。其中，上年结转合同额57亿元，比上年同期增长5%；本年新签合同额39亿元，比上年同期下降9%。2016年度通辽市所属建筑企业房屋建筑施工面积606万平方米，比上年同期下降7%。其中，上年结转469万平方米，比上年同期增长0.6%；本期房屋新开工面积137万平方米，比上年同期下降27%，占施工总面积的23%。房屋建筑竣工面积169万平方米，比上年同期下降12%。

【资质管理】 截至2016年年末，全市有资质建筑业企业188家。其中：施工总承包企业110家，专业承包企业45家，劳务分包企业33家。比2013年的120家增加68家，其中，施工总承包增加47家，专业承包企业增加17家，劳务分包企业增加4家。当年实地核查市内19家新办、增项建筑业企业是否符合资质条件，并将核查结果反馈政务大厅住建委窗口。对照新资质标准和住建部、住建厅有关规定，完成原有资质企业资质的换证工作。

【建筑业社保"一卡通"工作】

按照自治区社保办有关工作要求，2016年有59家本地企业完成人员信息上报工作，取得建设工程社保费管理手册的企业23家，审核通过未打印手册的10家。完成83家外进企业基本信息录入，其中有36家外进企业通过审核，办理外进企业单项工程管理手册101份。

【既有居住建筑节能改造】

2016年对既有居住建筑节能改造任务实施及国家奖励资金使用情况进行检查，全年完成既有居住建筑节能改造任务200万平方米。其中：科尔沁区150万平方米，霍林郭勒市7.2万平方米，开鲁县7.7万平方米，科左中旗3.1万平方米，科左后旗6.6万平方米，库伦旗7.8万平方米，扎鲁特旗7.6万平方米，通辽经济技术开发区10万平方米。

【绿色建筑有关标准宣传培训】

7月，协助自治区住建厅组织"开展绿色建筑有关标准"宣传贯彻培训，推动通辽市绿色建筑发展；培训对象为房地产开发企业、勘察设计单位、建筑施工企业及工程质量监督部门等相关人员，约300人，主要培训《绿色建筑设计标准》《绿色建筑评价标准》及相关案例介绍和分析等内容。

【公共建筑能耗监测】 完成国家机关办公建筑和大型公共建筑的能耗统计上报工作。统计国家机关办公建筑173栋，建筑面积137.4万平方米；大型公共建筑9栋，建筑面积25.8万平方米，为通辽市下一步公共节能改造做好前期基础工作。

【太阳能光电建筑一体化应用】

完成内蒙古民族大学图书馆太阳能光电建筑一体化应用示范项目的复验工作，该项目于2010年经财政部和住建部批准为国家示范项目，总装机容量为340峰瓦。2014年建设完成并投入使用，实际装机容量为220峰瓦，由于实际装机容量没有按照申报容量完成，国家将奖励补助资金收回，本次住建部重新组织专家进行复验，重新核发奖励资金。

【新型墙体材料使用】 完成30个工程项目约211万平方米的新型墙体材料使用查验工作。

【建筑市场管理】 开展综合监督执法检查工作，不断规范建设工程工程量清单计价行为，通过抽查房屋建筑工程、预拌混凝土生产企业，查出各类问题179条，下发整改通知单26份，停工整改4份。完善《通辽市建筑市场诚信行为信息管理办法》，公布不良行为记录38条，涉及各类开发、施工、监理企业35家。加大清理拖欠农牧民工工资工作力度，全年受理7起拖欠农牧民工工资案件，涉及373人、1287万元。开展清理建筑领域各类保证金工作，对14家招标代理机构以及各旗县市区公共资源交易中心收取投标保证金单位开展专项检查和清理,检查各类投标保证金7.49亿元,退还7.45亿元。

住房与房地产业

【房地产业概况】 截至年末,全市有房地产开发企业355家,其中:一级资质1家,二级资质7家,三级资质24家。全市房地产开发企业完成投资48.85亿元,增长54.7%。其中:商品住宅投资36.83亿元,增长71.9%;办公楼投资0.52亿元,同比下降12.5%;商业营业用房投资7.47亿元,同比增长25.4%;其他用房投资4.02亿元,增长12.0%。全年房屋施工面积681.13万平方米,比上年增长0.3%,其中:住宅施工面积476.52万平方米,比上年增长1.4%;房屋竣工面积173.16万平方米,比上年增长6.3%,其中:住宅竣工面积111.79万平方米,比上年下降13.8%;商品房销售面积186.12万平方米,比上年增长28.7%,全市商品房销售4.1万套,比上年增长18%,商品房销售额164亿元,其中住宅销售面积150.98万平方米,比上年增长23.1%,住宅销售额117亿元。商品房待售面积311万平方米,其中住宅待售面积159万平方米,商品房销售均价3732元/平方米。

【房地产供给侧结构改革】 按照中央经济工作会议和城市工作会议总体部署要求,依据自治区制定的相关政策,2016年,全市房地产工作重点放在房地产去库存上。协助市政府起草出台《通辽市人民政府关于做好房地产去库存工作进一步促进房地产业稳步发展的意见》(通政字〔2016〕56号),提出把货币化安置作为房地产去库存的重要渠道;适度调整规划,扩大有效供给;不再新增普通商品住房开发项目用地;发展现代服务业加快商业用房去库存;用足用好公积金等措施。协助市政府起草印发《通辽市主城区阶段性购房补贴政策实施方案》,对购买新建商品住房的家庭给予财政补贴,让利于民。协助房地产商会举办通辽市第八届房交会,筹措组建房地产超市,打破市民传统的选房、购房模式,努力实现市民从分散式、辗转式选房、购房到选房、买房一站式的巨大转变,打造“永不落幕的房交会”。商品房新增供应量大幅下降,1—12月全市新增商品房供应面积170万平方米;商品房销售量稳定上升,1—12月全市商品房销售186.12万平方米,同比增长28.7%;在商品房新增供应量大幅下降和销售量稳定上升的双重作用下,商品房库存量迅速减少,12月末全市商品房待售面积311万平方米,比2015年末减少221万平方米。

【住房概况】 全市城镇居民人均住房建筑面积35.87平方米,中心城区居民人均住房建筑面积35.97平方米。

(袁文瑜　赵小豪)

【公积金管理】

缴存:2016年,实缴单位3134家,新开户单位132家,净增单位72家;实缴职工17.82万人,新开户职工1.60万人,净增职工0.52万人;当年缴存额23.54亿元,同比增长4.02%。截至2016年年底,缴存总额139.17亿元,缴存余额96.63亿元,同比分别增长20.36%、11.71%。受委托办理住房公积金缴存业务的银行5家。

提取:2016年,当年提取额13.41亿元,同比增长21.47%,占当年缴存额的比率56.97%,比上年同期增加8.19个百分点。截至2016年年底,提取总额42.54亿元,同比增长46.04%。

贷款:个人住房贷款最高额度45万元,其中,双职工家庭最高额度45万元,单职工家庭最高额度35万元。2016年,发放个人住房贷款7826笔20.84亿元,同比降低15.17%、9.05%。2016年,回收个人住房贷款14.06亿元。截至2016年年底,累计发放个人住房贷款124 956笔161.82亿元,贷款余额82.86亿元,同比分别增长6.68%、14.77%、8.91%。个人住房贷款率为85.75%,比上年同期减少2.21个百分点。受委托办理住房公积金个人住房贷款业务的银行5家,比上年增加(减少)0家。

资金存储:截至2016年年底,住房公积金存款额14.91亿元。其中,活期10.51亿元,1年以内定期(含)4.4亿元,1年以上定期0亿元,其他(协议、协定、通知存款等)0亿元。截至2016年年底,资金运用率85.75%,比上年同期减少5.24个百分点。

资产风险状况:截至2016年年底,逾期个人住房贷款365.95万元。个人住房贷款逾期率0.51‰,其中,市中心0.75‰,科尔沁区0.2‰,科左后旗0.4‰,奈曼旗0‰,库伦旗0.3‰,开鲁县0.2‰,科左中旗0.9‰,扎鲁特旗0‰,霍林郭勒市0.92‰。个人贷款风险准备金按贷款余额的1%提取。当年使用个人贷款风险准备金核销0万元,个人贷款风险准备金余额8315.38万元,个人贷款风险准备金余额与个人贷款余额的比率为1%,个人贷款逾期额与个人贷款风险准备金余额的比率为4.4%。

【公积金制度改革】

归集:职工2016年度住房公积金缴存基数为职工本人2015年度月平均工资总额,最低不得低于《内蒙古自治区人民政府办公厅关于调整自治区2015年最低工资标准及非全日制工作小时最低工资标准的通知》(内政办发电〔2015〕53号)规定的各地标准,最高不得超过通辽市统计部门公布的2015年度通辽市在岗职工月平均工资总额的3倍,即13 273元。单位和职工个人住房公积金缴存比例应一致,不得低于5%,不得高于12%;2016年12月26日通辽市住房公积金管理委员会下达通知,要求缴存企业从2016年7月1日至2018年12月31日,最高缴存比例按11%执行。

查询:市公积金管理中心开通"12329"语音查询热线,实现自助7×24小时自助语音查询,正常工作时间可人工查询及回答顾客咨询的相关问题。市公积金管理中心官方网站开通网上查询功能,职工可随时登录,查询本人公积金缴存及贷款情况。短消息服务主动为职工发送提取、结息、贷款还款,逾期催缴等内容。

(市住房公积金管理中心)

城市投资

【公司概况】 通辽市城市投资集团有限公司(简称"城投集团")成立于2004年4月,是隶属于市政府的正处级国有独资企业,注册资本金21.2亿元人民币。截至2016年年末,集团总资产504亿元,较上年317亿元增加187亿元,同比增长58.99%;负债249.6亿元,较上年106亿元增加143.6亿元,同比增长135.85%;资产负债率49.6%,较上年33.44%增加16.16%。拥有11个职能部室,12家全资子公司,3家控股公司,8家参股公司。城投集团通过对国有资产的经营运作和优化组合,确保国有资产保值增值;采取参股、控股、产权转让、抵押拍卖、融资合资等方式经营国有资产,为城市建设筹集资金,管理投资;为相关企业提供信用担保和短期融资,促进全市中小企业发展;结合建设城市功能项目,经营城市的给排水、供热、垃圾处理和道路交通等公用设施,服务于城市发展需求。

【融资】 全年共融入资金204亿元,包括:发行小微企业征信集合债券12亿元,国开行、光大等银行贷款49.3亿元,与海通恒信、平安国际、远东国际等公司开展融资租赁业务7.7亿元,与中信银行共同设立"通辽市城市建设发展基金"50亿元,与农业银行合作设立40亿元美丽乡村产业基金,邮储银行45亿元"十个全覆盖"街巷硬化PPP项目等,有力支持通辽市经济社会各项事业的发展。同时,充分利用自身优势,为通辽市其他企业提供融资信用担保,盘活各旗县市区有效资产,提升地区融资能力。2016年,为科尔沁区城投、霍林郭勒市城投等8家单位23个项目累计担保80亿元,其中,为旗县市区企业担保64.673亿元,为市内企业担保15.36亿元。

【重点项目】 2016年城投集团承担的市工程项目有5项,其中自治区成立70周年大庆献礼项目一项,市重点项目一项。5项重点工程项目概算总投资84 306.2万元,已累计完成投资76 907.2万元。红光大街四线桥至森林公园路650米道路8月开始正式复工修建,对此路段分三段进行交叉施工,经过两个月的奋战终于在10月2日保质保量完成此项工程。四线桥北侧涵洞引道工程完成并正常通车。完成努古斯台镇旅游文化项目主体。孝庄河AB段道路、景观工程完工。2016年4月20日,12座特色博物馆项目复工,到2016年底12座博物馆土建全部完成,室内设备安装完成95%,11座馆外装完成。完成婚庆公园项目婚礼宫主体、外装、室内配套工程。

【助保金贷款】 2016年,城投集团继续与中国银行、市经信委、上海浦发银行呼和浩特市分行合作,由城投集团担保,为通辽市优质中小企业提供贷款支持,促进其快速发展,全年助保贷领导小组发放贷款117笔10.05亿元。

【小微企业增信集合债券】

2016年发行12亿元小微企业增信集合债券,通过农业银行以委托贷款的形式投放通辽市内的小微企业。2016年为全市51家小微企业发放贷款累计2.94亿元。

【清理欠款】 2016年,通过直接催缴和司法途径,累计收回借款本息6078万元,其中本金5310万元,利息457万元;收回为霍煤集团提供担保质押的内蒙古银行股权收益300万元,收回国开证券投资2016年收益12.93万元。

【制度改革】 根据集团工作需要,通过开展内部岗位竞聘,新增加副总经理1名,对集团领导班子成员分工进行重新调整。按照《通辽市国有企业负责人履职待遇、业务支出管理办法(试行)》(通政办字〔2015〕283号)通知要求,明确集团企业负责人的各项履职待遇及业务支出标准。制定《通辽城投集团差旅费管理办法》,完善差旅费报销制度。结合集团实际,初步制定集团公司内部薪酬管理方案及考核管理方案。积极构建和谐劳动关系,严格按照《劳动法》签订劳动合同,参加市人社局组织的赴区外985院校引进人才双选会,招聘优秀人才2人,为集团发展注入新鲜血液。

(杨 萍 黎 丽)

智慧城市

【智慧城市建设概况】 通辽市是国家互联网二级城市,互联网出口带宽640GB,为东北地区预留网络带宽1600GB,对外拥有到俄罗斯、蒙古国的光缆国际主干线。通辽是自治区首批国家地理空间基础框架建设项目试点城市,先后被评为2016年度电信普遍服务试点地市、2016年度“宽带中国”示范城市。全市互联网覆盖率90%以上,联通4G网络实现市区及乡镇全覆盖,有线和无线用户基本实现全覆盖。市级云计算中心建成公有云和私有云平台。全年启动实施市视频信息共享平台、智慧教育、智慧公交、智能公共自行车、智慧交通管理、智慧旅游、智慧食药监、市民卡综合应用、智慧社区、城域网、智慧健康、智慧安监、智慧公安等项目。在2016年自治区和通辽市大数据产业签约推介会上,签约项目6个,推介项目11个。2016年通辽市智慧城市建设的重点项目为市视频信息共享平台、智慧教育、智慧健康、智慧交通、智慧旅游、智慧食药监、智慧安监、平安城市(智慧公安)、通辽云计算中心、城域网、市民卡综合应用11项重点项目建设任务,明确项目建设内容、责任部门、完成时限等具体要求。市视频信息共享平台、智慧教育、智慧公交、智能公共自行车等项目建成并投入使用。市智慧交通管理、智慧旅游、智慧食药监、通辽市民卡综合应用、智慧社区、城域网等项目建设正在加快推进。智慧健康、智慧安监、智慧公安、通辽市云计算中心等项目,完成项目考察调研、可

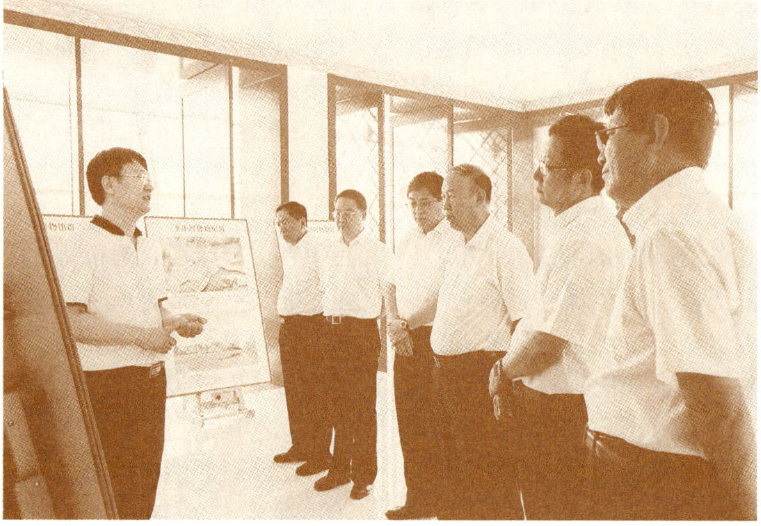

▲ 2016年8月16日,自治区副主席刘新乐(右三)在市委书记罗永纲(右四)、市长包振玉(左三)的陪同下考察城投集团承建的孝庄河B段商业综合体和12座专题博物馆群项目

行分析、方案编制、评审论证以及项目招商推介及合作洽谈签约等工作。

【学习考察和项目对接招商】 市智慧城市办和市智慧城市建设重点项目责任单位采取“走出去”“请进来”的方式，加强学习，借鉴经验，招商引资。先后组织安排人员赴呼和浩特学习考察智慧城市建设工作及平安首府项目工程；赴北京参加中国智慧城市国际博览会，并对接普天公司通辽视频信息共享平台项目建设工作；市领导带队赴乌兰察布学习考察智慧城市建设工作和乌兰察布云中心建设项目，并商谈华为公司通辽云计算中心项目建设事宜；赴唐山市和中软智通公司考察和对接通辽市民卡综合应用工程项目；市交通运输局赴上海、杭州等地学习考察和对接通辽智慧公交和智能公共自行车项目建设；市智慧城市办和市公安局联合组织赴北京、上海、杭州等智慧城市建设先进地区和公安部三所、海康威视、华为公司、东方网力等企业实地学习考察和对接智慧公安项目建设；市政府主要领导带队赴深圳考察华为公司总部，对接通辽云计算中心项目建设；市政府有关领导同华为、联通、浪潮等企业磋商云计算中心等项目建设。参与筹办在京举办的通辽市大数据产业项目签约推介会，签约6个智慧城市建设项目，推介11个智慧城市建设项目。

【市视频信息共享平台】 该项目建设和运营服务资金总概算为3.85亿元，采取PPP模式投资建设，完成市级综合指挥中心、视频信息共享平台、交互网络工程建设任务，视频终端建设工程已完成投资90%，部分接入运行，2017年将全部投运，为政府决策、部门管理、城市运行、平安城市建设、企业和群众生产生活等提供全方位视频信息保障和服务。

【智慧教育】 通辽中心城区市直学校“三通两平台”及智慧教育建设项目总投资概算1.26亿元，完成智慧教育应用服务中心、多媒体计算机室、同频互动录直播室、编辑制作室等工程项目建设，为226所学校(教学点)铺设宽带光缆，为7个旗县区安装“同频互动课堂”设备489套，实现高清视频会议、多媒体教学演示、校园安全监控、电子培训及音视频采编、与区内外中小学校同频互动等功能，全市教育信息化水平进一步提高。2016年10月，成功迎接自治区全面提升基础教育办学水平现场推进会议检查。

【智慧公交】 建设通辽城区电子公交站亭142个，实现无线Wi-Fi覆盖；安装8米长公交站亭150个，简易公交站亭142个；购置新能源公交车80辆，投入运营，部分公交车实现车内Wi-Fi功能；新购置124辆新能源公交车完成招标程序，到位54辆，剩余车辆2017年1月末陆续到位；开发建设通辽市公交信息查询平台系统，方便市民出行。

【智能公共自行车】 智能公共自行车平台系统开通运行，智能公共自行车一期项目50个站点、1000台公共自行车建成投运，二期项目完成50个站点、1400个锁止器的建设安装，覆盖通辽主城区的智能公共自行车站点达到100个、公共自行车2000台，满足市民乘坐公共交通工具的需要。

【智慧旅游项目】 市旅游局开通运行“通辽旅游微信公众平台”和“通辽旅游门户网站”，推进重点景区景点无线网络工程建设，奈曼旗宝古图自驾车露营地、库伦三大寺等旅游景区景点实现无线网络Wi-Fi覆盖。

【智慧食药监】 累计投入资金1600余万元，建成协同办公系统、综合业务系统、药品电子监管系统和“互联网+”综合服务平台，与各旗县市区局和二级单位全部实现无纸化办公，涉及食品药品的行政许可事项全部网上受理，对全市1150家药品经营企业实现信息化监管，门户网站重新设计并上线使用，开通微信公众服务号和“食事药闻”头条号。

【市民卡综合应用】 市政府与中软智通科技有限公司签订战略合作协议，项目总投资约4.3亿元。自2016年11月15日起正式启动建设实施。截至年底完成市民卡卡面设计、项目运行服务器的初期采购工作。

【智慧社区】 市政府与四川长虹点点帮科技有限公司签订战略合作协议，项目总投资约4.5亿元。该项目于11月15日启动建设。建设企业在通辽注册成立分公司；确定通辽经济技术开发区龙兴世纪城小区、碧桂园小区,科尔沁区平安小区、龙兴公馆小区四个小区为试点小区;完成智慧社区云平台搭建工作;开通便民为老"12349"专线,完成商家后台管理系统搭建;完成龙兴公馆、龙兴世纪城2个小区的智慧社区试点建设任务,开始试运行。

【城域网】 与内蒙古广电网络公司通辽分公司签订试点协议,以支撑市视频信息共享平台项目网络数据传输为目标任务进行试点建设。前端点位光纤网络建设铺设光链路主干光缆78公里,4芯分支光缆323公里,终端点位673个,前端摄头1438个,2个制高点,2个人脸识别,1个可视化(市政府主楼),机房光交对纤1181芯。市公安局、市交通管理支队等7家部门和单位光链路均连通。

【智慧健康项目】 完成智慧医疗项目建设总体方案编制和专家评审;完成对全市卫生计生系统智慧医疗信息化建设情况摸底调查;通辽移动公司制定专网通道建设方案,满足智慧医疗项目建设需求。

【智慧安监项目】 完成智慧安监项目建设方案编制和专家评审论证,完成与国家安监信息中心专家沟通建设规范及细则;与普天信息产业股份有限公司签订战略合作协议。

【智慧公安】 基本完成治安视频监控系统建设,人脸识别、制高点及可视化监控、卡口视频监控与火车站、飞机场等单位场所协调安装施工工作。市政府与杭州海康威视数字技术股份有限公司、普天技术有限公司签订智慧公安项目战略合作协议,项目总投资约24亿元。

【通辽云计算中心】 市政府与华为技术有限公司签订通辽市云计算中心项目战略合作协议,项目总投资约21亿元。完成通辽云计算中心项目实施方案编制。

(李冬成)

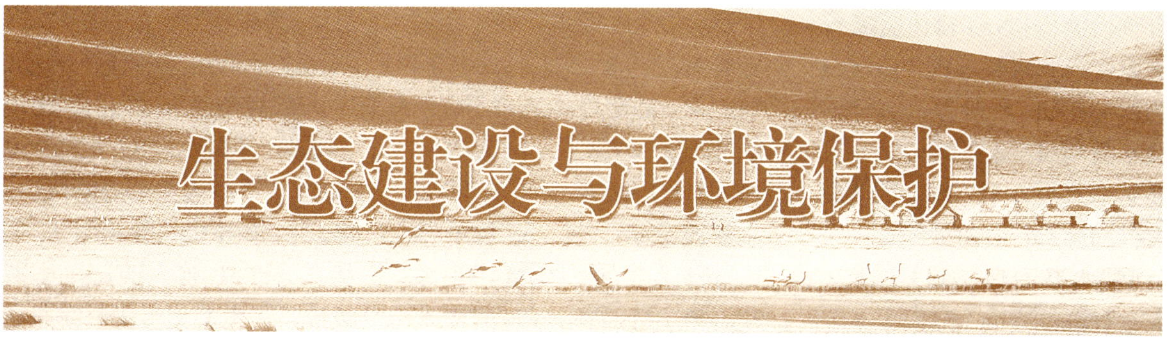

生态建设

【产业准入负面清单制度】 组织开鲁县等6个国家级重点生态功能区开展产业准入负面清单编制工作。承办自治区国家重点生态功能区产业准入负面清单编制工作对接会，国家相关部门和自治区、通辽市等6个地级市发改委及35个国家重点生态功能区旗县发改局共80人参加此次会议并对35个国家重点生态功能区旗县的产业准入负面清单编制工作进行现场指导。遵照《内蒙古自治区限制开发区域限制类和禁止类产业指导目录（2016年本）的通知》（内政办发〔2016〕127号）精神，按照自治区发改委相关要求，与国家相关部门沟通协调，组织通辽市6个国家级重点生态功能区旗县，多次修改并上报自治区发改委并报送国家发改委核准。

【绿色城镇建设】 重点实施辽河公园提升改造工程、森林公园激情音乐广场续建工程、建国北路北段绿化工程、成吉思汗大道绿化工程、中心城区街角游园绿化加密工程、柳荫西路西绿化带建设工程等11项绿化工程，总投资4328.19万元；楼体亮化工程，投资概算700万元，完成投资650万元；中心城区污水处理厂扩容改造工程，总投资概算9994万元，完成投资1500万元。

【水资源管理制度考核】 顺利完成国家和自治区对通辽市实行最严格水资源管理制度的考核工作，两次考核均对通辽市工作给予充分肯定；按照市政府要求组织完成对全市8个旗县市区和1个经济技术开发区关于实行最严格水资源管理制度的考核工作；按照市人大的工作要求，完成《通辽市水资源管理条例》立法调研报告编制工作；完成通辽市地下水超采区边界划定工作。

【矿山地质环境治理宣传培训】

通辽市组织举办3期矿山地质环境治理培训班，对全市395家采矿企业和有关地勘单位及旗县局分管领导、地质、矿管和执法监察人员进行全面系统的培训。为全市矿山环境治理工作的全面推进，奠定基础。

【矿山执法检查】年初，为推动全市矿山地质环境治理工作扎实有效地开展，通辽市印发相关通知并要求旗县对辖区内矿山地质环境治理工作进行自查，并形成自查报告。在旗县自查的基础上对8个旗县市区和1个经济技术开发区进行执法检查，并提出整改意见；全市395家矿山企业地质环境治理方案全部完成编制。全市首期保证金存储企业为395家，存储率100%，存储金额1.2亿元；全市矿山企业首期治理通过验收277家，不能治理而续存保证金的企业28家，两者占矿山企业的77.9%。验收治理面积17.71平方公里，投入治理金额6249万元。在闭坑无主矿山治理中，霍林郭勒市设立3个项目，投入近700万元进行治理。扎鲁特旗投入近1亿元，对鲁北镇周边和国道304线两侧进行治理。

【企业节能技术改造】 全市符合资源综合利用条件的企业31户，其中砌块类企业16户、水泥企业10户、生物发酵肥企业1户、脱硫石膏企业2户、综合利用电厂1户、再生水利用企业1户。工业固废利用率达到35.88%，其中粉煤灰利用量达到863.6万吨。加大“三废”综合利用技术的推广，提高“三废”资源的综合利用率。加大淘汰落后产能力度。落实联合整治关停措施,抓住国家控制电解铝和水泥行业产能过剩的有利时机,及时上报电解铝和水泥项目,得到国家发改委和工信部公示和公告,并按照文件精神进行及时处理。

【河湖水系治理工程】 西辽河干流治理工程批复总投资41 882.23万元,下达中央投资计划28 000万元,资金下达率67%,完成工程投资32 530.83万元,完成年度投资计划任务。完成乌力吉木仁河、西拉木伦河、三江口地区省界堤防西辽河内蒙科左后旗段3项重要支流治理工程批复工作,批复总投资为19 586.91万元,待国家资金下达后即可实施。毛都水库设计总库容8810万立方米,批复总投资4.4亿元,工程于2015年6月开工建设。完成地下连续防渗墙1621米;贯通泄洪隧洞长256米;工业供水涵洞洞身长146米,浇筑120米,完成率82%;溢洪道石方开挖工程完成投资8500万元,计划2017年底主体工程完工。

【大气污染治理】 全市48家企业145台锅炉,完成整改21家、锅炉62台。市政府安排淘汰燃煤小锅炉补贴资金4000万元,年末全市淘汰小锅炉705台,超额完成年度目标任务。全市淘汰黄标车3900台,完成目标的87.6%;加油站、储油库油气回收改造88座,完成目标的73.3%。推进电力行业超低排放,通辽二发5号机组完成改造并验收,霍林河坑口发电1号机组完成改造。

【污染物排放管理制度】 主要对梅花生物异味问题进行全方位、无死角排查整治,严格要求企业提升异味治理工程,倒排工期,确保2017年底前整改完成。该企业与中国环境科学院合作,实施污染深度治理工程改造;木里图污水处理厂排水问题通过PPP模式启动湿地项目,并完成排水管道工程测量设计等前期工作;奈曼化工园区内1200吨精萘已处理完毕;对开发区煤炭市场提出整体搬迁意见;鸿骏铝电公司环境信访问题,环境监测报告编制完成。

【环境执法监管】 加快落实中央环保督察交办案件和下沉督察提出问题的整改整治,加大对纳入三级监管台账的环境问题督查督办力度,中央环保督察交办的调查属实和部分属实的49个案件完成整改26个;纳入三级台账的72个环境问题完成整改31个;全市适用新环保法及配套办法案件27件,其中按日连续处罚案件3件,查封扣押案件8件,限产停产案件2件,移送公安机关实施行政拘留案件14件、行政拘留10人。推进环境监察网格化管理,形成一级监管网格9个,二级监管网格131个,市旗两级实现环境监察无盲区、无死角、全覆盖。

【生态文明建设宣传活动周】

7月2日,2016年通辽市生态文明建设宣传活动周启动仪式在通辽市民广场举行。市委书记罗永纲出席并宣布活动启动。市委、市人大、市政府、市政协在家领导出席,通辽军分区、通辽武警支队、市生态文明建设领导小组各成员单位、中区市直有关部门和单位代表,部分社区、企业、学生代表共计2600余人参加启动仪式。会议由市委副书记孙振云主持。市委副书记、市长包振玉致辞。市生态文明建设领导小组办公室主任、发改委主任刘兰英宣读倡议书。学生、社区和企业代表分别发言。市生态文明建设领导小组办公室主任、市发改委主任刘兰英倡议,社会各界、各行各业要做生态文明的倡导者、宣传者、建设者、践行者、守护者和推动者。促进生态文明,重在行动,贵在坚持。

环境保护

【主要污染物减排】 自治区下达通辽市2016年减排目标是全市化学需氧量、氨氮、二氧化硫、氮氧化物分别削减500吨、32吨、4000吨和7000吨。截至2016年年底,全市化学需氧量、氨氮、二氧化硫、氮氧化物分别完成减排750吨、50吨、4400吨和7350吨(截至成稿日自治区初步认定),分别完成年度目标的150%、156%、110%和105%,水和气减排指标均提前完成年度目标任务。

【大气污染防治】 按照“2016年全市十大民生实事”总体要求,以煤烟型污染治理为重点,推进大气污染综合整治。对全市20蒸吨以上燃煤锅炉进行环境监测,从严处罚超标排放供热企业,共罚款803.2万元。

依据监测数据，对48家企业145台锅炉进行“冬病夏治”，严格倒逼企业实施提标改造，完成自治区整改整治任务。落实市政府补贴资金4000万元，市主城区淘汰燃煤小锅炉233台，完成目标的118.6%；其他旗县市区淘汰488台，完成目标的132.2%。全市淘汰黄标车和老旧车辆5040台，油气回收改造加油站和储油库100座，分别完成目标的112%和83%。成立重污染天气预报预警室，完善预警会商机制，提高应对能力。全年空气质量优良天数达305天，较2015年增加46天，占总天数比例达83.3%；PM2.5年均浓度为41μg/m³，较2015年下降11μg/m³。

【水环境污染防治】 落实《通辽市水污染防治工作方案》，全面排查整治水污染“十大”行业和“十小”企业，加强污水处理厂环境监管，深化饮用水水源地保护，市境内重点流域地表水水质保持稳定趋好。

☆ 小资料 ☆

水污染“十大”行业和“十小”企业：水污染“十大”行业是指造纸、焦化、氮肥、有色金属、印染、农副食品加工、原料药制造、制革、农药、电镀等行业。水污染“十小”企业是指小型造纸、制革、印染、染料、炼焦、炼硫、炼砷、炼油、电镀、农药等装备水平低、环保设施差、严重污染水环境的小型工业企业。

【土壤污染防治】 2016年5月28日，国务院印发《土壤污染防治行动计划》。学习宣传《土壤污染防治行动计划》，做好贯彻落实方案的草拟工作，开展土壤环境监测，完成“十三五”国家土壤环境质量国控点位布设及核查工作，确定风险点位56个。

【生态环境保护】 配合环保部、国土资源部等7部委专家对罕山国家级自然保护区进行管理评估。指导督促各地对各级自然保护区内非法开发建设活动进行全面排查整治。截至2016年底，大青沟、罕山和双合尔湿地自然保护区完成区内开发建设项目生态影响后评估和环评备案29个。为引绰济辽、岷通天然气管道等重点项目出具生态环境影响评估审查意见。推进国家生态保护红线划定工作，经与环保厅多次研讨和专家组现场勘查，使生态红线划定比例和分布基本吻合通辽市生态环境保护和经济发展需求。推进生态示范创建工作，开展农村环境综合整治，全年完成36个建制村的整治任务，农村环境保护得到深化。

【环境执法监管】 严格执行新《环保法》及配套办法，重拳打击环境违法行为。全年共实施行政处罚案件129件，处罚金额2038万元，超出“十二五”期间的总和。全市办理适用新《环保法》及配套办法案件36件，比上年多办5件。对中央环保督察转办问题相关责任人进行约谈35人、问责25人、行政拘留6人，对责任企业和单位实施行政处罚20件，处罚金额534万元。加快清理整顿环保违规项目，全市61个未批先建项目完成整改60个；全市57个“久拖不验”项目全部完成整改。严格核与辐射、危险废物安全监管，全年未发生因放射源及危险废物引起的环境安全事故。

【环保领域改革】 2016年，通辽市出台生态环境保护改革的规范性文件20件，《党委、政府及有关部门环境保护职责》《党政领导干部生态环境损坏责任追究办法》等重要政策制度相继出台，环境保护网格化管理工作方案重新修订，以改革措施有效推进环境保护党委、政府“党政同责”、有关部门“一岗双责”和企业主体责任的落实。按照市委改革办统一部署，市环保局提前完成8项牵头改革任务。按照自治区环保厅的要求，按时完成环评业务脱钩改革，将环评业务推向市场，市环科所和评估中心改为公益一类事业单位。

【环境隐患和问题整改整治】

坚持“群众利益和生态环境安全至上”的原则，变压力为动力，全面推进通辽市北部地区煤电铝企业综合整治。与自治区环境监测中心站合作，历时8个月，按时完成该地区环境质量监测任务，出具氟化物监测数据1419个。与自治区环科院合作编制完成《通辽北部地区氟化物污染问题整改实施方案》，为市委、市政府决策部署提供重要依据。推进示范工程建设，为通辽市煤电铝企业治理烟气污染，提供先进的技术和有效的途径。清理重点企业环保手续多年欠账，帮助企业解决“后顾之忧”。启动大气污染综合整治示范区建设，为解决北部地区煤电铝烟气排放叠加问题找到根本出路。率先在鸿骏铝电、锦联铝材两家企业实施在线、工况和视频“三位一体”自动监控管理,取得成功经验。针对梅花生物异味问题,市环保局组织30多人的执法监测专项检查组,对企业污染源进行全面检查、监测,并依据专家“诊脉”,下达新《环保法》实施以来的第一个“限产令”,督促企业限期整改。截至2016年年底,市委、市政府定期调度督办的9个环境公共安全问题完成整改6个,72个重点环境问题完成整改43个,完成阶段性整改任务。

(王惠雨)

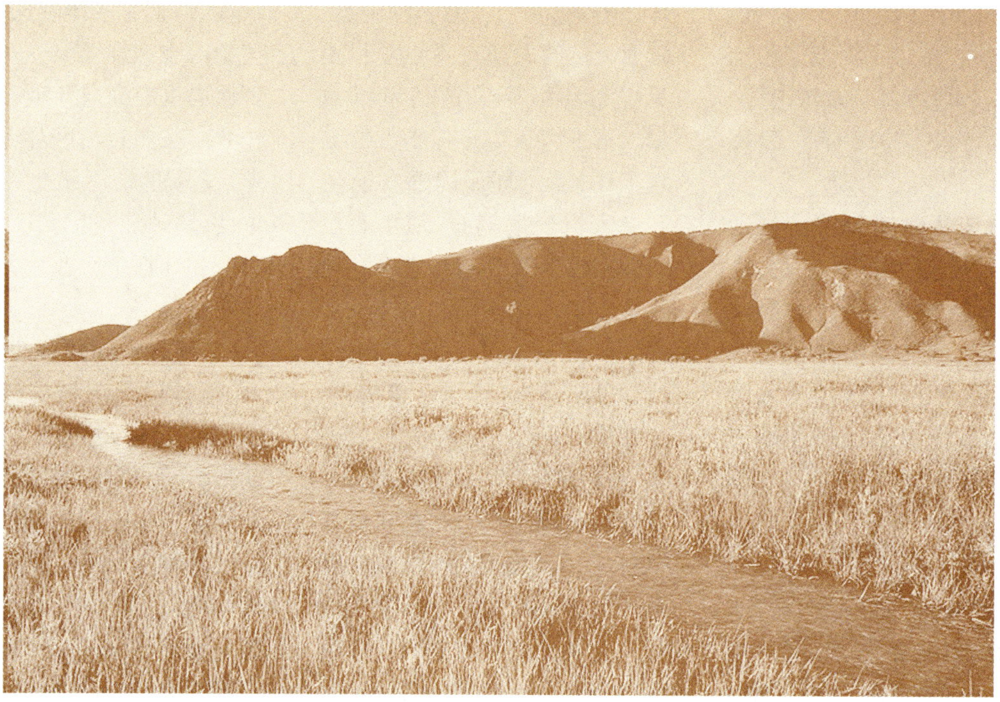

▲ 罕山小溪 杨絮飞 摄

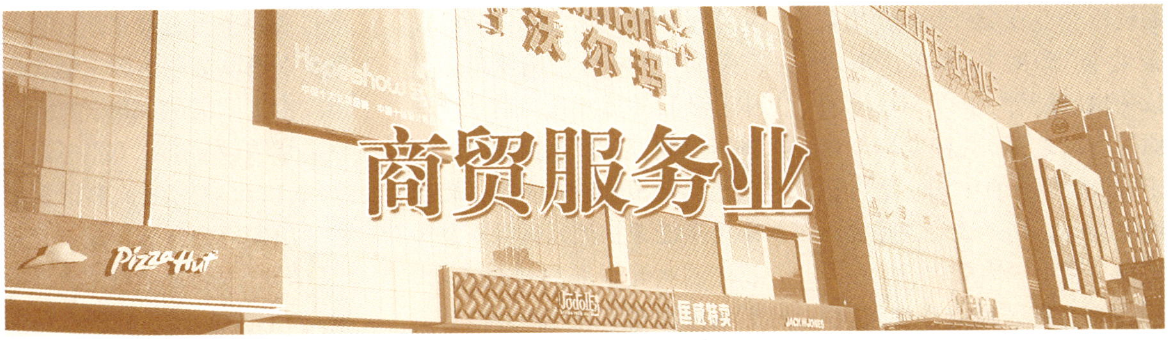

商　　务

【概况】 2016年，全市社会消费品零售总额完成515.3亿元，同比增长9.8%，高于全区0.1%。全市外贸进出口总额实现4.13亿美元，同比下降5.2%。按照人民币口径，进出口总额27.2亿元人民币，增长1.0%。其中出口19.4亿元人民币，下降9.0%；进口7.8亿元人民币，增长39.7%。

【商贸流通体系建设】 在巩固通辽市百货大楼等商业集聚区的基础上，重点培育科尔沁区长春欧亚商圈、万达广场商圈和开发区万力城商圈等6大商业集聚区。巩固提升开鲁县千禧龙汽贸城、扎鲁特旗新世纪等旗县市区重点商圈。完成便民连锁超市454个建设任务，实际建设718个，并对存量进行升级改造，全面提升“便民连锁超市全覆盖”工程质量。

【电子商务】 通辽电子商务产业园在成为全国电子商务示范基地的基础上，2016年4月11—12日，由商务部承办，在浙江义乌举办的中国国际电子商务博览会上，通辽电子商务产业园又获得国家“2016年十佳电子商务园区”称号，是内蒙古唯一一家，并成为国家电子商务示范基地创新发展联盟首批成员单位。5月23日经自治区相关部门材料初审、现场答辩、择优竞选、专家评审等程序，科左中旗、奈曼旗、开鲁县、扎鲁特旗被评定为2016年国家级电子商务进农村综合示范旗县。科尔沁电子商务产业园区评为自治区级示范基地。军利易购、可意网成为自治区电子商务示范企业。建设12个电子商务示范村和2379个电商服务站点。跨境电子商务破题起步，聚创电子商务公司完成“聚俄优品”跨境电商平台的建设。通辽电子商务交易额313.3亿元，其中企业间电子商务交易额275.3亿元，网络交易额38亿元（含第三方平台交易）。10月12日，由内蒙古民族大学和中关村软件园联合举办的创新创业基地、科尔沁电子商务服务中心、内蒙古民族大学创新创业学院揭牌仪式在科尔沁电子商务服务中心举行。

【对外经贸合作】 梅花生物、玉王生物等7家企业进出口额均超过500万美元，进出口额合计占全市总额的94%以上；和谊镍铬复合材料、黄河龙生物等12家企业首次实现进出口。境外企业在通辽市新设立外商投资企业同比增长75%，

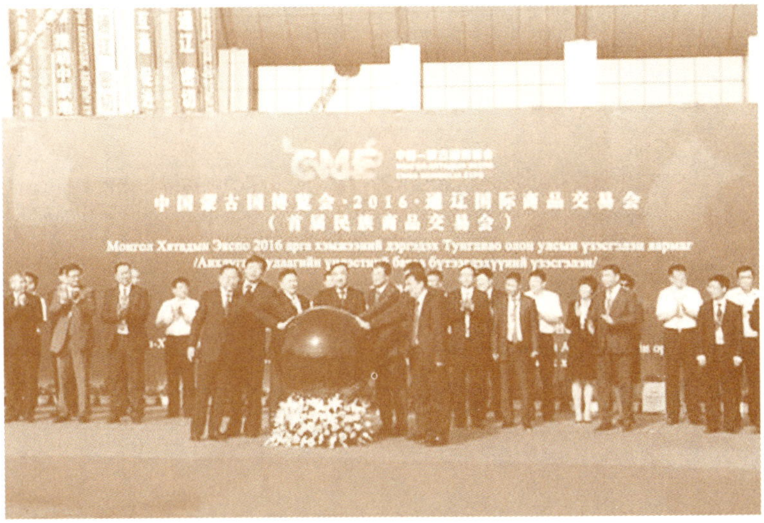

通辽市企业在境外新设立投资企业同比增长80%。8月12—14日,举办以"同行草原·丝绸之路,共建合作发展走廊"为主题的中国—蒙古国博览会·2016·通辽国际商品交易会暨中国内蒙古三盟市与蒙古国三省区域合作会议,中国内蒙古三盟市与蒙古国三省区域合作会议主办单位为中蒙博览会秘书处、自治区商务厅、自治区贸促会、通辽市政府、赤峰市政府、锡林浩特盟行署,蒙古国肯特省政府、苏赫巴托省政府、东方省政府。自治区副主席云光中出席会议。中蒙博览会执委会常务副主任包广林,通辽市委书记罗永纲,市委副书记、市长包振玉,市委常委、秘书长贺志亮,副市长崔景英出席会议。

【物流业】 编制完成《通辽市物流业"十三五"发展规划》和《通辽市物流业产业链招商策划》,启动通辽经济技术开发区综合物流园区、科尔沁现代物流园区规划编制工作;加快推进物流平台和重点项目建设,开发区综合物流园区基础设施建设不断完善,内蒙古东部煤炭交易中心建设取得进展,义乌商贸城、申通快递蒙东运转中心项目等重点项目前期工作进展顺利,开鲁综合物流园、保康现代物流园区、霍林郭勒恒阳再生能源物流园区等旗县市物流园区建设有序推进,全市首家保税仓库通辽内陆港公用型保税仓库获海关批准设立;启动通辽多式联运海关监管中心规划设计及申报工作,进一步加大霍煤鸿骏铝电公司公共型保税仓库项目申报力度。通辽至大连港货运班列实现每周三班以上常态化运营,完成通辽国际航空口岸建设初步规划设计。7月19日,《商务部办公厅关于确定智慧物流配送示范单位的通知》公布85家全国智慧物流配送示范单位名单,通辽军利商贸有限公司入选智慧物流配送示范企业。

【"通满欧"国际货运班列开通】

由中铁集装箱运输有限公司具体运作的从通辽始发经满洲里抵达欧洲(即"通满欧")国际货运班列于2016年3月25日上午由木里图工业物流园区驶出,在蒙东地区率先开通中欧国际货运班列,标志着通辽市打通一条涵盖蒙东地区通往俄罗斯及欧洲的国际货运大通道。市委副书记、市长包振玉,市委常委、科尔沁区委书记曹文敏,市政府副市长韩国武等领导出席班列开通仪式。首列"通满欧"国际货运班列满载着通辽市玉米深加工产品及铝后深加工产品等,共计40个标箱,全程运行时间15天左右,行程9000多公里,途径满洲里,开往俄罗斯,最终抵达圣彼得堡。国家实施"一带一路"倡议以来,通辽市抢抓机遇,积极构建沿线大通关合作机制,加快建设国际物流大通道,开通通往俄罗斯、欧洲的国际货运班列,对于通辽市优化外贸进出口环境,拉动外向型经济发展,促进对外经贸合作和人文交流都具有重要意义。

(刘亚萍)

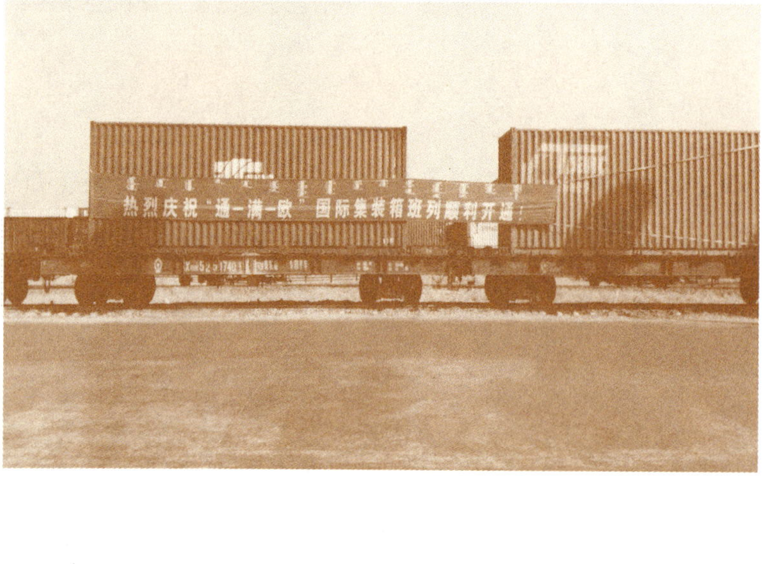

烟　　草

【烟草公司概况】 内蒙古自治区通辽市烟草专卖局、内蒙古自治区烟草公司通辽市公司实行两块牌子一套机构,合署办公,在全市履行烟草专卖行政管理和烟草专营职能。市局(公司)成立于1984年,内设14个职能科室、中心,下辖科尔沁区烟草专卖局(营销部)、开鲁县烟草专卖局(营销部)、科左中旗烟草专卖局(营销部)、科左后旗烟草专卖局(营销部)、奈曼旗烟草专卖局(营销部)、库伦旗烟草专卖局(营销部)、扎鲁特旗烟草专卖局(营销部)和霍林郭勒市烟草专卖局(营销部)8个旗县局(营销部)。

【卷烟销售】 坚持“稳销量、上结构、育品牌、守红线、降成本、保增长”发展思路,咬住年度目标,咬住时间节点,咬住关键举措,不断提升经济运行质量和效益。全年实现销售卷烟11.22万箱,实现税利5.14亿元,单箱销售收入首次突破2万元大关;全年销售重点品牌卷烟9.16万箱,占总销售量的81.67%;全年销售细支卷烟7559箱,同比增幅95.96%。

【专卖管理】 为提高卷烟市场净化率目标任务,开展“两节”清理整顿卷烟市场、“清理无照无证经营”“利剑三号”“飓风八号”等专项行动,全力为卷烟经营清障护航。全年查处涉烟违法案件437起,同比增长28.53%;其中假烟案件30起,同比增长275%。查获涉案卷烟81.42万支,其中假烟14.51万支。查获走私烟案值1.33万元。破获“9·1”假烟网络案件,涉案总金额120万元,完成年度打假破网任务。认真治理真烟非法流通,加强考核和排名通报,对发现的违规经营线索实时督办。全年查获非法流通真烟案件407起,查扣卷烟66.91万支,案值25.06万元。

【物流管理】 全市发生物流费用3301万元,同比降幅5.75%。物流费用率为1.69%,同比降幅1.33%。全年返还卷烟包装箱22.49万只,返还率100.4%,超额完成10.4个百分点。分拣设备有效率101.9%,异型烟分拣效率达到50件/小时,效率提升一倍。开展火灾、应急疏散、车辆交通事故等内容的应急演练9次,安全综合检查4次,“平安烟草”创建成效显著。

【规范管理】 落实简政放权、放管结合、优化服务举措,规范和改进行政审批工作。严格履行合法性审查职能,切实加强合同、招标文件、规章制度等事项的审查力度,全市制定完善规章制度25个,废止10个,审查招标文件37个,合同68份,法治监督继续加强。修订《采购管理实施细则》,完善《“三项工作”管委会工作职责和议事规则》,印发《烟用物资采购、工程建设考评问责制度》,建立《办事公开同业务工作深度融合保障机制》,开展工程建设、物资采购项目专项治理。全年公开招标采购项目占比92.10%,金额占比97.52%,采购监督继续加强。

(巴君超)

供销合作

【概况】 2016年,全市供销系统汇总参控股社有企业108个;完成商品购销总额476 640万元,实现利润9844万元,上缴税费1305万元。全市供销系统大力开展供销社综合改革工作,奈曼旗供销合作社联合社利用区级试点政策优势,开展的“11221”工作初步实现“点上开花”,即:成立1个农村牧区合作经济组织联合会,拓展农牧民专业合作社联合社工作职能,成为服务农牧民合作经济组织的综合平台;建成1个2400平方米的日用消费品配送中心,发挥流通网络“一网多用,双向流通”的综合服务功能;改造新建2个基层社,规范2家专业合作社联合社,初步建立起“风险共担、利益均沾”的共赢机制,增收增效明显;完成1个整村(大沁塔拉镇红星村)土地流转6000亩,与龙头企业旺牛食品公司签订农产品回收协议,通过小麦种植和芥菜复种的方式,农户每年平均增收约800元。

【供销社综合改革】 2016年,中共通辽市委办公厅、通辽市人民政府办公厅印发关于认真贯彻落实《内蒙古自治区党委、自治区人民政府关于深化供销合作社综合改革的实施意见》(〔2016〕125号)的通知,开鲁县人民政府出台《开鲁县供销合作社综合改革实施方案》(开政字〔2016〕169号),扎鲁特旗人民政府出台《扎鲁特旗供销合作社综合改革实施方案》(扎政字〔2016〕84号)。

【基层合作经济组织建设】 领办农牧民专业合作社11 300个,供销合作社参股3086.26万元;基层供销合作社109个,组建各类专业合作社联合社19个,发展便民连锁超市800个;开鲁县、库伦旗实现基层社苏木乡镇全覆盖。

【农村牧区流通网络】 在全市范围内基本形成以大型骨干企业为龙头,现代物流配送中心为支撑,大型交易市场为平台,便民连锁超市为终端,信息服务为手段的农业生产资料、日用消费品、农畜产品购销等连锁经营网络。全市供销社系统有直营店368个,加盟店1264

个,配送中心33个,农村牧区信息员200人,城市社区日用消费品配送网点达到3800个,经营网络苏木乡镇覆盖率100%,行政村覆盖率在70%以上,农村牧区流通主渠道作用愈加凸显。发挥农资供应主渠道作用,组织2016年度备春耕化肥储备8万吨,销售56万吨,通过互联网配送农资2000吨,农资市场供应率达到80%。

【新型农牧业社会化服务体系】 通辽市军利易购电子商务有限公司自主研发物流云服务系统,通过建立和培育区域商贸流通新业态,创新农副产品销售及社区服务新模式,促进线下线上一体化发展,与金融机构达成合作,为上下游企业客户提供贷款融资服务。该公司发展注册会员7000人,农村牧区配送服务终端网点378个,市区大中型商超51个,便民超市904个,餐饮企业402个,各类食堂36个。

【农民专业合作社特色产品展销会】 10月20—22日,“丰盛惠农”通辽市首届农民专业合作社特色产品展销会举行。此次活动由通辽市委统战部非公经济服务中心、通辽农民专业合作社协会主办,通辽市丰盛农产品物流园及内蒙古农村牧区土地经营权交易市场承办,共有包括非公企业、农合会会员及农村合作经济组织单位在内的1200多个单位参展,约3万人参观,交易成功7000余笔,交易金额近2亿元。展销会开幕日当天举行农村牧区土地经营权交易平台启动仪式,通辽市领导张志强、崔景英、吴国林出席启动仪式。

【荣誉】 通辽市供销合作社获得2016年内蒙古供销合作社系统综合业绩考核优胜单位二等奖。通辽市科左中旗供销合作社被自治区供销合作社评为十强县级供销合作社。通辽市供销合作社被评为“2014—2015年全市干部下基层扶贫增收活动先进集体”。

(赵颖秋　李国强)

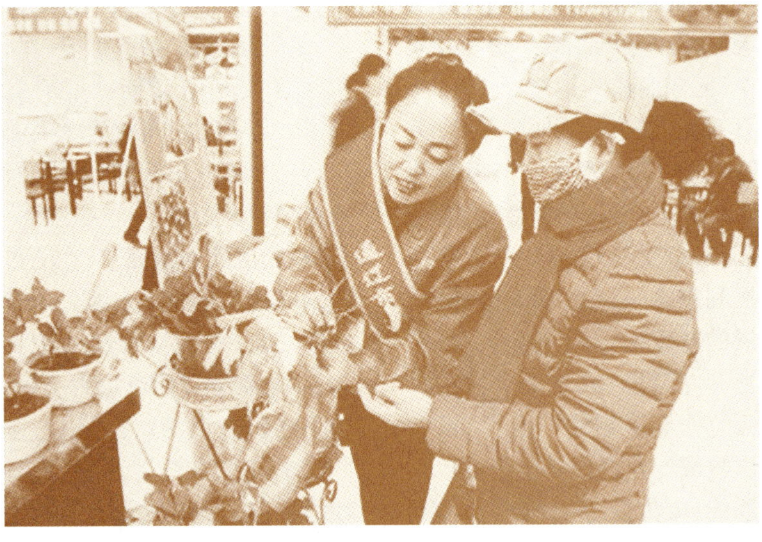

▲ “丰盛惠农”通辽市首届农民专业合作社特色产品展销会现场

粮　食

【粮食收购】 2015—2016年度秋粮收购工作圆满完成,配合中储粮、农发行合理布设临储粮收储网点125个;加强信息监测及上报,为政府正确决策提供重要依据;加强政策及农户安全储粮宣传;启动地储粮托底收购,保护农民利益;建立粮食出入库安全生产管理制度,加强安全生产检查;加强对政策性粮食收购的监管,严厉打击抬水压价等坑农害农事件发生,对违法事件依法进行处理,保障收购工作平稳有序开展,2015—2016年全市收购临储粮701万吨,位居内蒙古自治区第一,确保全市未出现农民卖粮难问题。2016年国家取消执行8年的临储收购政策,实行补贴加市场化收购模式。临储政策执行的8年间,国家定价、包收包储,2016年实行市场化收购,广大农户一时难以适应、各类市场主体入市不积极、产量居高不下、库存高位运行等诸多困难,严重制约今年的秋粮收购工作。市粮食局早安排、早部署,从产销对接、协调收购资金、提高加工企业就地转化能力等方面着手,有序推进粮食收储制度改革,全力化解通辽市高库存及新粮收购双重压力。

【拓宽粮食收购销售渠道】 市粮食局把开展产销对接活动作为去库存及新粮收购工作的一个重要抓手,组织企业“走出去”,并与福建、广东、广西、湖南、江西等地企业建立合作关系，签订180万吨玉米及杂粮购销合作意向，极大程度上缓解通辽市农民卖粮压力。与中储粮、中粮、中纺等央企沟通，充分发挥他们的仓储、贸易等资源优势，加大收购及外销力度。

【市场化收购】 支持加工企业充分发挥市场化收购的引领带动作用，为通辽市加工及饲料企业申请国家竞购及税收优惠政策，协助财政部门制定《通辽市玉米深加工企业收购加工新产玉米奖补政策实施方案》。2016年通辽市加工企业开工率大幅提升，尤其是玉米深加工企业自奖补方案出台后，基本达到满负荷生产，极大程度上缓解通辽市秋粮收购压力。

【粮食银行】 开展“粮食银行”业务的试点及推广工作。2016年全市有6家企业开展“粮食银行”业务试点工作，“粮食银行”业务属新开展业务，大多农户认知度不高，业务开展量不大。

【信用保证基金】 建立收购贷款信用保证基金收购新机制，2016年是取消临储粮收购、实行市场化收购的第一年，粮食企业普遍存在抵押物少、资信水平低问题，得不到农发行贷款支持，收购资金短缺成为制约当年秋粮收购的最大问题。信用保证基金的建立，提高地方粮食企业增信和抗风险能力，全市17家民营企业获得首批农发行贷款资格，缓解粮食收购资金不足压力。

【临储粮验收及清仓查库】 开展临储粮验收及清仓查库工作，确保国家粮食安全。市粮食局抽调专业人员，协同中储粮、农发行对权属通辽市的687.72万吨临储粮进行数量验收。按照自治区部署，市粮食局协同中储粮、农发行对全市1305万吨政策性粮食从账目处理、存粮质量安全、储备粮轮换、补贴拨付、执行国家粮食购销政策情况等进行逐一检查，确保国家粮食数量真实、质量良好。

【粮食安全地方主体责任落实】

按照自治区政府《关于贯彻落实粮食安全省长责任制的意见》(内政发〔2015〕144号)对各盟市政府责任分工的要求，根据市政府安排部署，市粮食局代政府起草《通辽市人民政府关于全面落实粮食安全市长责任制的实施意见》，将重点工作任务进行分解，下发到各旗县市区及相关部门。制定《通辽市粮食安全旗县长责任制考核办法》，严格对各旗县粮食安全责任落实情况的管理考核。按照《内蒙古自治区人民政府办公厅关于开展2016年度粮食安全盟市长责任制考核工作的通知》要求，协同各成员单位共同完成本地区工作任务，做好自治区对通辽市的考核准备，做好对旗县的考核工作。

【保管员及化验员培训】 开展全市保管员及化验员培训班，培训400余人次，提升通辽市保管及化验人员的业务能力，确保通辽市临储粮储存安全。按照国家要求，对旗县粮食行政管理部门及有关收储企业进行《粮食安全储存守则》《粮库安全生产守则》《粮油储存安全责任暂行规定》的培训。

(市粮食局办公室)

盐　　务

【盐业概况】 通辽市盐业公司(盐务管理局)为全民所有制企业，一套班子两块牌子。盐业公司承担着全市工、农、牧业用盐和人民群众食用盐的供应任务；盐务管理局肩负着盐政执法，消除碘缺乏危害目标的光荣使命。公司机关内设综合办公室、财务科、盐政管理与盐品营销科、产业科4个职能科室。下辖科尔沁区盐业配送中心和7个旗县(市)盐业支公司及4个旗县盐业批发部(奈曼旗盐业支公司及所属八仙筒盐业批发部、科左后旗盐业支公司及所属金宝屯盐业批发部、库伦旗盐业支公司、开鲁县盐业支公司、科左中旗盐业支公司及所属宝龙山和舍伯吐盐业批发部、扎鲁特旗盐业支公司、霍林郭勒市盐业支公司)12个营销点。在岗职工128人，提前离岗职工6人，退休职工86人。2016年，全市购进各类盐品31 181吨，完成年计划35 900吨的86.86%；销售各类盐品35 597吨，完成年计划38 500吨的92.46%；实现利润82.62万元，完成年预算1137.15万元的7.27%；上缴各种税金780万元。

【销售管理】 面对全市整体小包装食盐销量提速缓慢、行业用盐不同程度减销、下行压力较大的情况，主动适应形势，积极采取应对措施，扩大各类盐品销售。年初召开全市盐业工作会议，分析当前形势、市场管理及减销原因等,查找短板,制定措施,明确目标,保证销量稳中有升。对全市食盐销售网络合理布局,按销区合理调整品种结构,实行客户经理负责制,实现食盐销售“无缝隙”。加强高品质盐宣传促销。利用“3·15”“5·15”宣传日,市、旗县两级公司以开展宣传与咨询活动为主线,现场展示产品进行宣传。在通辽火车站、批发城选择大型LED屏进行产品展示,在主要居住小区选择电梯广告LED显示屏24小时滚动播放。以彩色印刷镜框装裱制作大青盐广告,悬挂小区电梯内醒目部位。通过开展形式多样的促销活动,终端零售商店和消费者对高品质盐的了解和认知有所提高,从而形成良性互动的销售和消费体系。2016年,高品质盐销售累计7890吨,占直接入口盐销量的比重达到76.98%。

【市场监管】 在盐业面临体制改革的新形势下,一些非法经营者为谋取个人利益,违法经营涉盐产品侵销通辽市盐业市场,给盐政市场管理带来诸多困难,盐务管理局抽出专人成立盐政执法大队,全力抓好盐业市场执法检查,开展食盐安全专项整治行动,打击涉盐违法行为,确保食盐安全民生工程落到实处。从3月15日至5月15日开展为期60天的春季集中整治盐业市场专项行动,活动期间各盐务局统一思想、主动作为,争得地方政府主管领导大力支持,组织召开公安、食药等相关部门参加的协调会,并下发文件,形成联动机制借力执法。对科左中旗、奈曼旗、科左后旗辖区的城乡接合部、集贸市场、养殖户、市县边界、超市、零售网点、批发部、食品加工点、饭店等进行拉网式检查整治,对涉盐违法行为起到震摄作用,有效地维护全市盐业市场的稳定,保障消费者食用盐的安全。8月,通辽市政府办公厅成立《通辽市开展制贩假盐专项治理工作领导小组》,制定印发《通辽市开展制贩假盐专项治理工作方案》。从8月10日至11月10日,开展为期90天的秋季盐业市场专项整治行动。围绕宣传食盐专营、惩治涉盐违法犯罪、净化盐业市场,全力保障食盐安全这个中心,积极主动与当地食药监局、公安局、卫计委、工商局、质监局、经信委等部门进行沟通、协作,加强盐业市场监管,联合开展食盐市场专项治理工作。在春秋两季集中整治良好效果基础上,结合扎鲁特旗辖区市场实际情况,市盐务局稽查大队协助扎鲁特旗盐务局,会同当地药监局开展冬季盐业市场专项整治活动。在抓好食盐市场监管的同时,搞好行业用盐的供应和管理工作,与行业用盐户签订送货协议,保证盐品专盐专用,防止流入食盐市场,采取全部配送形式使行业用盐直达终端,减少中间运输环节,有效的控制行业用盐侵销食盐市场。针对外地饲料添加剂氯化钠,各种舔块进入冲击畜牧盐市场现象,坚持查、管、服相结合,做好行业盐用户访销、客情沟通工作,加大打击力度。2016年,全市共查获盐业违法案件77起,没收违法盐产品111.41吨,罚款7.89万元。

【业务拓展】 主要经营非盐项目有西凤酒系列、红酒系列、矿泉水系列、碱面、蓝海星系列洗化用品、盐灯系列、清谷新禾有机粮油系列、建材、农资等。年初,制定切实可行的分配方案、销售计划及月度考核指标,将销售指标合理分配,并同提成绩效工资全面挂钩。积极调整品种结构,有计划地组织各类商品的调运,合理制定各类商品价格。采取多种促销措施,助推非盐市场拓展。针对消费者对区营、自营非盐产品品牌认知度不高的实际情况,抓住消费者相对集中的商机,通过开展不同形式的宣传促销活动,全力拓展非盐市场。2016年,非盐产品销售收入(不含税)453.35万元。

【配送服务】 根据全市经济区域的盐品流通特点,调整优化经济区域食盐配送直达终端网络体系,加大对零售终端的控制能力。各配送中心结合各类盐流转计划和盐品配送区域,以及全市大、中、小商超调查摸底情况,配备相应的客服经理和送货人员,按照经济区域采取客户经理分片区负责制,对大、中、小型超市、零售店、食盐零售市场进行全面检查、走访、了解和查看各类盐品的销售情况、购进渠道,设立台账,印制客服人员联系卡,标明业务联系电话、监督电话,签订协议,明确双方责任义务,进行跟踪服务,使食盐配送直达终端不留死角,取得较好效果。2016年,全市有盐品配送车辆19

台,配送基本路线72条、93个乡镇社区、2355个嘎查村,配送网点8356个。直达配送盐品10 100吨,食盐配送率达到95%。依托食盐终端网络,开展同车配送非盐产品。部分支公司开展盐与非盐同车配送业务。从盐与非盐同车配送的运行模式看,非盐产品销售业务得到拓展,实现多渠道增值。

【盐务改革】 2016年1月,以调动干部职工工作积极性为抓手,重新制定出台《通辽市盐业公司薪酬分配方案》。在确定岗位划分、薪酬构成的基础上,合理制定月提成绩效考核办法。实现部门与科室之间、一线与二线职工之间、同一岗位职工之间的差异化管理。9月9日,科尔沁区配送中心进一步细化薪酬改革,制定《薪酬分配方案(试行)》,规定客户经理每月除基础工资、工龄工资、专业技术职业技能工资外,提成绩效工资全部按本人销量计算,进一步激发员工积极性和创造性。实施"三项制度"改革。2016年6月,科尔沁配送中心积极有序地推进完成第三轮"三项制度"改革工作。实现三个到位,即盐政稽查到位、服务质量到位、配送终端到位。依照岗位设计进行优化组合,实现一人多岗、一岗多责。配送中心减至20人。"三项制度"改革激发职工内在动力,全体员工以崭新的精神面貌、饱满的工作热情履职尽责做好各项具体工作,促进企业健康发展。

(李红杰)

石　　油

【概况】 履行社会责任,树立良好的企业形象。持续开展扶贫帮困送温暖活动,全年发放帮扶资金60.84万元,180多人受益。向急重病患者、急危事件职工及时提供爱心基金救助、到医院慰问,解决燃眉之急,体现组织关爱。助力"十个全覆盖"工程,投入12万元扶贫资金,为扶贫包联村打井修路,修建文化设施,送去救助帮扶物品及慰问品,改善生产生活条件,被通辽市委、市政府评为全市干部下基层扶贫增收活动先进集体。加强群团工作。组织开展"振兴杯"职业技能竞赛、"银联杯"收银员比赛。选派员工参加中国石油第二届加油站经理论坛。组队代表内蒙古公司参加集团公司乒乓球决赛。组织青年志愿者深入"创城"包联社区,慰问孤寡老人和困难户。

【成品油销售】 2016年完成成品油销售63.51万吨,完成年度指标66.25万吨的96%;其中汽油销售31万吨,同比增长3.7万吨,增幅14%。纯枪完成55.33万吨,完成年度指标60.05万吨的92%。

【企业改革】 持续深化改革,取消专职通讯员,解雇保洁员,撤销市内片区,原片区管理的加油站变成分公司直属站,片区的管理职能按业务线由各部门分解接管,减少管理层级。开通一站式服务平台,架起连接机关指令和库站诉求的绿色通道。积极推进2.0版盟市公司建设,开展主要业务测实写实,继续精简机关人员,设立非油仓储配送中心、特许站管理中心,稳妥开展旗县经营部财务上收工作。严把用人入口关,通过加油站目标责任化管理等形式持续优化用工。严格车辆管理,公务车统一调配,定点、定时一卡加油,取消下派经营部人员往返回家坐公车待遇,全年自用油数量、费用同比分别减少26.74吨、24万元。加强可控费用管理,四项管理性费用同比减少49万元,降幅17%。对所属加油站盈亏数据进行日常对比、分析,对超耗严重的单位和加油站实行蹲点跟踪、核查,全年总体损耗量降低13%左右。加油站零售损耗数量同比下降199吨,金额下降166万元,降幅20%,零售损耗调整初见成效。

【客户分级管理】 公司主要领导亲自维系重点客户,定期走访。对不同等级客户,依据政策,按购油量的多少,实行阶梯价格;特许加油站和特殊需求客户一户一价,最大限度地平衡量效关系。

【优惠活动】 开展"大干黄金一百天,扩销增效提份额"活动。持续推进6月份开展的"大美草原行"民族特色服务活动,34座重点旅游站点,统一制作服装,每站一名员工穿着蒙古袍现场服务。从9月下旬接连开展"柴到秋季,更有惊喜"和"佳节齐欢庆,加油好礼送"的刷卡消费柴、汽油赠便利店商品活动。深入推进"10惠"活动。11月,总结前四次活动的不足,提前两周与客户预约,做好充值赠礼准备。在加油现场醒目位置张贴“10惠”海报,LED显示屏24小时不间歇滚动优惠内容。

【客户答谢暨产品推介年会】 召开客户答谢暨产品推介年会,现场签约18单,其中成品油现金交易1400吨,签订意向性协议1.6万吨;轮胎、化肥、润滑油等非油商品现金交易102万元,签订意向性协议320万元。

【隐患排查整治】 开展“安全隐患排查、管理隐患整治”专项活动,并与创建“无事故单位”活动相结合,制定《质量安全环保表单任务分解表》,确定13条考核项目、49项考核内容、115条考核标准。每季度开展HSE体系审核工作,库站、非生产经营场所及施工现场检查覆盖率100%,到站检查率60%,施工现场检查率100%。

【标准化试点库站建设】 推进HSE标准化试点库站建设,制定“库站HSE标准化建设工作实施方案”,编制新业务操作规程,确定1座油库、2座加油站为HSE标准化建设试点单位,承办内蒙古公司库站HSE标准化建设现场会,召开通辽公司HSE标准化建设推进现场会。

☆小资料☆

HSE管理体系标准:HSE是健康(Health)、安全(Safety)和环境(Environment)管理体系的英文简称。HSE管理体系标准是制定管理体系的基本框架,它规定建立、实施和保持健康、安全与环境管理体系的基本要素,其作用是帮助公司和公司的相关方建立HSE管理体系,实现健康、安全与环境管理目标。它为从事石油天然气勘探、开发、加工和营销的各种企业建立HSE管理体系提供标准框架。由于HSE管理体系标准是一个建立HSE管理体系框架,并未规定具体的指标和操作步骤,各企业在制定自己的管理体系时,必须结合本部门的具体要求,建立具体的细则。

【应急物资库建立】 开展库站应急演练,在通辽油库建立应急物资库。接受各类油品质量检查,开展油库间化验室能力比对试验,对加油机准确性进行检定,加大国五油品宣传力度,举办“油库储输油设施和化验室”开放日活动,让客户近距离地了解全流程质量管控措施和油品检验能力。

【员工培训】 加强培训,提高员工整体素质。全年共举办各类培训班14期,累计培训1595人次。本着逢训必考的原则,每期培训结束后都进行考试、考核,巩固学习成果。

(沈小明)

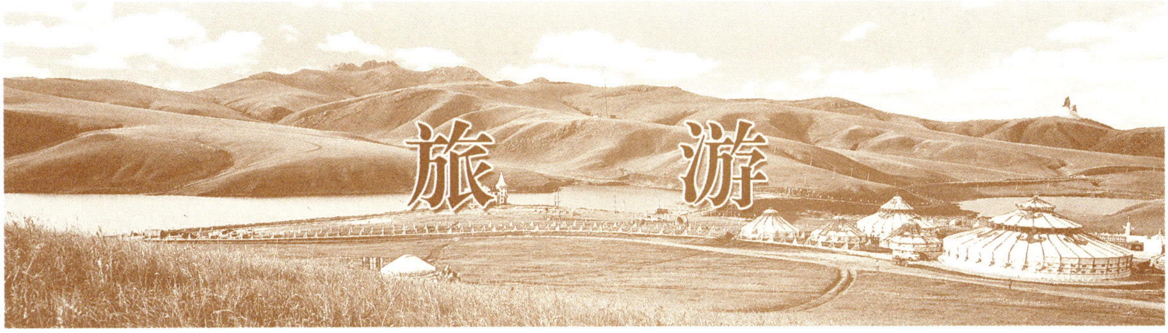

旅游业管理

【综述】 2016年，全市共接待国内外旅游者540.8万人次，同比增长21.66%，其中接待入境旅游者2.6万人次；全年旅游总收入135.15亿元，同比增长19.6%，其中国际旅游外汇收入1916万美元，国内旅游收入130.1亿元；自驾游游客318.7万人次，同比增长33.6%，收入78.3亿元，同比增长34.3%。截至年底，全市共有景区(点)101个，A级景区23家，其中，AAAA级景区4家，AAA级景区11家，AA级景区8家；星级旅游接待户20家，五星级乡村旅游接待户3家，四星级乡村旅游接待户7家；休闲农牧业与乡村牧区旅游示范点6家；星级饭店27家，四星级酒店2家，三星级酒店11家；旅行社26家，组团出境社3家。

【2016通辽文化旅游季启幕】

4月27日，“2016通辽文化旅游季”系列活动正式通过媒体对外发布，开启了全市文化旅游全年精彩活动的序幕。活动充分整合了通辽市的优质文化旅游资源，以丰厚的科尔沁民族传统文化为底蕴，沿科尔沁500公里风景大道，徐徐展开以“最美草原穿越季、科尔沁户外运动季、城市魅力探访季、马背激情体验季”为主题的生动画卷，推出包括科尔沁500公里文化旅游风景大道自驾游营地开营暨全国首张自驾游音乐光盘首发仪式、2016年穿越科尔沁·库伦银沙湾越野英雄会、内蒙古第五届自驾车旅游那达慕暨第二届中国北方自驾游发展高峰论坛、2016漫游之旅穿越科尔沁通辽第三届500公里文化旅游风景大道自驾游、宝古图沙漠民族文化旅游节、“8·18”哲里木赛马节、全市三大球联赛等31项文旅体系列节事活动，全方位、多角度展示通辽的钟灵毓秀与魅力动感，为广大国内外游客奉上精美的民族文化旅游大餐。

旅游商品及表彰活动

【多个旅游商品入选首批“内蒙古博乐歌”旅游商品名单】

2016年1月4日，“内蒙古博乐歌”旅游商品评审活动公布首批“内蒙古博乐歌”旅游商品名单和内蒙古自治区旅游商品推荐目录名单。通辽市内蒙古大牧场牧业开发有限责任公司(扎鲁特旗)生产的手撕风干牛肉、蒙古铁骑行军粮和内蒙古罕山食品集团有限公司(科尔沁区)生产的罕山——风干牛肉成功入选“内蒙古博乐歌”旅游商品名单。同时，霍林西山香食品有限责任公司生产的霍林西山香风干牛肉干，广发草原食品有限责任公司生产的广发草原——风干牛肉干、烤羊腿，扎鲁特旗乳康食品有限公司生产的奶豆腐、奶皮子、酸奶干，内蒙古百年酒业有限责任公司生产的百年酒业系列产品，内蒙古威林酒业有限责任公司生产的扎旗“二锅头”五家企业的多款产品入选内蒙古自治区旅游商品推荐目录名单。

(辛　欣)

【星级酒店、导游员获自治区文明办表彰】 1月下旬，内蒙古自治区精神文明建设委员会办公室通报表彰了第二届“文明服务窗口单位”和“文明服务岗位标兵”，通辽市新世纪大酒店荣获“文明服务窗口单位”称号，神州旅行社导游路海菲荣获“百佳文明服务标兵”称号。

(何　洁)

【李伟等三人上榜“2015 中国好导游、中国好游客”名单】 2 月下旬,国家旅游局组织开展的“2015 中国好导游、好游客”推选征集活动名单出炉,通辽市导游员李伟、王燕,市民王岩榜上有名。

(巴达荣贵)

【“画”说科尔沁 500 公里风景大道全国摄影大赛颁奖仪式】

5 月 19 日,由市旅游局主办,孝庄园文化旅游区、科区文联协办的 2016 年“中国旅游日”系列主题活动启动仪式(内蒙古通辽)暨“孝庄园”杯“画”说科尔沁 500 公里风景大道全国摄影大赛颁奖仪式在科尔沁博物馆举办。活动中,市旅游局局长檀志军致辞,市旅游局副局长矫敏利主持仪式,市旅游局副局长那日苏发布了“中国旅游日”惠民措施及市内外热门线路等旅游信息,通辽市旅行社协会会长冯波发出了文明旅游倡议,科区文联主席张玉磐宣读了摄影大赛获奖单位及获奖者名单,并由市政府副市长于沨等与会领导作为颁奖嘉宾为获奖单位和个人颁奖。活动最后,所有与会人员积极践行“爱旅游,爱生活,做文明守信的旅游人”自律承诺,在展板上签名,并参观摄影大赛优秀作品展,进行现场旅游咨询。

(辛　欣)

【通辽市 5 座敖包入选全区知名敖包名单】 6 月份,“内蒙古知名敖包名单发布仪式暨中国蒙古族敖包文化博物馆揭牌仪式”在鄂尔多斯市乌审旗嘎鲁图镇举行。发布仪式上,中国蒙古学学会秘书长、内蒙古社会科学院副院长金海研究员公布了内蒙古 72 座知名敖包名单,通辽市共有扎鲁特旗罕山敖包、扎鲁特旗甘珠尔敖包、库伦旗风水敖包、科尔沁区哈布图·哈萨尔神祇敖包、奈曼旗斯布呼勒敖包共计 5 座敖包入选。

(张铁宇)

【参加 2016 内蒙古旅游商品展览会】 7 月 22—24 日,2016 内蒙古旅游商品展览会在呼和浩特市蒙亮民族文化旅游商品展览馆拉开帷幕,通辽市共组织通辽市金典艺豪展饰中心、科左中旗蒙达责任有限公司、内蒙古戈壁魂皮雕艺术有限公司、通辽市孝庄家具用品有限公司、内蒙古清谷新禾有机食品集团有限责任公司、内蒙古威林酒业有限责任公司 6 家企业参加本次展览会,共展出草原吉祥娃六件套、皮雕麦饭石水杯、马鞍包、手工牛皮钱包、荞麦有机食品、塞外狼酒类等产品 40 余种,成为本次展会一道亮丽的风景线。23 日下午,国家旅游局旅游与促进国际合作司司长封立涛一行到通辽市展位进行现场指导,点评旅游商品具有一定的区域代表性,特别是草原吉祥娃,有广阔的发展空间;手工牛皮钱包、麦饭石水杯等产品不仅融合了浓厚的蒙古族文化元素,同时体现了当地精湛的手工工艺水平,非常具有特色。

(张铁宇)

旅游推介活动

【赴东北地区宣传推介】 3 月 12—15 日,由市旅游局副局长带队,与珠日河旅游区等旅游企业代表组成旅游宣传先遣队伍,赴东北地区重要客源城市长春、吉林、沈阳、丹东、本溪、抚顺、盘锦、阜新 8 地开展精准营销,为打响“东北看草原·自驾游通辽”品牌、做好区域联动、赢取合作商机做好开年第一击。此次“走出去”宣传促销本着“整合力量、加强策划、推介亮点”这一主题,有针对性地对 50 余家重点旅行商进行回访对接,深入到八市旅行社、穷游团组织、户外运动协会、自驾游协会等企业、协会内部,发放宣传资料、签订合作协议、进行洽谈交流、提供优惠政策,较好地宣传了通辽旅游,调动了各地合作企业的积极性,提升了各地旅行社的组团热情。此次宣传促销期间,共发放宣传资料 1.5 万余份,与长春神州、吉林九州行、丹东远航、本溪海外、抚顺金虹、沈阳报业集团、盘锦鹤翔、阜新阳光等多家旅行社签订了意向性合作协议,收到了较好的宣传效果。

(辛　欣)

【葫芦岛市旅游推介团到通辽市宣传推介】 3 月 28 日,葫芦岛市旅游宣传推介团到通辽市举办葫芦岛市旅游宣传推介会。市旅游局组织通辽市 21 家旅行社参加此次推介会。葫芦岛市是通辽市游客主要旅游目的地之一,此次旅游推介会为两地旅游企业游客互换、资源共享搭建了互通互惠的平台。

（包文明）

【科尔沁500公里风景大道自驾游产品亮相京津冀鲁豫】 4月10—20日，内蒙古“祖国正北方，亮丽内蒙古”旅游推介会在北京、天津、青岛、郑州、石家庄等城市举行。通辽市旅游局率领孝庄园景区、科尔沁旅行社、神州旅行社等多家旅游企业参加了此次推介会。通辽市以“科尔沁500公里风景大道”为主题做宣传推介。发放宣传图册、自驾游路书、宣传折页等宣传品共两万五千余册，通辽市旅游社代表同当地旅行社签订互送游客协议三百余份，极大地提升了通辽市旅游知名度。

（包文明）

【参加第十一届东北旅交会】

2016（第十一届）东北旅交会于4月22—25日分别在沈阳主会场以及长春、哈尔滨分会场依次举办。作为联合主办单位，市旅游局组织通辽市各旗县市区30余家旅游企业近百人参加了此次盛会。此次交易会主要内容有旅游新闻发布会、旅行社联合会会长会、旅游专场推介会、游客大会、旅行社同业座谈会等等。在沈阳主会场，市旅游局组织通辽市库伦旗、扎鲁特旗旅游局及孝庄园、辉特淖尔草原旅游区等四家旅游主管部门和企业围绕“东北看草原·自驾游通辽”主题进行现场推介。会上，通辽市被大会组委会授予“最佳旅游目的地”称号并授牌。在沈阳中山公园分会场，市旅游局购买三个展台，精心制作了“科尔沁500公里文化旅游风景道穿越之旅”“中国蒙餐之都——通辽”及“科尔沁民俗体验之旅”等多个主题板块的展板，醒目的门楣宣传标语“东北看草原·自驾游通辽”及“美看孝庄皇后故里·尽享天通地辽神韵”，精美的图片背景和身穿蒙古袍的科尔沁姑娘吸引众多游人纷纷驻足观看咨询，自发索要宣传资料，宣传效果显著。

（辛　欣）

【锦州、阜新两市到通辽市举办旅游推介会】 4月25日，由辽宁省锦州市旅游委、阜新市旅游局共同组织的两市旅游促销团到通辽市举办专场旅游推介会。通辽市旅游局相关领导以及21家驻市旅行社和媒体记者共计60余人参加此次推介会。会上，对通辽市的旅游资源、市场地位、优惠政策等进行重点介绍。锦州、阜新两市就各自资源特色进行推介。三地的互补性资源，特色的跨域连线得到与会企业的高度认可。

（王　强）

【鲅鱼圈旅游推介团到通辽市宣传推介】 5月9日，鲅鱼圈温泉度假村、酒店、旅行社等27家企业组成的旅游推介团到通辽市宣传促销，全市23家旅行社以及孝庄园景区等企业参加旅游推介会，推介会上两地旅游企业负责人探讨两地游客互送、旅游路线的设计与地接、自驾游服务等合作内容，通辽市孝庄园景区作景区推介，两地旅游局签署了地区旅游合作框架协议。

（包文明）

【赴黑吉辽举办“相约草原”旅游推介会】 5月4—10日由内蒙古自治区旅游局主办的“相约草原”环内蒙古周边省区旅游推介会分别赴哈尔滨、长春、大连进行专场推介。市旅游局组织通辽市优秀旅行社代表和孝庄园景区代表共赴黑吉辽三省针对“东北看草原·自驾游通辽”品牌结合各个区域的特点，给周边省市的游客出行提供更多、更好的选择。在此次推介会当中发放旅游宣传品8000余份，旅行社代表与黑吉辽当地旅行社代表还共同签署了2016年意向送客协议。

（王　强）

【参加北京国际旅游博览会】

5月20—22日，第四届中国（北京）服务贸易交易会暨2016年北京国际旅游博览会在全国农业展览馆举行，通辽市组织库伦旗锡勒图生态度假村、塔敏查干旅游区、科左后旗博王旅游度假村、霍林郭勒蒙东能源宾馆、腾格里塔拉旅游发展有限公司、霍林郭勒芍药谷度假村、科尔沁旅行社等多家旅游企业以及旗县市区旅游局参加此次旅游博览会。在博览会上，发放各种旅游宣传品3万多份（册），通辽市科尔沁旅行社与中商行国际会展公司签约千人会议高端旅游团合作意向，与北京皇城国际旅行社签订2016年3000人游客互送协议。其余与会企业也均进行了多方洽谈和推介。

（包文明）

【市旅游局组团赴四平赶旅游大集】 5月28—29日，“首届四平旅游大集”在四平市英雄广场举行,通辽市和长春、辽源、铁岭共同参会。市旅游局组织大青沟、孝庄园、敖包相会可汗山、库伦三大寺等四家AAAA级景区,科尔沁旅行社、通辽旅游散客集散中心、内蒙古东部草原旅游联盟等旅游企业和相关协会组织共十余人参加此次旅游大集活动。在最显著位置设置了2个展位,精心制作"科尔沁500公里文化旅游风景道穿越之旅""东北看草原·自驾游通辽""中国蒙餐之都——通辽"及"科尔沁民俗体验之旅"等6个主题板块的展板。在为期2天的活动中,共计发放各类宣传资料1.2万份,与参会企业进行深入交流,达成多项合作意向。

(辛　欣)

【《东北看草原·自驾游通辽》通辽旅游沈阳推介会举行】 6月24日,"东北看草原·自驾游通辽"通辽旅游沈阳推介会在沈阳东中街(大悦城CD馆步行街)广场举行。本次活动由通辽市旅游局主办,沈阳广播电视台公共频道承办,东中街管委会协办。通辽市旅游局、重点景区、五大营地、歌舞团等单位或部门相关领导和工作人员以及通辽市电视、报纸、新媒体等记者80余人参加。活动以推介通辽市旅游资源为主旨,以"东北看草原·自驾游通辽"为主题,以快闪的形式开篇,沈阳广播电视台多位主持人作为通辽市重点景区代言人,整体以蒙古风情大秀的形式打造。通过蒙古民俗演绎、主持人推介、现场观众品尝牛肉干等蒙古族特色小吃、营地负责人上台"打擂"等多种形式,全方位展示通辽独具特色的民族特色,草原风情及500公里风景线自驾游等旅游产品。除路演活动外,通辽市旅游局与沈阳广播电视台、东北报业联盟、沈阳天之宏广告有限公司等多部门合作,在沈阳电视台公共频道、辽宁都市广播(FM92.1)通过播放"东北看草原·自驾游通辽"活动主题宣传片、辽宁公共频道广告段开关版、《吃喝玩乐百事通》栏目通辽旅游专题播报等形式开展宣传;在沈阳东中街利用步行街路灯杆制作路旗广告;在《沈阳日报》《沈阳晚报》开辟科尔沁500公里风景大道自驾旅游专版专题宣传等。

(辛　欣)

【"科尔沁——红山文化之旅"踩线团考察线路产品】 8月9日,由自治区旅游局邀请的包括北京、河北、天津、上海、广州、哈尔滨、吉林、辽宁等地27家旅行社在内的"科尔沁——红山文化之旅"踩线团来通辽市,进行为期4天的景区景点考察活动。踩线团一行先后赴霍林郭勒辉特淖尔草原旅游区、珠日河旅游区、孝庄园旅游区、大青沟旅游区、奈曼旗宝古图沙漠旅游景区等多个高A级旅游景区现场踩线。通辽市的原生态风光、浓郁的民族风情以及自驾车营地接待设施给踩线团成员留下深刻的印象。

(包文明)

【中国蒙古国博览会在通辽召开】 8月12日,中国蒙古国博览会·2016通辽国际商品交易会在奥体中心正式拉开帷幕。本次活动由中蒙博览会秘书处、通辽市人民政府、内蒙古自治区商务厅、内蒙古自治区贸促会共同主办,是参与国家"一带一路"倡议和蒙古国草原之路建设,助推与周边国家和地区开展全方位、多领域合作的重要举措。博览会以"同行草原丝绸之路,共建合作发展走廊"为主题,设有2个展厅、200个标准展位及8个旗县市区及经济技术开发区蒙古包主题展馆,有来自通辽市、赤峰市、锡林郭勒盟、阜新市、松原市、台湾等地区及蒙古国、俄罗斯、韩国等200多家中外企业参展。通辽市旅游局在展会上设置了5个展位,通辽市草原宸香麦饭石有限公司、草原旭日食品有限公司、内蒙古礼业商贸有限公司、内蒙古蒙韵天成民族文化发展有限公司、内蒙古彤轩进出口贸易有限公司、通辽市高雅传媒等6家旅游商品企业参展。展会期间,六家企业现场零售额万余元,参观、咨询的人络绎不绝,达成初步合作意向40余项。

(李慧宁)

【参加2016广东国际旅游产业博览会】 9月9—11日,2016广东国际旅游产业博览会在广州举行。通辽市旅游局组织精干旅游促销队伍参加博览会。内蒙古自治区展团各盟市代表、旅行社代表、旅游企业代表、旅游景区代表在广州大学城南国际会议中心举办"内蒙古旅游推介会"。会上,两地区共9对旅行社代表共同签署2016年意向送客协议。

(包文明)

【通辽赴保定举行“东北看草原·自驾游通辽”专场旅游推介会】

9月21日，通辽旅游推介会在河北省保定市召开。推介会上，通辽市旅游局局长檀志军、通辽市旅游局副局长那日苏，保定市旅游委副主任赵圳全程参加此次活动。通辽市科尔沁旅行社、神舟旅行社、远洋旅行社、万佳旅行社等优秀地接旅游企业参加推介会。此次旅游宣传推荐会以“东北看草原自驾游通辽”为主题，围绕科尔沁500公里风景大道，对通辽旅游环境、资源禀赋、特色优势、文化旅游产品等方面进行宣传与推介，展现生态、文化、饮食等旅游亮点。活动现场，通辽市旅游局与保定市旅游委签订通辽—保定旅游战略合作框架协议。

（李肖峰）

【参加第三届四川国际旅游交易博览会】 9月23—28日，第三届四川国际旅游交易博览会在四川省乐山峨眉山市举办。通辽市旅游局组织孝庄园旅游区为代表的宣传队伍参加此次博览会。会上，通辽市旅游局以“东北看草原·自驾游通辽”主题开展旅游宣传。发放旅游指南、旅游手册、景区介绍书等宣传资料共2万多份、旅游宣传光碟5000多张。

（包文明）

【参加2016中国国际旅游交易会】 11月11—13日，2016中国国际旅游交易会在上海新国际博览中心举办。通辽市旅游局派出科尔沁旅行社、神州旅行社等相关旅游企业组成精干旅游宣传促销展团参加此次旅游交易会。在11月11日下午内蒙古自治区旅游局组织的“祖国正北方 亮丽内蒙古”2016内蒙古冬季旅游推介会上，科尔沁旅行社、神州旅行社分别与上海欣程国际旅行社有限公司、北极星国际旅行社有限公司签订两地游客护送协议。此次推介会期间，通辽市发放景区宣传折页、旅游手册、旅游指南等印刷制品15 000余册，旅游宣传光碟1000余张。其间为游客解答以“科尔沁500公里文化旅游景观大道”为主线的旅游资源、景区线路、特色民族文化，取得很好的旅游宣传促销效果。

（包文明）

【参加首届中国·吉林国际冰雪旅游产业博览会暨国际旅行商大会】 12月9—12日，首届中国·吉林国际冰雪旅游产业博览会暨国际旅行商大会在长春市举行，通辽市作为长春旅游合作协议城市受邀参加此次旅游盛会。市旅游局组织珠日河旅游区等组成精干宣传推介团参加此次旅游博览会。9日下午，旅游局副局长那日苏接受长春交通广播电台旅游频道专访，向广大长春市民介绍通辽市旅游资源、“科尔沁500公里文化旅游景观大道”以及冬季旅游项目。会议期间，发放旅游宣传手册、自驾车旅游路书、宣传光碟等旅游宣传品、影音光盘2万多册（张）。

（包文明）

【通辽市参加辽西蒙东冀北5+4+2旅游联盟年会】 8月11日，“2016首届中国·锦州湿地旅游文化节暨辽西蒙东冀北‘5+4+2’旅游联盟年会”在锦州召开。旅游局组织科尔沁旅行社、神州旅行社及通辽市电视台应邀参加会议。年会上通辽市旅游局副局长那日苏对“科尔沁500公里文化旅游景观大道”及自驾游服务系统建设情况作介绍，并在会上播放通辽市旅游宣传片。

2014年辽西、蒙东、冀北（5+4）城市旅游大联盟在锦州成立。联盟城市包括锦州、阜新、朝阳、盘锦、葫芦岛、秦皇岛、通辽、赤峰、承德。联盟成立以来，对9座城市在整合旅游资源、提升旅游精品线路、打造区域整体形象等方面起到积极地推动作用。在本次年会上，营口、鞍山两市正式加入，旅游联盟“扩军”成为“5+4+2”。

（王　强）

【参加自治区万里巡展活动】

通辽市旅游局根据主要客源地分析，针对华南、华北市场，于11月6—21日参加杭州站、苏州站、合肥站和北京站的巡展活动。通辽市每年冬季时间长、冰雪资源丰富和独一无二的生态风景，都为冬季旅游开发提供得天独厚的基础优势。此次参加自治区万里巡展，市旅游局在稳固东北市场的同时加大京津冀旅游市场推介力度，适度开拓华南客源市场。同时开启具有科尔沁文化特色和地域特色的冰雪文化体验之旅。“冰雪体验之旅、非遗文化之旅、宗教祈福之旅、运动休闲之旅”四大版块的一系列冬季文化旅游节事活动，都将为广大游客带来极具诱惑的科尔沁冷冬体验。

(王　强)

【参加锦州国际冰雪温泉节】 1月17日,2016首届中国·锦州国际冰雪温泉节在锦州东方华地城冰雪大世界举行。为有效融入东北、深化区域合作,市旅游局组织通辽市散客集散中心和科尔沁、神州等旅行社参加此次活动。其间,全市旅游企业有效利用活动提供的互相学习、增进友谊、共谋发展平台,和与会同业进行广泛接触,介绍通辽基本情况,推广通辽旅游产品。

(辛　欣)

旅游节庆活动

【内蒙古第五届自驾车旅游那达慕在通辽市开幕】 7月10日,2016通辽文化旅游季系列活动之"内蒙古第五届自驾车旅游那达慕"在通辽市奈曼旗宝古图沙漠旅游区拉开帷幕。来自国家及相关省市行业协会、自驾游俱乐部、旅游行业主管部门、专家学者、各房车厂商和房车露营联盟成员、20余家媒体记者和通辽市露营地业主、旅游企业共200余位嘉宾及万余名车友和社会游客参加开幕式。开幕式上,奈曼旗乌兰牧骑进行精彩的民族歌舞表演,市政府副市长于飒致辞,内蒙古自治区旅游协会秘书长来苏棠宣布内蒙古第五届自驾车旅游那达慕开幕。伴随着会旗的冉冉升起,开幕式现场礼炮齐鸣、彩烟凌空,8名滑翔伞运动员进行了绕飞障碍、编队飞行、龙腾拉烟等表演,将活动气氛推向高潮。

(辛　欣)

【通辽市参加第十三届中国·蒙古族服装服饰艺术节暨蒙古族服装服饰大赛】 7月21—29日,内蒙古第二十七届草原旅游那达慕大会暨第十三届中国·蒙古族服装服饰艺术节在呼和浩特举行。7月23—24日,在呼和浩特土默特左旗敕勒川草原文化旅游区(哈素海)举办第十三届中国·蒙古族服装服饰艺术节暨蒙古族服装服饰大赛。我市选派的两支参赛队伍扎鲁特旗威林牧民服装服饰代表队和高雅文化传媒代表队分别荣获蒙古族头饰类二等奖和行业服饰团队表演三等奖,通辽市旅游局获得优秀组织奖。

(包文明)

【8·18哲里木赛马节】 8月20日,由内蒙古自治区体育局、内蒙古自治区旅游协会、通辽市体育局、通辽市旅游局主办,8个旗县市区及1个经济技术开发区政府分别承办的"中国·内蒙古第三届国际马术节"、第二十届"8·18"哲里木赛马节圆满落下帷幕。作为通辽市文化旅游季的重磅大戏,赛马节已成功举办19届。2016年的赛马节在往届赛事传统的基础上,得以升华和创新。升华得益于"8·18"哲里木赛马节被列为"中国·内蒙古第三届国际马术节"的重要内容;创新得益于一改往年集中举办的惯例,全市8个旗县市区和1个经济技术开发区分别设置赛区,使全市广大农牧民群众避免长途跋涉、交通拥堵,在家门口就领略到民族体育盛宴。活动期间,不少农牧民群众携全家到场观看,真正将赛马节办成农牧民自己的节日。经各旗县市区统计上报,活动期间,全市9个赛区计吸引游客及农牧民群众45.9万人次,与去年18万人次相比,增长幅度达到155%。其中,科尔沁赛区9.5万人次,霍林郭勒赛区1.5万人次,开鲁赛区1.6万人次,科左中旗赛区5万人次,科左后旗赛区1万人次,库伦赛区1.8万人次,奈曼赛区1万人次,扎鲁特旗赛区7.5万人次,开发区赛区17万人次。此外,活动期间,科尔沁区、科左后旗、奈曼旗、科左中旗等4个旗区举办经济合作项目洽谈会,累计300余家企业来通辽市考察洽谈项目,促成包括天津南北科技公司投资100亿元的高端板材及沙产业、北京合富中轻投资公司投资100亿元的工业园区搬迁、卓达控股公司计划投资50亿元的产城一体新型城镇化、中国二十冶集团公司投资48.8亿元的棚户区及城市基础设施改造等19个项目签约,总签约额达426亿元。

【哈民考古遗址公园开园】 8月19日,内蒙古哈民考古遗址公园开园仪式在科左中旗举行。文化部党组成员、故宫博物院院长、中国文物学会会长单霁翔,中国文物学会常务副会长黄元,自治区民政厅副厅长、自治区驻通辽市督导组常务副组长冯呼和,自治区文化厅文物局副局长王大方、自治区考古研究所副所长吉平、吉林大学边疆考古研究中心副主任王立新出席仪式。单霁翔和王大方分别在仪式上讲话。市领导道尔吉、高琦、宝音达来、郭建伟、于沨、王军，科左中旗文化顾问王明义，通辽社会扶贫促进会会长王佐玉，哈民考古遗址公园发掘研究单位吉林大学边疆考古研究中心专家学者及科左中旗相关部门负责人出席仪式。市人大常委会主任道尔吉宣布开园，副市长于沨讲话。开园仪式上，与会领导为哈民考古遗址公园、哈民遗址保护展示馆、科尔沁史前文化博物馆、哈民遗址研究管理中心、内蒙古文物考古研究所哈民遗址考古工作站、吉林大学边疆考古研究中心哈民遗址研究实习基地揭牌。

（杨　赫）

【通辽经济技术开发区举办灯光艺术节】 8月18日至9月18日，首届“拾光科尔沁·星耀新城区”2016科尔沁民族风情梦幻灯光艺术节、科尔沁民族风情服饰秀暨开发区新城新貌摄影展在通辽经济技术开发区举行。灯光秀每晚在北外环油菜花田举行，开发区油菜花田覆盖20万平方米、持续一个月左右，包括大门及灯雕在内数万盏灯光，灯雕造型17个，灯海6000平方米。所有造型采用LED灯，用电需要220伏，终端箱分组使用，全场用电负荷100千瓦以上。民族服饰展演从8月18日开始持续3天，每晚7点，独特的样式、丰富的色彩构成鲜明的观赏性。每晚人流量达到1万人左右，展出民族服饰近百套。

（王　辰）

【霍林郭勒市举办首届帐篷节】

8月20日，来自霍林郭勒市及周边地区数百名户外运动爱好者齐聚可汗山自驾车露营地，举办“帐篷狂欢夜”——霍林郭勒市首届帐篷节。活动中，可汗山自驾车露营地企业代表发出“力行环保、保护生态”倡议书。随着夜幕的降临，在炫彩的LED大频幕背景为主题搭建的舞台上，活动主办方为户外爱好者们，精心编排蒙古族歌曲表演、“爱的宣言”帐篷交友会、“想唱就唱”帐篷音乐晚会、美食DIY帐篷烧烤会、浪漫光影帐篷电影会、帐篷收放大比拼等活动。21日上午7时，户外爱好者们从营地出发，徒步参观敖包相会可汗山草原旅游区，了解蒙古族历史文化，听取可汗山传说故事，感受民族风情韵律。

（白珍珍）

【通辽市宝古图自驾车露营地正式开营】 7月9日上午，科尔沁500公里风景大道自驾游服务系统重要节点——宝古图自驾车露营地开营仪式举行。市政府副市长于沨出席活动并宣布营地开营。活动期间，举行宝古图自驾车露营地加盟“途居连锁汽车露营地”授牌仪式，与会嘉宾参观营地、房车和帐篷展等活动。

（辛　欣）

【通辽市孝庄园自驾车露营地正式开营】 7月6日，科尔沁500公里风景大道自驾游服务系统孝庄园自驾车露营地开营仪式举行。通辽市人民政府副市长于沨出席开营仪式并宣布开营。孝庄园自驾车露营地项目位于科左中旗花吐古拉镇境内，距离304线1.5公里，西临孝庄园文化旅游区，西南临浩日彦艾勒宜居村和汤格尔庙，总用地面积265亩，营地可同时容纳400人就餐（可品尝特色蒙餐）及住宿，木屋、集装箱式房屋、游客接待中心、标准卫生间、帐篷区和烧烤区等均投入使用。

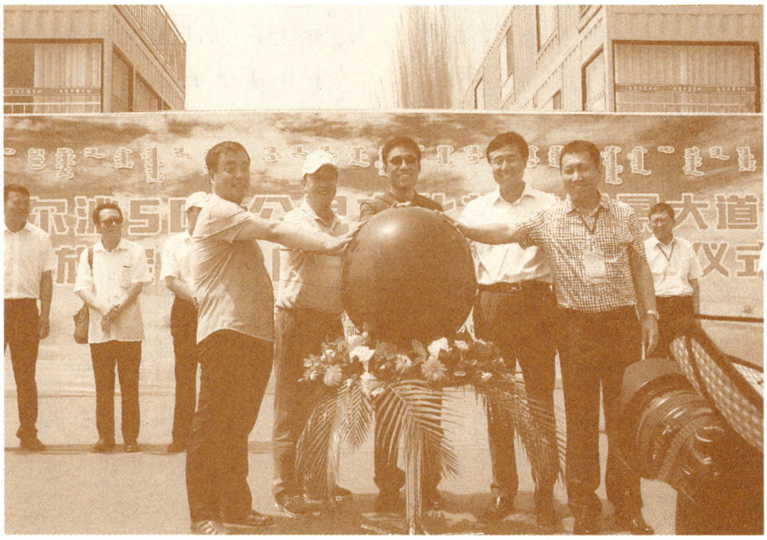

▲　7月9日，副市长于沨（前排中间）出席宝古图自驾车露营地开营仪式

【库伦银沙湾自驾车露营地开营】 4月30日至5月2日，库伦银沙湾自驾车露营地开营仪式和2016穿越科尔沁·库伦银沙湾越野嘉年华活动在库伦旗银沙湾旅游区举行，市人民政府副市长于飒出席自驾车露营地开营仪式并宣布开营。活动主要包括T3组、UTV组、ATV组、S1组、摩托车组等五项赛事。赛事期间库伦旗迎来15.2万人次的游客，旅游社会综合收入1.33亿元。库伦银沙湾自驾车露营地是通辽地区首个开营的自驾车露营地，活动期间吸引来自通辽、沈阳、浙江、河北等地多家房车企业参展。

（文　光）

【举办宝古图沙漠露营大会】

4月30日至5月2日，奈曼旗宝古图沙漠旅游区举办沙漠露营大会。开展徒步探险、滑沙、沙漠骆驼行等活动，还自由组合参与沙漠背媳妇、沙漠撞拐、沙漠排球、沙漠拔河、沙漠亲子互动等具有娱乐性、互动性、竞争性的活动项目。活动期间共接待来自全国各地的游客6万多人次，旅游大巴150多辆，旅游房车20多辆，旅游综合收入3000多万元。

（焦　华）

【中国·通辽首届中俄蒙国际美食文化节暨第二届中国蒙餐烹饪大赛】 由中国饭店协会、内蒙古自治区餐饮与饭店行业协会、内蒙古旅游协会联合主办的"中国·通辽首届中蒙俄国际美食文化节暨首届中国蒙东农产品博览会、第二届中国蒙餐烹饪大赛"经过三天的精彩展示及角逐，于2016年9月12日在哈布图·哈萨尔圣地蒙古风情园落下帷幕，本次大赛共决出蒙餐大赛金奖、特金奖等奖项76人。美食节开展第二届中国蒙餐烹饪大赛、特色名菜、名点、名小吃展示评比、科尔沁名家书画摄影展、中国蒙东农产品博览会等七大版块、18个项目、28项活动，亮点纷呈。通过邀请国际同行、客商、举办活动、媒体宣传等多种方式大造声势，实现"让蒙餐走向世界、让世界了解蒙餐"的目标。节庆期间，共邀请蒙古国、俄罗斯、吉尔吉斯坦、巴基斯坦、扎纳、刚果等国家的多位来宾，来自北京市、吉林省、辽宁省等省市的领导80多人、参展客商5000多人，参赛选手300多名，同时为通辽市餐饮行业搭建一个相互交流、学习、合作的平台，得到了社会各界的高度认可。

（张铁宇）

【2016首届通辽·乌旦塔拉国际枫叶节】 以"香山绿犹在·通辽枫正红"为主题的2016年首届通辽·乌旦塔拉国际枫叶节于10月5日在科左后旗乌旦塔拉五角枫公园开幕。其间举行一系列精彩纷呈的活动，包括科左后旗文化艺术及特色民族工艺品长廊展示、敖包祭祀、乌兰牧骑歌舞表演、乌旦塔拉五角枫图片摄影大赛、蒙古族民族服饰文化展演、百名新人枫叶情婚纱摄影秀、秧歌舞、广场舞大赛、酷跑等活动。乌旦塔拉五角枫公园位于科左后旗政府所在地甘旗卡镇以东55公里处，甘金北线省道305线以南11公里处科尔沁沙漠腹地，总面积7020公顷。有林面积6200公顷，占保护区总面积的80%，是自治区级自然保护区。保护区内天然林有3533.33公顷，主要以五角枫为主，生长年限均在50—500年以上，胸径达80~100厘米；国家公益林有5594.73公顷。

【首届科尔沁冰雪节12月30日开幕】 12月30日，首届科尔沁冰雪节在科尔沁区大林镇青龙山村鑫奇生态农庄开幕。活动持续开展到2017年3月。活动内容主要有——冰雪运动：滑雪圈、雪板、雪地自行车、雪爬犁、马拉爬犁、狗拉雪橇；东北雪乡体验：东北农家院、东北大炕、农产品展销、品粘豆包、吃杀猪菜、看灯展；垂钓园冬捕；娱乐活动：文化演出、东北秧歌、二人转、抬花轿等民间系列娱乐活动；大棚采摘：纯绿色无公害蔬菜；真人CS。

（王汉书）

【哈民遗址入选自治区首批十大考古遗址公园】 6月中旬，自治区首次评选出10个考古遗址公园，哈民遗址与大窑遗址、和林格尔土城子遗址等8个盟市的9个遗址一同入选。哈民遗址位于科左中旗舍伯吐镇哈民艾勒嘎查东北3.5公里处，距今约5500年至5000年，是迄今为止在内蒙古乃至东北地区面积最大的一处大型史前聚落遗址，总面积25万平方米。自2010年保护性发掘以来，已发掘面积达8200平方米，清理房址81座、灰坑61座、墓葬14座、环壕3条、人骨遗骸186

具,出土陶器、石器、玉器、骨角蚌器等珍贵文物2000多件。哈民遗址公园建设集遗址保护、文物展示、考古体验、文化旅游、生态保护于一体。

（牧　人）

旅游建设

【通辽市在全区全域旅游现场会作经验交流】 9月12—13日,全区全域旅游现场会在鄂尔多斯市伊金霍洛旗召开。自治区人民政府副主席云光中出席会议并作重要讲话。自治区旅游局局长魏国楠出席会议并作工作部署。作为全区三家盟市典型发言单位之一,市政府副市长于沨出席会议并代表通辽市作经验交流。市旅游局及作为全区全域旅游创建示范旗县的库伦旗相关负责人也参加会议。

【举办全市旅游安全培训班】

4月21—22日,市旅游局在通辽市宾馆举行全市旅游安全培训班,对全市旅游安全环境及市场发展方向作简要分析,围绕"服务、协调、监管"的三项基本职能,对旅游行业的安全管理体系进行系统的总结。本次培训邀请相关部门专家分别就"治安综合治理""食品安全管理""特种设备的安全管理、事故隐患与排查""消防安全"等内容进行了培训,涵盖旅游行业安全管理、旅行社安全管理、A级景区安全管理、星级饭店安全管理和旅游者安全管理等业务内容。

（李慧宁）

【召开专题研究科尔沁500公里风景大道自驾游服务系统项目建设工作会议】 4月17日,市长包振玉主持召开会议专题研究科尔沁500公里风景大道自驾游服务系统项目建设工作相关事宜。市政府副市长于沨出席会议。包振玉指出,此次会议的目的在于贯彻落实全市旅游工作会议精神,进一步加快500公里景观大道自驾游项目工作进展。并提出7项具体要求:一要着力破解项目建设过程中的资金难题,按照项目建设进度,给予率先动工、率先运行的企业加大补贴力度,并及时拨付到位。二要以自驾车营地建设为中心,进一步优化完善旅游道路、公共交通、汽车租赁等交通体系,改善旅游基础设施保障条件。三要统一所有营地服务、餐饮、演艺等标准,实现统一政策、统一管理。四是营地、驿站入口的标识、交通指示标识等要统一制作、统一运行。五要通过加盟、连锁、挂靠等方式,大力扶持民营企业发展。六要制定统一的科尔沁500公里风景大道自驾游服务政策标准,建立完善通辽自驾游独立的软件系统,形成强烈的科尔沁印记。七要有针对性地开展宣传推介活动,打响"科尔沁500公里风景大道自驾游"品牌。

【2016年全市导游员(讲解员)培训班举办】 4月25—26日,市旅游局在通辽市宾馆举办2016年全市导游员(讲解员)培训班,全市各旅行社和A级景区的110余名导游员(讲解员)参加培训。此次培训班邀请了通辽市老作家协会副主席王玉涛,内蒙古民族大学的宣讲师、客座教授吴静晓,市检察院检察官田红梅,市红十字会应急救护培训科科长刘琳,自治区优秀导游员刘欣等,分别就科尔沁文化之"老通辽的故事""导游业务""政策法规""紧急救护""导游实例"等内容进行精彩的讲解。

（巴达荣贵）

【通辽市首家旅游投资公司在霍林郭勒市成立】 5月中旬,霍林郭勒市成立了通辽市首家旅游投资公司——霍林郭勒市旅游投资开发有限责任公司。该公司为国有控股企业,按照通辽市打造"东北看草原·自驾游通辽"发展战略,立足霍林郭勒丰富的旅游资源,以"投融资、推项目、创品牌、增资本"为出发点,并以可汗山、滑雪场和额仑草原等现有旅游景区资产为依托,主要实施旅游资源投资开发与经营管理、旅游宣传、旅游商品开发销售、旅游景区配套设施建设、景区游览服务、文化传播等。

【第二届中国北方自驾游发展高峰论坛在通辽市召开】

7月9日,2016通辽文化旅游季系列活动之"第二届中国北方自驾游发展高峰论坛"在内蒙古通辽市奈曼旗举行。来自中国旅游协会及北京、辽宁、河北、山东等相关省市的旅游行业主管部门、行业协会、自驾游俱乐部、专家学者以及各房车厂商和房车露营联盟成员,人民网、新华网、国家旅游网等20余家媒体记者,通辽市露营地业主、旅游企业共200

余人参加论坛。论坛由通辽市人民政府、内蒙古自治区旅游协会主办,中国旅游车船协会支持,奈曼旗人民政府、通辽市旅游局、通辽自驾车旅游协会承办。重点围绕促进全域旅游发展,拉动中国北方自驾车旅游市场进行交流。同时,围绕打响“东北看草原、自驾游通辽”品牌,加快科尔沁500公里风景大道自驾游服务系统建设,推介科尔沁500公里风景大道自驾游产品进行研讨,为助推通辽旅游产业发展献言献计。论坛当日,中国旅游协会休闲度假分会副秘书长田野、内蒙古自治区旅游协会秘书长来苏棠、通辽市人民政府副市长于沨、奈曼旗人民政府旗长布仁分别致辞;专题推介通辽市的旅游资源和科尔沁500公里风景大道自驾游产品;北京联合大学旅游学院副教授张金山就《国际房车露营产业发展及对中国的启示》,奇瑞途居房车露营地公司总经理管雷就《结合“途居露营”谈中国汽车露营地的发展与亟待解决的问题》,北京行天下汽车俱乐部总经理李冠杰就《自驾游客对目的地基础设施及公共服务的需求》,北京猎户座户外用品有限公司副总经理黄金生就《房车露营地未来投资与运营趋势》分别作专题演讲。随后,与会专家学者和辽宁、河北、山东、天津、吉林等地旅游协会、自驾游协会嘉宾以及自治区和通辽市旅游局领导登台,针对全国、全区、全市自驾营地建设情况、发展前景,自驾游房车露营与旅游地产的融合等方面进行深入细致的交流和探讨。

(辛　欣)

【全区品牌旅游线路创建现场会在通辽市召开】 9月3—4日,全区品牌旅游线路创建现场会在通辽市召开。自治区政府办公厅副主任张瑞怀,自治区旅游局局长魏国楠、巡视员白薇,通辽市政府副市长于沨出席会议。9月3日,各盟市与会代表对通辽市科尔沁500公里风景大道自驾游服务系统中的科尔沁区莫力庙、科左后旗北甘旗、库伦旗银沙湾和奈曼旗宝古图4个自驾车露营地进行现场观摩,并就自驾车露营地建设经验进行了深入交流。9月4日,品牌旅游线路创建交流会在通辽市奈曼旗召开,自治区政府办公厅副主任张瑞怀主持会议,自治区旅游局局长魏国楠、巡视员白薇出席会议并作重要讲话,通辽市政府副市长于沨出席会议并致辞。会上,各盟市旅游局负责人作典型发言,发言中各盟市对通辽市科尔沁500公里风景大道自驾游服务系统建设给予高度评价,普遍认为通辽市以科尔沁500公里风景大道为主的品牌旅游线路创建及自驾车露营地建设在全区起到引领示范作用。

【旅游行业开展消防安全应急演练】 9月19日,通辽市旅游局联合市消防大队,组织各旅游企业在通辽市宾馆举行2016年旅游行业消防安全应急演练。市旅游局分管安全工作的领导及驻市的旅游景区、旅行社、旅游星级饭店、旅游商品企业的分管安全工作领导、安全工作具体负责人以及通辽市宾馆员工计100余人参加此次活动。

(张铁宇)

【全市冬季旅游工作专题会议召开】 11月22日,市旅游局组织召开全市冬季旅游专题工作会议。会议对冬季旅游安全、冬季旅游节庆活动、冬季旅游宣传、冬季旅游市场监管等工作进行专题部署。市旅游局班子成员、各科室负责人、各旗县市区旅游局局长及市纪委派驻纪检组组长韩嘎日迪参加会议。

(张铁宇)

【库伦旗成为全区首个通过全域旅游创建规划评审旗县】

2016年11月29日,《库伦旗全域旅游创建规划》评审会在北京召开。经过评审专家的评议,同意《库伦旗全域旅游创建规划》通过评审。由此,库伦旗成为自治区首个通过全域旅游创建规划评审的旗县,也标志着库伦在推进全域旅游创建方面取得实质性进展。

(库伦旗旅游局)

【旅游系统开展安全大检查】

12月5日,全区安全生产大检查动员部署电视电话会议结束后,市旅游局开始安排对全市范围内的涉旅企业进行安全大检查,各旗县市区旅游局对旅游安全工作高度重视,抢前抓早,深入一线对辖区内星级饭店、A级景区、旅行社和星级接待户等涉旅企业的管理制度、应急预案、消防安全、食品卫生安全及游乐设施安全等各项工作进行系统检查,对检查中发现的问题和隐患提出整改意见,并要求限期整改。

(张铁宇)

【自治区旅游安全检查组到通辽督查冬季旅游安全】 12月23—24日，由自治区旅游局机关党委专职副书记张杰率领的第六检查组深入到通辽市的A级景区、星级饭店、旅行社及自驾车露营地等旅游经营单位进行为期两天的冬季旅游安全督查工作。在听取市及旗县旅游部门、受检单位汇报后，检查组对通辽市冬季旅游安全工作的部署和已开展的工作给予了充分肯定，对旅游安全工作要常抓不懈，时刻警惕，不能有懈怠思想；要加强消防安全意识，聘请专业人士定期组织消防应急培训和演练，加强理论与实践的有机结合。对游客上香、禁止吸烟等应通过播音方式进行安全宣传，或在讲解过程中传达给游客；要加强景区的保险意识，建议景区购买相应的旅游意外保险或景区责任险；要加强食品安全，保障正规的进货渠道，建立有效的食品留样机制；要强化旅行社用车安全，杜绝租用病态车辆；要加强文明旅游教育工作，确保游客文明出行，安全出行等方面提出具体要求。

（巴达荣贵）

【四星级饭店复核工作】 12月23日，自治区旅游星级饭店复核检查组对通辽市新世纪大酒店进行年度复核。自治区星级饭店检查组按照相关行业标准对新世纪大酒店的必备项目、设施设备和饭店运营质量达标情况进行实地检查和打分。在星级饭店复核意见反馈会上，星评员就住店感受和检查情况进行反馈，指出饭店目前在必备项目、硬件设施设备、服务质量上存在的问题和整改意见。

（何　洁）

【市旅游局组织开展节前旅游市场秩序和安全大检查】 12月27—30日，市旅游局组织开展全市旅游市场秩序和旅游安全大检查，重点抽查15家旅行社及旅行社分社、门市部；4家星级饭店；2家A级旅游景区。

（何　洁）

旅游景区

【大青沟国家级自然保护区】

科尔沁沙地的大漠奇观——大青沟国家级自然保护区，是国家AAAA级景区，位于通辽市科左后旗境内。区内大小青沟纵贯南北，呈“Y”型分布，沟长24公里，深约100米，宽200～300米。沟内生长的植物有700多种，动物170多种，是天然的动植物宝库。大青沟地貌怪异，景观奇特。沟下原始森林奇花异树，纯乎自然，为沙海一绝。大青沟旅游项目独具特色，在不破坏生态环境和原始风貌的前提下，开发建成漂流探险、大漠漫游、草原赛马、民俗风情等项目。大青沟分为3个景区，即大青沟远眺景区、三岔口漂流探险景区和小青湖度假村景区。

【特金罕山自然保护区】 特金罕山位于扎鲁特旗境内，总面积137万亩，被环保专家誉为内蒙古东部的天然生态屏障。2000年，该保护区被列为内蒙古自治区级自然保护区。2013年被批准为国家级自然保护区。这里是三河之源：乌力吉木仁河、霍林河、阿日昆都伦河从这里流向科尔沁的广袤草原；这里是五山之宗：以吞特尔山为代表的五座山峰横亘在祖国的北疆。特金罕山自然保护区是嫩江和西辽河水源涵养地，平均海拔900多米，保护区内峰峦迭嶂，巍峨壮观，主峰吞特尔山高1444米，为通辽市第一高峰。作为保存较为完整的天然次生林区域，特金罕山动植物物种极其丰富，有众多野生动物在此栖息，金雕、棕熊、雪兔、黄羊、马鹿等珍稀濒危动物在此繁衍。这里有山杨、桦、落叶松等珍贵乔灌木树种，有百余种珍贵的中草药材和各种鸟类，以及梅花鹿、獐等，形成草原特有的原始生态，有天然草原动植物园和现代草原博物馆之称。

【珠日河草原旅游区】 国家AAA级旅游区——珠日河草原旅游区，位于科左中旗境内，旅游区占地40公顷，总建筑面积为3250平方米。整体设计突出民族特色，鸟瞰旅游区呈雄鹰展翅型。建筑群的正南面是跑道周长为998米，有国际标准的赛马场，通辽市一年一度的赛马节就在这里举行。旅游区可为游客开展丰富多彩，民族风情浓郁的活动项目，主要有马队迎宾、赛马表演、祭敖包、搏克（蒙古式摔跤）表演、牧户坐客、射箭、打布鲁、骑骆驼、乘勒勒车、篝火晚会、民俗表演等。

【扎鲁特山地草原旅游区】 扎鲁特山地草原旅游区位于通辽

市西部,扎鲁特旗巴雅尔图胡硕境内,距通辽市200公里,国道304线、省际大通道穿过这里,交通十分便利,旅游区大本营坐落在军马场。该旅游区是国家AAAA级景区。这里曾是辽代誉洲古城将士驯养战马的地方。山地草原核心区水草丰美,风景独特,风光旖旎,总面积达3万亩。旅游区可为游客开展丰富多采的、民族风情浓郁的活动项目,主要有马队迎宾、祭敖包、牧户坐客、骑马漫游、赛马、射箭、搏克、乘坐勒勒车、湖中乘船、篝火晚会、民族歌舞、民俗表演等。可品尝到具有科尔沁特色的"手扒羊肉"、奶茶和蒙古族风味的各种套餐。

【阿古拉草原旅游区】 阿古拉草原旅游区位于科左后旗境内,是科尔沁大草原上保存完整的原始草原和湿地,这里有保存完好的阿古拉原始草原;有浩瀚的吉力吐大沙漠;有千古之谜的双合尔山;有百旱不干、地下百泉相通的白音查干淖尔(湖);有万鸟云集、适合鸟类休养生息的万亩湿地。在近代史上勇抗八国联军的一代名将——僧格林沁就出生在阿古拉镇,镇内有一座突兀而起的双合尔山,方圆占地百余亩,山高近百米。因其外形酷似敖包,又有"天下第一大敖包"的称号。无数块奇形怪状的巨石叠垒在山体表层,堪称一怪。上有一座清朝雍正年间修建的古塔属国家级重点保护文物。其建筑规则和造型完全仿北京北海公园之白塔。山脚下曾经有过清朝年间所建的双福寺喇嘛庙。大殿81间,巍峨壮观,与北京雍和宫如出一辙,形神俱备。双合尔山白塔为砖石结构,由塔基、塔座、塔身三部组成,高13米,白色,形状似北京北海公园白塔。塔座四面有砖雕如意图案(蒙古语:钦达木尼额尔德尼),每边如意图案外围一个吉祥图和用藏文书写的建塔赞助人的姓名,两侧雕蹲状小狮子,雕刻精细,线条流畅。塔顶为铸铁金峰形,上有佛教图案,金峰上有铜质鎏金的月亮、太阳、火炬。塔顶罗伞下挂有4个铜制小铃。该塔为内蒙古自治区重点文物保护单位。阿古拉镇是全国著名的蒙古族民歌之乡。阿古拉蒙古大营位于双合尔下的白音查干淖尔湖,分"东湖"和"西湖",一大一小,地下百泉相通,百旱不干,稳定水面达4000多亩。阿古拉经过不断的开发建设,建成骑马厂、敖包活动区、牧民生活体验区、神山奇塔探密区、民族歌舞表演区、水上乐园,建成蒙古大营、客房服务中心及中餐厅,形成民族特色浓郁的以蒙古包为主体的餐饮、住宿、娱乐、购物服务体系,是人们欣赏草原、沙漠探险、游山玩水、了解历史、解读地貌、旅游度假、回归自然的好去处。

【柏盛园旅游度假村】 柏盛园度假村位于通辽市奈曼旗东南部新镇境内,距旗政府所在地大沁他拉镇50公里,南部与辽宁省阜新市、北票市接壤,东部与库伦旗相邻,交通便利,距赤通高速公路25公里,距大阜东线1.5公里,全部为柏油路面贯通。度假村占地2600亩,其中水面600亩,经济林、景观林1350亩,农、林、畜养殖业700亩,建筑面积10 000平方米。度假村分为5个功能区:宾馆服务区、风情岛屿区、影视城区、自然林风景区和娱乐城区,五大景区环境幽雅,风景宜人,既有美丽的田园,又有湖光山色;既有高级宾馆、别墅,又有影视古城。这里是20集电视连续剧《祥云奈曼》的主要外景地之一,影视城主要由27个单元组成,再现30年代沈阳古城一条街的全貌。

【银沙湾沙漠旅游区】 银沙湾沙漠旅游景区,坐落在库伦旗境内塔敏查干沙漠南部、养畜牧河北岸,总投资10.5亿元,占地5.2万亩(35平方公里),于2013年5月开工建设,重点建设沙漠影视文化城、那达慕文化区、沙漠植物园、沙漠动物园、大漠硝烟体验区、沙漠风光区、沙漠雕塑区、沙漠娱乐疗养区、接待服务区、冬季滑雪区十大功能区,融沙漠生态观光、沙漠越野探险和休闲度假、民族民俗展示、农业乡村体验等功能于一体。

【宝古图沙漠旅游区】 宝古图沙漠位于科尔沁沙地苇莲苏沙带腹地,在奈曼旗政府所在地大沁他拉镇东北45公里处,距国道111线20公里,属白音他拉苏木所辖。宝古图沙漠东西35公里,南北30公里,总面积1000平方公里,海拔最高400米。沙漠波澜起伏,广袤无垠,是理想的户外活动场所。每年的黄金小长假,都会有来自全国各地的户外运动者来宝古图沙漠开展徒步穿越活动。该旅游区每年9—11月游客众多，主要活动除汽车、摩托车比赛外，还有赛骆驼活动，吸引大批摄影、户外探险、汽车越野爱好者云集于此。

【辉特淖尔旅游区】 辉特淖尔旅游区位于霍林郭勒市西南35公里。由国道304线可达，占地面积26平方公里，科尔沁草原和锡林郭勒草原在这里交汇，扎哈淖尔、敦德扎哈淖尔、辉特淖尔3个自然湖泊点缀其中。该旅游区是世界上保存比较完整的原始草原之一。旅游区集中体现山地草甸草原和干草原的特征。这里牧草肥美茂盛，草的种类繁多，有豆科、苗科、禾本科等万千种的优良牧草，有碱草、野大麦、狼尾草、星星草、花苜蓿等，其中营养价值高牲畜喜食的牧草有600多种。在这里除草种类繁多以外，还有大面积的野菜、草原白蘑(中国四大口蘑之一)。盛产120多种中药材，有防风、紫胡、川乌、龙胆等，据药物专家推测储量约达300万公斤。野生动物资源更加丰富，有黄羊、狍子、鹿、狼、赤狐、野兔、野鸡、沙半鸡、百灵鸟等数不胜数。景区拥有接待400人住宿、就餐的规模。主要的活动项目有马队迎宾、骑马、套马、赛马、骑骆驼、坐勒勒车、自驾越野车、射箭、摔跤、篝火晚会、祭敖包、访问牧户等。

【科尔沁博物馆】 科尔沁博物馆位于科尔沁区，它坐北朝南，东西长120米，南北宽42米，局部高度31米，地下一层，地面四层，总建筑面积2万平方米。这座大楼外形设计正立面顶端造型为一轮弯弓，因“科尔沁”蒙古语译为“弓箭手”，这轮弯弓就象征着科尔沁蒙古人。整体设计上圆下方体现中国传统的天圆地方设计理念，外观装饰天然芝麻白花岗岩和深灰色玻璃幕，既富有民族特色，又充满现代气息。地面一层为3000平方米的会展中心大厅，可举办各类大型展览和文化活动；一、二、三层设计10个陈列展厅，根据通辽市蒙古族人口150多万人，占自治区蒙古族人口1/3的特点和馆藏文物优势，举办“科尔沁蒙古族历史长卷展”“蒙古族文物精品展”“科尔沁历史珍宝展”“苍狼白鹿版画艺术展”“辽陈国公主与驸马合葬墓文物展”“官布艺术馆”“刘宝平美术馆”“马文化展”“陈企衡根艺展”“杨晓林南宝新石器时代文物展”系列展览；第四层为1400平方米，能容纳800人的多功能会议厅，可举办各类大型会议、学术报告会和文艺晚会。馆内有红山玉器、西周青铜器、秦汉银印、鲜卑金牌饰、唐代錾花银盘、辽代三彩摩羯壶、辽代白瓷佛、紫定碗、金代春水秋山玉、元代青花玉壶春瓶、明代珐琅盘、清代固伦雍穆长公主银质骨灰盒等珍贵文物和蒙古族生产生活用具，以及科尔沁蒙古各部服饰。

【麦新纪念馆】 麦新纪念馆是国家级重点文物保护单位，内蒙古自治区重点红色旅游景区。位于通辽市开鲁县开鲁镇内东南角，距通辽市政府所在地科尔沁区84公里，由国道303线可达。革命音乐家麦新是中国新音乐运动的先驱者之一，是著名的抗日战歌《大刀进行曲》的作者，1947年6月6日麦新在执行任务途中遭匪徒袭击壮烈牺牲，是全国著名的革命烈士之一。麦新纪念馆建筑面积4000多平方米，馆内珍藏有麦新烈士遗象、遗物事迹文献、史料及各级领导纪念麦新烈士题词，中国青协原主席吕骥为麦新烈士墓题写碑字，中宣部原副部长兼文化部部长贺敬之为麦新纪念馆题写馆名。麦新纪念馆是一座园林式纪念馆，一座元代佛塔矗立在园内，劲秀挺拔，颇为壮观，是开鲁大地的标志。园内树木繁花，环绕着一座高高耸立的人民英雄纪念碑，白塔和纪念碑中间是麦新烈士纪念馆，塔与碑对峙而立，相互交映，记载着开鲁源远流长的历史，纪念馆庄严肃穆，是英雄们不朽业绩的证明，是人们追忆革命历史、振奋民族精神的课堂。

【库伦三大寺】 库伦三大寺位于通辽市库伦旗驻地库伦镇，为国家AAAA级景区。库伦是17世纪建立的古城。城内依北高南低的斜坡分层建筑有壮观的三大寺：兴源寺、福缘寺、象教寺。库伦旗是清代内蒙古唯一实行政教合一的喇嘛旗，是蒙古族崇尚的宗教“圣地”。兴源寺是旗政教中心，福缘寺为财政中心，象教寺为喇嘛住所。兴源寺始建于清顺治六年(1649年)，正殿有61根沥金龙柱，面阔、进深各九间，有“八十一间殿堂”之称，天王殿、山门两侧有配殿、钟鼓楼等，占地2.5万平方米，为藏汉结合式喇嘛庙，现设博物馆。

福缘寺建于乾隆七年(1742年),有山门殿、诵经殿、佛殿、老爷庙等四重殿宇及偏殿、钟鼓楼。象教寺亦为四进院落,山门内有弥勒殿、无量佛殿、玉柱堂、佛母殿、寝殿、影壁等。三大寺建筑具有蒙藏汉文化相结合特色,有较高的历史、科学和艺术价值,并有深刻的民族文化内涵。

【奈曼王府】 现存的奈曼王府是清代道光皇帝之乘龙快婿奈曼第十一任札萨克德木楚克扎布于同治二年(1863年)所建。原有房屋140余间,为一方形院落,占地面积2.2万多平方米,现王府唯一幸存的主体建筑回廊四合院和佛堂、串堂门,占地面积9900多平方米,整个建筑全部使用青砖、青瓦,前有檐柱,内有金柱,滴水瓦当,丹青彩绘,雕梁画栋,室内阵设华丽,各式家具多用楠木制成,做工玲珑纤巧,图案浮凸生动,完美地展示出清代北方草原独具特色的建筑风格和蒙古民族的聪明才智。奈曼旗王府博物馆现馆藏文物4800多件,有固定展厅9个,临时展出面积60平方米,每年举办多次大型展览,在社会上产生很大影响。多年以来,奈曼旗王府博物馆积极利用王府这所全区现存最完整蒙古王公馆邸和被列为全国建国以来考古十大发现之一的"辽代陈国公主附马合葬墓"等重要文物和文献资料,多渠道多角度开展各种活动。全国人大常委会原副委员长布赫曾两次前往奈曼王府博物馆,称誉它为"科尔沁草原的一颗明珠",并题写馆名。

【达尔罕亲王府·孝庄园】 达尔罕亲王府位于科左中旗花吐古拉镇孝庄园旅游景区内,距通辽市东北48公里处,为"清代国母"孝庄文皇后的出生地,中国最大的亲王府。该旅游区是国家AAAA级景区。孝庄文皇后(1613—1688年),博尔济吉特氏,名布木布泰,亦作本布泰,蒙古科尔沁部贝勒宰桑之次女,出生于明万历四十一年(1613年)二月初八,是中国历史上有名的贤后,一生培养、辅佐顺治、康熙两代君主,是清初杰出的女政治家。王府始建于明万历年间,迄今有400多年的历史。初为蒙古科尔沁部首领、孝庄文皇后之父宰桑府邸,后于顺治年间因宰桑之子满珠习礼晋封札萨克和硕达尔罕亲王而得名,至清末共世袭罔替12代,且有多位清皇室公主、格格下嫁府内。康熙大帝一生三巡科尔沁,写下著名的《至科尔沁部与众蒙古宴》诗;乾隆皇帝曾两次驻跸王府,并在府内举办33岁生日隆重庆典。由于历史原因,王府早已被破坏荡然无存,为再现这一恢宏历史,通辽市政府和国家有关部门投入1亿元资金在原址对王府重新复建。重建后的王府占地10万平方米,分中、西、东三路,计由90余座清代古建筑组成。中路由王府府门、仪门、印务处、银安殿、寝门、寝殿(孝庄故居)、后罩楼(玉佛殿、祠堂)等七进院落组成;西路由札萨克衙门、内务衙门、王爷演武场、马厩等组成;东路由驿馆、梅林卫队、王府小花园、公主府、书院书橱、仓等组成,整体建筑为传统木结构和青砖灰瓦,雕梁画栋,富丽恢宏,民族特色浓郁,被誉为中国王府之最。

【吉祥密乘大乐林寺】 始建于1993年,位于通辽市西拉木伦公园北侧。1997年,经内蒙古自治区人民政府批准,为喇嘛教依法活动场所。寺庙总占地面积为2.7万平方米。大乐林

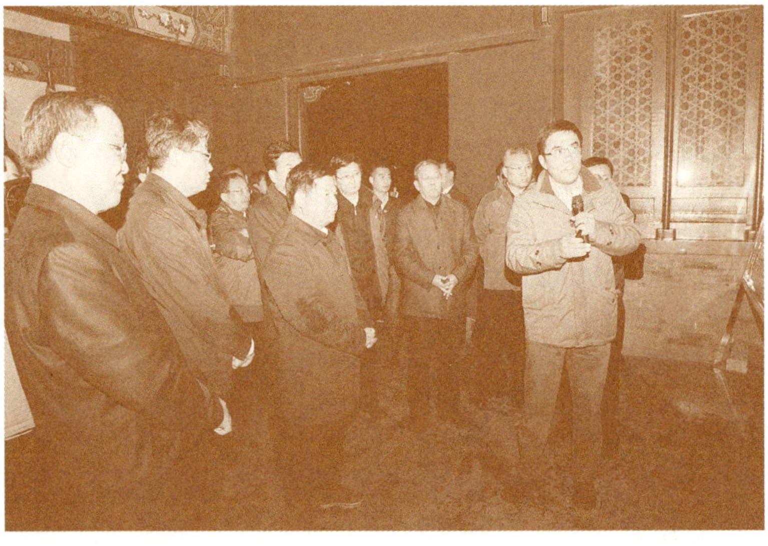

▲ 2016年10月,自治区党委书记李纪恒(前排左三)在孝庄园考察
王佐玉 摄

寺建寺以后，平均每年接待旅游观光者和信教群众10多万人次，其中接待日本、美国、蒙古国以及港澳台同胞数百人。吉祥密乘大乐林寺绿树掩映、粉墙环绕、红壁金顶、飞檐翘角、雕梁画栋，形成园林式仿古建筑群。主要建筑有：大山门、天王殿、大雄宝殿、观音殿、护法殿、左右法轮亭、法门塔、佛降塔、时轮金刚万佛塔、长寿塔和龙王庙、土地庙、护法庙等。该寺具有汉藏建筑风格，殿前有近2米高的古佛两尊，殿内有33尊鎏金铜佛像，其中有3尊泰国有关单位赠送的鎏金铜佛像，大殿有4根16米高的红漆明柱。寺庙里珍藏着许多灿烂的宗教艺术珍品。“吉祥密乘大乐林寺”，每年农历正月十五、二月初八、四月初八、六月十五、十月二十五举行祈愿会、嘛呢会、吉祥颂、满金大会。

【《狼图腾》故事发源地——额仑草原】 额仑草原旅游区位于通辽市、锡林郭勒盟、兴安盟三地交界处，属于山地草原和草甸草原的过渡地带。这里绿草如海，畜群如云，毡包如扣，河曲流银，不仅因有“天堂草原”之美而令人称道，更因作家姜戎的小说《狼图腾》的畅销而闻名海内外。旅游区以额仑草原原生态环境为本底，军马文化为主题特色，融入科尔沁文化、休闲观光与度假体验并重，规划建设以移动旅游体系为支撑的军马主题文化全方位情境体验地，科尔沁草原生态文化活态传承区，创意化、细分化、定制化草原度假产品集聚区。规划景观资源环境控制范围2580平方公里，核心规划范围748平方公里。

【千年神树——开鲁古榆】

开鲁古榆园是国家AAA级旅游景区，位于开鲁镇西20公里，大榆树镇内，始建于1985年，2002年扩建，现占地面积7.8万平方米，规划占地面积12万平方米，景区建设投资1250万元，现已形成古榆景区、园心景区、庙宇景区的基本格局。园内千年古榆树堪称中华第一榆，是自治区级文物保护单位。古榆园于2005年正式对游人开放，“拜千年古榆，品九大神奇”已成为人们的向往。每年四月十八的传统庙会和九月的古榆旅游文化节两次大型活动接待游人20万人左右。古榆园多次被评为通辽市业绩突出旅游单位，并被评为通辽市百姓最喜爱的六大景区之一。

【八百里瀚海——塔敏查干大沙漠】 塔敏查干沙漠自奈曼旗东部伸入到库伦旗，曲折蛇行入科尔沁左翼后旗境内，号称“八百里瀚海”。塔敏查干，意为“魔鬼”或“地狱”。塔敏查干沙漠，呈东西走向，在库伦北部坨甸区的南沿，海拔250～300米之间。旗境内长约60公里，宽约5公里，总面积280平方公里，横贯六家子镇、茫汗苏木、额勒顺镇、库伦镇4个苏木镇。在酷热的夏日，沙漠深处偶而会出现“沙市蜃楼”的奇观，或楼台殿阁，或都市风光，稍纵即逝，如梦如幻。塔敏查干沙漠是库伦旗生态旅游中的优良旅游区，也是东北地区最大的沙漠带。在哈尔稿苏木塔敏查干深处，隐藏着一处奇观——大漠荷花湖，面积约为500平方米，每到荷花烂漫时，清香迷漫数里方圆。大漠又是极佳的天然浴场。躺在暖洋洋的沙褥上，用手挖身旁的温沙将同伴或自己的身体的局部或全部埋起来，享受“沙被”带来独特的妙意；抑或是掘沙反复搓磨身体，柔柔的、润润的感觉令全身轻松舒爽。沙浴的好处很多，可强身，能有效地治疗关节炎、脚气、皮肤病等常见疾病。

【双合尔山】 双合尔山位于通辽市科左后旗阿古拉镇，是海拔高度262米、巅峰海拔高度321米的圆形山峰。双合尔山背靠吉力吐沙漠，东南百余米处有一石砬子，西南10多公里又一石砬子，左右为大小巴彦查干淖尔，南面则是一马平川，视野千里。远处看形如一只海青鹰，两个淖尔是鹰之双眼，两侧石砬子如双翼，且一侧展一侧收，故称双合尔山。双合尔即海青鸟，是鹰隼的一种，飞速极快，性凶猛。

【横卧的“巨龙”——奈曼青龙山】 青龙山位于通辽市奈曼旗青龙山镇，距奈曼旗政府所在地大沁他拉镇85公里，距通辽市政府所在地科尔沁区265公里。青龙山旅游区占地133.33公顷，是集宗教文化、历史古迹、生态观光于一体的综合旅游区。区内的青龙寺位于青龙山上，始建于清朝光绪年间，是清代奈曼旗二十四座庙宇之一，曾以地势险要、自然环境优美、建筑艺术精湛、佛学精深、佛事活动丰富及故事传说神奇闻名于关东各地，引来四面八方宗教信徒，谱写过辉煌的历史。主要古迹建筑有：圣水灵泉、老母洞、关帝庙、观音庙等。青龙山海拔1200米，山峰险要，怪石林立，蜿蜒崎岖，景色怡人。登上主峰，会发现青龙山就像一条横卧的青龙，首尾相映，十分形象。俯视四周，满目苍松翠柏，令人赏心悦目。这里野生动植物资源丰富，有几百种名花异草及上百种药材和稀有真菌，有莺鹞、山鸽、山鸡、野兔、野鹿等上百种飞禽走兽。每年春夏秋野丁香、山杏、百合等竞相开放，香气袭人，是奈曼旗原生植物自然保护重点地区。每年的端午节，吸引众多旅游爱好者前来登山、踏青、赏花。

【沙漠奇观——奈曼怪柳】 奈曼怪柳其实就是旱柳，人们也叫它疤拉柳、王八柳，是20世纪五六十年代的产物。五十年代末、六十年代初，从奈曼旗穿境而过的教来河曾有过两次洪水泛滥的记录，洪水给人们带来沉重的灾难，也留下不可磨灭的功绩：洪水过后，形成大面积的柳树天然林，这些天然柳树林，就是洪水淤下的柳树种子而生长的。

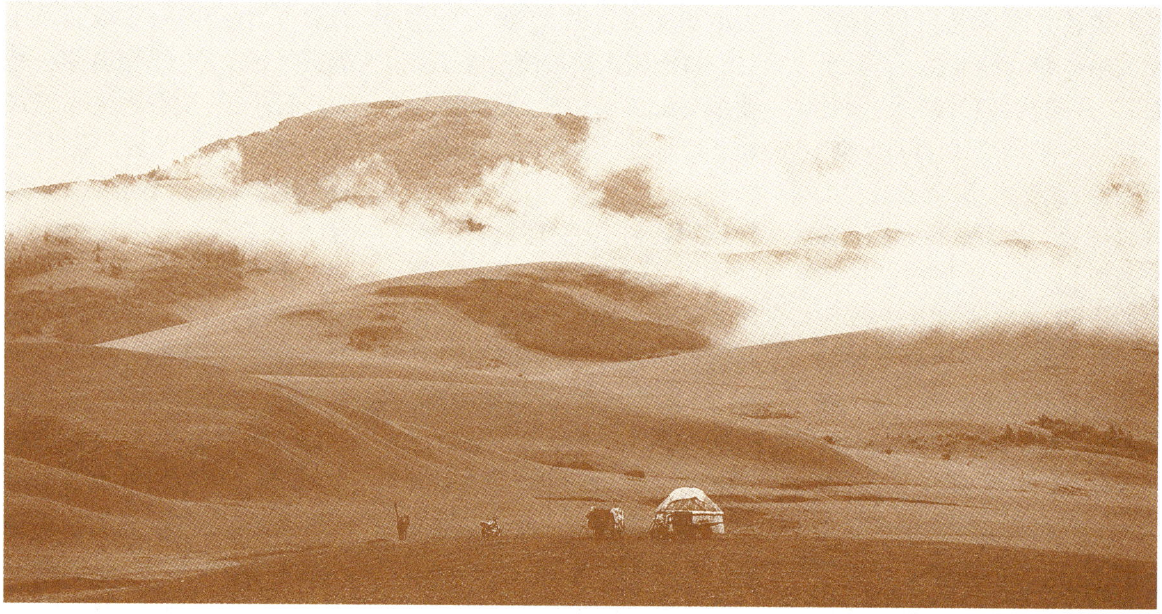

▲ 山地草原　崇先鸣　摄

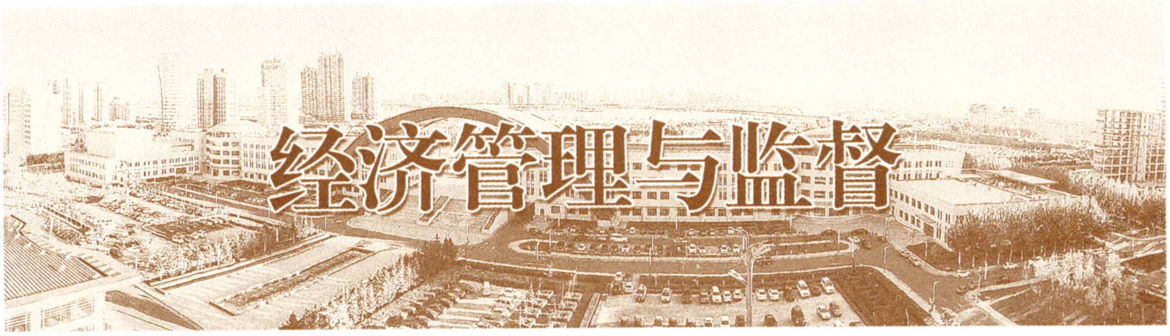

经济管理与监督

发 展 改 革

【机构设置】 通辽市发展和改革委员会是通辽市人民政府的组成部门。内设行政职能科室23个,5个事业单位(移民办、铁路办、民航办、社会信用管理中心、节能与应对气候变化中心)及3个独立核算二级单位(价格监督检查局、价格成本调查监审局、价格认证中心)。核定编制106名,其中委机关核定行政编制60名。党组成员9人(1正、7副、1派驻纪检)。副处级以上非领导干部7人。正科级干部38人,平均年龄为44.5岁,其中女干部14名。离退休干部43人。机关党委现有党员114名,5个党支部,其中在职党员78名。

【争取上级资金】 全年争取上两级预算内资金22.26亿元。其中中央预算内资金20.13亿元,自治区预算内资金2.41亿元,中央专项基金0.17亿元。积极争取上报六批专项建设债券投资项目储备计划,其中已签订协议共12个项目,拟争取资本金补助9.84亿元。

【重点项目】 重点项目投资总量位居全区第三,增速位居全区第四。列入自治区调度的35个重点项目全部开复工,完成投资247.3亿元,完成年度任务的103%;市级调度的45个重点项目全部开复工,完成投资100.2亿元,完成年度任务的104%;迎接自治区成立70周年大庆献礼项目119个,开复工112个,开复工率94%,完成投资755.5亿元。

【项目前期工作推进】 铁路方面,蒙东煤炭交易中心和奈曼工业园区铁路专用线建设项目得到自治区核准。全线开工建设通辽至京沈高铁新民北站铁路项目,完成投资28.32亿元;完成通霍、通四、通大三条电气化铁路改造升级,开工建设京通、平齐、通让三条电气化铁路改造升级项目。公路方面,省道101线霍林郭勒至阿力得尔、省道305线金宝屯至甘旗卡、甘旗卡至库伦平安地、省道207线大林至康平、省道310线太平川至宝龙山5条公路获得自治区审批。继续推进通鲁、大白高速公路建设进度。民航方面,霍林河机场成功试飞,通辽机场飞行区改扩建工程完成总体规划修编评审和项目可研。全市6个旗县通用机场全部纳入自治区通用机场发展规划,启动奈曼旗、库伦旗通用机场前期工作。能源方面,扎鲁特—青州特高压外送通道获国家核准并开工建设。扎哈淖尔多能互补集成优化项目通过国家能源局公示,成为首批示范工程。珠日河百万千瓦风电基地可研报告已编制完成,并开展接入系统研究。组织编制光伏治沙专项规划和全市光伏扶贫建设方案。蒙东第一条跨省天然气输送管道投入使用。农网改造升级工程全面推进。水利方面,"引绰济辽"调水工程、嘎海山水库等水利工程前期取得积极进展。实施西辽河、霍林河河道治理工程,毛都水库建设顺利推进。

【项目储备】 进一步完善市"十三五"规划项目储备库,储备项目1058个,规划总投资12 872亿元。录入国家三年滚动投资计划重大项目库项目797个,计划总投资747亿元。建立东北振兴重大项目储备库,录入三年滚动计划项目485个。储备专项建设基金项目587个,计划申请解决项目资本金缺口1035亿元。

【规范项目投资管理】 项目审批工作统一执行"审批字"文

号,全年完成市级审批项目111个,旗县级审批项目719个,总量同比增长7%。印发公共资源交易平台工作实施方案,全面启动平台整合建立工作;印发房屋建筑和市政基础设施工程施工等评标办法,全面指导规范招投标工作。加大稽察工作力度,对全市2015年上级投资的285个项目实施情况进行督查和重点稽察,下发整改通知书9份。

【产业转型升级推动】 支持战略性新兴产业发展。组织开展通辽市"大众创业、万众创新"宣传周活动。围绕大数据、电子商务、生物制药等,建立《通辽市培育和发展新兴产业三年滚动实施方案》项目储备库,储备项目180个。争取科尔沁药业蒙药膏剂GMP(优良制造标准)车间建设等3个蒙医药产业项目获得专项资金支持。推动清洁能源产业发展。加大以电代煤力度,开工建设风电15万千瓦,累计就地消纳风电达到65万千瓦,开工建设集中式光伏9万千瓦,新能源占电力总装机比重达40%。推进充电桩建设,通辽市被列为自治区充电桩基础设施建设试点地区。推动现代农牧业产业发展。启动设立通辽市肉牛产业发展引导基金,争取自治区资金5000万元,实施15万亩粮食增产工程,建设28个肉牛肉羊标准化规模养殖场,提高规模化繁育水平和经济效益。推动服务业加快发展。出台通辽市服务业"十三五"产业规划,推动服务业集聚区试点建设工作。通辽批发城商贸服务业集聚区获得"自治区级服务业集聚区"称号。

【供给侧结构性改革】 制定化解煤炭过剩产能方案,全市煤炭产能由5735万吨压减至4792万吨。及时组织化解"11霍煤债"债券风险,维护地区金融信誉。放开招标代理收费标准,取消16项涉企行政事业性收费项目,放开1项经营性服务收费项目。代政府起草补短板工作实施方案,明确责任分工,推进各领域重点项目加快建设。

【重点领域改革】 行政审批制度改革方面,制定行政审批权责清单,再次下放九项审批事项。经济体制改革方面,制定通辽市贯彻自治区鼓励支持非公有制经济加快发展若干规定的实施细则。推动民营经济改革与"双元培育"国家级试点工作任务落实。诚信体系改革方面,建立和完善社会信用体系信息平台,接入65家行政事业单位,发布"双公示"信息17 595条。公车改革方面,牵头制定党政机关公务用车制度改革实施方案,全面完成改革任务。

【全面对外开放】 加快融入"一带一路"倡议,建立"一带一路"项目储备库。借助京津冀协同发展加大招商引资和项目对接,加快振兴东北老工业基地建设。制定通辽市落实振兴东北地区等老工业基地实施方案,将7个重大项目列入国家东北振兴三年滚动计划。配合自治区发改委完成自治区东部振兴"十三五"规划编制工作,推动与周边地市协同发展,推进霍林郭勒市扎鲁特旗区域协同发展。

【精准脱贫攻坚】 实施1538户、4819人易地扶贫搬迁工程。组织编制水库移民脱贫攻坚规划。批复大中型水库移民基础设施建设项目60个,实施14个国有垦区危旧房改造工程及配套基础设施建设项目、35个保障性安居工程及配套基础设施建设项目、6项农村牧区饮水安全巩固提升工程。

【价费管理】 推行收费目录清单制度,完成130个单位的收费清单公示工作,对铁路、通信、供水、供电、供热等重点行业进行检查规范。共受理群众价格举报和回复市长热线投诉700余件,做到件件有着落。启动实施2012版医疗服务价格目录。医疗服务价格改革和景区门票价格专项整治工作获得自治区发改委通报表扬。顺利完成市主城区出租汽车调整运价工作。

【提升社会民生和公共服务均等化水平】 争取社会事业类项目50个,教育、医疗卫生、残疾人事业、养老、体育、文化、旅游等社会事业重点项目顺利开工建设。组织精干人员,协调专项资金,落实工作责任,较好的完成扶贫增收和"双城同创"工作。

【生态保护和建设】 启动生态文明宣传周活动,印发《关于加快生态文明制度建设和推进生态文明建设的实施方案》,实施"三北防护林"工程、退耕还林还草、退牧还草工程,保障科尔沁沙地"双千万亩"工程年度建设任务顺利实施。加强节能指标分解、调度、问责管理,协调推进一批重点节能工程加快建设,完成2016年节能降碳目标任务。实施资源节约和环境保护建设项目24个。支持建设碳交易平台,加强重点企业和工作人员培训力度,建立第三方核查机构,推动碳交易工作走在自治区前列。

(高崇耀)

统　　计

【概况】 2016年,市统计局向市委、政府及社会各界提供大量翔实的统计数据及文字资料,撰写《统计报告》《决策参考》《统计专报》等材料,专门向市委、政府主要和分管领导以书面形式沟通汇报。通过发统计公告、发放统计手册、通过统计信息网等形式提供统计信息服务,为党政领导和社会各界提供优质统计服务。人口抽样调查工作有序推进,开展全市“十个全覆盖”工程进度统计工作,做好战略性新兴产业的统计、全面建成小康社会统计监测和城镇化统计监测,做好社情民意调查工作,加大宣传力度,强化外界沟通。

【统计数据质量规范】 2016年,通辽市统计局开展调查研究,探索适合通辽市的统计方法。严格执行国家核算制度,客观把握全市经济运行走势,加强数据衔接,准确核算全市及旗县GDP;加快投资统计改革,5000万元及以上项目联网直报工作顺利开展;继续改进工业统计,能源与环境统计改革推向深入,完成“十二五”能耗“双控”考核及碳排放考核的统计监测工作;大力推进贸易统计规范化建设;社会科技文化产业统计工作逐步深化;人口就业统计有序推进;服务业统计取得新突破;城市统计监测工作科学规范。针对经济运行中存在的问题,加大对旗县市区统计巡查力度,摸清实际情况,统计数据质量得到保障。

【四大工程建设】 2016年,通辽市统计局严格按照国家、自治区统计局“一套表”制度要求,加强对数据的审核,加大对基层的业务指导,不断提高源头数据质量,确保企业“一套表”的顺利进行。建立数据质量控制制度,实时跟踪、监测、评估、对比企业上报数据,确保各项统计数据的及时准确。开展名录库更新、维护由县级向乡镇级延伸工作。严格执行联网直报各项规定,坚决守住“四条红线”,保证企业独立上报,确保企业原始数据的真实准确。

☆小资料☆

统计“四大工程”:2011年以来国家统计局陆续推出一系列统计方法的制度改革,其中加强统计的“四大工程”建设更是成为夯实数据质量体系的基础。是从深化统计改革、推进统计事业的发展、提高统计数据的质量、提高统计能力、提高政府统计的公信力,推进统计工作的规范统一、改革创新和公开透明而采取的重要措施和重点推进的工作。统计“四大工程”是指建设一个真实完整、及时更新的统一的单位名录库;建立统一规范、方便企业填报的企业统计报表制度;建设功能完善、统一兼容的统一数据采集处理软件系统;建立统一高效的统计联网直报系统。

【统计法制建设】 在全面完成统计基层基础标准化建设任务的基础上,通辽市统计基层基础建设工作重点逐步向加快构建现代统计调查体系转型。加大对基层统计人员业务指导和培训力度,为提升基层统计队伍整体素质,增强现代信息技术应用能力,加强统计业务能力,提高数据质量及法制化水平,为构建现代统计调查体系打下坚实的基础。加强统计法律、法规的宣传,加大统计执法力度,营造依法统计的氛围。

【农牧业普查】 农牧业普查前期筹备工作进展顺利,形成覆盖全市、分工明确、协调顺畅的普查组织体系。召开第三次全市农牧业普查工作会议,市政府副市长崔景英参加会议并讲话,与各旗县市区签订目标管理责任书,全面落实普查工作任务。参加全区普查方案培训,培训业务骨干。制定《通辽市第三次全国农牧业普查宣传工作方案》,加强与新闻媒体的沟通与协调,组织开展多种形式的宣传活动。

(郑小峰)

审　　计

【机构设置】 2016年,通辽市审计局人员编制54人,其中行政编制36人,事业编制18人。在职职工56人,其中,行政31

人,事业25人。设有办公室、金融外资审计科、审理法制科、农业与资源环保审计科、社会保障审计科、经贸审计科、计算机审计科、行政事业审计科、固定资产投资审计科、政府投资审计科、财政税务审计科、经济责任审计科、派出审计一科、开发区审计分局等14个职能科室以及计算机审计技术与信息中心、固定资产投资审计中心2个所属事业单位。

【审计成果】 2016年,全市共审计835个单位,查出问题金额130.03亿元,通过审计,挽回或避免损失6.8亿元,提交审计报告766篇,上报审计信息542篇,提出审计建议348条,移送有关部门处理事项34件,其中向纪检部门移送案件线索8个,有2人受到党纪政纪处分。受审计厅表彰审计项目1个,通报表扬项目1个,全市评选优秀表彰项目6个。

【重大政策措施落实情况跟踪审计】 完成加快发展养老服务业、落实金融支持实体经济、减轻企业负担、促进高校毕业生就业创业4个方面政策措施落实情况跟踪审计,审计查出资金滞留闲置、配套设施不完善等各类问题48个,问题金额4904.94万元。

【财政审计】 组成8个审计组对市财政、地税和7个预算部门15个二级单位预算执行和其他财政收支情况进行审计。发现预算编制不够完整和规范、财政资金管理不够规范等问题24个,涉及资金353 924.63万元,向相关部门移送问题1个。整改完成11个问题,整改金额85 678.48万元。完成对科左后旗、科左中旗财政决算审计,发现公共预算收入不高、没有形成财力、专项资金未按规定下拨使用等问题21个,问题金额344 877.64万元。

【经济责任审计】 2016年,全市审计机关对243名县处级及以下领导干部进行任期经济责任审计,其中:旗县市区审计局审计科级领导干部222名(离任审计154名、任中审计46名、同步审计22名),市审计局审计处级领导干部21名(离任审计14个、任中审计7个)。查出各类违规金额合计14 494万元,查出管理不规范金额合计317 991万元。直接责任5万元,主管责任7645万元,领导责任6844万元。

【"十个全覆盖"工程、扶贫资金审计】 成立7个审计组,完成对7个旗县市区(含开发区)2015年7月至2016年7月底"十个全覆盖"工程的跟踪审计。审计发现滞留专项资金、配套资金不到位等问题46个,问题金额67 972.28万元。组成6个审计组,对6个旗县市区2014年—2016年7月底扶贫专项资金的筹集、管理及使用情况进行审计。审计89个部门和单位,涉及资金总额3.4亿元,调查贫困村建设项目123个,走访农牧户780户。审计发现滞留项目资金、改变项目资金用途及项目管理不规范等问题18个,查出各类违纪违规资金14 808.41万元。

【城镇保障性安居工程跟踪审计】 对2015年市本级、9个旗县市区(含开发区)的保障性安居工程项目进行审计。审计查出城镇保障性安居工程目标任务未完成、2015年农村危房改造任务未完成等27个方面的问题,查出各类违纪问题资金总额285 878.76万元,向相关部门移送问题11个,其中,向纪检部门移送案件线索8个,有2人受到党政纪处分。完成整改问题22个,整改金额1032.54万元。此项目获得自治区审计厅通报表扬。

【基本医疗保险基金和医疗救助资金审计】 对市本级和8个旗县(市、区)2015年和2016年上半年医疗保险(含城镇职工基本医疗保险、城镇居民基本医疗保险、新型农村合作医疗保险、城乡大病医疗保险)政策制度落实和改革措施推进情况,以及基金筹集管理使用情况进行审计。审计发现未实现应保尽保、相关医疗保险制度未执行等问题13个,问题金额18 063.81万元。

【水污染防治专项资金审计】

完成对市本级及科尔沁区2011—2015年水污染防治资金的审计和审计调查。发现中水回用率低、重点控制断面水质变化不稳定等问题2个。

【投资审计】 完成对新世纪大桥、河道整治、科技馆、图书馆、四校合一和老年人体育文化活动中心等6个项目中期评估;完成新世纪大桥南北两侧连接线招标控制价审计工作,审计核减投资811万元;对僧格林沁王府修缮工程进行跟踪审计,审计核减475.43万元。开展对铁路医院康复大楼竣工决算审计。

【自然资源资产责任试点审计】 对科左中旗原旗长任职期间草原资源资产责任进行离任审计，查出未批先建占用草原、未办理征占用手续占用草原、本级草原生态保护和建设资金投入不足等问题14个。涉及违规面积136.4公顷，违规金额4489万元。

（江飞雨）

安全生产监督管理

【事故统计】 2016年，全市安全生产形势保持总体稳定，全年发生各类生产经营性事故77起，同比减少11起，下降12.5%；死亡68人，同比增加25人，上升58.1%。未发生重、特大生产安全事故。与“十二五”期间相比，2016年各类生产经营性事故起数、死亡人数均低于“十二五”时期平均数，较好地实现年度安全生产工作目标任务。

【法律宣传】 2016年，在全市广泛开展主题为“加强安全法制，保障安全生产”的安全生产月活动，向社会发放《市民安全知识读本》2万余册。6月16日开展“安全咨询日”活动，在市主城区进行安全生产社会宣传。全面开展企业各类人员安全生产培训教育，为提高各类从业人员的安全意识、管理能力和操作技能，年内完成“三项”岗位人员及从业人员安全培训12 300余人。加强《安全生产法》的贯彻落实，为进一步预防和减少生产安全事故，保障人民群众生命财产安全，提请并配合市人大及人大代表对《安全生产法》贯彻落实情况进行执法检查，深入生产经营单位实地察看，听取旗县市区政府汇报，召开座谈会，研究分析形势，明确责任，落实措施。

【执法检查】 针对危险化学品、矿山、交通运输、人员密集场所、建筑施工等重点行业领域事故隐患特点，结合春、秋两季、汛期、冰雪天气等特殊季候和“安全隐患大排查大整改专项行动”、复产复工验收、国庆、“两会”等重要时段，组织相关部门在全市范围内开展力度大、覆盖广的安全生产隐患排查工作。充分发挥综合协调监管职能作用，组织协调公安、工商、建设、教育、质监、消防等相关部门，开展联合执法、专项督查等工作，增强执法合力，形成齐抓共管的工作格局。2016年，市委政府先后印发《全市安全生产大检查百日攻坚实施方案》《全市安全生产大检查工作方案》，组织开展3次全面安全生产大检查，全市各地共组织各类检查组272个，出动执法检查人员1400余人（次），检查企业（含个体工商户）3865户（次），查处各类安全生产隐患和违法行为3039项，下达各类执法文书1950份。

【安全生产标准化】 采取树立标准化样板企业、组织观摩交流活动等形式，推动标准化建设工作全面展开。按照年初制定的工作部署，全市标准化达标率100%。

【“三同时”工作】 严格执行安全生产“三同时”规定，加强源头监管，严格许可程序，进一步明确和规范“三同时”审查范围、管理方式、审查程序，严格市场准入。安全生产许可办理方面，办理危险化学品经营许可证申请4件、延期换证4件、变更5件；办理危险化学品安全生产许可证延期换证5件、变更1件；办理非煤矿山安全生产许可证申请1件，延期换证15件、变更13件。建设项目安全设施“三同时”方面，办理危险化学品建设项目安全条件审查24件、安全设施设计审查21件。建设项目职业卫生“三同时”方面，办理建设项目职业病危害预评价审核（备案）申请8件；办理建设项目职业病防护设施设计审查1件。办理经营第二类易制毒化学品备案证明颁证1件。

☆小资料☆

“三同时”：《中华人民共和国安全生产法》规定生产经营单位在新建、改建、扩建工程中安全设施必须坚持“三同时”的原则。“三同时”，即建设项目的安全设施，必须与主体工程同时设计、同时施工、同时投入生产和使用。安全设施投资应当纳入建设项目概算。

【应急救援】 围绕2016年安全生产月“强化安全发展观念、提升全民安全素质”的主题，通辽市充分发挥综合协调指导职能，要求各行业行政主管部门及旗县安监局动员各地各部门、企业结合工作实际，组织开展“应急救援演练”活动。全年全市参与演练活动的企业共30余家，参演人数达到3400余人。全市各单位共派发各类宣传单张、资料2万多份、张贴宣传图画、标语300多张,极大地提升市民群众安全意识和自防自救能力。为规范生产安全事故应急预案管理,增强应急预案科学性、针对性、实效性和可操作性,开展应急救援预案的备案工作,年内全市完成14家企业的应急预案备案工作。

【事故查处】 坚决执行“四个一律”:即对发现的安全隐患一律要求限期整改,对隐患整改结果一律进行再次复查,对发现的重大安全隐患一律进行挂牌督办,对存在重大安全隐患的项目一律要求停工。2016年自治区、市、旗县市区三级共挂牌督办各类安全生产隐患和问题481项,停产停业整顿企业195家,关闭取缔企业53家。

【荣誉】 2016年度,通辽市安全生产监督管理局获自治区煤矿安全生产工作先进集体。

(市安监局办公室)

国土资源

【土地计划指标】 截至年末,受理建设用地审批项目63个,其中,批次项目50个,单独选址项目13个,匹配建设用地计划指标611.58公顷。

【土地利用】 2016年,全市供地2693.23公顷,其中有偿地563.95公顷,占总供应量的20.94%,收取土地出让金9.43亿元。为保障性安居工程项目供地2.1公顷,做到应保尽保。2016年,全市新增建设用地1053.51公顷,供应342.82公顷,供地率为32.54%。

【地籍管理】 2016年,全市耕地面积1 380 665.16公顷;园地面积6432.22公顷;林地面积1 407 334.98公顷;草地面积2 339 756.1公顷;城镇村及工矿用地面积192 829.94公顷;交通运输用地80 552.23公顷;水域及水利设施用地135 522.93公顷;其他土地面积343 061.24公顷,合计土地面积5 886 154.8公顷。全市农村牧区宅基地使用权总调查全面结束,完成农村宅基地563 083宗;集体土地建设用地5194宗;国有土地21 407宗,共投入人力794人次,22个乙级测绘资质人队伍,支付3070万元。获得以奖代补资金1122万元,占全区1/3。

【耕地保护】 2016年末,通辽市补充耕地储备库结余3万亩,全市在建补充耕地储备库项目0.17万公顷。开展城镇周边永久基本农田划定举证核实工作。

【土地整治】 通辽市2016年落实各类土地整治项目17个,建设规模3.07万公顷,预算投资4.75亿元。其中:土地整治项目1个,建设规模460公顷,预算投资0.11亿元;高标准基本农田建设任务项目16个,建设规模3.03万公顷,计划新增耕地173.33公顷,预算投资4.64亿元。其中涉及开鲁县6640公顷,科左中旗1.02万公顷,奈曼旗0.67万公顷,扎鲁特旗0.67万公顷。

【矿产资源管理】 截至2016年底,通辽市有矿山企业407家,其中大型矿山2家,小型矿山405家。矿山企业从业人员20 108人。全年土地矿产抵押融资114.5亿元,其中土地抵押8279宗109.95亿元,矿业权抵押1宗0.47亿元;挂牌出让采矿权8宗,收取采矿权价款1126.23万元;设立探矿权1宗,价款1119万元;入库矿产资源补偿费662万元。

【地质勘查】 运作市级勘查基金,组织实施6个项目,完成扎鲁特旗罕山叶腊石项目详查,扎鲁特旗和库伦旗2个找水项目投入使用,开鲁镇、保康镇新城区地热资源预可行性勘查和库伦旗塔敏查干沙漠旅游景区地热资源可行性勘查完成钻探。

【地质环境保护】 2016年,通辽市坚持“边开采、边治理,谁破坏、谁治理”的原则,将矿山地质环境治理列入工作考核重要指标,使通辽市在期生产矿山均按照要求通过治理验收。生产矿山均编制《矿山地质环境治理方案》,部分矿山按要求编制《矿山地质环境分期治理方案》,且严格按照《矿山地质环境治理方案》要求进行治理。

【国土资源执法监察】 2016年,通辽市国土资源局受理群众来信共19件,其中自治区门户网站转办3件,市本级来信3件,全区信访信息系统中来信8件,来访5件。实际受理17件,办结16件,办结率94%。全年经办“12336”举报电话线索共25件,其中厅交办举报线索18件,市级接听转办举报线索2件,县级接听查办举报线索5件。办结19件,未办结6件,办结率76%。截至

2016年底,市本级来访8批次20人次,均妥善答复,逐一化解矛盾纠纷,维护群众利益,让群众满意。

【基础测绘】 2016年,自治区贫困旗县脱贫测绘保障奈曼旗1:1万数字地形图测绘项目共168幅,投入资金400.83万元。

【信息化建设】 信息化建设和标准化国土资源所建设提速,搭建信息化建设基础软硬件平台。以大数据为依托的信息化建设效果明显,通辽市国土资源局被国土资源厅列为全区多级一体化建设试点单位。82个基层所职责、机构、人员和业务到位,"小局大所、大所全能"的工作格局初步形成。测绘、评估技术服务水平切实提高,支撑业务工作的能力持续增强。

(付 伟)

食品药品监督

【食品药品监管体系建设】

市、旗、镇三级食药监管机构全部独立设置,组建市食品药品监督执法支队,各旗县市区均成立食品药品监督执法大队。全市各级食品药品监管机构现有在编人员778名、实有人员1138名,聘任嘎查村协管员2261名。食品药品安全"三级机构、四级网络"体系更加完善,监督执法机构进一步健全。

【基层监管所标准化建设】 在奈曼旗基层监管所标准化建设试点的基础上,投资近4000万元,在全市91个苏木乡镇全部落实"五室一库一窗口"和"十个一"要求,实现统一办公用房、统一徽记标识、统一工作流程、统一执法装备和快检设备,标准化建设基本完成。

☆ 小资料 ☆

"五室一库一窗口"和"十个一"要求:"五室一库一窗口",即:办公室、快检室、执法装备和档案室、执法处置和约谈室、信息化培训室、罚没物品库、办事窗口,保证办公和业务用房相对集中,面积不少于320平方米。按照"十个一"要求配备完善办公设施和执法装备,即:每所1辆执法车、1台传真打印机、1台复印机、1台扫描仪、1台摄像机、1套快检设备,每组1套执法包、1台照相机,每人1台电脑、1个执法记录仪,切实保障基层监督执法工作需要。

【技术支撑体系建设】 争取和投入项目资金6939万元,完成市食品药品检验所标准化实验室改造和奈曼旗、扎鲁特旗、开鲁县检验检测资源整合项目。市食品药品检验所通过资质认证检验参数1113项。各旗县市区食品药品检验所实验室建设全部完成,有5个旗县市区通过实验室资质认定。

【网格化监管】 严格落实属地管理,全面推行网格化、表格化、痕迹化监管模式,制定《食品药品安全网格化监督管理办法》。建立市、旗、镇、村四级食品药品监管网格3360个,各级网格定区域、定人员、定职责、定任务、定奖惩,确保网格边界清晰、责任主体明确、目标任务具体。

【监督抽检】 2016年,全市共完成食品抽检6296批次,合格率为98%,完成食品快速检测39 778批次,合格率为98.9%。完成药品抽验1095批次,不合格132批次(大部分为中药饮片)。

【信息化建设】 启用"网上行政审批"系统,启动"智慧食药"应急指挥中心建设,大型餐饮、学校食堂、小作坊视频监管试点深入推进。全市药品批发企业、连锁总部、门店和单体药店实现电子监管全覆盖。

【食品药品安全市建设】 全面落实食品药品安全通辽市建设任务,按照自治区《食品药品安全内蒙古建设验收标准》,科尔沁区、霍林郭勒市、奈曼旗、扎鲁特旗、科左后旗5个旗县市区通过中期评估验收。

【示范创建】 通辽市创建食品安全示范街25条、食品销售示范店5134家、餐饮示范店807家,实施明厨亮灶1937家。创建"放心药店"1098家、"放心药房"3894家。

【"三小一场"改造】 投资2790万元,对通辽市主城区食品加工小作坊、小餐饮、小摊贩和农贸市场进行整体升级改造和综合治理。共改造小作坊592家、取缔313家,改造小餐饮店1473家,完成两大农贸市场升级改造。投入固定餐车200台,实现小摊贩划区、定点、限时备案管理。

【食品加工园区建设】 科尔沁区、霍林郭勒市、开鲁县、库伦旗、扎鲁特旗5个旗县食品加工园区建成投入使用,入驻小作坊248户。

【餐饮服务量化分级管理】 推进实施餐饮服务食品安全量化等级提升三年行动规划,实行量化分级管理餐饮服务单位6840家,量化分级管理率达94.6%。其中,A级833家、B级4600家、C级1407家,实施明厨亮灶1937家,占所有餐饮服务单位的23.8%。

【专项整治】 突出重点区域、重点品种、重点问题,加大隐患排查、双随机检查力度,开展“贯彻实施食品安全法大排查大整改”“一创二打三规范四整治”“药品流通领域违法经营行为专项整治”“学校食堂及周边隐患排查”和创城综合执法检查等一系列专项行动。全年抽查各类企业2200多家,发现并整改问题1270个,对无证经营、一非两超、掺杂使假、挂靠走票等违法违规行为,实行清单管理、挂牌督办、跟踪整改、销号推进。通过曝光违法企业、约谈失信企业和处罚信息公开等机制,有效促进企业主体责任落实。2016年,全市立案查处食品药品违法违规案件600件,移送公安机关16件,罚没款312万元。

【诚信体系建设】 对药品零售企业进行信用等级评定。其中,严重失信企业20家、失信19家、警示41家、守信1153家。

【食品安全责任保险】 通辽市参加食品安全责任保险学校食堂达147家,探索建立与责任保险相结合的食品安全长效监管机制推进食品安全保障体系建设。

【药品不良反应(医疗器械不良事件)监测】 2016年,通辽市共监测药品不良反应报告7159份、医疗器械不良事件报告1002份,监测报告结构趋于合理、质量明显提高。

【宣传培训】 开展“3·15国际消费者权益日”大型公益宣传和“科技宣传周”“食品安全宣传周”“安全用药月”等宣传活动,举办“一法一条例”主旨演讲和140多期食品药品企业负责人、食品安全管理员培训班,培训人员3.2万多人次,形成多元化、多角度、全方位的宣教格局,为保障食品药品安全营造良好社会氛围。

【社会共治】 组织协调农牧业、卫计委、公安、粮食、工商、质监、出入境检验检疫局等部门,开展食品安全“清源”“净流”“扫雷”“利剑2号”等专项行动,建立“通辽市食药监行政执法与刑事司法信息共享平台”。联合教育部门,收回对外承包学校食堂52家,取缔规范校园内小食杂店362家,学校食堂快检室建设稳步推进。完成人大、政协共20件建议提案的办理工作。

【蒙药发展】 以中蒙药提取为重点,加大对中蒙药材、中药饮片和医疗机构制剂室的监督检查力度,完成内蒙古民族大学附属医院、扎鲁特蒙医院等19家蒙药制剂室、604个品种标准升级后包装、标签和说明书材料的初审工作。积极推进蒙医药标准化体系建设,7所旗县以上医疗机构蒙药制剂室达到全检标准,并通过GPP(优良药房认证),6所乡镇卫生院蒙药制剂室完成主体工程改造。依托内蒙古蒙医药工程研究院,开展蒙药水丸包衣工艺研究,有效解决水丸生产过程中关键技术问题。8月16日,通辽市举办“内蒙古(通辽)第二届蒙医药产业博览会暨欧亚太平洋大学联盟蒙药学术高峰论坛”,通过学术研讨和蒙药科研成果展、蒙医药文化展、天然药物成果展以及蒙医药产业化展览,充分展现蒙医药发展成果,给蒙医药产、学、研全领域注入巨大的活力,提升蒙医药事业在国际和国内影响力。

【执法能力建设】 深入开展食品药品监管“执法能力提升年”活动。2016年,举办基层食品快检、网上审批、行政执法、检验检测、审评认证、稽查办案等各类培训班68期,培训人员2790人次。全面落实新闻发言人、宣传联络员和舆情管理制度,组织开展全市新闻发言人应急培训实战演练和2016年通辽市食品安全事故(三级)应急演练。

【模范人物先进集体】 在自治区2016年度食品药品安全考核工作中,通辽市以年度考核第二名的成绩被评为食品药品安全工作优秀盟市。市食品药品监督管理局党总支被自治区党委表彰为先进基层党组织。市食品药品监督管理局被市委评为全市干部下基层扶贫增收先进集体;市食品药品监督管理局被市政府评为2016年度全市政务信息工作成绩突出单位。尹宏伟被评为政务信息工作优秀信息员;董立刚被评为全市干部下基层扶贫增收先进个人。

(尹宏伟)

工商行政管理

【商事制度改革】 落实国务院“五证合一”“两证整合”改革部署，分别于8月31日、11月18日实施，分别先于全国30天、12天。截至12月，全市核发“五证合一”营业执照2.33万张、“两证整合”营业执照1.35万张。有序推进电子营业执照和全程电子化改革试点，12月21日颁发全市第一张电子执照。

【市场主体】 提请市政府印发《通辽市市场主体发展十三五规划》，提出“十三五”期间市场主体全市年增2万户、总量达25万户以上的目标，出台放宽住所限制、下放登记权限、支持众创空间、培育电子商务、个体经济升级等多项扶持政策。2016年新增市场主体3.82万户，比去年增长7.84%，总量达19.9万户，帮助17万人实现就业。开展股权出质、动产抵押登记，帮助企业融资120.74亿元。依托小微企业数据库，对全市各地促进小微企业发展的政策措施进行收集和公示。

【商标战略】 2016年新增地理标志证明商标1件，认定内蒙古著名商标8件、通辽市知名商标12件。截至12月，全市有驰名商标12件、著名商标76件、知名商标130件、地理标志商标8件。查处“三鱼牌”驰名商标侵权案，罚款11.1万元。

【行政执法】 开发“双随机一公开”管理软件，并以“双随机”形式开展2次235户企业公示信息抽查工作，其中16户列入异常经营名录；开展80家企业154批次成品油等商品质量抽查工作，对10家销售不合格商品企业进行查处。举办全市企业信用信息公示系统部门协同监管平台实务操作培训会，成立4个市政府督查组对全市政府部门涉企信用信息归集、公示工作进行督查和通报，全市各部门通过公示系统公示许可备案、行政处罚等信息5362条。全力推进“双告知、一公示”工作，向申请人和有关部门告知市场主体登记信息4万条次。推进联合惩戒工作，与36个部门签订《企业信用信息共享与联合惩戒合作备忘录》，2600户市场主体列入经营异常名录。深入开展企业年报公示工作，截至6月，通辽市个体工商户年报率82.86%、农民专业合作社年报率60.22%、企业年报率88.49%。围绕供给侧结构性改革，举全系统之力推进反垄断与反不正当竞争、红盾网剑、红盾护农、保护商标专用权、打击霸王条款、打击虚假广告、打击非法传销创建无传销城市和查处取缔无照经营等8项专项行动，全市共办案556件，罚款309.12万元，其中红盾护农工作受到自治区工商局表彰。

【消费维权】 针对消费升级需求，深入开展“放心消费在通辽”创建活动，着力提振消费信心。连续第三年开展公用服务企业评议活动。配合“月月3·15”活动，开展维护食品安全座谈会和消费体验活动、学前教育消费调查活动。做好中央电视台“3·15”晚会和自治区“3·14”晚会现场受理群众投诉举报工作，开展农资、成品油、建材、汽车配件等重点商品监测和专项打假行动。全市共抽检78个批次，查处不合格商品案件81件，受理消费投诉4215件，挽回损失51.6万元。

【非公党建】 深入开展非公经济组织“两学一做”学习教育、“百日攻坚”行动、“四联一促”活动等工作，举办党建指导员培训班1期，参训50人次。在推行“网格化管理”模式基础上，在全区率先研发“通辽市非公党建电子监管系统”软件，开启“大数据”非公党建新模式。成立共青团通辽市非公经济组织工作委员会，不断夯实非公组织党建基础。科左后旗、霍林郭勒市等地建立非公党建培训孵化基地，奈曼旗、扎鲁特旗等地在明确组建基数的同时，积极建设党组织，全力推进“两个覆盖”攻坚工作。2016年底全市个私党组织290个，党员2703名。承办全区（东部区）个私经济组织党建工作座谈会。奈曼旗个私协会负责人在“七一”受到自治区党委表彰。

（陈志丽）

质量监督

【质量管理】 通辽市政府分年度制定实施国务院《质量发展纲要》（2010—2020）行动方案，印发《通辽市人民政府关于质量强市的决定》，设立“市长质量奖”，出台评审办法，将每年度100万元评审和奖励经费列入财政预算。“政府推动、部门联动”的大质量工作格局进一步完善。市政府定期召开质量工作联席会议,各相关部门在产品、工程、服务、环境等领域的质量监管机制更加科学、高效。全市旗县市区均开展质量强旗(县、市、区)活动,实现全覆盖。通辽市品牌创建取得新的成效,2016年有12家企业15个产品申报内蒙古名牌产品,有效期内的内蒙古名牌产品达到33个,形成梅花味精、科尔沁牛业、蒙古王酒等名牌产品和优势企业。全市拥有开鲁红干椒、库伦荞麦、开鲁老白干等3个国家地理标志保护产品。年底“科左后旗大米”地理标志保护产品被公示。

【产品质量监督】 以消费品为重点组织开展市级专项监督抽查,抽查150家企业170种产品,其中合格的有142家企业162种产品,产品抽样合格率95.3%。全年自治区监督抽查通辽市152家企业242种产品,其中合格的有144家企业234种产品,抽样合格率96.7%,比上年增长4.3个百分点,完成自治区对通辽市考核要求产品质量监督抽查合格率达到90%以上的指标。对食品相关产品生产企业实现监督抽查全覆盖,9家企业共抽查30个批次的产品,合格率100%。深入开展“质检利剑”农资打假行动,对全市农资生产销售企业、大型周转站和农户家中的化肥进行执法检查,发放农资识假辨假宣传册1万余份,复肥产品的抽样合格率达到100%。开展滴灌带产品、液化石油气(含天然气)、涉及“十个全覆盖”建材产品的专项整治,彻底解决液化石油气掺混“二甲醚”的问题,液化石油气和水泥产品的抽样合格率都达到100%。针对滴灌带产品存在问题较多的状况,开展滴灌带产品专项整治行动,对监督抽查不合格的7家滴灌带生产企业依法开展处理工作。通过严格监管,全市全年未发生区域性、行业性质量安全事故,未出现制假售假问题。

【特种设备安全管理】 严格落实旗县政府的属地管理责任,2016年初由市政府和各旗县市区政府签订特种设备安全目标责任状,把特种设备安全纳入对旗县政府的考核指标,年底进行专项考核并下发通报。科左中旗、科尔沁区、霍林郭勒市通过设立协管员,将监管力量进一步向苏木乡镇和街道延伸。奈曼旗政府拨付31.6万元资金用于液化石油气钢瓶电子标签安全监管系统建设,实现闭环运行。科左后旗政府投资1000万元用于气瓶检验站建设,完成主体施工和设备招投标工作。落实企业安全主体责任,与1450家特种设备使用单位签订《特种设备安全主体责任承诺告知书》,占特种设备使用单位总数的96.9%。将全市27家特种设备生产单位和685家特种设备使用单位列入年度重点监督检查范围,检查计划完成率达100%,现场抽查特种设备2261台,发现并整改问题隐患192项。持续打好“三大战役”,完成50台老旧电梯的安全风险评估,对172台10吨/时以上在用燃煤工业锅炉能效情况进行普查,新安装的19.46千米油气输送管道已全部实施安装监检,城镇燃气管道定检中发现的9处隐患已全部整改完毕。三大战役期间,共检查锅炉、电梯、油气管道使用单位432家,抽查设备1295台,查封设备3台,整治“三无”电梯2台。在元旦、春节、全国“两会”、市党代会等一些重要时间节点进行重点部署,检查重点单位126家,现场抽查特种设备315台,下达指令书16份,整改隐患42处。组织开展涉氨制冷及大型游乐设施专项检查、特种设备安全大检查百日攻坚、深化“打非治违”等各类专项整治行动。截至2016年底,全市累计拆除土锅炉73台,安全转移不合规冷库的液氨61吨,端掉瓶对瓶倒气窝点11个,向公安机关移送“瓶对瓶”倒装液化石油气违法案件2件,行政拘留3人。

【标准化管理】 农牧业优势特色产业标准体系更加完善,《地理标志产品—库伦荞麦》《地理标志产品—科尔沁肥牛肉》等一批标准规范上升为自治区地方标准,农牧业精品示范基地建设不断推进,累计建设完成国家级农业标准化示范项目8个,自治区级示范项目4个。市政务服务中心以97.5的高分通过国家验收,是2009年以后自治区参与国家各类社会管理标准化建设项目获得的最高分,成为全区第一批申请立项、第一个通过验收的市级政务服务中心。发挥内蒙古自治区医药物流专业标准化委员会的作用,牵头制定《医药物流服务标准体系实施指南》等13项自治区地方标准。通辽东方利群现代医药物流服务标准化试点项目以96分的优异成绩通过国家验收。新增自治区级休闲农牧业与乡村牧区旅游示范点1家、AAA级旅游景区2家,五星级乡村旅游接待户和四星级乡村旅游接待户各1家。米家园区和开鲁大家家政被确定为自治区服务业标准化示范项目。霍林河坑口发电有限责任公司被国家标准化管理委员会评为AAAA级标准化良好行为企业;通辽东方利群药品有限公司被自治区质监局评为AAA级标准化良好行为企业。全市企业共主导和参与修订国家标准5项、行业标准12项、联盟标准1项。

【计量标准管理】 加强法定检定机构的管理,对15家法定计量检定机构110个计量标准进行监督检查,整改问题13处。对计量标准开展审查、复查,审查法定计量检定机构新建计量标准7项、复查20项,审查企业新建计量标准20项,复查3项。组织计量专项大检查,重点检查集贸市场、批发市场、大型商场超市及粮食收购企业,通过检查严防计量器具作弊、缺斤少两、坑害消费者的不法行为。2016年全市98 000台件强检计量器具按期检定,受检率96%,合格率98%。通辽市有通辽市医院和中石油通辽销售分公司第二加油站2家单位被评为内蒙古自治区计量诚信示范单位。能源计量取得新进展,通辽市列入"万家企业节能低碳行动"名单的43家企业在能源计量审查"回头看"工作中顺利通过自治区验收。

【认证监管】 截至2016年底,全市通过资质认定且在有效期内的检验检测机构有90家,涉及食品、职业安全卫生、建工建材、机动车、环境、消防电气等多个领域,通过强制性产品认证的企业有12家,通过有机产品认证的企业24家,通过质量管理体系认证的企业195家,通过环境管理体系认证的企业80家,通过职业健康安全管理体系认证的企业63家。通辽市内蒙古清谷新禾有机食品有限责任公司顺利通过自治区第二批"有机产品认证示范项目单位"的考核验收。

(杜晓东)

检 验 检 疫

【综述】 中华人民共和国通辽出入境检验检疫局(以下简称通辽检验检疫局)是内蒙古检验检疫局设在通辽市的分支机构,担负通辽市进出口商品检验鉴定、出入境卫生检疫、出入境动植物检疫、进出口食品安全和认证认可等工作的涉外经济行政监督执法部门。通辽检验检疫局的前身哲里木盟出口商品检验中心站成立于1952年11月28日,是全国成立较早的检验检疫机构。1999年11月30日挂牌成立通辽检验检疫局,机构性质发生变化,职责和业务工作增加。通辽检验检疫局依据《中华人民共和国进出口商品检验法》及其实施条例、《中华人民共和国进出境动植物检疫法》及其实施条例、《中华人民共和国国境卫生检疫法》及其实施细则和《中华人民共和国食品卫生法》等法律、行政法规实施检验检疫行政执法及公共服务职能,对执法行为承担相应的法律和行政责任。通辽检验检疫局有职工20人,均为大专以上学历,其中硕士研究生1名,双学士学位2名、本科10名、大专7名。内设办公室、动检科、植检科、检验监管科、综合业务科等5个科室和一个取得国家计量认可的实验室,实验室有各类技术人员3名,其中本科生3名。实验室拥有万元以上大中型仪器设备高效液相色谱仪、气相色谱质谱联用仪、原子吸收光谱仪、高压密闭微波消解器等,总价值300多万元,并且拥有食品类的专业技术资料和检验标准。通辽检验检疫局主要从事出入境动植物及其产品、食品、进出口设备、化矿产品、轻纺产品等的检验检疫监督管理工作。

【出入境检验检疫】 2016年,完成出入境货物检验检疫5623批,货值3.6亿美元,同比批次增加3.2%、货值减少15.7%。其中检验检疫出境货物5577批,3.5亿美元,同比批次增加3.2%、货值减少15.7%;入境货物46批,767万美元,同比批次减少48%、货值减少68%。签发产地证1944份,签证金额1.3亿美元。

【供港澳活牛检验检疫】 2016年,加强供港澳活牛检验检疫,注重全过程监管和全方位服务,重点做好残留、重金属等有毒有害物质监控。

【出口食品添加剂检验】 2016年,通辽出口食品添加剂数量超过30万吨。做到规范管理,规范风险评估和定期比对实验。

【进境特殊物品使用单位现场考核】 2016年,通辽市首次对进境特殊物品使用单位开展现场考核。市第二人民医院拟申请从美国入境动物血清,用于参加美国cap认证的相关实验。按照《出入境特殊物品卫生检疫管理规定》的相关要求,派员到该医院开展现场考核。

【进口旧设备检验】 2016年,通辽伯恩露笑蓝宝石有限公司进口高级蓝宝石长晶炉567台、货值2000万美元,其中新设备63台,旧设备504台。设备进口前,通辽检验检疫局主动深入企业介绍进口旧设备注意事项、进口旧设备办理程序等,使企业进口设备工作少走弯路。设备到货后,及时派工作人员现场检验检疫,为企业进口设备质量安全保驾护航。

【风险防控意识】 以保安全为底线,提高风险防控意识,做好安全风险监控与疫情监测。按照要求完成监控检测工作,样品送到相关检测机构检测。对通辽地区潜在风险物质开展定期监控,年均检测费用60余万元,全力保障通辽地区出口产品质量安全。提高进境木质包装检出率,定人员、更新标准、设备,木质包装检疫取得进展。

【国家级出口食品农产品质量安全示范区创建】 2016年,推进开鲁县创建国家级出口红辣椒质量安全示范区,派工作人员到包头、乌海等地学习。举行合作备忘录签署仪式。按照标准农业生产实行"五统一",建立产品检测机构,加强农业投入品的管理,完善农产品的质量安全监管体系。通过自治区初审并上报国家质检总局。质检总局考核组对开鲁县出口红辣椒质量安全示范区进行现场考核,给予较高评价。开鲁县国家级出口红辣椒质量安全示范区的建立,对通辽市农产品扩大出口具有重要意义。

【"通满欧"国际货运班列开行】

2016年内蒙古自治区首列"中欧"国际班列——"通满欧"货运班列正式开行。通辽检验检疫局高度重视。帮助企业享受关税减免,执行原产地业务无纸化申报。加强与"通满欧"货运班列口岸部门合作,实现出口产品的直通放行。在风险管理和诚信管理的基础上,实行"合格假定"的放行模式,随报随放。

【"三同"助力企业转型升级】

推进"三同"(同线同标同质)工作,帮扶通辽地区出口企业通过官方服务平台对质量体系、产品等进行公示,让全国消费者知晓。扩大企业知名度,促进境外消费回流,倒逼企业技术进步,开发适销对路产品,增加高质量、高水平供给,让消费者吃到放心食品。

【优惠政策】 落实国家关于取消、停征和免征一批行政事业性收费的政策,免收出口产品检验检疫费200多万元。为改革签证模式,提高通关效率,对企业实行原产地无纸化申报,减少随附纸质单据。落实国家原产地政策,取消原产地证备案企业年审,实行"5+2"和24小时预约服务。2016年正式实施全区原产地签证一体化,使内蒙古地区不同检验检疫机构间实现"信息互换、监管互认、执法互助"。

【对外开放重点项目】 落实通辽市对外开放重点工作,配合通辽市做好国际航空口岸建设前期工作,对国际航空口岸建设选址、设计等提出意见建议,争取边规划、边建设、边申报。在国际快件监管中心建设中,多次深入企业调研,赴沈阳等地考察学习,数次为邮件大厅及检验检疫设施的建设提供技术咨询,就检验检疫办公室、检疫物处理室和检疫物临时储存室的建设图纸进行合理化修改。在推进通关一体化建设中,与满洲里海关驻通辽办事处签署"友好共建"合作备忘录,共同开展"三个一"工作。参与申报多式联运中心、通辽内陆港升级改造及保税物流中心建设工作。

【中蒙国际博览会商品区检验检疫】 8月,通辽市举办"中国——蒙古国博览会·2016·通辽国际商品交易会"。通辽检验检疫局紧密结合检验检疫工作和博览会实际,采取6项措施做好展会把关服务工作。成立"博览会"工作领导小组,统筹工作。与贸促会、海关、商务局等建立沟通热线。制定"中国—蒙古国博览会"检验检疫工作总体方案和应急预案。

与海关一起设立展品货物专用通道，实行“联合办公，共同查验，一站式服务”。实施24小时预约报检，做到特事特办、急事急办、快检快放，实现对会展全过程闭环监管。

（张润生）

海　关

【概况】 2016年，监管进出口货物44.1万吨，同比下降1.1%，货物总值3.2亿美元，同比下降11.8%；审核进出口报关单3863票，同比增长4.4%；征收税款5855.6万元人民币，同比增长350%，其中征收关税1133.5万元人民币，征收增值税4722.1万元人民币；核发加工贸易手册7本，进口备案总值3015万美元，出口备案总值7462万美元，其中进口玉米15.6万吨；新增加工贸易企业1家。核销到期手册7本，核销率达100%；开出征免税证明40份，货物总值811.75万美元，减免税额799.23万元人民币，其中减免关税12.64万元人民币，减免增值税766.59万元人民币，主要为内蒙古民族大学进口的科教设备（36份）和内蒙古本富牧业有限公司、通辽京缘种牛繁育有限责任公司进口的优质改良种牛（4份）；审批留学生购买国产合资小汽车5笔；推动开通2列到达俄罗斯的“通满欧”国际集装箱专列，共68节车箱，1820吨货物。稽查企业9家；新增注册进出口企业27家，审核年报企业81家，变更企业注册信息51家，开展企业信息核查43家，共清理僵尸企业10家，其中通关锁定8家，注销2家，辖区共有企业228家；注册报关员6人；辅导1家企业开展高级AEO（综合认证优秀企业）认证，协助关区职能部门进行复审。

【业务改革创新】 实现关检合作“三个一”。在“一次申报”的基础上，关检合作共同对内蒙古民族大学进口减免税设备和中蒙博览会蒙古国进口展销商品实施“一次查验”“一次放行”，提升通关效率和服务水平。开展“三互”，加强与二连浩特市、东乌珠穆沁旗等口岸海关及联检部门的联系协作，为企业货物和中蒙博览会蒙古国进口货物通关创造便利条件。

【加工贸易转型升级】 引导帮助辖区重点企业做好加工贸易业务，深入企业开展政策法规宣讲，发放加工贸易政策告知书；“一对一”“手把手”帮助企业熟悉加工贸易手册设立、变更、核销流程；针对副产品内销采取集中纳税方式，大力支持企业内销便利化。

【拓展新业务】 积极倡导、协调地方政府、铁路、口岸等相关部门融入“一带一路”，开行2列“通满欧”国际集装箱班列。积极联系重庆、郑州海关，与地方政府负责人共同学习考察多式联运海关监管中心、铁路口岸、保税物流中心（B型）、跨境电商等建设运营情况，推动通辽多式联运海关监管中心建设。设计完成通辽多式联运海关监管中心规划，申请报告和征求意见反馈函报送到自治区人民政府。

【完税价格磋商】 首次开展完税价格磋商。伯恩露笑蓝宝石公司拟建设世界级蓝宝石生产加工基地，于春节前开始陆续进口在美国破产法院拍卖到的一批高级蓝宝石长晶炉，由于归类及价格认定困难，办事处依靠关税处、总署归类办的指导开展工作，加强与企业沟通协商，先后2次专题向关党组、关税处汇报，先后3次与企业开展价格磋商，历时4个多月时间，取得了较为完整的数据资料，并本着遵照贸易实际原则，认定设备申报价格。567台设备共征收税款3256.78万元，其中关税1.39万元，增值税3255.39万元。

【企业高级认证】 指定专人负责通辽梅花生物科技有限公司高级认证工作，分层次开展认证知识培训，累计培训12次涉及4大类17项31条100余款内容；积极配合稽查处AEO认证人员到企业现场勘查，提取相关审查资料；对照高级认证标准，结合认证工作开展情况，认真梳理后续工作清单，形成书面材料报上级主管部门协助办理。

☆小资料☆

AEO：即Authorized Economic Operator（“经认证的经营者”的英文缩写），AEO在世界海关组织（WCO）制定的《全球贸易安全与便利标准框架》中被定义为：“以任何一种方式参与货物国际流通，并被海关当局认定符合世界海关组织或相应供应链安全标准的一方，包括生产商、进口商、出口商、报关行、承运商、理货人、中间商、口岸和机场、货站经营者、综合经营者、仓储业经营者和分销商”。

【政策宣讲】 2016年,先后两次组织召开政策宣讲会暨海关开放日活动,宣传“14+11项监管创新制度”和省级及以上企业技术中心政策,引导企业用好用足国家政策;开展问卷调查,摸清企业具体的发展规模和发展规划,为关区统筹发展提供准确的基础数据;指定专门海关联系人,与企业建立长期稳定的联络机制,方便企业随时开展相关政策和业务咨询;选定14家贸易额200万美元以上企业开展帮扶,走进企业调研宣讲政策措施,取得较好成效。

【开行“通满欧”班列】 融入“一带一路”倡议,开行“通满欧”班列。通辽办事处积极倡导和全力推动,联手铁路、市区两级政府、园区办、大连港、中铁集团、商务、满州里口岸委、车站等部门共同推动开行“通满欧”班列,于3月25日实现首发,共36个40英尺集装箱,800余吨货物,主要为梅花赖氨酸硫酸盐和味精产品。5月3日,开行第二列,共计32列车厢,1020吨货物,主要为赖氨酸、机械设备和电子产品。

【监管服务】 走访二连浩特市、东乌珠穆沁旗等口岸海关,帮助蒙古国参会人员和展品顺利通关。展会共监管转关货物3.73吨,货值31.91万元,征税款10.59万元,其中关税4.41万元,增值税6.18万元。为会议签约和参观项目进口设备快速办理验放手续,货物重177.6吨、价值25万美元,征收税款39.14万元人民币,其中关税9.13万元,增值税30.01万元。

【税政调研】 霍林郭勒市推动煤电铝一体化发展,形成“氧化铝—电解铝—精铝—铝箔”“氧化铝—电解铝—合金棒材—型材及铝轮毂”“氧化铝—电解铝—电工圆铝杆—铝电线电缆”产业链,构建起独特的“绿色循环发展模式”。在联合国气候变化大会上,霍林郭勒市循环经济示范工程获联合国“今日变革进步奖”,并获2016—2017年度国家优质工程奖。霍林郭勒市产城融合示范区(注:截至年底全国产城融合示范区有59个)纳入国家支持范围,锦联铝材电解铝车间被国家工信部列为智能制造试点示范基地。霍林郭勒市加大投入,实施煤电铝烟气量节能减排与污染物趋零排放示范工程建设,霍林郭勒模式正在催生全国最大铝产业基地。通辽办事处主动开展税政调研,撰写调研报告,拟通过地方和海关两条途径推动该地开展加工贸易,为承接转移和发展加工贸易、谋划综保区奠定基础。

【多式联运海关监管中心建设】

推动多式联运海关监管中心建设,带动铁路口岸发展。通辽市在木里图大连港物流园积极打造蒙东区域物流集散中心,依托公铁、铁海联运方式,建设多式联运监管场所,开展国际物流联运,“通满欧”班列已发出2列,“辽蒙欧”班列已发展到每周5班,推动“辽蒙欧”班列开展冷链物流运输,共发出112个集装箱共2240吨出口冷冻红辣椒,实现冷链物流运输,避免冻椒二次装箱倒运产生的损耗和费用。该园区正开展木材加工企业招商工作,承接珠海、香河家俱产业转移,建设木材进口集散地。

【信息宣传】 结合关区信息培训讲座,组织人员认真学习信息撰写基本知识及宣传稿件编辑要求,提高写作质量和水平;加强与地方党委政府信息主管部门和媒体的沟通,顺畅合作渠道,实现信息宣传工作新突破;每月定期在报纸、电视发布辖区外贸统计数据。2016年通辽办事处向关区媒体报送动态类信息210条、《工作简报》13篇;在《内蒙古日报》《通辽日报》、通辽广播电视台刊发宣传稿件10篇。

【打私力度加大】 部署落实关区缉私工作会议精神和自治区打私工作会议精神,研究制定通辽辖区2016年缉私工作要点,明确重点领域、重点环节和重点企业;研究制订办事处“国门利剑2016”联合专项行动具体工作方案,逐步扎实推进,取得成效。加强与地方联系沟通,向市领导专题汇报自治区打私工作会议精神和辖区打私工作建议,得到地方政府高度重视,为形成综合治理格局奠定坚实基础。建立完善企业大数据信息,建立完善企业档案,实现对企业的科学分类管理,明确缉私线索。将辖区主要进出口企业、社会关注热点及临近口岸作为打私工作重点。加强情报基础工作,各个业务科室把业务工作与缉私工作统筹谋划,加强实际监管,借情报风险分析小组平台,强化业务风险分析,准确把握辖区内的走私态势,掌握其规律、特点和方向,全面构建秘密情报力量,初步构建情报网络体系。加强与地方公检法、检验检疫、烟草、商务、税务等部门联系配合,建立情报共享、密切配合的工作机制,共同构建联合缉私体制。

(张忠杰 王春梅)

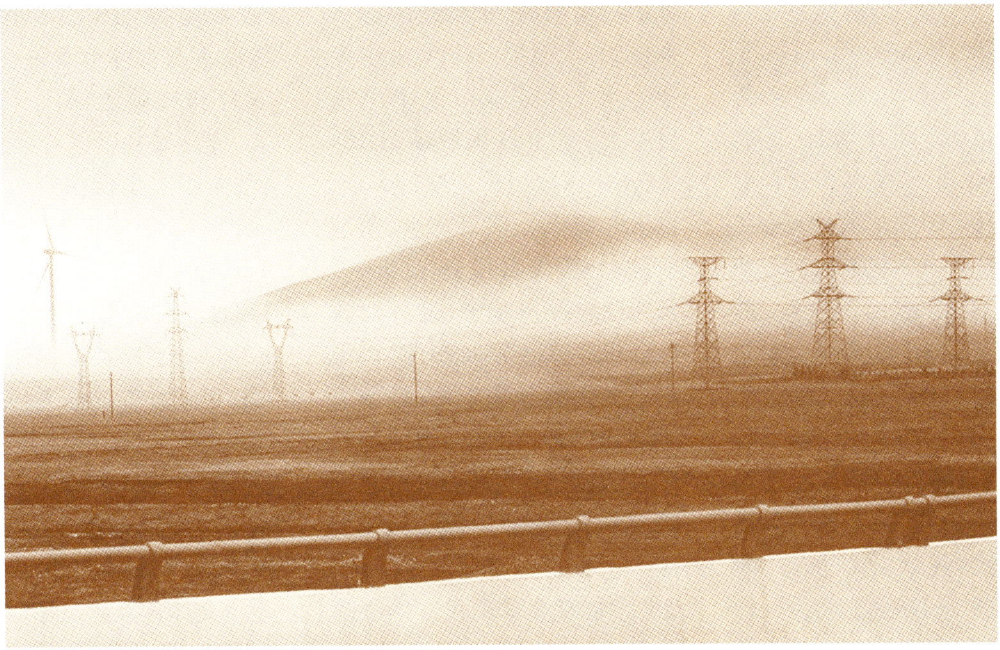

▲ 一路风景 崇先鸣 摄

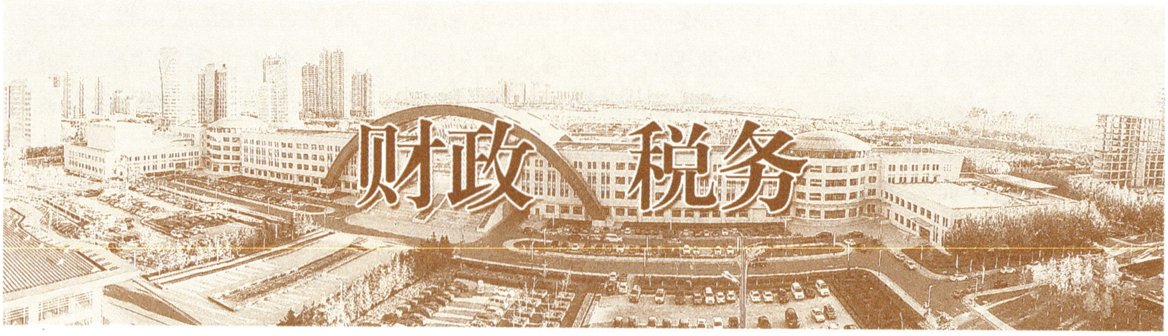

财 政

【财政收支】 2016年,通辽市一般公共预算收入完成128.34亿元,同比增加7.85亿元,增长6.52%,完成年度预算的100.01%。其中:税收收入完成75.69亿元,同比增加1.71亿元,增长2.31%,完成年度预算的104.98%;非税收入完成52.64亿元,同比增加6.14亿元,增长13.2%,完成年度预算的93.65%。全市一般公共预算支出完成358.08亿元,同比增加8.45亿元,增长2.42%。

【落实财政政策】 全面推进"营改增"改革,有序推进"营改增"试点工作,释放改革的减税降负效应,2016年为企业减税10亿元以上。加强涉企收费管理,清理规范行政事业性收费项目、收费标准、征收范围,新增和扩大22项涉企收费减免范围,减轻企业负担788.9万元。深化政策扶持,认真落实市政府降本增效实施意见,及时兑现财政扶持政策。争取"助保贷"资金0.5亿元,累计为117家中小企业发放"助保贷"10亿元。降低企业失业保险费率0.5个百分点。

【政府投融资】 加强PPP业务学习培训,公开采购10家咨询机构,全面提升PPP业务专业化水平。建立市级PPP项目库,储备重点领域项目151个,其中国家级示范项目5个,自治区级推介项目9个,落地项目5个,吸引投资51.24亿元。设立投资基金,发挥财政资金和政策的导向作用,积极运作设立引导基金,支持城市建设和产业发展。2016年落地的"美丽乡村"产业基金总额40亿元,已全部拨付至相关旗县。筹划推进政府投资基金、PPP发展基金等项目。推进政府购买服务,建设银行"银政通"项目已经落地,全市计划融资51亿元,主要用于公共服务和基础设施建设。邮储银行"十个全覆盖街巷硬化"项目45亿元资金已全部拨付旗县。成立内蒙古恒瑞投资公司,建立完善政府融资平台管理机制,规范有序地推进政府融资工作。

【民生保障】 按照"保基本、兜底线、促公平、可持续"要求,统筹做好保障和改善民生工作,不断加大民生投入,坚守民生底线。2016年完成教育支出52.5亿元,实施薄弱校改造、校安工程建设,全面落实"两免"政策和贫困生资助政策,持续改善教育教学条件。安排新农合和城镇医保资金0.3亿元,提高城乡医保补贴标准40元;全年支出低保资金6.5亿元,城乡低保标准分别提高9.3%和12.8%;全年支出医疗救助、临时救助和五保资金1.6亿元,下达就业补助资金1.8亿元。持续推进卫生事业发展,累计下达各类补助资金、配套资金2.1亿元,全面改善基层卫生计生服务条件,加快推进基本公共卫生服务均等化。文体传媒建设完成支出近5亿元,扎实推进公共文化服务均等化、标准化,推动民族文化事业繁荣发展。全市整合到位各类资金41.5亿元,同比增加10.5亿元,增长25.3%。全面推进"五个一批"精准扶持措施,全市1.06万户、4万人稳定脱贫。

【财政监督管理】 深入贯彻落实预算法,完善政府预算体系,按照"二上二下"编制程序和既定时间计划,做好年度部门预算部署、编制、审核和批复工作。建立预决算公开长效机制,制定《通辽市本级预决算公开工作方案》《关于进一步推进预算公开工作的实施方案》，按时公开政府预决算、部门预决算和“三公”经费预决算。围绕支出责任建立完善绩效管理体系，对社会关注度高、民生关联性强、产业支撑力大的18项专项资金进行绩效评价，有效提高财政资金效益。积极盘活沉淀资金，完善结余结转资金定期清理机制，加快财政资金运转效率。落实监管责任，严格执行中央八项规定，进一步压减一般性支出。严格落实项目评审和政府采购监督责任，市级财政评审完成预结算项目697个，审减金额约6.6亿元，综合审减率为18.7%。全市实际完成政府采购243亿元，节约资金3.2亿元，节约率为1.3%。

【荣誉】 2016年12月31日，通辽市财政局被财政部授予2011年—2015年全国财政法治宣传教育先进集体。

（田　野）

国家税务

【市领导对税收工作的批示】

2016年5月4日，市委常委、常务副市长孙振云对营改增工作做出批示：请市财政局对接好相关工作，地税局保证工作交接无差错。5月5日，市委副书记、市长包振玉批示：市国税局全力以赴攻坚克难，顺利圆满地完成各项营改增工作任务，各市直部门要向市国税局学习。6月3日，再次做出批示：市国税局、地税局的主动作为、密切合作，减轻纳税人办税负担，提高依法征税水平，促进地区经济发展，这个做法很好！10月8日，市委常委、副市长高忱批示：地税局、国税局联合开展税收分析这一做法非常好，必将有力推动通辽经济社会发展。11月3日，再次做出批示：国地税部门对蒙医药产业通过经济税收数据分析，对下一步政府相关部门精准施策具有很好的建议，值得其他部门学习。12月26日，自治区党委常委、通辽市委书记宋亮批示：通辽国税局、地税局通力合作，积极推进征管体制改革，服务广大纳税人卓有成效，望再接再厉，为建设服务型政府做出贡献。

【税收收入】 2016年，通辽市国税系统累计组织税收51.11亿元，同比增收9.15亿元，增长21.81%，完成自治区国税局年初任务的110.62%。其中，中央级32.42亿元，地方级18.69亿元，市县两级一般公共预算收入13.92亿元。分税种看，国内增值税完成36.08亿元，剔除新营改增税收7.98亿元后，国内增值税完成28.11亿元，同比减收0.69亿元，减少2.4%；国内消费税完成3.07亿元，同比增收0.6亿元，增长24.54%；企业所得税完成7.54亿元，同比增收1.41亿元，增长22.96%；车辆购置税完成4.42亿元，同比减收0.15亿元，减少3.19%。

【税收收入特点与分析】 2016年，通辽市重点行业、支柱产业税收稳中向好，煤炭、电力、铝及铝后加工、食品制造、农副食品加工、医药制造、批发零售等传统重点行业实现国税收入31.24亿元，同比增收3.9亿元，增长14.26%，占全部税收的61.12%。“营改增”减税效应凸显，比对2015年地税征收营业税数据，6—12月四大行业减税近3亿元，减税幅度26.05%，其中，生活服务业减税超过半数，减税幅度53.45%。税源结构分化，中小税源占主体，截至2016年12月末，共管辖纳税人91 869户，其中单位纳税人20 383户，含一般纳税人5211户；个体工商户71 486户，含达起征点个体户1788户。

【营业税改征增值税】 4月底纳税人完成税控系统安装发行和发票发放，5月1日纳税人顺利开具发票，6月、7月“营改增”顺利申报关键节点任务，做好“营改增”企业的政策辅导和税收管理。截至2016年12月末，全市共有27 858户纳税人纳入试点，其中，一般纳税人793户，小规模纳税人27 065户。建筑业、房地产业和生活服务业改革后增值税税负较原征收的营业税下降，合计减税4.24亿元；金融业体现税负略有增加。

【税收法治】 推行税收执法责任制，对196项执法过错行为进行处罚，责任追究192人次，对178人次进行批评教育，14人次进行书面检查。2016年在风控系统中抽取任务3414条，风险排除3135条，进行约谈提醒103人次，责任追究8

2016 年通辽市国税税收收入情况表

表 2　单位:亿元

项　目	收入	增减	同比(%)
国内税收收入合计	51.11	9.15	21.81
国内增值税	36.08	7.28	25.29
国内消费税	3.07	0.60	24.54
企业所得税	7.54	1.41	22.96
车辆购置税	4.42	-0.15	-3.19

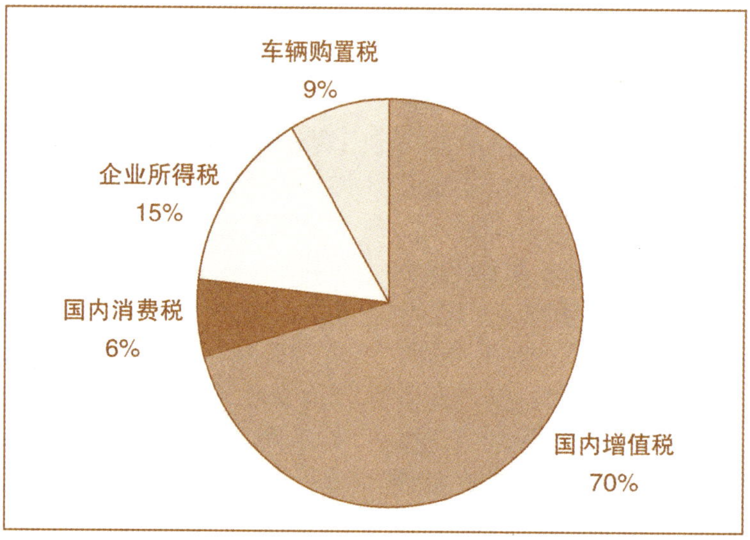

图 10　2016 年通辽市国税税收收入分税种结构图

人次。评查行政许可类案卷 45 卷、行政处罚类(含稽查类)案卷 62 卷,发现问题及时通报。

【税收政策落实】 2016 年,为 11 969 户享受企业所得税优惠政策的纳税人减免所得税 4.16 亿元,其中为 11 649 户小微企业减免所得税 1336.88 万元。全年享受小微企业增值税优惠政策纳税人 26.68 万户次,减免增值税 1.13 亿元,有力助推"大众创业,万众创新"。

【税种管理】 加强增值税和所得税管理,用好增值税发票快速预警、金税工程、电子底账等系统,强化消费税管理和出口退(免)税管理。开展风险应对,挽回增值税税款 1.7 亿元,所得税近 3000 万元。累计清洗税费种认定信息 2 万余条,修改申报表数据 8000 余次。加强国、地税合作深化融合,开展委托代征、房地产一体化管理、联合检查、互鉴管理经验等工作。

【纳税服务】 持续深化"便民办税春风行动",扎实开展"问需求、优服务、促改革"专项活动。新增 16 台代开发票机,累计代开税额 676.4 万元。市县两级国地税部门联合开展"诚信纳税进万家银税互动促发展"主题宣传 8 场次,为 128 户纳税人成功贷款近 6300 万元。对全市 4537 户纳税人实施纳税信用评价动态管理,与地税局等部门组成联合专项检查组,对辖区内 9 家税务师事务所开展专项检查,联合地税局开展 1 次纳税人需求调查问卷活动。

【税收征管】 全面推进分类分级管理,实现由分散管理向专业化统筹服务及管理转变,从完善制度、规范流程、强化衔接、突出信息化、加强行业管理和风险管理等 5 个方面进行安排部署。继续推进"三证合一、一照一码"登记制度改革,做好个体工商户"两证合一"登记模式。推动相关部门工作整合归并和内部信息共享,进一步优化征管工作流程,减少重复性审查,提高工作效率。

【大企业税收服务与管理】 持续开展大企业全流程税务审计工作,做好大企业纳税服务事项,注重国地税合作。通过组织税企高层见面会、公布局长热线等方式,进一步畅通税企沟通渠道。联合地税部门与蒙药集团签订《税收遵从协议》,首次用法律契约模式与大企业共同防范税收风险。

【国际税收管理】　开展国际税收税源调查，对外资企业及“走出去”企业进行走访和信息采集。开展外资企业股权结构调查核实工作，拓展第三方信息采集渠道，与商务局、外汇管理局等部门取得联系，获取对外付汇信息97条、“走出去”企业登记信息8条。2016年实现非居民税收收入2013万元，较上年收入增长近10倍。

【税务稽查】　组织区域专项整治，对房地产、建筑安装、药品与医疗器械、商业批发与零售、电信、交通运输等行业开展发票使用情况重点检查。制定《案头风险分析评估定向稽查工作模式方案》，加大稽查检查力度，规范执法行为。成立市公安局派驻国税局、地税局联络办公室，确立公安提前介入机制。2016年通辽市国税稽查查补收入实现9370万元。

【电子税务管理】　做好技术保障，建立技术保障预案，对机房设备、电源设备、专线线路等进行巡检，配备力量支持各类应用软件的技术支持、运行维护工作，保障税收中心工作顺利完成。结合业务实际编写应用模块，方便税务人员对数据的利用，有效提高风险防控工作的效率及质量。对政府数据交换平台间的内容、格式、手段等进行设计，让第三方数据发挥应有作用。

【政务管理】　2016年通过报纸、电视、互联网等媒介累计刊发新闻稿件200余篇(条)，编报信息专报700期。对各旗县局实现督查全覆盖，开展机关督办工作，共计督办38条，按月发布督办情况通报。主动同公安、信访、网信、网监等部门联系沟通，按照信访程序和要求开展信访工作，办理来信来访5件次，同期减少2件次。严肃保密纪律，强化保密意识，建立健全各项保密规章制度。

【政府采购】　严格履行采购程序，以采购信息发布、采购文件编制、项目评审等关键环节为重点，全面落实采购规范各项规定。2016年，通辽市国税局进行247项次政府采购，总预算金额为2076万元，实际采购金额为1802万元，共计节约财政资金274.78万元，节约率为13.23%。

【教育培训】　制订青年干部培养计划，选拔35名年轻干部作为培养对象。加强“1155”工程成果运用，组建85人专业人才库，聘用24名税干为兼职教师送教下基层。分期分批选派64名近两年新考录公务员到办税服务厅进行实践锻炼。强化教育培训，2016年全市国税系统组织各类培训140期，参训人数7860人次。

【内部控制与督查审计】　对8个旗县市区和通辽经济技术开发区国税局进行执法督查，发现9项21个问题，补税35.18万元，加收滞纳金4万元。接收自治区国税局下派税收执法疑点数据38项，疑点指标3727条，核查完结比率100%，核查存在执法过错392条，查补税款47.87万元，加收滞纳金6.14万元。开展内部控制基础性评价，做好内控落实的前期评估。通过“以审代训”方式，提升基层单位财务工作质量。

【国税、地税征管体制改革】

确定领导小组例会制度，对31项改革内容逐项分析，定期检查工作进展情况。对自治区国税局转发或制发的改革文件建立改革台账和电子档案，跟踪检查落实情况。通辽市国税、地税两局加强合作，召开8次联席会议，制定20余项合作机制，全面完成《合作规范》3.0版中51项合作事项。对4500余户纳税人共同开展纳税信用评价。对2.3万户纳税人协同开展定期定额核定工作，开展31次税收分析，共享国地税双方内部涉税信息4.2万余条，互派18名干部挂职交流。

【税收科研】　制订税收科研计划，结合当前税收工作的重点、难点，由局领导分别牵头组成课题组，专门负责税收科研的选题、调研和撰写工作，将税收科研列入绩效考核范围。以通辽市国税局自办刊物《通辽国税》为载体，刊发各类税收科研文章。2016年《通辽市中小企业税收发展报告》《蒙医药制造业发展困局与税收政策研究》等税收科研文章，受到自治区国税局的表彰和市委、市政府领导的肯定。

(唐志平)

地方税务

【税费收入】　2016年，全市地税系统累计组织各项税费收入117.77亿元，同口径增长15.4%。其中：税收收入完成74.51亿元，同口径增长

8.5%;地方级税收收入完成67.40亿元,同口径增长9.1%,完成区局下达全年预期目标65.03亿元的103.6%;公共预算收入完成63.27亿元,同口径增长8.3%,占通辽市公共预算收入的49.33%;社会保险费征缴完成39.05亿元,同比增收10亿元,增长34.4%;教育费附加等其它收入完成4.20亿元,同比增收3615万元,增长9.41%。

【税收征管改革】 制定《通辽市地方税务局深化税收征管改革工作实施方案》,在落实方案过程中突出抓住3个重点环节稳步推进征管改革:把房地产税收征收管理分局和直属征收管理分局转变为市级重点税源监控、风险防控和应对机构。突出风险管理目标导向,设立税收风险管理机构,为税收征管改革打开突破口,推动服务管理方式创新和税收管理体制变革。按照新的职责职能,从7月份开始,迅速组织开展税收风险管理工作,通过对纳税人实施差别化精准管理,防控税收风险,提升征管效能。根据采集数据及风险模型,共识别推送应对房地产等各类企业5495户,经认定,查补税款、滞纳金、罚款共计4435万元。通过机构重组、岗责重置,在征管范围划分上,按属地管理原则,清晰界定税收征管辖区,将房地产税收征收管理分局和直属征收管理分局的税费管户和重点项目移交给属地局管辖;在征管机构设置上,按扁平化管理模式设置基层征管机构;在税源监控上,实行分级分类管理,将专业骨干人员配置到重点税源管理部门;在岗责设定上,为有效防范税收执法风险和廉政风险,将原有属地划片固定"管户"模式转变为专业化分工"管事"模式,建立分权制约机制。

【五证合一】 2016年10月1日起,在全面实施"三证合一"登记制度改革的基础上,再整合社会保险登记证和统计登记证,实现"五证合一、一照一码"。2016年11月18日起,按照自治区地方税务局工作安排,全面实行个体工商户营业执照和税务登记证"两证整合"登记制度,确保"两证整合"工作顺利实施。全面深化"五证合一""两证整合"登记制度改革。截至年底,全市有9211户新办企业领取"一照一码"营业执照,12 958户存量企业换取"一照一码"营业执照。

【深化国地税合作】 在深化国地税合作过程中,召开8次联席会议,制定《通辽市国家税务局地方税务局深入推进国地税合作工作操作指引》等20余项合作机制,全面完成《国家税务局地方税务局合作工作规范(3.0版)》中51项合作事项。

【税收管理】 "营改增"试点征管摸清"营改增"企业欠税底数,前5个月实现营业税8.60亿元。共向国税部门移交25 488户"营改增"纳税人信息。按规定时限完成发票清缴工作,共计缴销发票782.34万份。顺利完成税控设备初始化等工作。截至年末,地税部门共计代开增值税发票13 276份,代征税款1404万元。

【地税荣誉】 2016年,通辽市地方税务局被通辽市人民政府评为"通辽市普法依法治理先进办公室"。霍林郭勒市地税局被自治区地税局正式命名为内蒙古自治区地税系统法治税务示范基地。

(地税办)

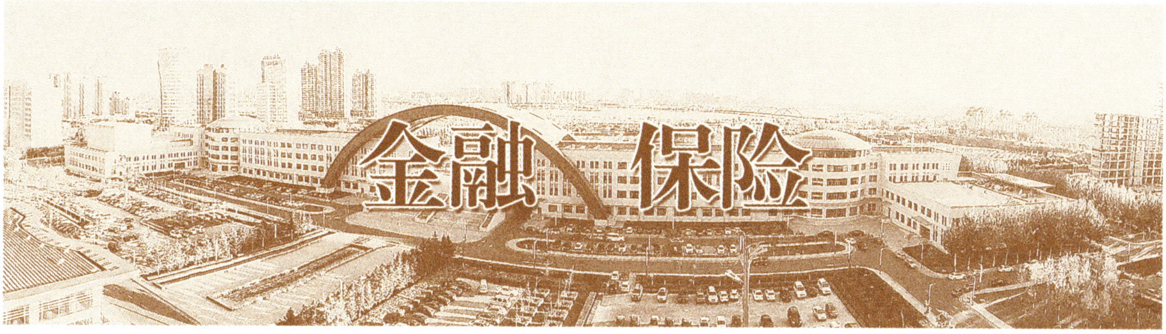

金融　保险

中国人民银行通辽市中心支行

【概况】 中国人民银行通辽市中心支行为人民银行地市级派出机构，担负着传达贯彻货币政策、维护辖区金融稳定和提供金融服务三大职能。中心支行下设16个科（部）室和7个旗县（市）支行，在册员工366人。2016年，加强窗口指导，充分发挥支农再贷款和降准、利率管理等政策作用，积极推动"央贷扶"试点、"两权"抵押试点，开展政银企对接活动，引导金融机构加大对地方经济的支持力度，全市信贷总量持续增长。牵头推进金融扶贫，全市金融机构扶贫贷款余额持续增长。做好金融管理和风险防范工作，维护全市金融平稳运行。落实简政放权改革措施，转变外汇管理与服务方式，服务辖区进出口企业，推动全市外向型经济发展。提升助农取款点支付工具功能，加大云POS布放力度，提升农牧区支付服务效率。积极推广应收账款融资服务平台，帮助中小企业融资。布放自助查询机，实现辖区征信报告自助查询全覆盖。加强校园诚信文化建设，建成两家诚信教育基地。积极帮助企业清退多缴税款，增加企业现金流。提高国库集中支付系统应用效率，推进横向联网电子缴库。

【支持地方经济发展】 围绕通辽市经济金融形势，出台金融支持地方经济发展指导意见，组织召开村镇银行董事长（行长）座谈会、地方法人金融机构控利率扩投放座谈会，引导金融机构优化信贷结构，增加信贷投入。2016年末，全市人民币各项贷款余额991.71亿元，同比增长7.37%。其中，地方法人机构新增人民币贷款14.55亿元，同比多增11.06亿元。积极推动"央贷扶"试点，发放扶贫再贷款2.4亿元，节约农牧民融资成本1579万元。落实定向降准政策，在普降0.5个百分点的基础上，下调7家法人机构、3家考核达标的县域农业银行存款准备金率，释放资金2.87亿元。开展政银企对接活动。在科左后旗组织召开金融服务实体经济、政银企对接会，对接企业31家，实现融资4.4亿元。开展企业需求调查，全年走访调查企业313家，协调融资授信28.3亿元。截至2016年末，全市中小微企业贷款余额492.46亿元，同比增长22.85%。

【金融市场】 2016年有2家联社加入银行间同业拆借市场，1家联社加入银行间债券市场。

【金融扶贫】 牵头组织开展金融扶贫工作，推广精准扶贫信息系统，对扶贫对象实施精准识别、精准帮扶、精准管理，2016年末，全市金融机构扶贫贷款余额275.45亿元，同比增长19.25%。其中，金融精准扶贫贷款余额达到7.58亿元，同比增长238.39%。通辽中支为定点扶贫村科左中旗双宝村制定发展规划，协调金融、扶贫办等相关部门加大扶持力度，协调各类贷款752万元，帮助其发展养殖业。截至2016年末，该嘎查牛存栏数已达647头，其他牲畜9191头（只），危土房改造全部完成，道路全部硬化，街巷绿化全部完成。

【金融改革】 稳步推进"两权"抵押贷款试点，出台《开鲁县农村承包土地经营权抵押贷款管理办法（试行）》，协助市县两级政府推进农村土地评估、担保、流转交易平台建设。2016年末，参与"两权"抵押贷款试点

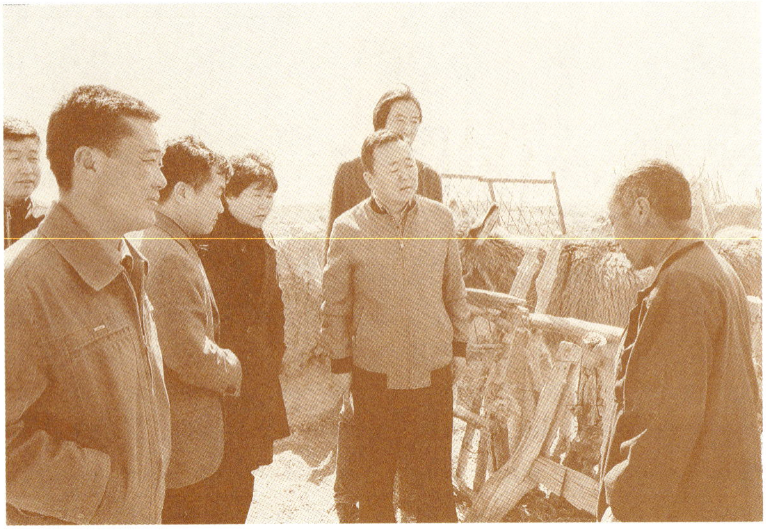

▲ 3月29日,人民银行通辽中支行行长贾殿钧(右二)深入科左中旗就金融扶贫开展专题调研,在双宝村贫困户家中了解养殖情况

机构4家,贷款余额达到3.31亿元。强化自律机制建设,推动各项利率政策的落实。通过召开座谈会、情况通报、现场督导等方式,引导地方法人机构贷款利率下行,2016年末,全市法人机构贷款利率11.51%,同比下降0.93个百分点,有效降低实体经济融资成本。

【维护金融稳定】 开展存款保险风险评级,对通辽市11家机构进行存款保险风险评级,完成2016年保费归集工作。加强金融风险监测和防范,重点开展小贷公司、典当行和担保公司风险监测与排查,信用社不良资产现场评估、银行同业业务监督检查,金融机构信贷风险、贷款集中度风险压力测试和民间融资风险排查等工作。持续开展综合执法检查和综合评价工作,加大行政处罚力度。加强反洗钱工作,建立反洗钱宣传网,组织开展反洗钱检查和反洗钱应急演练。认真受理金融消费者投诉,全年受理投诉15件,全部办结。

【外汇管理】 创新"分类别,有管理"的事中事后操作模式,努力提升资本项目监管水平。经窗口指导,境外投资及外债还本付息累计5507.14万美元,资本项目资金有序流出。1笔7000万元境外投资资金做退回处理,缓解跨境资金流出压力,相关工作经验在全区人民银行工作会议上进行交流。简化货物贸易A类企业收入管理,协同银行为中小微企业量身定制"小额、高频、超短期"出口押汇融资服务,满足企业出口资金快速回笼需求。2016年累计为开鲁县红干椒出口企业发放国内外汇贷款47.15万美元。

【支付环境建设】 提升现有助农服务点支付工具功能,加大云POS布放力度,提升农牧区支付服务效率。2016年末,全市助农服务点达6878个,其中有云POS或具有相应功能的达到1089个,全年共办理取款、转账和缴费业务53.1万笔,金额6.57亿元,其中,跨行小额取款、转账业务量居全区首位。继续深入推进农副产品收购非现金结算试点建设,为农牧民购买农资、出售农副产品等资金交易提供便利,全年22个试点业务量同比增长12%。

【金融知识宣传】 组织开展"普惠金融知识"大型宣传活动,市政府办公厅印发《关于印

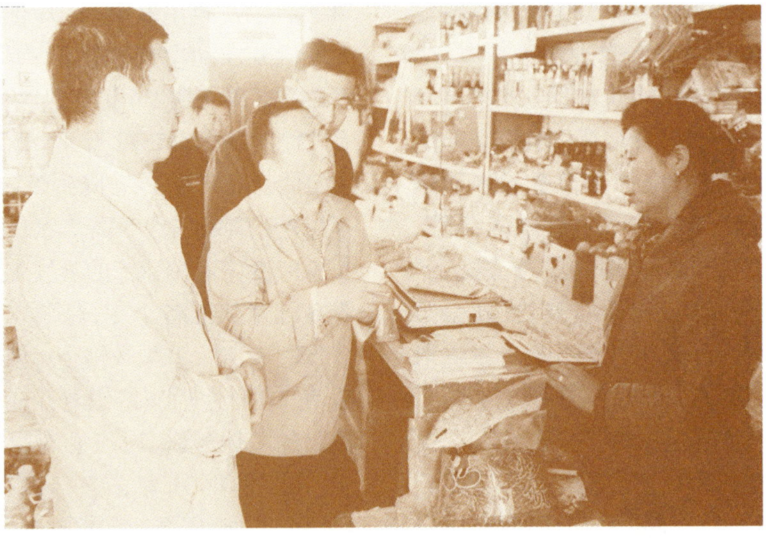

▲ 10月18日,人民银行通辽中支行长长贾殿钧(左二)深入科左中旗助农取款点,了解农村金融知识宣传普及情况

发〈“普惠金融知识”宣传普及活动方案〉的通知》(通政办字〔2016〕186号),市、旗两级政府按照方案部署同步开展宣传活动。在《通辽日报》开辟系列宣传专栏,在人流密集处“阅报栏”不间断张贴宣传海报,在中支征信服务大厅设置金融机构产品宣传栏,在助农取款点发放宣传品,实现自然村的全覆盖。全年发放各类宣传品66万份,举办大型宣传活动7场(次),有效提升城乡居民金融素养和风险防范意识,促进城乡居民与金融的良性互动。

【征信管理服务】 2016年,应收账款融资服务平台注册用户125户,达成交易160笔,交易额41.26亿元,完成全年目标任务的121.57%,较去年增长45.9%;购买自助查询机9台,实现辖区自助查询全覆盖。全年个人信用报告查询17万人次,同比增长16%。校园诚信文化建设取得新成效,建成2家诚信教育基地,其中,内蒙古民族大学为全区首家本科院校诚信教育基地,《现代征信学》被该校列为选修课。

【货币发行】 合理调配发行基金,保障东四盟市(呼伦贝尔、兴安盟、赤峰市、通辽市)现金及时足额供应。完善小面额货币供应长效机制,辖区69个银行网点建立小面额现金备付制度,主要网点均开设兑换窗口。开展人民币反假宣传培训,先后对1800多人进行分批次集中培训。

【经理国库】 向内蒙分库报送的《国库退库业务标准(试行)》,在辖区进行推广,成功实现全部税收返还业务的自动化处理。积极帮助企业清退多缴税款7300万元,解决企业面临的现实困难,增加企业现金流。提高国库集中支付系统应用效率,2016年末全市三方协议签订数量达3.49万户,签约率93.39%;电子缴库99.38万笔,占预算收入业务总量的94.31%。

【荣誉】 2016年,扎鲁特旗支行被人民银行工会授予中国人民银行“标杆职工之家”。通辽市中心支行被评为自治区级文明单位。

(崔丽楠)

银监管理

【力促银行业稳健发展】 截至2016年末,辖内银行业金融机构资产总额1305.34亿元,比年初增加143.00亿元,增长12.30%;各项贷款余额992.27亿元,比年初增加65.14亿元,增长7.03%。负债总额1277.18亿元,比年初增加137.12亿元,增长12.03%;各项存款余额953.05亿元,比年初增加174.24亿元,增长22.37%。实现税后利润14.02亿元,增长27.40%。农村合作机构风险形势总体好转,全市8家农村合作机构平均资本充足率由2015年末的-0.48%上升到2.28%,不良贷款率由18.71%下降到13.61%,平均拨备覆盖率由40.19%上升到46.42%。同时,农村合作机构产权改革稳步推进,库伦旗和扎鲁特旗农村信用合作联社农商行改制工作有序开展;科左后旗农村信用合作联社高风险机构“摘帽”目标即将实现。

【加大实体经济支持力度】

2016年初制定下发《关于2016年进一步提升辖内银行业服务实体经济的指导意见》,并由局领导亲自带队对各银行业金融机构贯彻落实情况开展督查,进一步推动国家宏观政策和监管政策的有效落地,有力支持地方经济发展。在此基础上,督导辖内银行业金融机构紧紧围绕供给侧结构性改革重心,积极推动落实五大任务:去产能方面,根据企业生产规模、盈利能力等实际情况,通过差别化授信化解过剩产能;降成本方面,全年累计取消收费项目12项,为客户节约成本0.3亿元,通过降低或执行优惠利率,为客户节省贷款利息支出1.6亿元;去库存方面,从严控制房地产开发贷款,大力支持自然人和各类机构投资者购买库存商品房。截至2016年末,全市银行业房产开发贷款余额2.24亿元,比年初减少3.79亿元,下降62.84%,商业用房和个人住房贷款余额88.77亿元,比年初增加16.52亿元,增长22.87%;补短板方面,积极通过丰富业务品种、创新担保方式加大对小微企业、“三农三牧”和贫困户的信贷支持力度。截至2016年末,全市银行业小微企业贷款余额236.21亿元,比年初增长5.06%,累计投放涉农贷款余额116.97亿元,为23.16万户农牧民提供信贷支持,其中建档立卡贫困户2.04万户,较年初增加48.32%,投放金额6.77亿万元,较年初增加1.77%。

【重点领域金融风险防控】 督导辖内银行业金融机构特别是法人机构加大不良贷款责任清收和依法清收工作力度,强化新发放贷款合规管理,在经济下行的不利环境下实现不良贷款双降。截至2016年末,通辽市银行业不良贷款余额52.92亿元,比年初减少5亿元,下降8.63%;不良贷款率5.33%,比年初下降0.91个百分点。积极发挥债权人委员会的作用,以续贷、展期、再融资、债券置换等方式帮助通辽市最大的国有企业——霍煤集团维持授信规模近30亿元。分局向市政府呈报霍煤集团信用风险情况专题报告,提出标本兼治意见建议7条,得到市政府领导高度重视。保持案防高压态势,加大对重点机构、重要岗位人员、重点业务及环节的防控力度。利用农合机构视频系统召开"两个加强,两个遏制"回头看暨案件防控工作会议,监管政策直达基层网点和一线人员;组织对基层网点负责人案防知识考试,通报考试结果,达到以考促学、以学促落实的目的;自主立项对全辖银行业案防制度体系建设及落实情况、营业网点和自助设备安防设施开展全面检查,督促各机构切实履行案防主体责任,有效提高案防工作水平。强化对违规行为的监管问责力度,对1家联社及4名高管人员累计罚款22万元。

【监管工作质效提高】 2016年下发监管质询书4份、监管意见书8份,约见银行业机构谈话8次。强化现场检查质效,做好查前集中培训,建立查中阶段性汇报制度,严格监管意见的拟定和下发,并抓好跟踪落实,切实提高监管执行力。2016年完成现场检查16项,发现问题361个,提出监管意见177条。推进EAST系统应用,完善模型设计流程和应用机制,强化对监管人员的培训。2016年自主开发设计模型14个,筛查确认问题169条,涉及金额3.8亿元。加强信访和消保工作,修改完善信访工作细则,进一步规范信访工作流程。通过信访核查,抓典型问题,责令银行业金融机构按照内部问责制度对6人进行顶格处理,其中2人受到撤职处分。持续开展"金融知识进万家"等活动,成立自治区首家银行业消费者权益保护服务区,有效帮助广大银行业消费者增加金融知识、提高风险防范意识。

(赵凯波)

金融管理

【概况】 通辽市金融工作办公室于2006年8月成立,为市政府直属事业机构,2010年政府机构改革后列入政府的组成部门。2016年市金融办积极协调驻市银行业金融机构加大信贷投放力度,协调外埠银行业到通辽市设立分支机构和开展信贷业务,推动保险业金融机构支持通辽市经济社会发展,拓宽融资渠道,加强资本市场建设,引进证券业金融机构,引进各类投资公司,推进企业上市融资,加快通辽市直接融资步伐,监管小额贷款公司和融资性担保公司规范运营,支持通辽市民营企业和"三农三牧"发展。突出做大金融总量,挖掘新的融资增长点,推进金融改革创新,激发民间资本活力,努力促进金融与经济良性互动发展。

【社会融资】 2016年,先后与国开行等金融机构签署总规模2830亿元的金融合作框架协议,主要涉及三大产业集群、非公经济、民生、城市基础设施建设等领域。先后组织召开2次重点项目融资对接会,成功推介重点项目191个。2016年全市存款余额986.04亿元,同比增加171.72亿元,增长21.09%;贷款余额991.72亿元,同比增加68.03亿元,增长7.36%。全市新增社会融资405.37亿元,同比增加77.67亿元,增长23.7%。

【资本市场建设】 制定印发《通辽市推进企业上市挂牌行动计划(2016—2017年)》,强化对辖区企业进行调研走访,全面掌握企业融资需求和上市挂牌意愿。按照"优选一批、培育一批、申报一批、上市一批"的原则,筛选优质企业,建立拟上市挂牌企业项目库,进行持续动态更新。2016年,全市已储备40余家科技含量较高、成长性较好的拟上市挂牌企业。与上海股权托管交易中心合作设立上海股权托管交易中心通辽市企业挂牌孵化基地,并在当年实现1家企业在通辽挂牌。制定下发《通辽市人民政

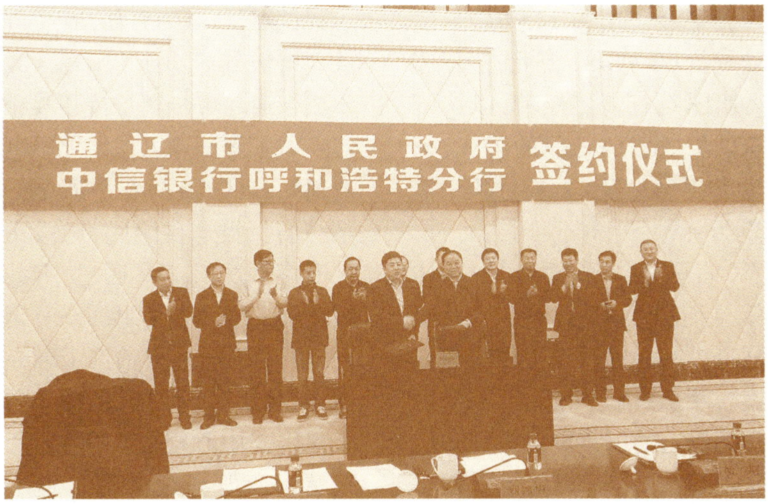

▲ 2016 年 12 月 14 日，市政府与中信银行呼和浩特分行签署战略合作框架协议

府关于进一步促进企业降成本增效益的实施意见》，市旗两级财政按各承担 50% 的比例，对在主板、中小板、创业板上市的企业给予 200 万元奖励，对在“新三板”上市挂牌的企业给予 50 万元奖励，对在内蒙古股权交易中心挂牌的企业，给予 20 万元奖励。2016 年，全市企业主板上市 1 家，新三板挂牌 2 家，内蒙古股权交易中心挂牌 22 家，上海股权托管交易中心挂牌 3 家。

【保险业】 2016 年，全市有保险机构 30 家，其中：财险公司 16 家，寿险公司 14 家。全市保险机构保费收入达到 39.15 亿元，同比增加 4.76 亿元，增长 13.85%；赔款和给付总额 13.83 亿元，同比增加 4.69 亿元，增长 51.3%，保险深度和密度分别达到 2.01% 和 1226 元/人。其中：财险保费收入 18.17 亿元，同比增加 1.72 亿元，增长 10.46%，赔款和给付 8.07 亿元，同比增加 0.1 亿元，增长 1.25%；寿险保费收入 20.97 亿元，同比增加 3.04 亿元，增长 16.96%，赔款和给付 5.76 亿元，同比增加 4.59 亿元，增长 392.3%。2016 年，全市政策性农险保费收入 4.77 亿元，同比增加 0.43 亿元，增长 10.01%，赔款达到 2.1 亿元，同比增加 0.13 亿元。

【小贷公司和融资性担保机构担保】 2016 年，全市小额贷款公司由于经济下行压力较大、企业经营困难以及税负重等问题影响，业务出现萎缩，贷款额度下降，有 7 家小贷公司申请注销。同时，由于小额贷款公司审批一直不在行政或者非行政审批目录名单里，因此当前小贷公司审批工作已经停止。截至 2016 年末，全市正常运营的小额贷款公司共 47 家，注册资本总额 21.38 亿元，其中亿元以上注册资本 2 家。全市小贷公司贷款余额 19.55 亿元，比年初减少 6.13 亿元，下降 23.87%；全年累计投放贷款 1264 笔、5.95 亿元，同比减少 1462 笔、8.32 亿元。全市小额贷款公司自开业以后全部累计投放 38 370 笔、111.1 亿元。融资性担保行业稳步发展，担保实力进一步增强。截至 2016 年末，全市共有融资性担保机构法人 11 家，分公司 3 家，分别比年初减少 1 家，注册资本 7.96 亿元，比年初增加 2.02 亿元，在保户数 2106 户，同比增加 332 户，在保资金总额 10.8 亿元，同比减少 0.55 亿元；其中小微企业担保户数 64 户，在保资金 2.36 亿元，涉农在保户数 1095 户，在保资金 5.19 亿元。2016 年，通辽经济技术开发区和奈曼旗分别新成立 1 家注册资本 5000 万元的融资性担保机构；奈曼旗政府通过财政注资为内蒙古鑫赢担保有限公司增加注册资本，注册资本已达到 2 亿元；通辽经济技术开发区众合源融资担保机构申请增资 1 亿元，增资后注册资本达到 2 亿元，已上报自治区金融办等待审批，担保实力明显增强。

【金融精准扶贫】 组织协调驻市金融机构与贫困旗县签订《金融扶贫战略合作框架协议》，驻市金融机构根据各贫困地区、企业和产业的不同特点和金融需求，积极创新信贷产品，主要投向于基础设施、教育、卫生等公共服务建设等领域。2016 年，全市涉农贷款余额 634.8 亿元，比年初增加 37.57 亿元，增长 6.29%。累计投放金融扶贫富农工程贷款 37.21 亿元，带动 6.7 万户贫困户稳定脱贫。

【开鲁县土地承包经营权抵押贷款试点】 2016 年 3 月，国家开展农村承包土地经营权和农民住房财产权抵押贷款试点工作,通辽市开鲁县被选为土地承包经营权抵押贷款工作试点地区。开鲁县在土地确权颁证的基础上,以县农牧业经营管理站为平台,搭建农村产权流转交易平台,完善和丰富平台功能,为土地承包经营权抵押贷款顺利开展提供基础设施和配套服务。截至2016年底,开鲁联社和开鲁蒙银村镇银行已经发放土地承包经营权抵押贷款76笔、583万元。

【农村牧区金融改革试点】

2016年,制定出台《通辽市农村牧区金融改革试点实施方案》,涉及7类21项具体内容。探索和创新土地承包经营权、草牧场经营权、林权、住房财产权、大型农机具抵押以及动物活体、仓单、"一卡通"质押等贷款模式。2016年底,全市土地承包经营权抵押贷款余额2.72亿元,林权抵押贷款余额2640万元,农机具抵押贷款余额1727万元,"一卡通"质押贷款余额9.4亿元。加快农村信用体系建设,推进农牧户信用信息采集、入库、信用评价和"信用户、信用村、信用乡镇"评级工作,截至2016年底,建立信用档案29万份,评定25万份,全市为17万户发放信用贷款累计55亿元,自开展业务以来信用贷款余额为66亿元。以库伦旗额勒顺镇白音塔拉嘎查为试点,建立村级小额贷款担保基金,以政府注资、农牧民入股、金融机构放贷的形式,为本村农牧民提供担保贷款服务,截至2016年底,白音塔拉嘎查基金规模为135万元,发放贷款60笔481万元;茫汗苏木哈图嘎查借鉴经验,以扶贫资金加农牧民入股的形式,筹集资金65万元,发放贷款9笔39万元。

【民间融资改革试点】 2016年,制定出台《通辽市深入开展规范民间融资试点工作实施方案》,草拟《通辽市民间借贷管理条例》,通过集中发布民间借贷利率指数,抵制高利贷和非法集资活动,进一步规范民间融资行为,防范民间融资风险。通辽市民间借贷服务中心先后与国内民贷、短融网、真融宝等互联网金融公司建立合作,融资授信额度超过35亿元,截至2016年底,通辽市民间借贷服务中心已在开鲁县、科左后旗、扎鲁特旗设立分公司,并开业运营,全市累计发放"三农三牧"贷款1亿元、中小微企业贷款4800万元。

【金融支持县域经济发展工程试点】 2016年9月,通辽市奈曼旗被列入自治区县域金融工程试点地区。11月,通辽市成立市级领导小组并印发《关于成立通辽市金融支持县域经济发展工程试点工作领导小组的通知》,试点地区已将实施方案初稿上报至自治区,正式文件即将印发。12月底,受市县域金融工程领导小组和奈曼旗委、旗政府邀请,自治区金融办委托,北京工商大学区域金融工程研究中心组成调研组,赴奈曼旗调研县域金融工程工作,推动全旗旅游产业、民族食品加工等特色产业发展,借助IPO(首次公开发行股票)上市绿色通道,推动龙头企业快速上市挂牌,实现企业跨越式发展;借鉴外地金融精准扶贫成功经验,通过"银行+保险+龙头企业+贫困户"的模式,推动企业发展带动贫困户增收的长效机制,逐步实现全部脱贫全面小康;引导银行机构创新产品,发挥保险"稳定器"作用,积极组建村镇银行;调研组根据奈曼旗经济发展、产业结构、龙头企业情况等起草县域金融工

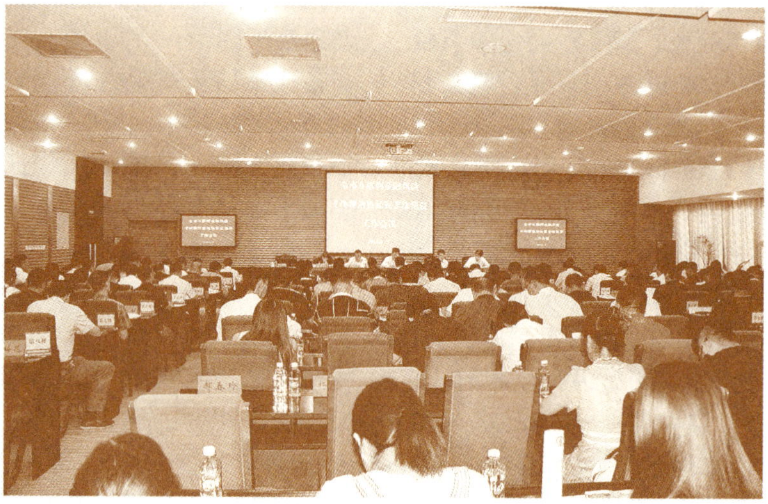

▲ 2016年8月5日,召开全市互联网金融风险专项整治及处置非法集资工作会议

程规划、实施方案及任务表，并拟对重点企业融资在北京召开融资需求路演会，进一步促进县域经济社会持续健康发展。

【金融生态环境建设】 召开全市互联网金融风险专项整治暨处置非法集资工作会议、金融风险专项整治调度会等有关会议，制定印发《通辽市互联网金融风险专项整治工作实施方案》《通辽市非法集资专项整治活动实施方案》和《2016 年通辽市打击和处置非法集资工作综合治理考评细则》等有关文件，指导各地开展资产管理及跨界从事金融业务、非银行支付机构、P2P 网络借贷、股权众筹、互联网保险和互联网金融广告 6 个风险领域的摸底排查工作以及互联网金融风险专项整治活动。针对霍煤集团所面临的困难，积极帮助霍煤集团化解债务风险，多次与自治区金融办和相关金融机构对接，帮助企业完成贷款展期、倒贷等工作。

（常宏）

中国工商银行通辽分行

【概况】 2016 年，中国工商银行通辽分行在全区二级分行经营绩效和业务发展考评中一二季度连续排名第三，三季度排名第二；在二级分行经营管理人员绩效考核中一季度排名第一，二季度排名第四，三季度排名第二。全年实现拨备前利润 1.9 亿元，拨备后利润 1.65 亿元。

【存款业务】 2016 年，人民币各项存款时点余额 108.8 亿元，较年初净增 3.28 亿元。其中人民币储蓄存款时点余额 76.6 亿元，较年初净增 8.69 亿元。公司存款时点余额 16.63 亿元，较年初减少 6160 万元。机构存款时点余额 15.22 亿元，较年初减少 4 亿元。同业存款时点余额 3626 万元，较年初减少 7893 万元。外币各项存款时点余额 371 万美元，较年初减少 14 万美元。

【贷款业务】 2016 年，本外币各项贷款余额 82.95 亿元，较年初减少 11.37 亿元。其中公司贷款余额 64.28 亿元，较年初减少 5.71 亿元；小企业贷款余额 1.54 亿元，较年初减少 1.66 亿元；个人贷款余额 15.78 亿元，较年初减少 2.66 亿元。票据贴现余额 7806 万元，较年初减少 1.35 亿元。外币贷款折人民币余额 5372 万元，较年初增加 352 万元。

【不良贷款】 2016 年，不良贷款余额 8361 万元，较年初减少 5759 万元，不良率 1.01%，较年初下降 0.49 个百分点。其中法人不良贷款 2 户、余额 6888 万元，较年初减少 5824 万元；个人不良贷款余额 1473 万元，较年初增加 65 万元。

【客户结构】 2016 年，全行个人有效客户存量 66.1 万户，较年初净增 4.1 万户。其中四星级以上客户 9.3 万户，占个人有效客户总量的 14.08%，较年初提高 0.28 个百分点。年末达标私人银行客户 27 户，较年初净增 11 户。年末全行法人客户存量 5823 户，较年初净增 157 户。

【经营改革转型】 按上级行要求调整机构设置和人员编制。2016 年年内相继成立小微金融服务中心、私人银行服务中心；按照人随业务走的原则，将风险内控管理部重新整合规划为内控合规部、信贷与投资管理部。将机构业务从对公金融业务部中分离出来，单独成立机构金融业务部。年末按照全区全面深化改革工作要求，制定通辽分行深化改革实施细则，成立领导机构，召开深化改革工作会议，初步确定 2017 年首批深化改革项目 32 个，并责成各专业限期制定立项方案，已进入立项方案审核阶段。

【制度管理】 出台并不断完善全行性绩效考评办法，引导员工牢固树立保工资、挣绩效的正确观念，落实多劳多得、少劳少得、不劳不得的考核导向，坚持绩效分配向一线倾斜、向核心业务和上级行重点推广业务倾斜。与各专业、各支行签订经营目标、内控案防、安全保卫、党风廉政、不良贷款清收处置等系列责任状，压实目标责任。在严格执行出勤签到考核、部室周例会、月度工作总结、外出培训总结等基本工作制度的同时，继续实行“创新沙龙”周例行学习制度，每周五下午由各专业轮值授课，对新政策、新产品、新业务、新流程进行宣传解读，市行本部中层管理人员和感兴趣的员工参加，分管领导进行总结点评，引导员工更新知识理念、关注经营发展，年内开展 58 期。实行日常例行工作、重点项目工作“两张表”工作制度，要求各专业对日常管理和需要统筹推进的全局性工作进行梳理并制表上墙,及时更新工作进度,引导全员特别是中层管理人员对工作心中有数、推动有序、落实有力。

【市场营销】 积极倡导市行本部下沉直接面对市场和客户,探索试行营销部门利润中心模式改革,由行领导和营销部门直接参与营销,按业绩匹配费用绩效,支行网点工作重心转向零售业务和服务维护客户。在全行提倡眼勤、嘴勤、手勤、腿勤的营销服务方式,发扬"走遍千山万水,走进千家万户,说尽千言万语,不畏千难万险"的精神,用感情和付出感动和维系好客户。针对客户营销拓展重视不足、组织乏力、各自为战、效果不佳的实际情况,继续组织营销部门与支行协调联动开展"走出去"营销,年内开展"进商场、进社区、进校园"营销宣传活动11次,并多次深入商业区开展工银二维码支付扫街扫楼营销宣传。围绕提升网点对公服务能力、强化公私联动、拓展机构业务市场等重要工作,责成相关部门联合制定具体方案,落实"以公带私、以私促公"的营销思路。针对公司信贷优质项目储备不足、政府主导项目支持力度不够的情况,与市委、市政府积极接触协调,已达成初步合作意向,正在完善银政战略合作框架协议,按照政府主导项目清单和三年发展规划增百亿目标逐一明确项目内容,相关工作正在有序进行。拓展私人银行业务,坚持实行领导班子带头营销,每位行领导拓展1户并协助包联网点维护5~10名私人银行客户。市分行"一把手"组织召开通辽分行财富客户和私人银行客户营销维护座谈会,了解发展现状和存在不足,部署具体措施。加强对等维护,与知名房地产开发商联合举办"畅享健康、财富人生"高端客户养生沙龙,市行"一把手"和分管副行长全程参与。提升基层高端客户营销服务水平,组织全辖个人客户经理制定财富客户或私人银行客户专项理财方案,引导高端客户营销服务向标准化、规范化方向发展。积极参加上级行多种类型培训并组织全行性培训,确保私人银行业务知识更新及时,各项工作要求传达到位。

【渠道建设】 狠抓网点服务,落实班子主体责任制,由"一把手"协调相关专业和支行对服务现状进行整顿和改进。将网点负责人和大堂经理现场服务主体责任与考核相挂钩,大力压降现场服务投诉工单。积极开展服务面貌整治工作,市行"一把手"和分管副行长不定期深入网点检查整治成效、督导整治进程。积极落实网点靓化整治工作,申请对老旧网点进行升级装修改造。统筹落实网点转型多项改革措施,集中精力和资源,继续实施"网点运营标准化、营销服务标准化、管理精细化"改革项目,规范网点日常管理,增强员工团队意识和职业自信,顺畅现场服务流程,增强客户服务体验,助推产品业务营销。继续加大自助机具特别是旗县支行智能化设备的投放力度,物理网点、附行式自助银行、离行式自助银行比例达到1:1:1.4。

【风险防控】 按季召开全行内控案防分析例会,总结交流内控案防工作中的经验成果,分析解决存在的问题,督导落实具体措施,引导广大干部员工认真领会"从严治党、从严治行"要求,严格落实"两个责任",督促全体干部员工端正经营思想,坚持依法合规,守好自己的"责任田"。继续发掘安全保卫远程监控平台的非现场检查作用,由各部门轮流值守,加强内控监督、风险防范、服务规范、业务检查的远程监控。拟定通辽工行内部控制体系三年建设规划。继续发挥检查团队的作用,制订实施全行性年度检查计划,确保检查工作系统化、规范化、全覆盖。组织开展配合内外部监督检查及监管工作专项治理活动,明确各专业在配合内外部检查、资料报送等工作中的职责分工和责任追究制度。组织管理人员签订《内控案防责任书》,全员签订《员工不参与非法集资、经商办企业承诺书》《员工拒绝私售理财产品承诺书》《合规承诺书》等,强化员工自我约束意识。组织开展系列检查、排查、核查工作,消灭风险隐患。加强行政印章涉印风险和员工违规存储涉密文档管理,依据《员工违规行为处理规定》及相关制度,对违反行政印章使用管理规定和违规存储国密、商密标识文件的员工进行严惩,引导全员树立规范用印和保密意识,年底实现违规存储国家秘密标识类文件"零容忍"目标。积极落实内控合规“基础强化年”主题活动,强化“十大重点领域和关键环节”专项治理,风险排查发现问题23个,整改率100%。加强活动主题宣传,组织内控合规案例巡展,深入支行和网点开展宣传辅导,组织员工撰写心得体会和抄写禁止性规定。积极选拔员工代表参加内蒙古分行内控合规“基础强化年”知识竞赛并取得团体第一名的好成绩。开展针对性培训,为加强业务风险防控,相继组织高风险岗位人员和信贷从业人员合规知识培训。为提高内控岗位人员工作技能,组织合规经理“监督检查管理系统”操作培训。

【不良贷款清收】　逐一确定不良贷款清收处置预案,分解落实剪刀差和不良贷款压降计划至各支行。定期召开资产质量分析会,通报全行不良贷款及剪刀差情况,听取各支行不良贷款清收处置进度,推动清收计划和思路措施得到有效落实。严格不良贷款责任认定,对风险和损失事件相关责任人进行严肃问责。加强监督指导,现场解决不良贷款和受托资产清收处置过程中遇到的问题,通过法律手段积极推动不良贷款和抵债资产的清收转化,充分运用总行的新工具、新政策、新制度,集中处理不良资产,实现多渠道清收转化。

【业务培训】　推动员工由操作型向专业型、由专业型向学习型、专家型转变。责成人力部门制订“送教上门”培训计划,本着“缺什么补什么”的原则,重点对中年转岗员工开展针对性培训。2016年举办业务培训班32期,培训员工999人次,组织各序列考试42场,参考601人次。

【关爱行动】　按照行领导联系点分工制度,班子成员、高级经理定期深入一线传达总分行最新决策精神,现场讲解支行网点日常运营情况,与基层员工围坐座谈,听取意见建议,协调解决员工工作和生活困难。结合员工行为排查需要,积极推动员工家访工作,通过重提厂区家属院文化,重拾串门家访传统,推开员工的家门,进而打开员工的心门,增加感情维系,增强集体凝聚力和号召力。坚持执行行长经理坐堂制度,市行本部各级管理人员轮流到网点大堂值班,及时了解一线实际情况,随时解决基层问题和困难。通过“通辽分行员工大家庭”融e联全体员工交流群,关注基层动态,加强实时交流,疏导员工思想,为各项工作顺畅开展加油鼓劲。着手制定服务基层考核办法,踏实工作作风,推动二线为一线服务转型。继续在全行开展岗位明星季度评选活动,肯定员工的付出和努力,弘扬正能量,拉动整体服务水平,2016年内累计评选奖励员工15人。

(盖永澍)

中国农业银行通辽分行

【概况】　截至2016年12月末,全行各项存款(全口径)余额127.55亿元,比年初增加25.73亿元;各项贷款余额90.56亿元,比年初增加8.05亿元;实现中间业务收入1.3亿元。全行核心竞争力逐步提升,中间业务收入等6项指标市场占比在四大行(中国银行、农业银行、建设银行、工商银行)排名第一。

【服务三农】　“金融扶贫富民工程”稳步推进,累放贷款37.22亿元,覆盖全市8个旗县(市区)及1个通辽经济技术开发区、89个乡镇、687个行政村,支持帮扶农牧民6.7万户,《通辽日报》在扶贫工作版面专门对通辽分行“一村一策”精准扶贫进行系列报道,在“全区金融扶贫富民工程现场观摩会议”上通辽分行做典型发言并提供现场观摩,中央电视台CCTV7频道“聚焦三农”栏目两次对通辽市科尔沁左翼后旗精准扶贫工作情况进行报道。加大农户贷款投放力度,创新“精准扶贫帮扶贷”信贷产品,全年新增农户贷款6.26亿元,新增发放有效惠农卡19 228张,在县域及以下布放各类电子机具3390台,在农村牧区乡镇及行政村布放金穗惠农通服务点967个,乡镇覆盖率达到100%。

【支持地方经济】　深化与国电蒙东、科尔沁牛业、余粮畜业、玉王生物、澳丰粮油等一批地方支柱企业的合作关系,对接营销京沈高铁(通辽段)、内蒙古忠大铝业、通辽市医院新址建设等重点项目。与扎鲁特旗医院签订业务合作协议,成为通辽地区首家开通“银医通”项目的金融机构。积极支持小微企业发展,全年实现小微企业贷款净增1.1亿元,全面完成银监会“三个不低于”监管目标。加大个贷业务投放力度,办理系统内全区首笔二手房农民安家贷、“房联贷”业务,办理全市首笔军人住房公积金贷款业务、办理农民安家贷业务,大力推广“网捷贷”业务,全年新增个人贷款1.83亿元。

【金融服务】 加强部门联动、上下联动,以“八步六法”为转型导入措施,从转理念、转管理、转机制、转流程、转服务、转营销6个方面入手推进转型,所辖34家人工网点全面启动实施网点二次转型。完成网点6S标准化管理导入,建成网点互联网Wi-Fi门户系统,初步形成以网点二次转型促全行业务发展的局面。

【第一支“美丽乡村”产业基金】

首创通辽地区第一支“美丽乡村”产业基金。结合内蒙古自治区“十个全覆盖”工程,与通辽市财政局合作建立当地第一支由商业银行专项支持“十个全覆盖”农村基础设施建设的“美丽乡村”产业基金,金额20亿元,有力支持全市农村牧区基础设施建设。

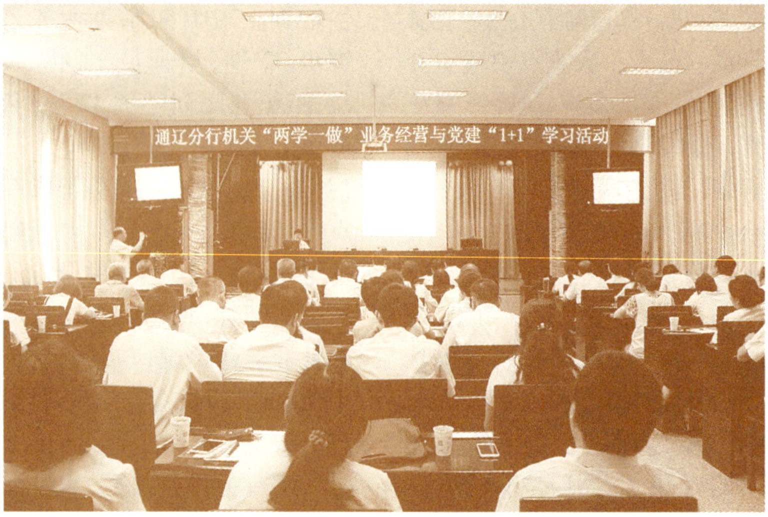

▲ 中国农业银行通辽分行举办党建“1+1”学习活动

【政府购买服务项目贷款营销】

组建营销团队,主动对接通辽辖区内各地方政府,在基础设施建设、乡村道路硬化、园区建设、医疗卫生、旅游等领域实施政府购买服务项目6个,金额8.42亿元。

【开通全市首家“银医通”项目】

2016年10月,扎鲁特旗“银医通”项目获得区分行批复,11月14日扎鲁特旗支行与扎鲁特旗医院签订业务合作协议,成为通辽地区首家开通“银医通”项目的金融机构。该项目预计2017年上半年实现投产运行,创新银医合作模式。

【企业文化建设】 规划建设市分行荣誉室、职工活动室;组织市分行机关及10家一级支行相继健全读书学习平台和活动阵地,全员大力开展“弘扬正能量”主题读书活动;践行社会主义核心价值观,在全行发起“培育好家风——我们在行动”主题实践活动,举办“弘扬正能量、培育好家风”主题演讲比赛,开展“我的家风故事”征文评比活动。积极参与当地各项文体活动,获通辽市第三届篮球联赛“体育道德风尚奖”、通辽银行业首届“银协杯”羽毛球比赛优秀组织奖,与驻市武警、消防等部队单位开展篮球友谊赛,积极参加通辽市植树活动、环保骑行活动,向社会展示通辽分行良好的社会责任感。相继举办全市农行第一届健身操(舞)比赛、驻科尔沁区机构2016年趣味运动会。持续开

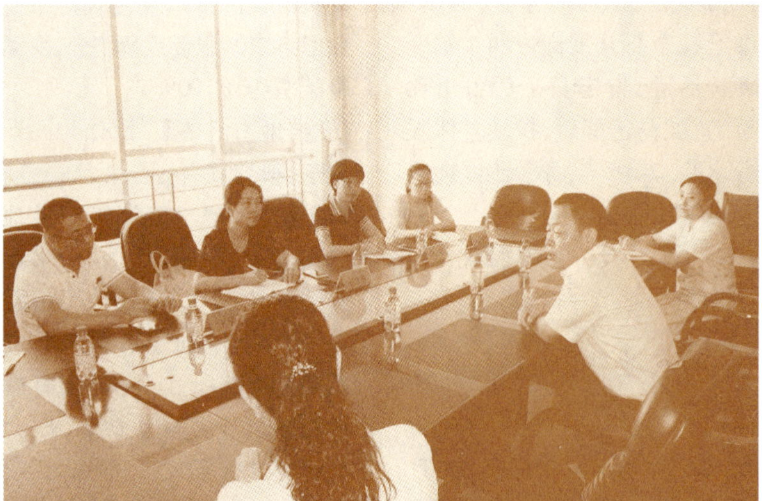

▲ 中国农业银行区、市、支三级行与扎鲁特旗医院讨论银医通项目

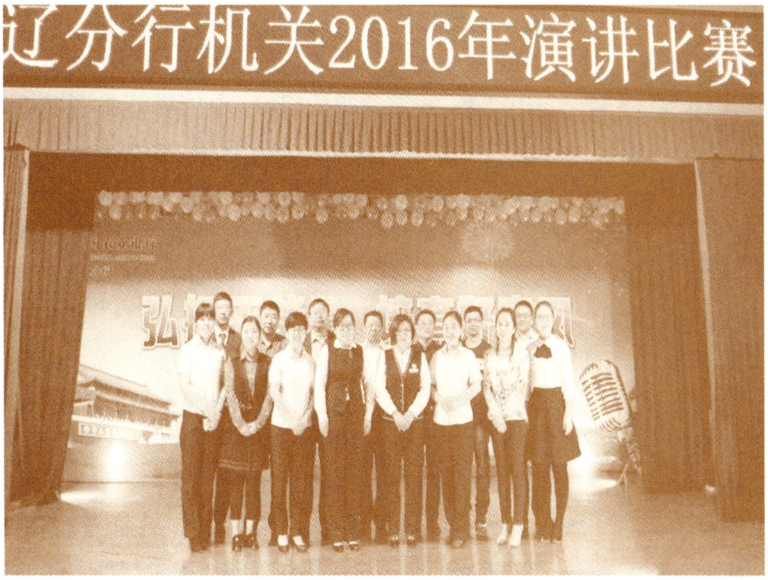

▲ 中国农业银行通辽分行举办分行机关“弘扬正能量 培育好家风”主题演讲比赛

展劳动竞赛活动，举办全市农行柜台业务技能师资培训，开展全市农行2016年柜台业务技术比赛，举办网点二次转型知识竞赛暨“我的服务故事”演讲比赛、“安全随行 守卫平安”知识竞赛等，员工工作和生活幸福指数得到提高。

【荣誉】 2016年，中国农业银行通辽分行被通辽市政府授予“先进基层党组织”等荣誉称号，是全市唯一一家受到表彰的金融单位；获评1个自治区级、11个市分行级先进基层党组织；2名区分行级、12名市分行级优秀共产党员；2名区分行级、12名市分行级优秀党务工作者。被通辽市政府授予“2015年度推进农村牧区电子商务工作先进单位”，连续四年成为通辽地区四大国有银行中唯一获得“金融支持地方‘三农三牧’贡献奖”单位。所辖扎鲁特旗支行被总行选为“小微企业金融服务示范支行”，成为全区第一家获此殊荣的一级支行。所辖汇海支行营业室获得“全国千佳营业网点”称号并获评五星级营业网点，科尔沁支行营业室获评三星级营业网点。2016年市分行复查通过“全区农行文明单位”“通辽市文明单位”，科左中旗、汇海支行获评第四届全区农行文明单位、精神文明建设工作单位，奈曼支行等5家支行复查通过“通辽市文明单位”。

（闫珠珠）

中国银行通辽分行

【概况】 中国银行股份有限公司通辽分行成立于1987年12月，辖属16家营业机构，设有16个部室，其中：霍林郭勒市2家，扎鲁特旗、开鲁县分别设1家经营性支行，科尔沁区内设1家营业部、11家经营性支行，在岗员工396人。经营业务包括本外币存取款、企事业单位授信、结售汇外币业务、贴现、承兑汇票、个人消费信贷、个人理财、信用卡、出国金融和各类中间业务等数十种经营品种。截至2016年末，全行资产、负债总额分别为112.19亿元和109.94亿元，时点余额100.32亿元，较上年末增加9.64亿元，人民币各项贷款余额112.55亿元，较上年末增加3.48亿元。

【业务发展】 2016年，全年累计发放各项贷款45.57亿元，主动压缩对产能过剩行业的信贷支持，积极推动对中小企业的授信支持力度。截至2016年末，累计支持通辽市各旗县市区116家中小企业，中小企业授信余额达8.03亿元。2016年，持续提升“三农三牧”金融服务水平，积极响应国家政策，调整授信结构，不断创新服务方式，将涉农产业作为信贷支持的重点，大力推行绿色信贷。通过创新担保模式，解决涉农企业和农户传统抵押物不足的问题，截至2016年12月末，累计投放中小企业涉农贷款4.44亿元，通过与科牛沁牛业合作，为20户育肥牛养殖企业累计投放贷款1.89亿元；通过与民营粮食商会、通粮集团和粮食交易中心平台的沟通协作，采用互保模式，为5户粮食企业累计投放贷款6000万元；通过“助保金”业务，为开鲁县蒙椒都农业科技发展有限公司等25户涉农企业发放贷款1.95亿元。帮助农户解决生产耕作中的资金需求，2016年，发放福农卡9000余张，解决农户资金需求 2.13 亿元。大公司授信方面,2016 年重点支持物流、公共交通等通辽市重点项目建设。全行贷款资源除确保重点项目资金需求外,向零售贷款业务倾斜,大力发展个贷业务,紧凑审批节奏、简化审批流程,加大业务宣传,联动其他业务产品为客户与合作机构提供更多增值服务,有效提升贷款客户的服务体验,实现零售贷款业务快速发展。截至 12 月末,实现个人贷款投放 10.07 亿元,全年新增个人贷款 4.86 亿元。

【风险管理】 在支持实体经济,防控授信风险方面,中国银行采取基层营销,业务主管部门审核并上报材料,区分行业务条线管理部门审批方式,实现前中后台审贷分离,通过独立尽责审查,三位一体审批形式,在支持实体经济的同时,有效控制授信不良的发生,使中国银行授信资产不良率始终保持较好水平。针对不良资产化解工作,坚持“大”“中”“小”并重,使资产质量整体保持可控。积极响应自治区分行“资产质量保卫战”号召,带领班子成员与员工,细化措施,全力开展不良资产清收化解工作,将不良资产清收化解工作作为“一把手”工程,向不良资产化解要效益。截至 2016 年末,授信不良资产余额 7152 万元,不良率 0.64%。

【渠道建设】 打造网点“4+6+5”的定位格局,网点差异化经营模式初见雏形。按照“有促有保有压”的原则,重新梳理网点人员和网点业务发展需要,在原来个人贷款专营中心和银行卡专营中心的基础上,重点打造 4 家准专营中心,逐步培养东城支行、西拉木伦支行为中小企业专营中心,民主路支行为个人贷款专营中心,交通路支行为福农卡专营中心。明确网点“4+6+5”的定位格局,根据网点自身人员情况,按照有所为有所不为的发展思路,为网点重点业务发展提供基础保障。2016 年完成交通路支行的迁址和霍林河泰丰大街支行的增设工作。将交通路支行打造成大型全功能性网点,金融服务辐射面更广,同时为满足霍林河地区日益增长的金融服务需求,在霍林河地区增设 1 家经营性支行,拓展当地业务。为确保顺利完成社保卡发卡工作,成立社保卡发卡中心。同时,精准布局民航路离行式自助银行 1 家,职业学院和伯恩露效离行式 ATM 机 2 家,优化改造网点 6 家。2016 年,网均效能综合排名较上年提升 421 位,提升值组内排名第二,全辖排名第七,14 家营业网点均实现效能进位,成为全区唯一一家进位网点占比达 100% 的分行。适应移动金融发展新形势,依托中银易商、在线出国金融、中银 E 贷、缴费宝等产品,发展网络金融业务。全年累计新增企业网银交易客户 2927 户,累计新增个人电子银行交易客户 45 893 户,累计新增手机银行交易客户 33 528 户,手机银行交易量累计新增 142.12 亿元,完成全年计划的 149.60%。

(王　岩)

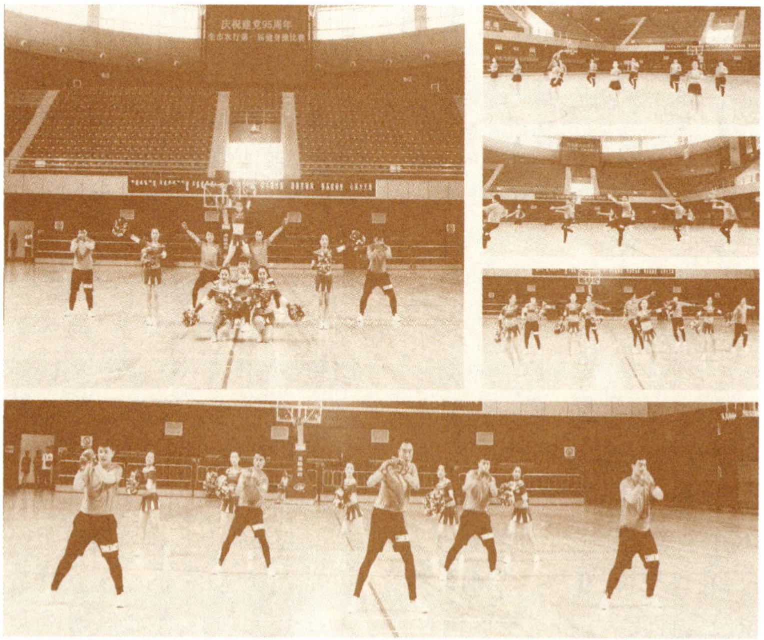

▲ 中国银行通辽分行举办第一届健身操比赛

中国建设银行通辽分行

【概况】 中国建设银行股份有限公司通辽分行下辖 21 个营

业机构，员工504人。2016年，一般性存款时点余额146.98亿元，比年初增加43.37亿元，时点余额四行占比30.38%，排名第一。日均余额133.22亿元，比年初增加33.88亿元，日均余额四行占比28.57%，排名第一。其中：对公存款时点余额78.62亿元，比年初增加33.39亿元，时点余额四行占比38.93%，排名第一。对公存款日均余额69.32亿元，比年初增加24.12亿元。个人存款时点余额68.36亿元，比年初新增9.97亿元。日均余额63.91亿元，比年初新增9.76亿元。

【信贷业务】 截至2016年12月31日，通辽分行各项贷款余额163.46亿元，四行占比36.00%，排名第一。2016年新增贷款39.26亿元，四行占比86.49%，排名第一。其中，对公贷款余额135.92亿元，四行占比41.74%，排名第一。个人贷款余额27.54亿元，四行占比21.45%。

【服务地方经济】 认真落实区分行"授信上台阶，营销做贡献"的工作部署，通过"银政通"贷款投放有力支持地方基础设施建设，全年新增授信客户14户，其中"银政通"授信客户11户，新增授信额36.9亿元。在交通、水利、城市建设等多方面为地方建设提供有力信贷保障：新增通辽热电公司授信1.57亿元，助力地区电力发展；玉王生物科技有限公司1亿元，支持高新技术产业发展；科尔沁牛业5.7亿元，帮扶地区肉牛特色产业做强做大。积极储备政府、央企、国企等目标客户，逐步压缩产能严重过剩行业客户的信贷规模，加大对弱周期行业等重点行业领域客户的信贷比例，不断改善信贷结构，全年完成大唐2个风电项目授信储备。

【中小企业贷款】 截至12月末，小企业贷款余额22 158万元，累计发放贷款34笔，金额21 232万元；累计回收35笔，金额19 850万元，较年初新增1381万元。使用区分行创新产品"小押融"支持有抵押物的企业融资，使用大数据产品"善融贷""税易贷"等信用贷款支持没有抵押物的企业融资，解决小微企业"融资难"问题，有力支持小微企业发展。全年共拓展"善融贷"和"税易贷"客户11户，发放贷款710万元，较年初新增148万元，计划完成率25%，非不良逾期贷款客户2户，较年初新增1户，金额2280万元，较年初新增1480万元，逾期贷款率11.07%，不良贷款客户较年初减少1户，不良贷款金额减少800万元。

【个人贷款】 不断巩固住房金融业务传统优势，发展一手房贷款同时，大力发展二手房贷款，助力地方房地产去库存。2016年发放一手房贷款1551户，金额42 964万元，发放二手房贷款1221户，金额29 908万元。不断调整个贷经营，审慎发展个人助业贷款和个人消费贷款，全行发放短期快E贷11 349户，金额8912万元。积极开展"助农贷"前期调研工作，拓宽农牧业个体私营业主融资渠道。加强精准营销外呼工作，提升信用卡分期业务的市场份额，全年实现信用卡全口径分期交易额40 887万元，其中专项分期交易额18 573万元，循环分期交易额22 315万元。

【基础管理】 成立信贷检查中心，坚持信贷管理"三查"制度，强化"选、审、管"矩阵式管理，加强贷后管理的监督检查。采取有效措施，加快不良资产处置，不良资产较年初减少1.3亿元。成立合规部，加强对柜面业务的合规性检查监督力度，在常规检查的基础上，针对重点违规行为进行集中整治，排查风险隐患，认真做好整改工作。通过建章立制，进一步防范风险隐患，依法合规经营，不断提高全行风险管控水平。

【风险防控】 层层签订《案件防控责任书》，按季召开案件防控联席会议，定期组织开展员工行为排查，制定《通辽分行员工行为排查管理办法》，并与各支行负责人和员工进行"提醒谈话"，及时有效地掌握员工的异常动态。全年实现"无案件、无重大责任事故、无重大违规违纪行为"的安全运营。实现通辽分行第十四个安全年。

【承担社会责任】 积极开展包联科左后旗公音浩饶嘎查扶贫工作，先后到扶贫点走访调研40余次，并根据调研情况研究制定扶贫攻坚具体工作措施。2016年共帮扶慰问贫困户55户，在"十个全覆盖"工程的帮扶下为包联嘎查新建1所学校，学生27人。积极组织全行进行一次关爱贫困学生捐款活动，全行员工共捐款5000多元，为改善村部办公条件，建行为其添置价值1.5万元的办公桌椅、电脑2台,使村部的软、硬件得到根本性的提升。通过开展扶贫、扶困、慰问贫困小学生、“博爱一日捐”等献爱心活动,增强员工的社会责任感,提升建设银行良好的社会形象。

【荣誉】 2016年,通辽分行和霍林郭勒支行被自治区分行授予“2016年先进集体”;2016年被通辽市政府授予全市干部下基层扶贫增收活动先进单位荣誉称号;霍林郭勒支行被评为2016年度服务地方发展贡献突出单位。

(周 慧)

中国农业发展银行通辽市分行

【概况】 2016年累计投放各类贷款69亿元,年末各项贷款余额302亿元,位居通辽市银行业首位;全行各项存款余额22.5亿元,日均存款余额25.2亿元,完成自治区分行下达任务的146%;不良贷款额14 889万元,不良贷款率0.49%,较2016年初下降0.07个百分点,全年清收不良贷款1562.5万元,户数减少1户;实现中间业务收入639.8万元,完成自治区分行下达任务的183%;国际结算量1072万美元,完成自治区分行下达任务的71.47%。实现账面盈利1.58亿元,完成自治区分行下达任务的154%。

【秋粮收购】 积极与粮食局、财政局、银监局联系沟通,并按月向市政府汇报通辽分行支持秋粮收购情况、存在问题以及工作措施和建议,争取主动权。制定预案,为科学合理设点布局和掌握仓容分布,顺利解决农民卖粮奠定良好基础。截至年末,通辽信用保证基金账户余额10 731万元。审批市场化收购资格认定企业23户,审批15户企业购销贸易企业玉米贷款7.58亿元,发放贷款0.72亿元,做到钱等粮。通过报纸、广播、电视台等媒体广泛宣传农发行秋粮收购信贷政策和工作措施,掌握舆情应对主动权。联合粮食主管部门,搭建“通辽玉米购销微讯”微信公众号,设定政策发布、粮情动态、互动空间等栏目,开辟政策宣传新平台。截至12月31日,审批各类贷款26.98亿元,累计发放贷款12.21亿元,累计收购玉米11.36万吨,农发行通辽市分行开户非贷款客户收购105万吨,占全市收购数量194万吨的60%。

【贷款营销】 结合业务支持范围、地区发展、政府关注等因素,储备肉牛产业基地建设、辽西北供水支线、县域城镇道路建设3个项目,预计总投资418.5亿元;积极推进水库工程、旅游公路、高速公路连接线改扩建工程3个中长期项目,预计贷款需求7.2亿元。推动产业扶贫,营销中低产田改造工程项目,解决濒临亏损行发展后劲不足问题。通过农发行重点建设基金投入发挥政策性信贷资金对社会资金的引导带动作用。

【不良贷款清收】 通过经侦、民事诉讼、申请强制执行、现金清收以及呆账核销等手段全年清收华尼公司不良贷款1562.5万元,其中:现金清收150万元,呆账核销1412.5万元。通辽市中级人民法院已受理农发行申请的万通公司破产案,材料已移交至通辽中院并进入审查程序。

【风险防控】 在充分协商、平等自愿的基础上,留存企业一定额度的临储粮保管费作为风险补偿金,用于弥补企业的经营亏损。逐企业制定风险防控

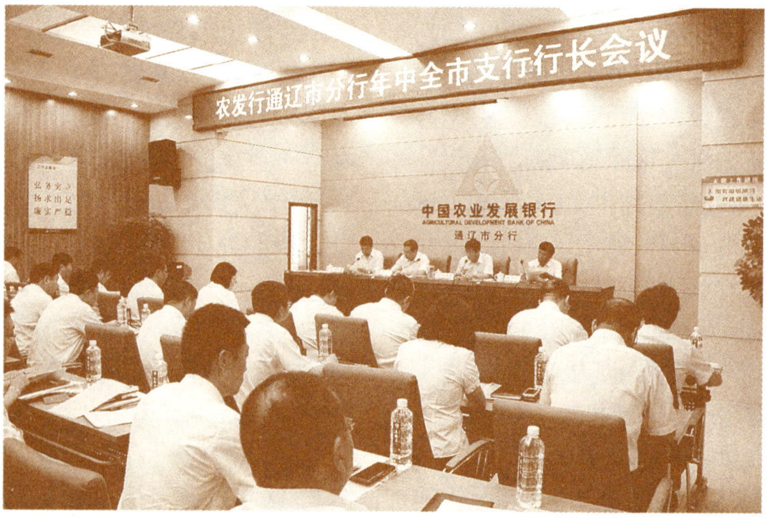

▲ 中国农业发展银行通辽分银召开年中全市支行行长会议

方案。修改《联合远程监控管理办法》,制定《业务经理驻库管理责任规定(试行)》,强化管理责任和风险意识。督促各支行按照"一企一策"原则落实执行好"人防""技防"相结合的差异化管理方案。

【中长期贷款回收】 认真监测中长期贷款到期情况,针对额度大、还款困难的建国片区26亿土储项目多次向市委、政府主要领导以书面形式汇报,提出工作建议,督促落实还款来源;积极向自治区分行申请,通过政府债券置换方式化解风险。截至12月末,中长期贷款累计收回196 661万元,其中:通过债券置换方式共置换141 099万元,本息收回率100%。

【存款业务】 提前10天完成"百日竞赛"活动任务目标;确定以营销财政性存款、非贷款客户企业存款为重点,以营销同业存款为辅的营销策略,建立行长包片、现场推动机制,2016年累计营销同业存款69笔,金额达59亿元。

【财务管理】 全面推动"营改增"工作,确保"营改增"平稳过渡、顺利实施;自2016年11月1日起实行经费现金库存零余额控制,确保业务安全稳健运营;认真执行八项规定,严格遵守财务制度,全年列支公用费用1442万元,较上年减少144万元,下降率9%。加大增收力度,对所有收入做到应收尽收,2016年各项财务收入13.35亿元,各项财务支出11.77亿元,实现账面利润1.58亿元。

【安全管理】 抓好基础工作,逐级签订责任书,按照规定开展各类检查工作;聘请专业人员开展安全保卫和消防教育培训,坚持按月对驾驶人员进行安全教育;加强安全防范建设和守护押运工作,辖内8个支行自11月1日全部取消现金寄库和委托押运,实现现金业务代理。完成8个支行的计算机房及监控报警中心的安全防范设施改造,并达到上级行要求。

【精神文明创建】 按照总分行《文明单位检查验收工作方案》,申报2个文明单位,其中:申报总行级文明单位1个;申报复查验收自治区分行级文明单位1个,保持1个;按照自治区精神文明办《文明单位检查验收工作方案》,申报2个文明单位,保持2个。积极参与通辽市"双城同创"工作。开展"畅想新希望·谱写新篇章"文化联谊、"五四"青年节座谈会、"青年·责任·担当"主题征文、健步走、青年读书会等系列活动,参加通辽市银行业支付结算暨支付清算知识竞赛活动,取得团体第一名,个人第一名、第六名的成绩。

(额日和睦)

邮政储蓄银行

【概况】 中国邮政储蓄银行股份有限公司通辽市分行于2008年3月27日挂牌成立,由原来邮政储蓄单一储蓄业务发展成为金融业务齐全、金融服务覆盖广泛的大型零售商业银行。自成立以来一直坚持服务社区、服务中小企业、服务"三农",致力于为经济转型中最具活力的客户群体提供服务。同时,邮储银行积极服务于大型客户并参与重大项目建设,依托"银行+代理"的经营模式,为地方经济发展作出重要贡献。截至2016年12月,全行总资产规模达到72.13亿元,增幅15.01%。全行总负债规模达到71.55亿元,增幅14.7%。全市有64个金融服务网点,其中自营网点14个,代理网点50个,银行员工333人,代理机构员工429人。主要业务包括个人业务、对公业务、信贷业务、卡类业务、电子银行、理财业务等各种金融服务业务。

【储蓄规模】 2016年12月全市个人储蓄存款时点余额50.25亿元,新增7.35亿元,其中自营网点个人储蓄余额13.88亿元,新增1.93亿元。

【理财业务】 2016年自营理财累计销量9.76亿元,销量完成率88.72%。自营理财年日均保有量4.16亿元,其中开放式理财年日均保有量4.05亿元,占比为96.45%,各支行理财业务保有量均已突破千万。

【结算业务】 利用优惠商圈和县乡优惠政策加大结算机具布放力度;持续推进部门引领,支行推进的业务发展模式,积极开展节日特惠收单活动。2016年自营POS机新增488台,结存1351台,累计交易量9.38亿元。以"亿路有你"活动为抓手,加强考核力度,按月通报"五个一起办"情况,扩大手机银行规模。2016年自营手机银行客户结存3.42万户,新增1.33万户,增幅64.19%。截至12月末,电子银行交易替代率(含ATM)86.95%。2016年新增19台CRS机,进一步提升硬件服务能力。

【信用卡业务】 2016年,信用卡进件11 378张,发卡8288张。通过开展超市、加油、洗车、观影分期每周送活动,打造从申请到刷卡消费的全流程精细化服务,促进信用卡发卡激活消费。2016年,信用卡累计激活10 170张,全年特惠活动累计消费7.11万笔,回流资金5688万元,手续费收入40万元。

【小额贷款】 立足传统小额农贷,抢抓农贷放款有利时机进行信贷投放;积极嵌入地方,与市县就业局、农牧局、扶贫办开展合作,全力做好金融助力"三农三牧"、支持"双创"、支持扶贫等工作。2016年小额贷款实现放款3.49亿元,新增2.15亿元,结余5.26亿元,其中传统小额放款1.05亿元,再就业贷款放款1.41亿元,扶贫贷款放款0.54亿元。

【消费贷款】 积极与万达等10家房地产开发商和信驰易家等18家房产中介机构开展合作,推动住房类贷款发展;以个人信用消费贷款、个人综合消费贷款为抓手,积极抢抓优质客户,促进额度类消费贷款发展;积极引入车位贷、网贷通、信保贷等新产品,优化消费类贷款结构。2016年消费贷款实现放款7.67亿元,新增5.58亿元,放款、净增均居全区排名第三,结余16.29亿元,全区排名第四。

【个商贷款】 2016年个人商务贷款实现放款1.23亿元。全力推动银政合作,成功与通辽市经信委签订助保贷合作协议;积极开展精准营销,成功发放2笔金额240万元税贷通。2016年小企业贷款实现放款1.53亿元,结余1.74亿元。

【公司业务】 满足内蒙古霍林河露天煤业股份有限公司、扎鲁特旗扎哈淖尔煤业有限公司流动资金贷款需求,实现放款4.5亿元;对通辽市万达广场投资有限公司授信的4亿元经营性物业抵押贷款已获总行审批通过。助力地方重点项目,全市首个PPP项目在邮储银行成功落地,发放街巷硬化建设项目贷款30亿元。有效带动公司存款增长,旗县支行公司存款余额均突破2000万元。2016年自营公司存款时点余额17.64亿元,新增12.14亿元。围绕ETC项目联动发展,实现ETC发卡8584张,累计结算资金247.56万元,办理个人储蓄卡868张、信用卡292张。

【风险管理】 联合开展各项检查,顺利实现对网点合规检查的半年全覆盖。全面开展"两个加强、两个遏制"的"回头看"工作,做到机构网点、内控治理、业务产品的全覆盖,发现问题90条,整改率100%,经济处罚101人次,有效提升邮银双方案件防控水平。按照要求,通过与2013—2016年监管对标和内控评价对标,复查整改问题555条,整改率100%。组织邮政金融员工参加2016年内控知识网络考试,取得参考率和考试通过率均为100%的好成绩;成功举办2016年合规知识竞赛,明晰合规红线,营造合规氛围。继续推行审查审批人员赴支行交流学习模式,深入推进信贷业务平行作业方式,积极开展主动授信工作,信审效率稳步提升。下发资产保全工作行动计划,明确各单位清收任务;行领导带头开展清收工作,实行包片清收。2016年共计清收1883.94万元,超额完成全年清收目标,上报核销各类不良贷款(含信用卡)396.52万元。按照应急预案开展实景演练,组织员工参与安保知识微信答题季活动,不断提高员工安保知识水平;加大"三防一保"投入力度,全年投入24.81万元对网点的监控系统、线路和灭火器材进行更新改造,全面提升网点安防水平。成立保密委员会,组织员工签订保密承诺书,防止泄密。

【运营管理】 推行预算目标认领制,配套奖励政策,弹性挂钩成本配置,强化"以效益为中心"的管理理念;严格落实各项规章制度,确保"营改增"工作稳步推进;坚持勤俭办银行,进一步严肃财经纪律,会议费、招待费、车辆使用费支出大幅降低。在年初对全行绩效考核办法进行修订,进一步完善全面绩效考核体系;通过及时总结队伍运行存在的问题,出台解决方案;完善队伍考核机制,强化队伍教育培训;严格执行岗位轮换、强制休假和行为排查制度。加强备付金管理,按月下发备付金考核通报,引导支行科学合理地利用好资金成本，提高资金使用效率。2016年全市现金备付率0.89%，同比下降0.14%，超额备付率0.93%，同比下降0.15%，两项指标均达到自治区分行考核标准。持续优化《支行损益核算管理手册》《支行长管理日志》，通过手册填报强化支行长成本管控、提升效益和价值创造能力的理念。持续推进产品经理、专职客户经理对支行进行业务指导工作，助力支行业务发展。持续复制支行先进经验并加以推广，加快支行转型发展的步伐。加强解决客户投诉问题的责任意识，确保切实、妥善解决投诉反映的问题，着力提升客户满意度。全年处理95580客服中心各类工单839件，回复率100%，客户满意度95%。2016年对外报送信息57篇，主动报道邮储银行支持实体经济发展和履行企业社会责任的实绩，被内蒙古新闻网、内蒙古金融网、《通辽日报》《科尔沁都市报》等外部媒体多次转载。获通辽市消费者协会授予2016—2017年度“诚信单位”荣誉称号，是唯一一家获此殊荣的国有银行。

（郭春生）

包商银行通辽分行

【概况】　包商银行股份有限公司通辽分行成立于2007年12月28日，是首家入驻通辽地区的股份制商业银行。9年来，包商银行紧紧围绕“以小微企业为核心客户”的市场定位，秉承“担当社会责任，深耕小微沃土”的发展理念，坚持“诚信融资，服务为民”，围绕“客户、产品和服务、渠道、营销、销售”五大方面，积极探索改革发展之路，注重培养投行思维，全面推进麦肯锡零售改革，在风险可控的前提下，全力支持小微企业发展，取得较好的经济效益和社会效益。截至2016年12月末，全行各项存款余额27.03亿元，较年初减少5.42亿元，下降16.7%；各项贷款余额达到39.21亿元，较年初增加2.9亿元，增长8%；利润总额达到9255.95万元，较去年增加3188.86万元，增长52.56%，上缴税费2723.92万元。

【业务收入】　截至12月末，分行实现零售营业收入1.86亿元，较去年增加0.2亿元，增长12%。中间业务收入达到3894.42万元，较去年增加2026.87万元，增长108.53%，占比达到20.90%，其中，基金、保险业务收入达到280.50万元，较去年增加279.05万元。

【拓展客户】　抢抓微信收单、渠道拓展机会，充分利用代发工资、差异化定价等产品，努力进行新客户获取与存量客户挽留，在增加AUM总量的同时，存款结构得到有效调整，活期存款增加明显，定活比由8∶2调整为4.6∶5.4。理财销量余额达到28.16亿元，较年初增加10.73亿元，增长61.56%。

【获取客户】　2016年，共获取100家企业的代发工资，获得代发客户6737户。全年通过借助授信业务获取客户11 074户，其中农贷业务获取客户9488户。积极与市总工会和通辽职业学院沟通对接，借助“工会卡”和“校园一卡通”项目进行批量获客。职业学院“校园一卡通”项目共获得优质师生客户5500余户。2016年，分行个人客户达到194 019户，较年初增加76 319户，增长64.84%；有效客户达到17 004户，较年初增加2550户，增长17.64%。

【移动收单业务】　2016年，已完成包括进前佳超市、中联电器在内的396户特约商户移动微信二维码支付系统安装配置工作，积极打造客户用卡环境，成功洽谈涵盖衣、食、住、行各环节在内的特惠商户71户，优化持卡客户结算支付环境，提升客户金融服务体验。

【信贷业务】　截至12月末，分行农贷余额达到4.34亿元，较年初增加3.74亿元，增长623.33%。

【不良贷款清收】　通过还款提醒、加强贷后管理等方式严格控制新增逾期贷款。组织开展包括重组、核销、诉讼、现金清收等手段在内的各类逾期清收工作，以有效化解逾期存量，提升分行资产质量。截至12月末，不良贷款余额6559万元，不良率1.67%，分别较年初下降1441万元和0.53个百分点。

【案件防控工作】　认真开展“双录”及安保检查工作。所属支行已全部实施双录工作并组织员工系统学习相关业务知识，全行销售人员的合规销售意识得到大幅提升。注重安全保卫工作，年初分行与部门、支行签定2016年通辽分行安全保卫责任状,把安全保卫工作分解落实到每个部室、每个岗位。加大安全演练,邀请市公安局防暴大队、消防中队对行内员工进行现场指导,提高员工安全防范意识。完成老旧网点视频监控升级工作,满足监管部门及公安部门相关要求。

【重大项目合作】 5月25日,包商银行通辽分行与通辽市政府签订《战略发展合作框架协议》,协议约定,双方将在未来3年内深化合作领域,拓展合作范围,在力所能及的前提下全面支持通辽市工业重点项目、重点产业建设与经济社会健康发展。6月15日,通辽分行行长赵力莉与通辽市扶贫开发办公室签订《"三到村三到户"精准扶贫贷款工程战略合作框架协议》,双方约定在科尔沁左翼中旗、库伦旗、科尔沁左翼后旗、扎鲁特旗、奈曼旗、开鲁县6个县域地区开展金融支持精准扶贫"三到村三到户"项目合作。

【荣誉】 2015年,内蒙古银行业协会在全区范围内开展文明规范服务评选活动,奈曼支行获"2015年度内蒙古银行业文明规范服务先进单位"荣誉称号,成为通辽地区两家获奖金融机构中的唯一一家支行网点。

(刘海洁)

内蒙古银行股份有限公司通辽分行

【概况】 内蒙古银行是自治区政府控股的全国性股份制商业银行。内蒙古银行通辽分行自2011年8月成立以来,始终秉承"专注于心,高效于行"的企业精神,坚持"与地方经济共同发展,与中小企业合作共赢"的经营方向,坚持"科学、稳健、安全、高效"的经营思想,为全市提供优质高效的金融服务。2016年,全行已正式营业的支行网点有8家,其中市区内5家,旗县3家,在全市范围内设立18家自助网点。

【业务拓展】 截至年末,贷款余额超过30亿元,累计发放贷款和投融资达到197.08亿元,为地方财政缴纳税收过亿元。围绕产业结构调整和升级,全面支持小微企业、实体经济和非公经济,下沉机构,把服务触角延伸到旗县填补金融服务空白区域;深入客户群体,广泛征求意见,倾听群众客户心声,切实解决问题,不断提高为客户服务的能力,大力为地方经济发展提供支持。实行限时办结制度,对符合信贷要求且资料提供全面的客户5天内完成审批授信。实行单笔5万元以下农户贷款授权支行审批,缩短审批链条。实行签订信贷业务反腐防控承诺书制度,聘请外部监督员,对优质文明服务进行全面监督,保障客户权益。

【优质服务】 按照中国银行业文明规范服务五星级营业网点建设标准,从提高员工服务质效和提升网点舒适度等多个层面,完善软硬件建设。并结合通辽市作为蒙古族聚集地区的实际,将蒙元文化嵌入大堂经理服饰当中,让前来办理业务的蒙古族客户感到亲切。开设蒙语窗口,方便蒙古族客户。营业部的大堂经理全部为蒙汉语兼通员工,更好地为蒙古族客户提供服务。同时,接轨国际先进银行,拓展英语、手语等多语种服务功能。

【团队建设】 在提升专业技能的同时,内蒙古银行通辽分行以培育企业文化为依托,不断加强精神文明建设,提高团队凝聚力和向心力,组织开展各类思想教育活动,如"两学一做"教育学习,"向'七一'献礼,我为党旗争光辉""中国梦,'七一'情"系列活动,"金声颂党,圆梦青春"主持人比赛,"弘扬社会主义价值观"主题辩论赛、"抓作风,强纪律"演讲比赛和警示教育基地学习等系列活动。

【社会公益】 内蒙古银行通辽分行积极开展和参加各项社会公益活动,累计为科左后旗地震灾区捐款52万元;为科左中旗贫困中小学生捐资助学12万元;为科左中旗中新艾力嘎查贫困大学生捐款1.68万元,随后又为该嘎查捐款3万元用于村屯建设,彻底解决群众出行难的现状;为科左中旗胜利乡胜利屯村贫困户捐赠米面油等物资和5万元资金用于建设村屯文化广场;为奈曼旗固日班花中心校留守儿童、贫困学生,捐款2万元;积极开展为市福利院捐赠钱物活动;资助内蒙古民族大学、通辽职业学院贫困学生;赞助特教儿童开办画展;支持老年节健身操展示大赛。

(王怀军)

中国人寿保险股份有限公司通辽分公司

【概况】 中国人寿通辽分公司业务覆盖各旗县市区及乡镇，公司共有8个支公司和4个城区专业化支公司，在职员工150余人，保险营销员、客户经理等5000余人。2016年，中国人寿通辽分公司总保费6.9亿元，同比增长22%；首年保费1.9亿元，同比增长36%；首年期交保费1.5亿元，同比增长52%；续期保费4.5亿元，同比增长15%。

【风险防范】 加强内控风险防范，组织开展"两个加强、两个遏制"专项自查，并做好内控标准执行推广。组织销售人员开展遵章守纪、依法合规和诚信教育以及职业道德教育。围绕以客户服务为中心导向，积极寻找营销员指标风险监测和每季度信用评估评比情况。积极开展"诚信我为先"活动，抓好风险点教育的培训宣导工作，防范违规行为发生。牢固树立"抓服务、严监管、防风险、促发展"的工作思路。

（刘　洋）

中国人民财产保险股份有限公司

【概况】 中国人民财产保险股份有限公司通辽市分公司是通辽地区经营财产保险业务、人身意外险业务的专业公司。公司下辖8个旗县市(区)，有13家支公司、营业部，3个直属业务部，县域的7家支公司在所辖苏木镇乡、嘎查村委会已建立29家保险服务部、84家农业保险服务站、1351家服务点，营业网点遍布全市城乡，是通辽市保险市场机构网点覆盖面最广的财产保险公司。主要承办机动车辆保险、企业财产保险、家庭财产保险、个体工商户保险、货物运输保险、各类责任意外保险、农业保险等12大类近400多个险种。

【经营成果】 2016年，公司保费收入达7.6亿元，市场份额达到42.34%，支付各类损失赔款达到4亿元。

【客户服务】 客户可享受同城通保，保户在任何出单网点窗口均可享受全年365天无假日的投保、缴费、取单等服务。赔付方便快捷，全年365天，全天候24小时提供理赔服务，理赔服务专线"95518"。2000元以下车损单方事故无人伤、物损案件从查勘到付款时限48小时；2000元以下车损双方事故无人伤、物损案件从查勘到付款时限72小时。家财险、意外险1万元以下案件资料齐全一个工作日通知赔付。单方车辆损失1万元以下案件，在客户提供资料齐全后，1小时通知赔付。

（鲁卫东）

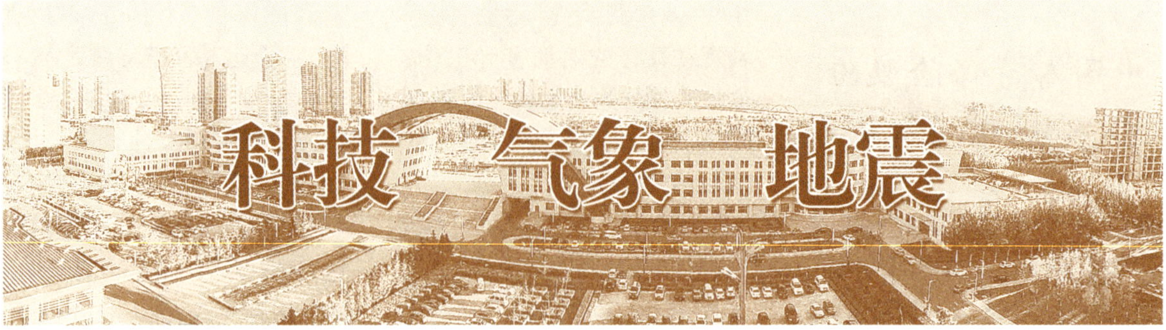

科　　技

【科技交流与合作】 1月22日，清华大学社会实践团一行7人到通辽市开展为期4天的社会实践活动。其间，他们分别到通辽第五中学、通辽蒙古族中学、通辽第一中学等学校，围绕高三备考学习规划、大学生活感受、报考指导、时间规划与个人管理等方面开展励志讲座。3月29日，通辽市科学技术局局长张鸿福率通辽市科技代表团参加赤峰农博会。通辽市6家知名企业参展，充分展现通辽市现代农业新风貌，提高通辽市特色农产品知名度，增强特色农产品市场竞争力。9月25日，科技创新大会上，通辽市政府与北京农林科学院、内蒙古医院、北京市农村专业技术协会、北京市太阳能研究所集团公司等4家单位签署合作协议。

【科技项目与经费】 2016年科技局争取中央引导地方科技发展专项资金260万元，两批自治区应用技术研究资金475万元，国家“三区”人才资金238万元，综合其他各类资金共计2106万元。

【科技成果与奖励】 在科技创新大会上，表彰奖励为通辽市科技创新作出重要贡献的先进集体和个人，237人、90项科技成果分获2013、2014、2015年度通辽市科技进步奖、科技合作奖和适用技术推广应用奖，奖励额度达到382万元。通辽市10人获全区优秀科技特派员奖，3家公司法人获全区优秀法人特派员奖，3个旗县科技局获全区特派员工作优秀组织单位奖。

【科技培训与服务】 通过“三区”人才、科技特派员等工作，服务领域不断拓宽，新建科技特派员培训机构1个，科技特派员培训机构总数达到22个，共培训科技特派员4661人次。引进农牧业新品种187个，推广适用技术262项，发放技术资料7.01万份，培训农牧民近10万余人次。科技特派员创业服务平台不断夯实，创业水平迈上新台阶，全年新建11个科技特派员创业服务平台、利益共同体47个，形成市级以上龙头企业25个，带动农牧民增收超过13%，辐射带动10 554户农牧民增收致富，安置劳动力就业11 322人。政府对科技特派员工作支持力度持续加大，财政投入1160万元，实施科技开发项目34个，带动项目总投资10 887万元，实现利润2055万元。

【创新平台建设】 2016年新增院士专家工作站1家，高新技术企业7家(其中2家为重新认定)，产业技术创新战略联盟1家，工程技术研究中心2家，自治区级企业研究开发中心5家，可持续发展实验区1家。截至2016年12月底创新载体总计133家。

【科技经济信息研究】 2016年度对科技局原门户网站数据信息进行全部转移，对网站首页科技工作动态、知识产权、在线办事、政策文件、规划计划、信息公开专栏、预决算公开专栏、通知公告和调查征集模块信息更新发布，总计145条，图片新闻3幅。《经济新观察》电子杂志围绕市科技局的重点工作及时政信息，在十大科技攻关、科技进展、两会代表委员关注的焦点问题、专家解读、经济数据、经济分析、关注民生、综合快讯等10个栏目上下功夫，以科学严谨的态度对待每个环节，做到准确无误、精益求精。制作电子杂志12期，刊登文章

360篇，图片150幅。

【技术市场管理】 2016年度受理并认定登记技术合同11项，技术合同交易额为320万元。其中：技术开发合同11项，技术交易额为320万元。

【促进生产力】 2016年度，通辽市生产力促进中心充分利用掌握的仪器信息、设备的功能，实现仪器设备的价值效益，积极与仪器的拥有方和需求方进行沟通、协调，使双方都达成共识，并且签署使用协议，进一步提高仪器设备的使用率。对有需要技术培训的企业，在企业将培训内容上报后，根据培训内容邀请通辽市最优秀的专家教授赴企业进行技术培训，培训方式以理论和实践操作相结合的方式，使学员能够更直观熟练地掌握技术，达到有效的培训效果，使学员学的满意、得到实惠。完善生产力促进中心网站的工作。“通辽市生产力促进中心网站”是一个公共科技信息咨询服务平台，为生产力促进中心提高服务支撑，整合科研单位、信息研究分析机构的信息资源，提供及时、准确、系统的信息服务。

【政策性文件】 印发《通辽市科技创新三年行动计划》《通辽市引进高层次科技人才实施办法》《通辽市科技创新基金管理办法》《通辽市科技成果转化引导基金管理办法》《通辽市科技项目招标投标管理暂行办法》的征求意见稿。

【全市科技创新大会召开】 9月25—26日，通辽市召开科技创新大会。中国工程院戴景瑞院士、中国科学院闫楚良院士等专家，自治区科技厅党组书记白宝玉，自治区科协主席孙俊青等上级领导莅临会议。市委书记罗永纲和市四大机关领导出席会议。区内外科研院所专家学者、各旗县市区党委书记及分管科技工作领导、各旗县市区科技局长，市直、中区直单位、驻市高等院校、市直学校、市直医疗机构、市属各科研院所、重点企业及科技创新平台载体主要负责人和获奖科技人员代表400余人参加大会，参会人数创历史最高。大会期间举办科技创新专题讲座，邀请6位在国际国内拥有极高声望的院士、专家为参会人员做科技创新专题讲座，围绕科技前沿、重点难点、重大政策等方面畅谈科技创新。重奖科技功臣，聘请科技顾问。会上成立通辽市科技专家顾问团，决定聘请王国栋、戴景瑞、缪昌文、陈香美、谭天伟、尹伟伦、高松、闫楚良等多名院士、专家为通辽市科技顾问，签署科技合作协议。

（李代文）

气　　象

【2016年基本气候概况】 2016年全市各地平均气温在1.6～8.0℃之间，其中巴雅尔镇、霍林郭勒市为1.6～3.9℃，其余大部地区在7℃以上。与历史同期（1981—2010年）平均值相比，除科尔沁区、科左后旗高0.6～0.7℃外，其余地区均接近常年。全市各地降水量在326.3～648.9毫米之间。其中霍林郭勒市、扎鲁特旗、开鲁县在326.3～372.8毫米之间，其余地区在400毫米以上。与历史同期（1981—2010年）平均值相比，舍伯吐镇、科左中旗、奈曼旗、库伦旗及科左后旗多3～6成，其余地区接近常年。全市各地年日照时数为2405～2955个小时。与历史同期（1981—2010年）平均值相比，除舍伯吐镇偏多199个小时外，其余地区少57～457个小时。

【主要天气气候事件】 2016年5月3日夜间至4日凌晨，科左后旗出现大风强降雨天气，局部地区大到暴雨。全旗16个苏木镇（场）受到影响，共造成1028户、3453人受灾，其中：1人死亡，2人受伤，转移安置人口421人。房屋严重损坏39户117间；房屋一般损坏356户986间（彩钢房），棚舍损坏546座，死亡大牲畜17头、死亡羊136只，灾害造成直接经济损失634.26万元。2016年6月9日17时至18时，科尔沁区敖力布皋镇出现雷雨天气，并伴有冰雹，造成敖力布皋镇22个村屯，3759户，14 106人受灾；受灾农田6178.6公顷，成灾6178.6公顷，绝收2302.4公顷，其中玉米受灾面积为5814.2公顷，造成直接经济损失3000万元。2016年6月10日14时左右，奈曼旗出现暴雨冰雹天气，暴雨持续2个小时左右，造成奈曼旗八仙筒、明仁、固日班花、白音塔拉、义隆永、大沁他拉等6个苏木乡镇，20个嘎查村，3083户，9251人受灾；受灾农田2467公顷，成灾2333公顷；暴风雨还造成6户

20间农房受损,其中严重损坏1户3间,造成直接经济损失1100万元。2016年6月10日13时至15时,扎鲁特旗出现雷雨大风、冰雹天气,造成扎鲁特旗查布嘎图苏木、道老杜苏木、巴彦塔拉苏木、香山镇、巴雅尔吐胡硕镇等5个苏木乡镇,35个行政村,10 069人受灾;受灾农田1946.7公顷,死亡牲畜525头(只);暴风雨造成93户房屋进水,倒塌房屋5间、牲畜棚舍8座,冲毁院墙1340延长米,冲毁网围栏500延长米,3眼井被填没。造成直接经济损失1500余万元。2016年6月22日17时至23时,科左中旗境内保康镇、花吐古拉镇、腰林毛都镇、努日木镇等地出现短时强降水,多地伴随雷电、冰雹、大风等灾害性天气,致11个苏木镇出现内涝、冰雹、雷击等灾害,导致56个嘎查村8150户、32 400人受灾;倒塌房屋2户、6间,受损房屋369户、961间;农作物(主要为玉米)受灾面积9720公顷,成灾面积3888公顷,绝收面积1530公顷;雷击致宝龙山镇1人死亡,统计造成直接经济损失为2400万元。2016年6月30日13时05分,库伦旗境内开始出现强对流天气,库伦镇、六家子镇、扣河子镇、水泉乡出现雷雨大风、冰雹等灾害性天气,造成库伦旗4个乡镇、8个嘎查村799户、2467人受灾;农作物受灾面积1581公顷,成灾面积1262公顷,绝收面积14.2公顷,主要受灾作物为玉米、高粱、谷子及豆类,造成直接经济损失831.25万元。2016年6月30日13时50分,科左后旗甘旗卡镇出现短时强降水,此次短时强降水导致洪涝灾害,造成科左后旗甘旗卡镇、阿古拉镇8个嘎查村及甘旗卡街道办5个社区,955户、2943人受灾;农作物受灾面积736.7公顷,成灾面积408公顷;房屋一般损坏2户5间,转移安置18户39人;1人遭雷击受伤,直接经济损失为334.6万元。2016年6月30日13至15时,奈曼旗境内多地出现大到暴雨,其间伴有冰雹,由于周围山区雨强较大,导致山洪爆发,造成奈曼旗沙日浩来镇、青龙山镇、八仙筒镇、新镇4个苏木镇、20个嘎查村(分场)4157户、12 645人受灾,农作物受灾面积3471公顷,成灾面积3371公顷,绝收267公顷,其中沙日浩来镇受灾最重,农作物受灾3133公顷,绝收267公顷,造成直接经济损失为1050万元。2016年7月28日18时,库伦旗出现强对流天气,其中库伦镇、六家子镇、扣河子镇、白音花镇出现短时强降水并伴有雷雨、大风、冰雹,致多地受灾,导致库伦镇、六家子镇、扣河子镇、白音花镇4个乡镇的28个嘎查村共有2476户,7634人受灾,农作物受灾面积3206公顷,成灾面积2565公顷,绝收面积440公顷,沥青和水泥路塌方2.8公里,墙体坍塌1850米,土路肩冲毁22公里,耳房和厢房倒塌27户、81间,死亡牲畜2头,此次暴雨洪涝灾害造成直接经济损失2131万元,其中农业损失1991万元、其他损失140万元。2016年7月28日14时至15时,科尔沁区余粮堡镇、哲南农场、育新镇出现短时强降水天气,同时出现冰雹,冰雹平均直径10毫米,持续10分钟,此次冰雹灾害导致科尔沁区余粮堡镇、哲南农场、育新镇32个村屯,7094户,22 700人受灾,农作物受灾面积2756.3公顷,成灾面积2054.5公顷,绝收面积484.6公顷,受灾作物主要为玉米,直接经济损失1905.15万元。2016年7月3—13日,通辽市持续出现高温天气,日最高气温连续突破30℃的日数多达9天,各地日最高气温在32.7~39.2℃,持续的高温少雨天气导致扎鲁特旗、奈曼旗、库伦旗等地土壤水分下滑明显,出现中到重旱,干旱造成扎鲁特旗、奈曼旗、库伦旗境内的489个嘎查村,131 469户、408 842人受灾,有70 558人、171 863头(只)牲畜出现饮水困难;主要受灾农作物为玉米、小麦、谷子、高粱等,受灾面积为284 606公顷,成灾150 045公顷,绝收45 848公顷;草场受灾面积为973 129公顷,枯死草场226 667公顷,死亡牲畜67 473头(只);林地受灾面积为83 200公顷;扎鲁特旗境内9条主要河流、25条支流大部分出现断流,70余个大小泡子基本干枯,6座水库仅剩3座蓄水,地下水位普遍下降10~20米,因旱导致干涸或出水不足的农田井1573眼、饮水井4782眼,造成直接经济损失为127 098万元。2016年9月14日11时至18时,扎鲁特旗境内出现局地短时强降水,并伴有冰雹,此次洪涝灾害导致扎鲁特旗巴雅尔吐胡硕镇、嘎亥图镇18个嘎查村受灾，部分嘎查出现山洪，造成248户、1044人受灾，30多户农房进水；冲毁院墙2500延长米、围栏约60 000延长米、公路300延长米、路肩彩砖等设施34 900多米；1328公顷农作物不同程度受灾，青贮受灾面积106.7公顷，打草场受灾面积为1666.7公顷；农牧民损失粮食1500多公斤、青贮饲料1500多公斤；20多吨施工用水泥被冲泡，直接经济损失超过600万元。2016年9月24日16时，库伦旗境内出现雷雨大风天气，16时20分左右，在库伦镇西北方28公里处的银沙湾景区出现短时强对流天气，此次龙卷风灾害导致库伦镇的上养畜牧、哈图塔拉、哈拉胡绍、上勿兰、下勿兰、前协力花、宝古台7个嘎查村，共计716户、2452人受灾，紧急分散转移安置人口292人；严重损坏房屋38户、95间；受伤26人，已住院20人；67座蒙古包遭受不同程度损坏，直接经济损失2805万元。

【气象防灾减灾】 受厄尔尼诺现象影响，2016年度全市气象灾害频次高、时间长、范围广、强度大。在5月初大风、6月4次短时强降水，7月上中旬全市高温干旱、7月下旬旱涝急转等天气过程，以及受8月末至9月初台风“狮子山”登陆东北影响形成的连阴雨天气和冬季2次重污染天气过程中，市、旗两级气象部门采取严密观测、联合会商、及时预警、跟踪服务等应对措施，全力减轻气象灾害造成的损失，气象灾害直接损失占GDP比重降至10‰左右。全年发布各类气象灾害预警信息173次、服务产品900余期，为各级政府防灾减灾决策争取时间、提供依据。

【人工影响天气】 2016年累计组织飞机增雨和科学探测作业41架次，飞行121小时，组织地面增雨作业120点次，发射各类火箭弹1001枚，燃烧地面烟条330根，有力支援农牧生产和生态建设。

【气象服务“三农三牧”】 2016年，通辽市8个旗（县、市、区）、109个苏木（乡镇、农牧场）均成立气象灾害防御领导机构，2158个嘎查村均明确应急联系人，一半以上旗县出台气象助理员、信息员工作激励机制。准确报出首场接墒雨和透雨过程，有力助推抢播抢种。重点围绕玉米、红干椒、牧草3种作物种植，面向4424个重点服务对象开展全程系列化直通式服务。开展紫花苜蓿14个品种、燕麦7个品种的牧草引种栽培试验，连续6年开展玉米分期播种试验。组织技术力量加入兴安盟突泉县为农服务项目建设团队。依托卫星遥感开展植被指数监测、霾、沙尘监测评估，联合环保部门制作空气质量预报。《卫星遥感霾和沙尘监测信息》《生长季降水时空分布不均各地旱涝急转植被长势较去年同期略差》《塔敏查干沙丘移动监测报告》等6份评价报告均被有关部门采纳。

【气象现代化】 全面梳理气象服务各项流程、标准、规范和考核指标，制定工作手册；进一步整合决策服务产品，促进决策服务的分层分类和质量提升；组织编制《寒潮气象服务规范》初稿，以气象灾害为重点打造气象服务范本；大力提升为各行业服务的能力，围绕“500公里文化景观旅游大道”项目推进景区自动站建设和旅游天气预报，与水务、水文部门实现基于GPRS技术（通用分组无线服务技术）的实时数据传输，与阔德海水库实现跨省区、跨流域数据共享。自主研发的移动APP（应用程序）“通辽天气通”正式上线运行，气象信息的时效性、针对性、有用性全面增强。“通辽气象”微信关注数突破5000人，成为当地最有影响力的公众号之一。蒙文气象网站增加“一周预报”和“旅游天气”栏目，版面设计更加贴近蒙古文受众的阅读习惯。改版电视天气预报栏目，画面清晰度和包装质量全面提升。“12121”年拨打量350万次，短信定制用户数稳定在3.5万人左右。

【气象科普】 积极利用世界气象日、防灾减灾日、科技周等节点开展气象科普宣传活动，累计发放宣传品15 000余份。召开气象信息通报会5次，广泛利用广播、电视、报纸、手机短信等媒体宣传气象灾害防御知识。

（刘　娜）

防震减灾

【地震监测】 通辽市境内有前兆监测台站4个，分别为通辽市地震监测中心、开鲁地震观测站、库伦观测站和科尔沁左翼后旗观测站。定期检查监测设施的运行情况和监测中心周围环境,2016年度未发生任何单位或个人危害、破坏地震监测设施及其观测环境的情况。通辽市地震局资料传输系统和网络运行情况稳定,维护及时。2016年度网络自评中网络连通性为100%。协助自治区地震局在通辽市境内新建、改建地震烈度速报预警台网工程21个站点,做好新建台站的选址勘测工作。2016年,自治区地震局"十三五规划"中涉及开展国家地震烈度速报与预警台网通辽部分项目建设,在全市境内新建、改造台站共计21个,其中改造基准台4个,改造基本站1个,新建基本站8个,新建一般站8个。开展每天上午10点前完成数据的预处理和台站值班日志的填报工作,每周二按时报送周(月)会商报告。及时对通辽市及周边地区地震活动和前兆信息进行分析和处理,提取对未来地震趋势有意义的信息。通辽市及周边地区发生有感地震后及时与自治区地震局联系,编发震情简报,及时汇总地震信息,并第一时间报告市政府办公厅。坚持24小时震情值班制度,为群众了解地震信息等提供方便。2016年度,通辽市发生1.0级以上地震14次。其中1.0~1.9级地震9次,2.0~2.9级地震5次。全年无有感地震发生。5月22日,辽宁朝阳县发生4.3级地震,地震局第一时间责成奈曼旗、科左后旗、库伦旗科技局(地震办)工作人员进行核实,获知奈曼旗南部7个乡镇(土城子乡、青龙山镇、沙日好来镇、新镇、义隆永镇、黄花塔拉震、大沁塔拉镇)有感,无人员伤亡和财产损失。坚持每周二9点召开周(月)会商会议,要求全体业务人员提前到会并积极进行会商,会商意见准时上报自治区地震局。修订完善《通辽市地震局震情会商会制度》。2016年召开周会商43期、月会商10期。由监测预报科工作人员主持编写《通辽及邻近地区2016年下半年地震趋势研究报告》《通辽及邻近地区2017年度地震趋势研究报告》,通过讨论会商后定稿上报自治区地震局并派人参加自治区年中、年度两会商会议。

【震害防御】 制定实施防震减灾规划、将防震减灾纳入通辽市经济和社会发展计划。全面贯彻实施《中国地震动参数区划图》(GB18306-2015)。2016年开始,除特别重大建设项目外,建设工程都以《中国地震动参数区划图》(GB18306-2015)为依据抗震设防。依托地震信息服务平台,创新抗震设防要求审批方式,深化建设工程抗震设防要求审批改革,简化审批流程、提高审批效率。2016年已完成10项行政审批工作。积极开展地震小区划和活断层探测前期工作。为提高城市抗震能力,积极向政府领导汇报,争取项目支持。通辽市地震小区划及活断层探测项目的工程范围100平方公里的地域,初步可行性研究和项目建议书已完成,并纳入《通辽市防震减灾"十三五"和2020年远景规划》。协助自治区地震局完成防震减灾基础资料和应急保障物资通辽地区资料的收集和上报工作。认真学习贯彻国发〔2015〕58号和中震防发〔2015〕59号文件及自治区相关要求开展安评工作,年内没有受理安评工作。维护好强震动观测仪器的运行环境,保障仪器的供电和室内温度。协助自治区地震局维护、检查强震台仪器正常运行,2016年度强震观测资料完整率达到100%。开展地震安全示范社区、学校申报评定工作。

【应急救援】 修订完成《通辽市地震局地震应急预案》。协助通辽市政府完成通辽市地震应急预案草稿起草工作。督促各旗县市区、各有关部门进一步完善各自的应急预案。生命线工程部门、易产生严重次生灾害的部门、大中型企业、各应急专业组也在进一步落实"子预案",经组织检查,各项应急措施得已有效落实。切实加强应急指挥系统建设,建立政府主导,信息畅通,社会广泛参与的应急管理机制,做到组织到位、责任到位、措施到位。协助市政府办公厅编写《通辽市地震应急预案简明操作手册》。进一步修订完善《震后趋势快速判断预案》,进一步明确组织机构、紧急震情处理工作程序、判断准则。在通辽市及临近地区发生有感地震后启动该预案,应急工作有序开展。2016年5月13日,通辽经济技术开发区"九年一贯制"学校组织开展地震应急演练,通辽市各中小学应急负责人到场参观,地震局派人指导此次演练。

【社会宣传活动】 宣传活动周

突出以“减少灾害风险 建设安全城市”为主题，主要特点为“内容科学易掌握，群众参与热情高，形式多样又具体，组织有序见成效”。此次活动共悬挂条幅100余条，出示展板500余块，讲座10余次，发放3万余册宣传手册。由地震局编印的《通辽市民防震减灾知识手册》1万册已发放至居民手中。

【荣誉】 科左后旗获全国防震减灾工作先进县，受到中国地震局的表彰。通辽市地震局震害防御工作在2016年度全区盟市防震减灾工作综合考核中获单项先进奖。地震局编写的《2017年度地震趋势研究报告》获自治区评比优秀奖。通辽市扎鲁特旗鲁北街道东兴社区被自治区命名为“地震安全示范社区”；开鲁县开鲁街道和平社区被国家认定为“国家级安全示范社区”。通辽市扎鲁特旗蒙古族实验小学、科左后旗甘旗卡镇第三小学、科左后旗民族幼儿园、科左后旗实验小学4所学校被自治区命名为“自治区防震减灾科普示范学校”。

（王海龙）

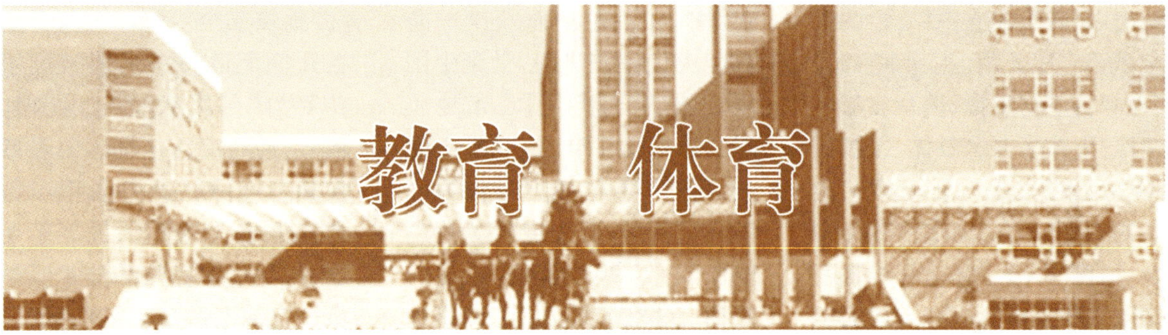

教育 体育

教育管理

【概况】 2016年,通辽市各级各类学校1122所,其中幼儿园599所,小学353所,初中110所,高中26所,中等职业学校26所,特殊教育学校8所,教学点338个(不计校数);在校生441 957人,其中幼儿园84 096人,小学184 888人,初中89 834人,高中66 522人,中等职业学校16 082人,特殊教育学校535人;教职工41 808人,其中幼儿园7201人,小学16 816人,初中10 634人,高中5691人,中等职业学校1297人,特殊教育学校169人;专任教师32 633人,其中幼儿园4594人,小学15 048人,初中7504人,高中4325人,中等职业学校1043人,特殊教育学校119人;学前三年毛入园率95.02%,小学适龄人口入学率100%,小学毕业生升学率99.32%,初中毕业生升学率83.02%,小学辍学率为零,初中辍学率0.27%,小学五年保留率94.26%,初中三年保留率93.26%,初中毛入学率107.39%,九年义务教育完成率93.04%,高中阶段毛入学率93.56%,专任教师学历合格率分别为小学100%、初中100%、高中98.24%、职业高中84.06%、幼儿园96.03%、特殊教育100%。

【义务教育均衡发展】 2016年,教育局争取上级资金23 150万元,重点改善6个旗县128所薄弱学校办学条件,启动民族学校标准化建设工程。投资6284万元,完成“十个全覆盖”111个工程项目,改造建设校舍面积28 464平方米。霍林郭勒市、库伦旗顺利通过国家义务教育均衡发展督导组的评估认定。截至2016年底,通辽市共有包括扎鲁特旗在内的3个旗县成为国家义务教育发展均衡旗县。

【教育重点工程项目】 2016年,教育局完成21所蒙古语授课小学“大通铺”28 955平方米改造项目。全力推进智慧教育“三通两平台”建设,投资2580万元搭建智慧教育云平台,在通辽智慧大厦建设智慧教育应用服务中心、多媒体计算机室、同频互动录直播室、编辑制作室等工程项目,实现与区内外中小学的互联互通,完成489套同频互动课堂建设并投入使用。按照“六有”标准(有两人间宿舍、有公用电视、有共用电脑、有公共卫浴、有Wi-Fi、有“同频互动课堂”)完成建设教师周转宿舍项目338个。建设、改造升级“留守儿童之家”229个。“学前二期”38所幼儿园项目竣工。启动首批足球特色校97个风雨操场建设和通辽蒙中现址征拆改扩建项目。完成通辽蒙中食堂改扩建、教学楼更换窗户、供电增容、消防喷淋、泵房及水池工程等改扩建项目。科尔沁区铁路一小、科尔沁区第二幼儿园教学楼主体封顶,分别完成投资3200万元、800万元。科尔沁区六中项目前期手续全部办理完毕。开鲁三中新建工程8栋建筑封顶。

【教育科研】 2016年,教育局成立通辽市教育教学研究院,聘任王敏勤教授为院长,白宝玺、梁峰、由国宏、刘锋、孙发为副院长。启动实施教育科研“四大工程、九个项目”,成功举办四次“教改大课堂”观摩研讨会,参与活动2000余人次。举办“通辽市首届名师工作坊建坊培训会”,并构建各学科“名师工作坊”。制定《关于普通中小学教育教学质量评价方案》。

通辽实验中学、通辽一中、通辽新城一中承办“津蒙冀教学设计联合体2016年会”。通辽市教育教学研究院和通辽市实验中学承办内蒙古东部联盟学生生涯规划教育研讨会。

【教育扶贫及补助】 2016年，教育局对通辽市4350名贫困在校生家庭实施精准扶贫补助政策，确保贫困家庭子女全部入学。扎实推进“三个一”(低保家庭每年一吨煤，为低保家庭每一位大学生资助一万元，为每个低保家庭提供一个就业岗位)民生实事的落实，投入资助资金5476万元，分两批对低保家庭及孤儿大学新生落实入学资助政策(本科生每生4万元、专科生每生3万元)，共资助1554人(其中：本科814人，专科740人)。投入资助资金1.73亿元，落实普通高中“两免一助”、中职学校“两免一助一补”(免学费、免书费、国家助学金和寄宿生补助)政策。落实73.3万元资金，对全市733名蒙语授课学前儿童每人每年资助1000元。完成22 707名大学生1.47亿元生源地信用助学贷款工作。

【学前教育】 2016年，教育局制定下发《通辽市普惠性民办幼儿园认定及评估细则》，完成55所“通辽市普惠性民办幼儿园”的认定工作。科尔沁区、霍林郭勒市3所幼儿园晋升为“自治区示范园”；22所幼儿园晋升为市级一类幼儿园。对中心城区建成、在建和未建成的幼儿园进行分类指导。通辽市以公办名园带动引领民办苏木镇、村级园发展的工作机制初步形成。

【普通高中教育】 2016年，通辽市政府召开全市普通高中校长代表座谈会，研究解决普通高中教育改革发展过程中存在的突出问题。以学科中心组活动、教改大课堂、质量检测、质量分析等载体，推进普通高中课程改革，普通高中办学条件得到改善。

【民族教育】 2016年，教育局全面落实《自治区关于加快发展民族教育的意见》，印发《通辽市教育局关于加强蒙古语授课理科教学的通知》。完成对市直、科左中旗、库伦旗、扎鲁特旗等地的民族教育调研指导工作。举办通辽市蒙古语授课高中第七届“教育研究”年会和通辽市第三届义务教育阶段民族教育联盟工作推进会。2016年开展民族教育联盟活动96次，参与活动师生达1万余人次。承办自治区蒙古语授课幼儿园、小学汉语文、中学数学、小学英语教师培训，参训人数为800人；市本级培训蒙古语授课幼儿园和小学教师共600人。举办通辽市第二届中小学生蒙文电视听写大赛。

【职业教育】 2016年，成立中职学校整合工作领导小组，加快推进“四校整合”新校区建设工作。成功举办2016年度“职教论坛”，召开通辽市中等职业教育现场推进会，推广奈曼旗民族职专部分合作企业、实训基地、理论实践为一体课程和校企合作的工作经验。举办2016年通辽市中等职业学校技能大赛暨第二届通辽市中等职业学校师生书画、摄影、小制作作品展和中职类学生汉字听写大赛。

【主城区义务教育联盟】 2016年，中心城区各个联盟成员校均互派副校长挂职锻炼，派出教师跟班学习。联盟内开展活动59次，3500余人次参加联盟教研活动。在中心城区探索试行小学对口升入初中工作，试行以招生联盟体形式组织两所学校共同招生。

【特殊教育】 2016年，教育局落实《自治区特殊教育提升计划》。召开通辽市特殊教育现场推进会。特殊教育学校增加到8所，三类残疾儿童少年入学率达到85.1%。特教职工达到169人，比2013年增加26人。公用经费标准由2015年生均1500元提高到2016年生均6000元。

【教师队伍建设】 2016年，教育局印发《通辽市教育系统事业单位奖励性绩效工资考核实施若干意见(试行)》。印发《通辽市乡村教师支持计划(2016—2020年)》，为农村牧区学校从教30年、20年、10年的教师颁发荣誉证书。建立教师引进、交流、退出长效机制，全年校长交流100人，教师交流1458人。组织完成全市1128名教师招聘工作和101名特岗教师招录工作。2016年共认定中小学教师资格11 800人。完成首次推荐5名中小学教师正高级职称的申报工作。

【师资表彰】 2016年教师节期间，共评选表彰“通辽市优秀农村牧区教师”100名，“通辽市师德标兵”50名，“通辽市中小学优秀班主任”50名,“通辽市教学标兵”50名。

【师资培训】 2016年,教育局起草《2016年通辽市中小学校长培训方案》,按分层、分类、分岗等方法,对校长进行全员轮训。全年完成培训10.6万人次,专任教师人均培训3次以上。完成普通话培训测试2542人次。2016年全国教师培训工作总结会上,通辽市作题为《创新引领培训,共享提升成果》的工作汇报,成为全国唯一一家作经验交流的地市级代表。

【中高考】 2016年,教育局制定《通辽市2016年中考方案》,召开全市中考工作会议、全市中考工作新闻发布会和全市职普统筹招生工作座谈会,印发《2016年全市高中阶段招生计划》。在中考命题、中考运行机制、考试组织形式、录取方式、高中阶段招生统筹5个方面进行改革。中考体育考试首次使用红外线电子测试,做到公平公正、阳光透明、数据准确。

【体卫艺】 2016年,教育局举办“全市第四届中学生运动会”。组织举办“市长杯”校园足球四级联赛、主城区高中秋季联赛和“娜荷芽杯”足球趣味活动。承办自治区“主席杯”东部区小学组女子校园足球联赛。组织开展学生近视眼预防知识讲座和宣传活动。承办全区中小学生艺术节东部区展演活动。

【校园安全】 2016年,教育局召开通辽市学校安全管理工作会议,下发《关于进一步加强全市学校安全管理工作的指导意见》《关于加强全市校园食品安全工作的通知》《关于进一步加强全市学校饮食安全管理工作的办法》《全市学校周边“小饭桌”管理办法》等一系列文件。完成通辽市对外承包、社会化经营学校食堂的收回工作。深入通辽市所有中小学幼儿园开展全面排查9次,检查学校520所次。健全完善中小学安全风险防控机制,各地各校校方责任险投保率达100%,学生意外险(本着自愿的原则)投保率达95%,有效减少校园安全事故的赔付压力。

【荣誉】 2016年,通辽市教育局获自治区“十二五”期间汉语言文字工作先进集体;获全国第五届中小学生艺术展演活动优秀组织奖;获全区中小学生艺术节优秀组织奖;被自治区关心下一代工作委员会、自治区教育厅、自治区青少年普法办评选为普法读书先进单位。

(张　澜　姜志立　于春来)

学前教育

通辽市蒙古族幼儿园

【概况】 通辽市蒙古族幼儿园,始建于1983年,主园占地面积11 292.4平方米,建筑面积约7500平方米。2015年在新城区建华路与叫来河大街交汇处又建一所分园,占地面积约1.3万平方米,建筑面积约6600平方米。蒙古族幼儿园是一所师资力量雄厚、功能齐全,规模化、高品质的自治区示范性幼儿园。曾获国家级巾帼文明单位、全国工人“先锋号”、自治区文明单位、自治区民族教育科研实验示范学校、自治区使用蒙古语先进集体等称号。2016年有1780名幼儿,按年龄分大、中、小3个年段,用蒙、汉两种语言授课。有教职工312名,其中专业教师189名,专业合格率100%。2016年招收蒙语授课幼儿190名。

【足球趣味活动】 2016年,通辽市“六一”国际儿童节“娜荷芽”杯幼儿足球趣味活动启动仪式在市蒙古族幼儿园举行,此次活动分启动仪式、趣味游戏、足球比赛三部分,活动历时一天。通辽市幼儿园、市蒙古族幼儿园、新城区第一中学幼儿园、科尔沁区铁路一幼4个园所参加此次活动。

【校园安全】 2016年,市蒙古族幼儿园开展消防、地震、防爆、防踩踏演练8次,交通安全讲座2次,安全检查10次。

【教育扶贫】 2016年,常勤、白迎春两位园长及年段主任一行5人到科左后旗努古斯台中心幼儿园开展送课下乡活动。

【师资培训】 2016年,开展13个项目的教师培训工作,全年完成培训2300多人次。通辽市艺术职业学院吴继东主任到市蒙古族幼儿园艺术领域进行业务指导培训(和声的基础训练),全体教职工参加此次活动。八省区国培教师一行80多人到市蒙古族幼儿园参观学习。

【教师队伍建设】 2016年,认定中小学教师资格8人,其中小学高级6人,小学初级2人。

完成1名中小学教师正高级职称的申报工作。

【家长学校】 2016年，召开通辽市家长学校工作推进会2次，辐射带动幼儿园的家长学校工作。

【荣誉】 2016年，市蒙古族幼儿园获得“卫生工作管理先进学校”称号；自治区第十届职工职业道德建设先进单位；2016年度优秀“妇女之家”称号。

通辽市幼儿园

【教育教学】 通辽市幼儿园以先进的理念培养孩子，以高尚的师德影响孩子，以卓越的目标引导孩子，以优质的游戏愉悦孩子，以良好的习惯要求孩子，以安全的设施保护孩子，以科学的配餐哺育孩子，以清洁的环境服务孩子为办园目标，构建科学的管理网络。

【校园活动】 2016年，通辽市幼儿园依据《通辽市校园足球发展十年规划》《通辽市校园足球学校评估认定办法》等一系列文件，将足球课列入幼儿园课程，并成功举办园长杯足球赛。参加通辽市教育局组织的娜荷芽杯幼儿足球趣味活动，开展足球文化进校园活动。开展交通文明进校园活动，家园共育做文明小市民。

【基础设施建设】 2016年，通辽市幼儿园按自治区示范园评估标准添置一批新的器械和玩教具，引进陶艺技术、安吉游戏设备等，让教师教育教学活动更加方便，让幼儿游戏更有趣味性。

【教师队伍建设】 2016年，通辽市幼儿园针对新教师、中青年教师、骨干教师3个层面，以在职进修、名师指导、师徒结对、多位提升等创新举措，引领教师不断提高理论素养和实践能力，师资队伍整体得到优化。成立幼儿园心理健康辅导中心，组织教师开展心理培训，教师队伍凝聚力增强，师德得到有效提升。

【后勤】 2016年，通辽市幼儿园后勤工作人员按时配齐、配足教师和幼儿的工作学习用品，更新办公桌椅，安装热水器、净水器。进一步规范、完善、执行各项卫生保健制度，加强过程性的检查与指导，加强各类卫生传染病的预防工作，做好消毒记录，利用家园共育专栏向家长宣传保健知识，协调幼儿园各部门认真优化校园环境卫生。

【荣誉】 2016年5月，通辽市幼儿园被中国宋庆龄基金会、中华全国体育基金会命名为全国幼儿体育（球类・足球）实验园；2016年12月，被内蒙古幼儿足球教育联盟评为幼儿足球教育联盟先进单位；2016年12月，被内蒙古幼教工作者协会、内蒙古幼儿体育专业委员会评为内蒙古幼儿足球教育实验园。

基础教育

通辽市实验小学

【概况】 通辽市实验小学始建于1957年，2016年有教学班83个，教职工238人，在校生4400多人。占地面积22 500平方米，建筑面积15 252平方米。教师队伍中大专以上学历194人，研究生硕士学位5人，小学特级教师3人，高级教师47人，正高教师2人，中级教师80人，一级教师63人。2016年重新修建一座封闭式足球训练场地，面积1000平方米。2016年，被市教育局确定为“学校文化与特色办学”试点校。

【教师队伍建设】 2016年，通辽市实验小学先后组织教师赴北京、赤峰等地参观学习。召开一年级教材与教师培训会议，邀请联盟校教师参加，对联盟校教师进行带培。承办2016年通辽市教育教学研究院主办的5次教改大课堂。组织教师参加通辽市名师工作坊培训会议、在开鲁县召开的大阅读公开课和“通辽市优质课、优秀教学设计、微课”等比赛活动。在自治区政府组织召开的“全面提升基础教育办学水平现场会”中，学校石显红老师为大会作课。组织教师参加内蒙古自治区基础教育科学“十三五”规划课题“语文大阅读行动研究”课题，同时在参加此课题组织的《感想敢言》征文活动中，28位同学作品入选，15位教师获指导奖。在通辽市教育教学研究院组织的“通辽市中小学幼儿园‘三说’比赛”中，学校参赛教师均获“教学能手”荣誉称号。组织教师参加内蒙古自治区“国培计划”中的“送课下乡”“置换脱产”“影子工程”等项目，为“国培计划”培训教师数百人，并接待国培学员来校跟岗听课学习。多次组织联盟校教师到校听课学习等活动,并派出优秀教师指导联盟校的语文、数学、英语等学科的教研活动。

【德育与安全防范】 2016年,通辽市实验小学组织少先队员参观少先队活动室,了解队史、队章、建队、呼号等知识,重温入队誓词。组织“我参与,我服务,我快乐”队干部竞选活动。通过新学期第一课、班队会、宣传栏、板报等重要育人节点对少先队员进行安全教育,帮助学生了解和掌握安全常识,提高安全防范意识和自救能力。对潜在的游戏玩具进行安全排查,并联合学校各职能部门,进行一次紧急疏散演练。

【文体活动】 2016年,通辽市实验小学在通辽市政府举办的第32个教师节表彰大会上,学校六年十五班全体少先队员代表全市30万中小学生向大会作题为“甘守三尺讲台,争做四有教师”的献词。组织三、四、五、六年级3000余名少先队员到温泉采摘园——湛露村实地体验现代农业发展,并进行户外拓展训练,培养学生创新思维和团队协作意识。组织五年级同学参加以“少年托起中国梦”为主题的诗歌朗诵比赛。为纪念红军长征胜利80周年,组织学生观看影视作品,并开展手抄报、板报比赛、主题演讲等活动。在自治区第四届汉字听写大会中,学校1名同学晋级冠军,3名同学获得季军,1名同学获得优胜奖。其中,于晶同学代表自治区赴中央电视台参加全国汉字听写大会。在全国小学生英语竞赛中,有79人获得全国和自治区奖项。组织学生到北京参加第十六届全国青少年机器人大赛,2名同学获银奖。录制的全区东部区校园艺术节舞蹈《绿军装的梦》,获自治区一等奖。组织学生参加“中华经典诵读、书香进校园”活动,邀请著名儿童文学作家黄宇为通辽市实验小学学生进行“奇思妙想去阅读 妙趣横生去写作”主题讲座。“科普专家报告团通辽行”进入校园,徐德师教授给五年级部分学生作“小学生怎样应对灾害”的专题报告。

【足球运动】 2016年,通辽市实验小学在“市长杯”足球比赛中,男队获得第二名,女队获得第一名;在“主席杯”东部赛区足球比赛中,男队获得第三名,女队获得第五名。先后派出或输送50余名队员参加“一带一路”国际青少年足球邀请赛、“通辽市精英训练营”赴法国参加比赛,派出30名队员到海南省、48名队员到广西省北海市参加集训,并派6名教师赴北海市进行文化课辅导。

【后勤保障】 2016年,通辽市实验小学严格执行财务管理制度,坚持收支两条线,做到账目清楚、程序合法、收费透明。对学校各种场地、校外周边环境、水电设施等进行定期检查、维修,排除安全隐患。规范校产的核查、统计与登记工作,对新增校产分类,并建立电子档案。物资采购严格按照操作规程进行,保证学校物资采购公开、公平、公正。学校全景融合视频投入使用,教学楼东侧足球训练馆封闭工程完成,各教学班多媒体更换完毕。统一更换四年级学生课桌椅,重新规划设计、安装楼内外高清监控设施。

【荣誉】 2016年,通辽市实验小学获全国小学生英语奥林匹克竞赛优胜单位;获得自治区汉字听写大赛一等奖。学校被通辽市科协授予“科技活动基地”称号,并在全国科技协会组织的机器人大赛中获银奖。

(陈立宇)

通辽市蒙古族学校

【概况】 通辽市蒙古族学校始建于1984年,是通辽市唯一一所市直九年义务教育民族(蒙古语授课)窗口学校。2012年9月迁至新校区,占地面积为8万平方米,建筑面积42 897.09平方米。有教学班54个,在校学生2896人,教职工240人。其中高级教师56人,中级教师61人,国家级教学能手2人,自治区级学科带头人5人,自治区级教学能手12人,市级教学能手14人,教师学历合格率达到100%。已成为区、市两级义务教育示范校和自治区民族教育科研实验示范学校;通辽市文明单位、民族团结先进集体、师德师风先进集体、“百年树人”项目学校和全国千所电教学校之一。学校以教育的“三个面向”为指针,牢固树立德育为首、教学为中心、质量为核心的三个教学理念,提出把学校创建成规模适度、结构合理、质量优异、具有民族特色的培养民族人才摇篮的办学目标,逐步形成“蒙汉兼通、三语并进、素质全面、和谐发展”的办学特色。

【教学管理】 2016 年，通辽市蒙古族学校通过“请进来”，发挥专家引领作用；通过“走出去”，推动教师专业发展。继续执行科尔沁区义务教育均衡发展暨主城区义务教育联盟，实现资源共享、共同提高。8 月，学校分别有一项校级课题和个人课题在教科所正式立项。

【德育】 2016 年，通辽市蒙古族学校通过开展“学雷锋”“从小牢记价值观 我做美德好少年”“认真学习队知识 争做优秀少先队员”和整治街路环境卫生等活动，加强学生心理健康教育，做好民族团结教育工作，创平安和谐校园。

【后勤保障】 2016 年，通辽市蒙古族学校以“创建平安校园”为载体，坚持“预防为主、标本兼治、重在治本”的原则，健全和规范平安校园的工作机制，形成安全管理网络。整章建制、规范管理，及时维修学校基础设施建设，完善教学环境和学习环境。

【荣誉】 2016 年，通辽市蒙古族学校被评为自治区级民族团结进步单位。

（包晶晶）

通辽蒙古族中学

【概况】 通辽蒙古族中学是一所蒙古语授课的“自治区示范性普通高中”，是通辽市乃至自治区办学质量高、办学效益好、办学特色鲜明的民族品牌学校。学校以“传承民族文化 促进多元发展”学校文化核心理念为导向，立足“内涵式发展、精品化办学”的总体思路，以改革创新为动力，以课堂教学为切入点，以课题研究为突破点，以构建多元化发展拓展性课程建设为支撑点，不断优化教师队伍结构，提升办学水平，提高教育教学质量。学校有教职工 295 名，其中特级教师 3 人，高级教师 148 人，中级教师 129 人，取得硕士学历 18 人。教师学历合格率达 100%。

【文体活动】 2016 年，通辽蒙古族中学在自治区第十四届“双杯”竞赛中，夺得明安图杯，包揽一、二、三等奖；尹湛纳西杯取得 2 个二等奖。举办以“有书作伴的蒙古语”为主题的首届纪念“第 21 个世界读书日”朗诵比赛活动。百名学生入选中国科协“家书载梦”航天科普教育实践主题活动，并以书信的形式将祝福送上太空，助力“神州十一号”飞船发射圆满成功。

【教师规划与发展】 2016 年，通辽蒙古族中学总结提炼出“传承民族文化 促进多元发展”的学校文化核心理念，成功立项通辽市首批“学校文化与特色办学实验学校”项目。以“教改大课堂”为引领，“三级建模”为主线，“说课标说教材”及说课活动为平台，全力推进课堂教学改革和教师的专业发展。举办学校首届“说课”比赛，并邀请天津市普育学校校长梁峰进行“课改、三级建模”专家讲座。同内蒙古民族大学签署青年教师和研究生联合培养协议书，并被内蒙古民族大学评为实习就业先进单位。

【德育工作】 2016 年，通辽蒙古族中学举办首届“我的文化我的班”班主任演讲比赛，开展“最美教室”评选系列活动；积极开展少年军校暨扎鲁特旗实践基地军训、重走长征路、成人仪式、社区志愿者服务等践行社会主义核心价值观主题教育实践活动和志愿者活动。

【体卫艺】 2016 年，通辽蒙古族中学继续开展并提升搏克那达慕、科尔沁民歌大赛、阳光体育冬季长跑等品牌活动。2016 年全区搏克锦标赛获男团冠军，通辽市市长杯足球联赛男队亚军、女队季军，市直高中秋季联赛男队亚军、女队季军，全市高中生室内五人制足球赛冠军。四声部 7 人马头琴重奏“博尔之金塔拉”在自治区校园艺术节东部赛区获器乐类一等奖，取得参加自治区校园艺术节艺术总展演的参赛资格；在通辽市沙塔尔比赛中获团体第一名并包揽个人前三名；在自治区啦啦操比赛中获道德风尚奖。在全国第五届中小学生艺术展演活动中学校代表自治区参赛的 40 人四声部合唱《嘎达梅林》获声乐组二等奖，四胡三弦合奏“蒙古说书调”获器乐组二等奖。

【党团工作】 2016 年，通辽蒙古族中学制定《通辽蒙中意识形态工作实施方案》和《通辽蒙中信访维稳工作实施方案》。校团委被团中央评为全国五四红旗团委，在通辽市首届公益活动“爱家乡、爱劳动，我为城市换新颜”的主题活动中取得第四名；入选全国首批 50 所中学生志愿服务示范学校创建单位。

【基础设施建设】 2016 年，通

辽蒙古族中学食堂扩建1743.95平方米,修建300平方米消防水池和泵房,新建2台630千伏安双向电源变压器、2个录播教室;添置93台电热水器,54个教室全部换成触摸一体机。

【荣誉】 2016年,通辽蒙古族中学获自治区“六五普法”先进集体、第三届青少年普法教育读书活动先进单位。

(何筱松)

通辽市第一中学

【概况】 通辽市第一中学创建于1926年,是通辽市成立最早的现代学校,被誉为“科尔沁草原教育的摇篮”。1979年被确定为自治区首批办好的重点中学。学校位于通辽市科尔沁大街27号,有78个教学班,教职工356人(专职教师338人),其中特级教师2人,高级教师150人,自治区草原英才1人,科尔沁英才2人,自治区骨干教师5人,市级骨干教师52人,硕士研究生22人,在读硕士研究生16人。通辽市第一中学以“严谨朴实、团结上进”为校训,确立“一切为学生”的办学理念,紧紧围绕“让学生满意,让家长满意,让社会满意”的办学宗旨,着力提高教育教学质量。

【德育】 2016年,通辽市第一中学通过构建学校、年级、班级三级自主管理体系,培养学生自主学习、自主管理、自主发展的能力。通过开展一系列大型活动及创新性活动,提高学生综合素质,增强仪式感。通过开展主题班会、制作宣传展板、告别晚会等系列活动,为高三年级毕业生创造舒适、文明的学习生活环境。强化住宿生管理,发现问题及时解决,同时开展宿舍文化节活动,倡导宿舍文明,展示学生良好精神面貌。通过开设相关课程、培养一批骨干教师、组织一系列活动,对学生进行职业生涯规划教育。通过成立特优班、重点班、普通版、特长班,实行学生分层管理。通过一系列常规活动,如清明祭扫、校园艺术节、军训、高考誓师活动、运动会、冬季越野赛等活动,培养学生集体意识、遵规守纪和吃苦耐劳的精神。

【教学管理】 2016年,通辽市第一中学在“一切为学生”的理念下,坚持“面向全体学生,不放弃任何学生,让每个学生成人成才”的原则,积极实践“四设计六环节”教学模式。对高三复习备考坚持“凡布置必落实,凡落实必检查,凡检查必量化,反量化必排名,凡排名必点评”的工作原则,组织严密,效果显著。

【教师队伍建设】 2016年,通辽市第一中学深入推广“四设计六环节”教学模式。精心组织新课改标杆课活动9人、信息技术应用能力示范课12人、“二级建模”公开课18人。选派19人参加津蒙冀教学设计联合体在锡林浩特、乌兰浩特举办的同课异构活动,真正使学生动起来,使课堂活起来,努力实现“最适合的教育,最优秀的教师,最活跃的学生”。积极参加通辽市教育研究院组织的“教改大课堂”活动,共选派24名教师参与听评课及讲课活动。2016年,选派172名教师到青岛、天津、银川、北京、杭州、南昌学习,提高教师专业化水平,拓宽教师视野,并邀请名师到校指导,提升学校的办学水平。

【校园文化建设】 2016年,通辽市第一中学在通辽市第四届中学生运动会比赛中田径项目获得团体总分第二名;话剧《只因为爱》在全区中小学生艺术节东部区展演中获得一等奖,并代表通辽市参加在乌兰察布市举办的全区文艺展演;选派优秀足球教练员7人次到北京、山东、赤峰等地进行培训,分两批选派男女足运动员31人到广西北海、北京进行集训,选派投掷队教练及学生到阜新体校学习、集训。

【荣誉】 2016年,通辽市第一中学获全国第四届和谐杯中学“七说”说课经验交流会优秀组织奖;2016年内蒙古自治区首届足球啦啦操锦标赛获得体育道德风尚奖;获自治区教育厅颁发校园足球韵律操三等奖。

(朱国志 岳 丹)

通辽市第五中学

【概况】 通辽市第五中学创建于1963年,2002年被自治区教育厅批准为通辽第一所自治区级示范性普通高中。在编教职工418人,其中特级教师2人,高级教师116人,全国模范教师1人,自治区级优秀教师2人,自治区级学科带头人2人,在校生5300余人。2008年被授予“全国精神文明建设工作先进单位”称号,2009年被授予“全国群众体育先进单位”称号,2010年被授予“全国科普创新示范学校”称号,2011年被授予“全国文明单位”称号,2012年被授予“全国未成年人思想道德建设工作先进单位”称号,2015年,被评为全国中小学心理健康教育特色学校。

【校园文化建设】 2016年,通辽市第五中学将文化建设摆在首位,不断指导和要求全体教职工深入理解和切实践行“厚德、敦学、笃行、至善”的五中精神,打造五中文化的灵魂,使之成为五中发展的内驱力,使五中团队具有明方向、识大局、敢担当的工作品质和细实严真的工作作风。

【教育教学】 2016年,通辽市第五中学继续推广和实施六步循环教学法,运用“互联网+”的思维方式和现代信息技术手段变革、改进课堂教学,打造智慧课堂,充分调动学生自主学习、自主探究的积极性,提高课堂效率。继续推行教学评价改革,完善“五级指标”教学评价体系,将教师的工作成绩与年终考核、评优、晋级等挂钩,带动教职工的工作积极性。注重青年教师的培养,开展青年教师过关课、外出学习汇报课等听评课活动,使听课评课成为常态。注重教学研究和对高考改革的研究,通过举办报告会、讲座,进一步增强教师对高考改革的认识;教研活动常态化,“研”字当先,形式多样。加强合作交流,与吉大附中实验学校正式签订合作协议,结为友好协作学校。打造优秀团队,以年级团队、教研组团队、班科任团队为建设核心,培养教师团队合作意识。学校教学质量大幅提升,2016年高考,学校有5位同学被清华北大录取,清华北大上线人数、“985”“211”院校录取人数、600分以上人数、一本二本上线人数均居于通辽市首位。

【综合素质培养】 2016年,通辽市第五中学继续推进“阳光体育”的开展,着力开展足球这一五中传统运动。2015年、2016年连续两年获得“市长杯”足球联赛冠军。成立毽球、跆拳道、空竹、攀岩、街舞等10余个学生运动社团。在2016年全国学科竞赛中,物理奥赛有6人获得全区一等奖,数学联赛9人获奖;在全国青少年科技创意大赛中,2人获得国家级二等奖,6人获得国家级三等奖,在机器人竞赛及网络虚拟机器人设计类比赛中,3人获得国家级一等奖,9人获得国家级二等奖;在德国纽伦堡国际发明比赛中,3人获得国际金奖,6人获得国际铜奖,并被授予“国际发明特色学校”称号。编写出版心理教育读本《幸福不只是一种传说》,开设生涯规划课程,由心理老师负责授课并与《通辽日报》合作开辟“聊心理”专栏。2016年4月,学校成为“中国高等教育学会教师教育分会学校心理健康教育委员会”第一届理事单位。

【德育】 2016年,通辽市第五中学在“文化德育、科学德育、和谐德育”的五中德育思想指导下,确立通辽五中德育体系,形成养成习惯、塑造人格、提升境界3个层面的层层深入模式。以活动为载体,寓德育于活动之中。举办“尔雅”读书沙龙阅读分享会、“传承雷锋精神,践行核心价值观”首届领导力大赛、抗战老兵进校园开展党史国史教育等德育活动。成功承办通辽市公祭孔子诞辰大典,纪念孔子诞辰2567周年,让学生在活动中领悟、感受、体验人生,进而形成高尚品格。注重青年志愿者队伍建设,通辽五中志愿者服务队已成为学校精神文明建设的窗口和亮丽风景,对全社会起到一定的辐射示范作用。

通辽市实验中学

【概况】 通辽实验中学(原通辽铁路中学)成立于1968年,原隶属沈阳铁路局通辽铁路分局。自2004年1月1日起,学校整改建制划归通辽市政府管理,成为通辽市教育局直属中学。学校于2003年晋升为内蒙古自治区示范性普通高中,2007年被人事部、教育部联合授予“全国教育系统先进集体”荣誉称号,同年获“全国中小学外语教研示范学校”称号。2009年被教育部、国家语委评为“国家级语言文字规范化示范校”。学校地处通辽市科尔沁区昆都仑大街东段,校园占地面积13.6万平方米。有教学楼3栋,科技楼1栋,学生公寓楼6栋,师生餐厅楼3栋,体育活动中心2座及其他附助用房,总建筑面积5.6万平方米。属地移交后,学校又扩大校园占地面积近9万平方米,拟增加建筑面积2万平方米,建设高标准、现代化运动场地2万平方米。塑胶篮球场15个,塑胶排球场7个,塑胶跑道运动场2个。学校是以高中办学为主的完全中学。有133个教学班,7900余名学生。其中高中98个教学班;初中35个教学班,教职工568人。

【教师队伍建设】 2016年5月,通辽实验中学正式启动翻转课堂与微课教学活动,派出15名教师赴上海、杭州学习,并进行多场次、多品牌的电子书包等设备产品的考察、研究、调试、试用工作。2016年7月,通辽实验中学第五轮中层干部竞聘上岗工作完成。37名有热情、有能力、有群众基础的干部走上管理岗位。通过人事局组织的社会公开招聘、研究生绿色通道和免费师范生招聘三条途径,经过层层筛选招收7名本科生、20名优秀研究生和6名优秀免费师范生,共计33人。

【教学成果】 2016年中考,曹楠同学以总分733.8分(超第二名5.1分)的优势获得通辽市中考状元;700分以上学生总数占全市总数的8%;202人超过分招线;特长生录取63人。2016年4月27日,通辽实验中学正式成为"中学生领导力培养"课题实验学校。"中学生领导力培养"课题是中国教育学会正式批准立项的"十一五""十二五"科研规划重点课题。2016年6月29日,由校团委组织申报的"中学生培育和践行社会主义核心价值观的路径研究"(课题批准号:2016ZD163)被确定2016年度全国学校共青团研究中心重点课题,是首次获批该项课题,也是内蒙古自治区唯一一所中学获批此类项课题。2016年10月28日,通辽实验中学成为中国科学技术大学优质生源基地在通辽市落户的第一所中学。2016年11月,以"生涯规划教育"为学校文化与特色办学申报立项被通辽市教育局批准,成为通辽市首批学校文化建设与特色办学实验学校(幼儿园)。承担的教育部全国教育科学规划"十二五"课题"构建高效课堂教学模式的实践研究"(课题批号AGH011137)结题,并获全国优秀成果一等奖。

【教学活动】 2016年,通辽实验中学举办第六届"栋梁杯""功勋杯"同课异构教学竞赛,并开展第六届"百花奖"标杆课展示活动。3项大型教学竞赛活动中88位教师参赛。2016年6月13日,精品录播课试运行正式举行,24位教师进行课堂展示。2016年10月,首次参加全国第四届和谐杯中学"七说"说课经验交流会,高中部派出8位教师参赛,衡中华、慕兵、张丽娟获得一等奖,张国良、李慧、郑新菲获得二等奖。组织参加2015—2016年度"一师一优课、一课一名师"活动,衡中华等11位教师获得市级优课,毕欣然等8位教师获得自治区优课。

【基础设施建设】 2016年,通辽实验中学投资130万元创建生涯规划测评室和多元智能探索活动室。建成高档互动录播课堂系统,含5个互动录播教室及配套的软件与网络平台,实现远程校外互动教学和自动多机位录课、直播、点播等功能,达到自治区领先水平;高三、初中更新75套自治区领先水平的最新激光投影机和壁挂一体机绿板结构媒体。2016年学校建成多处LED显示屏,学校外网重建完成并在阿里云成功上线,启用学校微信公众号。2016年8月,投资259万元更新主运动场塑胶跑道。2016年8月,投资60万元,对广场道路进行改造。2016年9月1日起,校食堂由个人承包经营转变为学校自主经营。

【体育竞赛】 2016年,通辽实验中学在通辽市第四届中学生运动会上,获得女子毽球、男女乒乓球团体、男女排球、男女篮球、男女田径第一名,总成绩第一名。在鄂尔多斯举办的2016年"体彩杯"内蒙古自治区青少年排球锦标赛中,男排获得冠军,创造通辽历史上最好成绩。在呼和浩特市举行的2016年"体彩杯"内蒙古自治区篮球项目特色学校锦标赛中,女篮获得亚军、男篮获得第四名。承办通辽市第四届中学生运动会篮球、排球、田径赛事。在河北省衡水市第一中学举行的"天骄女篮联盟"全国重点中学女篮邀请赛中,女篮取得八胜二负的战绩,最终获得初中组第三名。

【师生活动】 2016年,通辽实验中学向扎鲁特旗第五中学捐赠3292本课外文学读物和学习资料等书籍,是通辽实验中学团委初中团总支开展的"书香传情 知识共享"世界读书日向农区学校赠书活动。活动开展的五年来，向 6 所农区学校捐书 2 万余册。2016 年 5 月 27 日，通辽实验中学第三届“告别童年 迈入青春——14 岁青春礼”主题活动在通辽实验中学体育馆举行。2016 年 7 月，先锋中学生社团为内蒙古自治区唯一一所受邀参加在深圳举行的第一届先锋中学生国际联盟峰会；8 月，模拟联合国社团代表内蒙古自治区参加全国第三届中学生模拟联合国大会并获优秀组织奖。2016 年 10 月 13 日，2016—2017 学年教职工运动会在主操场举行。2016 年 10 月 20 日，承办通辽市“初心永不忘 追忆长征路”纪念长征胜利 80 周年暨中职中学“三年跑完长征路”红色实践教育活动表彰大会。2016 年 10 月 24 日，以“最美家庭、弘扬好家风好家训”为主题的职工书屋活动在学校职工书屋举行。

（许　超　李春全）

通辽新城第一中学

【概况】 通辽新城第一中学，2004 年建校，是一所集幼儿园、小学、初中、高中四段一体的十五年一贯制学校。校园面积 28 万平方米，建筑面积 14.8 万平方米。建校时为一所私立学校，2007 年由通辽市政府接收，转制后划归通辽第一中学，为通辽第一中学北校区。2014 年 8 月，学校与通辽一中分离，独立办学，更名为通辽新城第一中学。有教学班 116 个，学生总数 5479 人，学校核定编制为 398 名，专任教师 336 人。

2016 年 11 月，自治区机构编制委员会批准通辽新城第一中学升格为正处级事业单位，核定处级领导职数 4 名（2 正 2 副）。

【教师队伍建设】 2016 年，通辽新城第一中学共外派教师 311 人次赴北京、上海、南京、广州、哈尔滨、呼和浩特等地学习培训。招录新教师 23 人，其中研究生 16 人、免费师范生 7 人。开展第二轮教师“岗位练兵”活动。举办“第二届课堂教学创新大赛”，初高中课堂建模专题研讨等活动。

【德育】 2016 年，通辽新城第一中学树立“纯真教育”核心理念，以学段为单位，每周开展系列主题教育活动，对学生进行社会主义核心价值观教育、理想信念教育、文明法治教育，培育学生成长的精神基础。通过开展班主任“我的教育故事”演讲比赛、主题班会大赛和“我的班级文化观”班主任工作研讨会等活动，加强班主任队伍素质建设，提高班主任队伍的综合素质。

【校园建设】 2016 年，通辽新城第一中学完成幼小初高 4 个教学楼、3 个学生公寓、1 个学生餐厅和科技馆的维修改造，新建 2 个校门（东门、北门）。完成自来水接装，新建开水房，重修家属区和学校之间的围墙，对部分屋面防水及供热系统进行维修。安装数码高清校园监控系统，更新校园广播系统、网络设备、班级多媒体 110 套，更新理化生实验室、计算机教室、录播教室、创新实验室等共计 24 个，更新教师办公电脑 400 台、教师办公桌椅 400 套、学生课桌椅 6800 套，学生床 3200 套，幼儿园玩具教具全部更新，教学楼安装 20 台直饮机，更新食堂后厨设备。维修改造 3 块运动场地，总面积 33 万平方米，新建 3 个笼式足球场地、1 个排球羽毛球场地、2 个幼儿园室内足球场地。

【文化建设】 2016 年，通辽新城第一中学成立校园文化建设小组，完成学校理念文化系统的构架和道路、楼馆命名、标识设计和校园导视系统设计。启动教学楼、宿舍楼等学生学习生活场所的壁廊文化建设。启动书香校园建设工作，在教学楼内设立开放性书吧，如小学“读读吧”、初中“看看吧”、高中“分享吧”，倡导“推荐一本书分享一千册”课余读书活动。在初中段举办“百星讲坛”读书交流活动，高中段开设阅读课。

【荣誉】 2016 年 3 月，学生筑梦合唱团原创作品《在阳光下成长》获自治区艺术展演第三名。2016 年 7 月，在全国第二届“和谐杯”中小幼“我的文化我的班”经验交流会中，获优秀组织奖。2016 年 7 月，在全国第七届和谐杯中小幼“说课标（指南）说教材”大赛中，3 位教师获得特等奖，5 名教师获得一等奖，学校获团体金牌奖和优秀组织奖。2016 年 12 月，在全国第四届和谐杯中学“七说”说课演讲比赛中，9 名教师获得特等奖，8 名教师获得一等奖，学校获团体金牌奖和优秀组织奖。

中等职业教育

内蒙古自治区煤炭工业技术学校

【概况】　内蒙古自治区煤炭工业技术学校创建于1980年,校名为霍林河煤炭基本建设技工学校,隶属于煤炭工业部;1986年学校更名为东北煤田地质勘探技工学校,隶属于东北煤田地质局;1998年学校更名为内蒙古自治区煤炭工业技术学校,隶属于内蒙古自治区煤田地质局;2008年学校保留原有名称,建立通辽市职业教育中心,直属于通辽市教育局,是省部级重点技工学校、国务院扶贫办劳动力转移培训示范基地、国家职业技能鉴定站、自治区技术等级定点培训单位。建校36年来,学校曾先后被国家七部委、内蒙古自治区人民政府评为农村劳动力转移就业先进单位、先进学校。

学校地处通辽经济技术开发区,设有驾校、汽车修理厂、计算机平面设计中心等实训场所30余处,各类实训设备900余台(套)。有在籍学生845人。开设汽车运用与维修、学前教育、机电技术应用、工程机械运用与维修、计算机平面设计、电子商务、计算机网络技术、风电场机电设备运行与维护等专业;同时开设汽车修理、计算机、学前教育类专业对口升学班,就读3年参加全国统一高考,录取后可进升到同类专业的专、本科院校学习。

【促进就业】　2016年3月,内蒙古自治区煤炭工业技术学校与内蒙古可意网和创客通辽签署合作协议,在学校设立可意网分公司,组建实训基地,为提高学生的基本能力、专业能力、职业能力及学习质量与技能水平起到积极的推动作用;6月,在创客通辽设立“内煤技校电子商务实习就业创业基地”,为学生实习、就业、创业提供良好条件。2016年7月,学校与内蒙古公安消防总队签订“共建军地两用人才培训基地合作协议”,将学校设立为内蒙古公安消防总队的“军地两用人才培训基地”。

【教育教研】　2016年,内蒙古自治区煤炭工业技术学校课题研究工作取得新突破,其中2个“十三五”重点课题已结题,2个“十三五”子课题进入第二阶段,3个自治区教育科学规划课题已成功立项。收集整理教师论文72篇,编辑印刷成《教育教学论文汇编》。

【荣誉】　2016年11月,内蒙古自治区煤炭工业技术学校被教育厅评为自治区级“德育工作先进集体”称号;2016年,被评为国防教育特色学校。

(门智宴　缪晶晶)

高等教育

内蒙古民族大学

【概况】　内蒙古民族大学是内蒙古自治区重点建设高校,是国家民族事务委员会和内蒙古自治区人民政府共建的一所综合性民族大学,也是国家“十三五”中西部高校基础能力建设工程(二期)支持高校。学校始建于1958年。2000年由原内蒙古民族师范学院、内蒙古蒙医学院、哲里木畜牧学院合并组建。学校是中国政府奖学金来华留学生培养单位,已与俄罗斯布里亚特国立农业大学、蒙古国国立医科大学、美国杰克逊威尔州立大学、澳大利亚纽卡斯尔大学、日本上越教育大学、韩国江原大学等28所国外高校和机构建立友好合作关系。是国家留学基金委“国际本科学术互认课程(ISEC)”项目培养单位,共开设“ISEC”项目专业3个。学校位于内蒙古自治区东部,坐落在被誉为“科尔沁草原明珠”的通辽市,拥有霍林河、西拉木伦2个校区,占地面积104.34万平方米,建筑面积53.24万平方米,馆藏纸质图书164万余册。

学校全日制在校学生22 591人,其中普通专科学生381人,普通本科学生20 819人,少数民族预科学生119人,硕士研究生753人,博士研究生9人,留学生510人,另有成人教育学生1870人。教职工1739人,其中专任教师1119人,具有高级职称教师570人,具有博士学位教师243人。

学校有国家级教学团队1个,国家级特色专业3个,国家级综合改革试点专业1个,国家级“卓越医生(中医)教育培养计划”项目专业1个,国家级产学合作专业综合改革试点项目1个,国家级实验教学示范中心1个,国家级大学生校外实践教育基地1个,国家级大学生创新创业训练基地1个；有自治区级综合改革试点专业1个，自治区级重点建设专业4个，自治区级品牌专业17个，自治区级实验教学示范中心4个，自治区级精品课程39门，自治区级教学团队11个。

学校有省部级重点学科(含重点培育学科)13个；省部级科研平台17个，其中国家民委—教育部重点实验室1个，自治区级重点实验室(工程中心)8个。国家民委人文社会科学研究基地1个，全国社会科学普及基地1个，国家体育总局研究基地1个，自治区研究基地5个，省部级协同创新中心1个，省部级科技创新团队4个。

【李纪恒考察调研】 2016年10月5日，自治区党委书记李纪恒到内蒙古民族大学考察调研。其间，李纪恒走进内蒙古民族大学博物馆，认真听取博物馆工作人员介绍内蒙古民族教育的发展进步；走进蒙医药馆及蒙医学院实验室，详细听取学科建设、人才培养及研究成果等介绍。李纪恒指出，蒙医药是蒙古族人民宝贵的文化遗产，也是祖国医学的重要组成部分，要真正把蒙医蒙药做大做强，造福各族人民。要高度重视、大力支持蒙医药等高校重点实验室建设，为经济社会发展提供有力的科技支撑。

【课程建设】 2016年，内蒙古民族大学立项建设校级精品课程20门，网络资源课程192门，精品视频公开课3门。建成优秀课程58门，校级精品课程28门，自治区级精品课程39门。共开设本科课程3031门，其中必修课程1200门，占课程总门数的39.6%；选修课程1450门，占课程总门数的47.8%；实践课程381门，占课程总门数的12.6%；开设通识素质课107门，新增通识素质课22门，选课学生达到40 329人次，课程资源基本满足在校学生的需要。

【教材建设】 2016年，内蒙古民族大学共订购教材1720种、33.3万余册。其中必修课程教材1200种、27万册，选修课程教材520种、6.3万册。在选用的全部教材中，选用省(部)级以上的优秀教材、规划教材比例占订购教材总数的76.9%。学校积极组织蒙古语授课教师申报蒙文规划教材编写任务，并在2016年获得6部蒙古文教材编写资格。学校对《实用基础汉语教程》等9部教材规划立项，每部教材资助经费2万元。

【本科生教育】 2016年，内蒙古民族大学有本科专业72个，涵盖经济学、法学、教育学、文学、历史学、理学、工学、农学、医学、管理学、艺术学11个学科门类，其中蒙古语授课专业26个，招收少数民族预科生专业8个。2016年新增小学教育、数字媒体技术2个本科专业。

【研究生教育】 2016年，内蒙古民族大学有服务国家特殊需求蒙药学博士人才项目1个，硕士学位授权一级学科11个，硕士学位授权二级学科73个，其中61个学科专业已在教育部备案招收硕士研究生，分属法学、教育学、文学、历史学、理学、农学、医学等7个学科门类，具有农业硕士、中医硕士、公共管理硕士、教育硕士4个专业学位授权类别，分别在作物、养殖、民族医学、中西医结合临床、教育管理、学科教学(化学)、学科教学(体育)、学科教学(语文)、学科教学(英语)等专业领域招收硕士专业学位研究生。2016年有博士生导师11人，硕士生导师232人。2016年共2名研究生获得博士学位、249名研究生获得硕士学位。

【研究生招生】 2016年，内蒙古民族大学共招收全日制博士研究生4人，硕士研究生270人，其中学术学位硕士研究生129人，专业学位硕士研究生141人。招收在职农业硕士10人，留学博士研究生3人，留学硕士研究生47人，在校研究生规模达到953人。

【附属医院建设】 内蒙古民族大学有直属附属医院1所，是国家三级甲等民族综合医院，是全国唯一一家国家级重点蒙西医结合医院，也是国家执业医师考试考点、国家首批蒙医住院医师规范化培训基地和临床住院医师规范化培训基地。有正在建设中的非直属附属医院4所，分别是第二附属医院(内蒙古林业总医院)、第三附属医院(赤峰市第二医院)、呼伦贝尔临床医学院(呼伦贝尔市人民医院)。附属蒙医医院(通辽蒙医中心医院)。

【科研成果及奖励】 2016年，内蒙古民族大学获国家自然科学基金和国家社会科学基金资助立项29个,获教育部人文社科研究项目2个;获自治区各类项目90个,全年纵向科研课题总资助经费达1801.26万元;获省部级以上各类成果奖34项;公开发表学术论文1376篇,被SCI收录132篇,EI收录104篇;获授权专利52项;通过科技成果鉴定3项。邀请国内外专家来校学术讲座80场次,举办或承办全国性学术会议11次,新增自治区教育厅高校创新平台建设1个,省部级重点实验室6个,自治区教育厅高校创新团队1个。

2016年,内蒙古民族大学发放各类科研奖金共5 520 831.40元。其中,第三次科技工作会议给予科研先进集体、先进个人发放奖金1 371 000元;年终发放学术论文奖励金额1 698 259元,鉴定成果和获奖成果奖励金额7000元,授权专利奖励金额100 000元,校外专家学术报告奖励金额77 400元,科技成果转化奖励35 000元,科研立项奖励金额2 167 172.40元。

【国际交流】 内蒙古民族大学国际交流学院(外事办公室、港澳台事务管理办公室)是专门从事国际教育交流与合作以及港澳台事务的教学与管理机构,是教育部确定的来华留学生汉语培训基地,也是中国政府奖学金及内蒙古政府奖学金(蒙古国)留学生培养单位。负责外国留学生的招生、培养、教学、管理等日常工作;承担内蒙古民族大学国际合作与交流、因公出访人员审批手续、在校外籍人员居留许可手续办理、聘请外籍文教专家等工作职责。学院设有办公室、学生管理科、教务科、外事科4个职能科室。公寓管理服务人员15人。有来自巴基斯坦、蒙古、俄罗斯、加纳、喀麦隆、吉尔吉斯斯坦、日本等18个国家的留学生487人。所学专业涵盖法、教育、文、史、理、工、农、医、管理、经济等11个学科门类,包含蒙医学、蒙药学、临床医学、经济学、国际经济与贸易、旅游管理、汉语言文学、市场营销、心理学、食品科学与工程、软件工程等20多个专业和研究方向。2016年,拥有外籍教师公寓7套、外籍专家公寓7间及供外籍教师居住周转房3套,留学生公寓楼4栋,床位395张。拥有标准留学生教室4间,数字化语言视频教室3个。

【对外交流与合作】 2016年,内蒙古民族大学领导干部因公临时出国访问、师生公派出国留学、协作院校校际交换生共计90人次,涉及美国、法国、加拿大、英国、澳大利亚等13个国家。2016年,完成中外合作护理学项目延期招生申请报告工作;完成中国政府奖学金"高校项目"申报计划、国家公派汉语教师推荐选拔工作、遴选日本大分大学、茨城大学交换生工作。

【物资设备采购】 2016年,内蒙古民族大学共完成政府采购项目38个,发布采购公告153条,采购预算金额6250.14万元,实际中标金额5964.10万元,为学校节约资金283.04万元。召开政府采购会议59次,签订政府采购合同93份。为新生代购床上用品预算175万元,合同金额169.75万元,折扣率97%。建成符合标准的评标室,供全校各类招标采购活动使用。完成学校图书馆书店和复印室招租工作。编写《招(议)标工作会议纪要汇编(2016年)》,记录全年的政府采购活动。

【荣誉】 白海花、段莉梅入选内蒙古自治区"草原英才"个人,马德慧入选内蒙古自治区"草原英才"创新团队,鲍布日额被授予国务院政府特殊津贴专家。

(内蒙古民族大学年鉴编辑部)

通辽职业学院

【专业课程】 2016年,通辽职业学院首次举办高职本科并实行单独招生,分别与内蒙古民族大学、内蒙古医科大学联办药学、护理2个高职本科专业,学院高职专业17个,中职专业14个,"专升本"院校扩展到4所。已建成13门自治区级精品课程。

【师资配备】 2016年,通辽职业学院协调人社部门等引进硕士研究生和"985"高校本科毕业生32人,公开招录教师30人,通过政府购买服务公开招聘教师14人,调入专业课教师9人,教学一线师资力量得到充实。调整内设机构28个。通过竞聘方式,新聘正处级环节干部22人。百名教师进企业、百名企业专家进校园的"双百工程"扎实推进,"双师"素质教师培养、认定进展顺利,自治区级教学名师增加至6人,自治区级教学团队5个。

【学生管理】 2016年,通辽职业学院成立马列教学部，依托课堂教学主阵地，组织开展“践行校训、凝炼三风”主题活动，通过举办书画展、演讲比赛等多种形式，引导学生尊师爱校、自觉遵守校规校纪，学生责任意识、大局意识和自律意识增强。完善学生工作二级管理体制，形成学院、教学系、班级、宿舍四级管理模式。学生心理健康教育扎实开展，全面完成学生心理普查，对41名问题学生进行心理干预。学院自筹奖助学金95万元，设立勤工俭学岗位158个，争取社会捐助80万元，学生资助体系不断完善。新制定学院规章制度8大类100项，学院管理向制度化、规范化迈进。

【基础设施建设】 2016年，通辽职业学院办学投入9033万元，较2011年4268万元增长112%，其中，教学投入2994万元，较2011年增长384%。争取自治区和市级专项资金3900万元，启动实施楼舍维修改造、校园信息化建设等10项重点工程，共维修改造楼宇14栋，改造面积10万平方米，更换门窗5230个，维修改造卫生间270个，更换学生桌椅5500套；校园网总带宽提高到1.3G，免费Wi－Fi实现校园全覆盖。协调通辽市住建委、通辽市交通局、通辽市园林局和通辽市信息化中心等多家部门单位，投入资金3600万元，启动过街天桥项目，硬化校园路面5.1万平方米，绿化10万平方米；借助智慧城市建设项目，为学院安装视频监控点708个，设立视频监控主控室1个、分控室24个；在宿舍区和教学区建设公共自行车点位3个，投放自行车120辆；在校园内引入中国银行、建设银行、包商银行、邮政储蓄银行等多家金融单位，设立多处ATM机和自助银行。实施“方便师生”工程，投入资金368万元，开工建设洗衣房、开水房，完成供热、供水泵站改造，改建培训中心，协调中国邮政等8家快递公司建设快递中转站，师生工作、学习、生活环境得到进一步优化。

【教学科研】 2016年，通辽职业学院多次邀请专家教授到院讲学，组织教师赴京津沪等地院校开展学术交流，共派出100名骨干教师赴清华大学参加培训。完成科研课题立项38项，其中，自治区重点课题1项、区级课题14项，获得发明专利3项。1名教师获自治区级“教学名师”称号。

【校企合作】 2016年，通辽职业学院按照“专业设置与产业需求对接、课程内容与职业标准对接、教学过程与生产过程对接”的工作思路，推动人才培养链和产业链相互融合、有效衔接，已建成校内实践基地92个。成功与葵花药业集团开展联合办学，合作建立员工培训基地，开办“葵花药业班”，实行订单培养。与北京中清研信息技术研究院深度磋商，达成合作意向，完成项目一期建设。与北京世纪坛医院、吉林大药房、北京泽仁恒通科技等企事业单位保持长期稳定合作关系，校外合作伙伴达到122个，其中顶岗实习基地77个，年接待实习学生1600多人次。

【招生就业】 2016年，通辽职业学院与内蒙古医科大学、内蒙古民族大学联办药学、护理2个高职本科专业，开设康复医疗专业大专班，增加对护理、学前教育等重点专业、品牌专业的招生名额。招录新生人数突破3000人大关，区外招生范围扩大到广东、云南、贵州、辽宁、吉林5省市。生源质量逐年提高，2016年招生3320人，专科以上录取人数达到2550人，占比80%，专科第一志愿录取率达到97%，全日制在校生达到8450人。各科类录取分数线在全区同类院校位居前列，其中对口医学类最低录取分数线达到402分，在自治区排名第一。共安排实习生1613人次，40个实训基地为实习生发放顶岗实习工资。举办就业专题讲座12场，毕业生就业洽谈会10次，组织参加自治区各类大型人才及网上招聘活动2000余人次。2016年毕业的1959名专科毕业生中，1724人已实现稳定就业，就业率达88%。

【职业培训】 2016年，通辽职业学院持续推行学生“双证书”制度，开展汽车修理、化学检验、物流师等10余类工种的职业资格鉴定，培训鉴定在校生1091人，学生获“双证书”人数达80%以上。依托蒙东情家政服务港，面向社会培训养老护理人员和育婴师127人；与通辽市人社局合作举办市职业技能社会化鉴定培训班，培训保健按摩师、保育员、育婴师等工种职业技能鉴定人员69人；先后承接通辽市建筑行业管理人员行业培训、旗县食品药品检验工作人员培训、科左中旗转业军人技能培训、全市法院书记员培训等各类社会培训任务,共计培训学员1615人。

【校园安全】 2016年,通辽职业学院对校园保安公司进行公开招标,协调公安、城管部门建立联防联控机制,4名专职人员入驻学院,实行24小时全天候值守。协调通辽市安监、消防等7个部门对学院消防设施、供电、燃气、食品卫生及校园周边安全开展联合检查,整改各类安全隐患34项。完善安全工作应急预案,组建学院安全工作微信群,安全工作管理体制和运行机制得到完善。

【荣誉】 2016年4月,通辽职业学院护理系获得内蒙古自治区高等职业学院护理技能大赛一等奖;2016年6月,通辽职业学院护理系获得全国职业院校技能大赛高职护理技能大赛三等奖;在自治区职业院校技能大赛中,信息技术系获"计算机网络应用"和"4G全网建设技术"项2个团体三等奖。

(冯杰飞)

科尔沁艺术职业学院

【概况】 科尔沁艺术职业学院校舍占地面积68 745平方米,固定资产26 767万元,其中仪器设备1897万元,信息化设备资产358万元,图书10.17万册,计算机388台,教室142间(含多媒体教室12间),校园网出口总带宽100兆位/秒。学院编制人员共268人,实有在岗教职工255人,其中少数民族教师138人,专任教师198人,研究生学历教师13人,硕士学位教师22人。各类在校生共1372人,其中少数民族学生680人。2016年,共开设14个专业,建成2个自治区级品牌专业和6个精品课程,全国职业院校民族文化传承与创新示范专业点1个,培养自治区级优秀教学团队4个,自治区级教学名师、教坛新秀6人,新增自治区级教学名师1人,自治区级教学团队1个。

【教育教学】 2016年,科尔沁艺术职业学院带头抓常规教学,赴联系点听课、评课,严格落实教学过程管理及质量监控督导,处理通报违规教师4人次。新建大师工作室2个,聘请蒙古族图案绘画传承人进行图案研发,邀请蒙古族皮雕工艺美术大师来院进行皮雕指导、创作,为师生提供提高艺术素养的平台。教师完成科研课题4项,省级以上论文70余篇;完成"抗弦变耐用扬琴"成果鉴定,面向社会公开招录10名急需教师。2016年,在校生1372人,大中专共招生506人,录取率85%,毕业生就业率达92.9%。

【学生管理】 2016年,科尔沁艺术职业学院以思想教育为主线,将中国特色社会主义、中国梦、社会主义核心价值观融入学生思想政治教育全过程。围绕"四进四信""三走"、校园安全教育等,开展主题班会、专题讲座、社会实践、重大纪念活动15次。制定《学生管理暂行办法》,通报处理违纪学生28人次,表扬17人次。

【合作办学】 2016年,科尔沁艺术职业学院承办通辽市"联合办学、教育脱贫"座谈会,与北京广汇京通航空服务有限公司合作开办空中乘务项目,与包头服务管理职业学院开办学历衔接教育合作。继续与北京商鲲教育集团合作,输送高铁乘务员300名,累计1600名。新增赤峰市蒙东演艺学校、赤峰市马喆舞蹈艺术学校等联合办学单位,累计35家。

【校园活动】 2016年,科尔沁艺术职业学院按照"以学术为中心,以展演为主体"的定位,围绕建校40周年开展系列活动;组织教师开展说课比赛、公开课、教案评选、教学名师评选等活动11次;承办新筝与钢琴大协奏创世界纪录活动、全区中小学生艺术展演;组织师生参加第五届全国少数民族文艺会演及科尔沁民族音乐艺术展演。师生参加区内外艺术交流比赛16次,获奖60人次。教学系列展演活动日期间,各系先后组织专场展演9场,大型综合晚会一场,演职人员累计720人次,观众累计6800人次,邀请客座教授、非遗传承人等专家学者讲座11场,校内观摩课25堂。

【服务保障】 2016年,科尔沁艺术职业学院定期对校舍、食品卫生、消防、教学设备等进行安全检查,消除安全隐患,保障正常教学秩序。依法解决涉诉案件4起,完成宿舍楼、音乐楼修缮工程,并筹措资金化解债务500万元;制定消防隐患整改方案,组织师生参加消防演练、培训讲座3次,对辽河剧院增加发电机组,对消防设施器材进行重新配置,促使主教学楼通过消防验收。

【荣誉】 2016年,科尔沁艺术职业学院承办的"实现梦想"全国才艺展演暨新筝与钢琴大协奏创造世界纪录活动中,355名筝师、11名钢琴师在学院广场完成人数最多、演奏的曲目时长6分钟以上的新筝与钢琴大协奏(名曲《乌江悲歌》)创下吉尼斯世界纪录;音乐理论课程教学团队被评为自治区级教学团队。

(周晓东)

特殊教育

【概况】 通辽市特殊教育学校始建于1976年5月,原名聋哑学校,归科尔沁区教育局管辖。原河西盲童学校、原和平小学(智障学校)分别于1995年和1996年先后并入。三校合一后成为一所招收盲、聋、智障三类残疾学生的十五年免费特殊教育学校于2002年10月上划为市教育局直属学校。

1989年,受自治区教育厅、残联的委托承担对通辽市3~7周岁听力残疾儿童进行"听力语言康复训练"和聋儿师资培训任务。1999年,承担由北京"金钥匙"视障研究中心及自治区教育厅下达的"金钥匙"视障教育资源中心的任务。2003年,被命名为"内蒙古东部地区特殊教育资源中心",主要负责三类残疾儿童少年教材、教具、学习用品用具的采购、供应、发放及各类残疾儿童少年随班就读的师资培训任务。

【教师队伍建设】 2016年,通辽市特殊教育学校选派教师进行外出学习进修,使新知识、新思想得到传承,全面更新和提升教师教学理念。利用业务学习时间开展"教师专业知识讲坛",每次由一名教师围绕一个专题展开讲座。

【送教上门】 2016年,通辽市特殊教育学校为12名学生开展送教上门服务,2名普校学生到学校个训。送教及个训课程涉及生活语文、感知认知、精细动作、言语康复等多个方面。

【家长学校】 2016年3月,通辽市特殊教育学校开展"家校同携手 共铺成长路"——低年级家长学堂。2016年5月,开展"父母是天生的催眠师"家长学堂。全年120多名学生家长参加题为《家庭教育是教育的起点和基点》的家长学堂培训活动,培训通过对家庭教育、学校教育、社会教育和自我教育的比较,多元排队等活动,探索原生家庭对人的影响。2016年,召开家长培训班4次,并定期开展家长开放日活动。

【文体活动】 2016年3月,通辽市特殊教育学校开展围绕"学雷锋""三爱"教育为主题的系列活动。2016年4月2日,即第九个世界自闭症关注日,学校举行观看相关报道、观看自闭症儿童微电影、全校教师制作心愿卡、现场布置自闭症展示板、展板宣传自闭症知识等活动。5月9日,学校盲生部与通辽市图书馆盲文支馆共同举办"读书快乐、放飞梦想"为主题的庆祝世界读书日活动。

体　育

【概况】 通辽市体育局于2003年10月从原通辽市教体局中分离,成为独立的政府职能部门。核定编制10人,下设4个职能科室,即办公室、经济法规科、群众体育科、竞技体育科;3个二级单位,即市体育中学、市体育总会秘书处、市体育彩票管理中心;内设通辽市体育市场管理办公室、通辽市足球管理中心。2016年成立通辽市体育局党务办公室。

【体育工作会议】 3月25日,通辽市体育工作暨足球改革发展工作会议召开。会议总结2015年全市体育工作,部署2016年重点工作任务。会议表彰2015年度足球工作先进集体和个人。市政府向3位高水平足球教练颁发足球顾问聘书,与各旗县市区签订目标责任状。12月23日,2016年全市足球改革发展领导小组工作会议召开。会议对年初以来全市足球工作开展情况进行总结,就全市足球改革与发展进行深入讨论,对下一步工作进行安排和部署。市足球改革发展领导小组组长、市政府副市长于沨主持会议并作重要讲话。

【青少年体育】 1月16—21日,2016年自治区"一带一路"国际青少年足球冬令营圆满落幕。通辽市男子足球代表队以6胜1平1负40粒净胜球夺冠,女子代表队以5胜1平15粒净胜球夺冠。2016年中国足球协会第十九届“贝贝杯”青少年男子U12(12岁及以下)足球赛在张家港市举办,通辽市作为代表内蒙古自治区的唯一一支球队,成功进入全国前12强,位列第11名。“内蒙古青少年足球日”校园公益活动于2016年3月1日在全区范围隆重启幕,通辽市活动地点为通辽市第二中学,活动的主题为阳光体育、快乐足球。2016年内蒙古自治区“电力杯”“一带一路”国际青少年足球夏令营总决赛在呼和浩特青少年足球训练基地圆满闭幕,通辽U13(13岁及以下)足球小将获得第三名。

6月10日,通辽市青少年足球代表队赴法国参加“2016年U12国际少年足球邀请赛”。此项赛事,是配合2016年欧洲杯开展的系列活动之一,是自治区被确定为足球改革试点省区以来,第一次外派足球队伍代表中国参加洲际性赛事,是自治区加快推进足球改革发展的一项重要举措。7月13日,通辽市U13、U15(15岁及以下)青少年足球代表队,赴自治区参加“一带一路”国际青少年足球夏令营,以小组冠军进入决赛。9月29日上午,2016年全国青少年男子足球U13联赛,第三阶段通辽赛区比赛在市奥体中心正式开赛。

2016年“体彩杯”内蒙古自治区青少年速度滑冰锦标赛于3月29日在吉林省长春市拉开帷幕。通辽市体育局局长孙忠礼出席此次活动。通辽市运动员孙浩在男子甲组1000米比赛中获得第一名,李欣宇和宋月分获女子甲组1000米第一、二名,吕佳获得女子乙组1000米第三名,女子甲组3000米比赛前三名分别被通辽市运动员李欣宇、修铭茁、韩婷婷包揽。

2016年“体彩杯”全市青少年篮球锦标赛于5月27日在扎鲁特旗开幕,来自8个旗县市区及1个通辽经济技术开发区的120名运动员参加比赛。

2016年自治区青少年国际式摔跤锦标赛于6月16日在乌兰察布圆满落幕,通辽市代表队共有120人参加,通辽市代表团共获得:古典式摔跤1金、3银、4铜。男子自由式摔跤:2金、2银、5铜。女子自由式摔跤:3金、10银、9铜。共计6金、15银、18铜。

2016年“体彩杯”通辽市青少年乒乓球锦标赛7月4日在奈曼旗举行,来自全市8个旗县市区及1个通辽经济技术开发区的147名运动员参赛。比赛设16个项目,赛期三天,是通辽市选拔优秀运动员参加自治区青少年乒乓球锦标赛的一次选拔赛。

2016年“体彩杯”通辽市青少年曲棍球比赛于7月9日在科尔沁区第四中学开赛。是通辽市举办的第二届全市曲棍球锦标赛。来自科尔沁区、扎鲁特旗的95名男女选手参加比赛。

【足球比赛】 2月2—4日,通辽市举办2016年“蓝奥杯”通辽市五人制足球邀请赛,共有风行、恒馨、蒲公英、枪花、恒岳、科尔沁6支代表队参赛,蒲公英俱乐部获得第一名、科尔沁俱乐部获得第二名、恒馨俱乐部获得第三名。5月7日,2016年通辽市“体彩杯”乙级足球联赛拉开战幕,本次联赛来自旗县市区的16支队伍报名参加,运动员总数突破520人,是通辽市历届业余足球联赛中规模最大的一次。科左后旗双合尔足球俱乐部获得冠军,8341足球俱乐部获亚军,铁联足球俱乐部获季军。10月15日,2016年通辽市男子

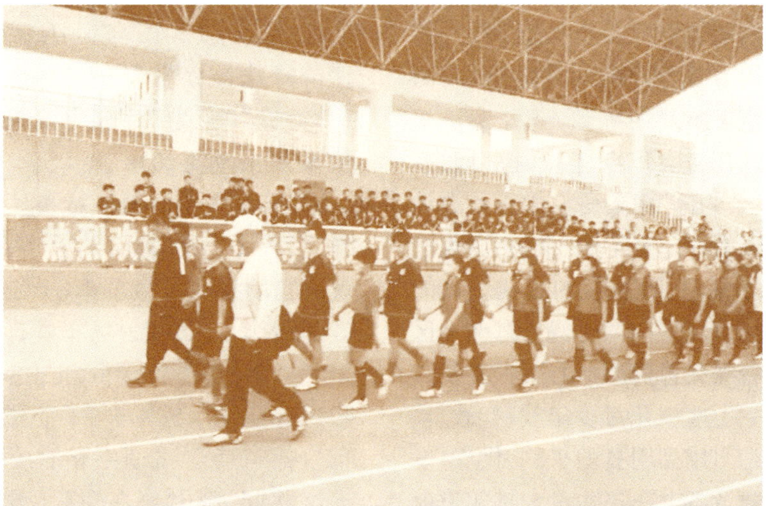

▲ 通辽市青少年足球代表队首赴法国参赛

足球甲级联赛在辽河公园足球场开幕，通辽市政府副秘书长陈华出席开幕式并致开幕词。来自全市的8支甲级队伍参赛。科尔沁俱乐部获得冠军，恒馨足球俱乐部获得亚军，风行足球俱乐部位列第三。7月23日至8月1日，2016年内蒙古自治区男子足球甲级联赛在通辽市奥体中心附场隆重举行。经过为期15天、28场次的比赛，通辽市科尔沁足球俱乐部获得冠军。8月8—18日，2016年内蒙古自治区男子足球超级联赛在通辽市奥体中心附场举行。自治区体育局副局长吴刚，通辽市人民政府副市长、市足球改革发展工作领导小组组长、市足球协会主席于沨，市足球改革发展领导小组成员单位负责人出席开幕式。经过10天7轮比赛角逐，来自全区的8支足球俱乐部进行单循环联赛。通辽市蓝奥足球俱乐部以5胜1平1负的战绩获得2016年内蒙古足球超级联赛冠军。9月27日，2016年内蒙古自治区男子足球乙级联赛在通辽市辽河公园足球场圆满落下帷幕。赛事为期8天，来自全区各盟市的7支足球精英队伍参加。通辽市体彩俱乐部获亚军。

【全民健身运动】 4月29日，2016年"体彩杯"通辽市科尔沁长跑大会在莫力庙环湖赛道拉开帷幕，来自全市各旗县市区共296名运动员参加本次比赛。通辽市政府副市长于沨、市政协副主席宝丽华参加开幕式并为比赛开枪发令。乌云毕力格、侯树克、迟文志分别问鼎男子组马拉松比赛前三名；刘秀芹、焦建新、郦艳云分别获得女子组马拉松比赛前三名。2016年，科尔沁长跑大会被列入2016年通辽市文化旅游季重点项目。5月18日，全民健身活动启动仪式暨全市广场舞健身大赛，在科尔沁体育广场举行。市政府副市长于沨出席此次活动。全市各旗县市区共15只队伍参加比赛，开鲁代表队荣获第一名，并获得代表通辽市参加自治区广场舞大赛的资格。6月13—15日，"内蒙古体育发展基金杯"2016年全区百县健身气功交流比赛（东部赛区）在通辽市老干部活动中心举行，来自通辽市、赤峰市、呼伦贝尔市、兴安盟、满洲里市的41支代表队共计210人参加比赛。7月29日至8月1日，通辽市组建48人代表队，参加自治区第八届"欢乐草原"全民健身大会，共参加押加、搏克、布鲁、哈日巴、太极拳、太极剑、健身气功等运动项目。8月12—14日，通辽市千人乒乓球比赛暨奈曼旗第十六届"公益杯"乒乓球邀请赛在奈曼旗乒乓球馆举行。来自北京、河北、辽宁、吉林、沈阳、内蒙古6个省区市48支代表队300名乒乓球爱好者参加比赛。9月29日，由通辽市体育局和库伦旗人民政府共同主办的通辽市安代健身操舞比赛暨库伦旗千人安代健身操舞展示在"安代艺术之乡"——库伦旗举行。来自各旗县市区的700余人参加此次比赛和展示。11月11日，由市体育局、市老年体协、科区老年体协共同举办的通辽市老年人健步走大联动活动在通辽奥体中心启动，市体育局局长孙忠礼出席活动并讲话。来自通辽市各行各业的4000多名老年人参加此次活动。

【体育服务民众】 4月6—16日，科尔沁区健身气功培训班在科尔沁区老年人活动中心开班。参加本次培训班的各气功健身站点学员达120名，培训内容包括八段锦、五禽戏、十二法、养生太极仗功法及功理详解。4月19—21日，由通辽市体育局主办的2016年通辽市二级社会体育指导员培训班，在通辽市老年活动中心开班，学员以旗县市区的干部职工为主共200人。11月1—3日，2016年内蒙古自治区一级社会体育指导员培训班在通辽市举行，各旗县市区、单项协会的120名社会体育指导员参加培训。

【职工健身运动】 3月9日，通辽市第九套广播体操培训班在通辽市网球中心开班，市政府副秘书长陈华出席开班仪式并讲话。全市党政群机关和企事业单位120名文体骨干参加本次培训。5月20日，通辽市工间操活动启幕。市直各部门、驻市中区直各有关单位，统一在上午10点做操。7月15日上午，"体彩杯"通辽市第五届干部职工运动会在市民广场开幕。市政府副市长于沨，市委副秘书长蔡凯出席开幕式。运动会设第九套广播体操、乒乓球、网球、象棋、A44和拔河6个比赛项目，来自驻市中区直55个单位的700余名干部职工报名参加比赛,职业学院、人社局、铁路代表队分别获得团体总分前三名。

【2016年穿越科尔沁库伦银沙湾越野嘉年华】 2016穿越科尔沁库伦银沙湾越野嘉年华于4月30日至5月2日在库伦旗举行,此次越野汽车嘉年华设越野T3沙漠赛、全地形U2拉力赛和摩托车S1拉力赛三场比赛,来自全国9个省区市的越野赛车参加本次比赛。到现场观赛的观众近12万人,有2.3万车辆。

【2016年通辽市第三届篮排球联赛】 5月25日,“2016通辽市第三届篮排球联赛”在辽河公园篮排球场开赛。经过5天127场的激烈角逐,科左中旗代表队、通辽市住房和城乡建设委员会、通辽市正和水电安装有限责任公司分获男子篮球旗县组、机关组和社会组冠军。科尔沁区代表队(旗县男子组、旗县女子组)、通辽日报社(机关男子组)、龙胜排球协会(社会男子组、社会女子组)分获男女组排球第一名;公安局(机关女子组)、科尔沁区、霍林郭勒市等15家单位获得优秀组织奖;国家安全局、国土资源局等10家单位获得体育道德风尚奖。

【2016年中国足球协会D级教练员培训班开班】 5月25—31日,由中国足球协会主办的2016年中国足球协会D及教练员培训班在通辽市天元酒店开班。培训班由亚足联A级教练员、中国足球协会教练员讲师万江鸣为通辽市学员授课。参加本次培训的学员24人,全部来自通辽市各旗县市区。11月3日,由中国足球协会主办,通辽市体育局、足管中心协办,为期7天的2016年中国足球协会D级教练员培训班在内蒙古通辽市宾馆会议室开班。共有来自通辽、赤峰、阿拉善的24名学员参加。

【内蒙古自治区东部足球联盟成立】 6月1日,内蒙古自治区东部足球联盟成立大会在通辽市召开。内蒙古自治区教育厅副厅长窦贵君,教育部体育卫生与艺术教育司体育与卫生教育处处长刘海元,通辽市政府副市长于飒,内蒙古民族大学党委书记刘志彧出席本次会议。内蒙古自治区东部区盟市及旗(县、区)教育局、体育局、高校、职业院校、体校、中小学等单位代表参加此次大会。会议通过《内蒙古自治区东部校园足球联盟章程》,现场举手表决和确定东部校园足球联盟主席单位、副主席单位、理事单位,并由东部校园足球联盟主席单位与联盟成员单位签订《内蒙古自治区东部校园足球联盟协议》。

【发展曲棍球】 根据国家体育总局手曲棒垒字〔2016〕212号文件《国家曲棍球奥林匹克后备人才基地管理办法》要求,国家体育总局手曲棒垒球中心2016年8月启动全国曲棍球后备人才基地申报、评估工作。经过考核、研究,通辽市第四中学和扎鲁特旗第五中学被评为中国曲棍球推广学校。两校分别举办“中国曲棍球后备人才推广校”揭牌仪式,开启通辽市曲棍球运动发展的新篇章。

【央视《谁是舞王》登陆安代之乡】 11月28日上午,由国家体育总局社会体育指导中心、中央电视台体育频道、中国社会体育指导员协会主办,通辽市委宣传部、通辽市体育局、库伦旗委、旗人民政府承办的“谁是舞王——中国广场舞民间争霸赛内蒙古通辽市海选启动仪式”在库伦旗体育馆举行。

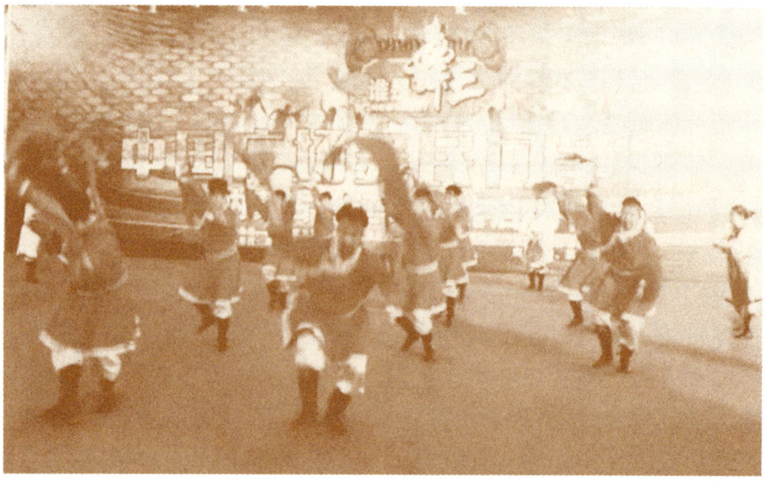

▲ 中央电视台《谁是舞王》登陆安代之乡

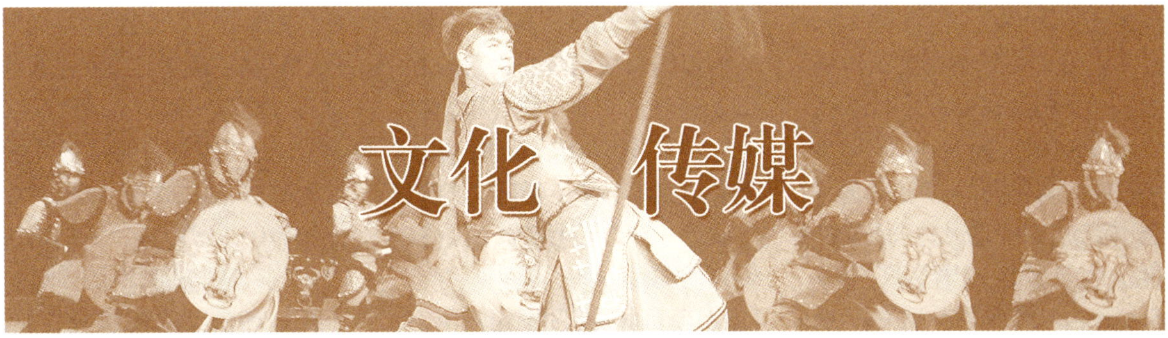

文化广播电视

【文化创作】　完成民族音舞诗剧《敖包相会》剧目创排和培训工作，创演交响音乐情景剧《长征组歌》，举办新年音乐会《畅想科尔沁》。完成影片译制16部，科尔沁方言蒙古语译制片《太极侠》获全国声音制作优秀作品奖。8个旗县市区及1个经济技术开发区共创作音乐作品80余件，舞蹈作品40余件，以舞台艺术的形式更好地传承和弘扬科尔沁文化。启动《科尔沁文化系列丛书》编撰工作，已对9部创作大纲进行讨论。组织作家、艺术家开展科尔沁500公里景观大道采风活动，努力创作一批具有科尔沁地方特色和民族特点的多种体裁艺术作品。市广播电视推出一批反映通辽时代发展和地域、民族特色的精品力作，先后拍摄制作《东北看草原·自驾游通辽》大型城市旅游宣传推广片和大型文化纪录片《安代传奇》。"落实习近平总书记重要指示，内蒙古探索农企利益联合机制，构建农企利益共同体，开创牧区致富新路径"于9月17日在中国之声《新闻和报纸摘要》头条播出。

【文化遗产】　为更好地保护地上地下文物，将6个微波高山台站工作人员划入文物保护员行列，充分利用工作及地形便利条件，强化对文物的监护管理。进一步加强对三大寺、奈曼王府、僧格林沁王府等国家级、自治区级文物保护单位的修缮。通过实施修复一批、申报一批、争取纳入"十三五"规划一批"三个一批"工程，确保通辽市重点文物保护单位得到有效保护并合理利用。2016年完成哈民考古遗址公园和博物馆的建设任务。8月份，市委召开文化工作（乌力格尔专题）座谈会，拟出台鼓励和扶持乌力格尔发展的一系列意见和办法。全市改造建设69个乌力格尔说唱场馆，组织开展53场相关说唱活动，对220位说唱艺人进行培训，开展乌力格尔比赛20场。开展全市非物质文化遗产代表性传承人技艺技能抢救性记录、资料采集、收集与整理工作，采访40位区级以上传承人和120位民间艺人，录制乌力格尔和好来宝说唱、科尔沁民歌、蒙古族安代舞等非遗影像600多小时，拍摄图片4000张。非物质文化遗产保护条例列入市人大常委会2017年立法调研计划。安代国家级生态保护区规划已编制完成，有望成为全区第一个文化生态保护区。科尔沁服饰连续在福建、广西、河北等地展出，深受当地群众喜爱。认真开展安代进校园、进社区、进机关、进军营、进企业、进农村牧区等"安代六进"活动，建设通辽第二中学版画基地。积极推进蒙古族服饰、民族乐器的产业化发展，实施生产性保护传承。召开中国·哈萨尔与科尔沁历史文化学术研讨会，知名专家学者50余人参加会议，进一步提升科尔沁非物质文化遗产研究层次。积极申报科尔沁文化生态保护区（区级）和安代文化生态保护区（国家级）。命名一批非物质文化遗产传承基地，加大对民族文化传承和保护的力度。举办全市乌力格尔大赛，实施版画艺术中心和乌力格尔艺术馆内装修，各旗县市区也根据各自实际，为传承以乌力格尔为代表的优秀民族文化搭建优良载体和平台。2016年，在北京民族文化宫举办通辽市地方文献、书法、美术、摄影展，宣传和弘扬科尔沁文化,进一步扩大科尔沁文化的影响力和辐射力。

【文化惠民】 9个专业艺术表演团体完成下基层演出1026场,3000多个民间剧团完成下基层演出5100多场。完成农村牧区免费放映电影27 000余场。32个团体赴通辽市29个重要景点景区完成演出715余场。市群艺馆和各旗县市区文化馆开展广场舞、音乐乐理、书法美术等各类免费培训200多班次,培训人员达10万人次。库伦旗举办乌力格尔消夏书场活动。组织全市民间艺术团文艺会演。积极筹备全区民间音乐、民间舞蹈、民间曲艺、民间美术大赛。启动申办第22届全国版画展。

【文化市场】 持续开展"扫黄打非"净网、清源、固边、护苗、秋风等专项治理行动。全面强化出版物市场的管控。加强安全生产大检查,适时开展专项行动,对演出场所、网吧、游戏厅等人员密集场所严抓严管,确保生产安全,内容安全。举办庆祝"4·26"世界知识产权日,保护正版抵制盗版、倡导全民绿色阅读暨"扫黄打非"进基层启动仪式。举办全市文化市场技术监管与服务平台在线培训系统应用培训班,为确保全市两级文化市场综合执法人员推广应用平台在线培训系统奠定了基础。承办全区文化市场行政审批东部片区培训班,对80余名全区文化执法人员进行培训。组织开展出版物市场专项保障行动。开展打击治理"黑广播"违法犯罪专项行动。组织开展全市文化市场经营场所安全生产检查。组织开展出版物市场专项治理行动和电影市场专项治理行动及"深入推进社会治安综合治理,保障寄递渠道安全"宣传活动。组织开展"3·18"文化市场法制宣传日活动。

【重点项目】 市图书馆新馆主体完工进入装修阶段,完成市博物馆改造和12个民族特色博物馆布展方案设计,乌力格尔艺术馆和版画艺术中心进入内装修阶段。

【文化产业】 积极推进"通辽市印刷文化产业园"和"哈萨尔圣地蒙古风情园"二期建设项目,启动"奈曼清代王府文化产品交易街建设项目"和"奈曼旗文化创意产业集聚区"项目。积极推进科尔沁区"鼎元盛世文化产品交易基地"项目,启动百姓文化产品交易市场建设工程。截至9月末,文化产值达40.06亿元,同比增长66.92%。成功组织参加文化产业博览会4次,项目成交额1300多万元,签约近4000万元。2016年,文化产业获得国际大奖3个,国内大奖10个。葫芦雕刻在首届2016"中环杯"天津市传统工艺美术大赛中获三项大奖,皮雕艺术作品在韩国·2016第二届国际书画节中荣获金奖。

【文化活动创新】 加强文化旅游融合,启动"科尔沁文化汇",举办"科尔沁文化活动月",组织具有科尔沁地域特色和民族特点的演出、非遗展演展示、大赛等,为旅游注入更丰富的文化内涵。积极促进新媒体融合,实现广播、微信、门户网站和智慧通辽手机台等平台共融。继续扩大文化馆图书馆总分馆制试点改革成果,并在全市进行推广。截至2016年底,全市建有文化馆95个(其中分馆86个)、图书馆114个(其中分馆105个),图书馆藏书100.7万册,数字资源98TB。不断完善全民阅读建设机制,制定《通辽市全民阅读实施方案》,通过举办全民阅读月,"你点书、我买单""e起来图书馆"电子阅览季等一系列活动,积极推进全民阅读。

【广播电视】 积极做好理论引导,增强主旋律的传播力和影响力。全市各级媒体开展党的十八届五中、六中全会精神、市委市政府重大决策部署、"十个全覆盖""双城同创""精准扶贫网""两学一做"等系列主题宣传活动。有针对性地开展800个热点主题,100余个专项工作的宣传活动,播出公益广告10万条,原创电视公益广告13条,原创广播公益广告15条。巩固主流意识形态阵地,营造正确有利的舆论生态,凝聚全面建成小康社会的强大动力。认真抓好阵地管理,对重点领域、重点时段、重点节目,依规搞备案审批,三级审查,包括复审,坚决纠正违规问题,加强频率、频道、新媒体、广播电视网络视听节目依法监管力度,公共服务体系建设进一步推进。精心打造创新宣传。认真落实习近平总书记2月19日在新闻媒体座谈会上的讲话精神。按照48字方针,大力搞好外宣工作。全年广播电视共播出自采新闻稿件13 025篇。播出专题节目3713组(次),在自治区级以上媒体发稿 2828 篇。其中，汉语广播在中央台发稿 24 条，在内蒙古台发稿 709 条，全区排名第三；蒙古语广播在中央台发稿 58 条，在内蒙古台发稿 714 条，全区排名第二；蒙古语电视在内蒙古台播出稿件 800 件条，全区排名第一；汉语电视在内蒙古台上稿 523 条，全区排名第三。

【公共文化服务体系建设】 科尔沁区就综合文化服务中心建设代表自治区向中央改革办做典型汇报，得到中宣部、文化部充分肯定。2016 年，通辽市累计完成广播电视户户通 25 万户、地面数字电视覆盖站点 45 个，应急广播村村响终端 2365 个，广播喇叭水泥杆 2365 根，播控管理平台 7 个，投入资金 2824 万元，全面完成年度任务目标。广播电视户户通率先使用国家新标准能够播放通辽市和各旗县市区本地节目在内的 60 多套电视、17 套广播节目。新建数字书屋 50 个。改扩建高山无线发射台站 5 个，新增地面数字电视发射机 88 部，天馈线系统 83 套、配备数字放映机 50 台。无线传输覆盖工程新增中央广播电视节目无线书记化覆盖工程的骨干台站 13 个，地面数字电视建设安装发射机及天、馈线系统 126 套、铁塔 1 座，多功器 57 部，补增中央广播电视节目无线数字化覆盖补点工程站点 31 个，建设安装地面数字电视建设安装发射机及天、馈系统 62 套，新增自治区转播中央 12 套电视节目地面数字电视覆盖工程台站 2 个，建设安装地面数字电视发射机及天、馈系统 2 套，转播自治区两套电视节目；通辽本地广播电视地面数字电视覆盖工程台站 22 个，建设安装地面数字电视发射机及天、馈系统 22 套，转播通辽蒙汉语 2 套和旗县 1 套电视节目。新增通辽本地调频广播台站 6 个，建设安装调频广播发射机及天、馈线系统 26 套，转播通辽蒙汉语广播 3 套节目，建设安装自立发射塔 4 座。恢复建设微波传输覆盖支线工程 3 个台站，建设百县万村示范工程 54 个村。农村数字电影放映完成 2.6 万场次，实现了每月一村放一场电影的任务目标。新增城市电影院线 5 个（正在建设中），全市电影院线达 17 个，形成城市电影院线网络全覆盖。

【文化新闻出版广电会议】 3 月 22 日上午，全市文化新闻出版广电工作会议召开，总结 2015 年工作，安排部署 2016 年重点工作任务。市政府副市长于沨出席会议并讲话。市政协副主席宝丽华出席会议。会议表彰 2015 年度基层公共文化建设工作先进集体和先进个人。会议印发《通辽市文化精品创作扶持奖励办法（讨论稿）》《科尔沁非物质文化遗产保护传承扶持办法（讨论稿）》。各旗县市区分管文化新闻出版广电工作负责人，各局、委、办相关负责人，文化艺术团体、协会、传媒、企业相关负责人及行业代表，市文广局全体人员 120 余人参加本次会议。

【老放映员待遇历史遗留问题】

为贯彻落实国家广电总局、人力资源和社会保障部、财政部《关于妥善解决乡镇（公社）老放映员历史遗留问题的指导意见》（广发〔2012〕47 号）精神，6 月 14 日，市文广局、市人社局、市财政局 3 个部门联合下发《关于解决乡镇（公社）老放映员历史遗留问题的贯彻落实意见》，就补助范围、补助标准、政策措施、审核认定等事宜做出明确规定，通辽市乡镇（公社）老放映员历史遗留问题得到妥善解决。

【哈民遗址公园开园】 为提升哈民考古遗址公园的知名度和综合竞争力，8 月 19 日，举行哈民遗址公园开园仪式。文化部党组成员、故宫博物院院长、中国文物学会会长单霁翔，中国文物学会常务副会长黄元，自治区文物局副局长王大方等领导和专家出席开园仪式并参观博物馆和展示馆。哈民遗址位于通辽市科左中旗舍伯吐镇哈民艾勒嘎查，在舍伯吐镇东南 30 公里。2011 年哈民遗址被国家文物局评为“2011 年度全国十大考古新发现”之一，中国社会科学院“中国六大考古新发现”，2014 年被公布为第五批自治区级重点文物保护单位，2016 年 6 月哈民遗址入选自治区首批十大考古遗址公园。2010 年开始对遗址进行发掘，清理面积 5500 余平方米，出土精美玉器、麻点纹陶器、骨角蚌器等千余件珍贵遗物，遗址规模之大、保存之好、现象之复杂奇特、出土遗物之丰富在整个东北亚地区的史前考古中都极其罕见。哈民遗址的考古发掘，填补了我国东北地区新石器时代考古学文化的空白。

【文化工作(乌力格尔专题)座谈会】 8月24日下午,通辽市委召开文化工作(乌力格尔专题)座谈会。市委书记罗永纲及市四大班子有关领导,科尔沁艺术职业学院领导,市直相关部门负责人,各旗县市区委书记,各旗县市区政府分管领导、文广局局长;乌力格尔有关专家、学者和传承人代表共70余人参加了此次座谈会。会议听取了乌力格尔有关专家学者和传承人代表以及市有关领导的交流发言。市委书记罗永纲从战略和全局的高度,深刻阐述了乌力格尔传承发展的重大意义,并就如何抓好相关工作提出了明确要求。副市长于沨主持会议并作总结,强调切实把这次会议的精神学习好、传达好,抓好贯彻落实,从思想、行动和工作责任上抓好乌力格尔的传承发展工作。

【举办纪念红军长征胜利80周年交响音乐情景演出《长征组歌》】 9月29日晚,纪念红军长征胜利80周年交响音乐情景演出《长征组歌》在通辽市上演。本场演出由中共通辽市委员会、通辽市人民政府主办,中共通辽市委宣传部、通辽市文化新闻出版广电局承办。由通辽市民族歌舞团与内蒙古民族大学合唱团为演员主体,整场演出演职人员达200余人。演出以经典革命音乐作品《长征组歌》为基础蓝本,配以充满视觉冲击力的情景表演画面,完整地再现了中国工农红军两万五千里长征的惊人壮举,讴歌了革命前辈为中国革命的胜利,不惜历尽千难万险,甚至献出生命的伟大情怀。

【自治区党委书记李纪恒到孝庄园文化旅游区实地调研】

10月4—5日,自治区党委书记李纪恒到通辽市调研,实地察看重点产业和重点企业,深入了解农牧业生产、生态建设和基层党的建设等情况,走访慰问基层群众。调研期间,李纪恒书记深入孝庄园文化旅游区进行实地走访调研,强调要统筹做好就业、教育、医疗、文化和社会保障等各项民生工作,不断增进各族群众福祉。

【全国首张自驾游原创音乐专辑《畅想科尔沁》出版发行】

10月20日,全国首张自驾游原创音乐专辑《畅想科尔沁》出版发行。《畅想科尔沁》共收录包括《就在你面前》《红绸》等14首科尔沁原创歌曲和《四季》《达那巴拉》等14首科尔沁经典民歌。14首原创歌曲从不同侧面集中体现科尔沁音乐的艺术特色和地域风格,反映了科尔沁音乐创作的艺术水准和理论高度,充分展示通辽市音乐创作者的艺术才华。14首经典民歌基本上囊括宴歌、游牧歌、讽刺歌、酒歌、思乡歌等不同题材的科尔沁民歌。14首民歌的曲调或华丽、或忧伤、或恢宏等,后经制作团队重新编曲录制,结合现代的音乐元素,采用轻音乐的表现手法,达到展示科尔沁民歌特色,传承优秀民族文化,深度挖掘文化遗产的社会价值和艺术价值,为时代所用,为人民共享的目的。

【《科尔沁文化系列丛书》编撰工作正式启动】 为传承和弘扬优秀民族文化,实施文化精品工程,打造科尔沁文化品牌,为自治区成立70周年献礼,11月25日,市政府召开《科尔沁文化系列丛书》编撰工作第一次会议及作者见面会。市政府副市长于沨出席会议。特邀专家内蒙古文联主席特·官布扎布,内蒙古文联原秘书长、作家布仁巴雅尔,内蒙古大学艺术学院教授杨玉成,内蒙古民族大学蒙学院院长、教授嘎拉桑,市文广局副局长苏日塔拉图和部分作者应邀出席会议。会上,市政府副市长于沨为特·官布扎布、布仁巴雅尔、杨玉成、嘎拉桑、苏日塔拉图5位终审专家颁发聘书。《科尔沁文化系列丛书》,共分为综合篇、民歌篇、安代篇、曲艺篇、文物篇、音乐舞蹈篇、民俗篇、美食篇、版画篇、辞典篇、地名篇、蒙医药篇、非遗图录篇、科尔沁土语与地域文化篇、科尔沁博篇、服饰篇、马文化篇、历史名人篇及通辽摄影史料篇共计19个篇章。

【《通辽市文化精品创作奖励扶持办法》出台】 12月15日,通辽市人民政府出台《通辽市文化精品创作奖励扶持办法》。文件明确,从2017年起,市政府每年列入财政预算200万元设立“科尔沁文化政府奖”,单年份为奖励年,双年份为扶持年,引导和激励广大文艺工作者创作出更多更好的优秀作品,弘扬和传承好科尔沁文化,满足人民群众的精神文化需求。

【《科尔沁非物质文化遗产保护传承扶持办法》出台】 12月15日,通辽市人民政府出台

《科尔沁非物质文化遗产保护传承扶持办法》。文件明确,从2017年起,市政府每年列入财政预算200万元,专项用于奖励扶持非遗传承人相关传承活动和具有重要影响的科尔沁文化传承基础性活动和工程。

【"畅想科尔沁"新年音乐会举行】 12月30日,"畅想科尔沁"2017新年音乐会在内蒙古民族大学音乐厅举行。音乐会延续往年以民族音乐为主的主题内容,进一步推进了蒙古民族音乐的交响化进程,彰显科尔沁文化记忆的厚重。

【荣誉】 2016年4月,通辽市蒙古语影视译制中心被中国电影电视技术学会授予声音制作优秀作品奖。通辽市博物馆被内蒙古自治区人力资源和社会保障厅、自治区文化厅、自治区文物局、自治区公务员局等联合授予全区文物工作先进集体。8月,通辽市民族歌舞团被华北五省(市)区文联/五省(市)区舞蹈家协会授予华北五省(市)区舞蹈大赛优秀组织奖,舞蹈大赛编导、表演一、二等奖。在全区广播电视公益广告评选活动中,通辽市8个公益广告获奖,4篇报道获内蒙古新闻奖和影视奖。歌曲《守望相助》获自治区"五个一"工程奖、乌兰夫基金奖,并荣登2016年央视春晚。科尔沁区乌兰牧骑在全区首届地方戏展演中获表演奖和组织奖,传统二人转《皇亲梦》《猪八戒拱地》分别荣获一、二等奖。专业创作人员和特聘作家创作并发表20部图书,有7件作品获国家级奖项。

(孙佳颜)

通辽日报

【概况】 《通辽日报》创刊于1956年7月1日,蒙汉两种文字出版发行,其中蒙文报周五刊,每天对开4版;汉文报周七刊,每天对开12版(周六、日4版)。通辽日报社2016年有工作人员357人,其中在岗人员236人,离退休人员121人。报社实行党委领导下的社长负责制,班子成员6人。内部机构设置21个部室,专业技术人员140人,其中高级职称人员28人(正高10人、副高18人),中级职称42人,初级职称41人。

【常规新闻宣传】 2016年,《通辽日报》蒙、汉文报共开设各类栏目315个,重点建设的时政新闻和民生新闻栏目128个,其中"协调推进'四个全面'""扶贫攻坚 圆梦小康""精准扶贫 不落一户"等品牌栏目35个。常年开设"正风肃纪""党旗飘飘""点赞百名好支书"等专栏,推出稿件150余篇。

【重大主题宣传】 2016年,《通辽日报》开设"严肃换届纪律 保证换届风清气正"专栏,并在换届关键时期,在报眼处连续刊发换届工作口号,在二版开设"换届知识之窗"专栏,配合通辽市纪委刊发关于损害群众利益典型案件的通告。在习近平总书记视察内蒙古两周年之际,推出"牢记总书记嘱托 落实新理念要求"主题系列报道,深入报道通辽市全面落实党中央治国理政新理念的生动实践。

【"十个全覆盖"报道】 持续加大对"十个全覆盖"工作的报道力度,组织记者深入基层,多次开展集中采访活动,利用要闻版、综合新闻版和各旗县新闻专版,开设"建美丽乡村 做文明主人""十个全覆盖 话家乡变化 为乡新服务""走千村万户 讲精彩故事 十个全覆盖是干出来的""抢抓时节 造林绿化"等专栏,全年刊发文字及照片570多篇幅,推出专版、连版5块。

【开设主题专栏】 结合创建全国文明城市、创建国家卫生城市工作,先后开设"创城惠民 全民创城""我为创城加一分""创城进行时""创建全国文明城市 创建国家卫生城市""聚焦科尔沁'双城同创'""双城同创看变化""全力以赴创建国家卫生城市"等专栏,集中刊发"创城"动态消息及相关言论。全年共刊发稿件300余篇,图片100余幅,公益广告百余期,"创城"口号150多个。

【开设"脱贫攻坚 圆梦小康"专栏】 组织大型集中主题采访活动,全面报道各地各部门围绕"四个全面"战略布局,贯彻"五大发展理念",认真落实"五个坚持、六个精准、五个一批"扶贫工作要求,推出新闻报道80余篇,评论员文章5篇,图片30余幅。

【提升专刊质量】 2016年,"两学一做"学习教育开展后,开设"学党规党章、学系列讲话 做合格党员"专栏,集中连续刊发各部门各单位开展"两学一做"学习教育动态消息,推出系列评论,共计刊发稿件、图片85篇幅。开设"党旗飘飘"专栏,集中展示新时期通辽市基层党组织和共产党员用实际行动诠释对党忠诚和为人民服务的先进事迹。开设"认真学习习近平总书记'七一'重要讲话精神"专栏,报道各地各部门学习贯彻讲话精神情况。在版面显著位置密集推出"协调推进四个全面,重点工作重点项目进行时"专栏,刊发记者、通讯员关于重点工作重点项目的宣传稿件及系列评论员文章。

【重大活动专题报道】 围绕通辽市生态文明建设宣传周、内蒙古(通辽)第二届蒙医药产业博览会暨欧亚太平洋大学联盟蒙药学术高峰论坛、通辽(沈阳)绿博会、"中国—蒙古国博览会·2016·通辽国际商品交易会暨中国内蒙古三盟市与蒙古国三省区域合作会议""中国·内蒙古第三届国际马术节暨第二十届'8·18'哲里木赛马节"、内蒙古哈民考古遗址公园开园等重大活动进行重点报道,在充分展示通辽风采的同时,引起社会各界对活动的普遍关注,产生很好的宣传效果。

【会议报道】 2016年,"两会"报道,集纳"两会特稿""两会时评""两会影像"等多个专栏,推出7块整版,对7项重点工作进行深入报道。"两会"期间共刊发记者稿件100余篇,图片60余幅,文字10多万字。

通辽市第五次党代会,会前,开设"开启新征程 实现新跨越 迎接通辽市第五次党代会""新突破 新亮点 新成就——迎接通辽市第五次党代会"等专栏,刊发迎会重点稿件20多篇。会议期间,以"一话题一版面多专栏"的形式,推出系列特刊,共刊发稿件100余篇、图片60余幅。会后,推出"学习贯彻市第五次党代会精神"专栏,连续刊发通辽市第五次党代会报告解读,以及8篇本报评论员文章,共刊发稿件100余篇。

中共十八届六中全会召开后,对十八届六中全会公报、《准则》《条例》进行全文刊发,利用国内新闻版转载中央媒体相关稿件,利用理论版,集中刊发专家学者撰写的理论文章,并开设"学习贯彻十八届六中全会精神"专栏。

【服务民生报道】 2016年,结合开展"走转改"活动,深入基层、置身百姓中间,采访发生在群众身边的新闻,坚持用群众语言讲好百姓故事,让群众爱听爱看,做到新闻报道上连天线,下接地气。推出一批为实现梦想而奋斗、热心社会公益事业、助人为乐、孝亲敬老、新乡贤等影响力的系列报道。关注基层困难群体,帮助20多位求助群众舒缓困境。

【舆论监督惠民生】 2016年,推出"东方小区改造:暖心工程为啥伤民心""是公园还是捕鱼场""市民下网捕鱼偷猎水鸟 辽河公园生态环境堪忧"等一批舆论监督的报道,适时适度开展舆论监督,推动群众反映强烈的问题得到有效解决。

【媒体融合发展】 2016年,按照"两体"并举、推进融合,加快党报向融媒体业态转变的思路,对报社的采、编、发环节进行流程再造,做到传统媒体和新兴媒体"一盘棋、一体化",在采编力量以及新闻信息的采集、制作、发布上实现融合,做到一次采集、多种生成、多元传播。

【网络专题报道】 2016年策划网络专题42个,刊发稿件3000余篇,图片2000余幅;移动媒体编发各类信息2000余条。中国通辽网全年上传本地文字、图片、视频新闻稿件5万余条,策划贴近百姓生活的热点话题专题30多个,文化活动专题5个;新开设"科尔沁收藏家"栏目,搜集整理29名收藏名家资料;文化艺术名人栏目,采访制作20位名人专栏,收录作品200余部。中国通辽网官方微博共发布各类信息1800余条。通辽手机报全年发送时政新闻、政务信息4000余条,专题30多期。中国通辽网微信公众号编发时政要闻、民生热点、生活服务类信息2000余条。通辽蒙古语新闻网发展到12个频道、64个栏目。蒙文报微信开通后,发布170多期、880多条信息,自录播放的微视频新闻15个。2016年5月,通辽日报社与新华社内蒙古分社联合打造移动客户端——"今日通辽"正式上线,开通至年底发布本地新闻信息5000余条。

【荣誉】 2016年6月,国家互联网信息办公室正式批准中国通辽网为国家一类新闻信息服务资质的网站,中国通辽网成为继内蒙古新闻网、正北方网后,自治区第三家、全区12个盟市第一家拥有国家一类资质的新闻网站。

（黄伟强）

史志编纂

【编制党史地方志事业发展实施方案】 认真学习贯彻落实《中央党史研究室2016—2020年工作规划》《全国地方志事业发展规划纲要（2015—2020年）》《内蒙古自治区地方志事业发展实施方案（2015—2020年）》，结合通辽市实际，立足于高标准谋划、高起点定位，在广泛征求各方面意见的基础上，于3月制定出台《通辽市党史地方志事业发展实施方案（2016—2020年）》，详细具体地规定全市党史地方志事业12项重点工作任务，以此引领“十三五”期间党史地方志事业持续健康科学发展，充分发挥党史地方志工作在全市经济社会发展中的重要作用。

【地方党史资料编纂】 组织编写《通辽解放战争史》，该书记述中国共产党在解放战争时期，领导通辽各族人民寻求自由解放，与国民党、封建地牧主、土匪武装等反动势力作斗争，迎来内蒙古自治区成立，中华人民共和国成立的史实。编写《中国共产党通辽大事记（1929—2017）》，如实记录通辽自有党组织活动以来，到内蒙古自治区成立70周年这88年中的大事要事。这两部党史著作作为向内蒙古自治区成立70周年献礼的地方党史书籍，正在进行编审校对和史料完善。

【推进党史征访调研及检查】 完成“抗日战争时期中国人口伤亡和财产损失”调研工作。按照中央、自治区开展此项工作的要求，召开动员会，制定工作方案，在通辽境内全方位开展“抗损”调研工作，并将调研成果及时上报自治区党史研究室。对全市纪念设施进行专项检查。由市委宣传部牵头，市委史志办公室先后深入重点旗县市区，对全市博物馆、展览馆、纪念馆及具有公共展出功能的相关场所的简介、纪念碑文等进行检查，对科左中旗嘎达梅林广场、库伦旗罗布桑林沁纪念碑文等提出符合客观史实的修改意见。

【党史宣传教育】 组织开展建党95周年系列纪念活动。结合“两学一做”学习教育，组织机关干部开展“踏着英雄的足迹前进”活动。先后到开鲁县麦新纪念馆、科尔沁区明仁纪念馆等地，缅怀革命先烈，重温入党誓词，并举办“自治区级党史教育基地”授牌仪式。与市妇联、市双拥办联合开展党史走进战地“妇女之家”——民拥军・军爱民・庆“八一”党史国防教育活动，向内蒙古华夏雄鹰教育培训有限公司赠送党史类图书120册。开展纪念红军长征胜利80周年主题展览活动。为纪念中国工农红军长征胜利80周年，9月，市史志办与市委宣传部、市文广电局、市双拥办、市收藏家协会联合开展“弘扬长征精神，决胜全面小康”纪念红军长征胜利80周年主题展览活动。本次展览历时三个月。展厅2000平方米，展出各类书籍、报刊、文物600余件，通过大量的图片展板、历史文物等全面回顾红军长征中的可歌可泣的伟大历程。开展党史图书进农家活动。组织全体干部参观开鲁县农村“十个全覆盖”工程项目，向开鲁镇飞机场村赠送党史图书100余册，增强广大农牧民对党史知识和通辽市情的了解。

【编纂完成《通辽年鉴（2016卷）》】 《通辽年鉴（2016卷）》于12月由内蒙古文化出版社出版发行。全书70万字，全面记述2015年通辽市政治、经济、文化和社会各项事业的发展变化。全书由特载、大事记、通辽概况、党政机关、民主党派工商联、群众团体、法治、军事、农牧林水、工业、交通邮电、城建房地产环保、经济贸易、旅游、综合经济管理、财政税务、金融保险、科学技术、教育体育、文化传媒、卫生人口计生、区市县旗、人物、附录、索引25个部分组成。

【开展“年鉴专项推进年”活动】

为进一步抓好市旗两级综合年鉴编修工作，市史志办把2016年确定为“全市综合年鉴专项推进年”，加强对旗县市区综合年鉴编纂工作的指导和督促。

【编辑出版《通辽市情——数字看通辽（2016）》】 2016年4月，《通辽市情——数字看通辽（2016）》正式出版发行。该书由魅力通辽、行动通辽、发展通辽、民生通辽及旅游通辽5个部分组成，为党政领导及社会各界了解通辽市经济社会发展情况提供便利。

【地情资料编纂】 编辑《通辽市情汇编》和《通辽市情概览》，全面翔实地展现通辽发展的历史与现状，及时为自治区及市委领导调研考察提供地情服务，充分发挥地方志、鉴服务全市中心工作的作用。

【蒙汉双语修志推动】 从通辽市作为蒙古族人口最为集中地区的实际出发，站在促进民族团结和社会进步的高度，启动开展蒙汉双语修志工作。截至年底，《哲里木盟志》汉译蒙古文已完成志稿翻译100万字。科左中旗、科左后旗、奈曼旗等3个旗县区相继启动翻译工作。全市蒙古语志书编纂工作正在紧张有序的进行。

【党史地方志信息化建设】 主动把握"互联网+史志"发展趋势，选派市旗两级史志机构业务骨干参加全区党史网络宣传干部培训班，参加自治区地方志工作机构负责人会议暨全区地方志信息化领导小组第一次会议，通过培训，提高史志机构信息化工作水平。从开发地情资料数据库入手，加强地方志信息化建设。通辽市地情网站涵盖13个一级栏目，30余个分项栏目，与内蒙古自治区区情网开通链接，达到数据共享。截至12月，网站已发布各类信息2000余条，并做到动态信息及时上传更新。网站累计点击量达到462万次。"通辽市地情网"已成为向外界介绍通辽地区政治、经济、文化、历史、民俗等内容的综合性门户网站，成为社会各界利用志、鉴的平台，成为了解通辽、认识通辽的窗口。

【党史地方志业务培训指导】

不断加大党史地方志业务培训力度。2016年分四个批次选派市直及各旗县市区党史地方志业务骨干70余人次参加自治区级业务培训。召开全市史志机构负责人工作会议和综合年鉴业务培训会，通过以会代训的形式，及时安排部署党史和地方志各项工作任务，既提高工作效率，也提升史志干部的综合能力和业务水平。

【志鉴业务指导】 指导8个旗县市区综合年鉴全部编纂出版；指导并参与《中共通辽市委组织志》《通辽市审计志》2部志书的编纂、出版发行工作；指导《通辽市教育志》《通辽市信访志》《通辽市森林公安志》《通辽市国土资源志》《通辽市发展和改革委员会志》《扎鲁特旗信访志》《扎鲁特旗审计志》7部行业部门志的编纂工作。

（苏丽丽）

档案管理

【档案数字化建设】 合理使用和科学维护服务器与大数据存储设备，加大档案数字化加工力度，扩招数字化加工人员，更新扫描设备，进一步提高档案数字化扫描速度，全年完成28万余件合计约260万页的档案原件扫描工作。积极开展软件开发工作，已经完成数据分割打包系统、数码多媒体档案管理系统、开放档案鉴定系统和数字档案接收系统软件的编程工作，并投入使用。

【档案接收与征集】 赴北京、呼和浩特市等地开展征集活动；共征集通辽市重要历史档案154页、照片312张；征集中国社科院院士闫楚良教授等通辽名人的书籍4本、画册2本，照片200余张、资料1份，录制音视频口述资料约3小时；征集重大活动照片15张、视频13分42秒、材料14份。收集《通辽日报》电子版（2011—2016年）。接收《通辽新闻》蒙汉文视频资料21 900分钟、死亡干部档案156卷。

【档案业务指导监督】 深入47家机关单位对年度文件材料归档工作进行监督指导，分期分批对56名机关档案人员进行档案业务咨询和指导。对12家市直属企业及有关中区直企业进行档案业务检查。对霍林河循环经济示范工程风电项目及局域网项目档案进行验收，达到合格标准。协助内蒙古档案局对白音华蒙东露天煤业有限责任公司（白音华3号露天煤矿）1400吨/年建设项目档案进行预验收。对"十个全覆盖"工程档案进行调研，与市委农工部联合下发《关于加强"十个全覆盖"工程档案管理工作的通知》。

【档案法制建设】 完成全市档案统计年报的汇总上报工作。举办全市档案人员继续教育培训班和全市档案人员岗位培训班，参训人员332人。在国际档案日进行"档案与民生"主题宣传活动，开展档案法治宣传进乡村、进学校、进社区活动，深入东郊街道东方明珠社区、内蒙古民族大学、扶贫村讲解《家庭档案管理》《社区档案管理办法》《档案管理违法违纪行为处分规定》,向社区赠送档案装具,并现场进行示范操作,发放档案管理知识和创建文明城市宣传单近3000份,为北疆楷模任明德老人建立家庭档案。对39家行政单位进行包括档案工作的组织领导、档案安全工作的监督管理、档案工作的制度建设、档案工作的资源建设、档案保管利用工作中的管理等内容的档案行政执法检查。

【档案资源开发利用】 在做好档案安全保管工作的同时,严格按照档案馆利用工作制度,积极提供档案利用工作。2016年提供利用档案46 099卷(件),接待412人次。其中,利用数字档案183件,66人次;利用实体档案463卷,105人次;单位内使用532卷,5人次;数字化扫描工作调档44 921卷,236人次。已完成40个全宗的目录更换工作。先后对120余份报送收集的现行文件进行鉴定、录入、编目。接待现行文件来馆查档、来电查询者10余人次。为更好地展示通辽近年来的发展成果,对爱国主义教育基地的《通辽记忆》展进行完善。爱国主义教育基地全年累计接待参观者580人次。国家重点档案抢救工作已完成5000多件文件级采集工作。为大力传承和弘扬科尔沁民族历史文化,根据馆藏资料,完成《档房谈史小录》和《通辽史论选辑》的重新编辑工作。编辑《"十二五"时期通辽市档案局工作图文集》,对过去五年的工作进行梳理和总结。

（贾宝玲）

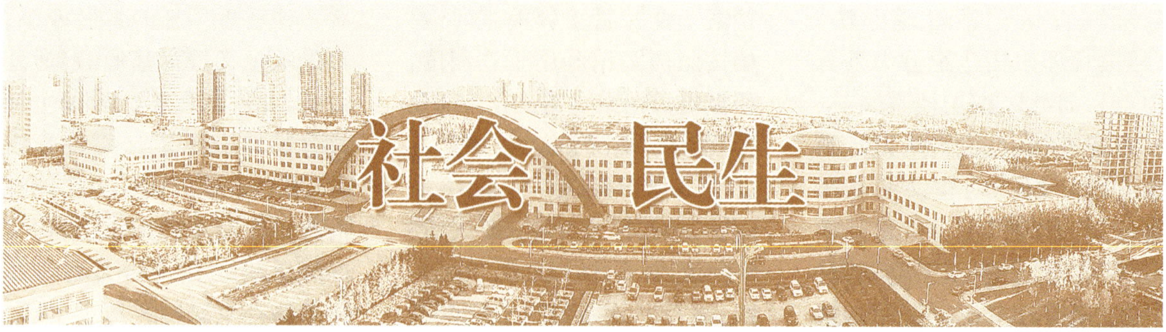

人力资源和社会保障

【社会保障】 推进机关事业单位养老保险制度改革工作,启动机关事业单位人员参保登记工作,举办参保政策及经办业务培训班。2016年底,已完成机关事业单位工作人员养老保险费和职业年金预扣缴工作,涉及全市机关事业单位在编职工9.3万人,预扣缴养老保险费和职业年金11.2亿元。全市9.3万名在编职工和3.8万退休人员基本信息正在采集、核对、录入阶段。调增城乡居民基础养老金标准,人均月增5元,达到90元,惠及28.1万人,养老金发放率100%。率先在全区出台被征地农牧民参加养老保险政策,作为唯一地级市在全国经验交流会上发言,并被人社部确定为全国第二个试点地区。有效整合城乡居民基本医疗保险制度,在全区率先实现"一网化"运行,实现跨盟市、跨旗县医疗保险异地就医即时结算。扩大工伤保险覆盖面,建筑企业在建项目27家,参保19家,参保率达70.4%,新开工项目24家,参保24家,参保率达100%。狠抓重点项目建设,积极争取上级项目资金向通辽市基层服务平台建设倾斜,截至2016年底,总投资8432万元的8个基层服务平台建设项目全部投入使用;霍林河公共实训基地建设完成投资8051万元,年底前项目一期建设的教学楼、宿舍楼、素质拓展训练馆、实训孵化车间等投入使用;开工建设的2101个农村牧区社保卡综合服务网点全部运营,实现农村牧区网点全覆盖。强化基金监管,综合运用审计、督查、通报、限期整改、网上监督等手段,实现基金监管常态化,确保基金使用"零违规"。2016年,城镇企业养老、机关事业单位养老、医疗、失业、工伤、生育和城乡居民养老保险参保人数分别达到24万人、9.4万人、104.5万人、18.2万人、23.7万人、28.75万人和104.5万人。

【人才队伍建设】 配合组织部起草《通辽市蒙医药人才队伍建设实施意见》,实施《通辽市蒙医整骨诊疗技术和蒙医药古籍整理传承人遴选工作方案》,为蒙医专家公开遴选15名传承人。发布急需紧缺人才目录,收集汇总各类人才需求341名。前往中国人民大学、中央民族大学、吉林大学、东北

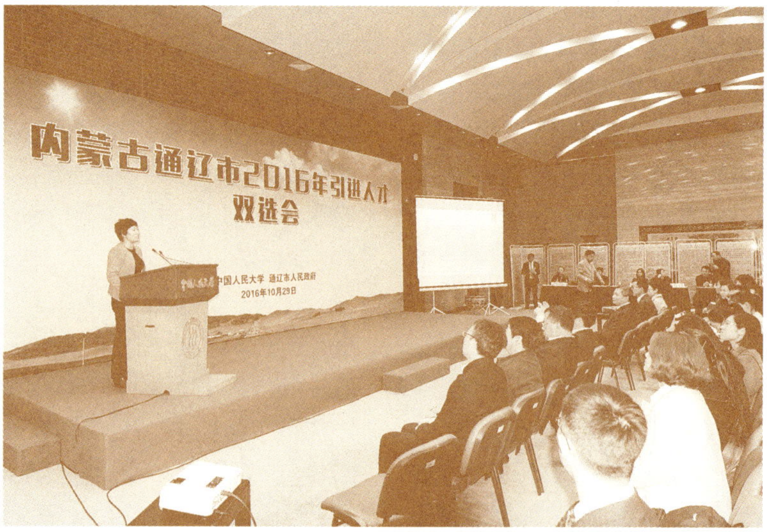

▲ 10月29日,副市长崔景英在引进人才双选会上作宣讲

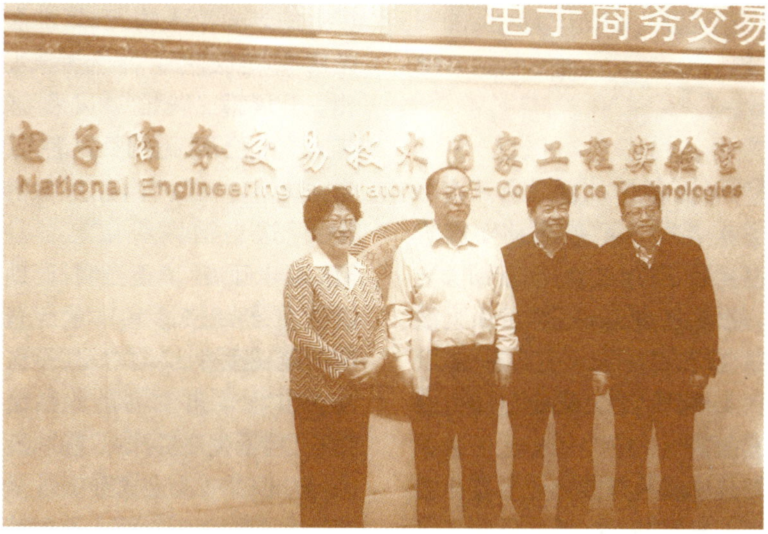

▲ 3月，赴北京柔性引进以电子商务交易技术国家工程实验室主任柴跃廷为首的互联网经济高层次人才和研究团队

大学举办引进人才双选会，引进人才138名。柔性引进以柴跃廷教授为主的互联网经济研究人才团队27人，与通辽市合作共建互联网创新创业学院和互联网经济研究院。推进职称制度改革，与市教育局联合转发《自治区深化中小学教师职称制度改革的指导意见》，完成正高级职称申报、职称（职务）过渡和中高级职称评审工作；对有空岗的中小学教师实行职称评聘结合。制定实施《通辽市直属机关公务用车制度改革中妥善安置司勤人员实施意见》，确保公车改革平稳有序。许可成立通辽蒙东人力资源有限公司，并审查许可内蒙古金启点人力资源有限公司增加人力资源服务项目，人力资源服务中介机构增至3家，为政府购买人力资源服务搭建平台。

【就业创业】 印发《关于贯彻落实"创业内蒙古"行动计划（2016—2020年）的实施意见》，提高创业担保贷款额度，大学生创业担保贷款单笔额度提高到50万元，其他人员贷款最高额度提高到10万元。开展"春风行动""就业援助月"等活动，举办72场用工现场招聘会，提供岗位超过5万个，达成就业意向2.1万人；走访就业困难人员家庭537户，帮扶437名就业困难人员实现就业。全市无新增零就业家庭。举办创业系列讲座，邀请全国知名创业导师、创业大学体系创始人武悦等专家为全市900多名创业意愿人员授课。大力扶持创业，扶持的蒙古民族皮雕艺术（思沁嘎瓦）在韩国举办的第二届国际书画节上获"中国民族特色艺术金奖"。积极落实"援企稳岗"政策。经市政府批准，为首批10家企业发放930万元的稳岗补贴，稳定职工2383人。加强失业动态监测，监测企业220家。开展"就业脱贫"工作，组织实施六个"进村入户"（帮扶政策、信息台账、岗位帮扶、园区建设、技能培训、信息对接进村入户），印发就业创业政策宣传单、宣传手册1.1万份，建立贫困家庭劳动力就业台账，先后组织晶山食品等十余家涉农涉牧企业深入农村牧区举办专项招聘会，并免费开展实用技术培训，培训农牧民工17 633人，培训家庭服务业从业人员2404人。2016年，城镇新增就业18 298人，失业人员实现再就业6705人，就业困难人员实现就业6291人，高校毕业生实现就业或落实就业去向10 820人，农牧民转移就业47.09万人，城镇登记失业率3.7%；发放创业担保贷款1.5亿元；开展就业技能培训10 465人，创业培训4129人，农牧民转移技能培训18 139人，未新增零就业家庭。旗县就业和社保服务平台建设项目顺利完工；霍林郭勒市职业技能实训基地投入使用；搭建家庭服务业职业培训和公益性信息平台，全市家庭服务业从业人员技能培训2579人。

【和谐劳动关系建设】 在全区率先实现劳动仲裁机构实体化建设全覆盖，市本级及各旗县市区均成立仲裁院；启动仲裁办案规范化建设系统，案件录入量全区排名第一。劳动保障监察"两网化"管理覆盖率达到100%，全市企业集体合同签订率达到86.1%。深入开展综合治理拖欠农牧民工工资专项行动，通过媒体曝光不诚信企业37家，抽调各相关部门骨干力量入驻信访大厅集中处理农牧民工讨薪信访案件，调解处理7件，涉及农牧民工275人，补发工资220万元。开展清理整顿人力资源市场秩序专项行动，共检查用人单位2964户，补签劳动合同7856人，发现违规违法案件23件，已责令改正4件，取缔非法职业介绍活动6件。在全区率先出台《通辽市深化国有企业负责人薪酬制度改革实施方案》《通辽市直属国有企业领导班子和领导人员考核评价暂行办法》及5个配套文件，国企负责人薪酬制度改革工作全面实施。

【荣誉】 根据自治区人社厅《关于表彰全区人力资源和社会保障系统2014—2016年度优质服务窗口的决定》(内人社发〔2017〕13号)，通辽市人力资源和社会保障局政务服务窗口、通辽市劳动人事争议仲裁院、通辽市奈曼旗大沁他拉镇劳动保障所、通辽市扎鲁特旗乌兰哈达苏木劳动保障所被评为全区人社系统2014—2016年度优质服务窗口。

科尔沁区瀚博一品社区劳动保障服务窗口被评为全国人力资源社会保障系统2014—2016年度优质服务窗口。通辽市烦恼丝美发美容专业学校美发师、奈曼旗民族技工学校焊工、开鲁县中等职业技术学校育婴师3个培训项目入选全区就业技能特色培训品牌，通辽市烦恼丝美发美容专业学校美发师上榜自治区知名品牌。内蒙古小镇网上乐购有限公司、内蒙古品农电子商务有限公司、玛拉沁电子商务有限公司、娜娜烘焙坊、通辽市创美商贸有限公司5家获“自治区创业示范店”荣誉称号。

(高　航)

社会福利

【养老服务】 出台《通辽市居家养老服务示范活动实施方案》《通辽市农村牧区互助养老幸福院管理办法》等一系列政策文件，以居家养老为基础、社区养老为依托、机构养老为补充的多样化养老服务政策体系初步形成。开工建设通辽市老年人养护中心，建成公办养老服务机构7所、社会办养老机构4所、农村牧区互助养老幸福院80所。截至年底，全市养老服务机构476所、床位21 435张，每千名老年人拥有床位52张；深入推进居家和社区养老服务工作，实现“12349”便民为老服务平台旗县市区全覆盖。推动奈曼旗和开鲁县社会福利中心完成公建民营改革。全面完成通辽市社会福利院等6所养老机构医养结合改革任务。

【老龄工作】 开展全国“敬老爱老助老模范人物”和第二届全区“敬老文明号”评选考核工作。开展第二届“红叶风采”老年人文艺会演、慰问百岁老人、走访老年福利机构等系列活动，评选自治区级敬老孝星378名。开展“华正光明行”助老活动，组织义诊501场，免费实施复明手术321例。在全区率先实施普惠制高龄津贴制度，全年下发高龄津贴5309万元，惠及3.74万名老年人。

【社会公共服务】 深入开展第二次全国地名普查工作，着力加强地名管理工作，设置地名标志11万余块。大力推进平安边界创建，完成通辽市与赤峰市行政区域界线联检工作。全面完成农村牧区留守儿童、留守妇女和留守老人摸底排查，深入开展“三留守”人员关爱保护工作，建成214所留守儿童之家；继续抓好未成年人社会保护工作，深入开展“寒冬送温暖”“夏季送清凉”“接流浪孩子回校园”等专项行动，累计

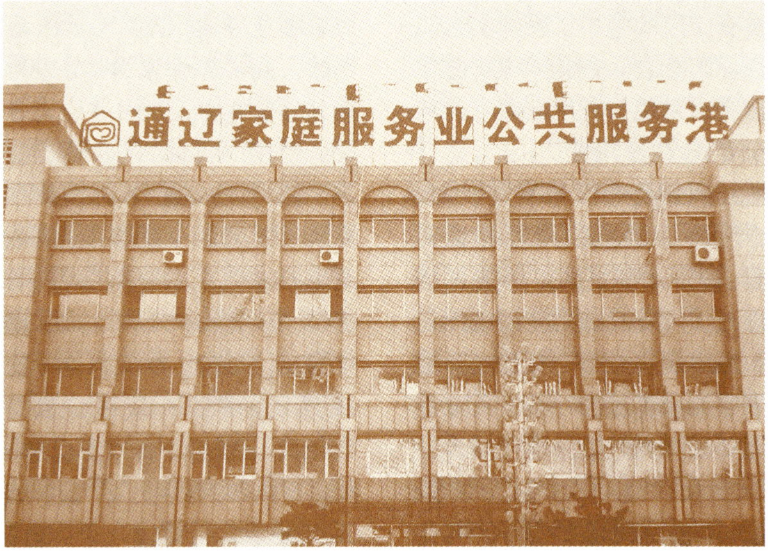

▲ 通辽市“12349”便民为老服务平台

救助3600余人次。

【殡葬管理】 开工建设3处节地生态安葬设施，严格落实生态安葬奖补政策，发放惠民殡葬补助资金430万元。

【婚姻登记】 2016年共办理国内结婚登记25 128对，办理离婚登记9179对。开鲁县婚姻登记处按AAA级标准完成硬件建设。

【社会服务】 开展“和谐示范社区”创建活动，推行“3456”工作法，4名社区主任被自治区评为首届“最美小巷总理”，社区服务管理水平显著提高。规范社区减负工作，理顺社区各项职能，提高社区工作人员待遇，社区工作人员工资平均达到2500元/月，较上年提高200元。出台《关于进一步加强和规范农村牧区社区试点工作管理的通知》，全市农村牧区社区试点单位达到420个，比2015年增加219个。强化基层政权建设，在落实“532”工作法的基础上，着重完善村规民约工作，实现村民自我教育、自我管理和自我服务。积极培育社会组织，出台《通辽市社会组织评估管理办法》和《关于改革社会组织管理制度促进社会组织健康有序发展的意见》，全年新登记社会组织36家，同比增长10.2%。社会组织年检率达80.8%，达到年初预定目标。投入60万元向社会力量购买居家养老、社工培训、社会组织评估等服务，预计受益人群达2000人。政务服务中心民政窗口全年累计办理业务276件，先后10次被评为优秀窗口。

☆小资料☆

“3456”工作法：“3456”工作法的主要内容就是要求社区网格长要做到“三会三活”“四到四清”“五百五心”“六必访六不让”。

（一）“三会三活”。会说群众语言，能把党的惠民政策向居民群众讲明白、讲清楚；会写“民情日记”，能深入基层详实记录群众生产生活情况；会办利民实事，能把居民“急、愁、难”的小事当作大事去办，解决群众实际困难。“活户籍”，能准确掌握所管辖范围内的人口，房屋所属和人户分离情况，落实流动人口以房管人工作机制；“活地图”，能全面掌握所管辖区域内地理方位、单位、楼宇、公共设施等情况；“活档案，能精确掌握所管辖区域内各类人员和家庭基础信息数据。

（二）“四到四清”。一是腿要跑到，家庭情况看清。对贫困家庭、弱势群体作为重点服务对象，定期走访，帮扶慰问。二是心要想到，人员类别分清。对网格内的流动人口、重点人口、残疾人、育龄妇女、高龄老人等情况做到底数清、情况明。三是眼要看到，区域设施记清。对网格内的一些公共设施，如健身器材、卫生设施、小区其他设施等做到心中有数。四是事要办到，隐患矛盾查清。对排查出的问题和隐患，全部登记造册，及时解决。

（三）“五百五心”。进百家门，听取居民倾诉要有耐心；知百家情，研究居民问题要专心；解百家难，为民排扰解难要有爱心；暖百家心，做居民思想工作要细心；和百家亲，为居民送服务要热心。

（四）“六必访六不让”。“六必访”即每月必须对困难群众、独居老人、残疾家庭、流动人员、老党员，帮扶对象走访一次。“六不让”即不让社区布置的工作在我手中延误，不让正在办理的事务在我这里积压，不让居民反映的事情在我这里搁浅，不让我负责的事务因我而影响工作全局，不让我的服务态度影响居民的情绪，不让违纪行为在我身上发生。

【双拥优抚安置】 落实就业保障政策，符合安排工作条件的126名转业复员士官已全部安置就业。全面落实军休人员政治待遇和生活待遇，妥善解决持续近五年的52户军休干部和遗属住宅楼拆迁信访问题。接收军队退休干部6名，培训退役士兵436名。优抚精细化管理工作试点扎实推进，优抚事业单位管理水平显著提升。完成700余名新增优抚对象的审核审批工作。市本级和各旗县市区先后投入资金8000多万元，开展各类拥军活动，配合部队完成各项任务。下拨抚恤补助资金3850万元，重点优抚对象抚恤补助标准较去年提高15%以上，发放义务兵家庭优待金4706.4万元。投入资金628.5万元，解决优抚对象“三难”问题。投资1200万元，建筑规模2730平方米的通辽军供综合服务大楼，已完成各项前期准备工作，将于2017年底前交工并投入使用。累计为835名自主就业退役士兵发放地方经济补助金3467.1万元。足额发放军休干部和遗属住宅楼补偿金2784.42万元。建立军地互融机制。建立健全双拥座谈、双拥联络员、双向走访慰问等制度，实现双拥工作有章可循。各级领导主动参加重大双拥活动，定期听取双拥汇报，及时协调解决重点问题，形成军地双方齐心抓的双拥工作新局面，实现“双拥模范城”四连冠目标。拥军慰问深入开展，形成“情系国防”最美家庭、走访慰问武警官兵、慰问英模代表等系列品牌活动，市旗两级党政主要领导在“八一”期间慰问驻地军警部队，发放170余万元慰问金和慰问品，赴新疆慰问驻通执行任务部队，送去慰问金20万元。加强军地先进文化建设合作，营造浓厚双拥工作氛围，举办“双拥”文艺晚会和纪念长征胜利80周年主题展。

(赵　刚)

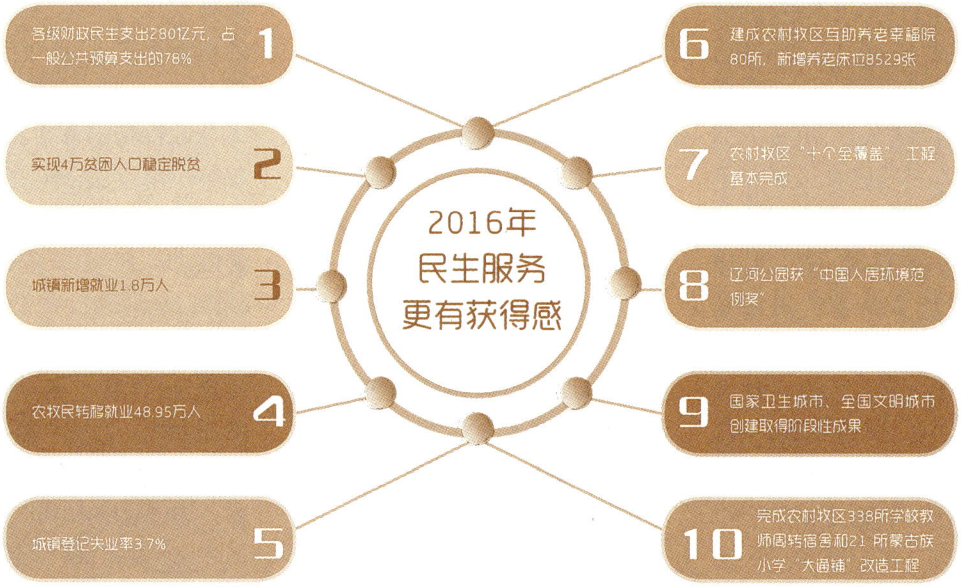

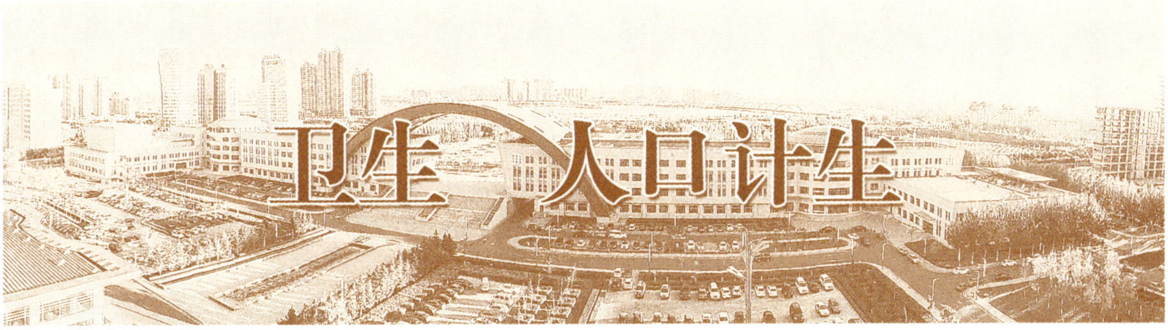

卫生　人口计生

卫　　生

【公立医院综合改革】　2016年,通辽市所有城市公立医院取消药品加成政策,同步实行自治区新版医疗服务项目价格,国家级城市公立医院综合改革试点工作全面推开。市政府制定印发《通辽市城市公立医院综合改革试点工作实施方案》。启动奈曼旗创建自治区旗县级公立医院综合改革示范旗工作,旗县级公立医院改革持续推进。

【分级诊疗】　2016年,制定出台《通辽市分级诊疗及双向转诊工作实施方案》《通辽市家庭医生签约服务工作实施方案》和《通辽市加快推进家庭医生签约服务的实施意见》。家庭医生签约人数219.27万人,签约服务覆盖率达到66.4%,重点人群覆盖率达到58.2%。主城区组建3个医联体。4所三级医院对口帮扶9所旗县级医院,16个二级以上医疗机构派出17支医疗队。

【医疗服务能力】　2016年,通辽市医院晋升为三级甲等综合医院、科尔沁区第一人民医院晋升为三级乙等综合医院、通辽市第二人民医院晋升为三级综合医院。旗县市综合医院全部达到二级甲等医院标准。新改扩建13所苏木乡镇卫生院房屋、15套周转宿舍,新建标准化嘎查村卫生室481个。评选建设10所"十强卫生院"、100所"百佳卫生室"。全年无偿献血866万毫升。

【疾病预防控制】　2016年,开展全市免疫规划传染病、性病、艾滋病联合督导检查工作。在20个鼠疫监测点开展鼠疫监测工作。全市累计发现艾滋病病毒感染者和艾滋病病人403例,死亡59例,其中2016年新增艾滋病病毒感染者和艾滋病人84例,正在接受抗病毒治疗205例。新发布病909例,发病人数比去年同比下降15.28%。全市共发现活动性肺结核病人2062例,其中新涂阳病人220例。全市共筛查诊断严重精神障碍患者11 620例,检出率为3.7‰,管理率为88%。

【对外医疗卫生合作】　2016年,通辽市政府与北京市医管局签署第二轮京通医疗卫生合作协议,第二轮合作项目时间由3年延长为5年,北京支援医院由9家扩大为12家,通辽市受援医院由2家增加到6家,在原有合作内容的基础上,合作内容向远程医疗系统建设延伸。通辽市政府与内蒙古自治区人民医院签署协议,自治区人民医院对口帮扶通辽市8个旗县医院。

【综合法制监督】　2016年,深入开展打击非法行医专项行动,检查医疗机构1533户次,下达卫生监督意见书1532份,查处案件85件。在全市566所学校、幼儿园开展饮用水卫生安全专项整治工作。加强食品安全风险监测,完成四大类食品检测工作,采集样品232份。完善食品安全企业标准备案受理制度,受理23家企业33个企业标准备案申请。

【蒙中医药】　2016年,通辽市委、市政府印发《通辽市加快蒙医药发展实施意见》和《通辽市"十三五"时期蒙中医药事业发展规划》。1月,通辽市成功创建成为全国基层蒙中医药工作先进市,并被中国蒙古学学会命名为"中国蒙医药之都"。

【健康扶贫】　2016年,制定印发《通辽市卫生计生精准扶贫工作实施方案》。对贫困人口实行新农合"两提高、两降低"倾斜政策。对贫困人群提高新农合门诊报销比例10个百分点,提高政策范围内住院报销比例5个百分点;降低病残儿童、重度残疾人以及大病保险报销起付线50%。各医疗机构开展下乡义诊活动67次,直接受益群众12 000余人次。建立贫困人口"一对一"健康服务机制。启动实施贫困人口免费体检民生工程,市、旗两级财政投入3000余万元资金,从6月份开始对全市115 198名建档立卡贫困人口开展免费健康体检。

【新农合制度建设】 2016年,制定《通辽市2016年新农合支付方式改革实施方案》,推行总额预付费、按床日付费、按病种付费等综合支付方式改革。其中按病种付费的病种扩大到225个。新农合补助标准提高到每人每年540元,其中各级政府补助420元,个人筹资120元。大病保险人均筹资标准41.5元。新农合住院医药费用累计补偿超过3万元部分的医药费补偿由商业保险机构支付,最高支付限额达到30万元。

【医疗科技创新与人才队伍建设】 2016年,获通辽市科学技术奖一等奖2项、二等奖11项、三等奖16项,市级适宜技术推广项目1项。完成基层医疗卫生机构全科医生转岗理论培训95人、转岗实践技能考试292人。1742名在岗乡村医生完成为期三年的中专学历教育。63名订单定向学生安置工作全部落实。

【创建国家卫生城市】 2016年,开展"四大工程"建设、"四大专项"整治工作和"除四害、讲卫生、促健康"主题活动。9月9—11日,国家爱卫办暗访组对通辽市创建国家卫生城市工作进行暗访,通辽市以869.1分的高分通过国家暗访检查,在全区三个盟市中位列第一,在全国83个新创建城市暗访得分排名第二。

【荣誉】 2016年1月,通辽市被国家中医药管理局命名为"全国基层蒙中医药工作先进市";12月27日,通辽市获"全国无偿献血先进市"奖;12月30日,被中国蒙古学学会命名为"中国蒙医药之都"。

(卜繁强)

人口和计划生育

【信息化建设】 2016年,制定《通辽市"十三五"时期卫生计生信息化建设规划》。开展药品电子监管信息化建设、基层医疗卫生信息化建设和计划生育证件办理暨服务管理平台建设。正在研发《生育服务证》《母子保健手册》《儿童预防接种证》"三证合一"管理系统。建设"孕前优生健康检查信息管理系统",在科尔沁区、奈曼旗计划生育服务站顺利实施。通辽市卫生计生委新版门户网站正式上线运行。

【计生改革与管理】 2016年,积极稳妥实施全面两孩生育政策。全面实施服务证管理改革。为22 617人进行国家免费孕前优生健康检查。通辽市政府下发《关于进一步做好计划生育特殊家庭扶助关怀工作的通知》,为1271户计划生育特殊家庭发放一次性扶助金4222.6万元。库伦旗和霍林郭勒市被评为新一轮"全国计划生育优质服务先进单位"。开鲁县、库伦旗创建成为自治区级妇幼健康优质服务示范单位。

(卜繁强)

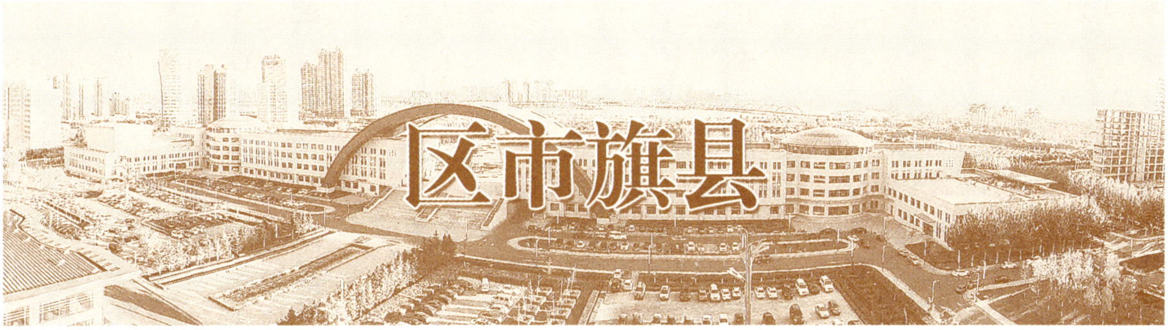

科尔沁区

【概况】 科尔沁区位于内蒙古自治区东部，是通辽市的政治、经济、文化和交通中心。地理坐标为北纬43°22′—43°58′，东经121°42′—123°02′之间，南同科尔沁左翼后旗接壤，西与开鲁县为邻，北和东与科尔沁左翼中旗毗连，总面积3160平方公里。辖11个街道，9个镇、1个苏木，5个国有农牧场，94个社区、334个村嘎查、25个分场，居住着蒙古、汉、回、满等民族共76.2万人。全年地区生产总值549.13亿元，按可比价格计算比上年增长7.7%。其中第一产业实现增加值52.58亿元，增长3.9%；第二产业增加值266.03亿元，增长8.2%；第三产业增加值230.52亿元，增长7.9%。三次产业结构调整为10∶48∶42。公共财政预算收入完成25.9亿元，比上年增长3.4%。全社会固定资产投资470.26亿元，比上年增长14.6%。社会消费品零售总额200.56亿元，比上年增长9.8%。进出口总额实现34 185万美元。其中，实现外贸出口27 033万美元，外贸进口7152万美元。城镇常住居民人均可支配收入29 799元，增长8%。农村牧区常住居民人均可支配收入15 481元，增长7.4%。

【自然资源】 科尔沁区探明有石油、原子铀、硅砂、砖瓦用粘土、矿泉水、建筑用砂6类矿产，其中石油探明储量100万吨，铀保有资源储量5473.5吨，硅砂保有资源储量7408.5万吨，砖瓦用粘土保有资源储量1437.51万立方米，建筑用砂保有资源储量575万立方米。矿泉水属含锶硅酸矿泉水，适宜饮用。地下有煤炭、地热异常区。水资源总量3.61亿立方米。地表水主要有西辽河、清河、洪河3条河流，均属西辽河水系。天然泡沼46个，集水面积2.4万平方公里，蓄水能力0.03亿立方米。

【农业】 全年完成总播种面积15.33万公顷，其中粮食播种面积11.5万公顷，粮食总产量107.3万吨，比上年增加2.2万吨。节水高产粮食功能区13万公顷，土地流转规模达到4.33万公顷。推进“粮改饲”，压减籽粒玉米1.53万公顷，增加粮饲兼玉米6000公顷，稳定设施农业面积3333.33公顷。机耕、机播面积11.33万公顷，农机总动力104.2万千瓦，农机化综合水平93%。产业化建设平稳发展，市级以上农牧业龙头企业达到40家，新增自治区级专业示范合作社4家，推动680家专业合作社规范化建设，带动农牧民收入持续较快增长。

【畜牧业】 年末，全区牲畜实有头数155.6万头(只)，比上年末减少3.9万头(只)。其中大牲畜31.6万头，羊55.5万只，猪68.5万口。全年猪肉产量7.1万吨，牛肉产量2.9万吨，羊肉产量0.6万吨，禽肉产量1.9万吨，禽蛋产量1.6万吨，奶产量13.3万吨。连续十年获得国家“生猪调出大县”称号。年内，余粮畜业肉牛存栏2.1万头，全区百头以上育肥牛养殖场达到57个。金锣牧业生猪养殖基地存栏16万口，建立生猪供销一体化经营机制试点6个。

【林业】 年内，完成人工造林面积1433.3公顷，其中完成经济林面积200公顷。完成农田防护林70公里，义务植树200万株，四旁植树148.4万株。完成村屯绿化373

个，面积833.3公顷，绿化长度224万延长米，栽植垂柳等苗木195万余株。完成国道303线、国道304线、国道111线，大保一级路等通道绿化86公里，面积66.7公顷，栽植银中杨等苗木33万余株。完成村与村之间重点通乡路连接线210公里，面积133.3公顷，栽植青皮柳等苗木27万余株。

【水利】 年内，完成135个村的饮水安全工程。投资180.6万元新建水质检测中心，具备国家饮用水42项常规指标检测能力，填补科尔沁区农村水质卫生监测和监管的空白。征缴水资源费640.6万元，完成任务的160%。完成全区164户用水户的取水许可证换发工作，并通过自治区取水许可信息平台的认证。在钱家店镇项家村等5个镇、14个村新建2666.67公顷高效节水灌溉工程。配合市水务局完成“大江、大河”治理工作，主要对堤防实行全面整治，总投资1.1亿元，整治10个险工段，长度19.06公里。完成莫力庙外环堤坝收尾工程，总投资180万元。完成清河主河道清淤及堤防加固、红河套海桥改建、小塔子水库维修养护等工程。

【招商引资】 年内，科尔沁区引进新签项目36项，实现签约额650.5亿元。其中，计划投资亿元以下项目4项，计划投资亿元以上项目32个。亿元以上项目中包括1~5亿元项目15个(不含5亿元)，5~10亿元项目5个(不含10亿元)，10亿元及以上项目12个。新开工建设的亿元以上项目23项，比上年增长27.7%。上报项目到位资金100亿元，完成全年任务的100%。

【工业】 全年工业增加值实现222.57亿元，增长8.7%。其中规模以上工业增加值实现183亿元，增长9.1%。工业固定资产投资完成105亿元，新增规模以上工业企业7户。全区115户规模工业企业完成主营业务收入657.9亿元，同比增长10.2%，全年规模以上工业企业实现利润总额34.4亿元，同比增长3.9%。梅花生物生产工艺及环保等配套设施达到同行业国际先进水平，高附加值产品全球市场份额强势增长。金锣食品、蒙古王实业上缴税金均突破亿元大关。投资30亿元的伯恩露笑1000台150公斤级美国GT长晶炉项目进入安装调试阶段，完成投资30亿元的忠大铝业铝产品深加工项目研发中心，投资35.4亿元的奇峰大功率UPS(不切断电源)及电动汽车充电桩项目进展顺利。实施“一企一策”盘活救企措施，11户停产半停产企业实现复产。福阳再生资源、新鑫物流两户中小企业挂牌上市，全区上市工业企业达到12户。

【商贸物流】 建国农产品批发市场投入运营，年交易量达120万吨，丰富群众“菜篮子”。绿色食品加工园区启动运营，入驻商户87家。各镇苏木食品药品监管所标准化建设基本完成，小作坊、小商超、小餐饮、农贸市场升级提质改造全面完成，发放食品摊贩快餐车200余辆。

【城乡建设】 全年实施房屋征收项目43个，完成签约10 291户，安置房开工8467套，主体封顶3703套。申报国开行棚户区改造贷款融资项目18个，建国片区、京沈客专等15个重点征收项目进入建设阶段。城东片区污水处理厂、棚户区改造等重点项目进展顺利，团结路贸易区、批发城改造工程进入收尾阶段。完成既有建筑节能改造工程170万平方米、土楼接热工程52栋，新改建公厕42座。对73个老旧住宅小区、31栋单体楼的基础设施进行综合改造，总面积191万平方米，涉及三网管线10万延长米，受益群众3万户。“双城同创”工作取得阶段性成果，清运垃圾53万吨，拆除私搭乱建2万余处，清理小广告110万余处，硬化街巷210余万平方米，永清街道翰博一品社区获“国家级文明窗口”称号，顺利通过全国文明城市年度测评，在国家卫生城市暗访测评中夺得全国第二名，市容市貌及群众文明程度实现整体性提升。累计投入资金48亿元，全区378个嘎查村场实现“十个全覆盖”。严格落实水资源管理制度，对漏斗区、超采区、排污口实行常态化水位、水质监测，最严格水资源管理工作位列全市第一名。

【交通运输】 年内，全区农村道路建设1589.2公里。其中，“十个全覆盖”街巷硬化1411.2公里，涉及13个乡镇、2个街道、378个行政村及国有农牧场。通村水泥路178公里,共25条线路。开展打击非法从事客运营运车辆专项行动,累计出动运政稽查人员30 600人次,稽查车辆7260台次,查处非法营运车辆246台,查处各类违规违章行为2230例。路政执法工作累计派出巡查车辆1298台次,巡查人员4190人次,累计巡查里程140 979.5公里,同比增长260%,共清理控制违章建筑33起,粮库8家。

【旅游】 科尔沁区有景区(点)28家,其中AAA级景区2家,自治区级休闲农牧业与乡村旅游示范点2家,星级接待户4家;星级饭店6家,旅行社21家,其中出入境旅行社3家;大型旅游商品销售单位10家。年内,接待旅游者244.57万人次,同比增长16.4%,实现旅游总收入58.66亿元,同比增长17.3%。

【金融】 年末,金融机构各项存款余额538亿元,比上年增长15.94%,其中城乡居民储蓄存款余额322亿元,比上年增长15.32%。金融机构各项贷款余额584亿元,同比增长9.2%。驻市金融机构在科尔沁区增设机构3家,理财公司等新型金融业态增加5家。全年融资70.03亿元。

【教育】 科尔沁区各级各类学校123所。其中,小学67所,九年一贯制学校6所,初中19所,高中2所,完全中学3所。职业中专1所,教师进修学校1所,公办幼儿园30所,体校和军体校各1所。全面改善办学条件,铁路第一小学、第二幼儿园和施介小学综合楼主体封顶。融资8200万元,完成“三通两平台”信息化建设。争取国家红十字会文化扶贫基金1300万元,为全区中小学校配备图书46万册。优化师资队伍,公开引进、招录教师617人。

【文化】 开展科尔沁区首届民间艺术团文艺汇演、四胡海选大赛等大型文艺活动50余场。全面加强乌力格尔说唱艺术传承与保护,建成镇村乌力格尔文化馆15处。

【卫生】 科尔沁区有医疗机构900所。其中,公立医院4所,包括三级医院1所,二级医院3所,其他均为一级医院,门诊部20所,诊所90所,民营医院11所,中蒙医诊所39所,社区服务站95所。社区卫生服务中心11所、卫生院18所、村卫生室612所。公立医院改革稳步推进,第一人民医院跻身“三级乙等”医院行列,新建改造镇苏木卫生院5所、社区卫生服务中心1所、标准化村卫生室106所。建立“新家庭计划”项目试点社区(村)33个,科尔沁区青春健康俱乐部被评为“全国青春健康示范基地”。

【人口与计划生育】 年末全区总人口76.2万人,比上年末减少1.4万人。全年出生人口6575人,出生率8.5‰,死亡人口6431人,死亡率8.4‰,人口自然增长率0.1‰。年内全区一孩生育登记2414例、二孩生育登记1599例,再生育审批137例。严格落实各项惠民政策。全年奖励扶助累计4451人,特别扶助累计869人,少生快富累计4464人。投入资金为711名计生干部、499名特殊家庭成员购买意外伤害保险。建立健全特殊家庭联系人制度,发放特殊家庭慰问金20余万元。兑现计划生育特殊家庭一次性补助金,为全区535户特殊家庭发放扶助金共计2485.7万元。年内农村孕产妇住院分娩补助1539人、61.56万元;免费增补叶酸服用3308人,服用率达90.15%;完成宫颈癌筛查9000例,宫颈癌疑似病例20例,确诊3例;免费孕前优生健康检查、乙肝病毒母婴阻断服务惠及群众2734人。新生儿疾病筛查2577人,筛查率为51.6%。新生儿听力筛查2997人,筛查率为60%。在科尔沁区第一人民医院建立危重孕产妇救治中心和新生儿救治中心。

【人民生活】 年内,全体居民可支配收入24 803元,增长8%。其中城镇常住居民可支配收入29 799元,增长8%。农村牧区常住居民可支配收入15 481元,增长7.4%。全体居民人均消费性支出17 406元,增长5.1%。城镇常住居民生活消费支出20 104元,增长1.9%。农村牧区常住居民消费支出12 248元,增长14.2%。

【社会保障】 城镇新增就业5580人,农牧民转移就业8万人次,城镇登记失业率控制在3.6%。城乡低保标准进一步提高,实施临时救助3808人次,新建农村牧区互助养老幸福院4个。高效办结中央环境保护督查组转办案件24件,取缔燃煤小锅炉168台,环境质量进一步改善。城乡居民医疗保险整合工作顺利完成,在全市率先实现“一网化”运行,城乡居民参保50余万人。

(周红杰)

霍林郭勒市

【概况】 霍林郭勒市地处内蒙古自治区通辽市西北部,国道304线终端。地理座标为北纬45°16′—45°46′,东经118°17′—119°46′之间,总面积585平方公里。东西长38公里,南北宽28公里,周长113公里。西部、西北部和北部与锡林郭勒盟东乌珠穆沁旗接壤,西南部、东南部毗邻通辽市扎鲁特旗,东部、东北部与兴安盟科尔沁右翼中旗连接,处于“两盟一市五旗”交界处。距通辽市336公里,北距蒙古国直线距离120公里。境内查明矿产5种,包括非金属矿产资源4种,能源矿产1种。其中煤炭资源地质储量约68.58亿吨,辖沙尔呼热露天区、西南详查区(霍林郭勒市部分)和北部普查区(霍林郭勒市部分)3个自然矿区,井田总面积约238平方公里,可采储量约37.127亿吨。辖5个街道办事处、22个社区。人口总数123 883人。其中,汉族73 589人,少数民族50 294人;常住人口70 624人,流入人口53 259人,流出人口678人。2016年,完成地区生产总值296.16亿元、增长8.1%,增速位列通辽市第一位;一般公共预算收入35.08亿元、增长6.5%,总量位列通辽市第一位;全社会固定资产投资218.9亿元、增长18.6%,增速位列通辽市第一位;城乡居民人均可支配收入38 213元、增长8%,保持通辽市首位;社会消费品零售总额39.35亿元、增长9.7%。全年,霍林郭勒市在产业转型升级、城市功能完善、社会民生保障等方面持续发力,受到国务院大督查第二次第三批督查表扬,获国家国土资源节约集约模范县(市)称号,成功列入国家产城融合示范区创建地区,霍林河循环经济示范工程获国家优质工程奖,成功创建自治区文明城、园林城,卫生城通过复检,综合实力跃居全国中小城市科学发展百强第75位,最具投资潜力中小城市百强第42位。

【三去一降一补】 退出煤炭产能30万吨,压减产量410万吨。消化房地产库存4666套,完成年度任务的230%,库存量下降54%。不良贷款余额和比率实现“双降”。出台《稳定工业经济增长政策措施》,十项举措打出政策“组合拳”,为企业和项目兑现优惠政策1.71亿元。争取大用户直购电20亿千瓦时,为企业节省成本3亿元,企业盈利能力增强。全面落实“营改增”政策,为企业减税3610万元。实施补短板重点项目225个,保障经济发展的基础更加稳固。

【重点工业项目】 完成工业固定资产投资200亿元、增长20%。吉煤井工矿审批工作进展顺利,锦联、创源、鸿骏、联晟等电冶联营和铝后精深加工重点项目进展顺利,山联重工、铭浩石膏等一批装备制造、资源循环利用项目相继开工建设。全年生产煤炭2765万吨、下降8.5%,发电205亿千瓦时、增长28.5%,工业用电量188.5亿千瓦时、增长18.7%,生产原铝122万吨、增长29%,铝后加工产品达到30万吨。新增规模以上工业企业8户,达到79户。8家停产半停产企业全部盘活。全市规模以上工业增加值增长10%。

【农牧业】 全市粮油作物总产量达1800万公斤,蔬菜总产量达980万公斤。坚持肉牛、肉羊良种化、标准化、规模化发展,牲畜存栏总数23万头(只),出栏15.75万头(只)。划定基本草原48.22万亩,通过自治区验收。大力培育新型经营主体,各类农民专业合作社达29家,当年增加6家,培育通辽市级示范社2个,自治区级示范社1个,国家级示范社1个。

【服务业】 中铁铁龙供应链云平台、双利冷链运输投入运营,霍林河集装箱站台发运6815标箱,公铁货运量达到8150万吨,进出口贸易总额达到9134万美元。编制《额仑草原旅游区总体规划》,额仑草原旅游线路开工建设,可汗山广场、自驾游驿站、“北门户”等旅游基础设施投入使用,成功举办第五届科尔沁草原旅游婚礼节,全年接待游客111万人次,旅游业收入9.1亿元。通过“中小微企业池”“民营经济发展基金”为企业协调贷款14亿元，新增限额以上企业10户，民营市场主体达到13 372户、增长12%，锦联、源源、星火公司跻身内蒙古民营企业百强，京东、美团、蜂鸟配送、滴滴出行等适应大众消费新趋势的互联网购销平台进驻霍林郭勒市。金融机构存贷款余额分别达到88.7亿元和118亿元，分别增长37%和1.3%。

【改革创新】 全面实施“五证合一”“一照一码”“两证合并”登记制度改革，推进网上审批和并联审批，审批时限缩短62%。落实《“霍林河创业再出发”行动指导意见》，七项重点工作扎实推进。被工信部《有色金属工业发展规划（2016—2020年）》列为局域电网试点地区。成立不动产登记管理局和联合办税大厅，组建文化旅游、交通、水务等投融资平台。建立“蒙东铝及铝加工产业技术创新战略联盟”。举办2016年中国铝加工产业技术创新交流大会（中国铝加工年会）。国家科技支撑计划项目顺利验收。锦联公司、嘉华公司分别被评为自治区级工程技术中心和研发中心。“短流程高产能电解铝生产板带箔”技术获自治区科技重大专项奖。“全电解质取代冰晶石”科研成果为企业降低成本1.2亿元。参加2016年中蒙博览会。奇瑞汽车零配件、麦达斯高端铝材等26个项目顺利签约，并有6个项目实现当年投产，全年引进市外资金193.2亿元，增长26%。

【城市建设】 完成铝新材料产业园区、绿地景观系统等10余项规划。霍林河机场成功试飞，通霍铁路电气化运行，霍阿一级路全线贯通。投入16亿元，实施基本建设项目140个。新建改造市政街路14条、老旧小区8个、综合管网95公里、换热站11座。新增热电联产供热面积100万平方米、环卫保洁100万平方米、绿化100万平方米，建成区绿化覆盖率达到40%、绿地率达到36%。人民医院、新区幼儿园加快建设，综合文化中心交付使用。高质量完成“十个全覆盖”工程。出台《环境卫生综合整治长效管理实施方案》。

【生态治理】 完成矿山复垦1170亩、工矿废弃地复垦2000亩、造林绿化2000亩、村屯绿化230亩、军马场育林15 000亩。27个未批先建、久拖不验项目全部完成整改。投资5.89亿元，实施煤电铝烟气污染物趋零排放示范工程。投资2.84亿元，实施锦联、鸿骏、金源口火电机组环保减排工程。所有污水处理厂、火电机组实现在线监控全覆盖，城镇污水处理率接近100%。拆除燃煤锅炉243台，完成通辽市下达任务的216%。

【民生和社会事业】 投入20亿元用于民生和社会事业，占可用财力的53%。2016年《政府工作报告》承诺的8类25项民生实事全部办结。发放救助金5349万元，农村牧区精准扶贫户全部脱贫，城镇扶贫计划顺利实施。发放创业贷款2754万元，新增就业2113人，城镇登记失业率控制在3.4%以内。出台最低生活保障对象综合认定办法，低保对象管理更加规范。企业退休人员养老金每月提高136元。422户棚户区居民搬上新楼，692套公租房交付使用。义务教育均衡发展高水平通过国家验收。关工委系统60个基层组织实现100%达标。与内蒙古民族大学签订校地合作协议，该校附属医院在霍林郭勒市设立分院。成功创建国家计划生育优质服务先进市。社会文艺团体星级管理办法被作为典型案例推荐到中宣部。举办首届民族团结职工运动会。友谊社区被评为全国科普示范社区。引进高端、紧缺人才65人。建成14个公共自行车服务站，开展公交运营体制改革，更加便民的公共交通服务网络正在加快形成。“食品药品安全内蒙古建设”中期评估通过验收。建立反电信诈骗中心，新增3个警务站，构建1分钟出警圈，刑事案件下降21%。修编应急预案87个。化解信访积案10件，信访人次下降27%。专家会诊安全生产，整改问题358件，未发生重特大安全生产事故。

【服务型政府建设】 全年办理人大代表意见建议和政协委员提案103件，办复率100%。编制《政府部门权责清单》，确立权责事项3252项。全面启动“七五”普法。实行政府系统24小时在线办公。开通“霍林郭勒发布”公众号和“市民热线”，发布工作动态1600余条，办理民生诉求143件。对重大项目、重点工程、重点任务“挂图作战”。严格执行预决算制度，审计政府投资项目71个，审减率11%。争取上级专项资金6亿元、转债资金22.5亿元。取消一般公务用车125台，“三公经费”实现“三连降”。深入开展“两学一做”学习教育，全力打造学习型政府、专业性部门，锻造实践性业务。严格履行党风廉政建设主体责任，查处违纪违法案件28件。

【霍林河机场试飞成功】 12月13日上午10时，来自中国国际航空内蒙古有限公司的波音“737－800”型飞机对霍林河机场进行试飞。在2个小时的试飞过程中，对机场地空通信、导航、监视及气象设备、跑道道面、滑行路线、机场运行标准等进行全面检验，于12时49分平稳降落，试飞成功。霍林河机场的建成和试飞成功，是霍林郭勒市民航事业的重大突破，对于提高内蒙古东部支线机场密度，完善综合立体交通运输体系，促进区域资源开发和改善投资环境具有重大意义，对提升城市对外开放水平、增强城市综合实力、扩大周边辐射效应将产生深远而积极的影响。

（张 奇）

开 鲁 县

【概况】 开鲁县始建于1908年，位于北纬43°16′—44°9′，东经121°25′—122°2′之间，总区域面积4488平方公里，辖12个镇(场)、1个街道办事处，245个行政村(分场)、8个社区居委会，人口40万人，有汉族、蒙古族、回族、满族等14个民族。2011年被自治区政府认定为革命老区，是著名音乐家、革命烈士、《大刀进行曲》作者麦新战斗过的地方。境内有西拉木伦河、西辽河、新开河、教来河、乌力吉木仁河5条河流。京通、集通铁路横贯全县东西，国道303、111线和通赤高速公路通贯全境。现有耕地12.13万公顷，林地17.53万公顷，可利用草场14.8万公顷，是国家高效特色农业示范县、全国农田水利建设先进县、全国粮食生产先进县，入选第二批国家现代农业示范区，自治区农田草牧场水利基本建设先进县；是中国北方县域最大的红干椒生产集散地，享有“中国红干椒之都”的美誉。2016年，全县地区生产总值实现238.8亿元，增长10%。其中：一、二、三产业增加值分别实现55.6亿元、102.7亿元、80.5亿元，增长5%、11%和13%。公共财政预算收入完成4.75亿元，增长10.8%。社会消费品零售总额实现42亿元，增长10%。城乡居民人均可支配收入分别达到25 183元、13 272元，增长9%、10%。

【工业经济】 2016年，全部工业增加值完成94.5亿元，增长11%。规模以上工业增加值完成90亿元，增长11%。全年实施亿元以上重点工业项目22个，工业固定资产投资完成57亿元。新增规模企业4户，新签约项目25个，到位资金74亿元。争取项目和资金，全年达到18亿元。开药集团一期投资10亿元2000吨强力霉素项目车间主体完工；黄河龙生物总投资2亿元300吨刺槐豆胶和200吨硬葡聚糖项目投产。全县新增玉米化工产品25个，总数达到100个。河南伊赛一期投资10.5亿元年产10万吨饲料项目车间、宿舍楼封顶，20万头肉牛屠宰加工车间完成基础建设；河南牧原一期年出栏30万口生猪规模化养殖、双兴牧业60万只肉羊、草原牛王3万头肉牛加工等项目实现投产。深能义和15万千瓦风电场和国华太平沼1万千瓦、华电新能源1万千瓦、盛达公司3万千瓦光电项目并网，全县风电并网达到125万千瓦。开鲁至科尔沁500千伏风电专用输出通道投入使用。扎鲁特至青州特高压直流输电工程境内24公里46座塔基浇筑完成。注重园区基础设施建设和服务水平提高，日处理垃圾150吨的承天垃圾资源化处理厂试运行；5万吨污水处理及3万吨中水回用一期工程完成反应池浇筑、污水管道及中水管道铺筑；小食品园区启动运行；盘活停产半停产企业6户。

【农牧业】 全县实施高标准基本农田整治工程，建设高产高效节水农田17.6万亩，巩固20万亩膜下滴灌项目区。村级科技信息服务平台发展到150个，农牧业科技信息服务覆盖率达到60%以上。发放农机补贴资金6345万元，购进各类农机具2967台套，农业机械化综合水平达到88%以上。

全县农作物总播种面积17.43万公顷,粮食产量15.25亿公斤,全年压减玉米3.33万公顷,建设饲草料基地3.33万公顷,特色种植面积调整到5.67万公顷。开鲁县被确定为国家级玉米绿色高产高效示范县和红辣椒出口产品质量安全示范区,通过第八批国家级红干椒农业标准示范区项目验收。退耕还林2000公顷,新增林果基地2000公顷。以肉牛、奶牛、肉羊、生猪为主导的养殖业逐步向规模化、标准化发展,新建、改扩建规模养殖场40处、养牛养羊专业村34处,牧业年度家畜存栏379.7万头(只)。农村牧区改革不断深化。国有农牧林场、水库、灌区改革完成清产核资、事业编制核定工作。农村土地承包经营权确权登记颁证工作全面启动。流转土地3.39万公顷,发展家庭农场112家。组建和规范各类农牧民专业合作社195个,在全市旗县率先实现基层供销社、农牧民专业合作社和村级综合服务社全覆盖。适应玉米收储政策改革新变化,发放玉米生产者补贴资金2.9亿元,及时启动"粮食银行"业务,有效缓解农牧民卖粮储粮难题。

【城乡建设】 老城区改造稳步实施。45公里自来水管网、73个老旧小区楼内外管网改造基本完成,城区饮用水质大大提高。对11个10.2万平方米老旧小区进行节能改造。实施3个片区638户棚户区改造项目。启动城市棚户区改造总体规划,制定改造实施方案、土地和房屋征收补偿安置方案。加强小区物业管理。房地产去库存1049套10.5万平方米。完善新城区功能定位,优化空间布局,开鲁三中、宏盛小学、文化健体中心、中医院综合楼及残疾人康复中心主体封顶;法院业务用房、开鲁职中、第二幼儿园、中央公园投入使用,城区配套服务功能进一步健全。城乡基础设施日臻完善,新增城市绿化50万平方米,建成区绿地率由32%提高到35%。省道304线境内115公里道路工程竣工通车。省道208线境内63.5公里道路工程前期工作准备就绪。实施麦新镇整体改造和东风镇基础设施建设,13处镇级垃圾填埋场和垃圾转运站投入使用。加强农网改造工程,新建66千伏输电线路99千米,改造10千伏线路134千米,新增配电变压器136台。完成"十个全覆盖"工程。全年完成投资35.1亿元,改造维修危土房9575户,硬化街巷2816公里,新建饮水安全工程28处、标准化卫生室89所、便民连锁超市56个、村村响261个,校舍建设与安全改造7所,为87个文化室配备设备器材,新建维修村部125个、文化广场106个,改造院墙6029千米,硬化路肩713万平方米,全县410个嘎查村、分场同步实现"水电路讯房、文教医保商"全覆盖,农村牧区面貌发生历史性巨变。修订村规民约,落实主体责任,形成环境卫生管护长效机制。开鲁县在全国"四好农村路"建设现场会上作典型经验交流,经验和做法得到交通部认可。东风镇和三星村被确定为自治区级美丽宜居小镇、宜居村庄。

【现代服务业】 综合物流园区建材城5.2万平方米商用楼完工。铁路煤炭市场建成,满足6000吨煤炭同时封闭装卸。东来铁路粮食物流基地20万吨仓储库房投入使用,成为全市最大的粮食物流基地。雨田牲畜交易市场具备年交易羊200万只、牛75万头的规模。电子商务蓬勃发展。成功申报国家级电子商务进农村综合示范县,电商公共服务中心投入使用。野农优品、开鲁邻里、开源易购等10余家电商服务企业入驻运营,全县村级服务站发展到221家。"瑰蜜"牌葡萄和晶山食品、人和斋、佳佳乐等公司红干椒系列产品实现网上销售。旅游产业稳步推进。整合资金1500万元,完善旅游接待设施。承办"8·18"赛马节开鲁地区赛事。规划设计科尔沁500公里风景大道自驾游系统西门户项目。5个扶贫村列入国家旅游局乡村旅游扶贫工程行动方案。

【金融】 争取各类金融贷款9.27亿元、政府购买服务项目贷款14.35亿元,保证民生领域支出。金融机构存贷款余额分别达到74.88亿元和63.15亿元。昶辉生物科技在新三板挂牌。

【非公经济】 支持非公经济发展,全程电子化网络登记系统开通,营业执照实现远程办理。全县各类市场主体总量达到2.3万户,注册资本达到133.2亿元。各类金融机构发放非公经济贷款55.1亿元,有效缓解企业发展资金压力。

【精准扶贫】 把脱贫攻坚作为头号民生工程,对建档立卡贫困人口精准识别、按类划分,创新实施7大类43项扶贫措施,选派干部1437名、企业150家精准包联贫困户。发放金融扶贫贷款2.62亿元,推出托管代养、资金收益金融扶贫模式。实施贫困人口大病特殊救助和教育补贴政策;高标准完成易地扶贫搬迁工程;率先在旗县级建立扶贫大数据平台,脱贫攻坚实现现代化、精准化监督管理;实施贫困人口动态管理,5492户14 328人实现稳定脱贫。开通6部民生热线,畅通联系群众渠道。

【教育资源整合】 整合教育教学资源,将北兴中学、新华中学并入开鲁三中,依托镇郊中心校组建实验学校。新建中小学教师周转宿舍、教学楼和实验楼11所,启动校园文化建设,完成5所学校信息化改造、12处学校风雨足球馆前期工作;第三幼儿园主体完工。

【就业】 全年城镇新增就业1718人,农牧民工转移就业8.1万人次,城镇登记失业率控制在3.9%以内。招录教育、卫生专业人员256人,引进高层次人才140人,新增公益性岗位92个。加强创业园区、孵化基地建设,带动就业300人。

【社会保障】 整合城乡基本医疗保险资源,全面启动机关事业单位养老保险制度改革。城乡低保月保障标准分别提高到570元、375元,“五保”分散供养、集中供养标准年人均提高到4500元和8000元。开鲁县中心敬老院和10所新建互助养老幸福院投入使用,入住593人。有效改善城市公共交通,公交车运行反响良好。儿童福利院完成主体工程。468套保障性住房完成入住。投资6136万元,扶持民族嘎查村发展。公共卫生服务体系日益健全。

【医疗卫生】 县内3所公立医院全面实施新的医疗服务收费标准,稳步实施双向转诊、分级诊疗;县医院通过自治区二级甲等综合医院验收。建成3所卫生院业务综合楼。

【文化事业】 组织开展纪念红军长征胜利80周年、纪念麦新、“德润草原·文明之行”“身边好人”评选、“万众爱国情”清明祭扫等系列活动。

【生态治理】 结合科尔沁沙地“双千万亩”综合治理、“三北五期”等重点工程,全年林业生态建设4000公顷。绿化村屯357个、街路4857条,农村牧区生产生活环境显著提升。完成国道303线、省道304线西段、开八线、开库线等103条通道绿化,新增农田防护林1733公顷。加大对排污企业的监管力度,完成主城区燃煤小锅炉整治,清理整顿室外烧烤摊点,城市环境质量全面改观。

【食品药品安全监管】 成立10个镇级食品药品监管所,打通食品药品监管“最后一公里”。

【社会治安防控体系建设】 建设50个村级网格化服务管理信息化系统;深入开展打击“两抢一盗”“黄赌毒”等专项行动,社会治安环境持续稳定。

【科学民主决策】 2016年,健全重大行政决策的法定程序,完善公众参与、专家论证、风险评估、合法性审查、集体讨论决策机制,充分体现人民意志。回应人大代表、政协委员对社会热点问题的关切,办结人大代表议案建议100件、政协委员提案68件,代表广泛密切关注的议案——新型农机市场主体封顶。

(万秀红)

科左中旗

【概况】 科尔沁左翼中旗(简称科左中旗),又称达尔罕旗,隶属内蒙古自治区通辽市,地处内蒙古、吉林、辽宁三省交汇处,科尔沁草原腹地。位于北纬43° 32′—44° 32′,东经121°08′—123°32′之间,全旗总土地面积9811平方公里,辖17个苏木乡镇、4个农牧林场、1个街道办事处、555个嘎查村(分场)。科左中旗是以农为主、农牧结合的经济类型区。全旗有耕地36.07万公顷、草牧场39.4万公顷、林地21.8万公顷。总人口53.7万人,其中蒙古族人口39.5万人,是全国县级区域蒙古族人口绝对数最多的旗县。2011年被列为国家扶贫开发工作重点旗、自治区革命老区。2016年,全旗完成地区生产总值168.2亿元,一般公共预算突破4亿元,完成500万元以上固定资产投资95亿元,社会消费品零售总额达到48.2亿元。

【农牧业】 2016年,全旗新增

高效节水灌溉面积1.6万公顷,总面积达到18.33万公顷,有效灌溉面积20.93万公顷。粮食总产量达到29亿公斤,其中玉米26亿公斤。全旗各类粮食收储企业(个体户)收购临储玉米200万吨。入库新粮30万吨;全旗家畜总存栏数达到330万头(只、口),出栏家畜178.3万头(只、口),其中,牛存栏59万头,出栏21万头,禽类饲养量601.6万羽,肉禽出栏369万羽;肉类总产量10.98万吨。

【林业】 2016年,林业生态建设任务共计完成1.91万公顷。其中:人工造林1.05万公顷,封沙育林0.67万公顷,飞播造林2000公顷。在人工造林中,重点区域绿化4020公顷。其中绿化村屯499个嘎查村,0.29万公顷;通道绿化完成752.1公里,420公顷;城镇周边绿化完成667公顷。全旗新建经济林600公顷。乌斯吐自然保护区内的植物园面积扩建2.67公顷,达到6.67公顷,栽植乔灌乡土树种19种2.2万株。新建乡王树种繁育基地一处,面积0.87公顷,引进和繁育乡土树种5.3万株,播种五角枫、小叶鼠李、紫穗槐、锦鸡儿种子250余公斤。

【水务】 2016年,全旗共完成节水灌溉建设任务1.76万公顷。用水总量为5.16亿立方米。工业增加值用水量达21.25吨/万元,同比下降6%。农田灌溉有效利用系数达到0.61。2016年,实施3大类6个工程项目,完成投资1.96亿元。其中饮水安全工程总投资1.655亿元,解决近20.08万农牧民群众的饮水安全问题;投资2600万元,建设1780公顷牧区水利重点项目。投资434万元建设水库移民基础设施项目;投资518.2万元,建设全系统5个水库管理所。

【工业】 2016年,新增规模以上企业4户,分别为鑫海德商砼、海宏基商砼、龙山星海建材、昂立光伏发电。累计实施工业重点项目36个,其中新建项目16个。工业园区新增基础设施投资0.3亿元。园区晋升为自治区级承接产业转移示范工业园区。2016年,清洁能源产业发电20.2亿千瓦时,实现增加值5.64亿元。其中,风电发电17.45亿千瓦时,实现增加值4.65亿元。光伏发电2.75亿千瓦时,实现增加值1.07亿元。以牧谷养道、太阳花、绿新源、天健肉业等为重点的农畜产品加工业实现增加值24.75亿元,同比增长8.9%。

【自然资源】 科左中旗自然资源丰富,草原上生长的野生植物有63科、216属、382种,有中药麻黄草面积2.67万公顷,甘草面积6.67万公顷。野生动物有21目、59科、121属、205种,其中两栖动物7种、爬行动物9种、鸟类动物157种、哺乳动物32种。主要矿产资源有长焰煤储量5300万吨,年开采量90万吨;玄武岩2000万立方米,年开采量20多万立方米;玻璃砂储量为4280万吨;铸型砂储量48万吨;砖瓦粘土储量900万立方米;水资源充足,主要河流有西辽河、新开河、乌力吉木仁河,三河径流量7.23亿立方米。共有中型水库5座,总库容为2.04亿立方米。全旗平均地下水资源量为7.6亿立方米,可开采量为6.6亿立方米。

【城镇建设】 2016年,完成投资5.3亿元,实施保康镇达尔罕公园、玉带河公园、科尔沁公园、园丁路、图布信路等10处大型公园、10处街角公园和10条道路绿化建设,栽植乔木6.3万棵,灌木90万余株,地被30多万平方米,新增绿地面积195万平方米,使人均公园绿地面积达到19.8平方米,城镇绿地率达到26.2%,对7条道路的人行道进行改造建设,改造总面积24.8万平方米,对4条道路进行罩面建设,改造道路总长5780米,总面积5.1万平方米,改善老城区面貌;保康镇公园绿地服务半径覆盖率达到60%以上。完成棚户区改造1073户,回购存量商品房741套,异地回迁安置448户,安置总面积7.2万平方米。发放困难家庭房屋租赁补贴82万元,惠及住房困难群众580户。农村牧区危房改造18 120户,乡村危土房改造全面完成。通过回购市场存量商品房屋,消化房地产库存10.19万平方米,全旗房地产新建开工面积17.5万平方米,结转复工面积37.7万平方米。

【环境保护】 2016年,科左中旗主要污染物减排任务主要是污染物排放量净减2%,即化学需氧量减排300吨、氨氮减排30吨、二氧化硫减排70吨和氮氧化物减排70吨。大气污染物减排方面,完成二氧化硫减排100吨和氮氧化物减排100吨,均完成全年减排任务的143%。2016年,处理36起有效的环境投诉案件。旗本级环评文件完成28件,完成建筑类项目验收16项,企业类验收项目5个。

【交通】 全旗拥有公路总里程3377.8公里,柏油路里程为752.8公里,水泥路里程为2192.5公里。公路密度达到每百平方公里32.69公里。516个行政村中有480个行政村通沥青(水泥)路,26个行政村通砂石路。通畅率达95%,剩余通畅工程为164.5公里,涉及26个嘎查村,11月底完成施工图设计批复及申报工作,确保2017年如期立项。形成"干支结合,四通八达"的公路网,境内出口路况得到明显改善。地方道路总养护里程达301.63公里,县级路优良路率达到50.3%。全旗拥有货运车辆6250辆,客运班车135辆,出租车450辆,公交车90辆。客运线路达66条,营运道路里程为12 500公里,村村通客运班车。累计完成客运量114.2万人次,客运周转量9836万人公里,分别是去年同期的105%和112%;货运量952万吨,货运周转量155 329万吨公里,分别是去年同期的121%和132%。建成功能齐全的等级客运站10个。

【贸易】 社会消费品零售总额49.1亿元,同比增长12%。外贸出口完成527万美元,同比增长0.3%。进口额为5万美元。全旗商贸流通企业(个体户)14 816家,其中,企业682家,个体工商户14 134家。全行业就业人数85 069人。2016年全社会物流总额达到156亿元,同比增长17%,物流业增加值11亿元,物流总量2677万吨,同比增长12%。

【电子商务】 全旗电子商务交易额达4亿元。通过第三方平台实现电子商务交易5930万元。农畜产品上行交易额3.3亿元。

【重点项目建设】 保康现代物流园区建设,累计完成投资5.55亿元,入驻汽车贸易园的企业22家。创建国家级电子商务进农村综合示范县。经商务部批准,科左中旗成为国家电子商务进农村综合示范县。市、旗、镇、村四级物流体系基本形成。全旗电商企业41家,乡村电商服务网点496户。

【旅游】 2016年,全旗接待旅游人次95万人次、旅游收入3.1亿元,同比增长10%和23%。完成孝庄园、珠日河自驾游营地建设,哈民遗址公园正式对外开放,浩日彦艾勒嘎查被评为国家级美丽宜居村庄。

【第三产业】 2016年,科左中旗市场经济主体总数发展到23 347户,增长8.6%。从业人员57 332人,同比增长10.39%。其中:个体工商户总户数达19 213户,同比增长7.51%,从业人数25 610,同比增长6.27%;私营企业总户数达1545户;农民专业合作社总户数2616户,同比增长7.97%,从业人员达16 376人,同比增长8.81%。从业人数15 346人,同比增长20.13%;2016年注册新商标73枚,商标293枚。其中,通辽市知名商标6枚(宝龙山龙仁制糖有限公司的"龙山牌"白糖、科左中旗澳丰酒业"赛外红梁"白酒、科左中旗龙腾复合肥有限公司"华龙"牌复合肥、牧谷养道科技股份有限公司"牧谷养道"、通辽市惠群生物肥业有限责任公司"惠群牌复合肥"、内蒙古五谷馨香粮油有限公司"葵香世家"食用油);内蒙古著名商标3枚(科左中旗昌盛肥业有限责任公司注册的"草原丰"牌混合肥、科左中旗龙腾复合肥有限公司注册的"华龙牌"复合肥、牧谷养道科技有限公司注册的"牧谷养道"谷类制品)。全年累计出口创汇527万美元。第三产业增加值完成62.76亿元,三次产业比24.6∶38.1∶37.3。

【金融】 截至12月31日,全旗金融机构各项存款余额579 546万元,比年初增加142 063万元,上升32.47%;各项贷款余额402 069万元,比年初增加3906万元,增长0.98%。

【科技】 2016年,科左中旗共承担国家、自治区各类科技计划项目5项,获得通辽市科学技术进步奖3项,取得国家授权专利4件,鉴定登记科技成果3项,引进农牧业新品种57个,推广新技术21项。累计建设科左中旗服务站所105所,专业协会52个,专业技术合作社2752个,拥用各类专业技术人员6409人。

【教育】 全旗各级各类学校101所,其中初级中学8所、九年一贯制学校2所、小学42所(民办小学5所),教学点43所,普通高中3所,职业中专1

所、特殊教育学校1所、教师进修学校1所。有幼儿园114所,其中民办幼儿园49所。全旗有教职工5142人(专任教师4114人),其中,学前教育675人、小学2607人、初级中学992人、一贯制学校248人、普通高中463人、中等职业教育137人,特教20人。全旗有在校生51 568人,其中:小学24 848人、初中10 088人、普通高中5899人、职专16人,学前幼儿10 620人、特殊教育97人。汉授中考成绩生均总分同比去年提升1.58分;蒙授中考成绩生均总分同比去年提升20.35分,在全市蒙授排名位居第二。2016年保康一中参加高考人数242人,本科总上线率为27.27%,同比去年提高3.85个百分点;旗蒙中参考637人,总上线290人,上线率45.53%。2016年蒙、汉授六年级学科综合测评分,分别比2015年学科综合测评分提高9.88和1.84个百分点。2016年,全旗教育共规划建设"均衡发展""十个全覆盖""学前二期""体育场馆""教师周转宿舍""薄改及自筹""维修及附属工程"7类建设项目,建设项目学校95所,总建设面积11.55万平方米,资金总投入3.3亿元。完成35所学校建设,其余学校场开工建设或进入招投标阶段。校园绿化面积在20%以上学校达到38所,种植各种树木达3万余株。

【体育】 开展第二届、第三届"校长杯""旗长杯"校园足球联赛,完成笼式足球场建设,开工建设13座国家级校园足球特色学校风雨足球场。成功举办全旗第七届中学生运动会。在通辽市举办的全市第三届篮排球联赛中,旗代表队获男子篮球第一名、男子排球第三名的好成绩。圆满完成"8·18"哲理木赛马节各项赛事工作任务。

【新闻宣传】 嘎查村文化室建设工程,完成全旗109个嘎查村文化活动室音乐设备配备工作。完成应急广播"村村响"工程。在《左中新闻》栏目中,开辟专栏,全年播出专题新闻200余篇,1200余条,其中时政650余条,典型报道500余条在蒙古语《左中新闻》播出。完成制作《翰墨书香育桃李》《绿色工业之梦》《哈民遗址PPP项目推介》《神圣达尔罕》《500公里旅游景观大道建设》等系列专题片35部。蒙汉语外宣工作取得新突破。汉语新闻全年在通辽广播电视台播出新闻240条,在内蒙古广播电视台播出新闻31条,蒙古语新闻全年在通辽广播电视台播出新闻180条,在内蒙古广播电视台播出新闻118条。在2016年度全国八省区蒙古语电视优秀节目评析会上,《农村牧区电子商务平台开启便民生活》《好儿媳莎日娜》《关注留守儿童》3部作品,分别获得新闻类一等奖和三等奖。完成中央广播电视节目无线数字地面基站保康、宝龙山、珠日河基站建设,完成通辽市本级宝龙山、珠日河地面数字基站建设。

【公共文化服务体系建设】 全旗30个苏木乡镇综合文化站,12个社区文体活动中心,512个嘎查村草原书屋,160个文体广场,1个农村牧区小舞台,488个嘎查村文化活动室全部建成。科左中旗乌兰牧骑、文化馆每年完成送文艺下乡100场以上,送电影6000场以上,送图书10 000册以上;230个民间艺术团体每年演出5000场以上,秧歌、广场舞表演群众常年活跃在村镇、社区。

【文化产业发展】 全旗10余家文化企业投产并开始运营。文化旅游产业方面有珠日河草原旅游区、孝庄园、荷花湖等;民族特色产业有大玉儿炒米加工有限公司,丰盈炒米专业合作社、蒙古香制作厂、凡艺雕塑以及蒙古族服饰、乐器和马具制造作坊等小微企业。蒙古香制作、凡艺雕塑两家企业分别参加内蒙古首届文化产业博览会及沈阳绿博会。

【卫生】 全旗医疗卫生计生机构共39个,其中:旗直机构10个(旗人民医院为二级甲等综合医院、旗中医医院为二级甲等中医专科医院、旗蒙医医院为二级甲等民族医院)、中心卫生院9个、社区卫生服务中心1个、一般卫生院19个;全旗有555个嘎查村卫生室,935名乡村医生;实有病床数974张,达到每千人口1.8张;全旗医疗卫生计生系统有1600人;其中:专业技术人员945人,具有高级职称82人,中级职称230人,初级职称557人。全旗有22个苏木乡镇场街道计生服务站,541个嘎查村计生服务室。全旗555个嘎查村(包括自然村、水库、林场),按要求应建标准化卫生室520

所,全部达标并投入使用。

【计划生育】 全旗总人口为518 349人,全年出生3407人、出生率为7.61‰,自然增长1092人、自然增长率为2.44‰,符合政策生育3341人、符合政策生育率为98.06%,已婚育龄妇女综合节育率90.22%,出生婴儿性别比为104.99。从2016年1月1日开始,全面实施两孩政策,落实和完善出生人口统计监测和预警工作机制,全年共调查目标人群87 455户,有生育意愿的家庭17 416户,占19.91%。

【农村合作医疗保险】 2016年,新农合补助资金提高到每人每年420元,个人筹资标准提高到每人每年120元,全旗新农合以村为单位覆盖率达到100%。年内参合总人数为380 994人,参合率98.12%。共报门诊一般诊疗费194 832人次、130.38万元。截至9月末,审核支付住院参合人员29 715人次、支付10 058.20万元;日常门诊核销379 719人次、支付1715.34万元;其他补偿9142人次,支付1848.16万元。本年度住院补偿比例52.91%。2016年,对2015年度住院费用进行二次补偿,共补偿27 402人、4834.03万元,二次补偿之后2015年度住院平均报销比例从48.61%提高到二次补偿后的66.10%。

【社会保障】 城镇低保4976户9693人,月人均补助标准为450元;农村低保17 706户32 959人,年人均补助标准为2700元。五保集中供养对象287人,供养标准为每人每年8000元,分散供养对象1869人,供养标准为每人每年4500元。城镇职工养老保险,应参保26万人,参保17万人,参保率65%。完成年度任务14.9万人的115%。社保基金征缴额1494.5万元;养老金发放人数5.16万人,发放金额合计5988万元,发放率100%;从1月起每人每月调整增加基础养老金5元。2016年,科左中旗城乡居民养老保险工作实现制度化、规范化、标准化管理,建账率100%。旗级财政5年累计结余340.62的万元。城镇医疗保险累计参保人数87 165人,完成目标任务87 163人的100%;生育保险累计参保人数是21 700人,完成目标任务21 699人的100%。征缴城镇职工基本医疗保险基金8756万元,支出6322万元,累计结余2555万元;征缴生育保险基金428万元,支出75万元,累计结余1444万元,大额保险收入240万元,支出98万元,累计结余382万元。

【就业】 城镇新增就业1709人,完成全年1700人任务的100.53%;失业人员再就业556人,完成全年400人任务的139%;就业困难人员就业553人,完成全年550人任务的100.55%;城镇登记失业率3.83%;"零就业家庭"动态为零;失业保险参保人数20 500人,完成全年20 500人任务的100%;失业保险金征缴300万元,完成全年650万元任务的46.15%;创业培训506人,完成全年500人任务的100.2%,成功创业419人,完成全年400人任务的104.75%,创业带动就业人数1376人,完成全年1300人任务的105.85%;城镇就业技能培训完成1200人,完成全年1200人任务的100%,培训后实现就业1027人,完成全年1020人任务的100.69%;农牧民转移技能培训2406人,完成全年2400人任务的100.25%;家庭服务业从业人员技能培训300人,完成全年300人任务的100%;农牧民转移就业90 105人,完成全年90 000人任务的100.12%,其中转移6个月以上73 415人,完成全年72 000人任务的101.97%;小额担保贷款发放2065万元,完成全年2700万元任务的76.48%;分散型创业孵化网点认定60个,完成全年60个任务的100%。

【人民生活】 2016年,科左中旗城镇居民人均可支配收入和农牧民人均纯收入分别达到22 765和9704元,分别增长8.3%和7.9%,人民生活水平有显著提高。

【哈民史前考古遗址公园正式对外开放】 8月19日,科尔沁左翼中旗哈民遗址公园正式对外开放。该公园建立在距今5500至5000年的大型史前聚落遗址上。哈民遗址是中国考古学家首次在北纬43°以北地区发现的史前聚落,于2010年开始发掘。遗址内发现十几座保存较为完整的房屋木质构架,再现新石器时代半地穴式房屋的构筑框架情况,这在中国乃至世界范围内的史前聚落遗址中尚属首次发现。哈民遗址总面积17万平方米,截至年末发掘面积达8200平方米，清理出房址81座、灰坑61座、墓葬14座、环壕2条，人骨遗骸186具，出土陶器、石器、玉器、骨角蚌器等珍贵文物2000多件。为加强对遗址的保护和利用，科左中旗从2013年，着手进行保护、规划和建设，在遗址核心区规划建设“五区、一广场”。投入1.6亿元建设完成遗址保护展示馆、遗址博物馆、研究管理中心、两馆前广场、遗址大门、大通道至遗址区18公里二级旅游公路。

（苏全成）

科左后旗

【概况】 科尔沁左翼后旗（简称科左后旗）始建于清顺治七年（1650年），位于通辽市东南部，东部与吉林省双辽市毗邻，南部与辽宁省昌图县、康平县、彰武县接壤，西与库伦旗相连，北与奈曼旗、开鲁县、科尔沁区、科左中旗为邻。地理坐标北纬42°40′—43°42′，东经121°30′—123°43′之间。全旗总人口40.55万人，辖15个苏木镇、4个国营农牧场、1个街道办事处。聚居蒙古族、汉族、回族、满产生、朝鲜族等19个民族。是清代爱国将领僧格林沁的故乡。是国家重点扶持的扶贫开发旗（县），是国家级商品粮基地和粮食生产先进县，是自治区认定的革命老区，素有“黄牛之乡”“马王之乡”“民歌之乡”“绿色水稻之乡”“旅游之乡”“蒙古文书法艺术之乡”的美誉。2016年，全旗地区生产总值完成170.49亿元，比上年增长7.7%。其中：第一产业增加值完成33.63亿元，比上年增长3.5%；第二产业增加值完成68.29亿元，比上年增长8.7%；第三产业增加值完成68.57亿元，比上年增长8.9%。三次产业比为20∶40∶40。

【农牧业】 全旗粮食作物播种面积18.99万公顷，比上年增加0.06万公顷；玉米播种面积16.16万公顷，同比减少0.5万公顷；水稻播种面积1.76万公顷，同比增加0.44万公顷。全年粮食产量10.35亿公斤，与上年同期相比减少0.06亿公斤，其中：玉米产量8.63亿公斤；水稻产量1.59亿公斤。全旗累计认证无公害农产品3个、绿色食品4个、有机食品认证2个、绿色原料标准化基地1个，有效使用标志的企业2家。绿色水稻通过国家农业部中国绿色食品发展中心“A级绿色食品原料（水稻）标准化生产基地”认证。2016年，牧业年度牲畜头数304.29万头（只、口），同比增加14.75万头（只、口）。肉牛存栏77.11万头、交易50万头、屠宰加工8万头。羊存栏150.15万只（母羊66万只）、猪73.7万口、马驴骡存栏3.3万匹。

【林业】 2016年，加大科尔沁沙地“双千万亩”综合治理工程实施力度，实施林业治理3万公顷，其中人工造林1.4万公顷，封山育林1.6万公顷。2016年在东部百万亩农业示范区防护林补栽苗木10万株。全旗森林覆盖率达21.68%。

【渔业】 渔业以大水面人工放养和池塘精养半精养为主，截至2016年底，全旗有淡水水面0.8万公顷，可养水面0.53万公顷。池塘养殖面积173.33公顷，拥有各类捕鱼船40艘，水产品总产量75万公斤，实现渔业总产值750余万元。

【工业】 2016年，全部工业实现增加值63亿元，同比增长8.9%。全旗有工业企业150余家，规模以上工业企业达到67家，其中，上市企业2家。规模以上工业增加值同比增长9.5%，新增规模以上工业企业2户。盘活停产半停产企业5家。规模以上工业中支柱产业支撑作用明显，绿色农畜产品加工产业、医药产业、新能源产业、矽砂及装备制造业4大支柱产业增加值占规模工业增加值比重达到60%。

【固定资产投资】 全旗限额以上固定资产投资完成103.18亿元，同比增长17.61%。其中：第一产业投资完成19.37亿元，同比增长27.2%；第二产业投资完成41.55亿元，同比下降0.02%；第三产业投资完成42.26亿元，同比增长36.56%。完成工业固定资产投资50.42亿元，实施500万元以上工业项目29个，其中，续建项目12个，新建项目17个。

【消费】 全年社会消费品零售总额实现39.07亿元，同比增长10.0%。其中城镇零售额实现22.77亿元，占全部零售额的58.28%，同比增长10.1%；乡村零售额实现16.30亿元，占全部零售额的

41.72%,同比增长9.95%。

【城乡建设】 2016年,投资89 183.06万元(其中财政投资37 743.66万元,企业投资51 439.4万元),实施城市建设重点工程54项,全部完工并交付使用。以实施4个示范镇建设为重点,着力推进小城镇建设,完成金宝屯镇一街一路改造和吉尔嘎朗镇主街路道路和管网改造以及全旗23处建制镇绿化工程,启动304线两侧努古斯台镇、巴嘎塔拉苏木立面改造规划设计工作。完成棚户区改造368户,征拆面积20 004.35平方米,均为货币化安置。博王府复建项目涉及房屋征收57户,签约47户。2016年,新增商品房1782套、20.32万平方米。

【环境保护】 截至2016年底,实现化学需氧量(COD)削减304.9吨,氨氮削减11.2吨。拆除、取缔16台燃煤小锅炉,全旗非电燃煤消耗总量同比下降,实现二氧化硫(SO_2)削减190.8吨,氮氧化物(NO_x)削减66.8吨。全面开展加油站、储油库挥发性有机物(VOCs)污染整治工作,城镇及农村环境空气质量均达到国家二级标准以上,地下水指标均达到国家地下水环境质量3类标准。

【招商引资】 2016年,全旗新签约项目21个,签约额52.92亿元,投资亿元以上项目16个,其中:1~5亿元项目12个、5~10亿元项目1个、10亿元以上项目3个。

【旅游】 全旗接待国内外游客达130万人次,同比增长8.3%;旅游综合收入约11亿元,同比增长7.9%。

【商贸物流】 商贸物流业愈加活跃,华丽商都、甘旗卡商业广场主体竣工。2016年末,全旗货运总量为1191.6万吨,物流业从业总人数达18 070人,社会物流总额573亿元,全年出口创汇305万美元。

【私营经济】 2016年,全旗新登记各类市场主体3554户,平均每天新设立10户,同比增长21.1%;新增注册资本金22.18亿元,同比增长17.7%。其中:新登记企业388户,注册资本(金)16.53亿元;新登记个体工商户3033户,注册资本金2.68亿元;新登记农民专业合作社133户,注册资本金2.96亿元。2016年底,全旗市场主体20 151户,注册资本(金)超过147.04亿元,分别同比增长15.3%,17.8%。

【交通运输】 科左后旗属于东北经济规划区和环渤海经济区,交通便利。铁路方面:科左后旗有大虎山—郑家屯、四平—齐齐哈尔、甘旗卡—库伦三条铁路线,有三等火车站2个(甘旗卡火车站和金宝屯火车站),全部为货运和客运一体的站所,其中,每天途经甘旗卡火车站的客运19列、货运155列,途经金宝屯火车站的客运20列、货运60列。新规划建设的通辽连接京沈客专快速铁路途经科左后旗,并设有甘旗卡站,项目于2016年开工建设,计划2018年通车。公路方面:科左后旗境内有G25(分东、西两段)和G45两条高速、G203和G304两条国道,S207、S208、S305三条省道贯穿全旗境内。2016年,全旗建设通村路和街巷硬化总里程3729公里。完成县道468线甘旗卡至朝鲁吐段升级改造工程。

【邮电】 全年邮电业务总量2.50亿元。年末全旗移动电话用户34.4万户。本地固定电话用户4.5万户,其中城镇电话用户1.7万户,农村电话用户2.8万户。

【电力】 截至2016年11月末,售电量累计完成5.14亿千瓦时,同比增长24%;截至11月27日,实现连续安全生产4910天。

【财税】 2016年,全旗公共财政预算收入完成48 709万元(含市级),较上年同期45 017万元增加3692万元,增长8.2%。旗级公共财政预算收入完成42 452万元。其中:国税部门完成7219万元,地税部门完成22 715万元,财政部门完成12 518万元。一般公共预算收入319 146万元,较上年同期351 786万元减少32 640万元,同比下降9.28%。一般公共预算支出307 989万元,较上年同期331 436万元减支23 447万元,同比下降7.07%。政府性基金收入35 152万元,政府性基金支出35 015万元。社会保险基金收入20 180万元(含上年结余5020万元),收入来源主要是个人缴纳保险费及上级财政补贴。其中:城乡居民基本养老保险基金收入426万元,城镇职工基本医疗保险基金收入17 852万元,生育保险基金收入819万元,居民基本医疗保险基金收入1083万元。社会保险基金支出6387万元，其中：城乡居民基本养老保险基金支出155万元，城镇职工医疗保险基金支出5125万元，生育保险基金支出27万元，居民基本医疗保险基金支出1080万元。社会保险基金滚存结余13 793万元。

【金融】 科左后旗有人民银行、工商银行、农业银行、农业发展银行、科左后旗信用联合社、邮政储蓄银行和包商银行7家金融机构。旗信用联社转制农商行工作进展顺利。2016年末全部金融机构各项存款余额532 500万元，同比增长15.48%；其中住户储蓄存款余额329 037万元，同比增长16.16%。全部金融机构各项贷款余额795 134万元，同比增长17.42%。

【保险】 科左后旗财险公司有人保、大地、平安、国寿、太平洋、中华联、安华、安邦8家；寿险公司有中国人寿、阳光人寿、人民人寿、新华人寿、泰康人寿5家。2016年保险业保费收入24 190.63万元，其中，财产险保费收入17 791.74万元，人寿保险保费收入6398.89万元。全年保险业累计赔付支出9350.66万元，其中财产险赔付支出7838.6万元，寿险赔款及给付1512.06万元。

【劳动就业】 2016年，“大众创业、万众创新”工作扎实推进，全旗城镇新增就业人员1721人，城镇登记失业率为3.70%。完成农牧民实用技术培训11万人次，农村牧区劳动力转移就业人数达46 392人。创业培训529人，失业保险参保16 000人。创业担保贷款发放1500万元。蓝天下创业孵化园区提格为市级示范性创业孵化园区。建设60个分散型创业孵化网店。甘旗卡街道社区家政服务中心“96111”便民服务站新增为家庭服务品牌企业。就业困难人员再就业553人，失业人员再就业400人，零就业家庭动态为零。为136人发放失业保险金50万元。

【教育】 2016年，全旗有各级各类学校159所(个)。其中教师进修学校1所；职业技术学校1所；普通高级中学2所(其中独立设置少数民族高中1所)；初中教育机构13个(含普通初级中学11所，九年一贯制初中部2个，其中独立设置少数民族初中7所)；小学教育机构58所(小学33所，教学点25所)；幼儿园82所(教育部门办幼儿园41所，民办幼儿园41所)；特殊教育学校1所；体育运动学校1所。全旗共有寄宿制学校49所。全旗各级各类学校有在校生46 891名。全旗有教职工5085名，专任教师3895名。全旗各级各类学校校舍建筑总面积为625 439.62平方米。甘旗卡第一高级中学普通高考本科上线率77.9%，居全市第一方阵，获“市级民族示范高级中学”称号。

【科技】 截至2016年末，科左后旗拥有科技型民营企业7家，高新技术企业2家。2016年，科左后旗获通辽市科学技术奖励3项。其中，科学技术合作奖1项，适用技术推广应用奖2项。科尔沁肉牛科技园区被认定为第七批内蒙古农业科技园区。

【文化】 2016年，完成82个行政村和分场文化活动室建设任务，并为每个文化活动室配备5000元的文化设施设备。24个苏木镇场综合文化站和292个嘎查村分场文化活动室建成并投入使用，建成文化广场359个。完善文化活动室服务功能，为文化活动室购买图书、增添设备。全年投入文化活动室建设资金93万元。截至年底，全旗有文化馆1个，建筑面积1500平方米；公共图书馆1个，建筑面积1200平方米，藏书10.6万册，阅览厅能同时容纳390人阅览；档案馆1个，建筑面积2500平方米；博物馆1个，建筑面积2000平方米。年内，旗图书馆、文化馆、僧格林沁博物馆免费对外开放，开展全民读书月活动和送图书下乡活动，图书馆、博物馆均接待读者和游客3万人次。科左后旗有蒙古族马具制作技艺、好来宝、蒙医正骨疗法等3项国家级非遗保护项目，3个国家级代表性传承人，5个自治区级代表性传承人，8个市级保护项目，9个市级代表性传承人。年内，申报科尔沁潮尔史诗、蒙古族摇篮、蒙古文书法为自治区级非物质文化遗产。在大青沟建设蒙古族马具制作技艺展示馆，并对外免费开放。收集整理全旗农牧民创作的好来宝作品150余首，编辑《科左后旗农牧民好来宝集》。

【卫生计生】 2016年末，科左后旗有各级各类医疗卫生和计划生育服务机构679个。全旗医疗机构编制床位1112张,每千人拥有病床3.37张;全旗公立医疗卫生机构拥有固定资产18 924万元,房屋总面积7.7万平方米;旗镇两级医疗机构有大型医疗设备200余台件。全面提升公立医院综合服务能力,旗人民医院1.3万平方米的内、儿科病房楼竣工并投入使用、蒙医整骨医院新建成标准化蒙药制剂室。蒙中医药服务网络初步形成,全旗29所基层医疗单位中27所能提供蒙医药服务,占医疗单位的92.86%,3所社区卫生服务中心均可提供蒙医药服务;蒙医整骨医院被国家中医药管理局评定为全国三级甲等民族医院,传统蒙医整骨疗法是国家"十二五"期间重点专科建设项目、国家中医药管理局重点专科,被列入国家非物质文化遗产名录;全旗有5所蒙药制剂室,能生产3个剂型、76个品种的蒙药,年生产能力在4100千克以上。其中蒙医整骨医院自主研发的"旭日图·乌日乐""义德沁·淖力布"获得国家专利。全旗医疗机构卫生技术人员1070人,其中医院440人,卫生院385人。千人口拥有卫生技术人员2.47人;旗直医疗机构有国家级非物质文化遗产代表性传承人1名、自治区级传承人2名、市级传承人3名、国医大师后备人选1名,有硕士研究生导师2名,自治区首批老蒙医中医专家学术经验继承人4名,自治区名医1名。

【新农合保障制度】 2016年全旗参合人数280 099人,参合率97.72%,人均筹资540元,其中农牧民个人缴费120元,各级财政补助420元,住院补偿封顶线为30万元;2016年累计筹资15 131万元,其中农牧民缴费3361万余元,各级财政补助11 764万余元;年内共支出基金12 680万余元,其中住院补偿36 461人次、10 070万元,特殊病种补偿1120人次、127万元,门诊补偿47 652人次、1091万元,购买大病保险基金支出为1166.5万元,实际补偿比例为48.55%;截至年底新农合基金结余7657万元。

【体育】 2016年,全旗经常参加体育锻炼人数占总人口32%。全旗体育场地面积达80万平方米以上。建成2处笼式足球场,6项全民健身活动被评为自治区级特色品牌活动。全旗室内外体育场地416个,健身路径44处,健身器材数量416件,另有多处小型广场、小区硬化绿化地。登记注册的全民健身站点有380个,登记注册的体育社团有16个,社会体育指导员数量为1004个,每千人公益社会体育指导员比例2.4‰,全旗单项体育组织遍及城乡,带动全旗健身操、舞、拳、剑、球类、棋类等活动的开展。

【广播电视】 2016年,全旗52个行政村的草原书屋和远程教育服务点实现资源共享共用。承办2016年通辽市民间艺术团体文艺会演开幕式首场演出。截至2016年末,有线电视用户镇内25 477户,全部为数字电视用户。广播电台共播出新闻561期3748条,其中播出《科左后旗新闻》258期1878条。发展蒙古语电视频道工作,全年共播出蒙古语《科左后旗新闻》261期1405条。

【社会保障】 2016年末全旗在岗职工参加基本养老保险人数为21 721人,比上年增加104人,企业职工养老保险全年共征缴2.87亿元。为14 522名企业退休职工发放养老金3.4亿元。2016年5月开始,企业退休职工养老金实现在金保工程系统内在线发放。城乡居民参保14.2万人。为39 300名城乡老年居民发放养老金4987万元。全旗共有12 539人领取城乡最低生活保障金,其中城镇3570人,农村牧区8969人。全面落实基本养老、公共医疗、最低生活保障等政策。投入1.15亿元,补齐城乡居民养老金市级统筹地方缴纳资金和城镇职工、城乡居民医疗保险市级统筹地方缴纳资金。落实各项惠农惠牧补贴政策。实施安全饮水工程327处。小食品加工园区基本建成。成功创建全区民族团结进步示范旗。

【养老与家政服务】 2016年末,科左后旗有养老服务机构15所,其中:重点民办养老院4所;苏木乡镇级敬老院5所;社区老年人日常照料中心6所。建设农村牧区互助养老幸福院14个。全旗家政服务公司发展到15个。

【人口】 2016年末,全旗总人口40.55万人,其中男性人口20.72万人,女性人口19.83万人,男女比例为104.5:100。在总人口中18周岁以下人口7.08万人,18~34周岁人口10.43万人,

35~59周岁人口16.47万人,60周岁及以上人口6.56万人,分别占总人口的17.46%、25.73%、40.62%和16.18%。全旗人口由19个民族构成,其中:蒙古族30.39万人,汉族9.43万人,满族0.62万人,回族0.06万人,朝鲜族0.03万人,分别占总人口的74.96%、23.26%、1.54%、0.14%和0.06%。

【人民生活】 2016年,全旗全体居民可支配收入14 582元,同比增长8.6%,全体居民消费性支出10 893元,同比增长8.0%;城镇常住居民可支配收入23 059元,同比增长8.4%,城镇常住居民生活消费支出13 846元,同比增长5.9%;农村牧区常住居民可支配收入10 242元,同比增长7.8%,农村牧区常住居民生活消费支出9339元,同比增长8.7%。

【"十个全覆盖"工程】 科左后旗"十个全覆盖"工程投入资金50.1亿元,完成858个自然村(分场)建设任务。其中,2014年和2015年累计投资19.2亿元,完成249个自然村(分场)建设任务;2016年,投资30.9亿元,完成609个自然村(分场)建设任务,并对完成的249个自然村(分场)进行巩固提高。

【脱贫攻坚】 2016年,对全旗贫困人口进行再次识别,实行大数据管理;整合涉农资金5.2亿元、投放扶贫贷款3.5亿元,有效解决发展生产的资金问题;为建档立卡贫困户进行免费健康体检;全年实现1120户、4234人稳定脱贫;科左后旗代表全市接受自治区脱贫攻坚年度考评,代表全区接受国务院巡视督查和省际间互检。全区金融扶贫现场观摩会在科左后旗召开,科左后旗在全区脱贫攻坚推进工作会议上作典型发言,《人民日报》以"赶着黄牛奔小康"为题报道科左后旗产业扶贫经验做法。

【气象灾害】 暴雨大风灾害:5月3日,科左后旗受低压涡旋和黄淮气旋北上的共同影响,出现低压大风天气,同时伴有强降水。本次天气造成全旗大范围的风灾,平均风力达到8级以上。瞬间极大风速巴嘎塔拉32.5米/秒,阿古拉32米/秒,风力11级以上,并伴有大雨。导致科左后旗16个苏木镇(场)受灾,给当地群众生产生活带来重大损失。此次灾害共造成1028户、3453人受灾,1人死亡,转移安置人口421人。房屋严重损坏39户117间;房屋一般损坏356户986间(彩钢房),棚舍损坏546座,死亡大牲畜17头、死亡羊只136只,灾害造成直接经济损失634.26万元。

强对流天气灾害:6月30日,科左后旗突降暴雨,局部地区伴有短时雷雨大风、冰雹等强对流天气。甘旗卡镇日降水量85.4毫米,自30日13时50分开始出现短时强降水,1小时降水量65.1毫米,并伴有雷雨大风及冰雹。恶劣天气导致科左后旗甘旗卡镇、阿古拉镇共计8个嘎查村以及甘旗卡街道办的5个社区不同程度受灾。此次降雨给当地群众生产生活带来一定的经济损失,截至7月1日上午8时许,灾害共导致科左后旗955户、2943人、736.7公顷农田受灾,其中:成灾面积408公顷,房屋一般损坏2户5间,转移安置18户39人。灾害造成直接经济损失334.6万元。另有1人遭雷击受伤。

(包彦民 姜 涛)

奈 曼 旗

【概况】 奈曼旗位于通辽市西南部,科尔沁沙地南缘,地处北纬42°14′—43°32′,东经120°20′—121°36′之间。南与辽宁省阜新市、北票市毗邻,东与库伦旗接壤,西与赤峰市敖汉旗、翁牛特旗相邻,北与开鲁县隔河相望。全境东西宽68公里,南北长140公里,总面积8137.6平方公里。全旗辖14个苏木乡镇、1个国有农场、1个街道办事处、1个经济开发区。共有355个嘎查村、9个社区居委会。建制镇8个,分别为:大沁他拉、八仙筒、青龙山、新镇、治安、东明、沙日浩来、义隆永;苏木4个,分别为:黄花塔拉、白音他拉、明仁、固日班花;乡2个,分别为:土城子、苇莲苏;国有农场、街道办事处,经济开发区各一个:即六号国有农场、大沁他拉街道办事处、八仙筒经济开发区。全年全旗实现地区生产总值157.85亿元,比上年增长7.5%。其中:第一产业增加值完成29.5亿元,同比增长3.3%;第二产业增加值完成70.07亿元,同比增长7.9%;第三产业增加值完成58.27亿元,同比增长9.4%。

人均生产总值达到39 413元,比上年增长2.3%。全旗三次产业比重演进为18.7∶4.4∶36.9。财政收入完成4.9亿元,同比增长7%。财政支出达到34.26亿元,同比增长23.7%。

【农牧业】 全旗农作物播种面积26.67万公顷。其中:粮食作物播种面积21.63万公顷;其他农作物播种面积5.04万公顷。粮食总产量达到19.35亿公斤。其中:玉米16.9亿公斤;小麦190万公斤;稻谷0.19亿公斤;大豆505.5万公斤。农林牧渔业实现总产值500 140万元,同比增长6.2%。其中:农业产值240 067万元;林业产值22 506万元;牧业产值235 267万元;渔业产值200万元;农林牧渔服务业产值2100万元。

【水利】 全旗有大型水库2座;中型水库3座;小型水库29座。除险加固小型水库12座,新增节水灌溉面积40万亩。

【林业】 完成人工造林1.19万公顷,封山沙育林1.33万公顷,绿化村屯675个,绿化公路848公里,森林覆盖率提高0.4个百分点。

【工业】 全旗全部工业企业完成增加值61.71亿元,同比增长8.2%。规模以上工业企业39户,规模以上工业增加值增速9.1%;产销率达到99%。

【贷款】 中小企业贷款8.7亿元,为企业减税降费7600万元,全年累计减少企业生产成本1.4亿元。旗内银行业金融机构存贷款余额分别达到75.5亿元和50.4亿元,同比增长26%和17.6%。

【工业产品】 年产镍铁6.6万吨、水泥75.9万吨、原油8.1万吨、发电6.5亿千瓦时,工业用电量突破5亿千瓦时,用户直供电3亿千瓦时。

【城市建设】 完成大沁他拉镇城市总体规划修编。实施辽河大街绿化、亮化景观工程,新增绿化面积21万平方米。改造清河路人行道,建设城区道路7条。奈曼旗主城区中水回用工程投入运行。新增房地产开发面积16万平方米。初步统计,投资39.4亿元,完成所有行政村和较大自然村"十个全覆盖"工程建设任务,街巷硬化4140公里、危房改造19 862户。

【工业园区建设】 启动小食品加工园区建设,推进化工园区企业搬迁,工业园区国有铁路专用线建成通车,工业东区污水处理厂主体完工,清理盘活闲置土地350亩。年内新增规模以上企业4家,规上工业增加值达到40亿元,增长10%。

【节能减排】 全社会用电量8.97亿千瓦时,其中:工业用电量5.01亿千瓦时,同比增长3.8%。农村用电量1.93亿千瓦时,同比下降65.5%。拆除整改10蒸吨以下燃煤锅炉70台,改造100蒸吨燃煤锅炉2台。

【电力建设】 年底,全旗有变电所17座,66千伏线路25条563.164千米,10千伏线路102条4510千米。配电变压器7164台,容量为62.97万千伏安。奈曼开发区220千伏变电站、通辽南部环网输变电工程建成投入运行。明仁66千伏变电站建成运行,新增供电能力4万千伏安。

【固定资产投资】 全年固定资产投资完成113.5亿元,同比增长15.7%。其中:工业投资55.21亿元,同比增长1.2%。

【招商融资】 全年签约招商引资项目38个,到位资金50亿元。牧原集团、金世集团等行业龙头企业落户奈曼。争取上三级专项资金20.93亿元,同比增长56%。依托鼎信投资集团、鑫赢担保、乃蛮城投等国有融资平台,成功融资20.26亿元。实施五大领域重点项目93个,其中工业项目25个,完成工业固定资产投资55.21亿元。

【交通运输】 全年公路客运量为118.7万人次,旅客周转量13 675万人公里。公路、铁路货运量达到1239万吨;公路货物周转量为216 643万吨公里,同比增长77.6%。全旗共有客运站11个,其中:二级站1个;三级站1个;四级站9个。载客汽车127辆,客位4020位。载客汽车中:大型17辆;中型80辆;小型30辆。载货汽车4030辆,吨位18 076吨。载货汽车中:大型435辆;中型152辆;小型3057辆。全旗油路总里程达到3991公里,水泥路1738公里。公路总里程3991公里,其中:高速122.5公里;国道155公里;省道54.2公里;县道607.5公里;乡道694.5公里;村道2305.6公里。京通铁路(奈曼段)电气化改造工程23处。启动大白高速(奈曼段)、大镇城区东外环路建设,东清线改造工程建成通车。新建通村水泥路344公里,行政村公路通畅率达到91%。实施奈曼火车站新建工程,候车大厅投入使用。

【邮电】 全年移动电话用户达到41.2万户,同比增长2.4%。年末固定电话用户2.88万户,同比下降5.6%。互联网宽带接入用户达到3.58万户,同比增长12.5%。新建通信基站146个,光纤网络、移动4G通信网络实现行政村全覆盖。

【旅游】 2016年,接待游客93.8万人次,同比增长30.2%。旅游收入达到4.4亿元,同比增长30.8%。宝古图、青龙山自驾车露营地开业运营,宝古图沙漠旅游区被评为AAA级景区,孟家段水库被列为国家湿地公园。承办第二届中国北方自驾游发展高峰论坛、自治区第五届自驾车旅游沙漠那达慕,举办宝古图沙漠民族文化旅游节等系列活动,接待游客93.8万人次。

【国内贸易】 全旗各类市场达到44个。全年社会消费品零售总额完成40.9亿元,同比增长10.1%。按行业分:批发零售业31.5亿元,同比增长14.8%;住宿餐饮业9.4亿元,同比增长15%。

【大数据建设】 蒙东大数据及服务外包产业园、蒙东科技城开工建设。新增本土电商企业9家、达到19家,嘎查村电子商务服务站299个、达到586个。奈曼旗被确定为国家级电子商务进农村综合示范旗。全旗新增限额以上商贸流通企业4家、重点服务业企业5家,总数达到41家。

【存款】 全年全部金融机构各项存款余额为75.99亿元,同比增长26.9%。其中:城乡居民储蓄存款余额为49.6亿元,同比增长5.5%。全部金融机构各项贷款余额为47.01亿元,同比增长9.8%。

【保险业】 全年保险费收入达到37 685万元,同比增长17.94%。各类赔付支出13 308万元,同比增长151.28%。

【科学技术】 推进科技创新,争取并实施自治区科技重大专项,深入开展院地校地合作,甘薯脱毒育秧取得成功。新增节水灌溉面积30万亩,建成山区水源工程23处,完成水土保持综合治理20万亩,整修水平梯田3.6万亩。

【文化】 年末全旗有艺术表演团体1个,文化馆1个,公共图书馆1个,图书总藏量9.6万册;博物馆1个,广播电视台1座,中波转播台1座。实施安全饮水工程76处,新建标准化卫生室122家、便民连锁超市100个、文化活动室161个、文化广场203个、应急广播村村响工程386个。奈曼王府环境整治及修复主体工程基本完工。启动乌力格尔保护传承工程,举办第九届诺恩吉雅文化节,丰富群众文化生活。自治区文明城市通过复查验收,创建市级以上文明单位13家,评选道德模范28人,格日乐其木格入选“中国好人榜”。

【卫生】 全年新建嘎查村卫生室162个。年末全旗共有卫生机构821个,其中:医院2个;卫生院20个;社区卫生服务中心2个,社区卫生服务站6个;综合门诊部2个;结核病防治所1个;疾病预防控制中心1个;妇幼保健所1个;卫生监督所1个。全旗医疗机构实有床位615张,卫生技术人员1546人。成功创建国家卫生县城。旗蒙医医院迁入新址,新建基层卫生院2所,招录专业技术人员59人。为建档立卡贫困人口进行免费体检。旗人民医院入选全国首批500家“全面提升综合能力建设县级医院”,八仙筒、治安、平安地卫生院获评全国“群众满意的乡镇卫生院”。

【教育】 2016年,全旗在校学生人数达49 910人,同比下降1.8%。其中:普通高中在校学生人数9095人,同比下降5.3%;中等职业学校在校学生人数3324人,同比下降5.0%;初中在校学生人数11 842人,同比下降1.6%;小学在校学生人数25 649人,同比下降0.3%。旗蒙古族中学迁址新建工程主体完工,新建改造农村中小学校187所,建设中心村幼儿园13个,彻底解决蒙古语授课学校“大通铺”问题。公开招录引进教师306人,其中研究生学历74人,基础教育和职业教育走在全市前列。

【体育】 旗内有体育场馆1个,内设网球、乒乓球、羽毛球场地。年初,成立奈曼旗体育总会,举办首届乃蛮体育节。为145个嘎查村配备体育健身器材。建成苏鲁特网球中心,承办国际女子网球巡回赛、全国首届农牧民网球赛等重大赛事。

【人民生活】 全旗城镇常住居民人均可支配收入达到22 929

元,同比增长8.7%。农村常住居民人均可支配收入达到9429元,同比增长8.1%。建成创业示范基地3个、创业孵化网点60个,发放创业担保贷款1400万元,新增城镇就业1706人,农牧民转移就业7.8万人次。

【社会保障】 落实城乡"低保""五保"提标政策,发放各类救助补助资金1.5亿元,受益群众5.3万人。成立旗慈善总会,募捐款物折合资金3160万元。完成城乡居民基本医疗保险制度整合,累计为患病群众核销医药费用2.17亿元。"一卡通"发放惠农惠牧补贴资金8.1亿元,广大群众得到更多实惠。制订2016—2017年扶贫开发行动计划和17个专项行动计划,安排2632名干部下基层扶贫攻坚。精准识别贫困户12 277户、32 880人,精准落实75个"三到村三到户"项目,发放金融扶贫富民工程贷款1.7亿元,投入社会扶贫资金6700万元,实现2026户、5915人稳定脱贫。

【养老事业】 家政服务平台、"12349"居家养老服务中心、诺恩吉雅健康养老中心等均投入运营。

【人口】 年末全旗户籍总人口447 502人。其中,蒙古族176 116人,汉族263 413人,其他少数民族7973人。城镇人口125 486人,乡村人口322 016人。

(孙福昌)

库伦旗

【概况】 库伦旗位于通辽市西南部、南与辽宁省阜新蒙古族自治县、彰武县接壤,西、北、东与奈曼旗、科左后旗相连。2016年底,全旗辖9个苏木乡镇、场,1个街道办事处,187个嘎查村、8个社区。地理坐标为北纬42°21′—43°14′,东经121°09′—122°21′之间,总面积4709平方公里。总人口179 094人,其中蒙古族109 030人、汉族64 193人、其他民族5871人。2016年,库伦旗地区生产总值完成72.07亿元,增长7.6%;公共财政预算收入完成3.67亿元,增长10.3%;500万元以上固定资产投资完成75.08亿元,增长13%;社会消费品零售总额完成16.28亿元,增长9.7%;城乡常住居民人均可支配收入分别达到22 011元和9170元,分别增长8.5%和8.3%。公共财政预算收入、固定资产投资和城乡居民收入增速均位居全市前三位。三次产业比调整到24.4∶38.2∶37.4。

【农业】 2016年,粮食玉米种植面积压减至5.33万公顷,青贮玉米种植面积提高至2.66万公顷、荞麦种植面积稳定在2万公顷,蔬菜、食用菌等经济作物种植面积由2015年的0.67万公顷增加到0.73万公顷。粮食产量达到5.48亿公斤。其中,荞麦产业示范引领方面,建设集中连片荞麦标准化示范基地333.33公顷,提高荞麦质量,辐射带动全旗荞麦种植2万公顷;建设2处占地8公顷的荞麦良种繁育基地,复壮提纯荞麦种子1万公斤,为荞麦品种改良和提纯奠定基础;杂粮杂豆示范引领方面,与上市公司十方集团合作,在平安良种场、元宝山良种场建设有机杂粮杂豆示范基地45.33公顷,在扣河子镇建设谷子标准化示范基地18.67公顷、辐射带动周边地区集中连片种植谷子200公顷;高效经济作物探索种植及示范引领方面,建设中草药试验示范基地8公顷,对33种中药材进行对比试验种植,筛选出6个适应库伦旗自然环境,适合逐步推广的中药材品种。以庭院经济发展模式,引导农户庭院种植中药材达到200公顷,中草药种植面积达到166.67公顷。以绿洲脱水蔬菜项目为依托,新建蔬菜标准化生产示范基地333.33公顷,带动周边农牧民种植蔬菜166.67公顷。依托农业综合开发项目,建设沙地衬膜水稻400公顷。

【畜牧业】 2016年,全旗大小畜存栏达到158万头(只、口),其中:牛存栏达到33万头、羊存栏77万只、猪40.7万口、驴6.1万头。实施母牛养殖示范村和示范户工程,新增基础母牛养殖示范村11个、示范户1100户,建设标准化肉牛规模养殖场2处;以"小规模、大群体"为模式,发展饲养3~5头肉驴养殖户4500户、新建标准化养驴小区5处;以"调品种、扩规模"为手段,引进辽宁凤城绒山羊、杜泊绵羊等优质品种,新建肉羊标准化规模养殖场2处、种羊场1处;强化畜牧业基础设施建设力度,新建棚舍4万平方米、窖池5万立方米;扎实推进动物防疫及饲草储备工作,春秋季动物防疫实现应免尽免,全旗储备饲草料达到21亿公斤。

【工业】 2016年,坚持优化存量与做大增量并重、绿色发展和创新发展并举,重点打造绿色有机农畜产品深加工、绿色非资源、医药生物科技和绿色新能源四大产业,全旗规模以上工业企业达到26家,规模以上工业企业增加值同比增长9.4%。投资4.87亿元,实施和完善库伦工业园区配套基础设施建设,启动实施投资3500万元、日处理规模1万吨的库伦沈阳工业园区污水处理厂和投资2700万元、日处理规模1万吨的三家子工业园区污水处理厂。实施工业项目20个,总投资54.7亿元,其中:续建项目5个、总投资39.5亿元,新建项目15个、总投资15.2亿元。

【招商引资】 2016年,通辽市下达给库伦旗的招商引资任务指标为引进国内市外资金30亿元,实际完成到位资金数31亿元,超额完成任务的3%;2016年,全旗共签约招商引资项目21个,签约额为51.08亿元,其中亿元以上项目14个。新开工的17个项目中,10亿元以上1个,亿元以上(10亿元以下)项目13个。派驻专业招产商干部35人。

【文化】 安代舞被纳入国家级非遗项目整体性保护试点,成功承办"谁是舞王——中国广场舞民间争霸赛内蒙古通辽市海选赛"启动仪式、"自治区文史研究馆送文化下乡"系列活动。完成7处旗本级电视无线数字补点基站建设和2处中央数字信号覆盖工程,基本实现通辽电视台、库伦电视台节目信号全覆盖。

【旅游】 启动《库伦旗旅游发展总体规划》《库伦旗全域旅游发展规划》《库伦旗乡村旅游规划》编制工作,库伦旗成为全区首家通过全域旅游规划评审的旗县。总投资10亿元、占地31.6公顷的三大寺文化旅游产业园项目一期工程前期工作基本完成;总投资10.5亿元的银沙湾景区项目,新增体验式项目8个,接待能力进一步提升;总投资3亿元的锡勒图生态度假村项目投入运营。通辽市科尔沁500公里自驾游服务系统日臻完善,总投资4000万元的银沙湾自驾车营地项目在全市率先竣工并投入运营,并被中国汽车摩托车运动联合会汽车自驾运动营地评定委员会授予"全国自驾车运动营地"称号,承办全区旅游品牌线路建设现场会;启动实施占地1.33公顷的蒙辽旅游门户项目和道老都嘎查、哈图嘎查旅游小镇项目。融入"2016通辽文化旅游季活动",参加沈阳东北旅游交流会,"五一"期间举办库伦旗银沙湾自驾车营地开营仪式、第三届2016穿越科尔沁·库伦银沙湾越野嘉年华系列赛事活动,CCTV5、人民网、新华网等19家新闻媒体参与报道,吸引游客15.3万人次,旅游社会综合收入达到1.33亿元,赛事规模、档次为历年之最,提高沙漠旅游品牌赛事知名度;按照全市统一安排,承办中国·内蒙古第三届国际马术节、第二十届"8·18"哲里木赛马节暨"农信杯"库伦首届沙漠那达慕大会。全年接待海内外游客突破60万人次,实现旅游收入4.5亿元,同比分别增长20%和21.6%。

【生态】 完成生态治理0.86万公顷,建设封禁保护区3.33万公顷。重点实施"百公里绿色长廊""百村百公里村屯绿化"工程,完成公路两侧绿化114公里,栽植苗木110万株。完成村屯绿化166个村,村屯绿化栽植苗木82.3万株。加强水土流失治理,完成水土流失治理21平方公里。总投资6亿元、占地面积419.41公顷、总库容3430万立方米的嘎海山水库工程项目可研、移民大纲分别通过水利厅和自治区政府审查。

【基础设施】 完成幸福路、西环路、文化街、东皂户沁、后府街及兴源北路6条市政道路改造工程。实施南环路、镇区东南出口及北出口绿化等11项绿化工程,新增城镇绿化面积33万平方米。完成库伦镇水源地保护工程和给水除铁除锰工程,改造供水管网7.1公里。全面实施城镇锅炉房、锅炉脱硫脱硝设施建设工程。新建供热管网10公里、污水管网5.6公里。完成镇区北出口综合改造工程。实施镇区人行街道、破损路面等镇区综合改造工程,新建新型水冲式公厕1座。

完成以库伦镇养畜牧路、西环路、扣河子镇和养畜牧社区为重点的"一街一路一镇一社区"改造工程。启动实施总投资1.2亿元、占地面积5万平方米、涉及217户的中医院西侧传统民居改造工程。完成危房改造2131户,超额完成市里下达的1100户指标任务,在全市率先消灭农村牧区危土房。通用机场项目选址通过华北民航总局初审。大沁他拉至白家湾子段高速公路项目征地拆迁工作完成。投资1.64亿元,完成342.1公里的通村水泥路工程,全旗187个行政嘎查村通畅率达到100%。投资5.72亿元,完成嘎查村街巷硬化1692公里,实现187个行政村、101个较大自然村、11个国有农牧林场、2个生产性居委会街巷硬化全覆盖。

【社会事业】 全旗用于民生社会事业支出达到12.67亿元。投资1.3亿元,完善义务教育阶段学校软硬件设施,顺利通过国家义务教育均衡达标验收。旗医院晋升二级甲等综合医院评审工作通过自治区验收,旗蒙医医院新建的蒙药制剂室获得自治区医疗制剂许可证并正式投入生产,其康复治疗中心建成并投入使用。获得"全国计划生育优质服务先进单位"和"自治区级妇幼健康优质服务示范县"称号。城镇和农村牧区低保医疗养老等各项社会保障实现应保尽保,城镇登记失业率控制在3.9%以内。启动14处农村牧区互助养老幸福院建设,完成11所。

【暖心工程】 2016年,全旗低收入农牧户共44 474户,按照每户补贴600元的标准,2668.44万元冬季取暖用煤补贴资金全部及时、足额发放到户。2016年,自治区下达库伦旗棚户区改造任务136户,通辽市下达库伦旗棚户区改造任务495户,其中城市棚户区404户,基本建成任务288套,垦区棚户区91户。库伦旗采取政府购买安置房源的方式,启动实施投资1.2亿元、占地面积5万平方米、涉及217户的中医院西侧传统民居改造工程。完成征收196户,完成房源采购302套。涉及91户的垦区棚户区改造项目(2016、2017两年任务)完成房屋改造50户。2016年,危房改造任务1100户,结合"十个全覆盖"工程,实际完成农村牧区危房改造2131户,总投资达1.2亿元,拆除土棚舍、土厢房3222座,解决农牧民群众的安居问题。

【教育】 投资1.3亿元启动实施义务教育阶段校舍建设、附属工程建设及设备设施采购等工作。义务教育均衡发展工作通过国家级验收。推进4所幼儿园建设工程,其中续建工程2个,投资67.3万元的水泉乡石灰窑子幼儿园二期工程主体完工;投资55.8万元的库伦镇马家洼子幼儿园工程竣工。新建工程2个,完成投资69.6万元的三道洼中心校袁家窝堡幼儿园和投资71.6万元的三家子学校下扣河子幼儿园主体工程建设。

【农网改造工程】 在完成额勒顺镇和茫汗苏木部分地区31个低压配电台区改造的基础上,投资370.81万元,改造低压台区5个。

【社会保障】 养老保险方面。全旗企业职工和城镇个体劳动者参保人数达到7200人,保费征缴3375万元;享受待遇人员6047人,年度内累计支出养老金10 583万元,发放率达100%;城乡居民社会养老保险参保人数达到71 730人,享受待遇人数18 453人,发放养老金1863万元,发放率达100%。失业保险方面。核定参保单位145户,参保人数为8000人,保费征缴130万元。医疗保险方面。城镇基本医疗保险参保人数达到387 58人,核定参保单位247个,保费征缴3843万元,支付3951万元。生育保险方面。职工生育保险参保人数达到11 324人,保费征缴225万元。生育保险统筹基金(医药费)支付30万元。工伤保险方面。工伤保险参保单位259户,参保人数为9432人,保费征缴214万元,支出159万元。

(额日德木图)

扎鲁特旗

【概况】 扎鲁特旗地处通辽市西北部,地理坐标北纬43°50′—45°35′,东经119°13′—121°56′。旗政府所在地鲁北镇距通辽市政府所在地160公里,距沈阳市410公里、距长春市440公里、距锦州港490公里、距大连港750公里,均有高等级公路连接。通霍铁路南北纵穿境内71公里,锡林浩特—乌兰浩特铁路通过境内北端；国道304线、省道306线在旗境内呈“十字”交叉，是内蒙古东部地区和东北工业基地对接的纽带。土地总面积17 471平方公里。年末全旗总人口306 270人，由蒙古族、汉族、回族、满族、朝鲜族等13个民族组成，其中蒙古族人口为155 852人，占全旗总人口的50.89%。总户数为138 668户，户均人口为2.21人/户，非农业人口77 421人。全年出生人口3365人，出生率为10.99‰；死亡人口1724人，死亡率为5.63‰；自然增长率为5.36‰。全旗现有苏木镇15个，嘎查(村)委会206个，分场29个。其中农区村委会63个。全旗自来水受益嘎查(村)120个，通公共汽车嘎查(村)221个，通电话嘎查(村)248个，通宽带村164个，通有线电视村187个，垃圾集中处理的嘎查村217个。全年地区生产总值完成2 063 555万元，同比增长7.4%，增速低于全市平均水平0.3个百分点，经济总量全市排名第四位。其中，第一产业增加值完成340 114万元，同比增长4%，增速高于全市平均水平0.1个百分点；第二产业增加值完成1 079 920万元，同比增长8.5%，增速高于全市平均水平0.3个百分点；第三产业增加值完成643 521万元，同比增长7.6%，增速低于全市平均水平0.3个百分点。三次产业结构比为16.5∶52.3∶31.2，与上年相比，第一产业比重下降1.1个百分点，第二产业比重下降0.1个百分点，第三产业比重提高1.2个百分点。按常住人口计算人均生产总值76 048元，同比增长15.6%。全年全旗公共财政预算收入164 623万元，同比增长9.3%。公共财政预算支出450 869万元，同比增长11.3%。一般公共服务支出28 996万元，同比增长9.3%。人均公共财政预算收入5375元，比上年增加443元，同比增长9%。

【自然资源】 扎鲁特旗属中温带大陆性季风气候，年均气温6.6℃，年日照时数2882.7小时，无霜期平均139天，年均降雨量382.5毫米。全旗耕地面积11.87万公顷，可利用草牧场113.33万公顷。有林面积56.26万公顷，森林覆盖率33%。其中天然次生林48.29万公顷，立木蓄积量272.1万立方米。林地中成片的山杏灌木林25.08万公顷，居全国旗县之首，年产山杏核280多万公斤。境内有9条较大河流，25条支流，年均水资源总量7.14亿立方米。野生动物150余种。中草药材200多种。全旗有大小矿点120余处，其中煤炭探明储量120亿吨。

【农林牧渔业】 全年粮食作物播种面积11.34万公顷，比上年增加340公顷，其中绿豆播种面积0.77万公顷。全年粮食产量52.24万吨。全年经济作物播种面积4.14万公顷，比上年增加0.79万公顷，其中油料作物播种面积1.27万公顷，比上年增加0.56万公顷。经济作物产量166.74万吨，其中油料产量2.57万吨。全旗牧业年度牲畜总头数5 522 090头(只)。其中，牛存栏703 984头，羊存栏4 279 968只，生猪存栏476 524口。全年农林牧渔业总产值1 461 954.67万元，比上年增加481 811.95万元，同比增长49.2%。其中，农业产值908 105.91万元，林业产值20 994.56万元，牧业产值414 549.49万元，渔业产值681.71万元，农林牧渔服务业产值117 623万元。全年农牧业机械总动力达725 986千瓦。拖拉机拥有量为32 180台，比上年增加380台。其中，小型拖拉机9770台，比上年减少1730台；大中型拖拉机22 410台，比上年增加2110台。全年化肥施用量(按折纯量计算)66 512吨。农用塑料薄膜使用量156吨，其中地膜使用量为152.4吨。地膜覆盖面积1920公顷。农用柴油使用量13 022吨。农药使用量1100吨。全旗现有农业科技示范园区550处，占地400公顷。

【林业】 2016年，全旗人工造林作业面积0.46万公顷。其中，“三北”防护林工程人工造林1000万公顷(乔木造林300公顷、灌木造林700公顷)；造林补贴试点项目灌木造林0.13万公顷。全旗封山(沙)育林任务0.87万公顷，实际完成0.87万公顷(其中三北防护林封山育林2000公顷)，完成任务的100%。全旗沙化土地封禁保护区二期工程建设1万公顷，完成任务的100%。完成国家新一轮退耕还林工程2000公顷，完成任务的100%。完成村屯绿化308个，完成任务(135个)的228%；完成通道绿化400公里，完成任务(240

公里)的167%;完成厂矿园区绿化5000亩,完成任务的100%;完成城镇周边绿化200公顷,完成任务的100%;完成采伐迹地更新2.2万亩、义务植树120万株、四旁植树30万株、育苗4000亩,均完成任务的100%。罕山林场、好老林场、伊和林场、鲁东生态林场、巴彦查干林场、海日罕林场全面停止商业性采伐。森林覆盖率达到33.23%,国土绿化达标率144.48%。

【水利】 全旗机井累计45 485眼。其中,规模以上7653眼,规模以下37 832眼。有效灌溉面积64.77万亩。完成饮水安全工程建设44处、解决1.9万人的饮水困难问题。完成“十个全覆盖”工程44个村屯饮水安全工程新建、维修改造,受益人口1.9万人,村屯防洪工程治理长度83.793公里。毛都水库建设工程批复总投资4.4亿元,拟建总库容8810万立方米,年供水量536万立方米。截至2016年底,完成大坝砂砾石填筑13.4万立方米;地下连续防渗墙完成1100米;完成帽梁浇筑210米;泄洪隧洞完成250米。完成投资1.2亿元。小型水利工程管理体制改革工作9月初经自治区验收,被评为优秀试点地区,并获得1250万元奖励资金,作为旗小型水利工程管理管护经费。

【工业】 全年全部工业增加值991 735万元,同比增长8.7%。规模以上工业增加值增长9.3%。在规模以上工业中,分经济类型看,国有控股企业增长9.0%;股份制企业增长11.7%。分轻重工业看,轻工业同比增长10.5%,重工业同比增长12.3%。建筑业增加值88 185万元,同比增长5.8%。全年规模以上工业企业实现利润147 199万元,同比增长17%。全年全旗用电户数132 732户,用电量达42 766.4万千瓦时,比去年增加5583.2万千瓦时,同比增长15%。全行业用电30 932.6万千瓦,其中,第一产业用电4934.6万千瓦;第二产业用电17 719.4万千瓦,其中工业用电16 612.4万千瓦;第三产业用电8278.5万千瓦。城乡居民生活用电合计11 833.9万千瓦,其中,城镇居民用电5338.2万千瓦,乡村居民用电6495.7万千瓦。

【固定资产投资】 全年城镇固定资产投资1 469 778万元,同比增长16.01%。其中,第一产业投资136 918万元,同比增长0.3%;第二产业投资696 744万元,同比增长0.72%;第三产业投资636 116万元,同比增长50%。三次产业结构比为9.3∶47.4∶43.3。房地产开发业投资11 599万元,同比下降27.5%。

【金融保险】 年末全旗共驻有银行7家,保险公司13家,小额贷款公司2家。银行业金融机构网点37个。年末金融机构存款余额644 947万元,同比增长30%。金融机构贷款余额500 047万元,同比增长10.5%。居民储蓄存款余额398 135万元,同比增长11.4%。全旗人均存款21 058元,同比增长29.6%;人均贷款16 327元,同比增长10.2%,城乡居民人均储蓄存款12 999元,同比增长11%。全年保险公司保险保费收入24 726.91万元,同比增长21.8%。

【交通】 全旗公路里程为2674.97公里。其中,国道199.95公里,省道96.95公里,县道352.33公里,乡道622.70公里,专用公路40.42公里,村道1362.63公里。全年公路货运量1035.1万吨,比上一年减少90.9万吨,公路货物周转量167 630.9万吨公里,比上一年增加3026.9万吨公里;全年公路客运量118万人,比上一年减少18.2万人,公路旅客周转量16 070.3万人公里,比去年增加1647.5万人公里。

【邮电】 全年全旗邮电业总收入22 016.44万元。其中,邮政业务收入1523.44万元,同比增长7.9%;电信业务收入1400万元,同比增长16.7%;移动业务收入1.5亿元,同比增长25%;网通业务收入4093万元,同比增长8.1%。年末全旗有手机用户287 424户,宽带用户31 352户。

【商贸】 全年社会消费品零售总额335 023.5万元,同比增长9.7%。按经营地统计,城镇消费品零售总额209 440.9万元,同比增长9.93%;乡村消费品零售总额125 582.6万元,同比增长9.38%。按消费类型统计,商品零售额268 092.5万元,同比增长9.08%;餐饮收入额66 931万元,同比增长12.37%。

【旅游】 全旗实现旅游综合收

入达 10.2 亿元，同比增长 2%。全旗 A 级景区有 3 家，其中山地草原旅游区为国家 AAA 级景区。星级饭店 3 家。全年旅游总收入 10.21 亿元，同比增长 2%。接待国内外旅游者 88 万人次，同比增长 3.5%。其中，接待入境旅游者 1962 人次。

【环保】 全旗现有自然保护区 17 处，总面积266 883公顷。其中，国家级 1 处，面积 91 333 公顷；自治区级 1 处，面积 52 823公顷；市级 8 处，面积 85 544公顷；旗级 7 处，面积 37 183公顷。旗级自然保护小区 11 处，总面积38 587公顷。自然保护区和保护小区面积占全旗总土地面积的 17.9%。市级生态示范区 6 处。

【文化】 扎鲁特旗是中国民族曲艺之乡、中国民间艺术之乡。有艺术表演团体 6 个，文化馆 1 个，公共图书馆 1 个，博物馆 2 个，广播电视台 1 个。广播和电视综合人口覆盖率为 100%，有线电视用户 23 000 户，广电宽带网络用户 4200 户。开展"弘扬价值观 · 唱响大舞台"系列文化活动。在元旦、春节、端午、"七一""十一"等节假日期间，举办文艺演出、牧民春晚、秧歌汇扭、猜灯谜等形式多样的大型文艺活动 20 余场次，丰富群众的精神文化生活。选派 19 个文艺辅导队 53 名辅导员，深入到全旗 232 个嘎查村分场进行文艺辅导，辅导、培训、创作、编排、演出文艺节目，充分展现农村牧区的崭新面貌，有效提升全旗文艺水平，发掘培养嘎查村文艺骨干。全年完成文艺演出 112 场，文艺演出节目 879 个，参加演职人员 2159 人，现场参观人数达 37 207 人次。

【"三馆"免费开放】 图书馆接待读者 7.2 万人次，乌力格尔演播厅每天下午免费开放，累计演出 200 多小时，接待观众 4000 人次；扎鲁特旗通史馆于 5 月 18 日正式对外免费开放，接待观众 3.8 万人次。赴呼和浩特市进行"民族文化月"展演活动，乌兰牧骑新创作编排节目 19 个，民俗情景剧《扎鲁特婚礼》《祭火》《祝寿》等节目搬上展演舞台，展演共分民族版画、民族服饰、民族刺绣、综合演出及乌力格尔专场演出等五项内容，丰富和拓展节目内容和舞台表演形式。8 月，代表自治区在秦皇岛参加"蒙晋冀陕甘宁六省(区)少数民族题材戏剧及音乐舞蹈三展联动"活动，进一步提升扎鲁特文化的影响力和知名度。全旗文学艺术工作者在市级以上报刊发表作品 350 余篇，为全旗广大干部群众提供丰富的精神食粮。创编室和文联自办刊物《特金罕》《扎鲁特文学》《扎鲁特文艺》(蒙古文)等文学期刊如期出版发行，发表作品更加贴近实际、贴近生活、贴近群众。

【教育】 全旗基础教育学校有 100 个。其中，幼儿园 58 个，其中少数民族幼儿园 15 个；小学有 29 所，其中独立设置少数民族学校 11 所，教学点 42 个；普通中学、职业初中有 12 所，其中独立设置少数民族学校 4 所，初级中学 8 所，九年一贯制学校 2 所，高级中学 2 所；特殊教育学校 1 所。全旗小学招生 3035 人，在校生 16 928 人，毕业生 2698 人；初中招生 2589 人，在校生 8019 人，毕业生 2919 人；普通高中招生 1849 人，在校生 5890 人，毕业生 1936 人；特殊教育学校招生 24 人，在校生 126 人，毕业生 20 人。中等职业学校招生 400 人，在校生 828 人，毕业生 227 人。有专任教师 3646 人。其中，幼儿园专任教师 479 人，小学专任教师 1976 人，初中专任教师 781 人，高中专任教师 405 人，特殊教育专任教师 5 人。中等职业学校专任教师 144 人。全旗校舍建筑面积 655 710.4 平方米。其中，幼儿园校舍建筑面积 61 125.2 平方米，小学校舍面积 173 036 平方米，中学校舍面积206 374.1 平方米，初中校舍建筑面积 123 065平方米，普通高中校舍建筑面积 83 309.1 平方米，特殊教育学校校舍建筑面积 3516 平方米；中等职业学校校舍建筑面积 5285 平方米。

【卫生】 2016 年，全旗共有医疗卫生机构 429 个，其中，医院 5 个；基层医疗卫生机构 416 个，其中社区卫生服务中心 1 个，社区卫生服务站 2 个，乡镇卫生院 26 个，村卫生室 360 个，诊所、卫生所、医务室、护理站 27 个；专业公共卫生机构 5 个；其他卫生机构 3 个。年末有卫生技术人员 1177 人，其中执业(助理)医师 439 人，注册护士 350 人，药师(士)60 人，技师(士)72 人，其他 256 人。医疗卫生机构床位 1031 张。全年总诊疗人次 1 156 834 人次，出院人数 28 475 人。

【就业】 全旗单位从业人员23 926人,单位从业人员劳动报酬146 100万元,同比增长1.7%。单位职工平均工资61 434元,比上年增加1020元,同比增长1.69%。

【社会保障】 年末全旗参加城镇职工基本养老保险人数34 016人,参加城乡居民基本养老保险人数104 027人。参加城镇职工基本医疗保险人数27 603人,其中参加职工基本医疗保险人数21 752人。参加生育保险人数19 757人,其中女性8403人。参加失业保险人数17 000人,参加工伤保险人数18 552人。年末全旗共有8434人享受城镇居民最低生活保障,18 191人享受农村居民最低生活保障。年末全旗城镇登记失业人员1320人,登记失业人员上期结转1335人。城镇新增就业1702人,失业人员实现再就业400人,就业困难人员实现就业550人。年末城镇登记失业率3.91%。

【人民生活】 全年全旗全体居民人均可支配收入16 553元,同比增长8.8%;城镇常住居民人均可支配收入24 585元,同比增长8.2%;农村牧区常住居民人均可支配收入12 642元,同比增长7.5%。全旗全体居民人均消费性支出13 445元,同比增长5.6%;城镇常住居民人均消费性支出17 461元,同比增长0.2%;农村牧区常住居民人均消费性支出10 906元,同比增长10.1%。城镇恩格尔系数(即居民家庭食品消费支出占家庭消费总支出的比重)为30.79%,农村恩格尔系数为31.2%。

(陈明　牡丹)

开 发 区

通辽经济技术开发区

【概况】 通辽经济技术开发区(以下简称“开发区”)是于2001年9月经内蒙古自治区人民政府批准启动的省级开发区,享有县市级经济社会管理权限。位于通辽市主城区西辽河北岸,辖区面积420平方公里,受托代管1镇、4个街道办事处,共18万人口。2016年,地区生产总值完成180.55亿元,同比增长8%;全社会固定资产投资完成133.5亿元,同比增长15.5%;公共财政预算收入完成17.37亿元,同比增长2.4%;规模工业增加值完成66.8亿元,同比增长9.6%;社会消费品零售总额完成55.28亿元,同比增长9.7%;城乡居民人均可支配收入分别完成30 825元和16 171元,同比分别增长8.1%和7.5%。

【工业】 2016年,开发区实施投资500万元以上工业重点项目41个,其中续建项目19个,新开工项目22个,完成工业固定资产投资55.2亿元。其中,投资10亿元以上项目4个,亿元以上项目15个,亿元以下项目22个。发挥投资的关键作用,突出重大项目带动功能,实施5000万元以上项目52个,新增规模以上企业5户。金煤化工技改工程进入中试阶段;蒙牛乳业三期扩建工程顺利投产,产量达到25万吨;长川制靴扩建实现产能翻番,达到480万双/年。英诺泰羧甲基纤维素一期顺利投产,纤维素制石墨烯技术实现突破。

【农业】 突出服务主城区功能,设施农业发展到533.33公顷、特色种植0.13万公顷,打造5个旅游乡村。2016年度开发区牛存栏新增0.08万头,牛存栏达到1.56万头,其中基础母牛存栏1万头,年出栏0.3万头。开发区现有万头以上养牛场1个,存栏10 100头牛,肉牛基础母牛超百头养殖场2个。加大农畜产品质量安全监管工作,对农资市场、饲料加工企业、规模养殖场、兽药商店、生鲜乳收购站进行检查,全年共检查涉农企业、奶站272家,出动执法人员204人次,出动执法车辆51次。全年未发生农畜产品质量安全事件。

【现代服务业】 开发区“一园两翼”商贸物流发展格局基本形成,综合物流园区连续三年被“中物联”评为全国优秀物流园区,万力城、红星美凯龙、美林曲美家具项目进展良好。内陆港三期扩建完工,全市首家公用型保税仓库获批,通辽电商产业园被评为全国“十佳电子商务园区”,2016年“双十一”期间科尔沁电商在生鲜品类线上销售位居第一,可意网被评为自治区电商示范企业,自治区首个“快递村村通”项目在辽河镇试点成功。文化旅游融合发展,举办第二十届“8·18”赛马节主城区分赛场赛事、花田灯光时装秀和第三届城市那达慕。

☆ 小资料 ☆

双十一: 双十一购物狂欢节是指每年11月11日的网络促销日,源于淘宝商城(天猫)2009年11月11日举办的促销活动,当时参与的商家数量和促销力度有限,但营业额远超预想的效果,于是11月11日成为天猫举办大规模促销活动的固定日期。近年来双十一成为中国电子商务行业的年度盛事,并且逐渐影响到国际电子商务行业。

【招商引资】 2016年新签约项目17个,签约额135.83亿元,完成指标的133.3%。其中10亿元以上项目7个;新开工亿元以上项目13个,完成指标的108.3%;到位资金79亿元,完成指标的105.3%。

【城镇建设】 2016年,补足城市建设短板,投入8.5亿元,实施明珠、兴隆、河西老区等11个老旧小区和棚户区改造工程,打通保康西路、莫力庙南街等多条断头路,完成所有城乡道路绿化,实现“门前三包”和物业管理全覆盖,全国文明城市、国家卫生城市创建取得阶段性成果。开展美丽乡村建设,投入7亿元,实现43个村的危土房、街巷硬化绿化、人安饮水、放心连锁超市、达标卫生室、文化室、文化广场、广播电视网络和宽带等改造提标,20个村通公交,村屯环境卫生管理实现长效化,在自治区、全市多次考核中排名靠前。

【金融】 2016年推进助保金贷款,不断扩大"助保金"贷款的覆盖范围,为中小企业降低融资成本。与中国银行、浦发银行等多家银行金融机构,成功为开发区14家中小企业发放"助保金"贷款7800万元。全年贷款额52.89亿元,存款额51.54亿元。

【创业就业】 2016年,实现城镇新增就业1255人,城镇失业再就业人数354人,就业困难人员就业182人,农牧民工转移就业11 189人,其中转移6个月以上的6591人,城镇登记失业率控制在3.9%以内;开展创业培训12期,培训创业人员305人,成功创业244人,创业成功率80%,创业带动就业人数1220人;完成职业技能类培训1817人。其中:农牧民工转移技能培训813人(含家庭服务业从业人员282人),城镇就业技能培训1003人;审核、发放小额担保贷款100笔773万元,带动就业412人,认定分散性孵化网点60家。对辖区范围内用人单位开展大排查、大整顿专项行动,开展大型宣传25次,发放宣传单15 000份;筛查企业130户,新增签订合同企业89家,为2209人签订劳动合同。

【社会保障】 2016年,开发区有城市低保698户1346人,农村低保582户1189人,特困供养人员273人,其中农村五保户200人,城市三无人员66人,孤儿7人。全年有6496人次享受医前及医后救助,有95人享受临时救助,有14人享受贫困大学生救助。全年发放各类补助资金1500万元。

【教育】 2016年,开发区义务教育公办学校7所,其中完全小学6所,九年一贯制学校1所;民办高中1所;民办小学1所;教学点7个;有证民办幼儿园32所,在园幼儿2900人。义务教育阶段公办中小学共有教职工498人,在校学生4113人。2016年,开发区小学生入学率100%,流动人口入学率达100%,残疾儿童入学率100%,中小学犯罪率为零,安全事故发生率为零。《国家学生体质健康标准》及格率94.6%。开发区6所学校校舍全部达到防震标准。2016年完成基础设施完善投资86万元。续建开发区实验小学,规划24个教学班,在校生1080人。项目占地21 989平方米、建筑面积9532平方米,计划投资3500万元,完成工程主体。

【卫生】 2016年,开发区新农合参合59 402人,参合率100%。人均筹资540元,筹集基金总额为3207.71万元。新农合住院补偿10 587人次,住院总费用2558.28万元,补偿金额1148.66万元。建立健康档案115 221份;基药网上采购率和结算率均实现100%。新注册执业医师9人,注册执业护士15人,完成计划免疫预防接种证注册80人。开展继续教育57人次,对乡镇卫生院卫技人员和乡医在岗培训312人次;参加全科医师转岗培训8人。开发区50个村一体化卫生室实行标准化建设,全部达到国家要求的各项建设标准。开展各项公共卫生服务和疾病防控工作,做到小病不出村。2016年,审批办窗口共办理办结各类医疗执业许可申报66件;办理办结公共场所各类卫生许可申报321件;审核上报奖励扶助507人,特别扶助44人,少生快富129人;征收社会抚养费4人,征收社会抚养费41 342元;医学需要终止妊娠16人。

(徐　颖)

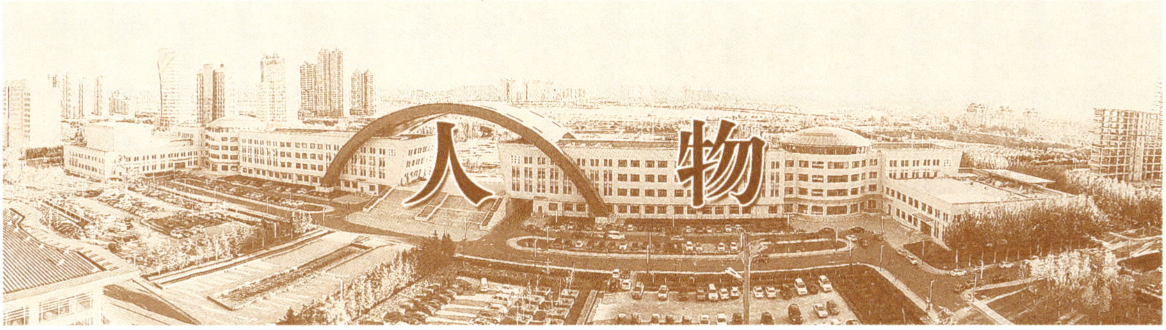

模范人物

苑璐颖

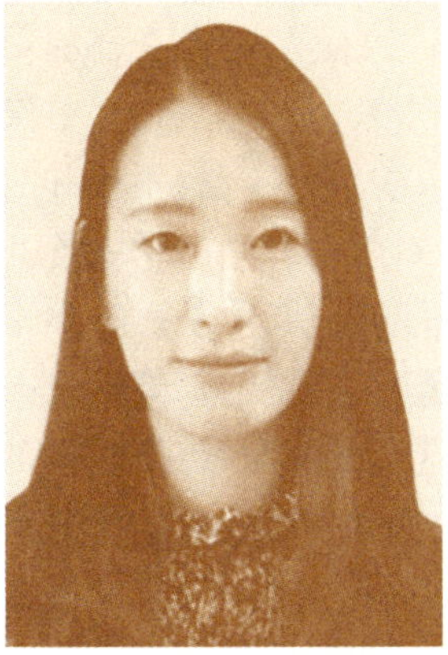

苑璐颖,女,蒙古族,1992年出生于扎鲁特旗黄花山镇。大学毕业后通过考试成为一名社区民生志愿者,被分配到鲁北街道东城榆社区工作,后借调到扎鲁特旗委办公室工作。2016年内蒙古自治区第一位造血干细胞成功捐献者、通辽市第一位女性造血干细胞成功捐献者、通辽市第一位90后造血干细胞捐献者和扎鲁特旗第一位造血干细胞成功捐献者。

她是一个热心公益、性格开朗的90后女孩儿,富有社会责任感。工作中,勤勤恳恳、一丝不苟,得到领导和同事的充分认可;生活中,她积极向上、乐于助人,常常以乐观的心态感染身边的人。2015年5月,苑璐颖参加旗红十字会组织的造血干细胞采集,加入中国造血干细胞捐献者资料库,光荣地成为一名造血干细胞志愿捐献者。

2015年11月,按照中华骨髓库的要求,旗红十字会与苑璐颖联系,征询捐献意见。得知与一位患者的低分辨率配型成功,苑璐颖听到这个消息后非常兴奋,她毫不犹豫地答复"要捐献"。放下电话的她兴奋地对同事说她可以实现挽救人生命的愿望,感觉到无比的骄傲。

苑璐颖把自己答应为一位素不相识的血液病人捐献干细胞的决定告诉父母时,家里也炸开了锅。虽然从小就教育孩子要乐于助人,但苑璐颖本身就有缺铁性贫血的毛病,对于捐赠造血干细胞这么大的事情,当父母的总是不放心和不舍得,但在她坚定的信念下,父母亲被感动,他们也为女儿的这一救人善举感到自豪。

苑璐颖所在单位领导得知初配成功后,十分关心和重视,表示全力支持她捐献造血干细胞。经高分辨配型成功并进行体检后,确定苑璐颖完全符合捐献造血干细胞的条件。2016年1月13日苑璐颖前往北京进行造血干细胞捐献。出发之际扎鲁特旗副旗长韩秀丽及市、旗两级红十字会及鲁北街道的负责人前来送行,她高度赞扬苑璐颖的善良和勇气。

苑璐颖于当日接受造血干细胞动员剂注射,据海军总医院血液科主治医师尹文杰介绍,在正式采集造血干细胞之前,苑璐颖将在5~6天内共注射4~6针动员剂。"在正常生理条件下,外周血的造血干细胞量极少,不能满足移植的需要,药物动员之后,加速骨髓造血干细胞的生成并释放到外周血中,以满足移植需要。"

注射的过程中苑璐颖异常镇定,她真正感觉到自己在履行一个志愿者的职责,有一种强烈的使命感和幸福感。连续几天的打针,她都特别放松地给家里人报平安,身边的同事朋友纷纷发来短信表示关心,自己的行动得到大家的支持,她特别高兴。

2016年1月18号,经过5天动员剂的注射,苑璐颖第六天正式开始造血干细胞采集,采集过程中要在苑璐颖的双臂一抽、一输同时进行,在近三个小时的采集过程中,苑璐颖双臂始终不能动,再加上注射动员剂后腰酸背痛的反应让整个捐献过程略显痛苦,但是她始终没喊过一声疼,更加没想过要终止捐献。

虽然采集工作结束,但是血样检测结果却显示造血干细胞浓度不够,她还要接受第二次捐献。因为苑璐颖本身就存在缺铁性贫血,为她的健康起见,通辽市红十字会的工作人员立即与中华骨髓库进行沟通,要求确保造血干细胞的采集必须在对苑璐颖身体无伤害的情况下进行,这可急坏了苑璐颖,因为她知道此时患者已经进入无菌仓,如果捐献终止,对方将性命堪忧。在红十字会工作人员担心苑璐颖的身体情况能不能进行第二次捐献时,她依然坚持救人信念不动摇,主动提出要捐赠,并积极找医生沟通。最终进行二次捐赠,圆满完成这趟北京之旅的任务。苑璐颖成为自2001年有数据以来全国第5411例造血干细胞成功捐献者。

这一行程,除苑璐颖赴京捐献的基本费用外,整个捐献过程都是无偿的,苑璐颖甚至不知道那个被她救活的人姓甚名谁,但她始终为那个素未谋面的家庭着想,从吃穿住行各个方面为她能省就省,就连患者家属委托医务人员送来的小礼物也被她婉言拒绝,用她的话说"每一分都是患者的救命钱,而她救人也只是做力所能及的小事,一件让自己以后回想起来不会后悔、没有遗憾的事"。

包敖恩达古拉

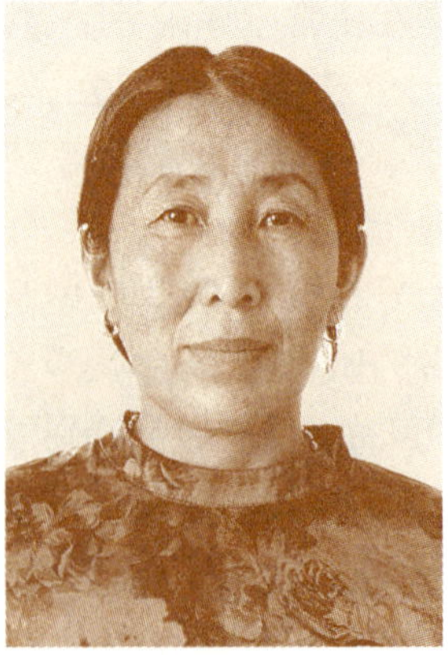

包敖恩达古拉,女,蒙古族,扎鲁特旗阿日昆都楞镇查干朝鲁嘎查牧民。2016年5月,获得中华全国妇女联合会颁发的"第十届全国五好文明家庭"荣誉称号。

包敖恩达古拉一家是扎鲁特旗阿日昆都楞镇畜牧养殖大户,也是全旗和睦友善、勤劳致富"最美家庭"。包敖恩达古拉是当地人人皆知的致富能手,老百姓心目中的女强人,被人们称为"引领妇女致富的领路人"。

包敖恩达古拉与丈夫高力套1990年结婚。丈夫家兄弟姐妹共6人,婚后第二年婆婆因病去世。常言说"长嫂如母",包敖恩达古拉在这之后担当起母亲、儿媳和姐姐的角色,拉扯着丈夫的5个弟弟妹妹,孝敬公公。弟弟妹妹们也很快长大成人,到婚嫁的年龄,不仅2个弟弟分家时每家给50多头牛和300多只羊,3个妹妹出嫁时每一个人的嫁妆也都在100只羊以上。

而幸运并没有光顾这个牧民家庭。1999年,刚建立起美好家庭不久的二弟因车祸不幸去世,留下孤儿寡母无人照料。这时包敖恩达古拉义不容辞地把弟妹和年幼的侄女接到自己身边照顾,直到2003年弟妹另嫁他人为妻。她和弟妹至今仍如亲姐妹一样往来。2001年,三弟又因车祸引起脑出血昏迷入院躺四年,她不仅和丈夫照顾病重的弟弟,还照料着在外地上学的侄儿并帮助三弟妹操持家中的200多只家畜。不幸接踵而至,2002年,公公患上脑溢血。虽然老人多次对她说:"我都已经这么大岁数,该享的福都享过,你们也都尽心尽力,以后就不用在我身上费钱费事。"但是包敖恩达古拉却固执地说:"父亲养育教导我们太不容易,我们作为儿女一定要尽到我们的责任,只要有一线希望我们就不会放弃治疗。"她和丈夫带着公公到处求医问诊,没有半句怨言。老人住院期间,她更跟爱人一起端茶倒水、端屎端尿、做饭守夜。

如今包敖恩达古拉的日子过得有滋有味红红火火,是周围嘎查村屈指可数的科学养殖大户,并在全镇妇联评选的"十类最美家庭"活动中获得"最美家庭"称号。

她家现有6300多亩现代化家庭牧场,牛120头,羊900多只,年纯收入可达到40万元以上,打草机、农用汽车、农用三四轮、三菱轿车等牧业设备齐全,成为一个现代化的养殖业基地,也是全镇牧民心中的和睦、友善、勤劳致富家庭。可谁能想到在26年前,她刚嫁给丈夫高力套时,呈现在她面前的是贫困的状态。经过三年的艰苦努力,家庭经济慢慢地好转。她筹划扩大养殖规模,开始慢慢地注重牛羊的数目和质量,慢慢地拓宽销售渠道,把牛羊和羊毛羊绒等制品通过市场销售到各农贸市场和商场，经济生活也就跟着越来越好。于是她又有了更为大胆的想法：进一步扩大规模，带领乡亲脱贫致富！她跟丈夫商量，决定用自己家的房产和牛羊作为担保，为村里的父老乡亲做贷款担保，保额2千元到15万元不等。通过多方筹措资金，乡亲们终于有了做养殖工作的启动资金。在她的带动下，乡亲们的日子也越过越富足安乐。

而刚开始做这项工作的时候包敖恩达古拉没有一点经验，曾经在一场大雪灾中，家里的牛羊因为没有足够的草料和棚舍损失过半，也曾经因为一些流行病含着眼泪被迫放弃自己悉心照料的牲畜。而如今在牲畜防疫方面，她俨然成为无师自通的兽医，养殖、草料种植、青贮制作和存储方面更是达到了专业技术水平。陆续建成40间现代化棚舍及配套青贮窖，再也不用怕大雪灾。她积极参加旗、镇政府举办的各种技术培训班，还利用远程教育平台，抓住一切能提高自身技术和养殖技术的机会，学到优秀的管理经验和全面的技术，克服一个又一个困难，使自己的事业壮大起来。

事业上的成功并没有让她忘记乡亲们，她常说："托党的福，我在致富路上先行一步，我的家庭生活殷实，但我不能忘记我周围的困难乡亲。"她总是隔三差五的将自家的粮食瓜果和奶制品送给嘎查的贫困户，与他们推心置腹地讲述自己的经验，并帮助他们学习技术，帮助村里的困难乡亲走上脱贫致富的道路。她在广大妇女姐妹中宣传靠科学技术、靠科学养殖才能增收致富的硬道理，充分发挥妇女带头人的作用，引导广大妇女走上创业致富的道路。

她还热心当起单亲女孩航西玛和娜荷芽的爱心妈妈，2个小女孩在包敖恩达古拉身上感受到久违的母爱。她时常告诉2个孩子："孩子们，你们必须好好学习，知识是可以改变一个人的命运的，所以你们只要愿意上学，我就竭尽所能的供你们书读，我就是你们的妈妈，有什么困难一定要跟我说。"她竭尽全力地照顾着单亲贫困母亲古查玛及丧失劳动能力的妇女萨日娜的生产生活。

一份耕耘，一份收获。如今她已发展成为扎鲁特旗远近闻名的龙头养殖户，也拥有一个和睦、友善、勤劳致富的"最美家庭"。而荣誉和收获并没有使她自满，包敖恩达古拉正以崭新的姿态，带动全体乡亲，努力绘就查干朝鲁嘎查美好、发展、和谐的蓝图。

诺恩达古拉

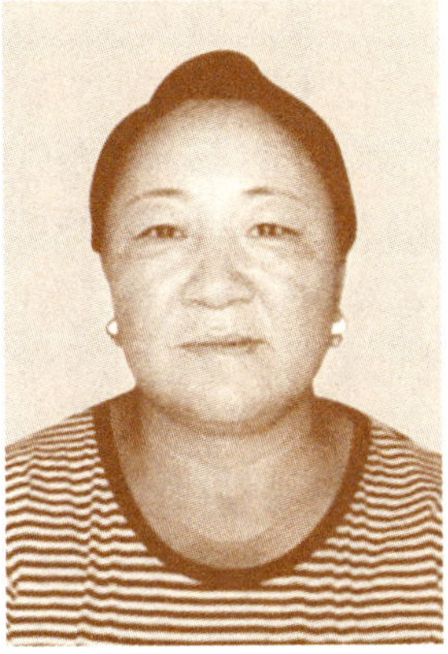

诺恩达古拉，女，蒙古族，扎鲁特旗阿日昆都楞镇北萨拉嘎查牧民。2016年12月，获得中央精神文明建设指导委员会颁发的"全国文明家庭"称号。12月12日，受到习近平总书记的亲切接见。

诺恩达古拉是扎鲁特旗阿日昆都楞镇北萨拉嘎查的一位普普通通的牧民。她吃苦耐劳、热情豪放，而且心地善良、孝老爱亲、乐于助人；她不仅是种植养殖能手，更是一位孝顺公婆的好儿媳；她家不仅是"全旗带头致富奔小康"示范户，更是"全国文明家庭"；她在自己家致富的同时，情牵乡邻，主动带领全村百姓共同致富，深得当地群众信赖。

1994年，22岁的诺恩达古拉经人介绍，与北萨拉嘎查的牧民乌力吉孟和喜结良缘，婚后的生活幸福而甜蜜。可是，天有不测风云，2000年，丈夫在一次车祸中抛下年幼的儿子和年迈的父母撒手人寰。

"当时就觉得天都塌下来，家里没有顶梁柱，往后的日子可咋过啊？而且当时还欠挺多外债。但是想到儿子和公公婆婆，我知道，自己说啥也得挺住，不能倒下，一定要把这个家支撑起来，而且要让他们过上好日子。"

自此后，诺恩达古拉毅然挑起家中大梁，种地、养牲畜从来没退却过。公公、婆婆看在眼里疼在心上，多次劝说诺恩达古拉改嫁。可她却说，乌力吉孟和在世的时候，我是你们的儿媳妇，现在他不在，就把我当你们的亲闺女吧。时光荏苒，一晃3年过去，看着每天都起早贪黑忙碌、疲惫不堪的"女儿"撑起这个家真是不容易，所以老两口就瞒着诺恩达古拉给她物色对象，在公婆和亲朋好友的多次劝说下找一个上门女婿，公公、婆婆终于给"女儿"找到婆家。

转眼22个年头过去,诺恩达古拉没和公公、婆婆生过一回气、吵过一次架。无论是人情来往还是赡养老人,她样样做在前面,让老人舒心、快乐。公公平时好喝酒,她就主动给公公买酒、炒菜,家中有好吃的先让公公、婆婆吃。公公、婆婆都是勤快人,到老还是闲不住,总是想干一些力所能及的活,诺恩达古拉就劝他们说:"你们年轻的时候没过上一天好日子,现在年纪大了,条件好了,你们就好好地享享清福吧。"22年来,她始终默默无闻地为家庭、为公公婆婆付出一切,却从没有任何怨言,由此,她也赢得乡亲们的尊敬和好评。

北萨拉嘎查是纯牧业地区,草场广阔,发展牧业养殖有着得天独厚的条件。为提高养殖技能,她从书店买回来有关资料学习,并虚心向老牧民请教牛羊养殖技术。为走好养畜路子,她率先垂范新盖起200平方米的高标准暖棚,并对原来的20多间畜棚进行改、扩建,解决牛羊过冬问题。为降低养殖成本,她到处筹款投资10万多元,购买粉碎机等设备,将玉米秸秆粉碎后进行氨化。牲畜除自然放牧外,每天晚上都进行补饲,所以,她家的牛羊总是全嘎查膘情最好的。特别是每年的产羔季节,诺恩达古拉整天都泡在羊舍里,接生、护理、饲喂,她样样在行,每年仔畜成活率都在98%以上。每年6—7月份羊价最低的时候,她开着车购回牧民们淘汰的羊进行育肥,然后在价格好的时候及时出手,每只羊能盈利100余元,仅此一项,每年就能多赚2万多元。

几年来,她购进乌珠穆沁大尾种羊100余只,同时积极推行羊人工授精技术,迈出品种改良、提质增效的步伐。2010年,她种植牧草4公顷,采用秸秆青贮和青干草混合饲料,羊饲养量突破200只。2014年,她经营草牧场200公顷。羊存栏达到400多只,牛80头,年收入达到25万元以上,实现致富达小康。

诺恩达古拉个人致富之后,不忘帮助贫困户,几年来,组织有意愿的牧民进行种养技术培训100多人次。由此,她也成为嘎查种养业的"高参"。

牧民达来拿出家里全部积蓄买回10只繁育母羊,由于经验不足,当年不仅没有见效益,而且死5、6只羊,直接损失2500多元,达来灰心,真想打退堂鼓。诺恩达古拉得知这一消息后,主动帮助他查清羊病死的原因,并耐心地给他讲解养羊的技术和注意事项。从此,她成了达来家的"编外"技术员,只要有什么养殖上的难题,她总是第一个到场,及时予以解决。如今,达来羊只存栏达到70多只,不但还清债务,还娶上媳妇,他逢人便说"多亏诺恩达古拉姐,要不我哪有今天呀"。

榜样的力量是无穷的,在她的带动和指导下,周围牧民都建起标准化的现代化羊舍,并在镇政府的支持下,嘎查还成立养羊协会。目前全嘎查养殖户达到106户,羊存栏3万只,牛存栏1.2万余头,收入达600万元以上。

诺恩达古拉的种养效益日渐提高,在养殖方面也取得一些成绩,此时她想的更多的是,如何让乡亲们富裕起来。她在带领农牧民致富的道路上不断探索和进取,路子越走越宽广。

王海英

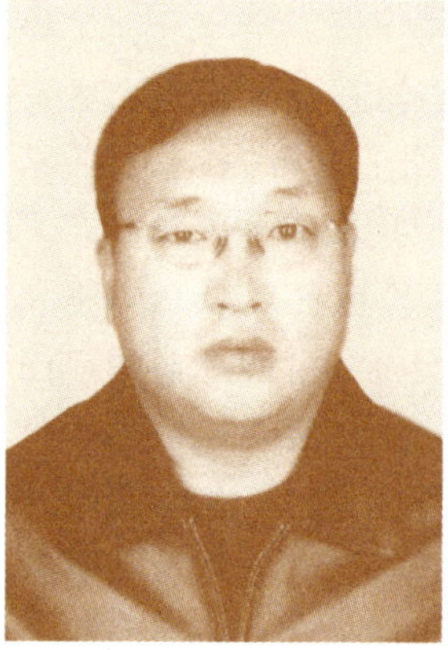

王海英,男,汉族,1963年10月出生,中共党员,中专学历,1983年7月参加工作,现任科左后旗林业局党组书记、局长。2016年8月被国家林业局授予"全国生态建设突出贡献先进个人"荣誉称号。

1983年,从林校毕业的王海英回到家乡,在林业局作为技术员参与造林技术指导工作,主要从事造林规划、造林作业设计、文字材料整理、统计报表等工作。2001年7月,晋升为科左后旗林业局副局长,成为林业局领导班子成员,参与领导生态建设工作规划和相关政策措施制定、执行。2008年8月,任林业局副局长、旗生态办主任,负责领导全旗生态规划工作,提出沙化地区生态建设集中治理、整村推进的工作方法,受到旗委、政府领导的高度重视,在科左后旗北部地区实施大规模退耕还林工程,生态建设取得明显效果。2013年4月,担任林业局党组书记、局长，负责林业局全面工作。把通辽市城郊百万亩森林工程、科尔沁沙地“双千万亩”综合治理工程与“三北”五期防护林工程紧密结合，取得组织管理、资金投入、土地使用、建设模式、管护等多项创新，得到自治区主要领导的高度评价，并在全区范围内推广。

2013 年，他提出林业发展的“两个调整”，一是由生态林向经济林实施方向调整，二是大规模造林向乡土树种封山育林方向调整。经济林方面主要以榛子、沙果、山杏等为主。全旗已初步形成以生态林业为主的大规模造林的“生态林业”向生态、产业、经济效益兼顾的“民生林业”发展的态势。通过建设规范化果树经济林示范基地，积极引导广大农牧民转变林业生产方式，为科左后旗林业生态建设找到一条可持续发展的新路子。生态林方面，注重调整林种结构，通过建设林地苗圃，培育乡土树种、绿化树种，提升发展水平，提高经济效益，并为“三北”防护林进一步转型发展奠定良好的基础。

在“三北”防护林五期工程建设中，王海英提出力争做到“六个到位”，确保工程建设质量。一是规划设计到位，在总体规划下，“三北”防护林五期工程建设造林前，林业部门要组织技术人员进行逐地块规划设计，选择适宜地块，规划设计力争体现科技含量，体现精品意识。二是技术指导到位，对“三北”防护林五期工程建设人员进行技术培训，使他们掌握技术要求，学会新技术。造林时，技术人员要深入第一线，严格按照精品工程的标准，搞好技术指导和技术服务。三是优质种苗到位，选用经过三年以上定植、苗高 20 ~ 40 厘米以上的优质大苗，选择苗高 50 厘米以上、四年生以上苗木时，必须使用大袋，容易成活。四是造林机制到位，在栽植形式上推行义务植树、国有林场圃、施工队承包保活造林和落实林权、群众投工投劳造林等各种形式建设，国有林场圃、施工队承包保活造林采用工程式承包造林，实行单株核算，全面成活后将樟子松造林地分配给农牧民管理，收益归农牧民，通过造林机制的创新，责权利紧密挂钩，确保樟子松造林取得实效。五是资金投入到位，严格按照“三北”防护林建设施工标准施工建设，真正做到专款专用。六是后期管理到位，“三北”防护林四期工程中的任何一个环节放松都可能导致前功尽弃，因此从组织安排、资金投入、机制等各个方面加强后期管理，巩固建设成果，加强造林成果的管护工作。依靠良好的造林技术和管护制度真正实现“栽一株，活一棵，营造一块，成林一片”的目标。

自任林业局局长以来，王海英带领全旗林业战线职工干部组织实施“三北”五期防护林工程 3.76 万公顷，其中人工造林 2.7 万公顷，封山育林 0.99 万公顷，飞播造林 666.67 公顷，取得造林治沙显著成效。

王海英用他的青春和汗水为生态建设谱写一曲曲绿色的乐章，为科左后旗林业发展奉献着自己的力量和智慧。

包宝君

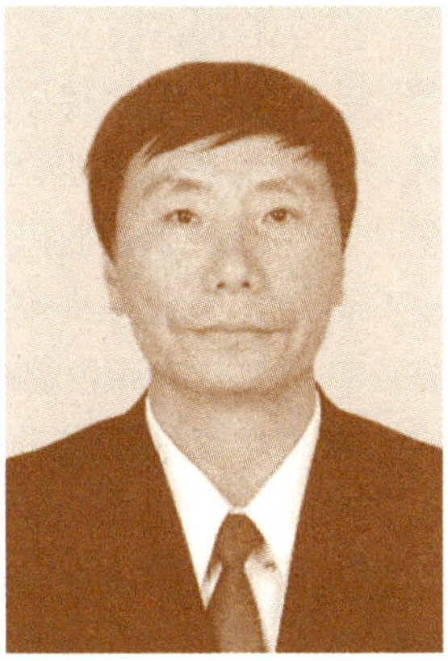

包宝君，男，蒙古族，通辽市林业局党组成员、副局长。2016 年 2 月 29 日获全国绿化奖章。

包宝君，1990 年参加工作。从基层到通辽市林业行政机关，他求真务实、爱岗敬业、勤政廉政、甘于奉献，在各个工作岗位上都取得不平凡的业绩，为通辽市林业生态建设做出突出贡献。

通辽市地处科尔沁沙地腹部，是全国土地沙化最严重的地区之一，生态环境十分脆弱。为加快改善全市生态环境，促进地区经济发展，包宝君充分利用国家实施“三北”防护林工程建设的机遇，结合防风固沙、水土保持工作实际，大力开展以农田防护林、平原绿化、水土保持和沙化土地造林为主的生态建设，完成国家“三北”防护林四期工程建设 18.35 万公顷。2008 年确定实施“323”林业生态工程，五年来完成治理面积 138.33 万公顷。2013 年，通辽市启动实施城郊百万亩森林工程，围绕通辽市主城区 50 公里范围内，在已有 2.67 万公顷森林的基础上，利用两年时间以防沙治沙、公路及河道绿化、湿地保护、村屯绿化和农牧防护林建设为重点新造林 4 万公顷，使主城区森林面积达到 6.67 万公顷。在包宝君的认真组织实施和科学指导下,工程建设取得重大成效,涌现出科左后旗0.8万公顷集中连片樟子松混交林和好通高速与国道304连接线通道绿化,科尔沁区10公里葡萄长廊万亩葡萄庄园、0.2万公顷文冠果基地、万亩樟子松混交林和莫力庙水库旅游路线景观建设,科左中旗万亩郊野公园精品工程、万亩樟子松基地和环孝庄园景观建设等一批综合效益显著的工程建设典型。全市重点区域绿化初具规模,造林绿化标准、质量、效益全面提高,人居环境明显改善。

他深入基层,亲临工作一线,积累丰富的工作经验,为全市的生态建设与决策打下坚实的基础,为市委、市政府科学决策提供依据。在全市生态建设中,他提出分区施策的工作思路,抓好"防沙治沙荒山绿化""农田防护林与村屯绿化"和"封山育林"三大林业生态建设工程,建设"商品用材林""果树经济林""文冠果油料林""樟子松林"四大林果产业化基地。全市生态状况明显好转,林业生产结构进一步优化,林农、果农收入显著增加。通过调整林业内部结构,有效地提高林地生产力,促进林业事业与地方经济相互协调、相互促进、共同发展,推动全市生态建设走上科学化轨道。

在发展林业产业方面,包宝君始终积极主张依托基地和主导产业带动林业产业发展。考虑通辽市光热条件充足,日夜温差较大,果品含糖量较高,口感好,深受广大消费者欢迎的实际情况,他确定发展以塞外红(锦绣海棠)、黄太平、金红("123")等抗寒小苹果和沙地葡萄、大扁杏、大果榛子为主的经济林发展思路。经济林建设不同于常规造林,特别是果园建设,要求立地条件好,交通方便,劳动力资源富集,同时林农的积极性更是影响工程建设"成与败"的关键因素。因此他按照"适度有序示范带动和注重实效"的原则,在有一定基础、林农对发展果树积极性较高的村镇确定适度规模的建设任务。先后抓出科尔沁区大林镇、钱家店镇、莫力庙苏木、科左中旗希伯花村、科左后旗金宝屯镇、库伦旗先进林场、三家子林场、开鲁县开鲁镇、市生态科技示范园和舍伯吐试验场等经济林建设标准化典型区。

他把推广适用技术和建设模式视为提高林业质量的生命线,多次组织科技人员对制约造林"两率"的关键性问题进行研讨,总结推广机械开沟等12项节水抗旱造林系列技术和"两行一带"立体经营等10种生态建设模式,每年推广面积达6.67万公顷。他狠抓造林质量,认真执行造林技术规程,严把造林规划、设计、整地、选苗、栽植、抚育等各个环节,造林成活率和保存率均较以前提高10个百分点以上,通辽市造林质量和标准走在全区乃至"三北"地区的前列。

他分管林业科技工作以来,累计开展林业科研和技术推广项目45项,其中,国家级项目8项,自治区级项目9项,与北京林业大学、中国林科院等高校、科研院所合作项目11项。试验点分布在全市8个旗县市区38个林场(镇),累计试验推广面积达到318.93万公顷。他注重抓种苗基础工作,培育引进针阔叶优良树种50多个,全市每年新育苗0.13万公顷,苗木年产量突破2亿株,实现造林苗木自给有余。

王宝侠

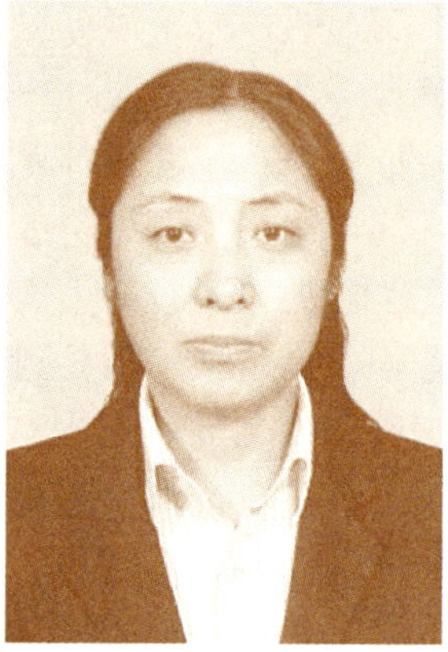

王宝侠,女,蒙古族。通辽市林业科学研究院副院长。2016年2月29日获全国绿化奖章。

她1991年毕业于内蒙古林学院至今,始终奋斗在林业科研生产第一线,主要从事经济林良种培育、丰产栽培技术研究及适用技术推广工作。多年来,她深入林业生产第一线,为基层林农解决技术难题,为重大林业工程项目提供技术支撑,工作成绩和社会贡献突出,现任通辽市林科院副院长,正高级工程师,通辽市林学会经济林委员会主任,国家苹果产业体系东北寒地综合试验站蒙东试验站站长,曾先后获通辽市五一劳动奖章、通辽市首届"行业领军人才"、通辽市优秀科技特派员等荣誉称号。

多年来先后主持国家、自治区、市科技局科研和推广项目10余项,获得6项科研成果,其中"丰产型农田防护林建设新技术推广"项目,获内蒙古自治区农牧业丰收奖一等奖;"科尔沁沙地高效温室林果业模式研究与示范”项目获内蒙古林业厅科技进步三等奖；“塞外红苹果选育及配套栽培技术研究与示范”项目，获通辽市科技进步一等奖等，这些科研成果为通辽地区经济林产业发展做出重要贡献。

2007—2011年，她主持完成内蒙古林业厅文冠果专用能源林培育技术研究项目，成果达国内领先水平。在项目实施过程中，她创造性地开展文冠果覆膜打点大垄播种育苗试验，获得成功，使文冠果播种出苗率提高10个百分点，亩种植效益在6000元以上，为林农带来可观的经济效益，也为通辽市能源林产业发展提供强有力的科技支撑。

2012年，她主持完成的“优质小苹果‘塞外红’选育及配套栽培技术研究”项目通过内蒙古科技厅鉴定，“塞外红”品种通过自治区林木良种认定。该品种的成功选育，填补通辽地区苹果品种培育研究的空白，丰富寒地苹果品种资源，得到国家苹果产业体系的高度重视，现已在通辽及周边地区示范推广面积过万亩，结果树亩效益是传统栽植品种的5倍以上，亩栽植效益均过万元，引领通辽市经济林产业的强势发展。

多年来在专业期刊上发表科研论文20多篇，主持编写《经济林栽培与乔木造林技术》《通辽市果树区划》《文冠果造林技术规程》等林业实用技术及科普书籍指导林业生产；先后组织开展“送科技下乡”活动10多次，培训基层农牧民上万人(次)，受到基层各级领导和群众的广泛赞誉。

2008年以来，受市科技局、市林业局委派，王宝侠在开鲁县、科尔沁区、库伦旗等地兼任果树科技特派员工作，在促进全市果树产业发展，推广先进实用技术等方面做出突出成绩。

通过深入调研，她创造性地提出“大力培植果树栽培示范户”的构想，在全市分区布设、定向帮扶，每年深入重点示范户技术指导几十天，与果农们一起解难题、攻难关。通过她的技术帮扶，果树“山丁子基砧木质部大片芽接”育苗技术获成功，嫁接成活率较传统的“丁字形芽接”提高近15个百分点，果农育苗亩收益也因此项技术而提高3000元，以腾建军、王文为代表的果树育苗示范户也因此实现亩效益过万元；以于宝德、焦亚光等为代表的新品种、新技术示范户也因新品种的上市和新技术的应用而实现亩效益过万元。这些示范户真正起到“培植一户，辐射一村，带动一镇”的作用，带动科尔沁区、开鲁县、奈曼旗、库伦旗等地果树产业的健康发展。

她利用工作之机大力宣传通辽市的果树产业，在广播、报纸等媒体上刊登果树栽培技术，并与吉林省果树研究所、辽宁省果树研究所以及大连、锦州等地的果品加工企业建立业务联系，推介地产果品。2009年，仅开鲁县麦新镇就因她联系的收购榨汁果厂家的入住而使果农增收百余万元。她利用通辽市林科院网站、果农QQ群等方式定期发布果品价格信息、苗木供求信息、气象信息、病虫害预报预测等信息，将北方果树网、国家苹果产业体系网等相关网站的技术信息转载，受到果农们的热烈欢迎。

姜　鹏

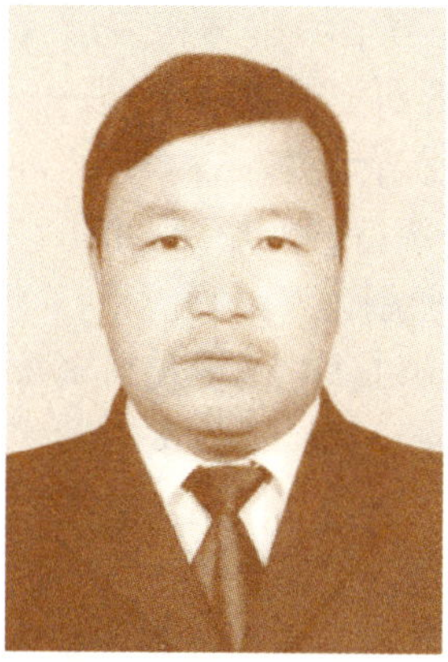

姜鹏，男，蒙古族，通辽市林业科学研究院副院长。2016年12月20日，获2014年度国家科学技术进步二等奖。

1991年毕业于东北林业大学林学系，毕业后一直从事林业科研和技术推广工作，现任林科院副院长，正高级工程师。二十几年来，先后参加或主持国家、自治区及地市级研究和推广项目20余项。

1992—2002年，参加“科尔沁沙地农林牧综合发展试验示范研究”课题；参加“半干旱地区针阔混交林的研究”课题，获哲里木盟科技进步三等奖，林业厅科技进步三等奖；承担“哲林4号杨推广”项目，获林业部“三北”防护林体系建设三等奖；参加中国“三北”009项目，“科尔沁沙地高效温室林果业模式研究与示范”成果达到国际先进水平。

2001—2010年，主持“杨树优良品种对比试验研究”课题；参加“杨树远缘杂交培育抗逆性多用途无性系研究”课题；主持与北京林业大学合作的“青杨派杨树染色体加倍育种”课题。主持“杨树低产低效林改造技术研究与示范”课题，成果达到自治区领先水平。

2010—2011年，主持中央财政林业科技推广示范资金项目“科尔沁沙地抗逆性杨树无性系及配套栽培技术推广”；主持内蒙古林业厅项目“科尔沁沙地抗逆性杨树与樟子松混交林试验示范”；主持内蒙古林业厅课题“通辽市杨树低产低效林划分及改造技术标准”，2015年1月1日实施；主持参加“全区科技服务林改试点示范”项目，均验收。

2012—2014年，主持承担中央财政林业科技推广示范资金跨区域项目“杨树低产低效林改造技术推广”，已验收；承担与南京林业大学合作项目“杨树新型结构材产业化制造技术”。

2012—2015年，承担“通辽市林研所国家杨树良种基地建设”项目，参加林业厅项目“小叶杨基因资源收集保存利用研究”。

2013—2016年，主持与白城市林科院合作项目国家林业公益性行业科研专项子专题——“三北地区杨树种质资源保存及新品种培育”和与内蒙林科院合作项目，主持子专题“科尔沁沙地人工灌木林分结构优化调控技术研究”项目。

2015—2016年，主持科技厅“刺榆种质资源选育与保护利用技术研究”课题，项目按方案实施中。

2015—2016年，主持中央财政林业科技推广示范资金项目——“‘塞外红’苹果高光效整形修剪技术推广”，项目按方案实施中。

2016年，主持“十三五”国家重点研发计划林业资源培育及高效利用技术创新重点专项研究任务——“内蒙古科尔沁沙地青杨类工业资源材高效培育技术研究”。

他的研究成果“杨树低产低效林改造技术研究与示范”，2011年，获通辽市科技进步三等奖、自治区农牧业丰收奖二等奖。2012年，获林业厅“十一五”科技贡献奖三等奖。2013年，“科尔沁沙地抗逆性杨树无性系及配套栽培技术推广”项目，获自治区农牧业丰收奖二等奖。

“哲林4号杨”2011年通过国家林业局林木品种审定委员会审定；“汇林88号杨”和“通林7号杨”2013年通过内蒙古自治区林木品种审定委员会审定；“小胡杨－1号”和“拟青×山海关杨”2015年通过内蒙古自治区林木品种审定委员会审定。

2012年自治区“新世纪321人才工程”第二层次人选；2012年被授予全国生态建设突出贡献奖先进个人；2014年4月，被通辽市政府授予通辽市“行业领军人才”称号。

2015年，参加完成的“汇林88号杨”和“通林7号杨”培育研究课题获通辽市科技进步二等奖。

2016年，参加完成的“塞外红苹果高光效整形修剪技术研究与示范”课题通过通辽市科技局组织的专家鉴定，成果达到国内先进水平。

格日乐其木格

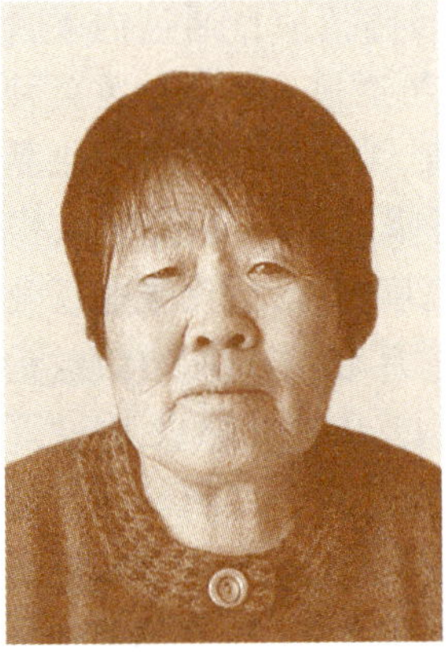

格日乐其木格，女，1949年10月出生，蒙古族，中共党员，通辽市奈曼旗固日班花苏木赛罕塔拉嘎查村民。2016年11月3日，中央文明办发布10月“中国好人榜”，格日乐其木格榜上有名。

其木格50年来照顾比自己小两岁双目失明的妹妹达日乎一直未嫁，其木格对妹妹不离不弃、感人至深的真情在当地传为佳话。

其木格兄弟姐妹8人，她排行老大，由于父母体弱多病，从十几岁起她就成家里的顶梁柱。二妹达日乎两岁时患病导致双目失明，懂事的其木格从达日乎失明起就做起妹妹的眼睛，照顾妹妹的生活起居。谈起姐姐，达日乎有说不完的感激：“姐姐为照顾我把最宝贵的青春都耽误了，至今未嫁，是我拖累了她，这辈子都报答不了姐姐的恩情。”不光悉心照顾二妹，其木格对待家里的任何一个亲人都倾尽全力。1971年，其木格的三妹九月得“淋巴结核”，由于交通不便，她背着妹妹步行20多里路到八仙筒镇，又先后到通辽、阜新等各大医院求医，及时挽回妹妹的生命。每次说起这段往事，九月都会热泪盈眶。19岁那年，其木格被推选为嘎查村妇联主任，一干就是22年，多次被评为旗、苏木优秀共产党员、优秀妇联干部。1988年，由于业绩突出，苏木党委想聘她为妇联主席，但想到卧床的父母、失明的妹妹，她放了这一次改变命运的机会。除要照顾父母、失明妹妹外，其木格还担负起供弟弟妹妹上学的重任，值得欣慰的是2个弟弟和最小的妹妹都考上大学，如今都有稳定的工作，生活幸福美满。

人间大爱，莫过于血浓于水的亲情。“我的年龄越来越大，但只要我活着一天，就要尽最大努力照顾好达日乎”，年近古稀的其木格如是说。受其木格的影响，她所居住的赛罕塔拉村成为全镇出名的敬老爱亲村，该村98%的农户都是三世同堂美满地生活在一起。

邓洪林

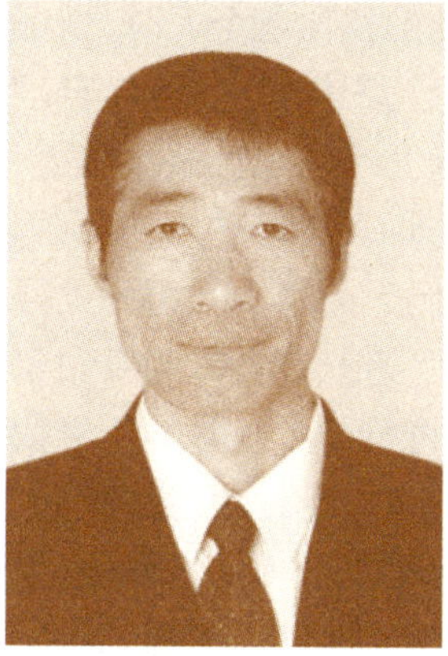

邓洪林，男，1972年8月生，汉族，2010年1月至2016年12月任科尔沁区残联理事长，2016年12月调任科尔沁区扶贫办主任。2016年9月，在全国第五次残疾人事业大会上，被国务院残工委评为全国残疾人工作先进个人。

邓洪林，2010年任科尔沁区残联理事长，面对广大残疾人渴望的眼神和热切期盼，他暗暗许下“让残疾人群体活得更有尊严”的庄严承诺，全身心投入到残疾人事业中，身体力行，率先垂范，狠抓机关队伍建设，带头执行纪律，迅速改变现状，机关面貌焕然一新，凝心聚力干事业。他提出“以敬父母爱子女之心对待每一位残疾人，以最高效率、最佳状态投入残疾人事业”的工作理念和“整合资源办好残疾人事业，针对残疾人身心特点开展残疾人工作”的工作思路，殚精竭虑，攻坚克难，创造性开展工作，他赢得领导的认可、广大残疾人的爱戴、同行们的敬佩。

日常工作中，他深入基层，深入实际，广泛调研，听取残疾人呼声，只要残疾人有诉求，他都亲力亲为，实实在在为他们排忧解难，与广大残疾人成朋友。为切实帮助广大残疾人解决实际困难，他充分发挥残工委成员单位的作用，协调科尔沁区委政府和有关部门出台一系列扶残助残的文件政策，在残疾人康复、教育、社会保障等方面让残疾人得到特殊的关爱和照顾。就业部门每年为残疾人创业提供150万元的无息贷款；残疾儿童和少年随班就读，入学率达到95.7%；征收残疾人就业保障金从开始的几十万，增加到现在的几百万；2010年自治区首家科尔沁残疾人信息化就业基地应运而生，100余家党政机关企事业单位委托其开展网站维护、呼叫业务等，安置和帮助残疾青年30余人实现网上创业就业。残疾人柳编基地，带动50余名残疾人居家就业，引来全区各旗县残联竞相学习。为让迈入婚姻殿堂的8对残疾青年得到全社会的资助和祝福，他带着干部深入到各大企业“化缘”近10万元，一场隆重的残疾人集体婚礼受到全社会的关注，并在自治区“两会”的内蒙古新闻中插播，登上中残联和搜狐网站主页；几年来，科尔沁区特奥训练中心的智障孩子们共获得各种奖牌证书137个，其中国家级80项，国际比赛大奖28项，金牌9枚，为地区、国家和广大残疾人争得荣誉；在他的支持下，丑小鸭特教学校举办“指间阳光”孤独症儿童画展，国家一级演员德德玛和“感动中国”的大地妈妈易解放亲临现场并捐款。几年时间里，邓洪林亲自处理群众上访申诉求助1270人次，协调解决办理的最低生活保障320余人，协调报销大病医疗150余万元，为特殊情况的残疾人协调廉租房45人次。

他任期的七年里，迎接2012年的自治区“三争三创”现场会，自治区12个盟市101个旗县的理事长现场学习科尔沁区残联“七个典型作法”；2013年全国残疾人就业现场会在通辽召开，对科尔沁区60户残疾人家庭联合搞种植业的作法给予高度评价；2014年，科尔沁区残联被国务院残工委评为先进集体，并授予“残疾人之家”荣誉称号；2016年9月，邓洪林被评为全国残疾人工作先进个人。2016年末，在全国扶贫攻坚工作进入到攻坚克难的关键时刻，他再一次肩负起领导的嘱托，担负起科尔沁区贫困人口的希望，投入到脱贫攻坚的战斗中。

田玉光

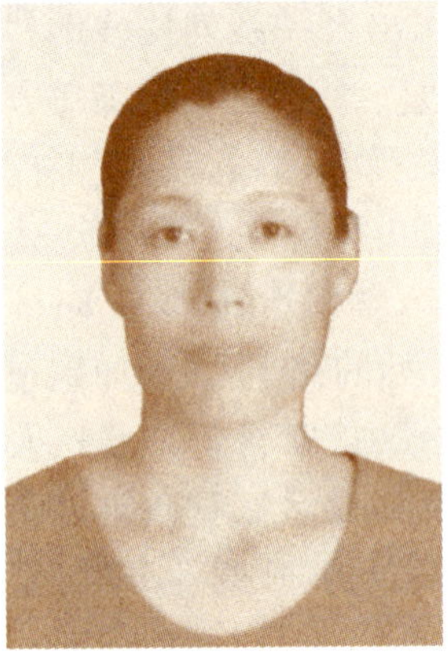

田玉光，女，1981年3月出生于通辽市奈曼旗八仙筒镇北京铺子村。1998年毕业于平安地中学，后在家务农。2009年，跟随进城打工热潮，一家三口来到通辽市打工，同年田玉光进入通辽东北六药有限公司(内蒙古东北六药集团有限公司前身)。内蒙古东北六药集团，是集医药生产、批发、零售连锁、医药物流、培训学校为一体的集团化公司；公司现有员工总数612人。田玉光在东北六药工作近6年。抱着对制药、治病、救人的神圣行业的尊重，开始积极奋进的崭新生活。在东北六药集团就职期间，先后从事过外包装操作工、内包装操作工、配料工等诸多工种，在这6年中，表现优异，得到周边各界人士的一致认可。2016年，田玉光被评为全国优秀农民工。

田玉光在工作中非常关注国家大事动向，是生产车间国家政策、方针等学习宣讲员。日常工作中积极帮助他人，是培训能手，对待徒弟无微不至、倾其所有的帮助。“第一个冲上去、第一个完成任务、做的最好、教的最细、带个好头”是对其在工作中思想道德最好的诠释。此外，在她和家人的带动帮助下，全村已经有近20名同乡赴城务工，为建设和谐美丽新通辽做出积极贡献。

田玉光参与东北六药厂设备操作规程、设备清洁规程、岗位标准操作规程、岗位标准清洁规程、工艺规程及相关管理制度的建立，共计37部，累计10万余字，是东北六药厂技术指导性文件，涵盖企业安全管理、生产效益等诸多内容，为企业节省及创造不可估量的价值。

她积极参与企业工艺探索及革新，参与头孢氨苄甲氧苄啶胶囊、诺氟沙星胶囊等剂型的革新，并得到国家及自治区的认可备案。单诺氟沙星胶囊，工艺革新后，药品检验项中溶出度指标提升至标示量的95%以上(国家标准75%)，年工艺节约23 000余元，年工时节约380余工时，并创造出其他(如水、电、汽等)的节约17 000余元。以上工艺的革新，既节约成本，又使得剂型产品更加稳定，流通到市场稳定性更高，理化指标更好，对百姓用药更有所保证，创造出巨大的经济价值和社会价值，在同行业中是较为突出的产品剂型。

此外，她还参与企业软、硬件验证工作，验证执行过程(操作、清洁等)、硬件使用状态是否达到预计目的，并对产品质量不造成负面影响等工作，使得企业2000+天无安全生产事故，设备完好率100%、产品合格率100%、消费者满意度100%的骄人成绩。在日常工作管理中，参与建立一套实用性强的保证体系，奠定安全生产工作的基础，科学、系统地将安全生产落实到位，为企业经济、产品质量乃至产品投入社会做出保障性贡献。

在社会中有需要帮助的集体或个人时，她都踊跃参与，并带动周边人员，积极带头，献出自己一份真挚的爱心。

2014年冬，集团公司员工张海平，被检出肺癌，使他和他的家庭遭受巨大的打击。田玉光得知此事，第一时间伸出援手，带头捐款，并发动家里人为其捐款，她女儿也将自己过年时的压岁钱全部捐出。她与丈夫在工作之余去医院陪同照顾，时常彻夜看守，企业对此也开出绿灯，准许她可以占用上班时间休息，但她拒绝，她说：“没关系的，本来我就觉少，何不做一些有意义的事，这样也能教育我的孩子，让她也做一个好人。”

她勤奋工作，总是最优异的完成交予的任务；她团结互助，总是带领团队解决一个又一个难题；她刻苦学习，总是在培训及考核场上成绩表现优异；她精通业务，总是在企业最需要技术支持的时候站在最前面。

她以其过硬的思想道德素质、专业技能、职业道德以及突出贡献，成为全体工作人员的优秀榜样。

石国忠

石国忠，男，1977年8月出生，科左中旗希伯花镇三合堂村人。2012年，他建立“金润食用菌种植基地”，并成立“科左中旗金润食用菌种植专业合作社”。几年来，他努力拼搏，掌握食用菌先进经验和先进技术，在食用菌行业中取得令人瞩目的成绩。他不但带动一大批人走上致富路，而且安置大量农村富余劳动力转移就业。2014年，他被科左中旗旗委、政府授予“达尔罕英才”荣誉称号，同年，科左中旗金润食用菌种植基地被通辽市就业管理局认定为“市级农牧民工返乡创业示范园区”，科左中旗金润食用菌种植专业合作社被通辽市人社局、财政局认定为“市级标准化创业孵化园区”。2016年被评为全国优秀农民工。

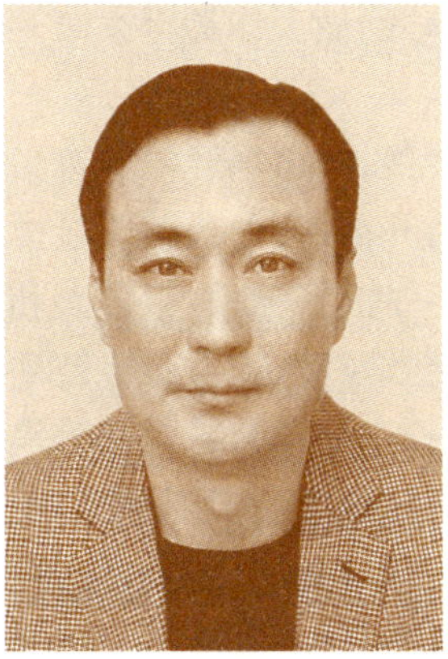

2003年，在家务农多年的石国忠，怀揣着希望和梦想，离开家乡外出务工。其间，他干过收购、信贷员、餐馆服务员、司机等多个工种，凭着对生活的美好期待和向往，他认真地做好每项工作。2011年，一直在苦苦寻找创业项目的石国忠，了解到市场上蘑菇销售旺盛，而家乡的食用菌种植还是一片空白。经多方咨询了解，得知食用菌种植技术容易掌握，而且风险低、利润大，萌发了利用当地丰富的原料优势种植食用菌的想法。在当地党委政府的支持与帮助下，2012年，石国忠开始食用菌种植事业。截至2016年底，金润食用菌种植基地有标准种植大棚100栋，建有规范的生产车间、库房、化验室、冷库及办公场所。主要生产滑子菇、香菇、黑平菇、白平菇、黑木耳、鸡腿菇等国内畅销品种，年制作菌棒100万棒，产量达800吨，年产值达600多万元。合作社现有加盟农户33户，带动就业100多人，户均年增收1.5万元，形成“专业合作社＋基地＋农户”的产业化发展模式。为保证产品质量，基地在充分利用当地原材料资源的基础上，还从辽宁、吉林等省运来优质硬杂木、木屑。基地以保技术、保回收、促效益的发展模式，拉动地方经济的发展，造福农户。基地在经营当中，统一技术，统一管理，统一回收。与厦门、石家庄、大连、岫岩等地签订长期供货合同，与长沙、重庆、武汉等市的6个食用菌深加工企业签订合作协议。现在食用菌种植已成为科左中旗的新兴产业，成为当地农村经济发展新的增长点。

创业的道路并不是一帆风顺的。合作社农户在生产经营活动中，常常遇到资金短缺和技术问题。石国忠为帮助农户解决资金问题东奔西跑，有时甚至为其垫付资金或采取先提供菌种后付款的方式帮助农户渡过难关。为加强对农户的科技扶持，合作社注重技术培训，采取点、面结合的办法，定期不定期的进行集中培训与随时培训，不但长期聘用技术人员，还多次从外省聘请专家进行培训，现场解决广大农户的技术难题。有时候，文化知识不高的农民难以快速理解和掌握食用菌种植技术，他就义务当起技术员，全心全意进行技术指导。石国忠十分重视科学技术知识的学习，多年来一直订阅多种食用菌杂志，认真学习，不断提高自己的专业技术能力。他掌握新知识、新技术，就跑到农户的大棚，义务向广大农户进行现场咨询、技术指导，把多年种植香菇积累的经验、知识毫无保留地传授给广大农户，提高他们的技能，带动更多的农民从事蘑菇种植事业。在学习的同时，他勤于思考，善于发现别人存在的问题，从而让自己在实践中加以改进。经过不断的钻研和创新，探索出食用菌常年生产模式，可让基地四季出菇，做到充分利用土地和设施，最大限度的发掘生产潜力，从而使经济效益成倍增长。

石国忠继续扩大规模，增强产业吸引力，紧紧围绕有机食用菌产业的可持续发展，巩固壮大食用菌生产基地，提高自主创新能力。开展食用菌深加工，研发食用菌制品，推动产业发展多元化、品牌化，充分发挥互联网的作用，做好产品宣传，创建“金润”品牌。千方百计多渠道引导当地农民大力发展食用菌生产业，引领当地农民致富，安置富余劳动力就业，努力提高经济效益和社会效益，为当地农民增收致富和社会主义新农村建设贡献自己的一份力量。

于立权

于立权，男，汉族。1987年12月7日出生于通辽市奈曼旗，现在内蒙古旺牛食品有限公司工作。2016年，被评为全国优秀农民工。

于立权朴实憨厚，出生在一个普通的农民家

庭,他怀揣梦想,带着建设家乡和发展事业的美好信念与决心从农村走出来。

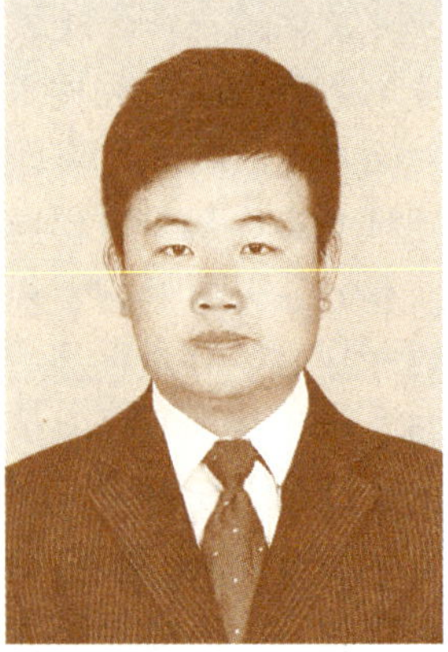

最初他在企管部工作,由于公司成立时间一年多,企业建章立制、标准化管理、人事培训、资源整合、外事协调等大量工作摆在面前。于是他买来很多企业管理的书籍,每天利用下班时间进行学习,掌握应用课程和实践技能。很快将所学习到的现代管理知识与工作快速对接,经常加班到深夜,企管部的工作有声有色的开展起来,管理制度各部门得到充分落实,工作现场井然有序。不到半年时间被提升为企管部部长。

随着员工不断增加,技能和知识水平参差不齐,学习和培训成为企管部门的头等大事。他经常深入一线制定标准化生产管理方案,按照食品安全认证体系检查对照执行情况,面对员工思想波动耐心说明解释。

2011 年公司向房地产开发项目拓展业务,于是他又奔波于居民区每一户家庭,面对居民的不满情绪,他都耐心接受和解释,也承受着很多委屈和无奈。

2013 年大年除夕,当人们都沉浸在一家人的幸福团聚时刻,于立权却在国立花园抢修污水井。由于下水道淤堵,门卫打来电话说污水井的污水往外冒。负责物业管理的他便迅速来到抢修现场,钻进管道,借着手电的光亮,一点一点地清理,新买的手机掉进污水里,他也顾不上,当他处理完回到家时已是下午四点三十分。在随后的日子里只要是居民家中有事,他的热线电话便随时响起,经常是换玻璃、修管道、电路故障排除、跑水等事情,他没有一次借口和推脱。

2013 年,公司在旗工业园投资新建工厂,他提议公司硬化地面工程由员工自己完成,工友们加班加点,日夜奋斗在建设工地。为抢工程进度,他带领员工浇筑混凝土,每天一干就是 15 个小时。在他带领的员工团队努力下,公司建设工程提前完成,直接节约工程项目资金 120 多万元。

为更好地实现产业带动示范作用,2014 年公司与红星农村合作社签约,进行芥菜种植,同时酱腌菜腌制窖池进行施工。面对庞大的芥菜窖池的开工和芥菜上万吨的收购任务,他又第一个站出来,主动请示,他说:“哪需要我我就冲向哪,最困难最艰巨的任务交给我!”于立权按时完成上万吨的收购任务,同时与农户建立良好的合作关系。在收购过程中也不是一帆风顺,由于他工作认真负责,严把质量关,遭到农民的谩骂和动手,他都是以公司大局利益为重,缓解一次又一次的矛盾和问题,并耐心的做工作赢得大家一致的好评。

得益于企业的不断发展,在市场经济的有力推动下和企管工作的有力开展,公司效益明显提升,在于立权的影响下,一批又一批的年轻人和专业人才来到工厂大展宏图。他连续五年被评为先进工作者,公司董事长张志国给予他充分地肯定和好评,在 2015 年被提拔为公司副总经理、关工委副主任,被工商局个私协党总支发展为党员重点培养对象。

吴云波

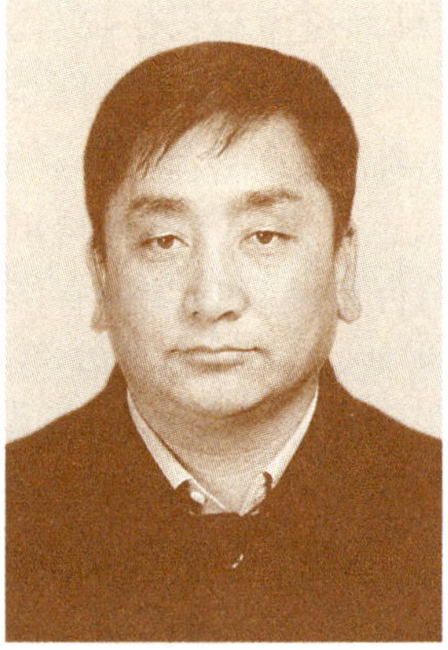

吴云波,男,蒙古族,1979 年 11 月出生于扎鲁特旗巴彦塔拉苏木,2009 年 9 月参加工作,2007 年 7 月入党,本科学历,现任巴彦塔拉苏木东萨拉嘎查党支部书记、村民委员会主任兼玛拉沁艾力养牛专业合作社理事长。2016 年 7 月被中共内蒙古自治区委员会表彰为内蒙古自治区优秀嘎查村党组织书记。12 月,被农业部表彰为全国农业技术推广贡献奖全国农牧渔业丰收奖。

2013 年,在党支部书记吴云波的带领下,经过多次调研考察,结合东萨拉嘎查粮多草茂和村民有养牛传统的优势,决定走“支部 + 合作社 + 基地 + 牧户”的发展路子。在名誉村主任寇卫国的大力支持下,引进内蒙古蒙药集团资金 200 万元,村民自筹资金 350 万元建设年出栏育肥牛 3

批、1000 头的大型育肥牛场。

合作社成立后，召开两委、党员、村民代表大会，进行入股动员，按照入社自愿、退社自由、地位平等、民主管理、风险共担、利益共享的原则，采取以现金、耕地和牛入股的方式，其中耕地和牛全部按价格折现。全村 234 户，入股 207 户，入股率 90% 以上，2014—2016 年连续 3 年共分红 287.5 万元，嘎查村民人均增收 2400 元。截至 2016 年合作社总资产 1780 万元。

2014—2016 年，合作社先后成立饲草料种植基地、玛拉沁艾力奶制品厂、扎鲁特旗玛拉沁艾力餐饮有限公司、玛拉沁艾力绿色牛肉直营中心、玛拉沁艾力绿色牛肉直营店（科尔沁区）、玛拉沁艾力牛排店（鲁北）、玛拉沁艾力鲁北直营店、沈铁河畔直营店、龙兴世纪城直营店、浙江宁波销售处、鲁北工业园区玛拉沁艾力养牛专业合作社鲁北分社（加工厂），实现从养殖到屠宰、加工、销售、餐饮全产业链布局。

在吴云波的带领下，东萨拉嘎查村民的生活发生翻天覆地变化，吴云波也得到各级领导的肯定和表扬，先后获得扎鲁特旗“道德模范”“先进科技工作者”，通辽市好人榜“爱心人士”。“科尔沁英才”“农村牧区实用人才”、社会扶贫工作“爱心模范人士”，内蒙古自治区“优秀嘎查村党支部书记”荣誉，农业部“农牧渔业丰收奖”“农业技术推广贡献奖”、通辽市“五一劳动奖”等等。

国家级先进个人

（按姓氏笔画为序）

阿其玛　女，蒙古族，通辽市民族歌舞团团长助理，2016 年 8 月获得华北五省（市）区舞蹈大赛创作一等奖。

白　丽　通辽市中级人民法院民事三庭审判员。《以司法实践推动依法行政——以通辽市法院行政诉讼数据为视角》获中国审判研究会行政审判理论专业委员会 2016 年年会暨“法治政府建设与行政审判”主题论文优秀奖。

鲍布日额　在内蒙古民族大学工作。2016 年授予国务院政府特殊津贴专家。

程立军　在通辽市图书馆工作。2016 年 11 月，被中国助残志愿者协会、中国盲文图书馆评为三星级文化助盲志愿者。

程志峰　通辽市委史志办主任。2016 年 2 月 25 日，他的论文《伪满时期日本对东蒙地区的殖民奴化教育》获得全国党史部门、党史优秀成果著作类三等奖。

刁建伟　通辽市幼儿园副园长。2016 年 9 月，获中国福利会颁发的第十一届宋庆龄幼儿教育奖。

何春红　中共通辽市委宣传部办公室主任。2016 年 7 月，被中宣部宣教局评为学习运用《时事报告》工作先进个人。

胡建华　在开鲁县委宣传部新闻宣传中心工作，2016 年在中央网信办、共青团中央主办的全国“网界青年共筑中国梦”网络有奖图文征集活动中作品获二等奖。

华其力格尔　通辽蒙古族中学学生。2016 年 9 月，获全国第十一届宋庆龄少年儿童发明奖铜奖。

李　明　在通辽日报社工作。2016 年 8 月，被中国地市新闻网联盟评为 2016 全国地方网络媒体十大领军人物。

刘　忱　通辽市委史志办副调研员。2016 年 2 月 25 日，获全国党史系统先进工作者。他纂写的《抗日战争史》获全国党史部门优秀成果论文类三等奖。

刘景国　通辽市中级人民法院民事二庭副庭长。2016 年被军委北部战区五省（区）评为涉军维权先进个人。

鲁雅君　库伦文联干部。2016 年 2 月，被全国妇联表彰为全国“三八”红旗手。

马洪文　市委组织部副部长、市委老干部局局长。2016 年 12 月 23 日，被中共中央组织部、人力资源和社会保障部授予“全国先进老干部工作者”荣誉称号。

潘　影　在开鲁县委宣传部网信办工作，2016 年，作品入选由中国互联网发展基金会主办的2015年度全国“五个一百”网络正能量文字作品。

宋文彪 在科尔沁区文联工作。2016年10月,被感动中国词曲创作协会评为长征颂歌全国原创词曲活动“音乐创作贡献奖”。

苏和巴特尔 蒙古族,通辽市民族歌舞团舞蹈队队长,2016年8月获得华北五省(市)区舞蹈大赛创作二等奖。

滕艳芳 雪 莲 李太杰 王斐斐 白祚林 胡伊日格其 在通辽市蒙古语影视译制中心工作。2016年4月,被中国电影电视技术学会表彰为2015年度声音制作优秀作品奖。

自治区级先进个人

(按姓氏笔画为序)

白海花(女) 段莉梅(女) 在内蒙古民族大学工作。2016年,入选内蒙古自治区“草原英才”。

白秀枝 在通辽市奈曼旗白音杭盖食品有限公司工作。2016年8月,被自治区党委宣传部、自治区文明办表彰为内蒙古好人。

包海山 科左后旗司法局巴嘎塔拉司法所所长。2016年9月26日,被自治区人社厅、自治区司法厅表彰为全区司法行政系统十佳司法所工作人员。

宝音德力格 蒙古族,库伦旗司法局库伦镇司法所所长。2016年5月13日,被自治区司法厅表彰为全区社区矫正志愿者工作先进个人。

卜庆华 蒙古族,奈曼旗司法局社区矫正执法大队大队长。2016年5月13日,被自治区司法厅表彰为全区社区矫正志愿者工作先进个人。

布和德力根 通辽蒙古族中学副校长。2016年,被评为内蒙古自治区第二批草原英才。

朝鲁门 通辽市中级人民法院办公室科员。2016年被自治区高院授予全区司法警察大比武女子个人全装跑第二名。

崔佳元 通辽市中级人民法院研究室科员。2016年,“通辽市两级法院2013—2014司法建议统计分析报告”一文被自治区高院评为三等奖。

崔瑞芹 通辽市奈曼旗土城子乡杏树园子村村民。2016年6月,被自治区党委宣传部、自治区文明办表彰为内蒙古好人。

崔玉芬 通辽霍林郭勒市珠斯花街道哲南社区居民。2016年10月,被自治区党委宣传部、自治区文明办表彰为内蒙古好人。

丁贵森 通辽市库伦镇扣河子镇先进村村民。2016年3月,被自治区党委宣传部、自治区文明办表彰为内蒙古好人。

董 兵 2016年4月,在“放飞梦想纪录青春”内蒙古第二届大学生微电影评选大赛获优秀指导教师奖。

董立峰 在通辽实验中学工作。2016年7月,被自治区党委宣传部、自治区文明办表彰为内蒙古好人。

额尔登巴乙拉 在通辽经济技术开发区消防大队特勤中队工作。2016年11月,被自治区党委宣传部、自治区文明办表彰为内蒙古好人。

盖蓬蓬 通辽市中级人民法院行政审判庭审判员。2016年被自治区高院评为全区法院行政审判优秀青年调研能手。

高 航 通辽市司法局法制宣传科科长。2016年8月,被自治区党委政府表彰为2011—2015年全区普法依法模范个人。

高雅慧 扎鲁特旗巨日合中心校学生。2016年12月被自治区文明委评为自治区美德少年。

格日乐其木格 通辽市奈曼旗固日班花苏木赛罕塔拉嘎查村民。2016年9月,被自治区党委宣传部、自治区文明办表彰为内蒙古好人。

何春红 在中共通辽市委宣传部办公室主任。2016年8月被自治区党委、自治区人民政府表彰为全区普法依法治理工作先进个人。

何格马 通辽市奈曼旗固日班花苏木珠日干白兴嘎查村民。2016年7月,被自治区党委宣传部、自治区文明办表彰为内蒙古好人。

何思媛 2016年4月,获内蒙古自治区

2016年高等职业学院护理技能大赛静脉输液技术优秀指导教师奖。

何永顺　生前系通辽市科左后旗甘旗卡派出所所长。2016年11月，被自治区党委宣传部、自治区文明办表彰为内蒙古好人。

贾秀清　通辽市奈曼旗大沁他拉镇鄂布根包冷村村民。2016年5月，被自治区党委宣传部、自治区文明办表彰为内蒙古好人。

姜　威　科左后旗常胜镇初级中学学生。2016年12月被自治区文明委评为自治区美德少年。

蒋　莹　女，满族。在通辽经济技术开发区党工委办公室工作。被共青团内蒙古自治区委员会评为全区优秀共青团干部。

金树国　通辽市中级人民法院研究室主任。2016年获自治区法研所、法官协会、社会科学学会全区论坛一等奖。

李布赫　焦智超　王娇娇(女)　王　波(女)　在通辽经济技术开发区森林公安局工作。被自治区森林公安局记个人嘉奖一次。

李建民　通辽市科左后旗散都苏木党委委员、光荣村党支部书记，2016年6月被内蒙古自治区党委评为优秀嘎查村党组织书记。

李铁军　蒙古族，通辽市博物馆工作人员，2016年4月被内蒙古自治区人力资源和社会保障厅、自治区文化厅、自治区文物局、自治区公务员局等联合授予全区文物工作先进个人。

李文娟　通辽市科尔沁区司法局宣教股股长。2016年8月，被自治区党委政府表彰为2011—2015年全区普法依法模范个人。

李效华　通辽市幼儿园园长。2016年7月，被中共内蒙古自治区委员会授予内蒙古自治区优秀共产党员称号。

李月秋　通辽市中级人民法院审判审管办统计员。2016年被自治区高院授予全区法院优秀司法统计员。

刘　健　通辽第五中学学生。2016年12月被自治区文明委评为自治区美德少年。

刘国庆　在中共通辽市委办公厅工作。被自治区党委办公厅评为2016年度全区党委系统信息调研工作优秀信息员。

刘宏阁　在内蒙古威林酒业有限责任公司工作。2016年6月，被自治区党委宣传部、自治区文明办表彰为内蒙古好人。

刘景亭　通辽市开鲁县开鲁街道和平社区居民。2016年6月，被自治区党委宣传部、自治区文明办表彰为内蒙古好人。

刘一灼　通辽市科左后旗甘旗卡镇第三初级中学学生。2016年12月，被自治区党委宣传部、自治区文明办表彰为内蒙古好人。

刘迎慧　通辽市科左后旗甘旗卡镇叠翠园小区居民。2016年10月，被自治区党委宣传部、自治区文明办表彰为内蒙古好人。

刘跃宁　男，回族。在通辽经济技术开发区财政局工作。被自治区财政厅评为全区财政系统优秀共产党员。

柳　叶　通辽市148指挥中心第一法律服务所主任。2016年9月26日，被自治区人社厅、自治区司法厅表彰为全区司法行政系统十佳法律服务工作者。

柳宇杰　奈曼旗大沁他拉镇第四小学学生。2016年12月被自治区文明委评为自治区美德少年。

卢　江　男，蒙古族。通辽经济技术开发区河西街道三义堂村党支部书记。2016年，被自治区党委评为“优秀嘎查村党组织书记”。

马　玲　通辽市幼儿园副园长。2016年4月，获内蒙古自治区五一劳动奖章。

马德慧　在内蒙古民族大学工作。2016年，入选内蒙古自治区“草原英才”创新团队。

那顺乌日塔　通辽市科左后旗吉尔嘎朗镇少敦艾勒嘎查村民。2016年1月，被自治区党委宣传部、自治区文明办评为内蒙古好人。

邱福翠　2016年6月，获全国职业院校技能大赛高职组护理技能三等奖。

萨如拉　在通辽日报社工作。2016年5月，被自治区汉语委、自治区党委宣传部、自治区人社厅、自治区教育厅表彰为全区“十二五”期间汉语言文字工作先进个人。

邵　兵　通辽市奈曼旗原副旗长、公安局党委书记、局长。2016年6月，被自治区党委宣传部、自治区文明办表彰为内蒙古好人。

双　宝　通辽市科左后旗巴嘎塔拉苏木边布拉嘎查村民。2016年5月，被自治区党委宣传部、自治区文明办表彰为内蒙古好人。

苏日塔拉图 蒙古族,通辽市文化新闻出版广电局副局长,2016年12月,被乌兰夫基金会授予乌兰夫基金民族文化艺术奖。

孙　海 科左中旗门达镇人民调解委员会调解员。2016年9月26日,被自治区人社厅、自治区司法厅表彰为全区司法行政系统十佳人民调解员。

孙忠敏 女,通辽市博物馆宣教部主任。2016年4月被内蒙古自治区文化厅评为2015—2016年度全区政务信息工作先进个人。

陶　春 内蒙古民族大学司法鉴定中心主任。2016年9月26日,被自治区人社厅、自治区司法厅表彰为全区司法行政系统十佳司法鉴定人。

王　钢 蒙古族,通辽市文化市场综合执法局新闻出版稽查科科长,被内蒙古自治区"扫黄打非"工作领导小组评为2016年全区"扫黄打非"先进个人。

王　冠 在中共通辽市委宣传部工作。2016年5月,被自治区汉语委、自治区党委宣传部、自治区人社厅、自治区教育厅表彰为自治区"十二五"期间汉语言文字工作先进个人。

王　强 扎鲁特旗法律援助中心主任。2016年9月26日,被自治区人社厅、自治区司法厅表彰为全区司法行政系统十佳法律援助工作者。

王洪元 满族,通辽市奈曼旗大沁他拉司法所所长。2016年8月,被自治区党委政府表彰为2011—2015年全区普法依法模范个人。

王鸿勋 科左后旗甘旗卡第三初级中学学生。2016年12月被自治区文明委评为自治区美德少年。

王圆　孟根姹娜　安彩霞 通辽市民族歌舞团演职人员,2016年8月获"亮丽内蒙古"2016年全区声乐比赛流行唱法组优秀奖。

王志杰 通辽市科尔沁区法律援助中心主任。2016年8月,被自治区党委政府表彰为2011—2015年全区普法依法模范个人。

魏　婷 通辽市司法局法制宣传科副科长。2016年8月,被自治区党委政府表彰为2011—2015年全区普法依法模范个人。

魏　巍 2016年4月,获内蒙古自治区2016年高等职业学院护理技能大赛心电监护技术优秀指导教师奖。

魏那钦 男,蒙古族。在通辽经济技术开发区司法信访局工作,被自治区党委、自治区人民政府授予全区普法依法治理先进工作者。

魏那钦 蒙古族,通辽经济技术开发区司法信访局法宣股股长。2016年8月,被自治区党委政府表彰为2011—2015年全区普法依法模范个人。

吴秀芳 蒙古族,通辽市库伦旗司法局局长。2016年2月24日,被自治区司法厅表彰为个人二等功。

吴秀玲 通辽市库伦旗库伦镇下扣河子嘎查村民。2016年6月,被自治区党委宣传部、自治区文明办表彰为内蒙古好人。

徐　健 通辽市中级人民法院民事三庭书记员。2016年,《民商事案件与地区经济发展情况司法统计分析》获自治区高院优秀司法统计分析三等奖。

徐福彪 在通辽市扎鲁特旗鲁北街道办事处工作。2016年10月,被自治区党委宣传部、自治区文明办表彰为内蒙古好人。

徐洪波 蒙古族,内蒙古典鉴律师事务所主任。2016年9月26日,被自治区人社厅、自治区司法厅表彰为全区司法行政系统十佳律师。

闫佩林 通辽市司法局党委书记、局长。2016年2月24日,被自治区司法厅表彰为个人二等功。

杨　楠 通辽第五中学学生。2016年12月被自治区文明委评为自治区美德少年。

杨国尧 通辽市科尔沁区清真街道翠堤东郡社区居民。2016年1月,被自治区党委宣传部、自治区文明办评为内蒙古好人。

杨庆强 通辽市奈曼旗大沁他拉镇德隆地村村民。2016年3月,被自治区党委宣传部、自治区文明办表彰为内蒙古好人。

杨树忠 蒙古族,扎鲁特旗司法局社区矫正执法大队大队长。2016年5月13日,被自治区司法厅表彰为全区社区矫正志愿者工作先进个人。

于文辉 在中共通辽市委办公厅工作。被自治区党委办公厅评为2016年度全区党委系统督查工作先进个人。

于智洋　通辽市医院司法鉴定中心副主任。2016年9月26日，被自治区人社厅、自治区司法厅表彰为全区司法行政系统十佳司法鉴定人。

玉　格　通辽市科左后旗铁东社区居民。2016年5月，被自治区党委宣传部、自治区文明办表彰为内蒙古好人。

苑璐颖　通辽市扎鲁特旗鲁北街道东城榆社区居民。2016年12月，被自治区党委宣传部、自治区文明办表彰为内蒙古好人。

臧其珍　通辽市科尔沁区科尔沁街道阳光社区居民。2016年9月，被自治区党委宣传部、自治区文明办表彰为内蒙古好人。

张　博　在通辽市建设银行工作。2016年1月，被自治区党委宣传部、自治区文明办评为内蒙古好人。

张　力　满族，通辽市科尔沁区司法局局长。2016年2月24日，被自治区司法厅表彰为个人二等功。

张　帅　通辽市文化综合执法局科员。2016年4月被内蒙古自治区文化厅评为2015—2016年度全区政务信息工作先进个人。

张海军　在通辽经济技术开发区沈铁河畔花园美发店工作。2016年5月，被自治区党委宣传部、自治区文明办表彰为内蒙古好人。

张建朋　通辽市开鲁县保安农场北公司分场人。2016年7月，被自治区党委宣传部、自治区文明办表彰为内蒙古好人。

张连旭　扎鲁特旗公证处主任。2016年9月26日，被自治区人社厅、自治区司法厅表彰为全区司法行政系统十佳律师公证员。

张清河　通辽市科左中旗司法局法宣股股长。2016年9月26日，被自治区人社厅、自治区司法厅表彰为全区司法行政系统十佳普法宣传员。

张清昭　蒙古族，扎鲁特旗司法局香山司法所所长。2016年2月24日，被自治区司法厅表彰为个人二等功。

张玉秀　通辽市开鲁县法律援助中心副主任。2016年8月，被自治区党委政府表彰为2011—2015年全区普法依法模范个人。

张志国　男，蒙古族。在通辽经济技术开发区森林公安局工作。被自治区森林公安局记个人三等功。

赵明宇　科尔沁艺术职业学院教师。2016年获自治区级教学名师称号。

赵云树　在内蒙古公安消防总队通辽支队特勤中队工作。2016年9月，被自治区党委宣传部、自治区文明办表彰为内蒙古好人。

周国刚　在中共通辽市委办公厅工作。被自治区党委办公厅评为2016年度全区党委系统信息调研工作优秀组织者。

周庆春　科尔沁区司法局社区矫正执法大队大队长。2016年9月26日，被自治区人社厅、自治区司法厅表彰为全区司法行政系统十佳社区矫正工作者。

朱　旭　女，蒙古族，中国邮政集团公司通辽市分公司代理金融业务局科尔沁支局支局长，2016年获“自治区五一劳动奖章”。

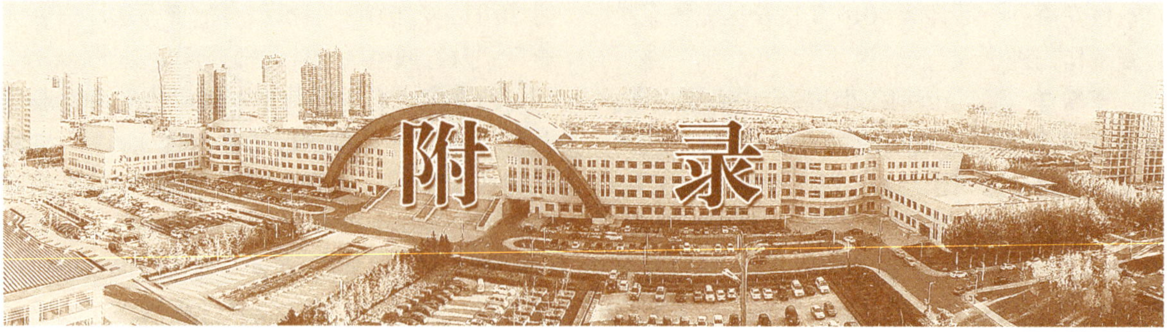

通辽市2016年国民经济和社会发展统计公报

通辽市统计局

(2017年3月22日)

2016年是全面实施“十三五”规划的开局之年,也是全面建成小康社会决胜阶段的开局之年。面对错综复杂的国内外经济环境,通辽市在市委和市政府的坚强领导下,主动适应经济发展新常态,紧紧把握“稳增长、促改革、调结构、惠民生”的总基调,通过全市上下的共同努力,全年经济社会发展总体保持稳中向好的运行态势,各项事业取得新的进步,实现“十三五”良好开局。

一、综合

图1 2011—2016年通辽市地区生产总值及其增长速度

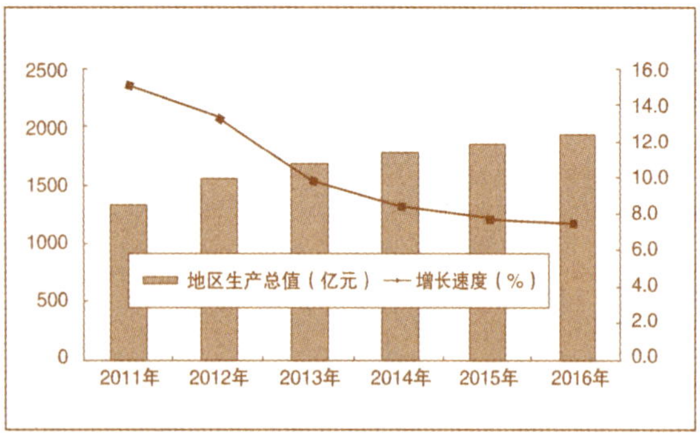

初步核算,全年完成地区生产总值(GDP)1949.38亿元,按可比价格计算,比上年增长7.4%。其中,第一产业增加值完成262.64亿元,增长3.6%;第二产业增加值完成977.68亿元,增长8.4%;第三产业增加值完成709.06亿元,增长7.7%。三次产业结构由2015年的14.4∶50.5∶35.1调整为13.4∶50.2∶36.4,与上年相比,第三产业所占比重提高1.3个百分点,第一产业所占比重降低1.0个百分点,第二产业所占比重降低0.3个百分点。按常住人口计算人均地区生产总值62 424元,按2016年平均汇率计算为9398美元,增长7.4%。

图2 2016年通辽市三次产业构成(%)

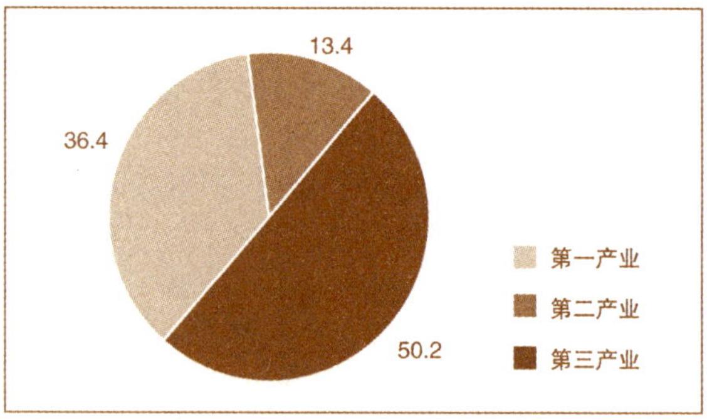

全市公共财政预算收入累计完成128.34亿元,比上年增长6.5%。其中:税收收入75.69亿元,增长2.3%。在税收收入中,增值税11.84亿元,增长78.5%;营业税8.18亿元,下降40.5%;企业所得税3.75亿元,增长12.6%;个人所得税1.71亿元,增长0.5%。全市完成公共财政预算支出358.08亿元,增长2.4%。

全市常住人口312.48万人，出生人口3.10万人，死亡人口1.96万人，城镇人口148.55万人，城镇人口比重47.54%。2016年，全市城镇新增就业1.83万人，失业人员实现再就业0.67万人，就业困难人员实现就业人数0.63万人，农牧民转移就业48.95万人；城镇登记失业率为3.7%，低于调控目标0.2个百分点。

主城区居民消费价格总水平(CPI)同比上涨1.6%，其中：商品零售价格上涨2.0%。

附表1　2016年居民消费价格指数

单位：%

指　　标	主城区居民消费价格指数
居民消费价格指数(上年同期=100)	101.6
食品烟酒	102.3
衣着	103.2
居住	100.4
生活用品及服务	100.3
交通和通讯	101.7
教育文化和娱乐	101.7
医疗保健	101.3
其他用品和服务	100.3

二、农业

全市耕地面积138.07万公顷。粮食作物播种面积96.50万公顷，比上年增加1.33万公顷，增长1.4%，其中，谷物播种面积90.91万公顷，比上年减少0.29万公顷，下降0.3%。

全年粮食产量695.81万吨，比上年增长0.8%。其中：稻谷24.00万吨，比上年增长56.9%；小麦3.20万吨，比上年增长99.3%；玉米633.49万吨，比上年下降2.8%；谷子5.61万吨，比上年增长75.9%；高粱15.46万吨，比上年增长36.1%；荞麦4.92万吨，比上年增长99.7%。豆类6.18万吨，比上年增长1.3倍。薯类12.30万吨，比上年增长50.7%。

图3　2011—2016年通辽市粮食产量

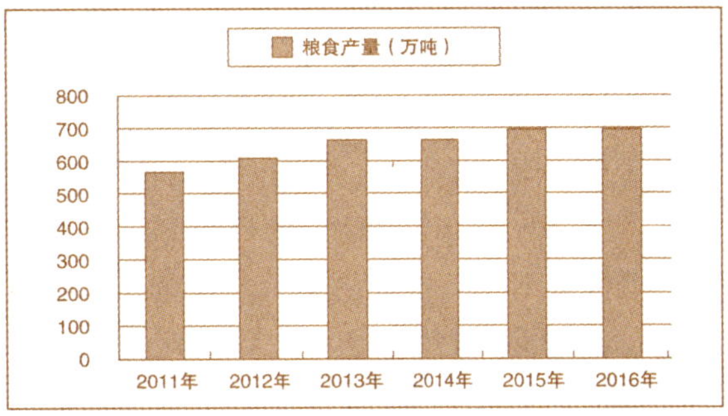

牧业年度牲畜实有头数2202.65万头(只)，比上年增加91.09万头(只)，增长4.3%。其中：牛326.64万头，比上年增加24.20万头，增长8.0%；羊1277.36万只，比上年增加42.48万只，增长3.4%；猪553.54万口，比上年增加22.28万口，增长4.2%。

年末生猪存栏253.00万口，牛存栏164.61万头，羊存栏656.34万只；年末生猪出栏330.77万口，牛出栏73.16万头，羊出栏490.75万只。年末实有家禽965.73万只，比上年增加73.87万只，同比增长8.3%。全年猪肉产量26.39万吨，牛肉产量11.18万吨，羊肉产量8.04万吨，禽肉产量6.06万吨，禽蛋产量6.18万吨，生牛奶产量39.87万吨。

附表2　主要农畜产品产量

指　　标	单位	2016年	比上年增长(%)
一、粮食	万吨	695.81	0.8
1、谷物	万吨	687.17	0.2
玉米	万吨	633.49	-2.8
2、豆类	万吨	6.18	131.1
大豆	万吨	3.25	234.8
二、薯类	万吨	12.30	50.7
马铃薯	万吨	8.08	65.3
三、肉类产量			
猪肉	万吨	26.39	0.9
牛肉	万吨	11.18	6.3
羊肉	万吨	8.04	11.6
四、年末牲畜存栏数			
牛	万头	164.61	6.3
羊	万只	656.34	-6.2
猪	万口	253.00	2.1
五、年末牲畜出栏数			
牛	万头	73.16	2.6
羊	万只	490.75	11.4
猪	万口	330.77	1.1

三、工业和建筑业

全年全部工业增加值889.95亿元，比上年增长8.6%。其中：规模以上工业企业增加值增长9.3%。

从登记注册类型企业实现增加值情况看：国有企业增长9.1%，集体企业增长5.2%，股份制企业增长9.4%，外商及港澳台商投资企业增长0.1%，其他经济类型企业增长11.7%。

从轻重工业实现增加值情况看：轻工业同比增长10.5%，重工业同比增长9.1%。轻工业高于重工业1.4个百分点。

从主要产品产量情况看：原铝94.47万吨，下降6.1%；铝材173.83万吨，增长65.5%；饲料133.39万吨，增长12.0%；鲜冷藏肉73.95万吨，下降3.3%；液体乳7.87万吨，增长8.6%；白酒299 955千升，增长10.5%；啤酒234 658千升，下降3.7%。

从十大支柱产业情况看：十大支柱产业企业数达到467户，占规上工业企业数的76.6%；总产值达2295.40亿元，增长8.5%，占规上工业的比重为84.3%。分产业看，煤电铝产业累计增长15.9%，玉米产业累计增长15.9%，绿色农畜食品加工业累计增长6.4%，煤化工产业累计下降3.3%，新型建材产业累计增长2.4%，现代蒙药产业累计增长8.7%，新型能源产业累计增长17.0%，装备制造产业累计下降1.5%，新材料产业累计下降83.2%，新型特种钢产业累计下降4.2%。

附表3　2016年规模以上工业主要产品产量

名　称	单位	产量	比上年增长(%)
饲　料	万吨	133.39	12.0
精制食用植物油	万吨	9.51	1.5
鲜冷藏肉	万吨	73.95	-3.3
中成药	万吨	0.041	-11.0
水泥熟料	万吨	191.08	0.1
水　泥	万吨	1210.15	13.4
平板玻璃	万吨重量箱	546.65	0.1
原　铝	万吨	94.47	-6.1
铝　材	万吨	173.83	65.5
发电量	亿千瓦时	441.48	14.3
其中：火力发电量	亿千瓦时	358.05	16.1
风力发电量	亿千瓦时	77.53	5.2

全市610户规模工业企业完成主营业务收入2634.81亿元，同比增长7.9%。全年规模以上工业企业实现利税总额254.16亿元，同比增长18.9%；实现利润总额166.13亿元，同比增长16.4%。资产总计总量达到2047.41亿元，增速达到10.9%。负债总计总量达到847.19亿元，同比增长0.1%。所有者权益总量达到1200.21亿元，增速为19.3%。

全年建筑业增加值100.40亿元，比上年增长6.2%。全市有工作量的资质等级建筑施工企业60个，实现建筑业总产值51.81亿元，比上年下降3.9%。签订的合同额为78.68亿元，同比下降11.8%。

四、固定资产投资与房地产开发

全年全社会固定资产投资完成1566.70亿元，比上年增长15.0%。其中，城乡500万元以上固定资产投资总额完成1475.51亿元，同比增长14.5%。分产业看：第一产业投资139.34亿元，同比增长19.5%；第二产业投资690.95亿元，同比增长10.1%，其中：工业投资688.01亿元，同比增长11.3%；第三产业投资645.22亿元，同比增长18.6%。三次产业投资比重为9.4:46.8:43.8。分行业看：制造业完成投资492.78亿元，增长1.9%；电力、热力、燃气及水的生产和供应业完成投资181.35亿元，增长43.9%；批发和零售业完成投资37.30亿元，下降22.0%；交通运输、仓储和邮政业完成投资133.18亿元，下降17.8%；水利、环境和公共设施管理业完成投资289.56亿元，增长65.4%。

全市房地产开发企业完成投资48.85亿元，增长54.7%。其中：商品住宅投资36.83亿元，增长71.9%；办公楼投资0.52亿元，同比下降12.5%；商业营业用房投资7.47亿元，同比增长25.4；其他用房投资4.02亿元，增长12.0%。全年房屋施工面积681.13万平方米，比上年增长0.3%，其中：住宅施工面积476.52万平方米，比上年增长1.4%；房屋竣工面积173.16万平方米，比上年增长6.3%，其中：住宅竣工面积111.79万平方米，比上年下降13.8%；商品房销售面积186.12万平方米，比上年增长28.7%，其中住宅销售面积150.98万平方米，比上年增长23.1%。

五、交通、邮电和旅游

全年交通运输业增加值100.52亿元，比上年增长2.1%。全市公路里程21 004公里，其中，高速公路430公里。全年公路货运量9291.6万吨，同比增长9.3%；公路货运周转量179.13亿吨公里，同比增长8.2%；全年公路客运量1627.6万人，同比增长2.8%；公路旅客周转量22.27亿人公里，同比增长7.9%。2016年铁路货物发送量4740.5万吨，同比下降3.0%；铁路旅客发送量660.4万人，同比增长2.2%。全年民航客运量71.05万人，同比下降18.3%；客运周转量9.68亿人公里，同比下降16.6%；全年民航货运量0.15万吨，同比下降56.7%；货物运输周转量127.9万吨公里，同比下降74.1%。

全年全市邮政行业业务收入(不包括邮政储蓄银行直接营业收入)累计完成2.64亿元，同比增长30.1%；业务总量累计完成1.81亿元，同比增长33.1%。全市快递服务企业业务量累计完成570.48万件，同比增长67.5%；业务收入累计完成1.18亿元，同比增长61.4%；邮政函件业务累计完成22.61万件，同比下降29.1%；包裹业务累计完成2.01万件，同比下降52.8%；报纸业务累计完成3540.89万份，同比下降5.8%；杂志业务累计完成73.44万份，同比增长2.9%；汇兑业务累计完成12.61万笔，同比下降41.2%。城镇固定电话拥有量20.57部/百户；农村7.77部/百户。城镇移动电话拥有量258.53部/百户；农村241.89部/百户。每百户城镇和农村居民家用计算机数分别为84.44台和48.89台。

全年旅游总收入135.15亿元，同比增长22.9%。接待国内外旅游者540.80万人次，同比增长20.2%，其中：接待入境旅游者2.6万人次。国际旅游外汇收入1916万美元，国内旅游收入130.10亿元。我市已有A级景区23家，3A级景区达到11家，4A级景区4家；有星级饭店27家。

六、国内贸易、对外经济

全年实现社会消费品零售总额515.34亿元，增长9.8%。按城乡划分看：城镇实现消费品零售额358.36亿元，增长9.4%；乡村实现消费品零售额156.98亿元，增长10.7%。乡村消费品零售额增长高出城镇1.3个百分点。按行业划分看：全市批发和零售业实现消费品零售额430.82亿元，增长9.6%，其中：零售业实现消费品零售额369.77亿元，增长10.0%，占全社会消费品零售总额的71.8%；住宿餐饮业实现消费品零售额84.52亿元，增长10.9%，其中：餐饮业实现消费品零售额79.92亿元，增长10.9%，占全社会消费品零售总额的15.5%。

2016年末，全市限额以上企业及个体经营户达到484户，比2015年末增加132户。全市限额以上企业及个体经营户消费品零售额完成154.17亿元，增长6.8%。其中限额以上零售业实现消费品零售额135.57亿元，增长7.2%；限额以上餐饮业实现消费品零售额4.58亿元，增长9.4%。从限额以上零售类值看：2016年，汽车类实现零售额44.64亿元，增长8.0%，占限额以上企业零售额的28.9%；石油及制品类实现零售额57.93亿元，增长7.4%，占限额以上企业零售额的37.5%；煤炭及制品类实现零售额9.48亿元，增长6.9%，占限额以上企业零售额的6.2%；生活类商品零售中，日用品类实现零售额2.65亿元，增长8.6%，其中：饮料类实现零售额1.09亿元，增长5.9%；烟酒类实现零售额1.74亿元，增长7.5%；化妆品类实现零售额0.78亿元，增长6.2%；金银珠宝类实现零售额2.27亿元，增长15.3%。

据海关统计，全年全市外贸进出口总额41 300万美元，同比下降5.2%。其中：出口29 500万美元，同比下降14.2%；进口11 800万美元，同比增长29.9%。全市民营企业累计进出口36 945万美元，同比下降8.1%，占全市进出口总额的89.5%。其中：出口29 279万美元，同比下降13.7%；进口7666万美元，同比增长22.7%。国有企业累计进出口100万美元，同比下降66.6%，占全市进出口总额的0.24%，其中均为出口累计，无进口。外商投资企业累计进出口4234万美元，同比增长40.6%，占全市进出口总额的10.3%。其中：出口121万美元，同比下降23.9%；进口4134万美元，同比增长44.9%。

附表4　2016年全市外贸进出口情况

单位:万美元、%

项目	进出口 本年累计	进出口 同比增长	其中:进口 本年累计	其中:进口 同比增长	出口 本年累计	出口 同比增长
外贸总额	41 300	-5.2	11 800	29.8	29 500	-14.2
一般贸易	26 796	-29.9	8633	97.8	18 163	-46.3
加工贸易	14 504	1.7倍	3167	-33.1	11 337	19.8倍

七、金融和保险

年末全市金融机构本外币各项存款余额为988.00亿元,同比增长21.1%;全市金融机构人民币各项存款余额为985.87亿元,同比增长21.1%。本外币各项贷款余额为992.26亿元,同比增长7.0%;全市金融机构人民币各项贷款余额为991.71亿元,同比增长7.4%。

全市共有保险机构30家,其中:财险公司16家,寿险公司14家。2016年,全市保险机构保费收入达到39.15亿元,同比增加4.76亿元,增长13.9%,赔款和给付总额13.83亿元,同比增加4.69亿元,增长51.3%;其中:财险保费收入18.17亿元,同比增加1.72元,增长10.5%,赔款和给付8.07亿元,同比增加0.1亿元,增长1.3%;寿险保费收入20.97亿元,同比增加3.04亿元,增长17.0%,赔款和给付5.76亿元,同比增加4.59亿元,增长392.3%。

附表5　2016年全部金融机构人民币存贷款

单位:亿元

指　标	2016年末	比年初增减额
各项存款余额	985.87	171.69
住户余款余额	599.55	71.70
非金融企业存款余额	172.19	53.58
各项贷款余额	991.71	68.03
住户贷款余额	299.60	42.03
非金融企业及机关团体贷款余额	692.11	26.00

八、文化、教育、卫生和体育

年末全市有艺术研究所2个,文化馆95个(其中分馆86个),博物馆11个,城市电影院16个,图书馆114个(其中分馆105个),图书馆藏书118.73万册。专业艺术表演团体9个,艺术团体共演出1076场(次),观众达94.8万人次。全市有县广播电视台7个,乡广播电视站74个,通电视的村2127个,调频台42座,无线广播电台1座,广播节目3套,广播节目综合人口覆盖率99.27%,电视节目综合人口覆盖率99.21%,有线电视入户率为61.0%。

全市共有普通高等院校3所,全年共招生8881人;共有在校生31 922人,其中:全日制研究生761人;共有教职工2657人,其中:专任教师1623人。

全市幼儿园620所,在园幼儿8.29万人,全年招生3.41万人,从事幼儿教育的专任教师0.46万人。全市有小学298所,在校生18.31万人,招生2.90万人,毕业生3.04万人,专任教师1.49万人;初中107所,在校生8.76万人,招生2.99万人,毕业生3.05万人,专任教师0.75万人;普通高中29所,在校生6.79万人,招生2.32万人,毕业生2.16万人,专任教师0.44万人;各类中等职业教育学校24所,在校生1.17万人,招生0.37万人,毕业生0.36万人,专任教师0.10万人;全市共有特殊教育学校9所,共有在校生593人,招生148人,毕业生29人,从事特殊教育的专任教师157人。

年末全市共有卫生机构3400个。其中:医院35个,基层医疗卫生机构3299个,专业公共卫生机构56个。医疗卫生机构共有床位13 293张,其中:医院有床位9306张,基层医疗卫生机构3595张,专业公共卫生机构392张。全市卫生在岗职工合计21457人,卫生技术人员达到14 991人。其中:执业(助理)医师5967人,注册护士5271人,药师(士)824人,技师(士)899人。

全市共有国家一级体育运动员10人,国家二级体育运动员70人;国家一级裁判10人,国家二级裁判20人。获国家级比赛金牌3枚,银牌4枚,铜牌8枚;获自治区级比赛金牌24枚,银牌46枚,铜牌58枚。共有全民健身站点2265个,健身气功站点180个,全市125万体育人口共开展全民健身活动2000次。共有社会体育指导员8010人,其中:国家级50人。

九、能源与环境

全年全市规模以上工业企业共610户,能源消费量1388.59万吨标准煤,同比增长9.5%。分行业看,七大高耗能行业能耗合计占规上能耗比重为86.6%,对全市规模以上工业企业能耗增长拉动8.8个百分点。全年全社会用电量达351.73亿千瓦时,同比增长10.2%。其中:规上工业用电量314.66亿千瓦时,同比增长8.0%,占工业用电量比重为98.6%,占全社会用电量比重为89.5%。全市规模以上工业企业中,共有45户发电企业,累计发电量441.48亿千瓦时,同比增长14.3%。全市共有10户原煤生产企业,全年原煤产量4595.52万吨,同比下降8.5%;销售量4596.41万吨,同比下降8.4%。

全市共有自然保护区43个,其中国家级自然保护区2个,自治区级自然保护区4个。全市自然保护区面积4900.77平方公里。年内设立的建设项目环境影响评价制度执行率达100%。全年空气质量达到二级和好于二级的天数为305天,占全年总天数的83.3%。

十、人口、人民生活和社会保障

年末全市户籍人口318.90万人,比上年减少0.47万人。其中城镇人口94.52万人,乡村人口224.39万人。0~17岁人口54.56万人,18~34岁人口82.14万人,35~59岁人口131.67万人,60岁及以上人口50.54万人。男性人口161.34万人,女性人口157.56万人,男女性别比为1.02∶1。

2016年抽样调查数据显示,全市全体居民人均可支配收入为18 415元,同比增长8.4%。从常住地看,城镇常住居民人均可支配收入为27 444元,同比增长8.2%;农村牧区常住人口人均可支配收入为11 585元,同比增长7.7%。全体居民人均消费性支出13 457元,增长5.3%。分城乡来看:城镇常住居民人均消费性支出17 879元,增长3.3%;农村牧区常住居民人均消费性支出10 056元,增长10.7%。城镇和农牧民家庭食品消费支出占消费总支出的比重分别为24.4%和30.6%。年末城镇常住居民人均拥有住房面积29.50平方米,比上年增长1.4%;农村牧区常住居民人均拥有住房面积27.69平方米,比上年增长3.2%。

附表6　城镇居民家庭百户耐用消费品拥有量

指　　标	百户	2016年	比上年增减(%)
家用汽车	辆	30.65	17.0
摩托车	辆	22.58	-7.1
洗衣机	台	99.88	0.2
电冰箱(柜)	台	99.37	0.3
微波炉	台	47.72	1.2
彩色电视机	台	121.68	2.2
空　调	台	39.18	1.6
固定电话	部	20.57	-5.2
移动电话	部	258.53	6.4
计算机	台	84.44	12.2

附表7　农牧民百户家庭耐用消费品拥有量

指　　标	单位	2016年	比上年增减(%)
家电汽车	辆	21.11	15.3
摩托车	辆	79.87	-8.6
洗衣机	台	94.52	0.5
电冰箱(柜)	台	85.47	1.1
微波炉	台	8.41	11.0
彩色电视机	台	118.94	1.2
空　调	台	3.4	7.3
固定电话	部	7.77	-33.4
移动电话	部	241.89	1.4
计算机	台	48.89	42.2

年末参加城镇职工养老保险(不含离退休)的人数为24.0万人,增长0.4%;参加城乡居民养老保险的人数为101.8万人;参加失业保险的人数为18.2万人,下降0.5%;参加医疗保险的人数为104.5万人,增长0.5%;参加工伤保险的人数为23.7万人,增长2.2%;参加生育保险

的人数为28.8万人,增长1.2%。

年末城镇最低生活保障救济户3.17万户,城镇居民最低生活保障人数为6.04万人,占城镇人口的4.2%,城镇居民最低生活保障支出3.44亿元;农村定期救济户6.00万户,农村牧区居民定期救济人数11.19万人;五保户1.04万户,五保户人数1.06万人,农村五保户支出531.8万元。全市收养性福利事业单位64个,农村收养性老年福利机构56个,社会福利院2个,光荣院3个,优抚安置单位2个,复退军人精神病院1所。年末收养性福利事业单位有职工333人,其中:医护人员189人;床位5852张,年末在院人数1572人,其中:老人1304人,少年儿童41人。

注:

1. 本公报中数据均为初步统计数据。
2. 地区生产总值、各产业增加值绝对数按现价计算,增长速度均按可比价计算。
3. 规模以上工业企业是指年主营业务收入2000万元及以上的工业法人企业。
4. 限额以上批发、零售、住宿、餐饮企业指:年主营业务收入2000万元及以上的批发业、年主营业务收入500万元及以上的零售业和年主营业务收入200万元及以上的住宿、餐饮业。
5. 公报中部分数据合计数或相对数由于计量单位取舍不同而产生的计算误差,均未作机械调整。

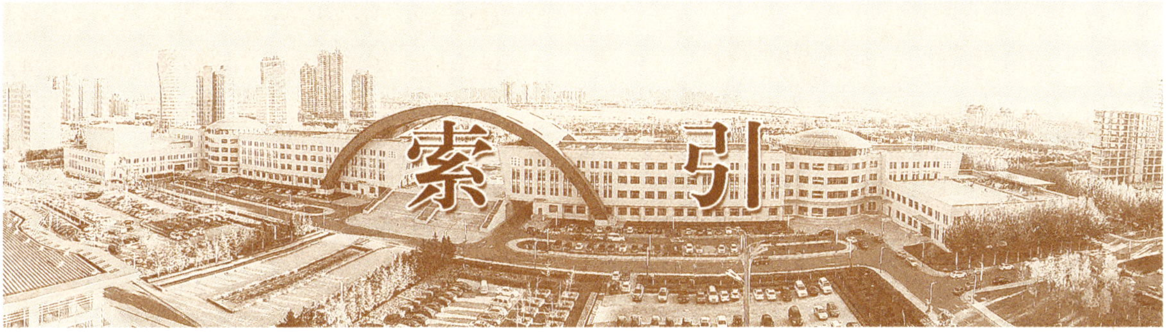

使用说明

1. 本索引采用内容分析索引法编制。年鉴中有实质检索意义的正文内容均予以标引，以供检索使用。
2. 本索引按汉语拼音字母表排列，即按照首字的音序、音调依次排列，首字相同时，则以第二个字排序，并依此类推。数字优先，顺序依 0—9。
3. 引标目后的数字，表示检索内容所在的正文页码；数字后面的英文字母 A、B、C，表示正文中的栏别，组合在一起即指该页码及左中右三个版面区域。
4. 反映索引款目间的逻辑关系，对于二级标目，采取在一级标目下缩二格的形式编排，之下再按汉语拼音音序、音调排列。

A

B

C

D

F

G

H

J

K

M

N

Q

T

W

X

Y